Konrad Dietzfelbinger

Jesus – der vollkommene spirituelle Mensch

Mysterienweisheit im Johannesevangelium

„Und niemand ist in den
Himmel hinaufgestiegen außer dem,
der aus dem Himmel herabgestiegen ist,
der Sohn des Menschen.“

(Johannes 3,13)

Verlag Via Nova

Konrad Dietzfelbinger

Jesus – der vollkommene spirituelle Mensch

Mysterienweisheit im Johannesevangelium

„Und niemand ist in den
Himmel hinaufgestiegen außer dem,
der aus dem Himmel herabgestiegen ist,
der Sohn des Menschen."
(Johannes 3,13)

vianova
Verlag Via Nova

1. Auflage 2007

Verlag Via Nova, Alte Landstraße 12, 36100 Petersberg

Telefon: (06 61) 6 29 73
Fax: (06 61) 9 67 95 60
E-Mail: info@verlag-vianova.de
Internet:
www.verlag-vianova.de

Satz: typo-service kliem, 97647 Neustädtles
Druck und Verarbeitung: Fuldaer Verlagsanstalt, 36037 Fulda

ISBN 978-3-86616-084-2

Inhaltsverzeichnis

Vorbemerkung 11

Prolog: Das Weltbild des Johannesevangeliums 12

„Wort“, „Leben“, „Licht“ 12
Licht und Finsternis 16
Der gegenwärtige siebenfache Mensch 17
Wiederanknüpfung zwischen oben und unten 19
Die „Seinen“ 21
Fleischwerdung des „Wortes“ 24
Die Menschheitsentwicklung 26

Das Johannesevangelium als spiritueller Text 29

Spirituelle Perspektive 30
Zeitlosigkeit und Geschichtlichkeit 31
Aufbau des Johannesevangeliums 33
Vergleich mit den Synoptikern 35
Symbole und Bilder 36
Stilistische Eigentümlichkeiten 37

Vorgeschichte 40

Johannes der Täufer und Jesus: Vorbereitung und Verwirklichung 40
„Lamm Gottes“: Das Opfer des vollkommenen spirituellen Menschen 43
Berufung der Schüler: Bildung einer spirituellen Gemeinschaft 46

1. Teil: Aufbau einer siebenfachen spirituellen Matrix durch den vollkommenen spirituellen Menschen 51

Verankerung des göttlichen „Wortes“ in der Menschheit 51

Hochzeit zu Kana: „Wein“ als spirituelle Essenz 51
Tempelreinigung: Korrektur einer Degeneration 57
Glaube 61
Gespräch mit Nikodemus: der spirituelle Weg 63
Die „himmlischen Dinge“ 66
Das Gericht 69

Zwischenspiel Johannes der Täufer und Jesus: noch einmal Vorbereitung und Verwirklichung 73

Verankerung des göttlichen „Lebens“ in der Menschheit 76

Gespräch mit der Samariterin: Wasser als spirituelle Kraft 76
Anbetung im Geist: die Religion der Freiheit 79

Öffentliche Arbeit der Schüler Jesu 83
Heilung des Todkranken: Mitteilung göttlichen „Lebens“ 86

Verankerung des göttlichen „Lichtes“ in der Menschheit 89
Heilung des Gelähmten: Vermittlung selbstständigen Bewusstseins 89
Erweckung des wahren Selbst 89
Prüfung der Heilung 94
Die Eigenschaften des spirituellen Bewusstseins 97

Verankerung eines neuen Denkens in der Menschheit 103
Intuitives und rationales Denken 103
Speisung der Fünftausend: Vermittlung spirituellen Lebenssinns 108
Brot und Fische: Sinn und Hoffnung 108
Brot: irdische oder geistige Nahrung? 112

Verankerung eines neuen Fühlens in der Menschheit 115

Suche nach spirituellem „Brot“ 119
„Brot“: Gesetz und Freiheit 120
Reaktion der geistlichen Führer 124
„Fleisch“ und „Blut“ 126
Das „Fleisch“ der Auferstehung 129
Die Erkenntnis des Petrus 131

***Zwischenspiel Laubhüttenfest: Öffentliche Wirksamkeit des vollkommenen spirituellen Menschen* 134**
Bedingungen der Wirksamkeit 136
Lehre und Handeln 138
Art der Lehre 138
Art des Handelns 140
Der „Dämon“ Verfolgungswahn 141
Quelle der Wirksamkeit: im „Auftrag des Vaters“ 143
Austeilung spiritueller Kräfte 146
Das lebendige „Wasser“ 146
Reaktionen auf Jesu Reden 147
Die Ehebrecherin: Das Gericht des vollkommenen spirituellen Menschen 150

Verankerung eines neuen Sehens in der Menschheit 153
Wahrheit und Selbsttäuschung 153
Ursachen der Selbsttäuschung 156
Wahrheit und Freiheit 159
Gott, Abraham und Teufel: das Wesen des Menschen 162
Der vollkommene spirituelle Mensch und Abraham: Ewigkeit und Zeitlichkeit 166
Heilung des Blindgeborenen: Entwicklung inneren Sehens 170
Eine besondere Art von Blindheit 171
Voraussetzung der Heilung 175
Einzelheiten der Heilung 176

Prüfung des Heilvorgangs 177
Spirituelle Blindheit 183

Zwischenspiel „Hirte der Schafe“: Verhältnis zwischen Wahrheitslehrer und Wahrheitssucher 185
Kontakt zwischen Lehrer und Sucher 185
Beziehung des spirituellen Führers zu den Geführten 189
Reaktionen auf Jesu Rede 192
Unverständnis des Irdischen für das Spirituelle 194

Verankerung einer neuen Leiblichkeit in der Menschheit 196
Lazarus' Krankheit: ein freiwilliger „Ersterbungsprozess“ 198
Der freiwillige „Tod“ 202
Martha und Maria: Was ist „Auferstehung“? 206
Die Realität des irdischen Todes 208
Die Auferweckung des Lazarus: Aufbau einer neuen Leiblichkeit 210
Die siebenfache spirituelle Matrix als „Vaterunser“ 216
Unverständnis der geistlichen Führer 217
Ein „stellvertretender Tod“? 218
Der vollkommene spirituelle Mensch unter Todesdrohung 222

2. Teil: Verbindung der siebenfachen Matrix mit dem Bewusstsein der Schüler des vollkommenen spirituellen Menschen 223

Verbindung der neuen Leiblichkeit mit den Schülern 223
Die Salbung: Verbindung der Schüler mit dem Geistleib Jesu 223
Einzug in Jerusalem: Verbindung des Volkes mit dem irdischen Leib Jesu 228

Verbindung des neuen Sehens mit den Schülern 230
Die Griechen: inneres Schauen des Mysteriums der Erlösung 230
Erstes Grundgesetz des Mysteriums der Erlösung: Opfer 232
Zweites Grundgesetz des Mysteriums der Erlösung: „Ich-Ersterbung“ 233
Selbstüberwindung des vollkommenen spirituellen Menschen 235
Die Heimat des spirituellen Menschen 237
Ursache des Unglaubens 239
Das Wesen des vollkommenen spirituellen Menschen 242

Verbindung des neuen Fühlens mit den Schülern 245
Die Fußwaschung: eine neue Art der Gemeinschaft 245
Die Fußwaschung als Vermächtnis 249

Verbindung des neuen Denkens mit den Schülern 253
Das Abendmahl 253
Verherrlichung des vollkommenen spirituellen Menschen 256

Verbindung des göttlichen Bewusstseins mit den Schülern: „Licht“ 259
Eine „Stätte“ in der göttlichen Welt 259
Der „Beistand“ in der Einsamkeit 266
Voraussetzungen des neuen Bewusstseins 268
Friede 270

Verbindung der göttlichen Liebe mit den Schülern: „Leben“ 273
Der Weinstock: Gemeinschaft in der göttlichen Liebe 273
„Knechte“ und „Freunde“ 277
Hass der irdischen Welt 281
Der „Beistand“ in der Traurigkeit 286
Zwei Ebenen der Gemeinschaft 289
Die neue Selbstständigkeit der Schüler 291
Begriffliches Wissen und spirituelle Erkenntnis 293

Verbindung der göttlichen Ordnung mit den Schülern: „Wort“ 296
Der „Sohn“ und der „Vater“ 296
Der „Sohn“, die „Seinen“ und der „Vater“ 299
Die Schüler in der irdischen Welt 302
Die siebenfache spirituelle Matrix, verbunden mit den Schülern 305

3. Teil a): Überwindung der Welt durch den vollkommenen spirituellen Menschen 309
Das Opfer des vollkommenen spirituellen Menschen 309

Gefangennahme: Überwindung der irdischen Gewalt 311
Verrat des Judas: Preisgabe des Schülertums 312
„Ich bin's“: spirituelle Stärke 313

Verhör vor den Hohenpriestern: Überwindung der geistlichen Macht 315
Verleugnung des Petrus: Fehlende Zivilcourage im Schülertum 318

Verhör vor Pilatus: Überwindung der weltlichen Macht 320
Anklage: „König der Juden“ 322
„Was ist Wahrheit?“ 324
„Ecce homo“ 326
Anklage: „Gottes Sohn“ 327
Druck der geistlichen auf die weltliche Macht 331

Kreuzigung 334
Die Mutter Jesu und der geliebte Schüler: Glaube und Erkenntnis 337

„Es ist vollbracht“ 339

3. Teil b): Überwindung des Todes durch den vollkommenen spirituellen Menschen 345

Tod 348
„Geist“, „Wasser“ und „Blut“: Aspekte des Opfers 349

Kreuzabnahme und Grablegung: Vorbereitung der Auferstehung 353

Auferstehung 355
Das leere Grab: Die irdische Dimension ist verlassen 355
Maria Magdalena: spirituelle Verbindung zum Auferstandenen 359

Weitere Begegnungen mit dem Auferstandenen 362
Die Schülergemeinschaft: spirituelle Verbindung zum Auferstandenen 362
Thomas: Glaube und Erfahrung 366
Die „Zeichen“ des Johannesevangeliums 370
Grundbedingungen der öffentlichen Arbeit der Schüler 371
Der Fischfang: erste Grundbedingung 371
Das Mahl: zweite Grundbedingung 374
Spirituelle Liebe: dritte Grundbedingung 375
Petrus und der geliebte Schüler: Tatkraft und Erkenntnis 380
Der Verfasser des Evangeliums nach Johannes 382
Die Wirkungen des vollkommenen spirituellen Menschen in der Welt 384

Literatur 387

Vorbemerkung

Im Johannesevangelium stecken, wie in den anderen Evangelien auch, gewaltige spirituelle Energien. Es zeigt einen spirituellen Erfahrungsweg, der von Jesus, dem vollkommenen spirituellen Menschen, gebahnt wird und von seinen Schülern, damals wie heute, nachvollzogen werden will. Indem es diesen Weg zeigt, vermittelt es auch die Kraft, ihn zu beginnen.

Dieses Buch ist ein Versuch, das Johannesevangelium durch genaue Befragung des Textes so zu interpretieren, dass die von ihm vermittelten Einsichten und Kräfte dem heutigen Leser verfügbar werden. Was der Evangelist in Bildern und Gleichnissen vorträgt, wird in Begriffe übersetzt, die dem modernen Bewusstsein gemäß sind. Das Evangelium wird nicht „entmythologisiert". Im Gegenteil: Seine „Mythen" werden als zentrale Bestandteile gesehen und als geistig-seelische Realitäten verstehbar gemacht.

Dabei werden die textkritischen Ergebnisse der philologisch-theologischen Forschung mit einbezogen, jedoch nur als Hilfsmittel. Als Hauptsache genommen würden sie, wegen ihrer vorwiegend historischen Orientierung, das Verständnis des Evangeliums eher erschweren und es seiner auffordernden und ermutigenden Kraft berauben. Es stellt ja keine einmaligen historischen Ereignisse dar, an deren lebensentscheidende Bedeutung geglaubt werden müsste. Es schildert exemplarische historische Ereignisse, zeitlose Gesetzmäßigkeiten, die damals ihren historischen Niederschlag gefunden haben, aber immer wieder historisch werden können, wenn ein Gesandter aus der Welt des Geistes in Jesu Spuren Schüler um sich schart, ihnen auf dem spirituellen Weg vorangeht und sie ihm folgen, zur Auferstehung ihres wahren geistigen, seelischen und leiblichen Wesens.

Die spirituellen Erfahrungen, die der heutige Schüler auf diesem Weg macht, sind unter Umständen sogar intensiver und umfassender als damals. Denn er kann auf der Arbeit Jesu und aller ihm nachfolgenden Gesandten und Schüler aufbauen. „Ihr werdet größere Dinge tun als ich", sagt Jesus.

Das Johannesevangelium ist ein Dokument des ursprünglichen, spirituellen Christentums, das sein eigentliches Wesen noch gar nicht hat entfalten können. Das spirituelle Christentum ist kein matter Erlösungsglaube und keine Lebensversicherung auf die ewige Seligkeit. Es ist revolutionäre spirituelle Theorie und Praxis. In ihm nehmen die Gesetze und Kräfte der Welt des „Lichtes" Gestalt an, um die Welt der „Finsternis", unsere Welt, zu durchdringen und zu verwandeln. Es zeigt und ermöglicht der Menschheit und dem Einzelnen ihre Aufgabe zwischen diesen beiden Welten und den Weg, der zur Erfüllung ihrer Bestimmung führt.

Prolog: Das Weltbild des Johannesevangeliums

1, 1 Im Anfang war das Wort, und das Wort war bei Gott, und das Wort war Gott. 2 Dieses war im Anfang bei Gott. 3 Alle Dinge sind durch dasselbe geworden, und ohne das Wort ist auch nicht eines geworden, das geworden ist. 4 In ihm war Leben, und das Leben war das Licht für die Menschen. 5 Und das Licht scheint in der Finsternis, und die Finsternis hat es nicht angenommen.

Der Evangelist beschreibt zu Beginn Entstehung, Aufbau und Entwicklung der Welt und der Menschheit. Er entwirft ein Weltbild, in das er die im Evangelium geschilderten Ereignisse einbettet.

Es ist ein spirituelles Weltbild, kein materialistisches. Das materialistische Weltbild beruht auf empirischen Sinneswahrnehmungen, die vom Verstand geordnet und begrifflich verarbeitet werden. Die dieses Weltbild erzeugenden Organe – Sinne und Verstand – sind aus den Substanzen und nach den Gesetzen der materiellen Erscheinungswelt aufgebaut und können daher die spirituelle Welt niemals erkennen. Der Evangelist jedoch betrachtet Welt und Menschheit mit einem spirituellen Wahrnehmungs- und Erkenntnisorgan. Es ist aus den spirituellen Gesetzen und Kräften der Welt aufgebaut und gibt daher die spirituelle Welt wieder. Sein Weltbild beruht auf diesem spirituellen Erkenntnisorgan.

Er verlangt vom Leser nicht, dass er dieses Weltbild blind für wahr halte. Er wendet sich vielmehr an das in jedem Menschen zumindest latent vorhandene spirituelle Erkenntnisorgan, welches, falls entwickelt, das spirituelle Weltbild als Wirklichkeit und Wahrheit bewusst erfassen kann.

„Wort", „Leben", „Licht"

„Im Anfang war das Wort." „Wort" ist griechisch „Logos". „Logos" bedeutet Ordnung, Gesetzmäßigkeit, Weisheit, schöpferische Intelligenz. In moderner Ausdrucksweise würde man „steuernde Information" sagen. Diese schöpferische Intelligenz oder „steuernde Information" wird vom Evangelisten „Gott" genannt. Sie *ist* Gott. Gott ist für ihn kein anthropomorphes Wesen mit den zu höchster Vollkommenheit und Macht gesteigerten guten Eigenschaften des irdischen Menschen. Gott ist die Struktur der Schöpfung, die ihr zu Grunde liegende schöpferische Information und Gesetzmäßigkeit, ihr Ursprung, der in ihr ständig weiterwirkt und ihre Entwicklung vorantreibt. Gott ist nur ein anderer Name für die schöpferische Intelligenz und Information, die Welt und Menschheit hervorgebracht hat, unaufhörlich beeinflusst und dynamisch bewegt – von innen her, so wie das schöpferische Grundprinzip eines Baumes den Baum erzeugt, sein Wachstum und Leben ermöglicht und seine Gestalt bestimmt –, nicht von außen her, so wie etwa ein Handwerker einen Stuhl fertigt.

Man könnte diese das ganze All durchdringende schöpferische Intelligenz, die Gott ist, mit einem ungeheuren Kraftliniensystem vergleichen. Denn das Wort, der

Logos, war und ist zugleich Leben: Bewegung, Dynamik, Energie. Die Information ist schöpferisch und energiegeladen. Auch das Leben ist, soweit es von der ursprünglichen Intelligenz erfüllt und bewegt wird, Gott.

Und schließlich ist das Leben Licht. Licht ist für den Evangelisten ein Bild für Bewusstsein, für klares, erleuchtetes Bewusstsein, für erkennendes Denken. Wenn der Logos zum Licht der Menschen wird, so heißt das, dass im Menschen aus Information und Energie Bewusstsein und Erkenntnis entstehen, und zwar spirituelle Erkenntnis, Erkenntnis der Art, wie sie der Evangelist in seinen Anfangssätzen zum Ausdruck bringt.

Die Dreiheit von „Wort", „Leben" und „Licht" wird zu Beginn der ersten Schöpfungsgeschichte der Bibel im Alten Testament beschrieben: „Der Geist Gottes schwebte über den Wassern. Und Gott sprach: Es werde Licht!" (1.Mose 1, 2–3). Auf diese Verse bezieht sich der Verfasser des Johannesvangeliums in seinem Prolog. Der Geist Gottes, das göttliche „Wort", schwebte über den Wassern, dem göttlichen „Leben". Aus der Einwirkung des göttlichen Wortes, des zeugenden Prinzips, auf das göttliche Leben, das empfangende Prinzip, entsteht wie in einer Widerspiegelung Bewusstsein – „Licht". Gott ist sich seit Ewigkeit seiner selbst – als Information und Energie – bewusst. Er wird sich auch all seiner Schöpfungen und Geschöpfe bewusst sein, die noch aus ihm, als dem „Wort" und dem „Leben" hervorgehen werden. Und er wird das göttliche „Licht" *in* ihnen sein.

Der deutsche Begriff „Wort" ist eine sehr gute Übersetzung des griechischen „Logos", da der Begriff sowohl den Logos selbst enthält als auch dessen Wirkungen und Eigenschaften: Leben und Licht. Das menschliche Wort ist erstens Gesetzmäßigkeit, Struktur und Information, zweitens Klang, Vibration und Energie, und drittens Ausdruck von Bewusstsein, ja vielleicht sogar Bedingung von Bewusstsein. Es ist schöpferische, energetische Information, eine Kraftlinie, durch die Bewusstsein gebildet wird und zum Ausdruck kommt. Es ist tatsächlich alles das, was Goethes Faust vom göttlichen „Anfang" verlangt: Sinn, Kraft und Tat.

Die Worte „Wort", „Leben" und „Licht" beschreiben nicht nur die Struktur des göttlichen Alls als Information, Energie und Bewusstsein und das Zusammenspiel dieser drei Aspekte Gottes. Sie beschreiben auch einen Prozess ihrer Entfaltung zu einer göttlichen Schöpfung mit göttlichen Geschöpfen. Denn die drei Aspekte Gottes: Wort, Leben und Licht wirken, nachdem sie sich als Dreiheit in der ursprünglichen Einheit Gottes offenbart haben, erneut in den „Wassern", der göttlichen Energie. Gott „spricht" erneut. So entstehen „im Anfang" aus göttlichem „Wort", „Leben" und „Licht" eine vollkommene göttliche Schöpfung – nicht mit der uns bekannten unvollkommenen Schöpfung identisch –, und vollkommene göttliche Geschöpfe: „Ebenbilder Gottes". Der erste Schöpfungsbericht des Alten Testaments (1. Mose 1,4–2,3) schildert das Werden dieser vollkommenen Schöpfung und der vollkommenen Geschöpfe, von denen Gott, die „Elohim", sagen: „Es war sehr gut."

Zuerst entsteht als Wirkung des göttlichen Wortes in der Energie ein Gebiet, das man als Bereich der „Formen" kennzeichnen könnte, sodann als Wirkung des göttlichen Lebens in der Energie ein Gebiet, in dem sich „organisches Leben" manifestiert, drittens ein Gebiet der „Empfindung“ als Wirkung des Lichtes in der Energie und aus der Widerspiegelung der drei ursprünglichen Aspekte in diesen drei Gebieten ein viertes Gebiet des „Denkens“.

Innerhalb dieser göttlichen Schöpfung und mit ihr entwickeln sich Geschöpfe Gottes. Sie sind aus dem göttlichen Wort, Leben und Licht hervorgegangene Geistwesen und tragen daher diese Prinzipien in sich. Es sind die ursprünglichen Menschen, die „Ebenbilder Gottes“. Ihre Bestimmung ist es, zum Bewusstsein ihrer selbst und Gottes als ihres Ursprungs zu gelangen. Daher umhüllen sie sich mit „Körpern“, die sie sich aus den Schöpfungsgebieten und deren Stoffen bilden. Aus dem Gebiet der „Formen“ erbauen sie sich einen materiellen Körper, aus dem Gebiet des „organischen Lebens“ einen vegetativen Körper und aus dem Gebiet der „Empfindung“ einen Empfindungskörper. Aus der Widerspiegelung der drei Geistprinzipien in diesen drei Körperhüllen ergibt sich in den Geschöpfen „Denken“, ein vierter Körper, womit sie am Schöpfungsgebiet des „Denkens“ teilhaben. Sie erlangen also mittels ihrer drei Körperhüllen ein denkendes Bewusstsein von sich selbst, von der Welt mit ihren verschiedenen Gebieten, und von Gott, aus dem sie als Geistwesen hervorgegangen sind.

Diese Bewusstwerdung ist das Geschehen am siebten Schöpfungstag. Die Bibel schildert es, indem sie sagt: Und Gott „ruhte am siebten Tag“ (1. Mose 2,2). Die Geistgeschöpfe lassen ihre körperlichen Hüllen von „Wort“, „Leben“ und „Licht“ durchdringen und gelangen so zum Bewusstsein ihrer selbst, zum Bewusstsein der Welt und Gottes.

Der ursprüngliche Mensch bringt als „Ebenbild Gottes“ im Handeln das göttliche „Wort“, im organischen Leben das göttliche „Leben“ und im Empfinden das göttliche „Licht“ rein zum Ausdruck. Als vollkommenes Geschöpf ist er siebenfach: dreifach als Teil des göttlichen „Wortes“, „Lebens“ und „Lichtes“, und dreifach als materielle, vegetative und emotionale Körperlichkeit, die den drei göttlichen Prinzipien Ausdruck verleiht, während sein siebtes Glied das Denken ist, das zwischen Prinzip und Ausdruck vermittelt. Auch in diesem Geschöpf Gottes schwebt das „Wort“ – das zeugende Prinzip, über den „Wassern“ – dem empfangenden Prinzip, und durch die Widerspiegelung des einen im andern ergibt sich Licht: denkendes Bewusstsein. Die Aufgabe des Menschen als „Ebenbild Gottes“ ist die Verwirklichung der drei göttlichen Prinzipien mittels seiner vierfachen Gestalt, bei vollem Bewusstsein und immer eins mit den göttlichen Prinzipien, aus denen er hervorgegangen ist.

Gott setzt mithin, wie ein Künstler ein Kunstwerk, seine Eigenschaften „Wort“, „Leben“ und „Licht“ aus sich heraus, indem er durch und aus Energie Gebiete entstehen lässt, die diesen Eigenschaften entsprechen, und Geschöpfe hervorbringt, die sich körperliche Hüllen aus diesen Gebieten erzeugen. Und wie sich ein Künstler im Kunstwerk selbst, und in verschiedenen Kunstwerken verschiedene seiner Eigenschaften erkennt, so erkennt sich Gott nicht nur durch die Widerspiegelung des „Wortes“ im „Leben“, sondern auch in seinen Schöpfungen, die er mittels „Wort“, „Leben“ und „Licht“ aus sich heraussetzt. Wenn ein Mensch als Ebenbild Gottes sich selbst und seinen göttlichen Ursprung erkennt, so erkennt sich in ihm auch Gott selbst.

Denn anders als beim Künstler ist das Kunstwerk Gottes, sein Geschöpf, etwas Lebendiges. Es ist ja selbst eine schöpferische Kraftlinie und aus dem schöpferischen Kraftliniensystem, das Gott ist, hervorgegangen. Deshalb ist es, wenn weit genug entwickelt, fähig, auch selbst zu erkennen, als was es von Gott gedacht ist. Der Mensch als Ebenbild Gottes, in dem das „Wort“ mittels des „Lebens“ zu „Licht“ geworden ist, kann sich selbst als schöpferische Kraftlinie Gottes, als einen aus dem göttlichen Denken hervorgegangenen Gedanken erkennen, ja er kann Gott, das schöpferische Kraftliniensystem, aus dem er hervorgegangen ist, erkennen. Als Geschöpf, in dem das „Licht“ wirksam geworden ist, kann er das „Licht“, Gott, erkennen. Und da er als Gedanke Gottes selbst göttlich ist, erkennt sich Gott in ihm und durch ihn.

Noch mehr: Da der Mensch als Ebenbild Gottes Gott, Gottes Eigenschaften und die Art, wie sie sich als Formen verwirklichen und Gott Ausdruck geben, in sich selbst erkennen kann, ist er in der Lage, an dieser Entfaltung Gottes schöpferisch mitzuwirken. Er kann anderen Geschöpfen dazu verhelfen, ihrerseits Formen zu werden, die Gottes Eigenschaften gut und schön ausdrücken. Er kann seinesgleichen behilflich sein, Körperhüllen zu bilden, die das Licht Gottes empfangen und ihrerseits ausdrücken. Zu diesem Ziel ist er aus Gott hervorgegangen, und indem er dieses Ziel erfüllt, trägt er zur immer größeren Herrlichkeit Gottes bei.

„Im Anfang“ ist zeitlich zu verstehen, aber auch ursächlich. Zeitlich insofern, als der Evangelist von dem „Zeit“punkt spricht, da überhaupt die Entfaltung des „Wortes“ als Ordnung, Energie und Bewusstsein begann, da also die Schöpfung der Welt begann und Zeit und Raum entstanden. Ursächlich aber insofern, als Gott Ursprung und Ziel aller Dinge ist, der sie unaufhörlich als in ihnen wirkende Kraft erhält und ihrer Bestimmung entgegendrängt. Dieser Ursprung ist unauslotbar, ursachenlose Ursache, tief wie ein unerschöpflicher Brunnen, aus dem immer wieder bisher verborgene Eigenschaften Gottes in dafür geeigneten Körpern zum Ausdruck gelangen und sich ihrer selbst bewusst werden: eine unendliche Reihe unausdenkbarer Möglichkeiten. Deshalb heißt es auch: das „Wort“ war bei Gott. Es ist Gott als Information, Energie und Bewusstsein. Aber Gott ist noch mehr, noch tiefer. Er ist Ursprung auch des „Wortes“, unvorstellbare, grundlose Tiefe. Das „Wort“ schöpft Gott nicht aus. Es ist nicht Gott in seinem ganzen Umfang und seiner ganzen Tiefe. Es ist daher bei Gott.

„Wort“, „Leben“, und „Licht“ entsprechen der Dreifaltigkeit Vater, Heiliger Geist und Sohn. „Wort“, die schöpferische Ordnung, in der alle Möglichkeiten enthalten sind, ist der „Vater“. „Leben“, die Energie, in der und mit der diese Ordnung wirkt, ist der „Heilige Geist“. „Licht“, Ergebnis dieser Zusammenwirkung von aktiv und passiv, von „Vater“ und „Mutter“ (im Hebräischen ist „Geist“ weiblich), ist der „Sohn“, das denkende Bewusstsein, das Selbstbewusstsein im Menschen und in der Welt. Vater, Heiliger Geist und Sohn sind eine Einheit, da Gott immer in Gestalt von Information, Energie und Bewusstsein gleichzeitig auftritt und sämtliche Vorgänge in der Welt von Information, Energie und Bewusstsein hervorgerufen und bestimmt werden. Es sind nicht drei Personen nach Art sichtbarer Erscheinungsformen – dann könnten sie niemals eins werden. Es sind drei Prinzipien, die im ganzen All und allen

Geschöpfen und Ereignissen ungetrennt zusammenwirken und auf immer vielgestaltigeren Ebenen in immer vielgestaltigeren Formen die Eigenschaften Gottes – Information, Energie, Bewusstsein – zum Ausdruck bringen.

Licht und Finsternis

Dieses Licht des göttlichen Bewusstseins, der Erkenntnis Gottes, „scheint", so fährt der Evangelist fort, „in der Finsternis, und die Finsternis hat es nicht angenommen". Was ist denn diese Finsternis? Gibt es ein Gebiet, in dem Gott nicht ist und das nicht aus Gott hervorgegangen ist? Vorher hieß es doch, „ohne das Wort ist auch nicht eines geworden, das geworden ist". Es liegt auf der Hand: Wenn das Licht die Erkenntnis Gottes ist, muss die Finsternis die Nicht-Erkenntnis Gottes sein.

Wodurch ist diese Nicht-Erkenntnis bedingt? Es ist offenbar eine Störung im Prozess der Selbstentfaltung Gottes und seiner Geschöpfe eingetreten. Dadurch sind eine Schöpfung und Geschöpfe entstanden, die in ihrer Erscheinungsform „Wort" und „Leben" nicht zum Ausdruck bringen und sie daher auch nicht erkennen können. Der Evangelist hatte mit der Schilderung einer vollkommenen, ursprünglichen Schöpfung begonnen, in der tatsächlich „Wort" zu „Leben" und „Leben" zum „Licht für die Menschen" wird. In ihr sind alle Geschöpfe aus dem „Wort" und dem „Leben", aus der Ordnung und dem Willen Gottes, aus göttlicher Information und Energie geboren. In ihnen entsteht daher auch der „Sohn", das Licht der Erkenntnis. Sie haben Erkenntnis Gottes.

Durch eine wie immer geartete Störung sind aber auch eine unvollkommene Schöpfung und Geschöpfe entstanden – die gegenwärtigen Menschen –, die, wie weiter unten Vers 13 angibt, aus dem „Blut", dem „Fleischeswillen" und dem „Manneswillen" geboren sind. Sie haben Nicht-Erkenntnis Gottes, Finsternis. „Blut" ist die Bezeichnung für die animalische Seele dieser Geschöpfe, für Wünschen, Begehren, Hoffen, für Ehrgeiz, Herrschsucht und Habsucht, mit einem Wort, für alles, was in den Empfindungen des gegenwärtigen Menschen und der Tiere lebt. „Manneswille" ist die Bezeichnung für das biologische Leben und seine dynamische Tendenz zur Fortpflanzung, wie es auch schon bei den Pflanzen, dann aber erst recht bei Tier und Mensch zum Ausdruck kommt. „Fleischeswille" schließlich ist die Bezeichnung für die Bedürfnisse des materiellen Körpers, der träge bestrebt ist, sich in der Materie zu behaupten. Mit „Blut", „Manneswillen" und „Fleischeswillen" sind daher drei Gebiete der unvollkommenen Schöpfung benannt, die alle durch Selbsterhaltungstrieb und Selbstbehauptung, man könnte auch sagen: durch den „Willen zur Macht" charakterisiert sind.

Wer aus diesen Prinzipien „Blut", „Manneswillen" und „Fleischeswillen" geboren ist, *kann* Gott als „Wort", „Leben" und „Licht" nicht erkennen, da er den Gesetzen der Selbsterhaltung und Selbststeigerung folgt. Er gehört zur Finsternis, zur Nicht-Erkenntnis Gottes. Nur wer frei vom Trieb nach Selbsterhaltung und Selbststeigerung ist, der immer nimmt, kann Gott erkennen, der immer gibt. Geburt aus dem „Wort" und Geburt aus dem „Willen zur Macht" schließen einander aus. Die ganze sichtbare Schöpfung, einschließlich des gegenwärtigen Menschen, ist nach Auffassung des Evangelisten aus dem „Blut", dem „Fleischeswillen" und dem „Manneswillen" hervorgegangen und gehört somit, einschließlich des Menschen, zur „Finsternis", die das „Licht", die Erkenntnis Gottes, nicht angenommen hat, ja nicht annehmen kann.

Alle drei Prinzipien hindern den Menschen an der Erkenntnis des „Lichtes", indem sie das spirituelle Erkenntnisorgan, das die göttliche Welt schauen würde, betäuben. Das irdische „Blut" veranlasst den Menschen zur Empfindung der Welt nur durch die Sinne und verblendet ihn dadurch; der „Manneswille" als von sich selbst eingenommene, nichts neben sich duldende Leidenschaft richtet sich ebenfalls allein auf die Sinnenwelt; und der „Fleischeswille" als träge Gewohnheit lässt den Menschen an den irdischen Dingen haften, die nur die Bedürfnisse des Körpers befriedigen.

Der gegenwärtige siebenfache Mensch

Die drei Aspekte der vollkommenen Lichtschöpfung oben und der unvollkommenen Finsternisschöpfung unten stehen einander spiegelbildlich gegenüber. Göttliches „Licht", Bewusstsein oben, entspricht der irdischen Empfindung unten, göttliches „Leben" oben entspricht dem irdischen Lebenswillen unten, und die Ordnung des göttlichen „Wortes" oben der trägen, kristallisierenden Tendenz des Fleisches unten. Mit seiner spirituellen Anlage gehört der Mensch zu den drei oberen Aspekten „Wort", „Leben" und „Licht", mit seinem irdischen Wesen, seiner irdischen Persönlichkeit, verkörpert er die drei unteren Aspekte „Blut", „Manneswillen" und „Fleischeswillen". Zwischen oben und unten liegt sein Denken. Es ist seine Fähigkeit, oben und unten zu verbinden.

Auf diese Weise ist der Mensch ein siebenfaches Wesen: Wäre sein Denken, wie in der ursprünglichen Lichtschöpfung, ein spirituelles Wahrnehmungsorgan, so könnte er die drei oberen Prinzipien „Wort", „Leben" und „Licht" empfangen und auf den drei unteren Ebenen in Empfindung, Vitalität und Handeln umsetzen. Die drei unteren Ebenen würden auf die drei oberen abgestimmt und ihr Ausdruck sein. Sie wären keine Finsternis. Da jedoch der gegenwärtige Mensch nur aus „Blut", „Fleischeswillen" und „Manneswillen" lebt, gehört er, als irdischer Mensch, zur Finsternisschöpfung. Sein Denken ist nicht empfänglich für die Einflüsse von oben und arbeitet allein als Instrument der drei unteren Prinzipien. Es ist vom „Willen zur Macht" bestimmt und operiert als rationaler, zweckgerichteter Verstand, verschlossen gegenüber der geistigen Welt.

Diese geistige Welt mit ihren drei Ebenen wirkt nicht mehr unmittelbar im Menschen. Das unterste der drei Geistprinzipien, das „Licht"-Bewusstsein, ist im gegenwärtigen Zustand des Menschen zu einem Bewusstsein der „Finsternis" geworden, einem begrenzten Ich-Bewusstsein, nur aus den Eindrücken der Sinne und ihrer rationalen Verarbeitung aufgebaut. Würde der Mensch aber sein Denken als spirituelles Wahrnehmungsorgan für die oberen drei Ebenen öffnen, so könnte sich ein intuitiver Verstand entwickeln, der die Impulse von oben nach unten weiterleitet. Der Mensch würde zu einem siebenfachen Wesen, in dem die drei unteren Ebenen harmonisch auf die drei oberen abgestimmt wären. Insbesondere das unterste der drei Geistprinzipien, das „Licht"-Bewusstsein, wäre wieder ein Bewusstsein des „Lichtes", ein spirituelles Bewusstsein, ein unbegrenztes Selbst, eins mit den Gesetzen und Kräften der göttlichen Welt. Dieser Mensch wäre das vollkommene, siebenfache Ebenbild Gottes, von dem der erste Schöpfungsbericht der Bibel spricht.

Wie aber ist die „finstere" Schöpfung entstanden? Sie muss aus Gott entstanden sein. Denn „ohne das Wort ist auch nicht eines geworden, das geworden ist". Der Evangelist stellt und beantwortet diese Frage nicht. Doch alte Mysterienlehren, die sich im Alten Testament niedergeschlagen haben, beantworten sie. Auch das „Leben", die göttliche Energie, ist, wie das „Wort", von Anfang an bei Gott, von Gott und Gott selbst. Wenn es sich, als „Mutter", im Einklang mit dem „Vater", der schöpferischen Information, bewegt, entsteht aus beiden das göttliche Licht, der „Sohn", die Erkenntnis des Vaters. Wenn ein Geschöpf wie der Mensch in dieser Weise aus göttlicher Information und Energie lebt, entsteht in ihm göttliches Bewusstsein, erfüllt sein Denken als spirituelle Erkenntnis und leitet Empfindung, Vitalität und Handeln im Einklang mit diesen oberen Prinzipien.

Es kann aber geschehen, dass sich die Energie verselbstständigt. Der zweite Schöpfungsbericht der Bibel (1.Mose 2, 4–25) nennt diese sich verselbstständigende Energie im Unterschied zu den „Elohim" des ersten Schöpfungsberichts „Jahwe". Er ist ein Teilaspekt der Elohim und erzeugt seine eigene Schöpfung. Sie besteht aus sieben Gebieten, die nicht mehr im Einklang mit der ursprünglichen göttlichen Information sind: irdischer Ordnung, irdischer Energie, irdischem Bewusstsein als den drei oberen Gebieten, und einem Gebiet der Formen, des organischen Lebens und der Empfindung als den drei unteren Gebieten, verbunden durch ein Gebiet des irdischen Denkens. Sie alle sind vom Willen zur Macht durchsetzt. Daher sind auch die in den unteren vier Gebieten dieser Schöpfung entstehenden Körperhüllen, mit denen sich das aus Gott geborene dreifache Geistwesen Mensch umkleidet, nicht mehr im Einklang mit der göttlichen Information. Umgeben von diesen Körperhüllen, die aus dem Prinzip des Blutes, des Manneswillens und des Fleischeswillens entstanden sind, „vergessen" die Geistgeschöpfe die in ihnen wirkende göttliche Information. Das dreifache Geistwesen Mensch verkümmert zu einem dreifachen, unwirksamen Geistprinzip, umkleidet von sich immer mehr verselbstständigenden Körperhüllen, die sich nach den Bedürfnissen des Blutes, Manneswillens und Fleischeswillens entwickeln. So entstehen Menschen, die völlig in den „Eigensinn" ihrer Empfindungen und biologischen und materiellen Bedürfnisse verstrickt sind. Sie sind nicht mehr aus dem „Wort" geboren, sondern nur noch aus Blut, Manneswillen und Fleischeswillen – und deshalb nehmen sie das Licht nicht an, obwohl es in ihnen scheint. Sie können es nicht erkennen, nicht annehmen und nicht daraus leben.

Die aus dem sich verselbstständigenden göttlichen „Leben" hervorgehende Schöpfung mit ihren aus dem Blut, dem Manneswillen und dem Fleischeswillen geborenen Geschöpfen ist somit zwar aus dem „Wort" entstanden und wird noch immer vom „Wort" unterhalten. Sie ist jedoch göttliche Energie ohne unmittelbar wirkende göttliche Information, und deshalb ermangeln sie und ihre Geschöpfe des göttlichen Bewusstseins.

Trotzdem existiert die göttliche Information als latentes dreifaches Geistprinzip in dieser Schöpfung und diesen Geschöpfen weiter und macht sich, wenn auch gebrochen durch den „Eigensinn" der „Finsternis", fortwährend bemerkbar. Es ist wie bei einem Theaterstück, das die Schauspieler einmal erlernt, aber inzwischen vergessen haben. Sie verzerren die ursprüngliche Fassung des Stückes, das aus ihrem Unbewussten heraufwirkt, nach eigener Erfindung und eigenem Geschmack. Sie spielen und sprechen so, dass der ursprüngliche Text kaum noch erkennbar ist. Trotzdem sind sie auf ihn angewiesen, denn neu erfinden könnten sie das Stück nicht.

Ebenso leben die Menschen und die ganze Schöpfung der Finsternis nicht mehr unmittelbar aus der göttlichen Information und geben ihr keinen angemessenen Ausdruck. Daher sind alle ihre Werke unvollkommen, vergänglich, Krankheit, Schmerzen, Geburt und Tod unterworfen. Was nicht den göttlichen Informationsmustern entspricht, muss, mangels Übereinstimmung mit ihnen, vergehen.

Die gesamte sichtbare Natur und der Mensch darin sind diese Finsternis, von der der Evangelist spricht. Struktur und Substanz des irdischen Lebens sind aus dieser Finsternis geboren, weshalb der irdische Mensch das Licht nicht annehmen *kann*. Im Vergleich zur Lichtwelt, zum absolut „Guten", ist die Finsterniswelt durch und durch finster. Trotzdem gibt es in ihr noch eine Tendenz, wieder an ihrem Ursprung anzuknüpfen. Es besteht die Möglichkeit, dass ihre Geschöpfe, die irdischen Menschen, ein verantwortliches Ich-Bewusstsein entwickeln, um ihre Lage zu erkennen und den Weg zurück in die ursprüngliche Schöpfung ins Auge zu fassen. Jahwe, der „Ich-bin-der-ich-bin", ist das Prinzip dieses verantwortlichen Ich-Bewusstseins. Sein „Gesetz" dient diesem Ziel.

Andererseits wirkt in der Finsterniswelt auch eine Tendenz zu noch weiterer Verfestigung in sich selbst und zu weiterer Abkapslung von der ursprünglichen Schöpfung. Es sind Kräfte der Anmaßung und Verblendung, welche die Rückkehr des Menschen in die Lichtwelt verhindern wollen. Der Evangelist nennt diese Kräfte den „Teufel" (8,44).

Die aus Blut, Manneswillen und Fleischeswillen geborenen Ich-Menschen halten die unvollkommene Schöpfung der Vergänglichkeit für die von Gott beabsichtigte vollkommene Schöpfung und sich selbst trotz ihrer Vergänglichkeit schon für „Kinder Gottes". Sie sehen sich selbst als Endziel, statt zu begreifen, dass der Ich-Mensch nur als Übergangszustand und Vorbereitung auf den wieder zu erweckenden Geistmenschen da ist. Anmaßung und Verblendung – und die daraus hervorgehende Abweisung des Lichtes – sind das größte Hindernis für eine direkte Wiederanknüpfung an die göttlichen Informationsmuster und für die Wiederherstellung eines Zustandes, in der die Schöpfung und der Mensch in ihr „Wort", „Leben" und „Licht" verwirklichen.

Wiederanknüpfung zwischen oben und unten

1, 6 *Es trat ein Mensch auf, von Gott gesandt, mit Namen Johannes.* ***7*** *Dieser kam zum Zeugnis, um von dem Licht zu zeugen, damit alle durch ihn gläubig würden.*
8 *Nicht war jener das Licht, sondern zeugen sollte er von dem Licht.*

Es gibt die Möglichkeit der Wiederanknüpfung zwischen oben und unten: von oben her, weil Menschen „von Gott gesandt" werden, die in der Finsternis vom Licht zeugen oder das Licht *sind*, und von unten her, weil in den aus der irdischen Natur geborenen Menschen noch das dreifache Geistprinzip, wenn auch verkümmert, als spirituelle Anlage vorhanden ist. Es kann aktiviert werden. Wenn das geschieht, ist der Mensch „aus Gott gezeugt" und damit in der Lage, das Licht „anzunehmen".

Entscheidend ist die Wiederanknüpfung von oben. Der Evangelist spricht von Johannes dem Täufer als einem „von Gott Gesandten". Dass jemand „von Gott gesandt" ist, setzt voraus, dass er ein „aus Gott Gezeugter" ist, einer, der kraft dieser Zeugung in der göttlichen Welt verankert ist. Solche aus Gott gezeugten Menschen können sich in zwei „Entwicklungsstadien" befinden: dem Entwicklungsstadium der Vorbereitung auf die Erleuchtung und dem Zustand der Erleuchtung selbst. Entsprechend ist ihre jeweilige Persönlichkeit, die aus der „Finsternis" geboren ist, in unterschiedlicher Verfassung.

Johannes der Täufer ist ein Mensch, dessen spirituelle Anlage erwacht ist. Sie bekommt Kraft und Einsicht, um sich nach den Gesetzen der spirituellen Welt zu entwickeln, daraus zu leben und zu handeln. Daher ist er „von Gott gesandt". Aber er ist noch nicht erleuchtet, die Informationsmuster und Kräfte der göttlichen Welt sind ihm noch nicht bewusst geworden. Deshalb ist seine aus der „Finsternis" geborene Persönlichkeit noch nicht zu einem vollständigen Ausdruck des Lichtes verwandelt. Sie ist vorläufig nur verändert. Sie lebt und handelt nach ethischen Prinzipien, derart, dass sie die weitere Entwicklung des spirituellen Menschen fördert. Auch das Bewusstsein Johannes des Täufers ist noch ein begrenztes Ich-Bewusstsein, nicht ein bewusst gewordenes unbegrenztes Selbst.

Die ethische Persönlichkeit aber und das ethische Gesetz, unter dem sie steht, sind Ergebnis von Impulsen aus der göttlichen Welt. Deshalb ist Johannes der Täufer „von Gott gesandt". Er verkörpert das alttestamentarische Gesetz und das alttestamentarische Leben unter dem Gesetz. Aber das alttestamentarische Gesetz, selbst von der göttlichen Welt gegeben, dient nur der Vorbereitung des Menschen auf eine spirituelle Entwicklung, in der seine eigentliche Bestimmung liegt. Darum verkörpert Johannes der Täufer kein Ziel der menschlichen Entwicklung, sondern nur einen Schritt auf dieses Ziel hin. Er verkündet dieses Ziel, er „zeugt" davon. Er ist ein Prophet, der auf den vollkommenen spirituellen Menschen hinweist und dessen Vorläufer ist.

Jesus andererseits ist ein Mensch, der dieses Ziel verkörpert. Er ist der vollkommene spirituelle Mensch, wie Johannes der Täufer aus der göttlichen Welt hervorgegangen und mit ihr verbunden. Aber er ist sich ihrer Gesetze und Kräfte bewusst geworden. Er ist erleuchtet vom göttlichen „Licht" und besitzt ein unbegrenztes Selbst-Bewusstsein. Entsprechend wird seine aus der „Finsternis" geborene Persönlichkeit vollständig verwandelt, vom Licht durchdrungen und zum Ausdrucksorgan des Lichtes. Er verkörpert am Ende seines Weges in der Welt der Finsternis den vollkommenen, siebenfachen spirituellen Menschen der vollkommenen Schöpfung.

Jesus ist selbst Licht, ein Strahl des göttlichen Lichtes. Er zeugt nicht nur vom Licht wie Johannes der Täufer, sondern ist als Licht, als Erkenntnis Gottes, eins mit dem göttlichen „Licht", und daher auch eins mit dem göttlichen „Leben" und dem göttlichen „Wort".

Die Erkenntnis Gottes, die sich in solchen Menschen wie Jesus manifestiert, ist das Licht, das göttliche Bewusstsein. Das in ihnen wirkende Licht ist eins mit dem göttlichen Licht, dem „wahren Licht“, das jeden wahrlich Mensch Gewordenen erleuchtet. Wenn der Evangelist von Jesus als dem „einzigen Sohn des Vaters“ spricht (Vers 14), so bezieht er sich darauf, dass in Jesus, wie in jedem erleuchteten Menschen, das göttliche Bewusstseinslicht als solches wirkt, untrennbar von dem individuellen Strahl, als der es sich in Jesus manifestiert. Dieses göttliche „Licht“ selbst ist, geboren aus dem göttlichen „Wort“ und dem göttlichen „Leben“, nur *eines*, der „einzige Sohn des Vaters“. Doch jeder erleuchtete Mensch, auch Jesus, ist ein individueller Strahl dieses Lichtes. Deshalb ist er ein einzelner „Sohn des Vaters“, und deshalb gibt es viele „Söhne des Vaters“.

Wenn ein außergewöhnlicher Mensch, in dem von Anfang an das „Wort“ wirkt, in der irdischen Welt geboren wird – sei es ein Johannes der Täufer, sei es ein Jesus –, nimmt der materialistische Beobachter an, das sei dem Zufall zu verdanken, vielleicht einer „Mutation“ im Sinn der biologischen Evolutionstheorie. Doch für den Evangelisten ist ein solcher Mensch „von Gott gesandt“. Eine göttliche Gesetzmäßigkeit lenkt Empfängnis und Geburt in der irdischen Natur so, dass die aus Blut, Mannes- und Fleischeswillen geborene Persönlichkeit wie ein Gefäß das dreifache Geistprinzip des Gesandten in sich aufnehmen kann. Eine göttliche Gesetzmäßigkeit bestimmt Eltern, Zeitpunkt und Ort der irdischen Geburt eines solchen Gesandten. Und sein dreifaches, aus „Wort“, „Leben“ und „Licht“ geborenes Geistprinzip entfaltet sich, ohne durch die Körperhüllen der Finsternis allzu sehr behindert zu werden, kraft seiner besonderen Verbindung mit dem Licht bis zur vollen Wirksamkeit.

Die „Seinen“

1, 9 *Das wahre Licht, das jeden Menschen erleuchtet, kam in die Welt.* ***10*** *Es war in der Welt, und die Welt ist durch ihn geworden, und die Welt erkannte ihn nicht.* ***11*** *Er kam in das Seine, und die Seinen nahmen ihn nicht auf.* ***12*** *So viele ihn aber aufnahmen, denen gab er Anrecht darauf, Kinder Gottes zu werden, denen, die an seinen Namen glauben,* ***13*** *welche nicht aus Blut noch aus Fleischeswillen noch aus Manneswillen, sondern aus Gott gezeugt sind.*

Die Wiederanknüpfung von unten an das Licht von oben ist möglich, weil das Licht von oben in Gestalt eines Vorläufers – Johannes des Täufers – und eines Verwirklichers – Jesu – in die Finsternis scheint. Doch muss von unten eine Antwort auf das Licht von oben erfolgen. Es muss unten, in der Finsternis, Menschen geben, die „aus Gott geboren“ sind. Denn was ist das „Seine“, in das das Licht in Gestalt von Jesus kommt, und wer sind die „Seinen“? Das „Seine“ ist das aus Gott gezeugte Geistprinzip in allen Menschen. Und wer sind die „Seinen“? Es sind alle Menschen, die das dreifache, aus „Wort“, „Leben“ und „Licht“ gezeugte Geistprinzip besitzen. Es ist in der Regel unter den Körperhüllen der Finsternis verkümmert und wie schlafend. Aber wenn es wach wird, glauben diese Menschen „an seinen Namen“.

„Name" bezeichnet in der Antike das Wesen des Benannten, den Kern seiner Existenz. Und „glauben" ist im Johannesevangelium nicht das Fürwahrhalten von Tatsachen oder Aussagen, sondern eine Aufgeschlossenheit für jemanden oder etwas. „An seinen Namen glauben" bedeutet somit: aufgeschlossen sein für den „Namen" Jesu, das Wesen Jesu. Es bedeutet, aufgeschlossen sein für die Möglichkeit des Seins und Lebens, die durch Jesus verkörpert wird, mit anderen Worten: aufgeschlossen sein für das Licht, für das göttliche Bewusstsein, für das wahre Selbst. Diese Aufgeschlossenheit kann nur aus der Anlage im Menschen, auf das Licht zu reagieren, hervorgehen. Nur wer „aus Gott gezeugt" ist, kann auch „an seinen Namen glauben".

In der Regel reagieren die „Seinen", das heißt die Menschen mit einem „aus Gott gezeugten" dreifachen Geistprinzip, nicht nachhaltig auf das Licht. Die „Seinen nahmen ihn nicht auf". Wenn sie aber reagieren, können sie „Kinder Gottes" werden. Das dreifache Geistprinzip, die Anlage im Menschen, auf das Licht zu reagieren, kann sich so entfalten, dass sie das Licht auch wirklich empfängt. Die Fähigkeit, göttliches Licht, Erleuchtung zu empfangen, wird durch das göttliche Licht selbst angeregt. Dadurch wird der Mensch auf lange Sicht in die Lage versetzt, ein „Kind Gottes" zu werden. Aus göttlichem „Wort" und „Leben" wird „Licht" geboren, der „Sohn", ein Bewusstsein, das eins mit dem Bewusstsein des „Vaters" ist. Das göttliche „Licht", der einzige „Sohn", gibt dem dafür empfänglichen Menschen das „Anrecht", „Kind Gottes", einer von vielen Söhnen Gottes, zu werden. Das griechische Wort für „Anrecht" kann auch einfach mit „Macht" übersetzt werden. Das göttliche Licht gibt der spirituellen Anlage im Menschen die Macht, sich zu entfalten, bis er die Erleuchtung erlangt und zum „Kind Gottes" wird.

Wer dieses Anrecht einlöst, wird durch das Licht erleuchtet, das jeden zum göttlichen Bewusstsein veranlagten Menschen erleuchtet. Er entfaltet seine spirituelle Anlage dadurch, dass er „an seinen Namen glaubt". Er zeigt Aufgeschlossenheit für das göttliche Licht. Der Prozess der Entfaltung des Geistprinzips, der bewusste Empfang dieses Lichtes und die bewusste Reaktion darauf, wird seit alters als spiritueller Weg oder auch als Mysterienweg bezeichnet.

Der Text lässt keinen Zweifel daran: Der aus der irdischen Natur, aus Blut, Manneswillen und Fleischeswillen geborene Mensch ist nicht das Kind Gottes, ebenso wenig, wie die irdische Natur die ursprüngliche göttliche Schöpfung ist. Sie ist Finsternis, nur mittelbar aus dem „Wort" lebende und daher unvollkommene Schöpfung. Der aus dieser unvollkommenen Schöpfung geborene Mensch ist ebenfalls Finsternis, die das Licht nicht annehmen *kann*. Das Licht annehmen und Kind Gottes werden kann nur der aus dem dreifachen Geistprinzip geborene spirituelle Mensch. Der aus der unvollkommenen Schöpfung geborene Mensch mit seinen drei Aspekten Blut, Manneswillen und Fleischeswillen sowie dem darauf abgestimmten zweckgerichteten Denken und dem begrenzten Ich-Bewusstsein ist weder ein Kind Gottes, noch kann er ein Kind Gottes werden. Er ist beschränkt auf das, was aus Unwissenheit (Blut), Lebenskraft (Manneswillen) und Trägheit (Fleischeswillen) hervorgeht. Jede Bemühung des aus der Finsternis geborenen Menschen, aus sich selbst ein Kind Gottes zu *machen*, das das göttliche Licht empfängt, ist zum Scheitern verurteilt. Er kann zwar seine irdischen Eigenschaften weiterentwickeln, aber sie bleiben doch immer in den Grenzen der Finsternis, mag er auch in der Verblendung der Finsternis manches Erreichte für Licht halten.

Der Evangelist sagt, dass die „Seinen" Jesus, das Licht, die Impulse aus der göttlichen Welt, nicht aufnahmen. Nur wenige von den Seinen nahmen ihn auf, nur wenige betraten einen spirituellen Weg. Warum? Das aus dem Licht geborene Geistprinzip wird von der Finsternis umgeben und verdeckt, ja unterdrückt. Der irdische Mensch mit seinen drei Aspekten Blut, Manneswillen und Fleischeswillen, von denen sein irdisches Denken und Ich-Bewusstsein abhängen, dominiert und verhindert die Entfaltung des spirituellen Menschen, des unbegrenzten wahren Selbst, welches die eigentliche Identität des Menschen ist. Nur wer diese Sachlage erkennt – und das ist möglich, weil göttliches „Wort" und „Leben" das Bewusstsein immer erhellen *wollen* –, hat eine Chance, sich so zu verhalten, dass sich sein wahres Selbst entwickelt, das sich selbst behauptende Ich-Bewusstsein der Finsternis entwurzelt und die aus der Finsternis geborenen Körperhüllen vollständig verwandelt.

Dann wird der siebenfache irdische Mensch, in dem die zwei oberen göttlichen Aspekte „Wort" und „Leben" latent geworden und der untere göttliche Aspekt „Licht" zu einem begrenzten Ich-Bewusstsein degeneriert war, wieder zu einem „Kind Gottes", einem siebenfachen göttlichen Menschen. Er besteht aus drei wirksamen göttlichen Aspekten – das Ich-Bewusstsein ist im wahren Selbst, dem unteren dieser drei Aspekte, aufgegangen –, intuitivem Denken und drei wirksamen irdischen Aspekten, deren Finsternis vom Licht vollkommen erhellt und beseitigt worden ist.

Der Evangelist betont: Nur wer aus Gott *gezeugt* ist, kann auf das Licht reagieren. Nur wenn das dreifache Geistprinzip in einem Menschen wieder wach wird, kann er auf das Licht reagieren. Und die Reaktion kann nur dadurch erfolgen, dass das aus Gott Gezeugte auch wirklich entfaltet wird. Aus Zeugung muss Geburt und Wachstum werden. Allein durch die Entfaltung des wahren Selbst können die latenten drei Aspekte göttliches „Wort", „Leben" und „Licht" im Menschen wirksam, kann das Ich der Finsternis vom wahren Selbst „verschlungen" und können das Denken und die drei Aspekte der irdischen Welt vom Licht verwandelt werden.

Nur so wird ein Mensch zum „Kind Gottes". Ein bloßes Ritual, etwa eine Taufe oder eine Bekehrung in Form einer Änderung der Weltanschauung genügt dafür nicht.

Die allermeisten Menschen leben (noch) aus dem Ich-Bewusstsein, dem Brennpunkt für Verstand, Blut, Mannes- und Fleischeswillen. Auch wenn in ihnen die Anlage zum Kind Gottes vorhanden ist und sie prinzipiell zu den „Seinen" gehören, sind sie der Finsternis, der Welt der Erscheinungen verhaftet, ohne Bedürfnis, in die Welt des Lichtes einzugehen. Nur vereinzelt finden sich Menschen, die einen spirituellen Weg gehen oder danach suchen. Für sie im Besonderen ist das Johannesevangelium geschrieben. Die (noch) vollständig aus und in der Finsternis lebenden Menschen haben kein Interesse für die Gesetze und Vorgänge, die das Johannesevangelium schildert, und können sie auch nicht verstehen – es sei denn, die Anlage zum Kind Gottes in ihnen beginnt sich zu entwickeln. Zwar ist auch für sie die „frohe Botschaft" – das „Evangelium" – geschrieben, doch reagieren sie nicht darauf und verstehen sie nicht. Für jene dagegen, die sich nach dem Licht sehnen und unter der Finsternis leiden, ist das Johannesevangelium wirklich eine frohe Botschaft. Denn nichts ist ihnen lieber, als die in ihnen angelegte Bestimmung, Kind Gottes zu werden, zu verwirklichen. Nur dann fühlen sie sich im Einklang mit sich selbst, mit ihrem erwachenden wahren Selbst. Nur wenn sie einen spirituellen Weg gehen, haben sie die Empfindung, ihrer Bestimmung zu entsprechen.

Fleischwerdung des „Wortes"

1, 14 *Und das Wort ward Fleisch und wohnte unter uns, und wir schauten seine Herrlichkeit, eine Herrlichkeit, wie sie der einzige [Sohn] von seinem Vater hat, voll Gnade und Wahrheit.*

Die Entfaltung des wahren Selbst geschieht nicht von selbst. Sie muss durch Kräfte und Impulse aus der göttlichen Welt in Gang gesetzt und in Gang gehalten werden. Deshalb wird das Wort „Fleisch". Es in-karniert (lateinisch caro = Fleisch).

Das göttliche Wort in seinen drei Aspekten umkleidet sich mit den Körperhüllen eines irdischen Menschen, um den irdischen Menschen auf ihrer Ebene begegnen zu können. Indem es als „Wort" einen materiellen Körper mit „Fleischeswillen" annimmt, begibt sich die göttliche schöpferische Freiheit ins Reich der Kausalität. Indem es als „Leben" einen mit dem „Manneswillen" durchdrungenen organischen Körper annimmt, begibt sich von göttlicher Information strukturierte Energie ins Reich der Leidenschaften. Und indem es sich als „Licht" mit irdischer Empfindung, dem „Blut", verbindet, begibt sich die bewusste Wahrnehmung göttlicher Information und Energie ins Reich der Verblendung. Es nimmt ein aus Kausalität, Leidenschaften und Verblendung aufgebautes Ich-Bewusstsein an, welches das Selbst-Bewusstsein des Geistes verdunkelt.

Es tritt also ein Mensch auf – Jesus –, in dem „Wort", „Leben" und „Licht" mit einer Ich-Persönlichkeit bekleidet sind, die aus Fleischeswillen, Manneswillen und Blut lebt. Aber dieser Mensch steht in besonderer Verbindung mit „Wort", „Leben" und „Licht". Sie ist so stark, dass er im Lauf der Zeit sein wahres Selbst, das aus Gott gezeugte Selbst, entfalten und das irdische Ich seiner Persönlichkeit in diesem wahren Selbst aufgehen lassen kann. Ja, in den Kräften des Geistes verwandelt er sodann die drei Körperhüllen der Persönlichkeit vollständig. Es entsteht eine neue dreifache Ausdrucksform für die drei oberen Aspekte: eine neue Empfindung, die dem göttlichen Licht entspricht, eine neue Vitalität, die dem göttlichen Leben entspricht, und ein neues Handeln, das dem schöpferischen Wort entspricht. Das Ich-Bewusstsein und der rationale Verstand, sonst von den drei Aspekten der Finsternis beherrscht, werden durch das Bewusstsein des wahren Selbst, das Licht ist, und durch einen intuitiven Verstand ersetzt. Ein neuer, siebenfacher Mensch, Jesus, als wahres Selbst bewusst aus den drei göttlichen Aspekten lebend und sie in der verwandelten Persönlichkeit zum Ausdruck bringend, wirkt in der Menschheit als Sohn Gottes.

„Fleischwerdung" des Wortes bedeutet somit zweierlei:

Ein Mensch wie Jesus, der „aus Gott gezeugt" ist und daher zum Licht gehört, „umkleidet" sich mit einer Ich-Persönlichkeit, die aus Blut, Manneswillen und Fleischeswillen geboren ist und deshalb zur Finsternis gehört. Er umkleidet sich mit dem „Fleisch“ der Finsternis.

Dieser Mensch verwandelt dann aber die aus der Finsternis gezeugte Ich-Persönlichkeit vollständig und macht sie zu einem Selbst mit *neuer* Empfindung, *neuer* Lebenskraft und *neuer* Leiblichkeit. Er umhüllt sich mit dem ganz andersartigen „Fleisch“ des Lichtes.

Die „Herrlichkeit“, oder der „Glanz“ Gottes, ist nichts anderes als eine dreifache äußere Form Gottes, die seinen drei Eigenschaften „Wort“, „Leben“ und „Licht“ reinen Ausdruck gibt. Sie ist das „Fleisch“ des Lichtes. Daher können alle, die sich wie Jesus zu dieser neuen Ausdrucksform verwandeln lassen, seine „Herrlichkeit“, die Herrlichkeit Gottes und des „Sohnes Gottes“, schauen. Die „Seinen“, die zu Söhnen Gottes werden oder geworden sind, schauen die Herrlichkeit Gottes, die auch die Herrlichkeit seines Sohnes Jesus ist. Sie schauen damit auch die Herrlichkeit seines einzigen Sohnes, nämlich des göttlichen Lichtes, die identisch mit der Herrlichkeit aller einzelnen Söhne und Kinder des Lichtes ist.

In Jesus ist die Verselbstständigung der Finsternis aufgehoben und das ursprüngliche Verhältnis zwischen göttlicher Information und Energie wiederhergestellt. Er ist der siebenfache vollkommene Mensch der vollkommenen Schöpfung. Die „Wahrheit“, die der Sohn Gottes verkörpert, ist die Übereinstimmung seiner siebenfachen Struktur mit der Struktur der göttlichen Ordnung. Und die „Gnade“, die er vermittelt, ist die von ihm ausgehende Kraft.

Gnade, griechisch Charis, ist Charisma, die von einem Wesen ausgehende Ausstrahlung.

Dadurch, dass Wort, Leben und Licht in Jesus die Finsternis der irdischen Ausdrucksform durchdrungen und zu einer neuen Ausdrucksform, zur „Herrlichkeit“ Gottes, verwandelt haben, können die mit ihm Verbundenen, die in seinem „Gnaden“-Kraftfeld stehen und sein Charisma empfangen, diesen Prozess nachvollziehen. Sie können im eigenen Wesen das sich selbst behauptende Ich im wahren Selbst aufgehen lassen, wodurch göttliches „Wort“, „Leben“ und „Licht“ bewusst in ihnen wirksam werden und eine neue Persönlichkeit, die „Herrlichkeit“ Gottes in ihren drei Aspekten, aufbauen.

Jesus bahnt somit den spirituellen Weg, den Mysterienweg, auf dem ihm andere folgen können. Er stellt „Wort“, „Leben“ und „Licht“ zur Verfügung, durch die latent gewordenes „Wort“, „Leben“ und „Licht“ in den „Seinen“ wieder aufleben und Fleischeswillen, Manneswillen und Blut zu einer neuen Ausdrucksform verwandeln können. Das ist die „Gnade“, die „wir“, die „Seinen“, die ihm folgen, aus seiner „Fülle“ empfangen (Vers 16). Darin besteht die „Erlösung“: im Nachvollzug des Prozesses, den Jesus vorlebt, und in der Wiederherstellung des ursprünglichen Verhältnisses von „Geist“ und „Fleisch“, von Information und Energie. Ohne einen Erlöser geht es nicht. Aus seiner „Fülle“ müssen die ihm Nachfolgenden „Gnade um Gnade“ nehmen, um selbst den Prozess der neuen Menschwerdung vollziehen zu können.

Aber sie müssen ihn auch wirklich selbst vollziehen. *Glauben* sie nur an die Gnade und *vollziehen* den Prozess nicht, bleiben sie die alten. Sie müssen die Gnade, die Kraft des „Wortes“, „Lebens“ und „Lichtes“, von seiner Fülle nehmen und den

Erlösungsprozess in sich selbst verwirklichen. In der Kraft des göttlichen „Wortes" lebt dann die göttliche, schöpferische Weisheit in einem unbegrenzten Selbst an Stelle eines begrenzten Ich wieder auf und verwandelt den „Fleischeswillen", die Essenz der trägen Materie. In der Kraft des göttlichen „Lebens" lebt die göttliche Liebe im unbegrenzten Selbst wieder auf und verwandelt den „Manneswillen", das von Leidenschaften bestimmte biologische Leben. Und in der Kraft des göttlichen „Lichtes" lebt das göttliche Bewusstsein, das Freiheit ist, im wahren Selbst wieder auf und verwandelt das „Blut", die irdische Empfindung, die sich gegenüber der göttlichen Welt verschließt.

Der Evangelist hatte nicht ausgeführt, wie die Finsternis aus dem Licht entstanden war. Er stellt jedoch fest, dass gegenwärtig eine vom Licht getrennte Welt der Finsternis existiert. Im Geschöpf „Mensch" hat sich die göttliche Energie – „Leben" – von der göttlichen Information – „Wort" – abgekoppelt und geht ihre eigenen Wege. Sein unbegrenztes Selbst mit Körper, Vitalität und Empfindung, die, vermittelt durch das Denken, dreifacher Ausdruck von „Wort", „Leben" und „Licht" sein sollten, ist zu einem begrenzten Ich geworden, das nicht von „Wort", „Leben" und „Licht" durchstrahlt ist. Es ist, vom Licht getrennt, Finsternis, und identifiziert sich mit aus Finsternis: Fleischeswillen, Manneswillen und Blut, geborenen Körperhüllen. Wird aber der Mensch zum „Kind Gottes", indem er das Eigentum des Lichtes, die Anlage zum Licht im eigenen Wesen, entwickelt, so wird die Finsternis durch das Licht aufgehoben und die Trennung zwischen Finsternis und Licht beseitigt. Auf lange Sicht wird so die ganze Finsternis – die aus dem „Fleisch" geborene Menschheit und die ihr entsprechende Schöpfung – wieder vom Licht durchstrahlt sein.

Gegenwärtig kommen in Menschheit und Schöpfung die Eigenschaften Gottes – Form, Leben, Empfindung und Denken – nur äußerst verzerrt zum Ausdruck. Der Prozess der Selbstoffenbarung Gottes in seinen Geschöpfen ist nachhaltig gestört. Aber die göttliche Welt sendet Menschen wie Johannes den Täufer und Jesus, um diese Störung aufzuheben. Sie wirkt so, dass Menschheit und Schöpfung mit Hilfe dieser Gesandten wieder zum Ausdruck der Welt des Lichtes werden können. Es steht ein großer Entwicklungsschritt der Menschheit an: die Wiederanknüpfung an den ungestörten Prozess der Selbstoffenbarung Gottes. Wenn dieser Entwicklungsschritt vollzogen und das Denken des Menschen als intuitives Denken Mittler zwischen den drei oberen Prinzipien und den verwandelten drei unteren Prinzipien geworden ist, kann Gott weitere seiner Eigenschaften, immer umfassendere Eigenschaften, dem erleuchteten wahren Selbst mitteilen und über die drei Körperhüllen des Menschen zum Ausdruck bringen.

Die Menschheitsentwicklung

1, 15 *Johannes zeugt von ihm und ruft: Dieser war es, von dem ich gesagt habe: „Der nach mir kommt, ist vor mir gewesen; denn er war als Erster vor mir."* ***16*** *Aus seiner Fülle haben wir ja alle empfangen, und zwar Gnade um Gnade.* ***17*** *Denn das Gesetz ist durch Mose gegeben worden, die Gnade und die Wahrheit ist durch Jesus*

Christus gekommen. ***18*** *Niemand hat Gott jemals gesehen; der einzige Sohn, der im Schoß des Vaters ist, der hat Kunde [von ihm] gebracht.*

Zum zweiten Mal kommt der Evangelist auf das Verhältnis von Johannes dem Täufer und Jesus zu sprechen. Beim ersten Mal hatte er dieses Verhältnis allgemein charakterisiert. Es war das Verhältnis eines aus Gott gezeugten, aber der Finsternis noch verhafteten Menschen – der gleichwohl, da er die Finsternis durch ein ethisches Leben schwächt, das Licht schon erkennen und von ihm zeugen kann –, zu einem aus Gott gezeugten, frei von der Finsternis gewordenen Menschen, in dem das Licht unmittelbar gegenwärtig ist und die Finsternis von Grund auf verwandelt. Jetzt werden Johannes der Täufer und Jesus konkreter nach der Stellung charakterisiert, die sie in der Entwicklung der Menschheit einnehmen. Diese Entwicklung verläuft von der Ewigkeit in die Zeit, in der die Menschen, unbewusst, in die Finsternis verstrickt sind, und wieder zurück zur Ewigkeit. Wenn sich die Menschen ihrer Verstrickung in der Finsternis bewusst werden, wieder am Licht des Geistes anknüpfen und so das ursprüngliche Verhältnis zwischen göttlicher Welt und Persönlichkeit wiederherstellen, gehen sie bewusst in die Ewigkeit ein.

Johannes der Täufer spricht von drei Grundgesetzen der Menschheits- und Weltentwicklung und bettet sein Verhältnis zu Jesus darin ein. Er sagt von Jesus, dieser sei als Erster vor ihm gewesen. Denn Jesus lebt aus der Ewigkeit, während er, Johannes der Täufer, noch der Finsternis, der Zeiträumlichkeit angehört, die sich aus der Ewigkeit herausentwickelt und gegen sie gekehrt hat. Aber im Prozess der Wiederherstellung des richtigen Verhältnisses zwischen Zeit und Ewigkeit tritt Johannes als erster auf. Er bereitet dem Licht in der Finsternis den Weg. Deshalb kommt Jesus in der zeiträumlichen Entwicklung *nach* Johannes dem Täufer. Darin drückt sich ein Grundgesetz der Weltentwicklung aus. Die „höheren“ Eigenschaften Gottes, die in der göttlichen Welt über den „niedrigeren“ stehen, erscheinen in der Zeiträumlichkeit *nach* den niedrigeren.

Zuerst kommt in der Zeiträumlichkeit die Form, etwa des Kristalls. Sie ist in der Ewigkeit die „niedrigste“ Eigenschaft Gottes, die allen „höheren“ Eigenschaften Ausdrucksmöglichkeit gibt. Dann erscheint in der Zeiträumlichkeit das Pflanzenreich. Es bringt vegetatives Leben, die Eigenschaft Gottes, die in der Ewigkeit über der materiellen Form ist, zum Ausdruck. Danach folgt das Tierreich mit dem Prinzip der Empfindung, einer Eigenschaft Gottes, die in der Ewigkeit dem Leben übergeordnet ist. Und zuletzt kommt der Mensch mit seinem Denken. Diese Eigenschaft Gottes umfasst in der Ewigkeit die anderen drei und ist ihnen übergeordnet.

Sodann spricht Johannes der Täufer vom zweiten Grundgesetz der Menschheitsentwicklung, dem Gesetz der „Gnade“. Der Mensch kann nur erlöst werden und in sich das richtige Verhältnis zwischen Zeit und Ewigkeit wiederherstellen, wenn ihm ein Sohn Gottes vorangeht, der in besonderen spirituellen Kräften diese Wiederherstellung vollzieht. Nur dadurch kann der Mensch, in diesen Kräften, den Weg der Wiederherstellung nachvollziehen. Er nimmt von der Fülle der spirituellen Kraft, die Jesus freisetzt. Er empfängt „Gnade um Gnade“, Charis, die vom Befreier ausstrahlende Kraft, die in ihm das wahre Selbst erweckt und die Lösung aus der Verstrickung in die Finsternis ermöglicht.

Das dritte Grundgesetz der Menschheitsentwicklung wird von Johannes dem Täufer an Hand des Verhältnisses von Mose und Jesus charakterisiert. Die Wiederherstellung des richtigen Verhältnisses zwischen Zeit und Ewigkeit erfolgt in zwei Stufen. Ausgangssituation ist die völlige Trennung von Finsternis und Licht. Die Finsternis hat sich zum Maß aller Dinge gemacht. Sie hat das Licht, das im wahren Selbst des Menschen bewusst werden könnte, total verdrängt und kennt nur sich selbst. In diesem Zustand lebt der Mensch wie ein Tier allein aus seinen Instinkten und hält die zeiträumliche Welt der Finsternis, die erscheinende Materie, für die einzige Welt, die wesentliche Welt, die Welt an sich. Von der Welt der Ewigkeit ahnt er nichts.

Die erste Stufe der Wiederherstellung ist die Entstehung eines selbstständigen, verantwortungsvollen Ich-Bewusstseins. Sie ist durch das „Gesetz" des Alten Testaments und Mose gekennzeichnet. Das „Gesetz" hat den Zweck, den aus Instinkten lebenden Menschen zu einem Menschen zu machen, der sich seiner selbst bewusst wird und ein Ich entwickelt, das die Verstrickung in der Finsternis erkennt, das Licht ahnt, das in die Finsternis hineinscheint, und ein ethisches Verhalten an den Tag legt, welches der Entfaltung des Lichtes günstig ist. Diese erste Stufe der Menschheitsentwicklung führt bis zu Johannes dem Täufer, der als verantwortliches Ich zwar noch der Zeiträumlichkeit verhaftet ist, aber prinzipiell schon zur Ewigkeit gehört, da er sie erblicken und von ihr zeugen kann. Er ahnt einen Zustand des Menschen, der der zweiten Stufe der Wiederherstellung entspricht.

Diese zweite Stufe wird durch Jesus Christus verkörpert. Es ist die Stufe der „Wahrheit", des wiederhergestellten Einklangs zwischen der dreifachen Persönlichkeit mit ihrem Denken und den drei göttlichen Prinzipien „Wort", „Leben" und „Licht". Nur eine solche Existenz ist „wahr": Nur sie stimmt mit der geistigen Grundstruktur des Daseins überein. Jesus ist das voll entfaltete wahre Selbst, in dem göttliches „Wort", „Leben" und „Licht" wieder wirksam sind und ihre Kraft entfalten. Daher wird er der „Christus", der „Gesalbte" genannt. Er ist mit den drei Prinzipien „Wort", „Leben" und „Licht" „gesalbt", das heißt ausgestattet, und wirkt aus ihnen.

Dieser Zustand der Wahrheit und Kraft (Charis) ist der jedem Menschen bestimmte Zustand, der Zustand der Gotteskindschaft, des wiederhergestellten richtigen Verhältnisses zwischen göttlicher Information und Energie. Jesus Christus bringt die Gnade und Wahrheit, die göttliche Kraft und Ordnung, und jeder dafür empfängliche Mensch kann sie entgegennehmen und mit ihrer Hilfe selbst einen Zustand verwirklichen, in dem die göttliche Kraft und Ordnung in ihm voll wirksam sind.

Niemand, der in der Finsternis lebt, kann Gott sehen. Gefangen in der Verblendung des irdischen Blutes, des Manneswillens und des Fleischeswillens hat der Mensch keine Möglichkeit, göttliches „Wort", „Leben" und „Licht" bewusst zu erkennen. Allein das göttliche Bewusstsein, der „einzige Sohn", geboren aus dem „Vater", dem „Wort", und der „Mutter", dem „Leben", kann Gott sehen. Aber Jesus, in dem sich dieser „einzige Sohn", das göttliche Bewusstsein, als einzelner Lichtstrahl manifestiert hat und der dadurch zu einem individuellen Sohn Gottes geworden ist, kann in diesem Bewusstsein Kunde vom Vater geben. Und wer in der Kraft des „einzigen Sohnes“, in seiner „Gnade“, ebenfalls zum Kind Gottes wird, wird diese Kunde von Gott vernehmen, selbst das göttliche Bewusstsein erhalten und Gott sehen.

Er wird dann, wie der einzige Sohn, „im Schoß des Vaters“ sein. Denn jeder erleuchtete spirituelle Mensch ist ein einzelner Strahl des einzigen Lichtes und somit seinem Wesen nach selbst dieses Licht, das aus dem „Vater“, dem göttlichen „Wort“, und der „Mutter“, dem göttlichen „Leben“, hervorgegangen ist.

Der Evangelist spricht nicht davon, dass der *irdische* Mensch mit seinem Ich-Bewusstsein im Schoß des Vaters ruhe. Das irdische Ich stellt sich Gott gern wie einen Vater vor, dem er sich wie ein Ich dem Du nähern könnte. Aber für den Evangelisten ist das irdische Ich aus der Finsternis, aus Blut, Mannes- und Fleischeswillen geboren. Es ist daher als zeiträumliches Wesen von allen anderen Menschen und Dingen abgegrenzt und kann ihnen nur als abgegrenzten Menschen und Dingen begegnen. Wenn es sich einen Vater-Gott als ein Du vorstellt und sich ihm gegenüberstellt, begegnet es als begrenztes Wesen einem von ihm abgegrenzten Wesen und setzt sich dessen Forderungen und Gnadenerweisen aus. Es bleibt begrenzt und sterblich.

Wenn aber ein wahres Selbst, ein spiritueller Mensch, „aus Gott gezeugt“ ist, so ist es unbegrenzt und unsterblich. Es gehört der göttlichen Welt an, und sein Verhältnis zu ihr ist nicht das des Gegenübers, sondern das des Eingebettetseins. Es ist in sie eingebettet, wie eine Zelle in ihren Organismus eingebettet ist. Sie ist aus dem Organismus entstanden, spiegelt alle Eigenschaften des Organismus wider und trägt selbst zum Leben dieses Organismus bei. So auch der spirituelle Mensch als Sohn Gottes: Er ist wie eine Zelle der göttlichen Welt aus dieser entstanden – „aus Gott gezeugt“, weshalb der Evangelist den Bildbegriff „Vater“ verwendet –, lebt aus ihr, manifestiert schrittweise alle ihre Eigenschaften und ist in ihr geborgen wie das Kind im Schoß des Vaters. Mit ihm ist auch die dreifache Persönlichkeit und ihr Denken geborgen, soweit sie sich vom Licht aus der göttlichen Welt verwandeln lässt.

Das Johannesevangelium als spiritueller Text

Schildert das Johannesevangelium historische Ereignisse? Und verlangt es vom Leser, auch vom heutigen Leser, der 2000 Jahre später lebt, Glauben an die Tatsächlichkeit dieser Ereignisse? Verlangt es außerdem Glauben an ihre „Heilsbedeutung“? Soll er glauben, dass sie einem göttlichen „Heilsplan“ entsprungen sind und erlösende Bedeutung für ihn, den Leser, haben? Wäre es so, dann wäre der Verfasser dieses Textes ein Mensch mit gewöhnlichem Sinnenbewusstsein gewesen, der, als Augenzeuge oder späterer Berichterstatter, historische Ereignisse dargestellt hätte. Er wäre zugleich ein Glaubender gewesen, der, wodurch auch immer veranlasst, die Gottgewirktheit und Heilsbedeutung dieser Ereignisse erfasst und dargestellt hätte.

Doch der Verfasser des Johannesevangeliums war ein Mensch mit spirituellem Bewusstsein und intuitivem Denken und hat einen spirituellen Text geschrieben. Er schildert tatsächlich historische Ereignisse. Aber nicht alle Ereignisse sind historisch in dem Sinn, dass sie mit dem Sinnenbewusstsein fotografisch wahrgenommen hätten werden können. In vielen Fällen handelt es sich um geistig-seelische Ereignisse, um Vorgänge im Inneren von Menschen. Sie sind deshalb nicht weniger historisch. Auch seelische und geistige Ereignisse sind historisch. Sie ereignen sich ja in Menschen zu bestimmten Zeiten und an bestimmten Orten, nur dass sie eben nicht fotografisch beobachtet werden können.

Man könnte sogar sagen, der Evangelist schildert überhaupt nur geistig-seelische Realitäten. In manchen Fällen drücken sie sich in konkret sichtbaren Ereignissen und Menschen aus. Dann stellt er sie anhand der historischen Schicksale dieser Menschen dar. In anderen Fällen stellt er sie mittels Bildern dar, den sogenannten „Wundern", oder einfach durch die Worte, die seine Gestalten sprechen. Sie sprechen damit ihr geistig-seelisches Wesen aus, zum Beispiel, wenn Jesus sagt: „Ich bin das Licht der Welt."

Der Evangelist schildert geistig-seelische Realitäten, weil er sie als solche erlebt. Er erlebt sie mit einem intuitiven Denken unmittelbar und sieht zugleich, wie sie sich in sichtbaren Ereignissen und Menschen niederschlagen. Man kann daher die Inhalte des Evangeliums nur wirklich verstehen, wenn man ebenfalls mit intuitivem Denken an sie herangeht. Da aber jeder Mensch, als wahres Selbst, die Möglichkeit intuitiven Denkens keimhaft in sich trägt, kann er sich den geschilderten geistig-seelischen Tatsachen – und den historischen Tatsachen als Ausdruck geistig-seelischer Realitäten – wenigstens annähern. Tut er das, so beginnen die berichteten Realitäten auf ihn zu wirken und ihm ihren Charakter zu enthüllen.

Spirituelle Perspektive

Die erste geistig-seelische Realität des Johannesevangeliums ist das im Prolog skizzierte spirituelle Weltbild. Der Verfasser spricht von der dreifachen spirituellen Grundlage der Welt, von „Wort", „Leben" und „Licht", von der Trennung von „Licht" und „Finsternis", von der dreifachen Grundlage der „Finsternis": Blut, Fleischeswillen, Manneswillen, und von der Möglichkeit für den Menschen, diese Trennung aufzuheben, indem er die Anlage zum spirituellen Menschen in sich vom „Licht" berühren lässt, das „Licht" aufnimmt und damit zum „Kind Gottes" wird. Der Mensch verfügt dann über ein spirituelles Bewusstsein mit intuitivem Denken, erlebt „Wort", „Leben" und „Licht" als Ordnung und Kraft der göttlichen Welt und verwirklicht diese Prinzipien in seinem Leben.

Die in diesem Weltbild dargestellten Realitäten sind zeitlos. Sie gelten nicht nur für die Zeitgenossen des Evangelisten, sondern für jeden Menschen auch der Gegenwart. Er kann anhand dieser Grundlinien seine Stellung in der Welt bestimmen und seine Aufgabe erkennen. Er gehört als sterblicher, irdischer Mensch der Finsternis an, der von Gott getrennten Schöpfung, die höchstens noch ein verzerrter Ausdruck des Lichtes ist. Er besitzt jedoch ein dreifaches Geistprinzip, eine Anlage zum spirituellen Menschen, mit der er zu jenen gehört, die das „Licht" als die „Seinen" bezeichnet. Seine Aufgabe in der Entwicklung der Welt und der Menschheit ist es, diese Anlage zu entfalten, dadurch – wenigstens für sich – die Trennung zwischen Licht und Finsternis aufzuheben und dann aus dem „Licht“, aus einem spirituellen Bewusstsein heraus, anderen, die diese Anlage zum spirituellen Menschen besitzen, bei ihrer Entfaltung behilflich zu sein. So trägt er dazu bei, dass sich die Eigenschaften Gottes in immer größerer Herrlichkeit in ihm und durch ihn offenbaren.

Zeitlosigkeit und Geschichtlichkeit

Die zweite geistig-seelische Realität, die der Evangelist darstellt, ist die Tatsache, dass immer wieder „Gesandte“ aus der Welt des Lichtes in die Finsternis eintauchen, um die „Ihren“ zu berühren und zu wecken. Sie tun das, indem sie sich im Prozess der biologischen Empfängnis und Geburt mit einer irdischen Persönlichkeit „umkleiden“. Sie inkarnieren, sie werden „Fleisch“. Auf diese Weise können sie den „Ihren“, die in der Finsternis verstrickt sind, im Fleisch begegnen und ihnen behilflich sein, die Anlage zum spirituellen Menschen aus den Verstrickungen in der Finsternis zu befreien und ins Licht zu führen. Wenn der Evangelist die Inkarnation von Johannes dem Täufer und von Jesus beschreibt, beide von Gott gesandt, so beschreibt er damit einen historischen Vorgang. Wesen aus der göttlichen Welt umkleiden sich mit einem in der irdischen Welt sichtbaren Körper und werden zeiträumlich.

Doch ein spirituelles Bewusstsein erkennt, dass dieser Vorgang auch einen zeitunabhängigen Aspekt hat. Sein zeitabhängiger, äußerlich beobachtbarer Aspekt zieht sich als Kette von Ursache und Wirkung durch die Jahrhunderte. Immer wieder nehmen Menschen durch Wort, Schrift und Ritual von diesem Vorgang Kenntnis und „glauben“ an seine Tatsächlichkeit. Aber ein spirituelles Bewusstsein weiß, dass die Menschheit ein einziger geistig-seelischer Organismus ist, der die Jahrhunderte durchlebt und sich zeiträumlich in unzähligen Völkern und Einzelschicksalen zum Ausdruck bringt. Wenn Gesandte aus der göttlichen Welt in die irdische Welt hinabsteigen, ist das so, als dränge eine göttliche Information und Energie in diesen geistig-seelischen Organismus ein. Sie wirkt darin – zeitunabhängig – von innen her und sucht ihn umzugestalten. Es ist, wie wenn einzelne Zellen diesen Organismus mit neuer Information präparierten, die allmählich den ganzen Organismus durchdringt und verändert.

Johannes der Täufer und Jesus wirken somit als spirituelle Impulse unaufhörlich im geistig-seelischen Organismus der Menschheit weiter, auch in der Gegenwart, ob jemand davon weiß oder nicht. Johannes der Täufer ist Information und Energie zur Vorbereitung auf die Entwicklung des spirituellen Menschen. Sie können wie ein Anhauch aus dem Irgendwo und Irgendwann jeden Menschen zu jeder Zeit treffen, etwa als Beunruhigung oder Frage: Warum lebe ich eigentlich? Ich bin von meiner eigentlichen Identität getrennt, und diese ist verkümmert. Ich muss mich so verhalten, dass diese Identität die Chance einer Entwicklung erhält. Ich befreie mich daher von jeder Konditionierung und Fremdbestimmung und versuche, meinem eigenen Gewissen und meiner Einsicht zu folgen. Solche Fragen und Gedanken sind Wirkungen Johannes des Täufers, des Vorläufers, im Menschen auch der Gegenwart, selbst wenn dieser nichts von Bibel und Christentum weiß.

Jesus, der Christus, andererseits ist Information und Energie zur unmittelbaren Entwicklung des spirituellen Menschen. Auch diese Information und Energie können wie ein großer Anhauch aus dem Irgendwo und Irgendwann den Menschen der Gegenwart treffen. Der Evangelist beschreibt, wie dieser Anhauch wirken kann: positiv, wenn Menschen sich ihm öffnen und Konsequenzen daraus ziehen, etwa damals die Schüler Jesu, die mit ihm einen spirituellen Weg gingen; negativ, wenn Menschen sich ihm verschließen und ihn bekämpfen, so wie viele Pharisäer und geistliche Führer der damaligen Juden. Die durch Jesus, eine Zelle im geistig-seelischen Organismus der Menschheit, gebrachte spirituelle Information und Kraft aus der göttlichen Welt wirken seitdem unaufhörlich in diesem Organismus fort, ob jemand davon weiß oder nicht, ob jemand daran glaubt oder nicht. Sie können ihn im eigenen Inneren berühren und ihn vor die Wahl stellen, ob er sich dafür öffnen oder verschließen will, ob er seinem tiefsten Wesen, seinem wahren Selbst folgen, oder es verdrängen will.

Damit ist die Verkörperung Johannes des Täufers und Jesu in einer irdischen Persönlichkeit ein historisches, aber zugleich ein zeitunabhängiges Geschehen. Denn die einmal im geistig-seelischen Organismus der Menschheit verankerte Information des ethischen und des spirituellen Menschen ist eine zeitunabhängige Gegebenheit. Sie wirkt ununterbrochen durch die Jahrhunderte weiter, auch in der Gegenwart.

Sie kann nur durch die Menschen selbst an ihrer Wirkung gehindert werden. Die Menschen können sich dagegen verschließen, indem sie sich von ihren irdischen Interessen absorbieren lassen. Sie können die empfangenen Informationen und Energien auch missverstehen und für ihre irdischen Zwecke missbrauchen. Sie können Dogmen aus lebendigen spirituellen Erfahrungen machen und sich in einem Dogmengebäude als Ich-Persönlichkeiten einrichten, die sich kraft historischer Ereignisse Erlösung von allen Leiden und eine Auferstehung am jüngsten Tag erwarten. Sie können lebendige spirituelle Erfahrungen als Aufforderung missverstehen, gewaltsam Paradiese auf Erden zu errichten, statt als Aufforderung, sich selbst vom Licht verändern zu lassen, um so auch die Welt zu verändern. Dadurch wird die immer vorhandene Wirksamkeit der Impulse Johannes des Täufers und Jesu, des Christus, verfälscht oder ganz verschüttet.

Deshalb treten immer wieder Gesandte aus der göttlichen Welt auf, die diese Verfälschungen korrigieren und den Schutt der Missverständnisse wegräumen, um Information und Energie des ethischen und des spirituellen Menschen im geistig-seelischen Organismus der Menschheit aufs neue in aller Reinheit zu verankern. Solche neuen Gesandten gehen in den Spuren der im Evangelium geschilderten großen beiden Gestalten, umgeben sich wie sie mit Schülern und erleben ähnliche, nur auf Grund veränderter zeiträumlicher Bedingungen äußerlich verschiedene Schicksale. Auch in dieser Hinsicht sind daher die Schilderungen des Evangeliums zeitunabhängig: Sie stellen Gesetzmäßigkeiten dar. Immer, wenn ein Gesandter aus der göttlichen Welt spirituelle Informationen und Energien in die irdische Welt bringt oder schon wirkende Informationen und Energien vom Schutt der Jahrhunderte befreit, stellen sich im Wesentlichen die Ereignisse ein, die im Evangelium beschrieben werden.

Aufbau des Johannesevangeliums

Die von Jesus, dem mit dem göttlichen „Wort“, „Leben“ und „Licht“ Gesalbten, gebrachte und im geistig-seelischen Organismus der Menschheit verankerte Information und Energie stellen den vollkommenen spirituellen Menschen dar: das Muster des spirituellen Menschen, nach dem sich im Lauf der Zeit die spirituelle Anlage in allen irdischen Menschen entwickeln soll und wird. Wenn dieser vollkommene spirituelle Mensch im geistig-seelischen Organismus der Menschheit erscheint, gehen von ihm Wirkungen auf diesen Organismus aus. Der spirituelle Mensch, eine Zelle mit besonderer Beschaffenheit, imprägniert ihn bewusst mit seinen Eigenschaften, und diese wirken nun auf alle anderen Zellen ein. Siebenfach ist dieser vollkommene spirituelle Mensch, siebenfach daher auch die Information und Energie, die von ihm ausgehen.

Die Verankerung dieser siebenfachen Information und Energie im Organismus Menschheit entspricht einer siebenfachen Selbstoffenbarung des vollkommenen spirituellen Menschen. Er entfaltet der Reihe nach seine göttlichen Eigenschaften, sieben an der Zahl, und befestigt sie in der irdischen Welt. Wenn er zum Beispiel selbst ein intuitives, auf die göttliche Welt abgestimmtes Denken entwickelt und entsprechende Gedanken denkt, imprägnieren Denken und Gedanken den geistig-seelischen Organismus der Menschheit, wirken fortan als Information und Energie auf die in diesem Organismus lebenden Menschen ein und ermöglichen ihnen den Aufbau eines ähnlichen Denkens und ähnlicher Gedanken. Dasselbe gilt für die Empfindungen, Lebenskräfte und Handlungen der Persönlichkeit sowie für die drei „oberen“, spirituellen Aspekte des Menschen.

So errichtet der vollkommene spirituelle Mensch eine siebenfache Matrix, in der sich die spirituelle Anlage jedes anderen Menschen entwickeln kann: sieben Hüllen, aus denen der vollkommene spirituelle Mensch besteht. Sie drücken sich im Organismus der Menschheit ab und spiegeln von da aus auf die einzelnen Menschen, die Zellen dieses Organismus, zurück. Aus diesen Hüllen können sich die noch unvollkommenen spirituellen Menschen nähren und entfalten, wie sich ein Embryo in der Gebärmutter entfaltet. Der Aufbau dieser siebenfachen Matrix wird im Evangelium unter anderem durch die sieben „Wunder“, die Jesus vollbringt, illustriert. Die damit einhergehende Offenbarung der Eigenschaften des vollkommenen spirituellen Menschen wird durch die großen Ich-bin-Worte Jesu wiedergegeben. Der Evangelist schildert diese Vorgänge bis einschließlich Kapitel 11.

In den Kapiteln 12–17 werden die Schüler Jesu bewusst und rituell mit den sieben Wirkungen dieser Matrix verbunden. Sie empfangen die sieben spirituellen Energien und Informationen, aus denen der vollkommene spirituelle Mensch besteht, bewusst, so dass sie, von dieser Matrix umgeben, selbst die sieben spirituellen Eigenschaften verwirklichen können. Auch dies sind historische Ereignisse, die sich aber stets wiederholen, wenn in späteren Jahrhunderten, auch in der Gegenwart, Menschen einen spirituellen Weg in den Energien und Informationen des vollkommen spirituellen Menschen gehen. Die damaligen Gesetzmäßigkeiten gelten auch heute. Was sich damals auf dem spirituellen Weg der Schüler Jesu ereignet hat, kann sich auch heute ereignen, wenn Menschen unter Leitung eines Gesandten, der in den Spuren des vollkommenen spirituellen Menschen geht, die spirituelle Anlage im eigenen Wesen entwickeln. Denn die dafür erforderlichen Energien und Informationen sind im Organismus der Menschheit vorhanden, ja drängen die „Ihren“ sogar zu einem solchen Weg. Auch der aufgeschlossene Leser des Evangeliums, der einen solchen spirituellen Weg nicht geht, erhält durch die Lektüre einen Vorgeschmack von den Erlebnissen und Verhaltensweisen auf diesem Weg.

Am Ende fällt Jesus, der Gesalbte, Verkörperung des vollkommenen spirituellen Menschen, der Feindseligkeit der irdischen Menschen zum Opfer. Er hatte sich schon während seines ganzen Lebens für seine „Freunde“, seine Schüler und Anhänger, „geopfert“. Er hatte ihnen all seine Kräfte und Eigenschaften vorbehaltlos zur Verfügung gestellt und sich selbst als „Nahrung“ für die sich entwickelnden spirituellen Menschen gegeben. Damit verhielt er sich als „Sohn Gottes“ wie sein „Vater“, der sich und all seine Kräfte und Eigenschaften unaufhörlich in die Welt ergießt, sie dadurch erhält und ihre Entwicklung ermöglicht.

In dieser Haltung verharrte Jesus auch seinen „Feinden“ gegenüber, die ihn Zeit seines Lebens verfolgten und schließlich gewaltsam töteten. Auf diese Weise ließ er seine Gegner die Wahrheit der göttlichen Welt erfahren, mochten sie sich auch dagegen sträuben. Gerade durch ihre negative Reaktion verbanden sie sich unauflöslich mit der Wahrheit, die seitdem in ihnen, obwohl sie ihr feindlich gesinnt sind, weiterwirkt und eines Tages auch vor ihrem Bewusstsein stehen wird. Die Menschheit ist, auch soweit sie der göttlichen Welt feindlich ist, mit dieser Wahrheit „imprägniert“ und sieht sich immer von neuem damit konfrontiert.

Zugleich schuf Jesus, indem er Hass und Gewalt ertrug, die Voraussetzung dafür, dass auch seine Schüler auf ihrem spirituellen Weg die damit verbundene Gegnerschaft und Gewalt der irdischen Menschen ertragen und überwinden konnten. Denn wenn *ein* Mensch im geistig-seelischen Organismus der Menschheit eine unvergleichliche Tat vollbringt, so öffnet er dadurch die Möglichkeit für alle anderen, ihm Nachfolgenden, die gleiche Tat zu vollbringen.

Jesus löste außerdem auf seinem Weg allen Lebenshunger in der von ihm angenommenen irdischen Persönlichkeit auf, alle Ruhmsucht, Herrschsucht und Habsucht und die damit verbundene Angst. Er löste damit die Ursachen des Todes auf. Denn ein Leben, das aus dem Lebenshunger: aus Blut, Fleischeswillen und Manneswillen geboren ist, ist sterblich. Wer aber die Wurzeln dieses irdischen Lebens auflöst, indem er ein aus Gott geborenes Leben an dessen Stelle entstehen lässt, überwindet den Tod. So überwand Jesus schon während des Lebens die Ursachen des Todes und ersetzte das vergängliche irdische durch ein unvergängliches spirituelles Leben.

Mit beidem: der Überwindung der Welt und der Überwindung des Todes in seinen besonderen spirituellen Kräften bahnte Jesus für alle ihm später Nachfolgenden im geistig-seelischen Organismus der Menschheit den Weg, ihrerseits die Welt und den Tod in der Wahrheit und Kraft des vollkommenen spirituellen Menschen zu überwinden. Die Ereignisse der Passion und der Auferstehung Jesu, die in Kapitel 18 bis 21 des Evangeliums geschildert werden, werden dadurch exemplarisch. Sie waren – als Ausdruck der spirituellen Erfahrungen Jesu mit der irdischen Welt und dem physischen Tod – historisch, werden aber immer wieder historisch, wenn ein Mensch, auch in der Gegenwart, irdische Welt und Tod überwindet und als spiritueller Mensch mit neuem, für irdische Augen unsichtbarem geistigen Leib, aufersteht.

Somit ist die Fleischwerdung des Wortes mit den sich daraus ergebenden Folgen, wie sie im Johannesevangelium geschildert werden, kein einmaliger Akt, der sich vor 2000 Jahren ereignet hat und dem heutigen *irdischen* Menschen das ewige Leben am jüngsten Tag verschafft, wenn er nur an die Tatsächlichkeit dieses Aktes und seine „Heilsbedeutung" glaubt. Die Fleischwerdung des Wortes und die sich daraus ergebenden Folgen sind zeitlose Gesetzmäßigkeiten und Wirkungen, an denen der spirituelle Mensch der Gegenwart genau so Teil haben kann wie der der Vergangenheit und der Zukunft. Fleischwerdung des Wortes heißt: Eine Matrix als Muster des vollkommenen spirituellen Menschen wird in der Finsternis der irdischen Welt errichtet. Die Errichtung ist zu einer bestimmten Zeit geschehen. Aber da nun die Matrix einmal errichtet ist, kann sie immer wieder als Geburtenschoß für den spirituellen Menschen dienen. Die „Seinen" haben auch heute Macht, Kinder Gottes, Söhne Gottes zu werden, indem sie diese Matrix auf sich wirken lassen.

Vergleich mit den Synoptikern

Das ganze Johannesevangelium durchziehen die intensivsten Bemühungen und Auseinandersetzungen um Erkenntnis. Unaufhörlich fragen die „Juden", das heißt die geistlichen Führer des Judentums, Jesus: Wer bist du? Johannes der Täufer gibt ausführliche Erklärungen zu seiner Identität und der Identität Jesu. So mancher Geheilte wird von Beobachtern gefragt: Wer war es, der dich geheilt hat? Die Menschen versuchen immer wieder, Situationen und Wesen auf den Grund zu gehen. Pilatus fragt: „Was ist Wahrheit?"

Denn das Johannesevangelium stellt im Vergleich zu den drei anderen, synoptischen Evangelien den mentalen Aspekt des spirituellen Weges dar. Was ereignet sich insbesondere im Denken des Menschen, der den spirituellen Weg geht? Die Grundprinzipien dieses Weges sind in allen vier Evangelien dieselben. Und auch die Synoptiker schildern aus der Perspektive des intuitiven Denkens. Aber sie betonen jeweils einen besonderen Aspekt der Ich-Persönlichkeit, die diesen Weg geht: den emotionalen, vital-organischen und den Handlungsaspekt. Dass sich das Johannesevangelium auch im Aufbau gravierend von den drei synoptischen Evangelien unterscheidet, hat seinen Grund in der Betonung des Denkens.

Gerade im Denken ereignet sich die Auseinandersetzung zwischen Rationalität und Spiritualität. Das Denken soll sich auf dem spirituellen Weg, ohne die Rationalität dort aufzugeben, wo sie am Platz ist, spirituellen Einflüssen öffnen und zum intuitiven Denken werden. Deshalb spielen im Johannesevangelium die Begegnungen Jesu, der das intuitive Denken vergegenwärtigt, mit den geistlichen Führern des Judentums, die dogmatisch allein auf dem rationalen Denken beharren, eine wesentliche Rolle. Weit häufiger und heftiger als in den anderen Evangelien stoßen hier der vollkommene spirituelle Mensch und die „Juden“ aufeinander.

Außerdem stellt das Denken – im Bereich der „Finsternis“ die zweckgerichtete Rationalität, im Bereich des „Lichtes“ die dem Licht geöffnete Intuition – das Verbindungsglied zwischen Licht und Finsternis dar. In ihm vor allem machen sich „Wort“, „Leben“ und „Licht“ bemerkbar, wenn der Mensch einen spirituellen Weg geht, und verwandeln die irdischen Aspekte der Persönlichkeit. Das Denken erkennt auf dem spirituellen Weg die Existenz einer göttlichen und einer irdischen Welt und ihre gegenwärtige Trennung. Es erkennt die Bemühungen des Lichtes, die Finsternis ins Licht zurückzuholen. Es erkennt, wie „Wort“, „Leben“ und „Licht“ sich in einem Menschen inkarnieren und eine siebenfache Matrix in der irdischen Welt errichten, in der sich die spirituelle Anlage des Menschen entwickeln kann.

Trotzdem stellt das Johannesevangelium weniger den spirituellen Weg selbst dar – wie das die drei anderen Evangelien jeweils auf ihrer Ebene tun –, als die Wirksamkeit des vollkommenen spirituellen Menschen, der durch den Aufbau einer siebenfachen Matrix diesen Weg im Organismus der Menschheit verankert und so für alle Zeiten offenhält. Der göttliche Mensch, der Christus, der Gesalbte, steigt aus der göttlichen Welt herab, offenbart sich der Reihe nach in den sieben Aspekten des spirituellen Menschen, erbaut die Matrix dieses spirituellen Menschen und verbindet sie mit seinen „Freunden“. Er erträgt die Verfolgungen seiner „Feinde“, um, nach der bewussten Überwindung der Welt und des Todes, wieder in die göttliche Welt hinaufzusteigen. Dem entspricht auch die unterschiedliche Beschaffenheit der „Wunder“ im Johannesevangelium und bei den Synoptikern. Bei den Synoptikern sind „Wunder“ Wirkungen des spirituellen Menschen auf den Zustand irdischer Menschen (die durch das „Volk“ vergegenwärtigt werden). Er heilt entweder seelische Unordnung – das sind die „Krankenheilungen“ – oder beseitigt seelische Unfreiheit – das sind die „Dämonenaustreibungen“. Im Johannesevangelium dagegen beschreiben die „Wunder“, wie der vollkommene spirituelle Mensch in sieben Schritten eine spirituelle Ordnung an die Stelle irdischer Ordnung setzt.

Symbole und Bilder

Der Evangelist sieht Dinge und Wesen aus der Perspektive des intuitiven, von den göttlichen Prinzipien durchlichteten Denkens. Der Interpret seines Evangeliums muss versuchen, sich auf der Höhe dieses Denkens zu halten, wenn er das Evangelium und die Darstellungsart des Evangelisten verstehen will. Er wird dann bemerken, dass alle äußeren Ereignisse für den Evangelisten nur insofern wichtig sind, als sie Ausdruck von geistig-seelischen Realitäten sind. Jesus zum Beispiel ist für ihn Verkörperung des intuitiven Denkens, in dem sich zugleich die göttlichen Prinzipien „Wort“, „Leben“ und „Licht“ offenbaren und die irdische Persönlichkeit verändern. Alles, was Jesus tut, ist Aktivität dieser göttlichen Prinzipien. Genau so sieht der Evangelist aus seiner Höhe den Charakter und das Wesen der Schriftgelehrten und geistlichen Führer. Sie verkörpern ebenfalls eine geistig-seelische Realität, nämlich ein verstandliches Denken, geboren aus Blut, Fleisches- und Manneswillen, das sich den göttlichen Prinzipien verschließt, ja, sie unmöglich in sich aufnehmen *kann*. Die Schüler Jesu dagegen verkörpern eine andere geistig-seelische Realität, nämlich ein neues Entwicklungsstadium des menschlichen Denkens, Fühlens und Wollens. Die spirituelle Anlage in ihnen öffnet sich allmählich für die göttlichen Lichtprinzipien und erschließt sich ihnen, was der Evangelist „glauben" nennt.

Ebenso sind die sogenannten „Wunder" bildliche Darstellungen geistig-seelischer Vorgänge. Diese Vorgänge werden in Szenen geschildert, die so wirken, als spielten sie sich im Zeiträumlichen ab. Aber es liegt auf der Hand, dass der Evangelist solche Szenen nicht als konkret sichtbares Geschehen, sondern als Bilder für unsichtbare Realitäten verstanden haben will. Immer wieder lässt er Jesus in Gleichnissen *sprechen*, zum Beispiel: „Ich bin der Weinstock, ihr seid die Ranken." Jeder Leser weiß sofort, dass es sich dabei um Bilder handelt. Ebenso lässt der Evangelist Jesus Gleichnisse *tun*. Das sind die sogenannten „Wunder". Der Evangelist lässt Jesus so handeln, als wären seine Taten in der Zeiträumlichkeit sichtbare Ereignisse. Aber er setzt voraus, dass der Leser begreift: Hier werden unsichtbare Realitäten in Bildern dargestellt.

Zu allen Zeiten wirken die göttlichen und irdischen Prinzipien in der Welt, zu allen Zeiten verkörpern sie sich und werden dadurch historisch. In jedem Jahrhundert gibt es Menschen wie Johannes den Täufer und Jesus, in deren intuitivem Denken sich göttliche Prinzipien offenbaren und die daher zum Stein des Anstoßes für „Schriftgelehrte" werden – für fundamentalistische Gläubige oder dogmatische Materialisten. In jedem Jahrhundert gibt es aber auch für spirituelle Kräfte aufgeschlossene Menschen, die wie die Schüler Jesu spirituell erwachen und ihre spirituelle Anlage entwickeln.

Ja, diese göttlichen und irdischen Prinzipien wirken nicht nur im gesamten geistig-seelischen Organismus der Menschheit und in einzelnen Gruppen dieses Organismus, sondern auch in jedem einzelnen Menschen. In jedem einzelnen Menschen kann sich die Kraft Johannes des Täufers oder Jesu bemerkbar machen und auf abweisende „Schriftgelehrte" in Gestalt starrer Vorurteile oder auf aufgeschlossene „Schüler" in Gestalt positiver Reaktionen stoßen. Insofern beziehen sich alle Szenen des Evangeliums unmittelbar auch auf jeden Einzelnen, sei es, dass er als Persönlichkeit einen im Evangelium dargestellten Typus repräsentiert, sei es, dass alle geistig-seelischen Faktoren in ihm als Einzelnem in einem bestimmten Mischungsverhältnis wirken.

Stilistische Eigentümlichkeiten

Der Leser des Johannesevangeliums wird auf stilistische Eigentümlichkeiten stoßen, mit denen er von vornherein rechnen sollte. So macht der Evangelist häufig eine allgemeine, allumfassende Aussage, um sogleich doch wieder Ausnahmen zu konstatieren. Er sagt zum Beispiel: Die Seinen nahmen ihn nicht auf. So viele ihn aber aufnahmen … (1, 11–12) Oder: Ich richte niemand. Doch auch wenn ich richte … (8, 15–16). Er erreicht dadurch, dass dem Leser bewusst wird: Hier handelt es sich um ein Grundgesetz, dass er dann aber doch erkennt: Unter bestimmten Bedingungen gibt es Ausnahmen davon. Und auf diese Ausnahmen kommt es an. Achte, so ruft der Evangelist durch diese Methode dem Leser zu, auf diese Ausnahmen!

Weiterhin arbeitet er bewusst mit materialistischen Missverständnissen seiner Gestalten, um durch die sogleich folgende Aufklärung einen spirituellen Sachverhalt besonders zu verdeutlichen. Jesus erklärt zum Beispiel dem Nikodemus, dass der Mensch aus Wasser und Geist neu geboren werden müsse. Das ist eine spirituelle Aussage. Nikodemus missversteht völlig materialistisch: Kann denn ein Mensch in den Mutterleib zurückkehren und neu geboren werden? Jesus klärt dieses materialistische Missverständnis auf, wodurch sowohl für seinen Gesprächspartner als auch für die Leser der spirituelle Sachverhalt klar wird. Ja, es wird durch diesen Kontrast erst richtig deutlich, dass es sich um einen spirituellen, nicht um einen irdischen Sachverhalt handelt.

Oft kommt es außerdem vor, dass Aussagen nebeneinanderstehen, die, würde man sie konkret-irdisch verstehen, einander widersprächen oder nicht zueinander passten. Aber der Evangelist spricht von geistig-seelischen Realitäten. Auf der geistig-seelischen Ebene können sie als verschiedene Aussagen über ein- und dasselbe Thema ohne Widerspruch nebeneinander stehen und bestehen. Der Widerspruch ergibt sich erst, wenn man die Ausdrücke oder Bilder, in die sie der Evangelist kleidet, als konkrete Tatsachen nimmt. In diesem Sinn sind auch Zeit-, Orts- und Zahlenangaben für gewöhnlich Bilder und Symbole für geistig-seelische Ereignisse und Tatsachen. Wollte man die Zeit- und Ortsangaben wörtlich nehmen, so stünde man immer wieder vor Ungereimtheiten, besonders, wenn man sie mit den Angaben in den anderen Evangelien vergliche. Die Widersprüche treten nicht auf, sobald man die symbolische Bedeutung dieser Angaben erkennt.

Man weiß schließlich auf Grund stilistischer Untersuchungen, dass das Johannesevangelium, genau so wie die synoptischen Evangelien, nicht in einem Zug von einem einzigen Autor verfasst worden sein kann. Der Evangelist hat viele Einzelstücke, mündlich oder schriftlich überliefert, schon vorgefunden, etwa eine Sammlung von „Wundergeschichten". Er hat sie bearbeitet und in eine Reihenfolge gebracht, die seiner besonderen Perspektive: dem intuitiven Denken, entsprach. Möglicherweise kannte er auch die synoptischen Evangelien oder Vorformen von ihnen, übernahm aber nur das seiner Perspektive Entsprechende und wandelte vieles um.

Gewiss hat er vieles selbst komponiert, etwa die großen Reden Jesu. Diese können Verdichtungen von zahlreichen Reden Jesu sein, von denen der Verfasser Kunde erhielt oder die er sogar selbst noch gehört hatte. Es kann sich aber auch um Worte handeln, in die der Evangelist auf seine Weise Einstellungen, Selbstoffenbarungen, Aktivitäten und Lehren Jesu, des vollkommenen spirituellen Menschen, kleidet. Selbst wenn Jesus nicht wortwörtlich so gesprochen hat, so geben die vom Verfasser gewählten Worte doch den Intentionen, der inneren Verfassung Jesu und den durch ihn wirkenden göttlichen Prinzipien Ausdruck. Die Ich-bin-Worte, die der Evangelist Jesus in den Mund legt, sind Beispiele dafür, wie er die Selbstoffenbarung der göttlichen Prinzipien in Jesus darstellt. Es wäre doch höchst sonderbar, wenn Jesus als irdischer Mensch vor irgendeiner Zuhörerschaft aufgetreten wäre und gesagt hätte: „Ich bin das Licht der Welt!" Nein, wenn Jesus solche Worte spricht, lässt ihn der Evangelist als Personifizierung der göttlichen Kräfte und Gesetze, etwa des

„Lichtes" der göttlichen Welt, so sprechen. Jesus spricht als geistig-seelische Realität auf der Ebene dieser Realitäten.

Ebenso komponiert der Evangelist Szenen, die geistig-seelische Ereignisse ausdrücken. Hat Jesus zum Beispiel bei der „Tempelreinigung" wirklich so gehandelt, wie es der Evangelist beschreibt? Das wäre doch sehr unwahrscheinlich. Aber die Szene drückt anschaulich aus, dass Jesus die alte Gesetzes-Religion, symbolisiert durch den Tempel, von materialistischen Auswüchsen reinigte, bevor er die neue Religion der Freiheit brachte. Und auch die „Wunder" sind scheinbar in der Zeiträumlichkeit spielende Handlungen, durch die geistig-seelische Realitäten anschaulich gemacht werden.

Genauso schafft ein Künstler. Der Verfasser des Johannesevangeliums ist ein Künstler. Er bildet die zeiträumliche Wirklichkeit nicht fotografisch ab, sondern macht entweder durch diese Wirklichkeit geistig-seelische Tatsachen sichtbar oder entwirft neue Szenen in der zeiträumlichen Wirklichkeit, um geistig-seelische Tatsachen sichtbar zu machen. Er sieht die zeiträumliche Wirklichkeit als Symptom für eine unirdische Wirklichkeit oder entwickelt selbst solche Symptome als Hinweis auf die unirdische Wirklichkeit. Wenn Goethe seinen „Faust" schreibt, so bedient er sich in gleicher Weise historischer, zeiträumlicher Tatsachen, wählt aber nur jene aus, die den Charakter seiner Figur deutlich kennzeichnen. Er „erfindet" zudem Worte, Handlungen und Szenen, die für diesen Charakter und seine Entwicklung besonders typisch sind. Und er „erfindet" Figuren und Szenen, die zeiträumlich nicht Sichtbares, und dennoch auf der geistig-seelischen Ebene sehr Wirkliches, darstellen. Mephisto ist eine Kraft in Faust oder außerhalb von Faust, die sehr wohl existiert und wirkt, aber irdischen Augen unsichtbar ist, und viele andere Figuren und „Wunder" in der „Faust"-Dichtung sind gleichfalls Symptome und Ausdruck für geistig-seelische Wirklichkeiten.

Es ist ersichtlich, dass auch, nachdem der Evangelist sein Evangelium auf die besprochene Weise verfasst hatte, noch Stellen hinzugefügt wurden. So ist zum Beispiel Kapitel 21 eine solche Hinzufügung, was daran zu erkennen ist, dass schon Kapitel 20 einen deutlichen Schluss aufweist. Doch warum sollte man solche Hinzufügungen nur deshalb ablehnen, weil sie nicht vom ursprünglichen Autor verfasst sind? Wenn sie sich auf der Höhe des intuitiven Denkens des Evangelisten halten und ebenfalls aus dieser Perspektive geschrieben sind, stellen sie eine Bereicherung des Gesamtwerkes dar. Man kann annehmen, dass es sich um spirituelle Gefährten oder Schüler des Verfassers handelte, die derartige Ergänzungen vornahmen.

Problematisch sind jedoch Stellen, wo offenbar ein Kommentator am Werk war, der sich nicht immer auf gleicher spiritueller Höhe wie der Evangelist selbst hielt. Diese Stellen dürften nicht lange nach der eigentlichen Niederschrift des Evangelisten eingefügt worden sein. Das ursprüngliche Evangelium ist wohl zwischen 90 und 100 n. Chr. entstanden, und die älteste uns überkommene Handschrift stammt aus der Zeit um 200 n. Chr. In ihr sind alle Zusätze und Kommentare, wie sie der heutige Text aufweist, schon enthalten. Sie müssen also spätestens im 2. Jahrhundert n. Chr. geschrieben worden sein. Man kann sich vorstellen, dass ein Herausgeber oder Abschreiber an bestimmten Stellen kommentiert hat, wo er glaubte, uninformierten Lesern Erklärungen geben zu müssen, oder Ansichten einbaute, die sich erst später in den christlichen Gemeinden bildeten. Manchmal entsprechen diese Kommentare eindeutig nicht dem spirituellen Niveau des sonstigen Textes oder missverstehen ihn sogar. Das fällt jedem unvoreingenommenen Leser sofort auf. Zudem sind sie auch stilistisch gut erkennbar. Sie werden oft mit „denn“ oder „nämlich“ eingeleitet.

Trotzdem ist klar, dass der heutige Interpret des Evangeliums nur mit größter Vorsicht gewisse Stellen einem unverständigen Kommentator zuordnen darf. Er muss sich bewusst sein, dass die Versuchung groß ist, Stellen, die er selbst nicht versteht, die ihm nicht einleuchten oder die zu seiner Gesamtinterpretation nicht passen wollen, diesem Kommentator anzulasten. Gleichwohl ist zu offensichtlich, dass ein Kommentator gewirkt hat, und nicht immer auf dem Niveau des sonstigen Textes. Wenn der heutige Interpret die Widersprüche klarlegt und nicht über sie hinweggeht, kann sich der Leser selbst ein Urteil darüber bilden, ob die Vorgehensweise des Interpreten berechtigt ist.

Vorgeschichte

Johannes der Täufer und Jesus: Vorbereitung und Verwirklichung

__1, 19__ Und dies ist das Zeugnis des Johannes, als die Juden aus Jerusalem Priester
und Leviten zu ihm sandten, um ihn zu fragen: Wer bist du? __20__ Und er bekannte und
leugnete nicht; und er bekannte: Ich bin nicht der Christus. __21__ Und sie fragten ihn:
Was dann? Bist du Elia? Und er sagte: Ich bin's nicht. Bist du der Prophet? Und er
antwortete: Nein. __22__ Sie sagten nun zu ihm: Wer bist du [also], damit wir denen Ant-
wort geben, die uns gesandt haben? Was sagst du über dich selbst? __23__ Er sprach:

Ich bin „die Stimme eines Rufers in der Wüste: Macht den Weg des Herrn gerade!“,

wie der Prophet Jesaja gesagt hat.(__24__ Und sie waren Gesandte aus den Pharisä-
ern.) __25__ Und sie fragten ihn und sagten zu ihm: Warum taufst du denn, wenn du nicht
der Christus noch Elia, noch der Prophet bist? __26__ Johannes antwortete ihnen: Ich
taufe mit Wasser; mitten unter euch steht der, den ihr nicht kennt, __27__ der nach mir
kommt; und ich bin nicht würdig, ihm den Schuhriemen zu lösen. __28__ Dies geschah in
Bethanien jenseits des Jordan, wo Johannes taufte.

Zum dritten Mal tritt Johannes der Täufer auf und erklärt sein Verhältnis zu Jesus. Jetzt wird dieses Verhältnis noch genauer konkretisiert als beim zweiten Mal. Damit beginnt die Handlung des Johannesevangeliums. In dieser dreimaligen Darstellung eines Sachverhalts bekundet sich übrigens auch ein literarisch-künstlerisches Prinzip des Evangelisten. Zuerst zeigt er das Verhältnis von Johannes dem Täufer und Jesus ganz abstrakt, als Struktur: Johannes der Täufer „war nicht das Licht, sollte aber zeugen vom Licht“. Dann zeigt er das Verhältnis schon differenzierter. Johannes erklärt, wer der ist, von dem er zeugt: der Erlöser, der Wahrheit und Gnade bringt. Zum dritten Mal aber entfaltet der Evangelist das Verhältnis mit konkreten historischen Einzelzügen. Der Zeuge und der Erlöser werden konkret in einer konkreten Situation geschildert: Die Juden aus Jerusalem fragen nach der Identität Johannes des Täufers.

Dieser Vorgang, dass ein Thema in einem Dreischritt immer reicher entfaltet wird, ist dem Verfasser des Johannesevangeliums eigentümlich und kommt noch öfter vor. Es handelt sich dabei nicht um Wiederholungen. Das Verfahren entspricht vielmehr der Gesetzmäßigkeit psychischer und mentaler Entwicklungen. Der Evangelist schreibt ja keinen wissenschaftlichen Bericht, sondern stellt inneres Geschehen dar – das immer auch eine äußere Seite hat. Wie im Menschen zuerst ein spiritueller Impuls zu wirken beginnt, dann zu Ahnung und Bewusstsein in der Seele wird, und schließlich Gestalt im Handeln annimmt, so ist auch das literarische Vorgehen des Evangelisten. Es entspricht der Gesetzmäßigkeit innerer Entwicklung und unterstützt sie dadurch im Leser.

Da das Johannesevangelium den mentalen Aspekt des spirituellen Weges betont, beginnt seine Handlung damit, dass der rationale Verstand nach einer Identität fragt: „Wer bist du?" Die „Juden" – das sind die geistlichen Führer der Juden in Jerusalem –, schicken Priester und Leviten – für den Tempelkult Verantwortliche –, die mit ihrem rationalen Verstand erkennen wollen: Wer bist du, Johannes?

Der Evangelist verdichtet in dieser Szene viele Gespräche, die die Abgesandten der „Juden" mit Johannes dem Täufer geführt haben dürften, zu einem einzigen, in dem alle Fragen und Antworten, die sich auf die Identität des Täufers beziehen, zusammengefasst werden. Er erkennt mit seinem intuitiven Denken die *Struktur* einer solchen Auseinandersetzung und gibt sie szenisch wieder. Zu allen Zeiten werden sich Vertreter der traditionellen Religion mit typischen Fragen an einen Gesandten aus der göttlichen Welt wenden, der zu innerer Umkehr aufruft. Zu allen Zeiten wird ein Einzelner, der vom Anhauch Johannes des Täufers im eigenen Wesen getroffen wird, mit seinem Verstand und an Hand seiner traditionellen Maßstäbe prüfen, welcher Natur diese Aufforderung zur Umkehr ist und wohin sie führen könnte.

Und Johannes der Täufer gibt Auskunft. Er ist nicht der Christus, der Messias, der lang erwartete Erlöser, sondern der von den Propheten, besonders Jesaja, vorausgesagte „Rufer in der Wüste": derjenige aus der göttlichen Welt gesandte Mensch, der das Kommen eines anderen Gottgesandten in der Finsterniswelt vorbereitet und ihm, dem Christus-Erlöser, den Weg bahnt. Für den Evangelisten gehören alle Propheten des Alten Testaments, ob Mose oder Elia, dem alten Äon an, der Ära des Gesetzes. Sie sind sämtlich nur Vorbereiter des neuen Äons, der Ära der Freiheit. Johannes der Täufer aber gehört schon zu diesem neuen Äon, und verkörpert *innerhalb* der Ära der Freiheit die Phase der Vorbereitung. Deshalb ist er weder Mose, der wiedergekommene „Prophet", der, nach Anschauung vieler damaliger Juden, die früheren Werke Moses, des größten Propheten, noch um vieles überbieten und Israel erneut aus der Knechtschaft führen würde, noch Elia, der traditionsgemäß als Vorläufer des Messias galt. Für die Synoptiker kulminiert in Johannes dem Täufer die Ära des Gesetzes und Prophetentums, während er zugleich der *wiedergekommene* Elia ist, sozusagen ein Elia auf der höheren Spirale des neuen Äons.

Für den Verfasser des Johannesevangeliums hingegen ist Johannes der Täufer mit den Propheten des alten Äons überhaupt nicht vergleichbar. Er gehört schon dem neuen Äon der Erlösung an und ist innerhalb dieses Äons der von Gott gesandte Vorläufer des Christus.

Deshalb darf Johannes der Täufer auch taufen. Er hat als Wegbereiter des neuen Äons und als Gottgesandter Vollmacht, göttliche Kräfte zu übertragen. Doch die Kräfte, die er überträgt, sind noch die der Vorbereitung, des „Wassers“, während der nach ihm Kommende, der Erlöser, mit „Feuer“, mit dem heiligen Geist, tauft (1,33). (Vgl. auch Luk. 3,16)

Und da Johannes der Täufer, obwohl er göttliche Kräfte des „Wassers“ überträgt, noch nicht mit dem Licht eins geworden ist, sondern es, selbst noch von Finsternis umhüllt, erst erblickt und von ihm zeugt, ist er nicht würdig, dem Sohn Gottes, der eins mit dem Licht ist, die Schuhe zu lösen. Als zum Licht gehöriges Wesen war Jesus *vor* Johannes, doch muss er in der Welt der Erscheinungen, der Finsternis, *nach* Johannes kommen. Dieser mit dem Licht eins gewordene Sohn Gottes steht mitten unter den zur Finsterniswelt gehörenden Menschen. Sie aber kennen ihn nicht. Das Licht scheint zwar in die Finsternis, doch die Finsternis hat es nicht angenommen, *kann* es nicht annehmen.

Was ist diese Taufe mit Wasser, mit der Johannes der Täufer, und diese Taufe mit Feuer, mit der Jesus tauft? Ist es beide Male ein ritueller Vorgang? Es ist im Wesentlichen ein geistig-seelisches Geschehen, dem ein ritueller Vorgang höchstens sinnenfälligen Ausdruck verleihen kann. Wenn in einem Menschen Fragen nach dem Sinn des Lebens und der Welt aufsteigen, wenn die Ahnung in ihm wach wird, dass ein Leben des Strebens nach Wohlstand, Glück, Erfolg und Sicherheit unmöglich das ihm von Ewigkeit her bestimmte Leben sein kann, wenn er erkennt, dass Enttäuschungen, Angst, Konflikte, Bosheit und Neid nur die Folgen dieses Strebens sind, und wenn er dann beschließt, dieses Streben einzustellen, um ein größeres, schon lange in ihm wartendes, erfülltes Leben vorzubereiten – so ist das die Taufe mit Wasser, die innerlich an ihm vorgenommen wird. Denn das „Wasser“ sind eben jene geistig-seelischen Kräfte, die mit Johannes dem Täufer in die Welt der Finsternis kommen, um dem Menschen seine Situation in dieser Welt bewusst zu machen und ihn zu einer Umkehr, einer Abwendung von der Verstrickung in der Welt der Finsternis und einer Zuwendung zur Welt des Lichtes zu veranlassen.

Wenn ein solcher Mensch dann, von den Kräften des „Wassers“ geleitet und gestärkt, seine Verstrickungen in die Welt der Finsternis wirklich auflöst und sein Streben nach Glück in seiner begrenzten Welt aufgibt, bereitet er der Taufe mit Feuer den Weg. Denn das „Feuer“ sind jene geistig-seelischen Kräfte, die mit Jesus in die Welt der Finsternis kommen und von den „Seinen“, die sich darauf vorbereitet haben, empfangen werden können. Wenn in einem Menschen, der sich von allen Verstrickungen in die Erscheinungswelt gelöst, sein Streben nach Glück in dieser Welt preisgegeben hat und damit in die große innere Ruhe eingetreten ist, in der sich das unruhig strebende, begrenzte Ich auflöst – wenn sich in einem solchen Menschen die Wesen und Dinge zeigen, wie sie wirklich sind, wenn sich ihm die Ordnung und Kraft Gottes, die alle Wesen und Dinge hervorbringen, erhalten und in ihrer Entwicklung vorwärtsdrängen, enthüllen, kurz, wenn göttliches „Wort“, „Leben“ und „Licht“ in ihm lebendig werden und aus der inneren Ruhe ein neues Bewusstsein, das wahre, unbegrenzte Selbst, hervorgeht – so ist das die Taufe mit Feuer, die an ihm vollzogen wird. Es ist die Erleuchtung durch das „Licht“ des Sohnes und das „Leben“ des heiligen Geistes, die ihm den „Vater“, das „Wort“, die Struktur der göttlichen und irdischen Welt, zeigen. Und zugleich „verbrennt“ dieses Feuer alles in ihm, was an Illusionen und Strebungen nach irdischem Glück noch übrig geblieben sein mag.

So sind Johannes der Täufer und Jesus als mit „Wasser“ und „Feuer“ Taufende ununterbrochen in der Welt der Finsternis wirksam. Johannes der Täufer verkörpert die Vorbereitung auf den spirituellen Weg, Jesus diesen selbst. Jeder, der sich auf den spirituellen Weg vorbereitet oder ihn geht, wird die inneren geistig-seelischen Prozesse erleben, die der Taufe mit Wasser und dann der Taufe mit Feuer entsprechen. Er braucht sie nicht einmal bewusst zu erleben, schon gar nicht sie als Wirkungen Johannes des Täufers oder Jesu zu benennen. Es gibt auch andere Namen für sie, abhängig von der Kultur, in der der „Täufling“ lebt.

Das Johannesevangelium schildert im ersten Teil, bis einschließlich der Auferweckung des Lazarus, wie Jesus dieses Feuer in die Finsternis bringt und es siebenfach darin verankert. Die sieben „Wunder“ versinnbildlichen diese sieben Hüllen der Matrix, die Jesus, Verkörperung des vollkommenen spirituellen Menschen, von oben herabsteigend erbaut.

„Lamm Gottes“: Das Opfer des vollkommenen spirituellen Menschen

1, 29 *Am folgenden Tag sieht er Jesus auf sich zukommen und sagt: Siehe, das Lamm Gottes, das die Sünde der Welt hinwegnimmt!* ***30*** *Dieser ist's, von dem ich gesagt habe: Nach mir kommt ein Mann, der vor mir gewesen ist; denn er war als Erster vor mir.* ***31*** *Und ich kannte ihn nicht; aber damit er [dem Volk] Israel offenbar würde, deshalb kam ich und taufte mit Wasser.* ***32*** *Und Johannes bezeugte: Ich habe den Geist wie eine Taube aus dem Himmel herabschweben sehen, und er blieb auf ihm.* ***33*** *Und ich kannte ihn nicht; aber der mich sandte, mit Wasser zu taufen, der sprach zu mir: Auf wen du den Geist herabschweben und auf ihm bleiben siehst, der ist's, der mit heiligem Geist tauft.* ***34*** *Und ich habe gesehen und bezeugt, dass dieser der Sohn Gottes ist.*

Was ein Wesen auf sich nimmt, das sich, von oben herabsteigend, in die ihm feindliche Welt der Finsternis begibt und eine aus der Welt des Lichtes aufgebaute Matrix darin verankert, das deutet Johannes der Täufer an, indem er Jesus, der auf ihn zukommt, „Lamm Gottes, das die Sünde der Welt hinwegnimmt“, nennt. Denn Jesus ist ein Wesen aus der Welt des Lichtes, das freiwillig eine aus der Welt der Finsternis geborene Persönlichkeit annimmt. Es wird „Fleisch“. Und damit nimmt es nicht nur all die ungöttlichen Eigenschaften eines aus dem Blut, dem Manneswillen und dem Fleischeswillen geborenen, sich selbst behauptenden, sterblichen Ich auf sich, das unaufhörlich nach Erfüllung seiner Bedürfnisse strebt und dadurch Konflikte, Krankheiten und Beschwerlichkeiten hervorruft, sondern auch all die Bindungen dieses Ich an den Organismus der irdischen Menschheit, von dem es ein Teil ist. Der vollkommene spirituelle Mensch wird in der von ihm angenommenen Ich-Persönlichkeit mit den zahllosen Leidenschaften, Empfindungen und Vorstellungen konfrontiert, die sich im Lauf der Jahrhunderte im Bewussten und Unbewussten der Menschheit angesammelt haben und dauernd auf sie einwirken, im Guten oder Bösen. All diese Erscheinungen, ob gut oder böse, gehören der Welt der Finsternis an, da sie aus dem Blut, dem Mannes- und dem Fleischeswillen geboren sind. Sie sind daher „Sünde", das bedeutet „gesondert", nicht im Einklang mit göttlichem „Wort", „Leben" und „Licht". Diese „Sünde der Welt" nimmt das Wesen, das im Irdischen Jesus heißt, durch die Fleischwerdung in einer irdischen Persönlichkeit auf sich, ja, es löst sie auf, indem es sie in der Kraft von „Wort", „Leben" und „Licht" erträgt und nicht wieder mit „Sünde", mit Verhaltensweisen, welche die Trennung von Gott noch vertiefen, beantwortet.

Es wird außerdem später mit den „sündigen" Taten anderer Menschen geradezu überschüttet, als es gefangengenommen, gegeißelt, mit Dornen gekrönt, gekreuzigt, getötet und begraben wird. Auf all diese Feindschaft aber reagiert es nicht mit Vergeltung, sondern mit bewusster Erkenntnis dessen, was geschieht, und mit unerschütterlicher spiritueller Ruhe trotz allem psychischen und physischen Schmerz.

Das ist das „Hinwegnehmen der Sünde der Welt" durch *einen* Menschen. Und dadurch haben alle anderen Menschen die Möglichkeit, ihrerseits die „Sünde der Welt", die auf ihnen lastet, von den spirituellen Kräften im eigenen Wesen hinwegnehmen zu lassen. Wenn Jesus die Sünde der Welt im eigenen Wesen hinwegnimmt, so sind deshalb nicht schon alle anderen Menschen, auch nicht die Allerfrömmsten und Allergläubigsten, von der Sünde befreit. Aber sie haben jetzt die Möglichkeit, sich in der Kraft Jesu, in der Kraft des Geistprinzips im eigenen Innern und innerhalb der von Jesus aufgebauten spirituellen Matrix, ihrerseits von allen Verstrickungen in die Welt der Finsternis und von der Last ihrer sterblichen Persönlichkeit zu lösen. Sie können Jesus, der diese Lösung vollzogen hat, nachfolgen und sich innerhalb der Matrix des vollkommenen spirituellen Menschen als spirituelle Menschen entwickeln. Dadurch verwandeln sie auch die Finsternis ihrer Ich-Persönlichkeit, bis diese wieder eins mit dem Licht und zum Ausdruck des Lichtes geworden ist. Dadurch ist auch ihre „Sünde", die Trennung von Gott, aufgehoben und hinweggenommen.

Dabei ist Jesus „unschuldig". Er, als Fleisch gewordenes „Wort", „Leben" und „Licht", lebt ja im Einklang mit den göttlichen Gesetzen und Kräften. Deshalb wird er als „Lamm Gottes" bezeichnet, als von Gott gesandter Unschuldiger, der, eben weil er unschuldig und ohne Sünde ist, die Sünde der Welt auf sich nehmen und für sich auflösen kann. Er tut es für alle anderen Menschen, die auf diese Weise ihrerseits die Möglichkeit erhalten, die Sünde aufzulösen.

Wenn die Rede vom „stellvertretenden Leiden" Jesu einen Sinn haben soll, dann nur den, dass Jesus, obwohl er es nicht müsste, die Leiden und Sünden der sterblichen Menschen auf sich nimmt und auflöst, um anderen dieselbe Auflösung zu ermöglichen – nicht, um ihnen die eigene Arbeit und Verantwortung abzunehmen. Noch weniger kann sie den Sinn haben, dass Jesus als Unschuldiger den „Zorn Gottes" auf sich nimmt, um wie ein Blitzableiter diesen „Zorn" von den Sterblichen abzulenken und sie so zu retten. Der „Zorn Gottes" – das sind Leid und Tod als unvermeidliche Folgen der „Sünde“ der Menschen – wird weiter auf ihnen lasten, wenn sie nicht wie Jesus diese „Sünde“ auch selbst überwinden und dadurch deren Folgen, Tod und Leid, überwinden. Sie können es, weil Jesus ihnen diese Überwindung vorgelebt und dadurch die Kraft zum Nachvollzug zur Verfügung gestellt hat.

Johannes der Täufer wiederholt noch einmal, dass Jesus als Wesen aus der Ewigkeit vor ihm, Johannes, gewesen ist. Er, Johannes der Täufer, kannte ihn nicht, konnte ihn nicht kennen, weil er selbst noch in der Finsternis lebte. Doch hat er jetzt die Aufgabe, als von der Welt des Lichtes Gesandter mit Wasser zu taufen und so den Weg für den zu bereiten, der mit Feuer tauft. Nur wenn die „Seinen“, die für das Licht prinzipiell Empfänglichen, sich in der Wassertaufe von den Verstrickungen in die Finsternis befreien und dem Licht zuwenden, können sie den, der mit Feuer tauft, sehen und kann der, der mit Feuer tauft, in „Israel“ – das sind die „Seinen“ – offenbar werden. „Israel“ steht hier nicht für das Volk der Juden, sondern für alle, die für das Licht empfänglich sind, gleichgültig, welchem Volk sie angehören.

Johannes der Täufer berichtet weiter, Zeuge geworden zu sein, wie der Geist aus dem Himmel auf Jesus herabschwebte und auf ihm blieb. Ein Gottgesandter wie Jesus, der Fleisch wird und in eine irdische Persönlichkeit inkarniert, verliert durch die Umhüllung mit einer aus Blut, Manneswillen und Fleischeswillen geborenen Ich-Persönlichkeit zunächst die bewusste Verbindung mit der Welt des Lichtes. Er muss innerlich arbeiten, bis er von den Einflüssen dieser Umhüllung frei geworden ist. Löst er sich aber schrittweise von dieser Beeinflussung – was nichts anderes ist als die Taufe mit Wasser –, so kommt der Augenblick, wo ihm die Welt des Lichtes wieder bewusst wird. Sie tritt in ihn ein, sie durchdringt sein Bewusstsein. Das ist nichts anderes als die Taufe mit Feuer, die ein solcher Mensch erlebt, die Taufe mit dem heiligen Geist, die Erleuchtung. „Wort“, „Leben“ und „Licht“, oder Ordnung, Kraft und Bewusstsein der göttlichen Welt werden ihm bewusst.

Eine solche Erleuchtung kann sich für kurze Augenblicke ereignen. Wenn aber die ganze Persönlichkeit durch die Taufe mit Wasser entsprechend vorbereitet ist, wird sie von „Wort“, „Leben“ und „Licht“ vollkommen durchdrungen werden. Die Erleuchtung wird dann dauerhaft sein, der Geist „blieb auf ihm“. Damit ist Jesus ein „Gottessohn“ geworden: Das erleuchtete Bewusstsein, das wahre Selbst, aus der Welt des Lichtes hervorgegangen, ist eins mit dem „Vater“, dem göttlichen „Wort“, geworden. Und da in einem solchen Gottessohn auch das göttliche „Licht“ überhaupt wirkt, *der* Sohn Gottes, verkörpert ein solcher Erleuchteter zugleich auch den einzigen Gottessohn.

Dies alles kann Johannes der Täufer wahrnehmen, da auch er als Gesandter der göttlichen Welt ein erwachendes wahres Selbst besitzt, ein neues Wahrnehmungsorgan. Es ist für das göttliche Licht geöffnet, aber noch nicht von ihm durchdrungen. So sieht er den geistig-seelischen Vorgang der Erleuchtung in Jesus, ohne schon selbst erleuchtet zu sein. Und auf Grund seiner Verbindung mit der göttlichen Welt weiß er – „der mich sandte, sprach zu mir“ –: Ein Mensch, der dauerhaft erleuchtet ist, in dem „Wort“, „Leben“ und „Licht“ beständig wirken, der kann „Wort“, „Leben“ und „Licht“ auch weitergeben, der kann auch mit dem heiligen Geist „taufen“.

Der heilige Geist – die Energie oder das „Leben“ der göttlichen Welt –, hat unterschiedliche Eigenschaften. Er kann läuternd brennen wie Feuer, er kann Erleuchtung, neues Bewusstsein schenken, er kann auch heilen, trösten und Frieden bringen. In Jesus wirkt er vor allem als Heiler, Tröster und Friedensbringer, weshalb er hier als Taube symbolisiert wird, Sinnbild des Trostes und Friedens. Wenn Jesus mit dem heiligen Geist tauft, werden vor allem diese Eigenschaften des heiligen Geistes wirksam. Die Welt der Finsternis ist vollkommen krank geworden, von Schmerzen gequält, von Konflikten und Kriegen zerrissen. Wenn sich Menschen finden, die sich, nach der Wassertaufe Johannes des Täufers, für die Taufe mit dem heiligen Geist empfänglich zeigen, können sie einen Weg gehen, auf dem Blut, Manneswillen und Fleischeswillen, die Ursachen von Krankheit, Schmerz, Krieg und Tod, aufgelöst werden. Sie können von Grund auf heil werden, getröstet werden, inneren Frieden finden und Ähnliches in den Menschen ihrer Umgebung auslösen.

Berufung der Schüler: Bildung einer spirituellen Gemeinschaft

1, 35 *Am folgenden Tag stand Johannes wiederum da und zwei von seinen Schülern.* ***36*** *Und indem er auf Jesus blickte, wie er umherging, sagte er: Siehe, das Lamm Gottes! 37 Und die beiden hörten ihn reden und folgten Jesus nach.* ***38*** *Als aber Jesus sich umwandte und sie nachfolgen sah, sagte er zu ihnen: Was begehrt ihr? Da sagten sie zu ihm: Rabbi (das heißt übersetzt: Lehrer), wo hältst du dich auf?* ***39*** *Er sagt zu ihnen: Kommt, so werdet ihr es sehen! Sie kamen nun und sahen, wo er sich aufhielt, und blieben jenen Tag bei ihm. Es war um die zehnte Stunde.* ***40*** *Andreas, der Bruder des Simon Petrus, war einer von den zweien, die es von Johannes gehört hatten und ihm nachgefolgt waren.* ***41*** *Dieser findet zuerst seinen Bruder Simon und sagt zu ihm: Wir haben den Messias gefunden (das ist übersetzt: der Gesalbte).* ***42*** *Er führte ihn zu Jesus. Jesus sah ihn an und sprach: Du bist Simon, der Sohn des Johannes; du wirst Kephas genannt werden (das heißt übersetzt: Fels).* ***43*** *Am folgenden Tag wollte er nach Galiläa weggehen, und er findet Philippus. Und Jesus sagt zu ihm: Folge mir nach!* ***44*** *Philippus aber war aus Bethsaida, aus der Stadt des Andreas und des Petrus.* ***45*** *Philippus findet den Nathanael und sagt zu ihm: Den, von welchem Mose im Gesetz geschrieben hat und die Propheten, haben wir gefunden, Jesus, den Sohn Josephs, aus Nazareth.* ***46*** *Und Nathanael sagte zu ihm: Kann aus Nazareth etwas Gutes kommen? Philippus sagte zu ihm: Komm und sieh! 47 Jesus sah den Nathanael zu sich kommen und sagte von ihm: Siehe, in Wahrheit ein Israelit, in dem kein Trug ist.* ***48*** *Nathanael sagt zu ihm: Woher kennst du mich? Jesus antwortete und sprach zu ihm: Ehe dich Philippus rief, sah ich dich, wie du unter dem Feigenbaum warst.* ***49*** *Nathanael erwiderte ihm: Rabbi, du bist der Sohn Gottes, du bist der König Israels.* ***50*** *Jesus antwortete und sprach zu ihm: Weil ich dir sagte: Ich sah dich unter dem Feigenbaum, glaubst du? Größeres als dies wirst du sehen.* ***51*** *Und er sagt zu ihm: Wahrlich, wahrlich ich sage euch: Ihr werdet den Himmel offen und „die Engel Gottes auf und nieder steigen" sehen auf den Sohn des Menschen.*

Jesus erbaut, von oben her, die Matrix für einen spirituellen Weg, lehrt ihn und geht ihn dann auch selbst von unten her, um den „Seinen" die Nachfolge zu ermöglichen. Auf diese Weise tauft er mit Feuer. Johannes der Täufer vollzieht einen Weg der Vorbereitung auf den spirituellen Weg, lehrt ihn und ist anderen behilflich, sich vorzubereiten. Auf diese Weise tauft er mit Wasser. Beide sind Lehrer oder „Meister", beide versammeln Schüler um sich, die ihren Lehren und ihrem Beispiel folgen, und bilden somit Schulen, wie es sie zu allen Zeiten der Weltgeschichte für jene gegeben hat, die sich aus der Verstrickung in die Welt der Finsternis lösen und in die Welt des Lichtes eingehen wollten.

Johannes der Täufer hat eine Schule, in der sich Schüler auf den spirituellen Weg vorbereiten, Jesus baut eine Schule auf, in der er Schüler, nach ihrer Vorbereitung, mit dem spirituellen Weg konfrontiert und ihn vorlebt. Auf welche Arten ein Schüler zu einer spirituellen Schule stoßen kann – gleichgültig, ob vor 2000 Jahren oder heute –, wie der beginnende Schüler den Meister prüft, um zu erkennen, ob es der seinem innersten Bedürfnis entsprechende Meister ist, und wie der Meister den Schüler prüft, um zu erkennen, ob und in welcher Weise er für den spirituellen Weg geeignet ist – das schildern die Verse im Johannesevangelium, die von den ersten Kontakten zwischen Jesus und seinen Schülern handeln.

Erste Möglichkeit der Kontaktaufnahme ist, dass Schüler einer Gruppe, in der die Vorbereitung auf den spirituellen Weg, die Wassertaufe, vollzogen wird, von ihrem Meister auf einen anderen hingewiesen werden, der mit Feuer tauft. Zwei Schüler Johannes des Täufers folgen seinem Hinweis auf das „Lamm Gottes", auf Jesus, der den spirituellen Weg unter allen Anfeindungen und Verfolgungen der Welt gehen wird. Sie möchten nun selbst diesen Weg gehen. Sie „folgten Jesus nach". Jesus „wandte sich um", als er sie nachfolgen sah. Das heißt, er erkennt ihr Bedürfnis, den spirituellen Weg zu gehen, und fragt sie, was sie begehren. Damit will er sie veranlassen, ihre Motive deutlich ins Auge zu fassen. Es soll ihnen selbst bewusst werden, warum sie ihm nachfolgen wollen. Jeder Sucher, der sich einer spirituellen Schule nähert, muss sich in gleicher Weise seiner Motive bewusst werden. Will er, ohne Rücksicht auf eigene Wünsche und Vorurteile, die Wahrheit finden und ihre Kraft erfahren?

Die beiden wollen andererseits bewusst prüfen und mit eigenen Augen sehen, was ihnen in Jesus begegnet. Jesus ist ein Rabbi in ihren Augen. Er hat schon eine Schule oder ist im Begriff, eine aufzubauen. Wenn sie fragen: Lehrer, wo hältst du dich auf?, so ist das die Frage nach dem Rahmen und der Methode, mit der er lehrt, sowie nach der Qualität seiner Lehre. Sind die geistigen Gebiete, in denen du dich aufhältst, spirituelle Gebiete oder nicht? Sie wollen also Inhalt und Methode seiner Schule „orten". Und Jesus gestattet ihnen, diese Prüfung intensiv vorzunehmen. Wie lehrt er? Was lehrt er? Ist er tatsächlich ein Mensch, der den spirituellen Weg lehrt und vorlebt? So prüfen die Schüler den Lehrer, und er lässt die Prüfung bewusst zu. Niemand wird überrumpelt, niemand stürzt sich in ein unüberschaubares Abenteuer. Das klare Bewusstsein gibt den Ausschlag, wobei Grundlage der Entscheidung auf der einen Seite das innerste Bedürfnis des Schülers ist, einen spirituellen Weg zu gehen, auf der anderen Seite die Bereitschaft und Fähigkeit des Lehrers, einen solchen Weg auch zu zeigen.

Die beiden neuen Schüler bleiben bei dem Lehrer. Sie beginnen einen spirituellen Weg. Das geschieht „um die zehnte Stunde". Sie haben eine vollständige Periode der

Vorbereitung abgeschlossen und entwickeln nun, auf spiritueller Ebene, eine neue Dynamik. Dafür steht die Zahl zehn.

Die zweite Möglichkeit der Kontaktaufnahme ist, dass Schüler einer Schule ihrem Lehrer Bekannte oder Verwandte zuführen. Im Johannesevangelium stößt der Bruder eines Schülers zu dessen Schule. Diesmal wird der Lehrer Messias, Gesalbter – Christus – genannt. Damit wird ausgesagt, dass er mit besonderen göttlichen Kräften ausgestattet – „gesalbt“ – ist. Wie „Lamm Gottes“ stammt auch die Bezeichnung „Christus“ aus dem Alten Testament und weist auf einen hin, der neue spirituelle Möglichkeiten eröffnet. Der zu Jesus Geführte lässt sich durch seinen Bruder von den besonderen Eigenschaften dieses Lehrers überzeugen. Jesus andererseits macht sich wieder ein Bild von dem neuen Schüler. Er erkennt, was in dem Neuen steckt und dass er sich vor allen anderen durch Festigkeit im Glauben, nämlich durch Treue gegenüber dem spirituellen Weg und seinem Lehrer, auszeichnen wird. Deshalb sagt er zu Simon: „Du wirst Fels (Petra) genannt werden.“

Als dritte Möglichkeit der Kontaktaufnahme zwischen Lehrer und Schüler schildert der Evangelist eine direkte Begegnung zwischen dem Lehrer und dem neuen Schüler. Vom Lehrer geht eine Aufforderung aus: „Folge mir nach!“ Das muss keine wörtliche Aufforderung sein. Es ist auch möglich, dass der dem Lehrer Begegnende von dessen Schriften, Reden und Ausstrahlung so getroffen wird, dass er dies als zwingenden Ruf zur Nachfolge erlebt.

Bei der vierten Möglichkeit der Kontaktaufnahme legt der Evangelist Wert darauf, den Grund dieser Kontaktaufnahme darzustellen. Auch in den drei vorhergehenden Fällen musste schon eine geheime geistig-seelische Verbindung zwischen Lehrer und Schüler existiert haben, eine Seelenverwandtschaft, eine Art magnetischer Anziehung, die dem neuen Schüler durch die äußere Begegnung nur noch bewusst zu werden brauchte. Bei der vierten Möglichkeit der Kontaktaufnahme spricht der Evangelist diese magnetische Verbindung ausdrücklich an. Dem Lehrer ist sie auf Grund seiner Bewusstheit im geistig-seelischen Bereich längst spürbar und bewusst. Nathanael saß „unter dem Feigenbaum“, ehe ihn Philippus rief. „Unter dem Feigenbaum sitzen“ ist ein Ausdruck, der in vielen Mysterienschulen traditionsgemäß einen besonderen Zustand des Nervensystems (des „Feigenbaums“), einen Zustand konzentrierter Meditation bezeichnet.

Nathanael ist also einer, der sich schon auf einem spirituellen Weg befindet und Versenkung übt. Denn auch im alten Judentum gab es Prophetenschulen, in denen die spirituellen Kräfte des Menschen methodisch entfaltet wurden – soweit es diesen alttestamentarischen Zeiten entsprach.

Jesus ist Nathanael schon im geistig-seelischen Raum – auch er in einem besonderen Zustand des Nervensystems: „unter dem Feigenbaum“ – begegnet und hat ihn dort betrachtet. Der vollkommene spirituelle Mensch ist sich der geistig-seelischen Vorgänge im Organismus Menschheit bewusst. Er nimmt mit geistigen Augen das Innere anderer Menschen wahr, und nimmt insbesondere wahr, wenn sich ein Bewusstsein – wie das Nathanaels – über den gewöhnlichen, durch Sinne und Verstand bestimmten Zustand erhebt. Diese Fähigkeit Jesu hat nichts mit Hellsichtigkeit auf Grund besonders trainierter irdischer Wahrnehmungsorgane zu tun. In diesem Fall hätte Jesus nur eine Szene in der Außenwelt gesehen. Es handelt sich statt dessen um eine Eigenschaft des spirituellen Menschen, durch welche dieser in der Innenwelt mit dem geistig-seelischen Zustand anderer Menschen verbunden ist und diesen Zustand wahrnimmt.

Als jetzt Nathanael von seinem Freund Philippus zu Jesus geführt wird, spricht ihn Jesus auf seine Meditation – „unter dem Feigenbaum" – an und erklärt ihm, in welchem inneren Zustand er ihn dort gesehen habe: als echten Israeliten, „in dem kein Trug ist". Nathanael ist „in Wahrheit ein Israelit", einer von den „Seinen" des Lichtes, der ehrlich auf dem spirituellen Weg strebt. Er steht bereits auf einem höheren Bewusstseinsniveau, das, wie in den traditionellen Mysterienschulen, durch den Namen seines Volkes – in diesem Fall Israel – gekennzeichnet wurde. Er ist ein Schüler, der aus einer anderen spirituellen Schule zur Schule Jesu stößt.

Seine bisherige Schule jedoch ist jetzt, da der Gesalbte mit neuen spirituellen Kräften gekommen ist, nicht mehr aktuell. Jesu spirituelle Schule ist von ganz neuer Art und öffnet größere Aussichten und Entfaltungsmöglichkeiten als die traditionellen Mysterienschulen. Sie eröffnet die Möglichkeit der Entwicklung eines bewussten, erleuchteten siebenfachen spirituellen Menschen, frei von allen Haftungen an die Welt der Finsternis.

So wie es aussieht, ist auch Philippus, als Nathanaels Freund oder Bekannter, mit dieser traditionellen Schule verbunden. Jedenfalls sind beide in den esoterischen Traditionen ihres Volkes unterrichtet und pflegen darüber zu diskutieren. Deshalb ist Nathanael skeptisch, als ihm Philippus berichtet, Jesus, Sohn Josephs aus Nazareth, sei der von den Propheten vorausgesagte Messias. Nach den Propheten müsste der Messias aus Bethlehem stammen, jedenfalls nicht aus Nazareth (Mich. 5,2). Aber Philippus lässt traditionelle Gesichtspunkte nicht gelten. Hält sich denn ein neuer spiritueller Impuls an Vorschriften der Tradition? Der Geist weht, wo er will. Und deshalb fordert Philippus den Freund auf, die traditionellen Gesichtspunkte über Bord zu werfen und neu, mit eigenen Augen zu sehen.

Noch einmal: Kam Nathanael anlässlich einer „hellsichtigen" Fähigkeit Jesu zu dem Glauben, Jesus sei der „König Israels"? Er hätte dann die Tatsache, dass Jesus ihn unter dem Feigenbaum sah, als Beweis übernatürlicher Fähigkeiten des Meisters aufgefasst und wäre so von dessen Identität überzeugt worden. Aber hellsichtige Fähigkeiten sind nur Weiterentwicklungen der Wahrnehmungsorgane des *irdischen* Menschen. Daraus konnte Nathanael nicht auf die Messiaswürde Jesu schließen. Und was wäre das auch für ein Glauben, der auf Grund eines parapsychologischen Ereignisses zustande käme!

Nein, hier geht es um kein übernatürliches Ereignis in der natürlichen Welt. Hier geht es um eine spirituelle Erfahrung, die dem Betreffenden das Wesen des Messias erschließt. Durch die Worte Jesu wird Nathanael erst bewusst, dass schon immer eine besondere magnetische Beziehung im geistig-seelischen Raum zwischen ihm und Jesus bestanden hatte. In dem Augenblick, in dem Jesus diese Beziehung anspricht, wird sie Nathanael bewusst. Sein durch spirituelle Praxis ohnehin schon entwickeltes spirituelles Organ wird durch die Worte Jesu für die Eigenschaften Jesu geöffnet. Und so *erkennt* er, dass Jesus, der neue Lehrer, tatsächlich der Sohn Gottes ist, der Erleuchtete, der eins mit „Wort", „Leben" und „Licht" geworden und daher Sohn Gottes ist, außerdem als Gesandter aus der göttlichen Welt mit besonderer spiritueller Vollmacht ausgestattet: „König Israels“, König derer, die die „Seinen“ sind.

Wie immer im Johannesevangelium entsteht der Glaube an Jesus als Gottessohn, mit anderen Worten: die Gewissheit, dass Jesus das wahre Wesen des Menschen als Ebenbild Gottes verkörpert, durch eine von Jesus im Menschen hervorgerufene spirituelle Erfahrung – hier durch die Bewusstwerdung des geheimen magnetischen Kontaktes zwischen Jesus und Nathanael unter dem Feigenbaum. „Weil ich dir sagte: Ich sah dich unter dem Feigenbaum, glaubst du.“ Die spirituelle *Erfahrung*, nicht ein übernatürliches Ereignis, öffnet das Bewusstsein des Erfahrenden für das Wesen Jesu, was gleichbedeutend damit ist, dass er „an ihn glaubt“.

Und Jesus fährt fort: Ihr werdet nicht nur den geheimen magnetischen Kontakt erkennen, der zwischen mir und Nathanael unter dem Feigenbaum bestand, sondern ihr werdet auch den magnetischen Kontakt erkennen, der zwischen mir und dem „Himmel“, dem Bereich von göttlichem „Wort“, „Leben“ und „Licht“ besteht. Mit Hilfe eures spirituellen Organs, das jetzt nur teilweise geöffnet ist, werdet ihr, wenn es sich weiter öffnet, erkennen, wie spirituelle Impulse – die „Engel Gottes“ – vom Himmel auf den Sohn des Menschen, den wahren Menschen, den Jesus verkörpert, herabkommen und von ihm beantwortet werden.

1. Teil: Aufbau einer siebenfachen spirituellen Matrix durch den vollkommenen spirituellen Menschen

Verankerung des göttlichen „Wortes" in der Menschheit

Hochzeit zu Kana: „Wein" als spirituelle Essenz

__2, 1__ Und am dritten Tag war eine Hochzeit zu Kana in Galiläa, und die Mutter Jesu war dort. __2__ Aber auch Jesus wurde zur Hochzeit eingeladen und seine Schüler. __3__ Und als der Wein ausgegangen war, sagt die Mutter Jesu zu ihm: Sie haben keinen Wein. __4__ Und Jesus sagt zu ihr: Weib, was habe ich mit dir zu schaffen? Meine Stunde ist noch nicht gekommen. __5__ Seine Mutter sagt zu den Dienern: Was er euch sagen wird, das tut! __6__ Es waren aber gemäß dem Reinigungsbrauch der Juden sechs steinerne Wasserkrüge dort aufgestellt, die je zwei oder drei Bath fassten. __7__ Jesus sagt zu ihnen: Füllt die Krüge mit Wasser! Und sie füllten sie bis oben. __8__ Und er sagt zu ihnen: Schöpft jetzt und bringt es dem Speisemeister! Und sie brachten es. __9__ Als aber der Speisemeister das Wasser, das Wein geworden war, gekostet hatte und nicht wusste, woher es war – die Diener jedoch, die das Wasser geschöpft hatten, wussten es –, ruft der Speisemeister den Bräutigam __10__ und sagt zu ihm: Jedermann setzt zuerst den guten Wein vor, und wenn sie trunken geworden sind, den geringeren; du hast den guten Wein bis jetzt aufgespart. __11__ Dies tat Jesus als Anfang der Zeichen zu Kana in Galiläa und offenbarte seine Herrlichkeit, und seine Schüler glaubten an ihn.

Jesus beginnt von oben her mit dem Bau der Matrix des vollkommenen spirituellen Menschen, in welcher dann seine Schüler von unten her den spirituellen Weg gehen und den siebenfachen spirituellen Menschen entfalten können. Diese Matrix hat sieben einander durchdringende Hüllen, die jeweils einem Aspekt des spirituellen Menschen entsprechen. Der oberste Aspekt des spirituellen Menschen ist das „Wort", die schöpferische Urformel, die in jedem Menschen wie ein Same verankert, in der Regel aber latent ist. Denn der gewöhnliche Mensch lebt aus der Finsternis: aus dem Blut, dem Manneswillen und dem Fleischeswillen, deren Extrakt sein Ich ist. Diese Finsternis umgibt die drei oberen Aspekte seines spirituellen Wesens und macht sie unwirksam. Und es ist nicht nur die Finsternis im eigenen Wesen. Auch die Finsternis der ganzen vergänglichen Welt wirkt auf ihn ein und verstärkt seine eigene Finsternis.

Soll also sein oberster Aspekt, das „Wort", die schöpferische Urformel seines Wesens, wirksam werden, so muss sie eine „Umgebung" finden – man könnte auch sagen: eine Schwingung –, die ihr entspricht. Das göttliche, kosmische „Wort“ muss als schöpferischer Impuls in der Finsternis, im ganzen geistig-seelischen Organismus der Menschheit verankert werden und dort ein neues spirituelles „Gebiet“ bilden. Nur in Abstimmung auf dieses neue, vom kosmischen „Wort“ in der Finsternis aufgebaute Gebiet kann dann das individuelle „Wort“ im Menschen wach werden und sich entfalten. Das „Wunder“ der Hochzeit zu Kana stellt dar, wie Jesus als göttliches, kosmisches „Wort“ in der Finsternis der Menschheit eine Umgebung, eine Möglichkeit, eine Matrix schafft, in der sich das individuelle göttliche „Wort“ der „Seinen“ entfalten kann – trotz der die Menschheit und den Menschen umhüllenden Finsternis.

Auf seinem Weg „von oben“ herab errichtet der vollkommene spirituelle Mensch hinabsteigend den höchsten Aspekt der siebenfachen Matrix als erstes. Er schafft damit die Möglichkeit für den „von unten“, auf dem spirituellen Weg hinaufsteigenden Menschen, in der Zukunft das letzte Ziel, das Endziel seines Weges zu verwirklichen. Dieses Endziel ist die Begegnung der Seele mit dem göttlichen „Wort“: die „Erleuchtung“. Das erneuerte Bewusstsein des Menschen vereinigt sich mit dem Geist, dem göttlichen „Wort“. Das ist in den Mysterienschulen aller Zeiten immer auch als „Hochzeit“ beschrieben worden, als Hochzeit zwischen Seele und Geist. Der Geist, das göttliche „Wort“ und „Leben“, dringt in das für ihn empfängliche Bewusstsein, die Seele, ein und wird dort bewusst. Er wird zu „Licht“, zu Erleuchtung. Die Seele erhält eine neue Struktur und Dynamik. Sie lebt fortan bewusst aus dem göttlichen „Wort“, der spirituellen Ordnung des Alls, und dem göttlichen „Leben“, der das All durchdringenden spirituellen Energie. So wird beispielsweise in der „Offenbarung des Johannes“ (Off. 21,2) die Gemeinschaft der „Seinen“ als Braut bezeichnet, die sich mit dem Geist als ihrem Mann vereinigt.

Die im Evangelium geschilderte Szene ist somit Bild für einen geistig-seelischen Vorgang, der sich auf den gesamten geistig-seelischen Organismus der Menschheit – oder auf das Innere jedes Menschen bezieht. Ort der Hochzeit ist der gesamte „Seelenraum“ der Menschheit, und die Hochzeit selbst wird zwischen der Seele der Menschheit, der „Braut“, und dem Geist der Menschheit, dem „Ebenbild Gottes“, gefeiert.

Die Szene ist ein Zukunftsbild, Bild für eine *zukünftige* Realität, für die Jesus *jetzt* die Möglichkeit schafft. *Jetzt* verankert er, indem er das göttliche „Wort“ durch sein Wesen offenbart und in den Organismus der Menschheit einstrahlt, dieses göttliche „Wort“ als erste Hülle der siebenfachen Matrix in der Menschheit. Es ist auch hier wieder so: Was spirituell gesehen als erstes kommt – die spirituelle Hochzeit zu Kana –, kommt in der raumzeitlichen Entwicklung, auf dem spirituellen Weg des Schülers, der aus der Finsternis zum Licht emporsteigt, als letztes.

Das göttliche „Wort“ ist seitdem als Information im geistig-seelischen Organismus der Menschheit verankert. Jeder Mensch, ob vor 2000 Jahren oder heute lebend, der den letzten, siebten Schritt seiner spirituellen Entwicklung gehen will, kann sich – in der Regel mit Hilfe eines Gesandten aus der geistigen Welt – auf diese Information abstimmen und wie in einer Matrix entfalten. Er kann sich so mit der unvergänglichen Ordnung des Alls verbinden und endgültig von der irdischen Welt der Finsternis lösen. Während die Erscheinungen der irdischen Welt vergänglich und relativ sind, ist die Ordnung der göttlichen Welt unzerstörbar, ewig und zuverlässig. Auf ihr beruht die äußerste, erste Hülle der siebenfachen Matrix des spirituellen Menschen, aus ihr geht sie hervor.

Auch wenn ein Mensch von dieser die irdische Welt durchziehenden spirituellen Information vorläufig nichts spürt: vorhanden ist sie und wird sich ihm, falls er einen spirituellen Weg geht, zu gegebener Zeit bemerkbar machen. Der oberste Aspekt seines dreifachen Geistprinzips wird dann von dieser dynamischen Information berührt und kann sich entfalten.

Wie schafft Jesus diese Möglichkeit der Hochzeit zwischen Seele und Geist? Indem er den Menschen den „Wein" des Geistes, die aktivierende, schöpferische Kraft des göttlichen „Wortes" zur Verfügung stellt. Wer die „Hochzeit zu Kana" feiern, die höchste Erleuchtung erlangen will, braucht den „Wein", die schöpferische Kraft des „Wortes", welche die Möglichkeit für diese Hochzeit eröffnet.

Jesus, als Erleuchteter und Sohn Gottes aus der göttlichen Welt stammend, ist in der Lage, Kräfte aus dem Gebiet des göttlichen „Wortes" in die Welt der Finsternis einzustrahlen und dort zu verankern. So erzeugt er in der Welt der Finsternis den „Wein", die schöpferische göttliche Kraft, als neue Umgebung oder Schwingung für alle, die einst die Hochzeit der Erleuchtung als Endziel ihres Weges feiern wollen.

Jesus ist der spirituelle Impuls aus der Welt des „Wortes", der Wasser in Wein verwandelt. Er bedient sich dabei der Eigenschaften, die ihm von unten, von den „Seinen", schon entgegenkommen. Denn sie haben sich vorbereitet. Sie haben die Taufe mit Wasser erlebt und einen geläuterten, für die Erleuchtung empfänglichen Zustand in sich entwickelt. Das wird durch das Wasser in den sechs Wasserkrügen veranschaulicht, die am Ort der Hochzeit aufgestellt sind – Krüge mit reinigendem Wasser. Das Wasser der gereinigten, für den Geist empfänglichen Seele kann vom Geist in Wein, in schöpferische Kraft, verwandelt werden. Aus dem empfänglichen Gemüt unten und der Einwirkung von oben entsteht der Wein, die schöpferische Kraft, welche Voraussetzung für die Erleuchtung ist.

Der Vorgang kann sowohl auf einen Einzelnen als auch auf ein ganzes Volk oder eine Kultur bezogen werden. Im zweiten Fall versinnbildlichen die Reinigungskrüge mit Wasser die Vorbereitung zum Beispiel des jüdischen Volkes auf eine neue Religion. Das reinigende und läuternde Gesetz Moses hat eine für den Geist empfängliche Seelenverfassung hervorgebracht: das Wasser in den sechs Krügen. Jesus, der neue Impuls aus der göttlichen Welt, erzeugt daraus den Wein des heiligen Geistes, die neue Religion der Selbstständigkeit und Freiheit. Die alte Religion der Außenleitung durch das Gesetz wird durch die neue Religion der aus dem Innern leitenden Erkenntnis abgelöst.

Dasselbe Verhältnis zwischen Religion der Vorbereitung und Religion der Erfüllung, zwischen Religion des äußeren Gesetzes und Religion der inneren Freiheit findet sich vielfältig in der Weltgeschichte. Es zeigt sich auch in der Gegenwart zwischen verschiedenen Religionen sowie vor allem innerhalb der einzelnen Religionen. Gesetzesreligionen kennen in der Regel auch Einrichtungen, in denen Einzelne einen spirituellen Weg zur Freiheit beschreiten. Umgekehrt verharren Bekenner von Religionen, die zur Freiheit führen wollen, meist doch im Zustand der Vorbereitung und nehmen die Aussagen ihrer Religion als äußeres Dogmengerüst, das wie ein Gesetz auf sie einwirkt.

Es sind nicht umsonst gerade sechs Krüge. Denn sechs ist die Zahl der Vorbereitung, nach der die Erfüllung in Form der Sieben kommt. In sechs „Tagen“ hatte Gott die Welt geschaffen – so die Genesis des Alten Testaments –, am siebten „Tag“ ruhte er: Alles Geschaffene, alle Seelen, sollten am siebten Tag von seinem Geist durchdrungen werden. Gewiss ist auch die Angabe der „zwei oder drei Bath“ von ähnlicher Bedeutung. Die Eins ist Sinnbild für den Geist, die Zwei Sinnbild für die in Entwicklung begriffene Seele, die Drei Sinnbild für die zum Ziel kommende Seele. „Zwei oder drei Bath“ unterstreicht daher noch einmal, dass es sich hier um einen Übergang von der sich vorbereitenden zu der Erfüllung findenden Seele handelt.

Die Mutter Jesu tritt in dieser Erzählung in Gegensatz zu ihrem Sohn, dem Christus. Denn Jesus, der Gesalbte, lebt aus der spirituellen Welt des Lichtes, erfüllt deren Gesetze und handelt aus ihren Kräften. Die Mutter Jesu hingegen verkörpert als Blutsverwandte, wie später seine Brüder (Kap. 7), die Bestimmtheit des Menschen durch verwandtschaftliche, überhaupt irdische Beziehungen. Sie vertritt die Gesetze und Kräfte des Blutes, des Fleisches- und Manneswillens, aber in einer Verfassung, in der sie schon mit dem Gesandten des Lichtes zusammenarbeiten. In diesem Zustand erkennt die Mutter Jesu, dass den Menschen ihrer Gegenwart der „Wein“, nämlich ein neuer, lebendiger spiritueller Impuls, fehlt. „Sie haben keinen Wein.“ Denn so viel ist auch dem irdischen Bewusstsein, das sich nach Erneuerung sehnt, zu erkennen möglich: Allenthalben herrscht spiritueller Mangel, ja geistige Leere. Die Mutter Jesu weiß zudem, wer allein einen neuen spirituellen Impuls bringen könnte: ein Gesandter aus der göttlichen Welt, ein Sohn Gottes. Deshalb wendet sie sich an Jesus. Und sie ist, als irdischer Mensch, bereit, Schritte zu vollziehen und zu unterstützen, die den spirituellen Impuls wirksam werden lassen. Darum sagt sie zu den Dienern: „Was er euch sagen wird, das tut.“

Trotzdem stammen ihre Erkenntnisse, Vorschläge und Einstellungen aus einer irdischen Quelle, die im Gegensatz zur spirituellen Quelle steht. Selbst wenn eine aus einer irdischen Quelle entspringende Handlung – äußerlich gesehen – völlig identisch mit einer Handlung aus einer spirituellen Quelle wäre – den Gesetzen nach, denen sie folgt, und den Kräften nach, von denen sie gespeist wird, unterschiede sie sich grundsätzlich von der spirituellen Handlung. Deshalb kann Jesus nicht anders, als zu sagen: „Weib, was habe ich mit dir zu schaffen!“ Er sagt damit: Der Impuls aus der göttlichen Welt, den ich bringe, ist anders begründet und von anderer Art als jeder Impuls aus der irdischen Welt. Darum muss ich jede Anregung und jede Bestimmung aus der irdischen Welt ablehnen. Auch die Bestimmtheit durch die irdische Zeit muss ich ablehnen. Denn meine „Zeit“ ist eine andere als die irdische Zeit, sie entspricht göttlichen Gesetzen. Das drückt Jesus mit der Formel aus: „Meine Stunde ist noch nicht gekommen.“ Es ist eine Formel, die auf die Unvereinbarkeit von irdischer und göttlicher Zeit verweist. Jesus will nicht sagen: Den Zeitpunkt meiner Tätigkeiten bestimme ich selbst, und es ist im Augenblick noch nicht so weit. Denn dann wäre unverständlich, warum er trotzdem sofort handelt. Er will nur die Unvereinbarkeit von irdischem und göttlichem Gesetz zum Ausdruck bringen.

Wenn Jesus den Dienern Befehle gibt und den Speisemeister kosten lässt, so scheinen das konkrete Einzelheiten zu sein, welche die Geschichte nur anschaulicher machen sollen. Aber auch sie bringen spirituelle Aspekte zum Ausdruck. Denn immer gibt es, wenn Wasser vom Geist in Wein verwandelt wird, „Diener", die die sechs Wasserkrüge füllen. Jeder Mensch, der sich nach dem Wein spirituellen Erlebens sehnt und entsprechende Vorbereitungen durchführt, gehört zu diesen Dienern. Er muss eine Vorbereitung auf den spirituellen Weg vollzogen haben, er muss durch innere Reinigung und Umkehr so viel Wasser der Reinheit und Sehnsucht nach spiritueller Veränderung in sich angesammelt haben, dass er reif für die Stunde der Entscheidung geworden ist, in der aus diesem Wasser der Reinheit durch einen spirituellen Impuls der Wein der spirituellen Erleuchtung werden kann. Und es ist ausdrücklich Jesus, der vollkommene spirituelle Mensch, der den Dienern Befehle gibt. Wer sich auf die spirituelle Hochzeit vorbereitet, muss seine Wasserkrüge auf „Befehl" Jesu, auf Grund der Sehnsucht des wahren Selbst nach Erleuchtung, füllen, nicht, weil er zu einem moralisch hochstehenden Menschen werden will.

Der Speisemeister andererseits entspricht dem das ganze Johannesevangelium durchziehenden Prinzip, dass das Wesen von Menschen und Dingen vom intuitiven Denken stets auf Herz und Nieren geprüft wird. Jesus selbst veranlasst den Speisemeister, nachzuprüfen, ob wirklich Wein aus dem Wasser geworden ist und wie gut der Wein ist. Spirituell betrachtet, heißt das: Wenn ein neuer spiritueller Impuls in die Welt kommt und das „Wasser" der Umkehr, das sich in vielen Menschen angesammelt hat, in den „Wein" spiritueller Kraft verwandelt, so haben die Menschen das Recht und die Pflicht, zu untersuchen, ob es sich bei ihren Erfahrungen um Realität oder Illusion handelt. Sie können und müssen prüfen, ob das Neue tatsächlich standhält und nicht nur ein Aufguss von Früherem oder Vorspiegelung falscher Tatsachen ist. Deshalb ist jedermann, der sich auf dem spirituellen Weg befindet, ein Speisemeister, der, wenn er in sich die von Jesus bewirkte Umwandlung des Wassers der reinen Empfänglichkeit in den Wein der Erfüllung erlebt, genau „abschmecken" muss, um was für einen Trank es sich tatsächlich handelt.

Dabei wird er auch feststellen können, ob und dass die neue schöpferische Kraft im Vergleich zu früheren spirituellen Impulsen lebendiger, ja sogar „besser" ist und mehr Aspekte und Eigenschaften Gottes offenbart. Auch in der Gesetzesreligion der Juden gab es Einrichtungen zur Entfaltung der spirituellen Möglichkeiten Einzelner – etwa die Prophetenschulen. Aber die Spiritualität dieser Einrichtungen war im Vergleich zu der von Jesus gebrachten weniger intensiv und umfassend. Daher die Bemerkung des Speisemeisters: „Du hast den guten Wein bis jetzt aufgespart!" Ja, die frühere Spiritualität war überhaupt erloschen und hatte ihre Kraft durch die Einwirkung der irdischen Finsternis verloren, weshalb berichtet wird: „Der Wein war ihnen ausgegangen."

Damit charakterisiert der Speisemeister ein Gesetz der spirituellen Welt, das im Gegensatz zur irdischen Welt steht. In der irdischen Welt serviert man geschickt zuerst das bisschen Gute, das man besitzt, um andere zu betäuben und zu vereinnahmen. Denn man weiß, dass es nach einem neuen irdischen Impuls, einer Idee oder Maßnahme unausweichlich zu einer Degeneration kommen wird. Danach bringt man dann das weniger Gute, das die Betäubten in ihrem Bedürfnis nach immer neuen Reizen nicht als solches erkennen und nur zu gerne annehmen. In der spirituellen Welt jedoch ist es umgekehrt. Da bringt ein neuer Impuls immer eine Steigerung des vorhergehenden, eine Intensivierung und größere Offenbarung der Eigenschaften Gottes.

Jedermann, der den spirituellen Weg geht, kann, nachdem er Mutter, Diener und Speisemeister gewesen ist, am Ziel auch zu Braut und Bräutigam werden, die mittels des neuen Weines die Hochzeit der Erleuchtung feiern. Ein Schüler Jesu der damaligen oder heutigen Zeit erlebt alle in der Erzählung geschilderten Vorgänge im eigenen Innern. Er ist die Mutter Jesu: Er erkennt als irdischer Mensch, dass es ihm an der spirituellen Kraft, am „Wein" fehlt, der die Voraussetzung für die Hochzeit der Erleuchtung ist. Er bittet als irdischer Mensch Jesus, den vollkommenen spirituellen Menschen, diese Kraft zu schenken, und muss doch erleben, dass hierfür nicht *sein* Bedürfnis ausschlaggebend ist, sondern die Gesetze der göttlichen Welt; dass es nicht an ihm liegt, zu bestimmen, wann er mit spiritueller Kraft begabt wird, sondern dass hier nur die göttliche Welt entscheidet. Er gehört ebenfalls zu den Dienern: Er macht auf Anordnung der göttlichen Welt, die in ihm wirkt, den Weg für den Geist recht und lässt in sich das Wasser der Umkehr entstehen, das der spirituelle Impuls in spirituelle Kraft, in „Wein", umwandeln kann. Er kostet schließlich als Speisemeister die neue spirituelle Kraft, die in ihm durch den Gesandten der göttlichen Welt entstanden ist, und stellt fest, dass es wirklich eine lebendige, zuverlässige Kraft ist.

So sieht und erlebt er im eigenen Wesen die „Herrlichkeit" des Christus. Die Kraft und Vollmacht des spirituellen Impulses, die alle irdische Kraft und Vollmacht übertrifft, wird ihm im eigenen Innern offenbar. Wie könnte er da anders, als an Jesus „glauben"? Auf Grund seiner Vorbereitung auf spirituelle Erfahrungen – diese Vorbereitung ist das „Wasser" – erzeugt der neue spirituelle Impuls in ihm diese spirituellen Erfahrungen – den „Wein". Das bestätigt ihm die Gültigkeit und Macht des spirituellen Impulses, verkörpert durch Jesus. Und er kommt zum Glauben: zur bewussten Aufgeschlossenheit für diesen spirituellen Impuls.

Das „Zeichen", das Jesus tut, ist somit kein Wunder im Sinn einer Durchbrechung der zeiträumlichen Naturgesetze. Würde man die Erzählung so auffassen, so würden die Schüler Jesu durch ein Zauberkunststück davon überzeugt worden sein, dass er Gottes Sohn ist. Könnte so ein Glauben stichhaltig sein und Kraft bewirken? Was wäre denn dann mit dem modernen Menschen, der dieses „Wunder" nicht erlebt hat? Er wäre in einer weitaus schlechteren „Glaubens"position als die Schüler damals.

Aber die Erzählung zeigt: Jeder, auch der moderne Mensch, kann die Verwandlung von Wasser in Wein erleben und daraus die Bestätigung gewinnen, dass ein Impuls aus der göttlichen Welt über einen Gesandten aus der göttlichen Welt in ihm wirksam wird und die Verwandlung bewirkt. Das wird mit dem Wort „Zeichen" ausgedrückt. Jeder Mensch kann die reale spirituelle Erfahrung machen, dass es eine zuverlässige Stütze für das eigene Leben und die eigene Entwicklung gibt. Das göttliche „Wort", im Organismus Menschheit als dynamische Information, als höchster Aspekt der Matrix des siebenfachen spirituellen Menschen wirksam, gibt ihm auf lange Sicht die Möglichkeit zum Erleben der spirituellen „Hochzeit“ und regt zugleich seine Entwicklung in Richtung auf dieses Ziel an. Diese Erfahrung ist die Wirkung, von der aus auf die Ursache, die spirituelle Ordnung des Alls und den vollkommenen spirituellen Menschen, der in der irdischen Welt diese Ursache vertritt, geschlossen werden kann. Durch das „Zeichen“, die spirituelle Wirkung im eigenen Wesen, kommt der Mensch zum Glauben an das „Gezeigte“, zur bewussten Aufgeschlossenheit für die göttliche Welt und ihren Gesandten.

Bei oberflächlicher Betrachtung könnte es so aussehen, als wolle der Evangelist durch die Reaktion des Speisemeisters beweisen und bestätigen, dass es sich um ein „Wunder“ als übernatürlichen Vorgang handelt: dass aus physischem Wasser physischer Wein geworden sei, den man schmecken kann. Aber der Evangelist zeigt an der Figur des Speisemeisters gerade umgekehrt etwas Spirituelles: dass aus dem Wasser der inneren Reinigung der Wein spiritueller Kraft geworden ist. Und das ist ja wirklich ein Wunder, aber keines, welches die zeiträumlichen Gesetze sprengt. Denn ist es nicht ein Wunder, dass aus einer Welt des Lichtes ein spiritueller Impuls in die Welt der Finsternis einstrahlt und dort in seiner Wirkung – als Umwandlung von Wasser in Wein – erlebt werden kann? Dass auf diese Weise von oben her in der Welt der Finsternis die erste Hülle einer Matrix errichtet wird, in der der Mensch von unten her in die Welt des Lichtes aufsteigen kann, um schließlich die „Hochzeit“ der Seele mit dem Geist zu erleben?

Dieses Wunder vollzieht sich in Kana in Galiläa. „Galiläa“ steht für Vorbereitung (Galiläa ist die „Provinz“, Judäa beherbergt die „Hauptstadt“), und „Kana“ („Ort des Schilfes“) für Erlösung, für neue Fruchtbarkeit in dürrer Wüste. Das zeigt ein Blick ins Alte Testament, wo es bei Jesaja 35,7–10 heißt: „…eine Stätte für Rohr und Schilf, und dort wird eine reine Straße sein, und ‚Heiliger Weg‘ wird man sie nennen … Erlöste werden darauf gehen … ewige Freude über ihrem Haupt.“

Tempelreinigung: Korrektur einer Degeneration

2, 12 *Danach zog er hinab nach Kapernaum, er und seine Mutter und seine Brüder und seine Schüler, und sie blieben nicht viele Tage dort.* ***13*** *Und das Passa der Juden war nahe, und Jesus zog nach Jerusalem hinauf.* ***14*** *Und er fand die Verkäufer von Ochsen, Schafen und Tauben und die Wechsler im Tempel sitzend.* ***15*** *Und er machte eine Geißel aus Stricken und trieb alle aus dem Tempel hinaus, die Schafe wie die Ochsen, und den Wechslern schüttete er das Geld aus und stieß ihnen die Tische um,* ***16*** *und zu den Taubenverkäufern sprach er: Tragt das von hier weg; macht nicht das Haus meines Vaters zu einem Kaufhaus!* ***17*** *Seine Schüler erinnerten sich, dass geschrieben steht:*

„Der Eifer für dein Haus wird mich verzehren.“

18 *Da begannen die Juden und sagten zu ihm: Was für ein Zeichen weist du uns dafür auf, dass du dies tun darfst?* ***19*** *Jesus antwortete und sprach zu ihnen: Brecht diesen Tempel ab, und in drei Tagen will ich ihn wiedererstehen lassen.* ***20*** *Die Juden nun sagten: In 46 Jahren ist dieser Tempel gebaut worden, und du willst ihn in drei Tagen wiedererstehen lassen?* ***21*** *Er aber sprach vom Tempel seines Leibes.*

22 Als er nun von den Toten auferweckt worden war, erinnerten sich seine Schüler, dass er dies gesagt hatte, und sie glaubten der Schrift und dem Wort, das Jesus gesprochen hatte.

Zwar begründet der Gesandte aus der Welt des Lichtes durch den von ihm gebrachten spirituellen Impuls einen neuen spirituellen Weg, einen neuen Mysterienweg, nachdem die alten Mysterienwege ihre Leitfunktion und Kraft verloren haben. Doch reinigt er auch die traditionelle Religion, symbolisiert durch den „Tempel“, von Schlacken, die sich darin angesetzt hatten. Denn dem Gesandten liegt auch die traditionelle Religion am Herzen, die als Vorbereitung auf den spirituellen Weg ihre unverzichtbare Aufgabe hat. Ihre Ergebnisse der Reinigung werden als Voraussetzung für den spirituellen Weg in die neue Religion mit übernommen. Das „Wasser“ in den sechs steinernen Wasserkrügen, Bild für das Ergebnis der ethischen Bemühungen im Rahmen der alten Gesetzesreligion, wird in „Wein“ verwandelt. Das Alte geht im Neuen auf. Damit schließt sich die „Tempelreinigung“ im Text organisch an die „Hochzeit zu Kana“ an.

Zum Passafest pflegten große Scharen von gläubigen Juden aus aller Welt nach Jerusalem zum Tempel zu ziehen, um dort ihr vorgeschriebenes Tieropfer darzubringen – Bild für die Lösung der Seele von allem irdischen Besitz oder auch dafür, dass die Seele all ihre „animalischen“ Eigenschaften einem Leben nach den göttlichen Gesetzen opfert, um auf diese Weise, frei von Haftungen an irdischen Belangen, Gott zu begegnen. Für diese Tieropfer mussten Tiere, und für aus dem Ausland kommende Juden musste Währung zum Kauf dieser Tiere beschafft werden.

Im Lauf der Zeit war es nun geschehen, dass die Tierhändler und Geldwechsler bis in den Vorhof des Tempels, der Begegnungsstätte des Gläubigen mit Gott, vorgedrungen waren. Das ist ein Symptom und Bild für eine in jeder Religion auftretende Tatsache. Die für die Ausübung der Religion notwendigen irdischen Mittel und Verfahren gewinnen im Lauf der Zeit eine Bedeutung, die ihnen nicht zukommt. Sie beeinträchtigen daher zunehmend die innere Begegnung der Gläubigen mit Gott, weil sie die Aufmerksamkeit über Gebühr beanspruchen. Gedanken an die äußeren Mittel zur Ausübung der Religion verdrängen den inneren Kern der Religion, die Begegnung des Gläubigen mit der göttlichen Wahrheit und Kraft im Herzen. Die Devotionalien, Reliquien, Wallfahrten, Rituale, Zeremonien, Gebäude und die dafür erforderlichen Mittel werden wichtiger als das, wofür sie dienen sollen. Mit den „Utensilien“ der Religion verbinden sich überdies Geschäftsinteressen, die vom Kern der Religion ablenken, ja allmählich selbst die Religion, der Tempel, zu sein beanspruchen.

Dieselbe Tendenz macht sich auch in jedem Einzelnen geltend, der bemüht ist, eine direkte Begegnung mit Gott im Herzen zu erleben. Es ist wie bei einem Schiff, an dessen Rumpf sich immer mehr Muscheln ansetzen, so dass die Fahrt zunehmend verlangsamt wird.

Wenn ein Gesandter aus der Welt des Lichtes mit einem neuen spirituellen Impuls auftritt, so kann dieser Impuls ein erschrockenes Aufwachen in den Herzen der Menschen bewirken. Sie erkennen, dass die Möglichkeit und das Bedürfnis, Gott zu begegnen, längst von Traditionen und Gewohnheiten überwuchert sind, die sich im

Zusammenhang mit diesem Bedürfnis herausgebildet haben. Und sie beseitigen in dieser Erkenntnis energisch und eifrig die Wucherungen, die sie an einer klaren, ernsten Gottesbegegnung hindern – sei es als Kollektiv, sei es als Einzelne. Es kann auch der Gesandte selbst mit Kraft auftreten und den Tempel der Religion von diesen Tendenzen, die nicht hineingehören, reinigen. Ob er es selbst tut oder ob die Kraft seines spirituellen Impulses ein solches reinigendes Erkennen und Handeln in den Menschen bewirkt, die er anspricht – das Bild des mächtig den Tempel reinigenden und alle Fremdelemente beseitigenden Jesus beschreibt beide Möglichkeiten.

Als seinerzeit Johannes der Täufer mit Kraft zur Umkehr aufrief und mit Wasser taufte, sandten die „Juden" aus Jerusalem, die religiösen Führer, Boten, die die Identität, das Wesen Johannes des Täufers ergründen sollten. Voll Staunen über die Kraft, mit der Jesus die überkommene Religion von nicht hineingehörenden Tendenzen der Veräußerlichung und Geschäftemacherei reinigt, kommen nun die religiösen Führer auch zu ihm und fragen ihn nach der Legitimation dieser Reinigung. Ist die Kraft, mit der Jesus handelt, aus Gott, aus ihm selbst oder aus einer dämonischen Sphäre? Und sie bitten Jesus um ein „Zeichen". Anders ausgedrückt: Er soll ihnen Kriterien nennen, an denen zu erkennen ist, aus welcher Kraft er handelt.

Jesus antwortet, indem er auf den spirituellen Weg verweist. Wie der Tempel aus Stein Begegnungsstätte des Menschen mit Gott ist und so zum Bild für Religion – die „Wiederverbindung" mit Gott – an sich werden kann, so ist der Tempel aus Fleisch, der Leib, ebenfalls Begegnungsstätte mit Gott und kann zum Bild für Religion an sich werden. Der spirituelle Weg ist nichts anderes, als dass der aus Blut, Fleisches- und Manneswillen aufgebaute Leib, der als dreifache finstere Hülle die im Menschen latenten spirituellen Aspekte „Wort", „Leben" und „Licht" umgibt und an ihrer Wirksamkeit hindert, abgebrochen und durch einen neuen Leib ersetzt wird, der als dreifache lichte Hülle den spirituellen Aspekten „Wort", „Leben" und „Licht" Ausdruck gibt. Wenn Jesus vom Abbruch seines alten Leibes spricht, der in drei Tagen durch einen neuen Leib ersetzt werden soll, so beschreibt er damit den von ihm gewiesenen spirituellen Weg. Die „drei Tage" des Aufbaus entsprechen den drei Aspekten „Wort", „Leben" und „Licht", die drei neue Aspekte des Leibes, Form, Lebensfunktion und Empfindung, aufbauen.

Alter Leib und der neue Leib des spirituellen Wegs stehen außerdem in Beziehung zu alter und neuer Religion. Die alte Religion, der alte „Tempel", ist zur Veränderung des aus der Finsternis geborenen Leibes da. Dieser soll durch äußere Gesetze wenigstens in eine Verfassung gebracht werden, in der er dem spirituellen Weg möglichst wenig Widerstand entgegensetzt. Die neue Religion hingegen, der neue „Tempel" dient dem Aufbau eines neuen Leibes in drei Tagen, der in innerer Freiheit „Wort", „Leben" und „Licht" Ausdruck gibt.

Leib und Religion hängen miteinander zusammen, da eins das andere bedingt. Jesus bezieht sich mit seiner Rede vom „Tempel" auf beide miteinander zusammenhängenden Vorgänge. Er bricht sowohl den alten Leib als auch die alte Religion ab und baut einen neuen Leib und eine neue Religion auf, in die die Ergebnisse der alten Religion mit eingeschmolzen werden.

Wenn Jesus also Macht hat, die alte im Bild des alten Tempels erscheinende Religion abzubrechen, die dem alten Leib dient, und eine neue, im Bild des neuen Tempels erscheinende Religion aufzubauen, die dem Aufbau eines neuen Leibes dient, so hat er erst recht Macht, den alten Tempel zu *reinigen*. Seine Macht, die alte Religion, den alten Tempel, abzubrechen, und eine neue Religion, den neuen Tempel, aufzubauen, ist das „Zeichen", das die „Juden" erbitten und das wahrlich seine Vollmacht zur Reinigung demonstrieren würde. Denn ist nicht die Vollmacht abzubrechen weit mehr als die Vollmacht zu reinigen?

Doch für die „Juden", die religiösen Führer, ist dieses Zeichen nicht erkennbar. Es ist ein spiritueller Vorgang, der Vorgang des spirituellen Weges, auf dem der alte, in der Gesetzesreligion lebende Leib abgebrochen und der neue, aus der Religion der inneren Freiheit entstehende Leib aufgebaut wird. Die „Juden" verstehen aber diesen spirituellen Vorgang nicht. Sie verstehen daher auch die Bildsprache nicht, die ihn beschreibt. Wenn Jesus bildlich vom Tempel der Religion und zugleich des Leibes spricht, verstehen sie ihn so, als meine er den konkreten Tempel, der in 46 Jahren erbaut worden war.

Der Evangelist will an dieser Stelle ausdrücklich betonen, dass die „Juden" Jesus mit ihrem zeiträumlichen Denken missverstehen müssen. Im Kontrast zu diesem Missverständnis wird dann die nicht-zeiträumliche Bedeutung des „Tempels" um so klarer. Auf Grund dieser Absicht des Evangelisten dürfte auch die Zahl 46 keine symbolische Zahl sein, sondern eine konkrete historische Zeitspanne, die die Zeiträumlichkeit des Denkens der „Juden" noch unterstreicht. So einen konkreten, in genau 46 Jahren erbauten Tempel könnte auch der größte Wundertäter mit magischen Kräften nicht in drei Tagen errichten. Da die „Juden" Jesu spirituelle Sendung nicht erkennen können, können sie auch nicht verstehen, dass und wie durch diese Sendung seine Tempelreinigung legitimiert wird.

Die Schüler Jesu können im Augenblick dieses Zeichen Jesu ebenso wenig verstehen. Die Aufgabe Jesu, den alten Leib, den alten biologischen Tempel, abzubrechen und einen neuen Leib, einen neuen biologischen Tempel, in drei Tagen aufzubauen und damit auch den Tempel der alten Religion, der der Vorbereitung des alten Leibes auf den spirituellen Weg diente, abzubrechen, um den Tempel einer neuen Religion, die dem Aufbau eines neuen Leibes dient, in drei Phasen zu errichten – diese Aufgabe Jesu ist ihnen noch nicht nachvollziehbar. Erst nachdem sie erfüllt ist: nachdem Jesus „von den Toten auferweckt war", das heißt, nachdem er den neuen, aus dem unsterblichen „Wort", „Leben" und „Licht" wirkenden unsterblichen Leib des Lichtes erlangt hatte, können sie verstehen und erinnern sich an seine frühere Aussage.

Es zeigt sich hier wiederum, wie der Evangelist arbeitet und dass er in der Tat geistig-seelische Sachverhalte darstellt, die er durch intuitives Denken erkannt hat. Er stellt dem Wesen der „Juden" das Wesen Jesu gegenüber. Dieses Wesen – und das damit verbundene Geschehen: Abbruch des alten Leibes (verbunden mit der alten Religion) und Aufbau des neuen Leibes (verbunden mit der neuen Religion) – ist immer Gegenwart. Im Zeiträumlichen jedoch ereignet sich dieses Geschehen erst lange *nach* dieser Szene. Wer zeiträumlich denkt, müsste fragen: Wie kann sich Jesus mit einem *späteren* Vorgang, den die „Juden" doch noch gar nicht kennen können, rechtfertigen und ihn als Zeichen für seine Identität anführen? Aber im intuitiven Denken des Evangelisten ist dieser Vorgang bereits gegenwärtig als Ausdruck des Wesens des vollkommenen spirituellen Menschen. Deshalb kann er ihn den Fragen der „Juden" als gültige Antwort gegenüberstellen. Das Wesen und die Aufgabe Jesu rechtfertigen seine „Tempelreinigung", auch wenn die Aufgabe erst zu einem viel späteren Zeitpunkt, lange nach der Frage der „Juden", erfüllt wird.

Glaube

2, 23 *Als er aber am Passafest in Jerusalem war, glaubten viele an seinen Namen, weil sie seine Zeichen sahen, die er tat.* ***24*** *Doch Jesus selbst vertraute sich ihnen nicht an, weil er alle kannte* ***25*** *und weil er nicht nötig hatte, dass jemand über den Menschen Zeugnis ablegte, denn er erkannte selbst, was im Menschen war.*

Die Verse schildern das Verhältnis der Menschen zu Jesus und das Verhältnis Jesu zu den Menschen in diesem Stadium seiner Tätigkeit.

Was heißt, „an seinen Namen glauben"? Jesus verkörpert den vollkommenen spirituellen Menschen, den aus dem Geist und der Wahrheit geborenen, im Gegensatz zu dem aus der Finsternis geborenen irdischen Menschen. Dieses sein Wesen ist sein „Name". Wer sein eigenes Wesen dem Wesen des spirituellen Menschen erschließt, „glaubt" an dessen Namen. Glaube ist ein Zustand der Offenheit für die Lebensmöglichkeit, die durch Jesus verkörpert wird. Glaube ist eine Art innerer Dimensionswechsel: statt Ausrichtung auf die irdische Welt der Finsternis Ausrichtung auf die göttliche Welt des Lichtes. Dieser Glaube ist überhaupt nur für die „Seinen", für die Anlage des spirituellen Menschen im irdischen Menschen, möglich. Aber wenn sie wach wird, kann sie auch das irdische Bewusstsein zur Ausrichtung auf den spirituellen Weg bewegen. Somit ist Glaube die erwachende Ausrichtung des Spirituellen und Irdischen im Menschen auf die spirituelle Welt. Und in Jesus wird dem Glaubenden das Ziel der in ihm selbst angelegten Spiritualität anschaulich und bemerkbar.

Glaube ist der Beginn eines Weges, auf dem der Glaubende wird wie Jesus: ein Sohn Gottes. Glaube ist gleichzeitig die motorische Kraft, die von diesem Ziel ausgeht und den Glaubenden diesem Ziel entgegendrängt. Der Glaube an Jesus im Sinn des Johannesevangeliums besteht nicht darin, dass der irdische Mensch für wahr hält, Jesus sei der Sohn Gottes und erlöse den Glaubenden von allen Übeln der irdischen Welt. In diesem Fall würde sich der irdische Mensch in der doch immer zweifelhaften Sicherheit wiegen, von einem göttlichen Wundertäter einst zu unsterblichem Leben auferweckt zu werden.

Und in diesem Fall hätte Jesus tatsächlich immer neue „Zeichen" setzen und immer schlagendere Beweise liefern müssen, um alle Zweifel an seinen magischen Fähigkeiten und damit an seiner Göttlichkeit auszuräumen. Doch die „Zeichen" sind dazu da, um im Menschen die spirituelle Anlage zu wecken und zu entwickeln, nicht dem irdischen Menschen wie Zauberkunststücke die Göttlichkeit Jesu zu demonstrieren. Sie sind dazu da, den spirituellen Menschen nach dem Muster des vollkommenen spirituellen Menschen hervorzubringen und damit aus der Gefangenschaft in der Welt der Finsternis zu erlösen, nicht, dem irdischen Menschen fragwürdige Sicherheit und Trost zu geben.

Zum Glauben im Sinn der Offenheit des Geistprinzips im Menschen – und der daraus folgenden Offenheit des irdischen Bewusstseins – für die von Jesus gelebte und gewiesene spirituelle Lebensmöglichkeit gelangt der Mensch, indem er die „Zeichen“ sieht, die Jesus tut. Die „Zeichen“, die Jesus tut, sind nichts anderes als die Wirkungen, die von ihm als dem Muster des spirituellen Menschen auf die „Seinen“, auf Menschen mit einem empfänglichen Geistprinzip, ausgehen. Wenn spirituelle Kräfte, die immer in der Welt wirken, nicht nur zur Zeit Jesu, in einem Menschen die Möglichkeit zu einem spirituellen Leben öffnen, wenn zum Beispiel dieser Mensch geistig sehend wird, erkennt er an diesen Wirkungen der geistigen Welt die Struktur der geistigen Welt. Sie werden ihm zu Zeichen für das Wesen Jesu, das Wesen der geistigen Welt, den „Namen“ Jesu. Er erkennt, dass diese Wirkungen in ihm selbst Ausdruck der geistigen Welt sind, daher von der geistigen Welt „zeugen“ und Zeichen für sie sind. Und es sind immer neue und umfassendere Wirkungen, die fortschreitend neue und umfassendere Eigenschaften des spirituellen Menschen erwecken und dadurch eine immer neue und umfassendere Offenheit für die spirituelle Welt hervorbringen: einen immer tieferen und umfassenderen Glauben.

Wer diese von Jesus, dem Gesandten der geistigen Welt, ausgehenden spirituellen Wirkungen nicht empfindet, kann sie auch nicht als „Zeichen“ erkennen. Er wird ohne Glauben „an seinen Namen“ und blind für die „Zeichen“ Jesu sein.

Jesus, Muster des spirituellen Menschen, erweckt durch die von ihm ausgehenden spirituellen Wirkungen in anderen und auf andere Menschen Offenheit für die in ihnen steckenden spirituellen Möglichkeiten. Obwohl er auf diese Weise eine spirituelle Beziehung zwischen sich und den „Seinen“ entstehen lässt, ist doch noch ein großer Unterschied zwischen ihm und den „Seinen“. Denn er lebt ganz aus der Welt des Lichtes, während das Spirituelle in den „Seinen“ noch von Finsternis umhüllt ist. Nur zaghaft, im Glauben, öffnet es sich anfangs für die neue Lebensmöglichkeit. Auch in den „Seinen“ dominiert noch der irdische Mensch mit seinen Erwartungen, Befürchtungen und Interessen.

Deshalb vertraut sich Jesus, der Erleuchtete, den noch nicht Erleuchteten nicht an. Er wäre gewiss, wie jeder in der Welt wirkende Mensch, dankbar, wenn er Gleichgesinnte und ihm Ebenbürtige fände, mit denen er zusammenarbeiten und über seine Situation und Aufgabe sprechen könnte. Doch er wusste, dass es keinen gab, der wie er sein Verhalten allein an den Gesetzen und Kräften der göttlichen Welt orientierte. Er wusste es, er kannte die Menschen, er brauchte keinen Dolmetscher, der ihm das Wesen des irdischen Menschen erklärt hätte. Er kannte die Menschen, wie sie jeder Erleuchtete kennt – nicht weil er hellsehend gewesen wäre. Denn in jedem Erleuchteten ist das wahre Wesen des Menschen wie ein lebendiger Maßstab wirksam. Wenn ihm ein gewöhnlicher Mensch begegnet, so empfindet er, was beim anderen mit der Struktur des wahren Menschen übereinstimmt und was nicht. Er spürt, wo Unwissenheit, Gier, Lüge, Angst, Heuchelei im Menschen sind. Selbst ein irdischer Mensch mit dem besten Willen ist unzuverlässig und schwach, im Denken begrenzt, im Fühlen schwankend. Hätte Jesus sich und seine Sache so jemandem anvertrauen sollen? Eine Sache, die höchste Klarheit und Zuverlässigkeit verlangte, wie sie nur der spirituelle Mensch besitzt?

Gespräch mit Nikodemus: der spirituelle Weg

3, 1 *Es war aber ein Mensch unter den Pharisäern mit Namen Nikodemus, ein Vor-*
steher der Juden. ***2*** *Dieser kam des Nachts zu ihm und sagte zu ihm: Rabbi, wir wis-*
sen, dass du als Lehrer von Gott gekommen bist; denn niemand kann diese Zeichen
tun, die du tust, es sei denn Gott mit ihm. ***3*** *Jesus antwortete und sprach zu ihm: Wahr-*
lich, wahrlich, ich sage dir: Wenn jemand nicht von oben her geboren wird, kann er
das Reich Gottes nicht sehen. ***4*** *Nikodemus sagt zu ihm: Wie kann ein Mensch gebo-*
ren werden, wenn er alt ist? Kann er etwa zum zweitenmal in den Leib seiner Mutter
eingehen und geboren werden? ***5*** *Jesus antwortete: Wahrlich, wahrlich, ich sage dir:*
Wenn jemand nicht aus Wasser und Geist geboren wird, kann er nicht in das Reich
Gottes kommen. ***6*** *Was aus dem Fleisch geboren ist, das ist Fleisch, und was aus dem*
Geist geboren ist, das ist Geist. ***7*** *Wundere dich nicht, dass ich dir sagte: Ihr müsst von*
oben her geboren werden. ***8*** *Der Wind weht, wo er will, und du hörst seine Stimme,*
aber du weißt nicht, woher er kommt und wohin er fährt. So ist jeder, der aus dem
Geist geboren ist. ***9*** *Nikodemus antwortete und sagte zu ihm: Wie kann dies gesche-*
hen? ***10*** *Jesus antwortete und sprach zu ihm: Du bist der Lehrer Israels und verstehst*
das nicht? ***11*** *Wahrlich, wahrlich, ich sage dir: Wir reden, was wir wissen, und bezeu-*
gen, was wir gesehen haben, und doch nehmt ihr unser Zeugnis nicht an.

Die Tätigkeit Jesu ist für all jene, und nur für jene, die das „Reich Gottes sehen" wollen. Die Evangelien sind für all jene, und nur für jene, geschrieben, die das „Reich Gottes sehen" wollen. Alle Religionen, einschließlich des Christentums, sind nur für jene da, die das „Reich Gottes sehen" wollen. Es ist, wie der Evangelist im Prolog erklärt hat, die Bestimmung des Menschen und der Menschheit, in der Finsternis das Licht, das in die Finsternis scheint, anzunehmen, um so Kind Gottes zu werden und „das Reich Gottes zu sehen". Alle, die in der Finsternis sind und das Licht nicht annehmen, erfüllen die Bestimmung des Menschen und der Menschheit nicht. Für sie kann das Licht, verkörpert in Jesus, vorläufig nichts tun, für sie sind die Evangelien vorläufig nicht geschrieben, für sie erfüllt die Religion, mögen sie äußerlich noch so eifrige Bekenner sein, vorläufig ihren höchsten Zweck nicht.

Nikodemus gehört zu jenen, die das „Reich Gottes sehen" wollen. Das ergibt sich aus der Antwort Jesu auf seine unausgesprochene Frage. Das „Reich Gottes sehen" heißt nichts anderes, als in den Zustand der Erleuchtung eintreten: die geistige Welt, „Wort", „Leben" und „Licht", die alles erzeugende, erfüllende und entwickelnde göttliche Intelligenz und Kraft bewusst wahrzunehmen und so das höchste Glück zu erleben. Dieses Glück erlebt der Mensch nur, wenn er sich, nach der Entfaltung seines spirituellen Wesens, nachdem er Kind Gottes, Sohn Gottes geworden ist, im Einklang mit der spirituellen Welt befindet.

Nikodemus möchte das höchste Glück, das ihm als Mensch bestimmt ist, erleben und kommt zu Jesus, um den Weg dorthin zu erfahren. Er gehört zu den „Juden", den geistlichen Führern, die Johannes den Täufer und Jesus im Allgemeinen mit Misstrauen betrachten und sich über beide ein Bild zu machen suchen. Nikodemus gehört jedoch zugleich zu den schon reagierenden „Seinen". Er ist von den spirituellen Wirkungen, die von Jesus ausgehen, innerlich berührt. Er erkennt diese Wirkungen als „Zeichen", als Ausdruck spirituellen Wesens und spiritueller Kompetenz. Deshalb sieht er Jesus als die Instanz, die ihm Antwort auf seine Frage geben kann: Gott ist mit Jesus. Umgekehrt kann Jesus Nikodemus, weil dieser für die spirituellen Wirkungen geöffnet ist und „an seinen Namen glaubt", spirituelle Sachverhalte erklären. Aber weil Nikodemus die Vorbehalte seiner geistlichen Kollegen kennt und keine Schwierigkeiten bekommen möchte, besucht er Jesus nachts und insgeheim.

Vielleicht hat aber „nachts" noch eine tiefere Bedeutung. Als „Vorsteher der Juden" fühlte sich Nikodemus gehalten, die traditionelle Lehre des Gesetzes vor den Gläubigen zu vertreten. Sein Amt verpflichtete ihn dazu. Mit dem Tagbewusstsein, dem rationalen Verstand, vollzog er seine äußeren Tagesgeschäfte und war ihr Gefangener, ohne Gelegenheit, auf die Wahrheit im Innern zu hören. „Nachts" jedoch, wenn die Tagesgeschäfte ruhten, ergab sich die Möglichkeit, sich der inneren, durch Jesus verkörperten spirituellen Stimme zuzuwenden.

Das Gespräch beschreibt, im Einklang mit der Errichtung der ersten Hülle der Matrix des vollkommenen spirituellen Menschen, die Grundvoraussetzung des Weges, der zur Bestimmung des Menschen, das „Reich Gottes zu sehen", führt. Es ist der spirituelle Weg, seit Jahrtausenden derselbe, nur immer wieder in neuer Ausprägung dargestellt und gegangen. Es ist der Kern jeder Religion, verstanden als „Wiederverbindung" mit Gott, und Jesus charakterisiert ihn mit wenigen Worten. Ein Mensch muss „von oben her", „aus Gott", wie es im Prolog heißt, geboren werden – nur dann kann er Kind Gottes werden und das „Reich Gottes sehen". Man kann auch übersetzen: Ein Mensch muss „von neuem" geboren werden. Was aus dem Blut, dem Fleisches- und dem Manneswillen geboren ist, kann das Reich Gottes nicht sehen. Das ganze Leben des Menschen, das aus der Finsternis geboren ist, muss durch ein Leben, das aus Gott, von oben her, geboren ist, ersetzt werden. Im irdischen Menschen muss der spirituelle Mensch geboren werden, der aus dem Licht lebt. Das „Seine" im Menschen, das noch ungeboren, unbewusst ist, muss geboren werden: bewusst werden und sich entwickeln, bis es, mit dem Reich Gottes kongruent geworden, das Reich Gottes sehen kann.

Nikodemus versteht nicht. Er bezieht Jesu Antwort auf die Geburt des irdischen Menschen und entwickelt eine abenteuerliche Vorstellung von einer Rückkehr des irdischen Menschen in den Mutterleib und einer nochmaligen Geburt. Der Evangelist lässt ihn dieses krasse Missverständnis äußern, damit durch die Aufklärung die Wahrheit um so deutlicher in Erscheinung tritt. Und Jesus, der das spirituelle Denken verkörpert, klärt das Missverständnis auf, das nur der Blindheit des irdischen Denkens entspringen kann. Es geht nicht um eine Verbesserung des irdischen Menschen oder um eine neue Verfassung des irdischen Menschen, nicht um eine Neugeburt des irdischen Menschen. Es geht um die Geburt des spirituellen Menschen. Nur er kann Kind Gottes werden, nur er kann das Reich Gottes sehen. Denn was aus dem Fleisch, der irdischen Welt, geboren ist, bleibt Fleisch, auch wenn es noch so sehr vervollkommnet würde. Es kann kein Kind Gottes werden, es kann das Reich

Gottes nicht sehen. Nur was aus dem Geist, aus Gott geboren ist, kann Kind Gottes werden.

Jesus macht weiter klar, wie diese Geburt von oben her, diese spirituelle Wiedergeburt, erfolgen kann und muss: aus Wasser und Geist. „Wasser“ ist Symbol für das göttliche „Leben“, die Kraft und Liebe Gottes, „Geist“ Symbol für das göttliche „Wort“, die schöpferische Weisheit Gottes. Nur der Mensch, sagt Jesus, dessen schlummernde spirituelle Anlage von der Kraft Gottes, dem lebendigen Wasser, und vom Wort Gottes, dem ursprünglichen Geist, berührt und erweckt wird, kann zum Kind Gottes, zum spirituellen Menschen werden. Der irdische Mensch kann sich weder durch Riten noch durch Glauben, noch durch Übungen in einen spirituellen Menschen verwandeln. Er ist und bleibt Fleisch.

Eine Kindschaft Gottes muss an der Dimension des Geistes im Menschen anknüpfen, nicht an der des Fleisches. Der spirituelle Mensch kann nur aus dem Geist entstehen, genährt werden und wachsen. Das ist eine wunderbare Entlastung für den irdischen Menschen. Er braucht nicht mehr zu versuchen, sich mit aller Gewalt zu einem spirituellen Wesen zu machen, was ja doch unmöglich ist. Er kann statt dessen darauf vertrauen, dass das spirituelle Wesen in ihm, wenn es sich für „Wasser“ und „Geist“, für das göttliche „Leben“ und das göttliche „Wort“, öffnet, von „Wasser“ und „Geist“ Förderung und Nahrung erhält. Und der irdische Mensch kann sich darauf beschränken, durch sein Verhalten diesen Wachstumsprozess des spirituellen Menschen zu unterstützen. Er wird dann seinerseits verwandelt und zum Instrument des spirituellen Menschen werden.

Jesus erklärt weiter: Der „von oben“ geborene oder der aus Wasser und Geist „von neuem geborene“ spirituelle Mensch ist für den irdischen Menschen ein Rätsel. Der irdische Mensch sieht wohl, dass der spirituelle Mensch sich anders verhält als er selbst. Der spirituelle Mensch handelt nicht in Verblendung und Unwissenheit, in Trägheit und Gier, in Leidenschaft und Selbstverherrlichung, und nicht aus Enttäuschung, Hass, Angst und Rache, wenn seine Pläne scheitern. Er handelt aus „Wasser“ und „Geist“, aus göttlicher Liebe und Weisheit. So viel kann der irdische Mensch am spirituellen bemerken. Er hört gleichsam die Stimme des Geistes im spirituellen Menschen. Aber die Quellen und Ursachen des spirituellen Handelns kann er weder sehen noch ergründen. Er weiß nicht, woher der spirituelle Mensch seine Lebensantriebe bezieht, noch wohin er seine Lebensschritte lenkt. Er weiß es ebenso wenig, wie er den Wind kennt, den er zwar hört, von dem er aber nicht weiß, woher er kommt und wohin er geht.

Die Geburt des spirituellen Menschen aus „Wasser“ und „Geist“ ist ein fundamentaler, realer Vorgang. Es ist die Entstehung des spirituellen Menschen aus dem Geistprinzip, das im irdischen Menschen verborgen ist. Der Vorgang ist nicht identisch mit dem Taufritual. Auch der christlich getaufte irdische Mensch bleibt ein aus dem Fleisch geborener Mensch. Das Ritual der Taufe kann einem Menschen, der, in Reaktion auf „Leben“ und „Wort“, aus einer anderen Dimension zu leben beginnt, höchstens eine anschauliche Bestätigung seiner neuen Beschaffenheit geben. Sollte Jesus, als er Nikodemus tadelte, dass dieser als Lehrer Israels vom Vorgang der spirituellen Wiedergeburt nichts wisse, ihn wegen seiner Unwissenheit über die christliche Taufe getadelt haben? Die christliche Taufe gab es damals noch nicht. Und wenn es sie gegeben und wenn sie die Geburt von oben her bedeutet hätte, so hätte Nikodemus sicher Bescheid gewusst. Über ein Ritual und seine Bedeutung ist es leicht, Bescheid zu wissen.

Nein, Jesus tadelt Nikodemus, weil der Geistliche als Lehrer Israels über die Bestimmung des Menschen und den spirituellen Weg Bescheid wissen müsste und eben nicht Bescheid weiß. Über die fundamentalste, wichtigste Frage der menschlichen Existenz, wie der Mensch seiner Bestimmung folgen könne, weiß nicht einmal der fromme und gebildete Geistliche Bescheid. Obwohl es zu allen Zeiten Schulen gab und gibt, die den spirituellen Weg lehren und ihre Schüler darauf führen, obwohl es auch in Israel zur damaligen Zeit spirituelle Schulen gab, weiß der offizielle Lehrer Israels, ein Vorsteher der Juden, ein „Kirchenfürst", nichts über das Wesen des spirituellen Weges. Offenbar ist er so in sein überkommenes Glaubenssystem und den Glauben an die erlösende Kraft der Gesetze und Rituale verstrickt, dass er von den ursprünglichen und entscheidenden Inhalten jeder Religion nichts mehr ahnt.

Trotzdem öffnet er sich für die „Zeichen" Jesu und glaubt „an den Namen Jesu". Er vollzieht eine Kehrtwendung, die Grundvoraussetzung des spirituellen Weges, und gehört zu jenen, die aus Wasser und Geist, von oben her, wiedergeboren werden und so den Sinn des menschlichen Lebens und jeder ursprünglichen Religion erfüllen.

Wieder erweist sich, dass Jesus als Verkörperung des spirituellen Impulses in Gegensatz zur überkommenen Religion gerät. Er erzeugt den neuen, besseren Wein im Verhältnis zur alten Mysterientradition (Kana). Er reinigt die überkommene Religion von Verflachung und Übergriffen durch irdische Interessen (Tempelreinigung). Jetzt, im Gespräch mit Nikodemus, stellt er klar, dass die Lehren der überkommenen Religion und ihre Vertreter sich weit von der ursprünglichen Zielsetzung der Religion entfernt haben, und bringt diese Zielsetzung mit Nachdruck wieder zur Geltung. Er kann es, weil er selbst das lebendige Beispiel für diese Zielsetzung ist. Er gehört zu denen, die selbst den spirituellen Weg gehen und aus eigenem Erleben wissen, dass dieser Weg zur Sohnschaft Gottes und zum Sehen des Reiches Gottes führt. Er gehört zu denen, die die Grundvoraussetzung für den Weg kennen: die Geburt von oben her, die Wiedergeburt aus Wasser und Geist, die Geburt des spirituellen Menschen.

Deshalb sagt er: Wir reden, was wir wissen. Und deshalb stellt er jene, die wissen, denen gegenüber, die nicht wissen, sich dem Wissen nicht einmal öffnen wollen und nicht „glauben" (3,12). Sie glauben nicht, wenn, wie bei Johannes dem Täufer, von der Vorbereitung des irdischen Menschen auf den spirituellen Weg – von irdischen Dingen – die Rede ist: von Umkehr und Zuwendung des irdischen Menschen zur spirituellen Dimension. Wie können sie sich dann, da sie schon diese Voraussetzung, die der irdische Mensch vollbringen muss, nicht erkennen und erfüllen wollen, für den Weg des spirituellen Menschen – die himmlischen Dinge – glaubend öffnen?

Die „himmlischen Dinge"

3, 12 *Wenn ich von den irdischen Dingen zu euch geredet habe, und ihr glaubt nicht, wie werdet ihr glauben, wenn ich von den himmlischen Dingen zu euch rede?*

13 Und niemand ist in den Himmel hinaufgestiegen außer dem, der aus dem Himmel herabgestiegen ist, der Sohn des Menschen, der im Himmel ist. ***14*** *Und wie Mose in der Wüste die Schlange erhöhte, so muss der Sohn des Menschen erhöht werden,* ***15*** *damit jeder, der glaubt, in ihm ewiges Leben habe.* ***16*** *Denn so sehr hat Gott die Welt geliebt, dass er seinen einzigen Sohn gab, damit jeder, der an ihn glaubt, nicht verlorengehe, sondern ewiges Leben habe.*

Jesus spricht trotzdem ausführlich von den „himmlischen Dingen", weil Nikodemus eine Ausnahme unter den „Juden" bildet. Er spricht vom spirituellen Weg im Allgemeinen, davon, dass einer, der diesen Weg geht, ihn dadurch auch anderen ermöglicht und dass hinter diesem Sachverhalt ein spirituelles Gesetz steht. Es ist das Gesetz, dass sich die Welt des Lichtes der Welt der Finsternis zuwendet, um sie in die Welt des Lichtes zurückzuholen. Sie muss dabei an den Elementen inmitten der Welt der Finsternis anknüpfen, die prinzipiell schon zur Welt des Lichtes gehören.

Jesus formuliert dieses Gesetz mit den Worten: In den Himmel hinaufsteigen kann nur der, der schon vom Himmel herabgestiegen ist. Nur was „vom Himmel" ist, das Spirituelle, das Geistprinzip im Menschen, kann wieder „in den Himmel" hinaufsteigen. Es kann zum Kind, zum Sohn Gottes werden und das Reich Gottes sehen. Der irdische Mensch, das „Fleisch", das von der Erde ist, kann es nicht.

Es gibt aber zwei „Zustände" des Spirituellen im Menschen. In Jesus ist es voll entwickelt. Er ist der exemplarische spirituelle Mensch, der Sohn Gottes, der sich des Himmels bewusst ist und das „Reich Gottes sieht". Er hat freiwillig eine irdische, aus Blut, Fleisches- und Manneswillen geborene Persönlichkeit angenommen, ist also *bewusst* vom Himmel herabgestiegen. Das „Wort" ist bewusst Fleisch geworden und hat sich in einer irdischen Persönlichkeit inkarniert, um wieder in den Himmel hinaufzusteigen.

Im gewöhnlichen irdischen Menschen jedoch ist das Geistprinzip *unbewusst* vom Himmel herabgestiegen. Es befindet sich in einem Zustand der Latenz. Man könnte sagen: Es ist herab*gefallen* und hat sich in einer seinem „Fall" gemäßen irdischen Persönlichkeit inkarniert, um in dieser Hülle überhaupt erst wieder zum Bewusstsein seiner selbst zu gelangen. Es muss in dieser irdischen Hülle vielerlei Erfahrungen machen, bis es bewusst aus der Latenz erwachen und aus Gott geboren werden kann, um dann ebenfalls bewusst wieder in den Himmel hinaufzusteigen.

Für beide „Zustände" des Geistprinzips gilt: Nur das Geistprinzip, das ja aus dem Himmel ist und bewusst oder unbewusst, freiwillig oder dem Schicksalsgesetz folgend, in eine irdische Persönlichkeit herabgestiegen ist, kann wieder in den Himmel hinaufsteigen. Was irdisch, von der Erde ist, kann es nicht.

Der freiwillig aus dem Himmel Herabgestiegene kann denen, die dem Schicksalsgesetz folgend herabgestiegen sind, bei ihrem Aufstieg helfen. Deshalb ist er ja herabgestiegen. Diese Hilfe wird vom Evangelisten durch die Anspielung auf den alttestamentarischen Bericht von den Schlangen in der Wüste illustriert (4. Mose 21, 4–9). Das Volk Israel zog auf dem Weg von Ägypten zum Verheißenen Land durch die Wüste und murrte gegen Gott und Mose, weil ihm Nahrung und Wasser mangelten. Da sandte Gott Schlangen, welche die Murrenden bissen, so dass diese starben. Als das Volk um Rettung flehte, sagte Gott zu Mose, er solle eine kupferne Schlange an einem Stab erhöhen. Wer sie anschaue, der werde, obwohl gebissen, nicht sterben.

Der Zug des Volkes Israel durch die Wüste zum Gelobten Land ist ein Bild für den Weg des in der irdischen Persönlichkeit, der Finsternis, eingeschlossenen spirituellen Menschen zum „Reich Gottes", zum bewussten Eintritt in die Welt des Lichtes. Das Alte Testament präfiguriert in vielem das Neue, so auch mit diesem Bild. Der Mensch auf dem spirituellen Weg empfindet in der Tat die Welt der Finsternis als Wüste, in der keine spirituelle Nahrung zu finden ist. Der ganz im Irdischen aufgehende Mensch pflegt mit der Welt als solcher zufrieden zu sein, da er sich in seinem Element befindet. Der Mensch auf dem spirituellen Weg dagegen befindet sich in einem prekären Übergangszustand. Ägypten, dem Sinnbild für die gewöhnliche irdische Welt, hat er innerlich den Rücken gekehrt. Aber das Gelobte Land, dem er sich innerlich zugewandt hat, liegt noch in weiter Ferne. Das Spirituelle in ihm befindet sich noch nicht in seinem Element. Und nun „murrt" der Mensch auf dem spirituellen Weg gegen die göttliche Welt, von der er sich verraten und im Stich gelassen fühlt. Denn es sind ja die spirituellen Impulse in ihm, die ihn zu dem Zug durch die „Wüste" veranlasst haben.

Sogleich aber melden sich in ihm auch Vorwürfe wegen dieses Murrens. Sein spirituelles Gewissen „beißt" ihn wegen seines Kleinglaubens und seiner Auflehnung gegen Gott. Diese Selbstvorwürfe, Schuldgefühle und Gewissensbisse sind die Schlangen, die horizontal in der Wüste des irdischen Lebens kriechen und die Zuversicht vollends ertöten können.

Aber sein Führer auf dem spirituellen Weg kann an einem „Stab", das heißt im vertikal nach oben gerichteten Bewusstsein der von ihm Geführten, das Bild des spirituellen Menschen „erhöhen". Er kann den Menschen in der „Wüste" das Ziel ihres spirituellen Strebens wieder bewusst machen. Dieser Bewusstseinsinhalt ist die am Stab erhöhte Schlange. Sie ist nicht umsonst aus Kupfer. Kupfer ist seit alters ein Symbol für Liebe. Vom vollkommenen spirituellen Menschen, den der Mensch auf dem spirituellen Weg als Ziel vor sich sieht, gehen in der Tat stärkende und tröstende Wirkungen aus, die er als göttliche Liebe erlebt. Wenn er bewusst dieses spirituelle Ziel in der Höhe, diese kupferne Schlange am Stab des Bewusstseins, anblickt, so bleibt er spirituell am Leben. Sein Ziel gibt ihm wieder Mut und Hoffnung. Die vom Ziel ausgehende Wirkung ist die helfende Liebe, die ihm von der spirituellen Welt her entgegenkommt.

Wer auf seinem spirituellen Weg den „Sohn des Menschen", den wahren spirituellen Menschen, im Bewusstsein „erhöht" und den Blick auf dieses Ziel gerichtet hält, der wird trotz aller inneren Opposition gegen diesen Weg und trotz aller daraus folgenden Gewissensbisse die vom Ziel ausgehende Liebe und Stärkung erfahren und spirituell am Leben bleiben.

Auch Jesus geht in seinen besonderen spirituellen Kräften den Weg durch die „Wüste" und verankert diese Möglichkeit als Matrix des spirituellen Menschen im geistig-seelischen Organismus der Menschheit. In jedem Menschen, der in seiner Nachfolge diesen Weg geht, wird diese Matrix als helfende Kraft wirksam werden – wenn er sie nur in seinem Bewusstsein verankert und den Blick auf sie gerichtet hält. Jeder, der glaubt, jeder, der sich dieser Lebensmöglichkeit öffnet und den erhöhten

Menschensohn, den wahren spirituellen Menschen, die kupferne Schlange, als unverrückbares Ziel vor sich und über sich sieht, wird spirituell am Leben bleiben – das bedeutet: „ewiges Leben“ haben. Denn am Ende des Weges wird er eins mit seinem Ziel und selbst der vollkommene spirituelle Mensch, der Sohn des Menschen, geworden sein. Er wird „in ihm“, im Sohn des Menschen, aufgegangen sein und ewig leben.

Man kann die Kreuzigung Jesu mit diesem Vorgang in Verbindung bringen und sie als „Erhöhung“ der kupfernen Schlange am Stab auffassen. Dann ist das Kreuz Bild für die irdische Persönlichkeit eines Menschen auf dem spirituellen Weg. Der vertikale Kreuzbalken veranschaulicht den „Stab“, das vertikal gerichtete Bewusstsein dieses Menschen. Wenn er an diesem „Stab“ den vollkommenen spirituellen Menschen, den „Sohn des Menschen“, der sich für ihn opfert, erhöht und seinen Blick auf ihn als das Ziel des Weges gerichtet hält, bleibt er am Leben, ja gewinnt ewiges Leben.

Der Sohn des Menschen, der „im Himmel“ ist, steigt herab. Er inkarniert freiwillig ins „Fleisch“ eines irdischen Menschen, um den „Seinen“ den spirituellen Weg vorzuleben und dadurch zu ermöglichen. Damit fördert er die große Entwicklung, welche die Bestimmung der ganzen Menschheit und der Welt ist. Das aus dem göttlichen „Wort“ hervorgegangene „Leben“ hat sich vom „Wort“ abgekoppelt und ist dadurch zur Finsternis geworden. Das ist ein disharmonischer Zustand, eine Spannung, die nach ihrer eigenen Auflösung strebt. Die göttliche Welt strebt danach, alles, was aus ihr hervorgegangen ist, sich jedoch ihrer Gesetzmäßigkeit entzogen hat, wieder in ihre Ordnung zurückholen. Diese Tendenz der göttlichen Welt ist die Liebe Gottes, von der Jesus spricht.

Sie wirkt in der Weise, dass immer wieder Söhne Gottes „Fleisch“ werden, um dem im „Fleisch“ gefangenen spirituellen Menschen den Weg zur Befreiung aus seiner Gefangenschaft zu zeigen und durch ihr Beispiel zu ermöglichen. Jesus ist einer von diesen Söhnen, in dem das göttliche Licht in vollkommener Weise leuchtete. In ihm wirkte, wie in allen anderen Söhnen Gottes, der „einzige Sohn“ Gottes, das göttliche Bewusstsein, in einer bestimmten Variante. In ihm wirkte sich die Tendenz Gottes, die Finsternis ins Licht zurückzuholen, die Liebe Gottes, in besonderer Weise aus. Jeder, der sich dem „einzigen Sohn“ Gottes, dem „Licht“, öffnet, in Gestalt welchen Botschafters aus der göttlichen Welt es auch kommen mag, wird nicht in der Finsternis verloren gehen, sondern kann, indem er den spirituellen Weg geht, das ewige Leben haben.

Das Gericht

3, 17 *Denn Gott hat seinen Sohn nicht in die Welt gesandt, damit er die Welt richte, sondern damit die Welt durch ihn gerettet werde.* ***18*** *Wer an ihn glaubt, wird nicht gerichtet; wer nicht glaubt, ist schon gerichtet, weil er an den Namen des einzigen Sohnes Gottes nicht geglaubt hat.* ***19*** *Darin aber besteht das Gericht, dass das Licht in die Welt gekommen ist, und die Menschen liebten die Finsternis mehr als das*

Licht; denn ihre Werke waren böse. ***20*** *Denn jeder, der Böses tut, hasst das Licht und kommt nicht zum Licht, damit seine Werke nicht aufgedeckt werden.* ***21*** *Wer aber die Wahrheit tut, kommt zum Licht, damit seine Werke offenbar werden, dass sie in Gott getan sind.*

Das „Licht" als Aspekt des göttlichen Wortes, der schöpferischen göttlichen Ordnung, ist Ursprung und Maßstab des Alls. Alles, was ihm nicht entspricht und nach eigenen Gesetzen zu leben versucht, entspricht diesem Maßstab nicht und muss daher leiden oder seine Eigenwilligkeit auflösen lassen, um wieder zum Ursprung zurückzukehren – so wie eine einzelne Welle, die sich gegen die Meeresströmung bewegt, von dieser über kurz oder lang in die große Ordnung zurückgeholt wird und darin aufgeht. Die Finsternis, die sich als eigenwillige Ordnung gegen die Lichtordnung etabliert hat, wird sich auf lange Sicht nicht mehr halten können und auflösen müssen. Insofern erging und ergeht ständig ein Gericht über die Finsternis, auch als sich der vollkommene spirituelle Mensch noch nicht inkarniert hatte. Denn die Finsternisordnung ist, weil sie der spirituellen Grundbewegung des Alls widerspricht, dauernder Zermahlung unterworfen, Krankheiten, Alter und Tod: dem Gesetz der Vergänglichkeit.

Sobald aber der vollkommene spirituelle Mensch inkarniert und seine Lichtordnung im Organismus Menschheit verankert, gewinnt das Gericht über die Welt der Finsternis eine neue Dimension. Jetzt kann den Menschen die Lichtordnung, und im Kontrast dazu ihr eigener Zustand in der Finsternisordnung *bewusst* werden. Jetzt haben sie die Möglichkeit, sich auf die Lichtordnung abzustimmen und die Finsternisordnung zu verlassen. Es tritt eine Scheidung zwischen den „Seinen" ein, die das Licht annehmen, und den „Seinen", die es nicht annehmen. Letztere erleben ein Gericht infolge der Wirksamkeit des vollkommenen spirituellen Menschen. Es ist daher folgerichtig, dass Jesus in seiner Rede über die Wirksamkeit des Lichtes in der Finsternis auch das Thema des Gerichts anspricht.

Wohl kaum eine Lehre des dogmatischen Christentums hat die Menschen so eingeschüchtert – und als Reaktion darauf eine Abwendung vom Christentum bewirkt – wie die Lehre vom Jüngsten Gericht, das der Gottessohn als Weltenrichter an allen Menschen, die nicht an die religiösen Dogmen geglaubt hatten, vollziehen würde. Das sterbliche Wesen des Ungläubigen sollte am Jüngsten Tag unsterblich zur ewigen Verdammnis, das des Gläubigen zur ewigen Seligkeit auferweckt werden. Daher wurde es zur Existenzfrage des Christen, daran zu glauben, dass er durch die vor vielen Jahrhunderten erfolgte Kreuzigung und Auferstehung des Gottessohns erlöst sei. Mit aller ihm zu Gebote stehenden Kraft versuchte er, diesen Glauben in sich zu erzeugen. Erbrachte er diese Leistung, so konnte er sich gerettet fühlen. Erbrachte er sie nicht, musste er ewige Höllenstrafen befürchten. Aber wie sollte sie erbracht werden, wie sollte ein solcher Glaube entstehen, wenn sich Vernunft und Gefühl gegen das Dogma, dass der Gläubige durch die historische Wundertat eines Gottessohns erlöst sei, und gegen das andere Dogma von der einstigen Unsterblichkeit des Sterblichen, heftig sträubten? Glaube lässt sich nicht erzwingen, schon gar nicht gegen offensichtliche Unlogik. Niemand kann absichtlich Glauben in sich erwecken. Glaube kann nur spontan entstehen und wachsen. Ein Teufelskreis von Selbstzwang, Selbstvorwürfen und wieder Selbstzwang war mit dem Dogma vom Jüngsten Gericht in Gang gesetzt.

Demgegenüber zeigen obige Verse des Johannesevangeliums, was Jesus selbst unter Glauben und dem damit zusammenhängenden „Gericht" versteht. Es ist nicht so, dass über den Menschen, dem es nicht gelingt, an die christlichen Dogmen zu glauben, am Jüngsten Tag ein göttliches Strafgericht ergeht. Jesus stellt zunächst klar, dass das Licht, der „einzige Sohn Gottes", das in immer neuen Botschaftern, einzelnen Söhnen Gottes, in die Finsternis scheint, nicht den „Wunsch" hat, die Welt der Finsternis zu richten. Es hat vielmehr den „Wunsch", die Welt zu retten. Die Tendenz, alles in die göttliche Ordnung zurückzuholen, ist sein Wesen. Das ist der Grund, weshalb das göttliche „Licht" immer wieder inkarniert. Es will zurückholen, was sich aus der Ordnung Gottes durch Eigenwilligkeit entfernt hat. Es will die „Seinen" zurückholen, die in die Gefangenschaft des Blutes, des Fleisches- und des Manneswillens geraten sind.

Unter „Glauben" andererseits versteht Jesus die Empfänglichkeit für das Licht, das sich immer wieder in Botschaftern der göttlichen Welt inkarniert. Wer sich der vom Licht und seinen Botschaftern eröffneten Möglichkeit, den spirituellen Weg zu gehen, öffnet und sich durch Umkehr darauf vorbereitet, der „glaubt" an den Namen des einzigen Sohnes Gottes: an das Muster des spirituellen Menschen, dessen Verwirklichung die Bestimmung jedes Menschen ist. Durch diese Offenheit für den spirituellen Weg ist der Mensch als spirituelles Wesen schon mit der göttlichen Welt verbunden und hat den Weg zur Rettung aus der Finsternis eingeschlagen.

Wer sich der Möglichkeit, den spirituellen Menschen zu verwirklichen, jedoch nicht öffnet, ist schon gerichtet. Dieses Gericht besteht aber nicht in irgendwelchen von den Botschaftern der göttlichen Welt oder von dieser selbst verhängten Strafen. Es besteht jetzt, wo dem Menschen die Lichtordnung bewusst werden kann, vor allem darin, dass er, obwohl er in die Lichtordnung eintreten könnte, in der Finsternisordnung *verharrt*. Er schlägt die Möglichkeit aus, den ihm bewusst gewordenen Mangelzustand zu verlassen und in den Zustand der Fülle einzutreten. Er beraubt sich selbst der Möglichkeit, seiner in ihm angelegten Bestimmung zu folgen und den spirituellen Menschen zu verwirklichen.

Dieser Zustand ist selbst das Gericht. Ist es denn kein Gericht, blind in Bezug auf die wesentlichen Gesetzmäßigkeiten der Welt, das „Wort" Gottes, zu sein und somit dauernd gegen sie zu verstoßen? Ist es kein Gericht, ununterbrochen den Impulsen des Blutes, des Fleisches- und Manneswillens zu folgen und die daraus entspringenden Folgen: Enttäuschung, Angst, Krankheit, Konflikt, Alter und Tod erleiden zu müssen? Ist es kein Gericht, in dieser eigentlichen Hölle zu verharren, während doch die Möglichkeit bestünde, eine Existenz des spirituellen Sehens, Empfindens und Lebens zu führen, die im Einklang mit der göttlichen Ordnung und daher ohne Konflikt und Tod ist?

In dieses Gericht wirft den Menschen nicht das Licht, das ihn ja gerade daraus retten will. Er selbst wirft sich hinein. Warum? Weil er die Finsternis mehr liebt als das Licht. Diese Erklärung des Evangeliums ist nicht weiter hinterfragbar. In jedem Menschen gibt es einerseits eine spirituelle Anlage, andererseits die irdischen Gegebenheiten. Die einen reagieren, wenn das Licht erscheint, mit Offenheit dem Licht gegenüber, die anderen lieben die Finsternis mehr als das Licht und verharren darin. Einige der „Seinen“ nehmen das Licht an. Viele der „Seinen“ nehmen es nicht an und richten sich dadurch selbst.

Und aus dem unterschiedlichen Sein der Menschen folgen unterschiedliche Taten. Wer die Finsternis „mehr liebt als das Licht“, der verrichtet auch Taten der Finsternis, aus Blut, Fleisches- und Manneswillen geborene Taten, „böse Werke“. Wer dagegen das Licht mehr liebt als die Finsternis, der wird Taten verrichten, die mit dem spirituellen Menschen, der das Licht ist, übereinstimmen und dessen Geburt und Entwicklung fördern.

Trotzdem wirkt das Licht auch in dem Menschen, der die Finsternis mehr liebt, als heimliches schlechtes Gewissen weiter. Er verdrängt dieses Gewissen in der Regel und hasst das Licht umso mehr, weil es ihn darauf aufmerksam machen will, dass er seine eigentliche Bestimmung verfehlt. Ja, er flieht das Licht, er „kommt nicht zum Licht“, „damit seine Werke nicht aufgedeckt werden“. Er liebt seine bösen Werke der Finsternis und sein Wesen der Finsternis, weshalb er dem Licht um so heftiger den Rücken kehrt. Denn er weiß insgeheim, wo seine eigentliche Bestimmung läge und dass er es versäumt, ihr zu folgen. Die Aufdeckung dieses Sachverhalts wäre ihm unerträglich.

Wer aber die „Wahrheit tut“ und so handelt, wie es ihm der wahre, innere spirituelle Mensch befiehlt, der wendet sich erst recht dem Licht zu, weil es ihm die Entwicklung seiner spirituellen Identität ermöglicht. Er empfindet es als überaus wohltuend, im Einklang mit dem Licht zu sein und zu handeln. Nichts kann wohltuender sein, als seine wahre Identität, die im Einklang mit dem Weltenwort, -leben und -licht ist, zu verwirklichen und sich dessen auch bewusst zu sein. Ein solcher Mensch freut sich, dass seine Werke als „in Gott getan“ offenbar werden.

Es kann aber immer geschehen, dass auch ein Mensch, der bis zur Stunde in der Finsternis und ihren Werken verharrte, sich dem Licht zukehrt – gerade weil es ja stets in ihm, sei es auch verdrängt, verborgen und gehasst, als Maßstab für ein gelungenes oder misslungenes Leben weiterwirkt. Niemand, auch er selbst nicht, kann sagen, wie es in seinem Innern aussieht. Ein bekanntes Beispiel dafür ist Paulus, der das Licht grimmig hasste und „böse Werke“ tat, indem er die Bekenner des Lichtes verfolgte und töten ließ. Doch das Licht wirkte in ihm, und es kam der Moment, wo es sein Wesen von Grund auf erschütterte und für das Licht öffnete. Gerade heftige Gegnerschaft gegen den spirituellen Menschen kann das Licht in besonderer Weise aktivieren. Und immer ist möglich, dass die Folgen eines Lebens im Zustand der Finsternis, der eigentlichen Hölle, dem Menschen solches Leid zufügen, dass der Hass gegen das Licht durch die Liebe zum Licht überwunden und aufgehoben wird. Auf diese Weise wird das Gericht zu einer neuen Ausrichtung. Die Folgen der Gegnerschaft gegen das Licht führen dazu, dass der Mensch sich neu richtet und doch noch seine Bestimmung erfüllt. Auch durch das von ihm ausgelöste Gericht holt das Licht Menschen in seine Ordnung zurück.

Zwischenspiel Johannes der Täufer und Jesus: noch einmal Vorbereitung und Verwirklichung

***3, 22** Danach gingen Jesus und seine Schüler in das Land Judäa und dort hielt er*
*sich mit ihnen auf und taufte. **23** Aber auch Johannes taufte in Aenon, nahe bei Salim,*
*weil dort viel Wasser war; und sie kamen dahin und ließen sich taufen. **24** Johannes*
*war nämlich noch nicht ins Gefängnis gesetzt worden. **25** Es erhob sich nun von Sei-*
ten der Schüler des Johannes eine Verhandlung mit einem Juden über die Reinigung
*durch die Taufe. **26** Und sie kamen zu Johannes und sagten zu ihm: Rabbi, der, wel-*
cher jenseits des Jordan bei dir war, für den du Zeugnis abgelegt hast, siehe, der tauft,
*und jedermann geht zu ihm. **27** Johannes antwortete und sprach: Ein Mensch kann*
*nichts nehmen, es sei ihm denn vom Himmel gegeben. **28** Ihr selbst bezeugt mir, dass*
*ich gesagt habe: Nicht ich bin der Christus, sondern ich bin vor ihm her gesandt. **29***
Wer die Braut hat, ist der Bräutigam; der Freund des Bräutigams aber, der dasteht
und ihn hört, freut sich sehr, dass er die Stimme des Bräutigams hört. Diese meine
*Freude nun hat sich erfüllt. **30** Jener muss wachsen, ich aber abnehmen. **31** Wer von*
oben her kommt, der ist über allen; wer von der Erde her stammt, der stammt von der
Erde her und redet von der Erde her; wer vom Himmel her kommt, der ist über allen.
***32** Was er gesehen und gehört hat, das bezeugt er, und sein Zeugnis nimmt niemand*
*an. **33** Wer sein Zeugnis angenommen hat, der hat bestätigt, dass Gott wahrhaftig ist.*
***34** Denn der, den Gott gesandt hat, redet die Worte Gottes; denn nicht nach Maß gibt*
*er den Geist. **35** Der Vater liebt den Sohn und hat alles in seine Hand gegeben. **36** Wer*
an den Sohn glaubt, hat ewiges Leben; wer aber dem Sohn nicht gehorcht, wird das
Leben nicht sehen, sondern der Zorn Gottes bleibt über ihm.

Zum vierten Mal zeugt Johannes der Täufer von Jesus, und wieder steht ein neuer, konkreter Aspekt im Vordergrund dieses Zeugnisses. Vorher waren Identität und Wesen der beiden Gesandten beschrieben worden. Jetzt ist es ihr Wirken, das aus ihrem Wesen folgt.

Warum nimmt der Evangelist das Verhältnis von Johannes dem Täufer und Jesus so wichtig? Und was geht es den Leser des Evangeliums zweitausend Jahre später an? Der Grund ist, dass im Verhältnis beider ein zeitloses Verhältnis zwischen zwei Entwicklungsstadien des Menschen dargestellt wird, ein Verhältnis, dessen Kenntnis für den Schüler auf dem spirituellen Weg unabdingbar ist. Das Licht als kosmisches spirituelles Bewusstsein, das ein individuelles spirituelles Bewusstsein im Menschen wecken will, scheint immer in die Finsternis des irdischen Bewusstseins. Bevor es aber vom spirituellen Bewusstsein des Menschen wahrgenommen werden kann, muss auch das irdische Bewusstsein eine bestimmte Entwicklung durchlaufen haben. Es muss zur Ruhe gekommen sein und darf sich nicht allen möglichen ablenkenden Einflüssen aus der irdischen Welt hingeben. Nur so, von diesen Einflüssen gereinigt und zur Ruhe gekommen, gibt es dem spirituellen Bewusstsein Spielraum zur Entfaltung. Das gereinigte irdische Bewusstsein und die göttliche Kraft zu dieser Reinigung werden im Evangelium durch Johannes den Täufer verkörpert, das spirituelle Bewusstsein und die Kraft, durch die es entsteht, durch Jesus.

Damit jeder Leser weiß, dass er als irdischer Mensch dem spirituellen Menschen im eigenen Wesen den Weg bereiten muss, treten die beiden großen Gestalten Johannes der Täufer und Jesus anfangs gemeinsam auf. Und damit jeder Leser weiß, welchen relativen Wert die Vorbereitung gegenüber der Erfüllung besitzt und wie sich die Phase der Vorbereitung auf den spirituellen Weg zu diesem selbst verhält, lässt der Evangelist Johannes den Täufer so nachdrücklich sich selbst im Vergleich zu Jesus einschätzen. Der Evangelist unterstreicht zwar die unerlässliche Notwendigkeit der Vorbereitung, macht aber auch klar, dass niemand bei der Vorbereitung stehen bleiben und sie für die Hauptsache und das Ziel nehmen sollte.

Wie Johannes der Täufer hat Jesus inzwischen Schüler gewonnen und tauft ebenfalls mit Wasser. Denn auch der Lehrer des spirituellen Weges legt Wert darauf, dass seine Schüler das Stadium der Vorbereitung durchlaufen haben und ein ethisch gegründetes Leben führen. Nur so findet die für den spirituellen Weg notwendige Reinigung des irdischen Menschen statt, die durch ein äußeres Taufritual versinnbildlicht werden kann. Der spätere Einschub (4,2), dass Jesus nicht selbst mit Wasser taufte, sondern sich durch seine Schüler vertreten lässt – vielleicht die Bemerkung eines späteren Kommentators –, besagt wohl, dass Jesus seinem Wesen nach, das die Erfüllung ist, eigentlich nur mit Feuer taufen kann. Seine Schüler hingegen können, da zwar auf dem spirituellen Weg, aber noch mit der ethischen Vorbereitung beschäftigt, diese ethische Vorbereitung bei anderen fördern und mit Wasser taufen.

Anlass für das Zeugnis Johannes des Täufers über Jesus ist wieder eine Frage der „Juden", der geistlichen Führer. Beim ersten Mal hatten sie ihn nach seiner Identität gefragt, jetzt fragen sie nach seinem Wirken. Wie unterscheidet sich das Wirken Johannes des Täufers vom Wirken Jesu, da doch beide mit „Wasser" taufen? Und warum ist das Wirken Jesu offensichtlich erfolgreicher, so dass er mehr Anhänger gewinnt als Johannes der Täufer?

Die Antwort Johannes des Täufers drückt ein allgemeines Lebensgesetz aus. Niemand kann Besitz erwerben und ihn auf Dauer halten, niemand kann Erfolg anstreben und ihn auf Dauer bewahren, es sei denn, Besitz und Erfolg stehen ihm kraft seines Wesens und Schicksals zu: „es sei ihm denn vom Himmel gegeben". Er kann sich im Streben nach Besitz und Erfolg noch so aufreiben: Was ihm nicht ohnehin seinem Wert und Schicksal nach zukommt, das mag er zwar kurzfristig erringen, aber es wird ihm nicht bleiben. So ist auch der unterschiedliche Erfolg Johannes des Täufers und Jesu nicht etwa unterschiedlichen Taktiken oder Anstrengungen zuzuschreiben, sondern dem, was sie verkörpern. Jesus verkörpert die Erfüllung, die Zukunft, während Johannes der Täufer die Vorbereitung, die Gegenwart, verkörpert. Und obwohl auch Jesus mit seinen Schülern an der Vorbereitung auf den spirituellen Weg arbeitet, so tut er es doch unter dem Vorzeichen der Erfüllung in der Zukunft. Ihm gehört die Zukunft. Deshalb müssen er und sein Werk „wachsen" in dem Maß, wie sich die Erfüllung nähert, während Johannes der Täufer und sein Werk in eben diesem Maß „abnehmen" müssen.

Was sich äußerlich in ihrer beider Wirkung zeigt, das gilt auch innerlich für jeden Menschen, der sich über das Stadium der Vorbereitung dem Stadium der Erfüllung durch den spirituellen Weg nähert. In dem Maß, wie er sich der Erfüllung nähert, wachsen die spirituellen Kräfte, durch Jesus verkörpert, in ihm. Die Selbstständigkeit im Erkennen der spirituellen Gesetze und im daraus folgenden Handeln wächst, während die Bestimmtheit durch ethische Normen, die im Stadium der Vorbereitung wesentlich ist, abnimmt. Das Ich der irdischen Persönlichkeit tritt zurück, während das wahre Selbst des spirituellen Menschen an Einfluss zunimmt.

Johannes der Täufer ist sich dieses Verhältnisses zwischen Vorbereitung und Erfüllung klar bewusst. Er ist nicht der Christus, nicht der Sohn Gottes, der Erleuchtete, der die Menschen zur „Hochzeit" der Erleuchtung, zum Eindringen der spirituellen Kräfte und Gesetze ins Bewusstsein führt. Er ist nur der Vorläufer, der die Menschen auf diese Hochzeit vorbereitet, indem er sie lehrt, sich ethisch zu verhalten. Jesus dagegen, der vollkommene spirituelle Mensch, verkörpert den Geist, den Bräutigam, der sich mit der Seele, der Braut, verbindet. In Johannes dem Täufer kann kein Neid aufkommen. Er kennt die Gesetzmäßigkeit der Entwicklung von Vorbereitung zu Erfüllung und weiß, dass Jesus und er notwendige, aber verschiedene Aufgaben bei dieser Entwicklung haben. Deshalb tritt er gern zurück und freut sich, dass seine Arbeit Frucht getragen hat. Sie war Voraussetzung für das Kommen des Bräutigams, der auch sein, Johannes des Täufers, Freund ist.

Johannes der Täufer wiederholt und bestätigt vieles von dem, was Jesus selbst über sich in 3,11–18 gesagt hatte. Die Erfüllung und Bestimmung des Menschen liegt in der Entfaltung seiner Spiritualität. Der spirituelle Mensch ist von oben her, aus dem Licht, aus der göttlichen Welt. Er ist deshalb über allen, die aus der Finsternis, dem Blut, dem Fleisches- und Manneswillen geboren sind – auch wenn sie, wie Johannes der Täufer, den höchsten ethischen Maßstäben genügen. Denn auch ethisches Verhalten ist Teil der „Erde". Johannes der Täufer, der ethische Mensch, stammt „von der Erde her" und „redet von der Erde" her, Jesus, der spirituelle Mensch, kommt „von oben her". Beide Dimensionen sind unvereinbar. Ethisches Verhalten kann höchstens bis zur Grenze der spirituellen Dimension führen.

Deshalb nehmen die zum vollkommenen spirituellen Menschen gehörenden Menschen, die „Seinen", sein „Zeugnis" zunächst nicht an. Sie können es nicht, solange sie von der aus Finsternis geborenen, noch nicht gereinigten Persönlichkeit umhüllt sind. Sobald aber diese Reinigung durch ethisches Verhalten erfolgt ist, kann sich ihr spirituelles Wesen für die Möglichkeit des spirituellen Lebens öffnen und das Zeugnis des spirituellen Menschen annehmen. Denn dann vermögen die Kräfte des „Wortes", „Lebens" und „Lichtes" in ihnen zu wirken, und sie erkennen diese Wirkungen als „Zeichen" für das Wesen des vollkommenen spirituellen Menschen. Sie erkennen die von ihm ausgehenden Wirkungen als Zeugnis der spirituellen Welt und können bestätigen, dass „Gott wahrhaftig" ist. Denn sie erleben, dass der in ihnen wachsende spirituelle Mensch die Erfüllung und Bestimmung des Menschen ist, und erleben den Einklang dieser Bestimmung mit den Gesetzen und Kräften der göttlichen Welt, mit Gott.

Dieser Einklang ist die existenzielle Wahrheit, von der sich das Leben des irdischen Menschen als existenzielle Unwahrheit deutlich abhebt. Der erwachte spirituelle Mensch spürt, dass Gott die Wahrheit ist und dass er selbst, da er mit Gottes Gesetzen übereinstimmt, in dieser Wahrheit lebt. Er kann diese Erfahrung machen, weil der von Gott gesandte vollkommene spirituelle Mensch, der Christus, den spirituellen Menschen im irdischen erweckt, indem er die „Worte" Gottes redet. Der Gottgesandte bringt durch Leben und Wort die Gesetze der göttlichen Welt zum Ausdruck. Und der spirituelle Mensch, dessen wahres Selbst erwacht ist, erlebt, dass er das Unbegrenzte ist, eine unbegrenzte Einheit mit dem gesamten All und seinen Gesetzen. Der von Gott gesandte spirituelle Mensch hat in ihm den Geist „nicht nach (irdischem, begrenztem) Maß", sondern in unbegrenzter Fülle erweckt.

Gott, der Vater, ist die unbegrenzte schöpferische Kraft und Weisheit, die alles erzeugt, erhält und in seiner Entwicklung vorwärtsdrängt. Er ist „Wort", „Leben" und „Licht" zugleich, steuernder Impuls, Energie und Bewusstsein. Das „Licht", sein Bewusstsein, ist in ihm. Es ist aus ihm hervorgegangen und daher sein Sohn, den der Vater „liebt" – er ist ja eins mit ihm – und dem der Vater „alles in seine Hand gegeben" hat. Im „Licht" drücken sich „Wort" und „Leben", die zeugenden und gebärenden göttlichen Mächte, aus. Wer sich diesem einzigen Sohn, dem göttlichen Licht, öffnet, das auch in den einzelnen Gottessöhnen, den Gesandten des Vaters, leuchtet, der gewinnt, als spiritueller Mensch, Verbindung zu den ewigen Gesetzen und Kräften des Vaters und „hat ewiges Leben". Wer sich aber nicht öffnet und die „unwahre" Existenz des Lebens in der Finsternis mehr liebt als das Licht, der steht unter dem Gericht. Er lebt in der Hölle der durch Mangel und Tod bestimmten irdischen Welt und beraubt sich selbst des Himmels der Fülle und des Lebens: „Der Zorn Gottes bleibt über ihm."

Das ist bildlich gesprochen. Gott hat keine irdisch-menschlichen Eigenschaften wie Liebe oder Zorn. Er ist eine sich stets gleichbleibende kraftvolle Ordnung. Aber der Mensch bestimmt durch sein Verhalten ihr gegenüber selbst ihre Wirkung. Es ist, wie wenn er in sich eine mächtige Strömung verspürte. Bewegt er sich „gehorsam" mit ihr mit, so bietet sie ihm Schutz und Entfaltungsmöglichkeit – das ist die „Liebe" Gottes. Bewegt er sich „ungehorsam" gegen sie, so wird sie gegen ihn anbranden – das ist der „Zorn" Gottes. Aber aus dieser leidvollen Erfahrung kann der Mensch allmählich doch lernen, wie er sich der Strömung im eigenen Innern gegenüber verhalten sollte.

Verankerung des göttlichen „Lebens" in der Menschheit

Gespräch mit der Samariterin: Wasser als spirituelle Kraft

4, 1 *Als nun Jesus erfuhr, dass die Phärisäer gehört hatten, er mache und taufe*
mehr Schüler als Johannes – ***2*** *jedoch taufte Jesus nicht selbst, sondern seine Schü-*
ler –, ***3*** *verließ er Judäa und zog wieder nach Galiläa.* ***4*** *Er musste aber durch Sa-*
marien reisen. ***5*** *Er kam nun in die Nähe einer Stadt Samariens, namens Sychar,*
nicht weit von dem Grundstück, das Jakob seinem Sohn Joseph gegeben hatte. ***6*** *Dort*
aber war der Brunnen Jakobs. Jesus nun, von der Reise müde geworden, setzte sich
so an den Brunnen; es war um die sechste Stunde. ***7*** *Da kommt eine Frau aus Sama-*
rien, um Wasser zu schöpfen. Jesus sagt zu ihr: Gib mir zu trinken! ***8*** *Seine Schüler*
waren nämlich in die Stadt gegangen, um Speise zu kaufen. ***9*** *Die samaritische Frau*

nun sagt zu ihm: Wieso begehrst du, der du ein Jude bist, von mir, die ich eine samaritische Frau bin, zu trinken? (Juden verkehren nämlich nicht mit Samaritern.) ***10*** *Jesus antwortete und sprach zu ihr: Kenntest du die Gabe Gottes und [wüsstest du,] wer der ist, der zu dir sagt: Gib mir zu trinken, so hättest du ihn gebeten, und er hätte dir lebendiges Wasser gegeben.* ***11*** *Sie sagt zu ihm: Herr, du hast kein Schöpfgefäß und der Brunnen ist tief; woher hast du nun das lebendige Wasser?* ***12*** *Bist du etwa größer als unser Vater Jakob, der uns den Brunnen gegeben hat? und er hat daraus getrunken und seine Söhne und sein Vieh.* ***13*** *Jesus antwortete und sprach zu ihr: Jeder, der von diesem Wasser trinkt, wird wieder dürsten;* ***14*** *wer aber von dem Wasser trinkt, das ich ihm geben werde, wird in Ewigkeit nicht dürsten, sondern das Wasser, das ich ihm geben werde, wird in ihm zu einer Quelle von Wasser werden, das sprudelt, um ewiges Leben zu spenden.* ***15*** *Die Frau sagt zu ihm: Herr, gib mir dieses Wasser, damit ich nicht dürste und nicht hierher kommen muss, um zu schöpfen!*

Die Erzählung vom Gespräch Jesu mit der Samariterin ist das „weibliche" Gegenstück zu der „männlichen" Szene, in der Jesus mit Nikodemus spricht. Sie ist wie die Szene mit Nikodemus eine poetische Schöpfung und zeigt in besonderem Maß, dass der Evangelist ein Dichter ist, der Wahrheit des Inhalts mit Schönheit der Form verbindet. Die Erzählung hat ein Vorbild im Alten Testament. Abrahams Knecht sucht für Abrahams Sohn Isaak eine Frau und begegnet an einem Brunnen dem Mädchen Rebekka, der künftigen Frau Isaaks (1. Mose 24, 10–21).

Räumlicher Mittelpunkt der evangelischen Erzählung ist der irdische Brunnen, den Jakob für die Israeliten erschlossen hat, inhaltlicher Mittelpunkt das „lebendige, spirituelle Wasser", das Jesus austeilt. („Wasser" symbolisiert hier eine andere Kraft als das „Wasser" Johannes des Täufers. Das Wasser Johannes des Täufers ist „reinigendes Wasser" und versinnbildlicht die Vorbereitung auf die Geburt des spirituellen Menschen. Das Wasser dagegen, von dem Jesus hier spricht, ist „lebendiges Wasser", Symbol für das göttliche „Leben".) Es ist das „Wasser", das in dem Gespräch Jesu mit Nikodemus zusammen mit dem „Geist" als Voraussetzung für die „Geburt von oben her", die „Wiedergeburt" des spirituellen Menschen aus Gott, erwähnt wurde. Denn neben dem „Wort", dem göttlichen Geist, der alles erzeugt und allen Dingen ihre Struktur, ihre „genetische Information", gibt, ist für die „Geburt von oben her" „Leben" notwendig: göttliche Energie, „lebendiges Wasser", in dem die „Information" Gestalt annimmt.

Damals gab Jesus Nikodemus die Lehre, die Information über den Prozess und die Notwendigkeit der Wiedergeburt aus Wasser und Geist, und stieß diesen Prozess durch seine Worte an. Jetzt gibt Jesus der Samariterin das „lebendige Wasser", die Kraft, in der allein sich dieser Prozess vollziehen kann. Nikodemus, der Mann, vertritt den Kopf, an den sich Jesus mit dem „Wort", der Lehre, wendet. Deshalb ist das Gespräch mit Nikodemus auch sachlich-streng. Die göttliche Lebensordnung, das „Wort", fordert Anerkennung und Erkenntnis. Die Samariterin hingegen vertritt als Frau das für das „Leben" empfängliche Herz. Im Gespräch mit ihr waltet Milde, von ihr wird nichts gefordert. Ihr wird nur angeboten und gegeben.

Sowohl Nikodemus als auch die Samariterin sind „Außenseiter" in Bezug auf die traditionelle Religion des Gesetzes und damit in besonderem Maß für die neue Religion der Freiheit aufgeschlossen. Nikodemus ist eine Ausnahme unter den geistlichen Führern, den „Juden“, da er weiß, dass Jesus „als Lehrer von Gott gekommen“ ist, und die Samariterin gehört zu einer Bevölkerungsgruppe, die von den „Juden“ als nicht rechtgläubig abgelehnt wird. Aber auch sie wartet auf den Messias.

Jesus gewinnt das Vertrauen der Frau, indem er sie bittet, ihr zu trinken zu geben. Er spricht ihre Hingabe und ihr Mitgefühl an und öffnet ihr Herz auf der irdischen Ebene für die Begegnung mit ihm. Auf diese Art wirkt eine spirituelle Berührung, die Kraft des „lebendigen Wassers“, zunächst immer auch auf der irdischen Ebene. Das Herz des Menschen wird von aller Härte befreit und zu Sanftmut und Hilfsbereitschaft gestimmt.

Die Samariterin ist noch schüchtern und zurückhaltend. Sie kennt ihre soziale Stellung als Samariterin und Frau dem Juden und Mann gegenüber und hält sich seiner für unwürdig. Doch Jesus schlägt ihr vor, das soziale Gefälle umzukehren und *ihn* zu bitten. Sie hat das Recht dazu und ist würdig, ihn zu bitten, ja sie *soll* ihn bitten. Und sie würde ihn auch bitten, wenn sie wüsste, wer er ist: der Gesandte aus der göttlichen Welt, der allen Menschen das „lebendige Wasser“ bringt und nichts sehnlicher wünscht, als dass sie ihn darum bitten. Jeder Mensch, der sich einer spirituellen Berührung für unwürdig hält, darf sich, wenn diese Berührung doch erfolgt, sagen, dass diese selbst ihn würdigt und ihm zu dienen gekommen ist. Sie erhebt ihn, noch auf der irdischen Ebene, zu einer neuen Freiheit und Selbstständigkeit, auf der das „lebende Wasser“ bewusst empfangen werden kann.

Dann aber geht Jesus von der irdischen auf die spirituelle Ebene über und spricht, im Gegensatz zum trinkbaren irdischen Wasser, vom „lebendigen Wasser“, das zu bringen er gekommen ist. Noch weiß die Frau nicht, was dieses „lebendige Wasser“ ist und worum sie bitten soll. Wie Nikodemus Jesu Lehre missverstanden und auf einen irdischen Vorgang, die Geburt durch einen Mutterleib, bezogen hatte, so missversteht jetzt die Samariterin Jesus so, als wolle er irdisches Wasser schöpfen und bringen. „Bist du etwa größer als unser Vater Jakob“, der uns den irdischen Brunnen erschlossen hat, und hast noch größere Fähigkeiten als dieser, Wasser zu finden und zu geben?

Wie bei der Szene mit Nikodemus gibt auch hier das Missverständnis dem Evangelisten und Jesus die Möglichkeit, unmissverständlich zu klären, dass es sich bei dem „lebendigen Wasser“ um eine spirituelle Kraft handelt, nicht um eine irdische. Jede irdische Kraft erschöpft sich. Deshalb muss der Mensch, der irdisches Wasser trinkt, immer wieder trinken. Das gilt auch im seelischen Bereich. Wer von irdischen Seelenkräften kultureller oder religiöser Art lebt, wird immer wieder Nachschub brauchen, weil sich diese Kräfte erschöpfen. Sie können sogar versiegen, so dass der Mensch innerlich verdurstet. Die spirituellen Kräfte jedoch sind unerschöpflich, und wer sich ihnen öffnet, ist und bleibt mit der Quelle des göttlichen Lebens, die ewig sprudelt, verbunden. Er dürstet „in Ewigkeit“ nicht mehr. Ja, es kann der Zeitpunkt in seiner spirituellen Entwicklung kommen, wo er selbst zu einer bewussten Quelle des göttlichen Lebens wird. Er kann dann, wie alle Eingeweihten und insbesondere Jesus als ihr Prototyp, in seinen geringeren Kräften als eine solche spirituelle Quelle für andere sprudeln, um sie zu berühren und ihnen „ewiges Leben zu spenden“. Er selbst wird – nach seinen geringeren Möglichkeiten – zum Erlöser und wirkt mit allen Erlösten und Erlösern an der Erlösung anderer mit, damit auch diese zu Erlösten und Erlösern werden.

Es scheint so, als habe die Frau verstanden, dass sie wirklich das lebendige spirituelle Wasser von einem Erlösten und Erlöser empfangen könne, niemals mehr die spirituellen Kräfte entbehren müsse und selbst zu einer Quelle dieses Wassers für andere werden könne. Wenn sie sich auf dieses Ziel richtet, braucht sie sich nicht mehr auf irdische Kräfte der Kultur, Wissenschaft und Religion als Seelennahrung zu verlassen, die doch immer wieder nachgeschöpft werden müssen. Sie sagt: „Herr, gib mir dieses Wasser, damit ich nicht (mehr) dürste …"

Anbetung im Geist: die Religion der Freiheit

4, 16 *Er sagt zu ihr: Geh hin, rufe deinen Mann und komm hierher!* ***17*** *Die Frau antwortete und sagte: Ich habe keinen Mann. Jesus sagt zu ihr: Mit Recht hast du gesagt: Ich habe keinen Mann;* ***18*** *denn fünf Männer hast du gehabt, und der, den du jetzt hast, ist nicht dein Mann. Da hast du die Wahrheit gesagt.* ***19*** *Die Frau sagt zu ihm: Herr, ich sehe, dass du ein Prophet bist.* ***20*** *Unsere Väter haben auf diesem Berg angebetet, und ihr sagt, in Jerusalem sei der Ort, wo man anbeten muss.* ***21*** *Jesus sagt zu ihr: Weib, glaube mir, die Stunde kommt, wo ihr weder auf diesem Berg noch in Jerusalem den Vater anbeten werdet.* ***22*** *Ihr betet an, was ihr nicht kennt; wir beten an, was wir kennen; denn das Heil kommt von den Juden.* ***23*** *Aber die Stunde kommt und ist jetzt da, wo die wahren Anbeter den Vater in Geist und Wahrheit anbeten werden; denn so will der Vater seine Anbeter haben.* ***24*** *Gott ist Geist, und die ihn anbeten, müssen ihn in Geist und Wahrheit anbeten.* ***25*** *Die Frau sagt zu ihm: Ich weiß, dass der Messias kommt, der der Christus genannt wird; wenn dieser kommt, wird er uns alles kundmachen.* ***26*** *Jesus sagt zu ihr: Ich bin's, der ich mit dir rede.*

Immer wieder bezieht sich der Evangelist auf Mysterieninhalte, die im alten Judentum lebendig waren. Sie sind durch ihre besondere Symbolik erkennbar. Bei der Erzählung von Nathanael, der zum Schüler Jesu wurde, kam das „Sitzen unter dem Feigenbaum" vor, was innere Sammlung auf dem spirituellen Weg bezeichnet. Die Tatsache, dass Jesus Nathanael unter dem Feigenbaum „sah", weist auf eine innerseelische Verbindung jedes Mysterienschülers mit seinem Lehrer hin. Auch das Bild der „Hochzeit", das der Erzählung der Hochzeit zu Kana zu Grunde liegt, ist traditioneller Mysterieninhalt sowie die Bezeichnung Jesu als „Bräutigam" und der Gemeinschaft der „Seinen" als „Braut".

Die rätselhafte Stelle mit den fünf früheren Männern der Samariterin und dem jetzigen Mann, der doch nicht ihr Mann ist, dürfte ebenfalls der Mysterientradition des Judentums entstammen. Man muss nicht annehmen, dass hier ein unmoralisches Vorleben der Frau von Jesus angesprochen wird und dass sie, von seiner Hellsichtigkeit erschüttert, zur Überzeugung gelangt, er sei ein Prophet.

Die Stelle braucht ursprünglich in gar keinem Zusammenhang mit der Szene am Jakobsbrunnen gestanden zu haben. Doch platziert sie der Evangelist neben die Erzählung vom lebendigen Wasser in Samaria, weil die hier herangezogene Mysterientradition Aussagen über Samaria enthält und weil auch ihr Thema, welcher Gott angebetet werden soll und wie, das besondere Verhältnis von neuer zu alter Religion illustriert. Dieses Verhältnis wurde vorher durch das „lebendige Wasser“ im Vergleich zum erschöpflichen Wasser der irdischen Welt veranschaulicht. Jetzt stellt es der Evangelist durch zwei verschiedene Arten der Anbetung Gottes dar.

Die Samariterin verkörpert ganz Samaria, die „Seele“ Samarias. Jesus fordert sie auf, sie solle ihren „Mann“ rufen und mit ihm hierher zurückkommen. Das bedeutet auf der geistig-seelischen Ebene, dass er ganz Samaria und die Beziehung des Landes zu Gott vorlädt, um diese Beziehung unter spirituellem Vorzeichen neu zu beleuchten. Im Alten Testament wurde die Beziehung Israels zu Gott häufig als „Ehe“ gesehen. Wenn Israel, die „Frau“, Gott, dem „Mann“, treu blieb, war alles in Ordnung. Es geschah aber immer wieder, dass Israel die „Ehe“ mit Gott brach und ihm abtrünnig wurde. Es lief anderen Göttern, den Götzen, nach und diente ihnen als „Hure“. Die Ehe mit Gott zu halten, bedeutete, der eigenen Bestimmung, die vorläufig in der Entwicklung eines selbstständigen, verantwortlichen, vernünftigen Ich bestand, treu zu bleiben. Israel sollte dem „„„Ich-bin-der-ich-bin“““ (2. Mose 3,14), der diesem Entwicklungszustand der Menschheit kosmisch entsprach und ihn verkörperte, treu bleiben. Die Ehe mit Gott zu brechen und den Götzen als Hure nachzulaufen, bedeutete, die eigene Bestimmung zu verraten und den Leidenschaften und Wünschen an die irdische Welt nachzugeben, die die Entwicklung zu einem verantwortlichen Ich verhinderten.

In der jüdischen Mysterientradition galt Samaria als Land, das vom Gott Israels abgefallen war und sich fünf anderen Göttern beziehungsweise Doppelgöttern hingegeben hatte (vgl. 2. Könige 17, 24–33). Die „Samariterin“, die Seele Samarias, hatte also fünf „Männer“ gehabt, entsprechend den Götzen und Doppelgötzen der fünf Bevölkerungsteile Samarias, wie sie im Alten Testament angegeben sind. Und der „Mann, den du jetzt hast, ist nicht dein [legitimer] Mann“, sagt Jesus zur Samariterin.

Das wird in Vers 20 näher erläutert. Neben den fünf „Götzenmännern“ haben die Samariter immer auch den Gott Jahwe angebetet. Aber sie haben nach Auffassung der Juden eine falsche Vorstellung von ihm und verehren ihn daher nicht richtig. Für sie ist Jahwe zwar auch der *eine* Schöpfergott, der die Einheit der Schöpfung gegenüber der heidnischen Vielgötterei verkörpert. Doch ist er nicht der große Gesetzgeber, der „Ich-bin-der-ich-bin“, der den Menschen zu einem verantwortlichen Ich erzieht. Sie verehren Jahwe als einen Gott der *Natur* in ihrem Tempel „auf diesem Berg“. Nach Auffassung der Juden aber ist Jahwe ein Gott der *Seele*, der durch sein Gesetz und ethische Forderungen das eine Ich gegenüber den vielen Leidenschaften befestigen will. Er darf nur im Tempel zu Jerusalem angebetet werden. Die Samariter unterhalten also mit Jahwe eine illegitime Beziehung, da sie sich ihm nicht auf die richtige Weise nähern. Jahwe ist in Wirklichkeit nicht ihr legitimer Ehe-„Mann“. Mit ihm führen sie keine „Ehe“. Sie haben nicht die richtige, legitime Beziehung zu ihm.

So zeigt Jesus der Samariterin, der Seele Samarias, dass sie sich zwar zu Recht von den fünf bisherigen Religionsarten, die sich auf „Götzen“ bezogen, getrennt hat, dass aber die Religionsart, die sie jetzt ausübt, noch von einer falschen Voraussetzung ausgeht. Die „richtige“ Religionsart, die richtige, legitime Beziehung zu dem jetzigen „Mann“, wäre die Anbetung Jahwes als eines Gottes der Seele, nicht der Natur. Und die Samariterin erkennt, dass Jesus richtig geurteilt hat.

Damit nicht genug, geht nun Jesus zu einer neuen Religionsart über, der Religionsart der Zukunft, die er selbst als Verkörperung des spirituellen Menschen bringt. „Die Stunde kommt“, wo eine ganz andere Art der Religion, der „Anbetung“, erforderlich ist, die dem neuen Stadium der Menschheitsentwicklung entspricht. Bisher hatte der irdische, aus Blut, Fleischeswillen und Manneswillen geborene Mensch Gott angebetet. Entweder waren es Götzen gewesen – die fünf „Männer“ der Samariterin – oder Jahwe. Dabei gab es richtige und falsche Vorstellungen von Jahwe, und richtige und falsche Arten der Religionsausübung. Die falsche Vorstellung und Art, so stellt Jesus fest, ist die der Samariter. „Ihr betet an, was ihr nicht kennt“: Ihr habt eine falsche Vorstellung von Gott als einem Wesen der Natur und betet ihn als solches an. Ihr kennt ihn nur als Schöpfergott, nicht als den Gott des Gesetzes. Die richtige Vorstellung und Art aber ist die der Juden: „Wir beten an, was wir kennen.“ Die richtige Vorstellung ist, dass Gott ein Gott der Seele ist, der „Ich-bin-der-ich-bin“.

Doch auch die richtige Vorstellung von Jahwe und die richtige Anbetung entsprechen noch dem Stadium der Vorbereitung in der Menschheitsentwicklung, der Entwicklung eines selbstständigen, der spirituellen Welt zugewandten und von der Bestimmtheit durch die irdische Welt freien Ich, wie es Johannes der Täufer verkörpert. Da die Juden die richtige Vorstellung und Art der Religionsausübung in diesem Stadium der Vorbereitung haben, kommt „das Heil von den Juden“. Sie verkörpern die richtige Vorbereitung, die schließlich in die Erfüllung, das „Heil“, münden kann.

Jetzt aber ist eine neue Zeit der Menschheitsentwicklung angebrochen, das Stadium der Erfüllung. Jetzt ist daher auch eine andere Art der Religionsausübung, ja, es sind sogar andere Anbeter erforderlich. Bisher war das irdische Ich der Anbeter gewesen. Es hatte sich von Gott eine Vorstellung gebildet, die Vorstellung eines überirdischen Wesens, und konnte ihm nur wie einer Vorstellung gegenübertreten, so wie ein Ich dem Du, ein Subjekt dem Objekt gegenübertritt. Denn das Ich existiert nur dadurch, dass es die Welt in Ich und Nicht-Ich, Subjekt und Objekt einteilt. Die „wahren Anbeter“ der Zukunft, die dem Stadium der Erfüllung entsprechen, sind aber die spirituellen Menschen, die „von oben her“ geboren sind – nicht mehr die Ichwesen, die mit ihrer ethischen Entwicklung beschäftigt sind und dem äußeren Gesetz folgen. Die Art der neuen Anbetung ist eine Anbetung „in Geist und Wahrheit“ – „so will der Vater seine Anbeter haben“. Der Gott Jesu ist nicht mehr – als Schöpfergott – ein Gott der Natur, auch nicht mehr – als ethischer Gesetzgeber – ein Gott der Seele, sondern – als „Wort“, „Leben“, und „Licht“ – ein Gott des Geistes.

Seine Anbetung erfolgt nicht mehr auf Grundlage der Trennung von Subjekt und Objekt, sondern auf Grundlage der Einheit von spirituellem Menschen und göttlicher Welt, die sich als „Wort“, „Leben“ und „Licht“ kundtut. Da wird der „Vater“ nicht von einem Ich als Wesen außerhalb des Ich vorgestellt. Da wird er als lebendiges „Wort“, „Leben“ und „Licht“ im Innern erfahren. Der spirituelle Mensch ist eins mit ihm und erlebt die Information, die Weisheit des göttlichen „Wortes“ als in ihm wirkende und ihm bewusst werdende Information, als göttliches, schöpferisches Gesetz. Er erlebt die Energie des göttlichen „Lebens“ als in ihm wirkende und ihm bewusst werdende Strömung der göttlichen Kräfte, in die er eingebettet ist wie die Welle in den Ozean. Dieses Erleben, diese Erfahrung des „Lichtes“, das aus „Wort“ und „Leben“ entsteht und beides bewusst macht, ist seine Anbetung, die Anbetung in „Geist und Wahrheit“. „Geist“ ist das göttliche „Wort“, und „Wahrheit“ ist das göttliche „Leben“, das lebendige Wasser, das Währende. Wer darin eintaucht, empfindet das Glück der Übereinstimmung zwischen den eigenen spirituellen Kräften und der im ganzen All sprudelnden Quelle des lebendigen Wassers. Diese Übereinstimmung ist die Wahrheit der Existenz.

Die Samariterin weiß, dass das Stadium der Erfüllung der Menschheitsentwicklung anbricht, sobald der Messias, der Gesalbte, kommt. Denn dieser verkörpert den neuen spirituellen Menschen, dessen Anbetung Gottes in einer bewussten Verbindung mit Gott im Innern besteht. Er ist „von oben her“, aus „lebendigem Wasser“ und „Geist“, aus „Leben“ und „Wort“, aus spiritueller Energie und Information, geboren, weshalb er diese besondere innere Verbindung mit Gott, die Anbetung in „Wahrheit“ und „Geist“, verwirklichen und aus ihr leben kann. Die Samariterin weiß auch, dass der Gesalbte, wenn er kommt, kraft seines Wesens und Bewusstseins von dieser neuen Verbindung mit Gott, dieser neuen Art der Anbetung, berichten und darlegen wird, wie man zu ihr gelangt. Sie bemerkt aber zunächst noch nicht, dass ja der vor ihr stehende Jesus es ist, der ihr im Augenblick all dies berichtet und „kundtut“, und dass somit Jesus selbst der Gesalbte sein muss.

Plötzlich aber offenbart sich ihr dieser Sachverhalt. Jesus sagt: „Ich bin’s“. Ich bin der Gesalbte. Genau so offenbart er sich jedem Menschen, der, noch im Zustand der Anbetung vom Ich zum Du, vom Ich-Bewusstsein zur Ich-Vorstellung, die Ahnung entwickelt, dass die wahre Art der Anbetung die der Verbindung mit Gott in Geist und Wahrheit ist. Jedem, der diese Ahnung entwickelt, kann bewusst werden, dass sie von der im geistig-seelischen Organismus der Menschheit wirkenden Gestalt des spirituellen Menschen, vom Christus, ausgeht, und dass er selbst, wie die Samariterin, die Möglichkeit besitzt, zu dieser wahren Art der Anbetung zu gelangen.

Nathanael hatte, nachdem ihm seine innere Beziehung zu Jesus unter dem Feigenbaum bewusst geworden war, aus dieser im Innern erfahrenen Wirkung des spirituellen Menschen auf die Ursache – den Sohn Gottes – geschlossen. Er hatte „geglaubt“. Die spirituelle Wirkung im eigenen Wesen hatte sein Wesen für die Ursache, den Christus, geöffnet. Genauso schließt die Samariterin, nachdem sie Jesus verlassen hat, von ihrem Erlebnis, dass Jesus alle Schicksale ihrer Samariterseele kennt, auf seine Eigenschaft als Gesalbter. Es ist nicht so, dass sie auf Grund der „Hellsichtigkeit“ Jesu zum Glauben an ihn als Messias käme. Hellsichtig können auch Menschen sein, die keine Söhne Gottes sind. Und was wäre das für ein Glauben, der sich auf ein übersinnliches „Wunder“ stützte! Nein, Glaube im Sinn des Evangelisten ist Offenheit des Menschen für spirituelle Möglichkeiten und stützt sich auf spirituelle Erfahrung. Die Samariterin hat erfahren, dass spirituelle Kräfte tatsächlich ihr ganzes Innere ausgeleuchtet haben. So eine Wirkung kann von keinem Hellseher ausgehen, sie muss von einem spirituellen Menschen stammen. Jesus muss der Christus sein.

Öffentliche Arbeit der Schüler Jesu

4, 27 *Und währenddem kamen seine Schüler, und sie verwunderten sich, dass er mit einer Frau redete. Doch sagte keiner: Was hast du im Sinn? oder: Was redest du mir ihr?* ***28*** *Die Frau nun ließ ihren Wasserkrug stehen und ging weg in die Stadt und sagte zu den Leuten:* ***29*** *Kommt, seht einen Menschen, der mir alles gesagt hat, was ich getan habe! Sollte dieser etwa gar der Christus sein?* ***30*** *Sie gingen zur Stadt hinaus und machten sich auf den Weg zu ihm.* ***31*** *Inzwischen baten ihn die Schüler: Rabbi, iss!* ***32*** *Er aber sprach zu ihnen: Ich habe eine Speise zu essen, die ihr nicht kennt.* ***33*** *Die Schüler sagten nun zueinander: Es hat ihm doch niemand zu essen gebracht?* ***34*** *Jesus sagt zu ihnen: Meine Speise ist, dass ich den Willen dessen tue, der mich gesandt hat, und sein Werk vollende.* ***35*** *Sagt ihr nicht: Es sind noch vier Monate, dann kommt die Ernte? Siehe, ich sage euch: Erhebt eure Augen und betrachtet die Felder, sie sind schon weiß zur Ernte.* ***36*** *Der, welcher erntet, empfängt Lohn und sammelt Frucht fürs ewige Leben, damit sich zugleich der freue, welcher sät, und der, welcher erntet.* ***37*** *Hier nämlich ist das Wort wahr: Ein anderer ist's, der sät, und ein anderer, der erntet.* ***38*** *Ich habe euch ausgesandt, zu ernten, was ihr nicht erarbeitet habt; andere haben gearbeitet, und ihr seid in ihre Arbeit eingetreten.*

39 *Aus jener Stadt aber glaubten viele von den Samaritern an ihn um des Wortes der Frau willen, die bezeugte: Er hat mir alles gesagt, was ich getan habe.* ***40*** *Als nun die Samariter zu ihm kamen, baten sie ihn, bei ihnen zu bleiben; und er blieb zwei Tage dort.* ***41*** *Und noch viel mehr Leute glaubten um seines Wortes willen* ***42*** *und sagten zu der Frau: Wir glauben nicht mehr um deiner Rede willen; denn wir haben selbst gehört und wir wissen, dass dieser in Wahrheit der Heiland der Welt ist.*

43 *Nach den zwei Tagen aber zog er von dort weg nach Galiläa.* ***44*** *Denn Jesus selbst bezeugte, dass ein Prophet in seinem eignen Vaterland kein Ansehen genießt.*

Die Landsleute der Samariterin reagieren ähnlich wie die Schüler Jesu, als sie ihrem Meister zum ersten Mal begegnet waren. Wie damals Simon von seinem Bruder Andreas und Nathanael von Philippus auf Jesus aufmerksam gemacht worden waren und auf Grund der Berichte ihrer Freunde mehr oder weniger glaubten oder zweifelten, so kommen auch jetzt viele Samariter auf Grund des Berichtes der Frau, dass Jesus ihr ganzes Inneres ausgeleuchtet habe – „um des Wortes der Frau willen" – zur Überzeugung, dass Jesus der Christus, der erleuchtete spirituelle Mensch, sein müsse. Sie bitten ihn, bei ihnen zu bleiben, und er bleibt zwei Tage. Vielleicht bezieht sich die Angabe „zwei" – „zwei" bedeutet einen Prozess des Übergangs – auf die Tatsache, dass die Anwesenheit Jesu bei den Samaritern einen solchen Übergang auslöst. Sie erkennen, dass die Zeit gekommen ist, in der sich der Mensch von der alten Art der Anbetung eines vorgestellten äußeren Gottes lösen und zur neuen Art der Anbetung eines im Innern erfahrenen Gottes übergehen wird.

Jesus tut ihnen diese Möglichkeit und Notwendigkeit kund und wirkt in ihnen als Muster des spirituellen Menschen, das den spirituellen Menschen in ihnen erweckt.

Deshalb glauben jetzt viele an Jesus „um seines Wortes willen“: auf Grund eigener Erfahrung, nicht mehr nur „angesteckt“ durch die Erfahrung ihrer Landsmännin. Sie „haben selbst gehört und wissen“. Ihr eigenes Erleben ruft Gewissheit in ihnen hervor, dass in Jesus der von Gott gesandte spirituelle Mensch verkörpert ist: der neue Mensch, der, indem er all den „Seinen“ die Geburt von oben her ermöglicht, ein neues Menschentum in der Welt verankert, im Einklang mit „Wort“ und „Leben“. Er „heilt“ die Welt. Denn durch ihn wird die Welt von Verblendung, Trägheit und Leidenschaft frei, die Finsternis, Konflikt und Tod verursachen, und wieder in „Wort“ und „Leben“, die Welt des Lichtes, zurückgeholt.

Eingeschoben in den Bericht, dass und warum viele Samariter an Jesus glauben, sind die Erzählung, dass die Schüler Speise für Jesus bereiten, und seine Worte über die Ernte und Erntearbeit. Das Thema „Ernte“ knüpft an die Tatsache an, dass so viele Samariter Jesus nachfolgen, und das Thema „Essen“ ist eine Parallele zum Thema „Trinken“, das Mittelpunkt des Gesprächs Jesu mit der Samariterin war. Die Schüler Jesu kommen, wundern sich, dass er mit einer Frau redet (was für einen Juden in der Öffentlichkeit ungehörig ist), haben aber als Mysterienschüler schon gelernt, auf ihnen Anstößiges oder Auffälliges nicht mit Vorwürfen oder Fragen zu reagieren, sondern es in der Ruhe des spirituellen Menschen still hinzunehmen.

Sie bitten jetzt ihren Meister, die von ihnen gekaufte Speise zu essen, während umgekehrt Jesus als Meister die Samariterin gebeten hatte, ihm von ihrem Wasser zu trinken zu geben. Aber wie damals hebt Jesus den Vorgang auf eine höhere, spirituelle Ebene. Er spricht von der spirituellen Speise, von der er sich nährt. Und wie vorher die Samariterin, missverstehen ihn jetzt auch seine Schüler. Das bietet dem Meister die Möglichkeit, klar zu machen, dass spirituelle Speise etwas anderes ist als irdische Speise. Der spirituelle Mensch nährt sich von spiritueller Speise, einer Speise besonderer Art.

Es scheint merkwürdig, dass im *Tun* eine Nahrung enthalten sein soll. Den „Willen dessen tun, der mich gesandt hat, und sein Werk vollenden“: Was ist daran Nahrhaftes? Aber wer sich im Strom des göttlichen „Wortes“ und „Lebens“, im Strom des schöpferischen göttlichen Willens, der das Leben des spirituellen Menschen durchzieht, mitbewegt, empfängt Sicherheit und Dynamik. Die Erfahrung der Übereinstimmung der eigenen spirituellen Identität mit dem göttlichen „Wort“, dem Gesetz des Alls, ruft Sicherheit hervor, und die Erfahrung des Mitbewegens mit dem göttlichen „Leben“ Kraft. Diese Sicherheit und Dynamik sind die Speise des spirituellen Menschen.

Hinzu kommt das Glück der Erfüllung, verbunden mit der Erfahrung, dass jedes Mitbewegen mit dem göttlichen Strom unweigerlich fruchtbar ist und zu einer Ernte führt. Das Mitbewegen mit den seelischen Strömungen der irdischen Welt führt, nach möglicherweise anfänglichen Erfolgen, immer zu Enttäuschung und Müdigkeit, weil sie erschöpflich sind und mit vielen anderen Strömungen konkurrieren müssen. Aber das Mitbewegen mit dem unerschöpflichen spirituellen Strom führt, nach möglicherweise anfänglichen scheinbaren Misserfolgen in der irdischen Welt, immer zu dauerhaftem Glück und Erfüllung. Denn dieser Strom ist unerschöpflich und stammt aus der Ewigkeit und ihren Gesetzen, die „währen“, weil sie die Wahrheit sind. Was in Übereinstimmung mit ihnen getan wird, kann nicht vergehen. Was in dieser Gesetzmäßigkeit und Kraft gesät wird, das wird notwendig zur Ernte reifen, so wie vier Monate nach der irdischen Aussaat die Felder reif zur Ernte sind.

Dass so viele Samariter sich seinen Wirkungen öffnen, ist für Jesus Anlass, über das Verhältnis von spiritueller Aussaat und Ernte zu sprechen. Ihm und seinen Schülern schlägt das Vertrauen der Samariter entgegen. Sie sind offen für die neue Art der Anbetung Gottes, die Jesus und seine Schüler kundtun. Das ist Ergebnis der spirituellen Arbeit vieler Vorläufer Jesu, und Jesus und seine Schüler freuen sich über dieses Ergebnis und „sammeln es ein", als „Frucht für das ewige Leben". Die Entfaltung des spirituellen Menschen in den Samaritern bedeutet ewiges Leben für sie, den Eintritt ins „Reich Gottes", das „Sehen" des Reiches Gottes.

Jesus und seine Schüler freuen sich, obwohl sie selbst nicht gesät haben. Die Säer waren zum Beispiel die alttestamentarischen Propheten, die auf dieses spirituelle Stadium der Menschheitsentwicklung hingewiesen und so die Sehnsucht danach geweckt hatten. In dieser Sehnsucht hatten die Menschen an sich gearbeitet, sie hatten im Stadium der Vorbereitung in der Ära des Gesetzes ein selbstständiges, verantwortliches Ich entwickelt und gelernt, sich von der Bestimmtheit durch die Finsternis zu lösen. So schufen sie Raum für die Saat des spirituellen Menschen, der kraft ihrer Sehnsucht nach dem Licht wie ein Embryo in ihnen heranwachsen konnte – bis er, durch Jesus, im Stadium der Erfüllung in der Ära der Freiheit zur Geburt von oben her erweckt wurde. Darüber freut sich der Säer, obwohl er selbst nicht die Ernte einholt – denn war nicht die Frucht der Sinn seines Säens? –, und der Arbeiter, der die Ernte einholt. Er ist dem Säer dankbar.

Zu denen, die nicht gesät haben, aber zum Einholen der Ernte gerufen sind, gehören die Schüler Jesu. Sie sind von ihm als spirituelle Menschen erweckt und gefördert worden, selbst schon Ernte. Als solche werden sie von ihm ausgesandt, um ihrerseits, durch die Wirkung des spirituellen Menschen in ihnen, den spirituellen Menschen in anderen, der allmählich zum Erwachen gereift ist, zu erwecken und zu fördern. Ihr seid, so sagt Jesus zu seinen Schülern, selbst in den Strom der göttlichen Gesetze und Kräfte eingetreten, der das Werk Gottes, die „Seinen" aus der Finsternis ins Licht zurückzuholen, vollendet. So wirkt nun mit diesem Strom mit und knüpft an die Arbeit aller an, die vor euch als Säer in diesem Strom mitgearbeitet haben. Erntet in der Ära der Freiheit die Frucht, die aus der Saat in der Ära des Gesetzes gereift ist.

Im Zusammenhang mit den großen Wirkungen, die Jesus in Samaria als „Erntearbeiter" ausgeübt hat, steht die Bemerkung, dass ein Prophet in seinem Vaterland kein Ansehen genießt. Jesus selbst, dessen Vaterland Galiläa ist, bezeugt – sei es durch seine Erlebnisse, sei es in Worten – diese Regel. In seinem Vaterland kann ein Prophet kaum eine Ernte einholen, weil man ihn dort als Propheten nicht ernst nimmt und sich ihm nicht öffnet. Warum öffnet man sich ihm nicht und „glaubt" nicht an ihn? Weil man ihn dort als irdischen Menschen kennt und sich von seinesgleichen nichts sagen lassen will. Man kennt die irdischen Eigenschaften und Verhältnisse des Propheten und sagt sich: Er ist doch einer von uns. Wird er uns etwas Neues bringen können, gar etwas Neues, das die irdischen Eigenschaften und Verhältnisse weit übersteigt, ja in Frage stellt? Wie kommt er dazu, uns in Frage zu stellen, da er doch selbst ist wie wir?

Es ist üblich, dass aus dem Fleisch Geborene das aus dem Geist Geborene ablehnen. Wie Jesus schon festgestellt hatte, lieben die Menschen die Finsternis mehr als das Licht und hassen es, weil es ihre Werke offenlegt. Aber für Landsleute eines aus dem Geist Geborenen ist eine solche Ablehnung noch leichter, weil sie auf seine Herkunft aus dem Fleisch verweisen und diesen scheinbaren Grund für ihre Ablehnung vorweisen können. Diese Regel gilt zu allen Zeiten und auf allen Ebenen. Immer wenn ein vom Geist Erleuchteter auftritt, hat er in seiner engeren familiären und landsmannschaftlichen Umgebung größere Schwierigkeiten als anderswo.

Und sieht man diesen Zusammenhang als Vorgang in einem einzelnen Menschen, so zeigt sich, dass auch der Einzelne spirituelle Impulse, die aus seinem Innern aufsteigen, gern mit dem Argument abweist und unwirksam macht, dass er sich selbst als irdisches Wesen sehr gut kenne und nicht erwarten könne, dass etwas Lebensentscheidendes, etwas, das das Leben umwälzt und alles Irdische übersteigt, aus seinem eigenen Innern komme.

Dass der Evangelist – oder war es ein Kommentator? – Vers 44 gerade hier einschob, lässt sich verstehen, wenn man sich seinen Gedankengang durch eine Ergänzung zu Vers 43 klarmacht: „… er zog von dort weg nach Galiläa, *wo er keine solche Ernte wie in Samaria einholen konnte.*“ Dann schließt sich die Bemerkung, „denn Jesus selbst bezeugte, dass ein Prophet in seinem Vaterland kein Ansehen genießt“, folgerichtig an. Gerade der Kontrast zwischen Jesu großen Wirkungen in Samaria und seinen dürftigen Wirkungen in Galiläa wird dem Evangelisten zum Anlass, auf die Regel, dass ein Prophet in seinem Vaterland nicht ernst genommen wird, zu verweisen. Denn Samaria, ein unjüdisches, ja ketzerisches Land, ist das typische Nicht-Vaterland Jesu. Dort aber hat er Erfolg, während er in Galiläa, seinem Vaterland, keinen hat.

Heilung des Todkranken: Mitteilung göttlichen „Lebens“

4, 45 *Als er nun nach Galiläa kam, nahmen ihn die Galiläer auf, denn sie hatten alles gesehen, was er in Jerusalem am Fest getan hatte; auch sie waren nämlich zum Fest gekommen.* ***46*** *Er kam nun wieder nach Kana in Galiläa, wo er das Wasser zu Wein gemacht hatte. Und es war ein königlicher Beamter in Kapernaum, dessen Sohn krank war.* ***47*** *Als dieser hörte, dass Jesus aus Judäa nach Galiläa gekommen sei, ging er zu ihm hin und bat, er möge hinabkommen und seinen Sohn heilen; denn er lag im Sterben.* ***48*** *Jesus sprach nun zu ihm: Wenn ihr nicht Zeichen und Wunder seht, werdet ihr nicht glauben.* ***49*** *Der königliche Beamte sagt zu ihm: Herr, komm hinab, ehe mein Kind stirbt!* ***50*** *Jesus sagt zu ihm: Geh hin, dein Sohn lebt! Der Mann glaubte dem Wort, das Jesus zu ihm gesprochen hatte, und ging hin.* ***51*** *Aber schon während er hinabging, kamen ihm seine Knechte entgegen und sagten, sein Knabe lebe.* ***52*** *Er erkundigte sich nun bei ihnen nach der Stunde, in der es mit ihm besser geworden war. Sie erwiderten ihm: Gestern in der siebten Stunde verließ ihn das Fieber.* ***53*** *Da erkannte der Vater, dass [es geschehen war] zu jener Stunde, in der*

Jesus zu ihm gesprochen hatte: Dein Sohn lebt. Und er glaubte samt seinem ganzen Haus. ***54*** *Dies war wiederum das zweite Zeichen, das Jesus tat, als er aus Judäa nach Galiläa gekommen war.*

Die Geschichte vom sterbenden Sohn, dem von Jesus das Leben wiedergeschenkt wird, ist das zweite im Johannesevangelium berichtete „Wunder". Durch diese Geschichte zeigt der Evangelist, wie Jesus, von oben her beginnend, die zweite Hülle der siebenfachen Matrix errichtet, in der wie in einer Gebärmutter der spirituelle Mensch, der in den „Seinen" schlummert, erwachen und sich entfalten kann. Der vollkommene siebenfache spirituelle Mensch „steigt vom Himmel herab", um seine Eigenschaften eine nach der andern im geistig-seelischen Organismus der Menschen zu verankern und dadurch den „Seinen", den unentwickelten spirituellen Menschen, die Möglichkeit zu geben, wie auf einer Leiter von unten herauf zum Himmel aufzusteigen. Wenn sie später von unten her den spirituellen Weg gehen, gelangen sie schließlich, von unten gezählt, zur sechsten Stufe dieses Weges. Sie können sie verwirklichen, weil Jesus vorher die zweite Hülle der siebenfachen Matrix, von oben gezählt, für sie errichtet hat. Sie erwerben sich das göttliche „Leben", letzte Voraussetzung für die Vereinigung mit Gott, die „spirituelle Hochzeit".

In der Geschichte von der „Hochzeit zu Kana" war im Bild erzählt worden, wie der höchste Aspekt des spirituellen Menschen, das „Wort", als neuer göttlicher Impuls in der irdischen Welt verankert und die erste Hülle der Matrix errichtet wurde, innerhalb derer der spirituelle Mensch auf seinem Weg bis zur „spirituellen Hochzeit" gelangen kann. In der Geschichte vom „sterbenden Sohn" zeigt der Evangelist im Bild, wie Jesus ein Kraftfeld aus der göttlichen Welt errichtet, in dem sich der zweithöchste Aspekt des spirituellen Menschen, sein „Leben", seine spirituelle Energie, zu entwickeln vermag.

Das „Wunder" zu Kana stand in Verbindung zu dem Nikodemus-Gespräch. Was in der „Wunder"erzählung bildhaft berichtet worden war, das war im Gespräch Jesu mit Nikodemus noch einmal begrifflich ausgeführt worden. Nikodemus wurde von Jesus das „Wort" in Form der Lehre von der Neugeburt des spirituellen Menschen gebracht. Ähnlich verfährt der Evangelist auch jetzt, nur in umgekehrter Reihenfolge. Der Samariterin wurde von Jesus das „Leben" in Form des „lebenden Wassers", der göttlichen Energie, aus der der spirituelle Mensch lebt, im Gespräch übermittelt. Das „Wunder" von der Wiederbelebung des sterbenden Sohnes erzählt diesen Vorgang noch einmal im Bild.

Entscheidend an dieser Geschichte sind die beiden Stellen: „Jesus sagt zu ihm (dem Vater): Geh hin, dein Sohn lebt!" und: „Da erkannte der Vater, dass es zu jener Stunde [geschehen war], in der Jesus zu ihm gesprochen hatte: Dein Sohn lebt." Jesus spricht das göttliche Wort, und durch dieses Wort entsteht Leben. Das „Wort" bringt „Leben" hervor. Im „Wort" war das „Leben", heißt es im Prolog. Unterstrichen wird diese Aussage dadurch, dass Jesus nicht zu dem Sterbenden geht und ihm etwa die Hand auflegt. Allein sein „Wort" bringt das „Leben".

Wie im „Wunder" zu Kana der Speisemeister den Wein nachgeprüft hatte, so prüft hier der Vater des Jungen den Sachverhalt nach. Genau in der siebten Stunde, zum Zeitpunkt, da Jesus das Wort gesprochen hatte, war es mit dem Sohn besser geworden. Es handelt sich nicht um eine Kausalbeziehung in der Zeiträumlichkeit, wo zwischen zwei Ereignissen Zeit vergeht und Raum überwunden wird, sondern um eine spirituelle Beziehung. „Wort" und „Leben", Information und Energie sind, ohne dass sich Zeit und Raum dazwischenschieben, unauflöslich miteinander verknüpft. Die „siebte Stunde" weist ebenfalls auf diesen Sachverhalt des nicht Zeiträumlichen hin: Sechs Tage sind für die Schöpfung Gottes in der Zeiträumlichkeit vorgesehen, der siebte aber für Gott selbst, das nicht Zeiträumliche. Sechs bezieht sich auf die Phasen der Vorbereitung, Sieben ist der Eintritt in die Erfüllung.

Sicher haben auch die übrigen Einzelheiten der Erzählung symbolische Bedeutung. Nach alter Mysterientradition können „Vater" und „Sohn" auch als Aspekte in einem Einzelnen gelesen werden. Dann ist der Vater der Geist, das im Menschen wirkende Grundprinzip seines Daseins, das dem „Wort", der schöpferischen Information, entspricht. Der Sohn ist die daraus hervorgehende Seele, die dem „Leben", der göttlichen Energie, entspricht (anders als im Prolog, wo der Vater als „Wort", der Sohn als „Licht" gekennzeichnet wird). Der „Vater", das Geistprinzip, sehnt sich danach, dass der ganze Mensch heil werde, und begibt sich zu Jesus. Er hat bemerkt, dass sein „Sohn" die Seele, sterbenskrank geworden ist. Sie hat jeden Lebenssinn und -mut verloren. Und Jesus, die Verkörperung des spirituellen Menschen, flößt dem Sterbenskranken durch das „Wort" göttliches „Leben" ein, so dass die Seele, von neuer Hoffnung und Energie erfüllt, wieder aufleben, ja zu einer neuen Seele werden kann.

Der königliche Beamte mit seinem Sohn ist aber nicht nur Bild für einen einzelnen Menschen. Er ist vor allem auch Bild für den geistig-seelischen Organismus der Menschheit insgesamt, den „Seelenraum" der Menschheit, in dem Jesus den zweiten Aspekt der siebenfachen spirituellen Matrix verankert. Die Seele der Menschheit war im Lauf ihrer Geschichte sterbenskrank geworden. Das irdische Leben bot keine Kraft und Perspektiven mehr. Aber die Energie aus der göttlichen Welt, das „lebende Wasser", das aus dem „Wort" hervorgeht, hat diese Seele prinzipiell zu neuem Leben erweckt. Seitdem wirkt das göttliche „Leben" im Organismus der Menschheit fort.

So betrachtet, ist diese Erzählung kein „Wunder". Sie beschreibt im Bild geistig-seelische Vorgänge, die anders schwer darzustellen wären. Jeder Mensch, dessen Seele todkrank geworden ist, kann sich, nachdem der vollkommene spirituelle Mensch die zweite Hülle der spirituellen Matrix errichtet hat, als „königlicher Beamter" mit der Sehnsucht seines ganzen Seins an die spirituellen Möglichkeiten wenden, die seitdem als „Wort" und „Leben", als „Geist" und „Wasser" im geistig-seelischen Organismus der Menschheit vorhanden sind. Dadurch wird er das „lebendige Wasser" erhalten und auf der sechsten Stufe des spirituellen Weges, von unten gezählt, als neue Seele wiederaufleben können.

Der Vorgang ist das „zweite Zeichen", das Jesus in Galiläa tat. Jesus ist gekommen, alle sieben Aspekte des spirituellen Menschen als Matrix in der Zeiträumlichkeit zu verankern. Das ist nur möglich, wenn sich in der Finsternis der Zeiträumlichkeit Menschen finden, die als die „Seinen" für die spirituelle Lebensmöglichkeit empfänglich sind. Diese Empfänglichkeit ist der Glaube, auf den es Jesus ankommt. Sie wird durch spirituelle Kräfte von oben her erweckt.

Die Bemerkung: „Wenn ihr nicht Zeichen und Wunder seht, werdet ihr nicht glauben“, enthält keinen Vorwurf gegenüber dem Beamten. Jesus spricht einen Zusammenhang zwischen „Wunder“ und „Glauben“ an, wie er in der irdischen Welt üblich ist. Die Menschen glauben nur, wenn sie Wunder sehen. Aber, so ist zu ergänzen, der vollkommene spirituelle Mensch verschmäht es, durch Wunder Glauben zu erzeugen. Er macht, bevor er handelt, klar, dass das jetzt folgende Geschehen anders verstanden und beantwortet werden muss, als es Wundergläubige zu tun pflegen. Bei ihm geht es nicht um Wunder im Sinn übersinnlicher Phänomene und ebenso wenig um die Erweckung eines Glaubens durch solche Phänomene. Bei ihm geht es um spirituelle Realitäten, Wirkungen im Menschen, die „Zeichen“ für die Ursache sind, von der sie ausgehen. Die von ihm gegebenen „Zeichen“ sind anderer Art als die Zeichen und Wunder von Magiern und Zauberern. Seine „Zeichen“ erwecken im Menschen Aufgeschlossenheit für die spirituelle Welt und ihren Gesandten. In dieser Aufgeschlossenheit lässt der Mensch zu, dass er von den spirituellen Kräften vollständig geheilt und verändert wird.

Der Beamte beweist, dass er tatsächlich nicht zu den „Wundergläubigen“ gehört, sondern begriffen hat, um welche Wirkungen es sich bei Jesus handelt. Zunächst glaubt er schon allein „dem Wort, das Jesus zu ihm gesprochen hatte“. Ohne auf Zauberkunststücke angewiesen zu sein, ist er für die spirituelle Ordnung und Kraft, die „Ausstrahlung“ des vollkommenen spirituellen Menschen, aufgeschlossen und verhält sich dementsprechend. Sodann zieht er seinen Schluss von der Wirkung auf die Ursache: von der Wiederbelebung seines Sohnes durch das göttliche Wort auf die Anwesenheit von „Wort“ und „Leben“ im Gesandten der göttlichen Welt. Er „glaubte samt seinem ganzen Haus“.

Auf diese Weise wird die Verbindung zwischen oben und unten hergestellt. Das Licht wird in der Finsternis verankert. Durch die Empfänglichkeit der „Seinen“, ihren Glauben, kann der Gesandte des Lichtes die Matrix errichten, in der die Seinen dann ihre spirituelle Entwicklung vollziehen. „Oben“ und „unten“ wirken zusammen und müssen zusammenwirken, wenn ein Mensch auf dem spirituellen Weg zum Ziel gelangen soll.

Verankerung des göttlichen „Lichtes“ in der Menschheit

Heilung des Gelähmten: Vermittlung selbstständigen Bewusstseins

Erweckung des wahren Selbst

5, 1 *Danach war ein Fest der Juden, und Jesus zog hinauf nach Jerusalem.* ***2*** *In Jerusalem ist aber am Schaftor ein Teich, der auf hebräisch Bethesda genannt wird, mit fünf Hallen.* ***3*** *In diesen lag eine Menge von Kranken, Blinden, Lahmen, an Abzehrung Leidenden, die auf die Bewegung des Wassers warteten.* ***4*** *Ein Engel stieg nämlich zu gewissen Zeiten in den Teich hinab und bewegte das Wasser. Wer nun* *nach der Bewegung des Wassers zuerst hineinstieg, der wurde gesund, mit welcher Krankheit er auch behaftet war.* ***5*** *Es war aber dort ein Mensch, der 38 Jahre an seiner Krankheit gelitten hatte.* ***6*** *Als Jesus diesen daliegen sah und erfuhr, dass er schon lange Zeit [so] zugebracht hatte, sagt er zu ihm: Willst du gesund werden?* ***7*** *Der Kranke antwortete ihm: Herr, ich habe keinen Menschen, der mich in den Teich bringt, wenn das Wasser bewegt wird; während ich aber komme, steigt ein andrer vor mir hinab.* ***8*** *Jesus sagt zu ihm: Steh auf, hebe dein Bett auf und geh umher!* ***9*** *Und alsbald wurde der Mensch gesund, hob sein Bett auf und ging umher.*

Das dritte „Wunder“ des Johannesevangeliums bezieht sich auf die dritte Hülle der Matrix, die der vom Himmel herabsteigende spirituelle Mensch errichtet, damit er später, wenn die Matrix vollständig ist, mit all den „Seinen“ von unten her wieder in den Himmel hinaufsteigen kann. Auch dieser dritte Aspekt der Matrix ist ein aus der göttlichen Welt aufgebautes Kraftfeld. Es entspricht dem dritten Aspekt des siebenfachen spirituellen Menschen, von oben gezählt, dem Bewusstsein, dem „Licht“ des Prologs.

Nach dem „Wort“ und dem „Leben“ entsteht das „Licht“. Das Licht ist der Sohn von Vater-Wort und Mutter-Leben, von Information und Energie. Information gestaltet Energie und wird sich, indem sie sich darin spiegelt, ihrer selbst bewusst – sie wird Licht. Das ist der göttliche „Sohn“, der einzige. Information bringt außerdem in der Energiesubstanz Schöpfungen und Geschöpfe hervor – auf lange Sicht auch ein Geschöpf, das sich seinerseits der ihm zu Grunde liegenden Information bewusst werden kann: den Menschen. Das „Leben“ wird durch das „Wort“ zum „Licht“ der Menschen.

Doch handelt es sich bei diesem Licht-Bewusstsein des Menschen um ein anderes Bewusstsein als das Ich-Bewusstsein in der irdischen Welt, das erst durch das Leben des Menschen in der Finsternis entstanden ist. Das Ich-Bewusstsein ist aus den vergänglichen Erscheinungen dieser Finsterniswelt aufgebaut. Es tritt als Subjekt den Erscheinungen als Objekten gegenüber und hält sich für selbstständig, obwohl es in Wirklichkeit von ihnen, seiner Außenwelt, abhängig ist.

Das spirituelle Licht-Bewusstsein hingegen ist aus der göttlichen Ordnung – dem „Wort“ – und der göttlichen Energie – dem „Leben“ – aufgebaut. Es ist in sie eingebettet und ihr Ausdruck. Die ganze Lichtwelt ist seine Innenwelt. Es ist nur Subjekt, da es alle Inhalte der Lichtwelt als seine eigenen Inhalte erlebt. Daher ist es prinzipiell selbstständig. Es ist der individuelle Sohn Gottes, umfangen und erfüllt vom kosmischen Sohn Gottes, dem Licht. Es ist das unbegrenzte, wahre Selbst im Gegensatz zum begrenzten Ich. Wenn ein Mensch auf dem spirituellen Weg von unten her in die fünfte Phase seiner Entwicklung gelangt, gewinnt er, genährt von der dritten Hülle der siebenfachen Matrix, dieses Licht-Bewusstsein. Sein bisher latentes wahres Selbst wird geweckt, bewusst und aktiv.

Der spirituelle Mensch im irdischen Menschen, das wahre Selbst, ist von den Kräften und Strömungen der irdischen Welt umfangen und unterdrückt. Ohne eine Matrix aus der göttlichen Welt, ein vom vollkommenen spirituellen Menschen in der Finsternis geschaffenes Kraftfeld, das die Selbstständigkeit und Autarkie des spirituellen Bewusstseins darstellt, wäre er niemals fähig, ein selbstständiges, autarkes Bewusstsein,

ein „Licht"-Bewusstsein, das aus göttlichem „Wort" und „Leben" geboren ist und ihn göttliches „Wort" und „Leben" erkennen lässt, zu entwickeln. Zu stark wären die Einflüsse aus der irdischen Welt, die ihm nicht gestatten wollen, sich zu entfalten. Der dritte Aspekt des spirituellen Menschen, das wahre Selbst, wäre zu schwach und hätte zu wenig Nahrung, um sich selbst zum Bewusstsein des Sohnes zu erheben.

Aber Jesus sagt zu dem durch die Einflüsse der irdischen Natur Gelähmten – zu *allen* Gelähmten der Menschheit, der Kranke ist nur ein Bild für sie: „Steh auf, hebe dein Bett auf und gehe umher!" Das heißt: Werde spirituell selbstständig, erhebe dich aus der Begrenztheit deines Ich-Bewusstseins, unterwerfe dir die Kräfte deiner irdischen Persönlichkeit – das „Bett" – und gehe frei und nur von innen bestimmt umher. Statt dich von außen bestimmen und unterdrücken zu lassen, statt auf den Bedürfnissen deines Körpers und deines irdischen Ich wie auf einem Krankenlager zu ruhen, durchbrich die von den Einflüssen der irdischen Welt ausgehende Lähmung des wahren Selbst, stelle dich als spiritueller Mensch aufrecht hin und setze alle Fähigkeiten und Eigenschaften deiner Ich-Persönlichkeit für das wahre Selbst ein. Jesus vermittelt dem Gelähmten die Kraft des unbegrenzten Selbst-Bewusstseins, das göttliche „Licht". Und der bisher von den Einflüssen der irdischen Welt innerlich Gelähmte steht auf, hebt sein Bett auf und geht umher. Auf diese Weise verankert Jesus den dritten Aspekt der göttlichen Welt in der irdischen Welt.

Voraussetzung für einen solchen Vorgang ist, dass der spirituelle Mensch im irdischen Menschen dieses Zustands der Abhängigkeit und Lähmung längst von Herzen überdrüssig geworden ist und dass er entschlossen auf die durch Jesus gebrachte Möglichkeit antwortet. Jesus fragt den Gelähmten: „Willst du gesund werden?" Und der Kranke will. Der spirituelle Mensch, der gelähmt ist, will beweglich und frei werden. Mit Hilfe des spirituellen Bewusstseinslichtes, des dritten Aspektes der Matrix des spirituellen Menschen, wird aus diesem Willen Wirklichkeit. Das begrenzte, von äußeren Objekten abhängige Ich-Bewusstsein kann durch das unbegrenzte, im göttlichen „Wort" und „Leben" selbstständige, *in* allen Dingen lebende Selbst-Bewusstsein abgelöst werden.

Dieses Selbst-Bewusstsein, das *in* allen Dingen lebt – man könnte auch sagen: *in* dem alle Dinge leben –, ist nicht Identifikation mit den Dingen. Identifikation ist der Versuch des gewöhnlichen Ich-Bewusstseins, sich mit den äußeren Dingen gleichzusetzen, sich in sie einzufühlen und hineinzudenken. Doch bleibt es dabei trotzdem immer nur Ich-Bewusstsein, und die prinzipielle Subjekt-Objekt-Beziehung wird dadurch nicht aufgelöst. Das Bewusstsein des wahren Selbst hingegen ist ein völlig neuer Zustand des Bewusstseins, bei dem die Subjekt-Objekt-Beziehung aufgelöst ist. Die geistig-seelische Struktur der Dinge und Wesen manifestiert sich im wahren Selbst und durchdringt es.

Es wird berichtet, dass der Gelähmte schon 38 Jahre lang krank war. Vielleicht gibt gerade die Zahl 38 über seinen inneren Zustand vor der Heilung Aufschluss. Im Alten Testament steht eine Geschichte, in der diese Zahl 38 eine Rolle spielt und von der sich eine Parallele zur Erzählung vom Gelähmten ziehen lässt.

4. Mose 14 wird geschildert, wie sich die Israeliten nach zweijähriger Wanderung durch die Wüste schon dem Gelobten Land nähern und Mose Kundschafter in dieses

Land schickt. Man will wissen, wie es dort aussieht und auf welche Bedingungen man stoßen wird. Die Kundschafter kommen zurück und berichten Schauerliches. Die Verhältnisse dort sind so überdimensional riesig, dass der gewöhnliche Sterbliche mit Sicherheit von ihnen überwältigt werden wird. Für das zeiträumliche Bewusstsein sind die Verhältnisse der Ewigkeit tatsächlich überdimensional. Und die Israeliten protestieren. Sie verzagen mit wenigen Ausnahmen, verlieren ihr Vertrauen in Gott und murren gegen ihn. Daraufhin sagt Gott, dass keiner von denen, die gemurrt haben, das Gelobte Land sehen werde. Das Volk Israel wird zwar hineinkommen, aber erst, nachdem alle, die gemurrt haben, in der Wüste gestorben sind. Das heißt: Erst müssen alle Kräfte des Protests aus dem Volk geschwunden und nur noch Vertrauen in die spirituelle Aufgabe vorhanden sein – dann kann der Einzug ins Gelobte Land erfolgen. Und es dauert 38 Jahre, bis alle Murrenden gestorben, bis alle Kräfte des Protests gegen die spirituelle Entwicklung geschwunden sind. Nach Ablauf dieser 38 Jahre sind die 40 Jahre Wüstenwanderung vorbei. 40 ist die Zahl des vollständigen Durchmessens der Zeiträumlichkeit. Erst nachdem das Ich-Bewusstsein alle Aspekte der Zeiträumlichkeit – alle 40 „Jahre" – durchmessen und zugleich seinen dabei auftretenden Widerstand gegen die eigentliche spirituelle Aufgabe des Menschen überwunden hat, kann der Einzug ins Gelobte Land beginnen (5. Mose 2,15).

Bezogen auf den Gelähmten am Teich Bethesda („Bethesda" ist „Haus der Barmherzigkeit") bedeutet das: Es mussten erst 38 „Jahre" vergehen, bis sein Protest gegen den inneren Auftrag, den spirituellen Menschen zu verwirklichen, geschwunden war. Dieser Protest hatte seine spirituelle Entwicklung gelähmt. Jetzt erst – nach dem Durchleben sämtlicher Aspekte der Zeiträumlichkeit – symbolisiert durch 40 „Jahre" – sind alle Kräfte des Protests, die ab dem 2. Jahr der Wüstenwanderung in ihm auftraten, gestorben, und jetzt erst kann die Folge dieses Protests, die Lähmung, beseitigt werden. Jetzt erst, nach der Zermürbung aller Kräfte des Protests, sagt er: Ich will geheilt werden. Und jetzt ist es möglich, dass er das Gelobte Land betritt, nämlich gesund wird und sein wahres Selbst entfaltet. Er gibt sein stolzes Ich-Bewusstsein preis und gibt dadurch dem Bewusstsein des wahren Selbst Gelegenheit, sich zu entfalten.

Was hat es mit dem Engel und dem Teich auf sich? Es geht um die Illustration, dass mit Jesus, dem vollkommenen spirituellen Menschen, das Alte Testament, die Außenleitung durch das Gesetz und der damit zusammenhängende Aufbau eines Ich-Bewusstseins beendet sind. „Engel" sind nach den alten Mysterienlehren und -erfahrungen Kraftprinzipien, die entweder als „Boten" Gottes von der spirituellen Welt ausgehen oder zum Jenseits der irdischen Natur gehören. Die irdische Natur aber, sei es das sichtbare Diesseits, sei es das unsichtbare Jenseits, hat immer zwei Seiten: das Gute und das Böse. Wesen – oder Kraftprinzipien – auf der „guten" Seite des Jenseits werden seit alters als „Engel", Wesen – oder Kraftprinzipien – auf der „bösen" Seite als „Dämonen" bezeichnet.

In der Geschichte vom Gelähmten ist der „Engel" ein übermenschliches, doch irdisches Kraftprinzip, das der „guten" Seite des Jenseits angehört. Es wirkt in der menschlichen Seele als Ideal oder Vorstellung, zum Beispiel als Gestalt einer verehrten Persönlichkeit, eines Heiligen oder Wundertäters. Diese Vorstellung kann durch die gläubige Hingabe vieler Menschen zu gewaltiger Stärke anwachsen. Man kennt das als massenpsychologisches Phänomen. Wenn sich eine Menschenmenge auf einen solchen „Engel“ in Form eines Ideals oder einer religiösen Gestalt konzentriert, von ihm Hilfe erwartet und ihm durch Ekstase und Fanatismus Energien zuführt, entstehen aus der Summe der einzelnen auf diesen „Engel“ gerichteten Gefühlsaktivitäten gewaltige kollektive Energieströme, die umgekehrt auf die Einzelnen zurückwirken. Sie können gestaute Seelenenergien wieder in Fluss bringen, so dass unter anderem körperliche Lähmungen verschwinden.

Die religiöse Vorstellung der Massen kann überdies mit solcher Kraft geladen werden, dass sie den Beteiligten so erscheint, als wäre sie äußere Wirklichkeit: eine „Erscheinung“. Solche „Erscheinungen“ treiben dann umgekehrt den religiösen Enthusiasmus noch auf die Spitze und setzen weitere seelische Energien frei. Der „Engel“ wird stärker, weitere Heilungen erfolgen, weitere Erscheinungen in Gestalt von Massenvisionen treten auf.

Da es sich bei diesen Energien aber um irdische Seelenkräfte handelt, sind sie erschöpflich, und so ist auch die Wirksamkeit des „Engels“ erschöpflich. Das mit der religiösen Vorstellung verbundene Energiepotenzial muss immer wieder neu aufgebaut werden, tut seine Wirkung, um dann erneut abzuflauen. So entsteht eine Periodik – der Engel wirkt in Abständen, „zu gewissen Zeiten“. Wasser ist ein materielles Medium, in dem sich die psychische Energie solcher „Engel“ sammeln und dann wieder abstrahlen kann. So ein Vorgang lässt sich auch absichtlich erzeugen, im Großen wie im Kleinen. Es ist beispielsweise möglich, Wasser rituell mit Seelenkräften zu präparieren, wodurch diese – über das Medium Wasser – noch kräftiger wirken. Aber auch dann bedarf es immer einer Zeit des Aufbaus des Energiepotenzials, und da die Menschen, die es speisen, nicht über unerschöpfliche Vorräte an seelischer Energie verfügen, ist seine Wirksamkeit zeitlich begrenzt. Es ergibt sich eine Periodik der Wirkungen.

Der Teich mit den fünf Säulenhallen am Jerusalemer Schaftor scheint eine Einrichtung gewesen zu sein, durch die sich solche psychischen Energieströme, möglicherweise absichtlich durch eine Priesterschaft erzeugt, periodisch entluden. Es war eine der Epoche der irdischen Ich-Entwicklung angehörende Institution, deren Kräfte der alttestamentarischen Religion, der Hingabe und Treue gegenüber dem Gesetz, entsprangen. Vielleicht entsprachen die fünf Hallen den fünf Büchern Mose als den wichtigsten Dokumenten der jüdischen Gesetzesreligion. Vielleicht ist die Zahl Fünf in dieser Erzählung auch Ausdruck der Tatsache, dass Jahwe den fünften Aspekt des siebenfachen Menschen, von unten gezählt, vertritt, den Aspekt des Bewusstseins, speziell des Ich-Bewusstseins. Um diesen Aspekt geht es ja in der Erzählung.

Im Vergleich zum Einzelnen in einer Gruppe hat es ein isolierter Einzelner schwer, mit einer solchen Energiekonzentration, einem „Engel“, Kontakt aufzunehmen. Wenn gläubige Verwandte und Freunde einen Kranken in das „Engel“-Energiefeld bringen, verstärken sie durch ihre eigene Inbrunst und Hingabe die Sehnsucht des Kranken und verschaffen ihm dadurch einen Vorteil. Er kommt leichter und eher in den Genuss des kollektiven Energiepotenzials. Daher ist der Gelähmte dieser Erzählung, der allein ist, im Nachteil gegenüber den anderen, die eher und leichter von der kollektiven Energie profitieren. Und da diese immer schnell erschöpft ist, bleibt er krank.

Aber die Geschichte illustriert, dass eine neue Zeit angebrochen ist. Die Aktivierung eines spirituellen Bewusstseins, das durch irdische Kräfte gelähmt ist, braucht jetzt nicht mehr durch höhere irdische Kräfte, einen „Engel“, zu erfolgen. Sie erfolgt durch göttliche Bewusstseinskräfte, durch das Licht selbst. Und diese göttlichen Kräfte sind unerschöpflich, an keine Perioden gebunden und für alle, nicht nur für einige wenige da. Sie wirken außerdem nicht so, dass sich manche ihnen gegenüber durch geschicktes Verhalten oder besondere Umstände einen Vorteil verschaffen können. Jeder, der wahrlich will, jeder, in dem sich das Geistprinzip, die Anlage zum spirituellen Menschen, in Sehnsucht und Bereitschaft für die göttlichen Kräfte öffnet, kann durch diese Kräfte des dritten Aspektes der Matrix von oben her berührt werden. So kann der Mensch auf dem spirituellen Weg sein Licht-Bewusstsein, sein wahres Selbst, entfalten. Er kann aufstehen, sein „Bett“ aufheben und umhergehen.

Das ist kein übersinnliches „Wunder“, sondern eine spirituelle Gesetzmäßigkeit, die allerdings wunderbar genug ist und den, der gesund geworden ist, mit großer Dankbarkeit erfüllt. Er nimmt die Welt fortan mit einem unbegrenzten, von „Wort“ und „Leben“ durchströmten Selbst-Bewusstsein wie von innen her wahr, statt sich, wie bisher, mit einem Ich-Bewusstsein von ihr abgrenzen und sie als äußeres Objekt wahrnehmen zu müssen. Die Möglichkeit eines solchen Selbst-Bewusstseins ist seitdem für die ganze Menschheit gegeben. Die dritte Hülle der spirituellen Matrix umgibt als Kraftfeld die Menschheit, und jeder dafür empfängliche Mensch kann die davon ausgehende Aufforderung: „Steh auf, hebe dein Bett auf und geh umher!“ spüren.

Prüfung der Heilung

5, 9 *Es war aber Sabbat an jenem Tag.* ***10*** *Die Juden sagten nun zu dem Geheilten: Es ist Sabbat, und es ist dir nicht erlaubt, das Bett aufzuheben.* ***11*** *Er aber antwortete ihnen: Der mich gesund gemacht hat, der sprach zu mir: Hebe dein Bett auf und geh umher.* ***12*** *Sie fragten ihn: Wer ist der Mensch, der zu dir gesprochen hat: Hebe es auf und geh umher?* ***13*** *Der Geheilte aber wusste nicht, wer es war; denn Jesus hatte sich hinwegbegeben, während eine Volksmenge an dem Ort war.*

14 *Danach fand ihn Jesus im Tempel und sprach zu ihm: Siehe, du bist gesund geworden; sündige nicht mehr, damit dir nicht etwas Schlimmeres widerfährt!* ***15*** *Der Mensch ging weg und sagte den Juden, es sei Jesus, der ihn gesund gemacht habe.* ***16*** *Und deshalb verfolgten die Juden Jesus, weil er dies an einem Sabbat getan hatte.*

17 *Er aber begann und sprach zu ihnen: Mein Vater wirkt bis jetzt, und ich wirke auch.* ***18*** *Deshalb nun suchten die Juden noch mehr, ihn zu töten, weil er nicht nur den Sabbat gebrochen, sondern auch Gott seinen Vater genannt und sich selbst Gott gleichgemacht hatte.*

Mit der Entwicklung eines außengeleiteten Ich-Bewusstseins hängt der „Sabbat“ zusammen, mit einer neuen Einstellung zum „Sabbat“ die Entwicklung des spirituellen Selbst. Folgerichtig verknüpft daher der Evangelist die Heilung des Gelähmten mit einer Diskussion über den Sabbat. Alle Gesetze der jüdischen Religion hatten zum Ziel, ein ethisches Ich-Bewusstsein zu entwickeln, und Jahwe, der „Ich-bin-der-ich-bin“, ist das Prinzip dieses Ich-Bewusstseins. Der Sabbat ist die Essenz und Zusammenfassung der mosaischen Gesetze. Sie alle münden in die Forderung, den Sabbat zu halten, das heißt, die Gesetze zu halten, die der „Heiligung" des Menschen, seiner Ausrichtung auf Jahwe und damit der Entwicklung eines Ich-Bewusstseins dienen.

Kranke durften am Sabbat nicht geheilt werden. Denn ärztliche Tätigkeit stand ebenfalls der inneren Ausrichtung auf den „Ich-bin-der-ich-bin" im Weg. Nicht einmal große Gegenstände wie ein Bett durften umhergetragen werden. Wenn daher Jesus am Sabbat heilt und den Geheilten veranlasst, sein „Bett" aufzuheben, so bedeutet das, dass er die Gesetze des Alten Testaments in einer neuen, auf „Wort" und „Leben" abgestimmten Freiheit durchbricht. Er setzt die innerlich erlebte Ordnung des „Wortes" und des „Lebens" an Stelle der äußeren Ordnung, die zwar auch aus „Wort" und „Leben" hervorgegangen ist, aber noch im Dienst der Vorbereitung auf die Erfüllung in Selbstständigkeit und Freiheit stand.

Denn im Entwicklungsgang der Menschheit ist der Aufbau eines irdischen Ich-Bewusstseins notwendig, als Vorbereitung auf den Tag der Erfüllung, an dem ein gereiftes, spirituelles Selbst im Menschen auftreten kann. Diesem Aufbau eines Ich-Bewusstseins entspricht die Tätigkeit der Propheten im Alten Testament. Der jüdische Sabbat als Zusammenfassung aller ethischen Gesetze ermöglicht den Aufbau.

Das aus den irdischen Kräften der Finsterniswelt aufgebaute ethische Ich ist jedoch nur der Vorläufer des wahren Selbst. Der Aufbau eines solchen Ich ist kein Selbstzweck. Genau das erkennt Johannes der Täufer, wenn er von Jesus sagt: Er muss wachsen, ich aber muss abnehmen. Doch viele Menschen sind zu dieser Einsicht nicht fähig oder bereit und betrachten ihr Ich als Selbstzweck und Ende der Entwicklung. Wenn dann der Zeitpunkt kommt, dass das wahre Selbst reif genug ist, um an die Stelle des Ich zu treten, hält sich das Ich voller Stolz auf seine Errungenschaften mit aller Gewalt instand und protestiert gegen die Entfaltung des wahren Selbst. Damit lähmt es das wahre Selbst.

Diesen Zustand der Selbstgerechtigkeit und Verabsolutierung des ethischen Ich verkörpern die geistlichen Führer, die „Juden". Sie wollen den Geheilten auf die äußere Ordnung des Gesetzes, symbolisiert durch den Sabbat, verpflichten. Am Sabbat ist es „dir nicht erlaubt, das Bett aufzuheben". Für sie ist der Mensch für den Sabbat da, nicht der Sabbat für den Menschen. Für das Ich ist das göttliche Gesetz äußere Stütze und Gegenstand der Verehrung, während das wahre Selbst das göttliche Gesetz im Innern als seine eigene Struktur erlebt und verwirklicht.

Der Geheilte hat den spirituellen Impuls der inneren Freiheit und Selbstständigkeit des wahren Selbst erlebt. So gebieterisch ist dieser Impuls, dass er nicht anders kann, als die Abhängigkeit vom äußeren Gesetz preiszugeben. In dieser Neuorientierung auf die innere Ordnung beruft er sich auf sein unwidersprechliches inneres Erleben. Es hat ihn „gesund gemacht", von der Lähmung befreit und für spirituelle Erfahrungen geöffnet. Es hat ihm befohlen: „Hebe dein Bett auf und gehe umher!" Wie könnte er sich seine Lebensorientierung wieder von außen vorschreiben lassen?

Wie immer im Johannesevangelium interessieren sich die geistlichen Führer auch für die Ursache der Wirkungen, die von Jesus ausgehen. Sie wollen wissen, prüfen, ergründen, und wenn das Erkundete mit ihrer Tradition nicht übereinstimmt, ablehnen. Aber der Geheilte kann ihnen keine Auskunft geben. Noch weiß er nicht, welche Ursache hinter der Wirkung der Heilung steht. Wodurch ist die innere Erfahrung der Freiheit und Selbstständigkeit verursacht worden? Die Umstände der Heilung waren so chaotisch, dass er keine Möglichkeit hatte, diese Ursache zu sehen und zu erkennen. Der Heilvorgang war inmitten einer „Volksmenge" geschehen, inmitten zahlreicher ablenkender Einflüsse und Eindrücke.

Es ist leicht nachvollziehbar, dass ein Mensch, in dem ein neuer seelischer Impuls von größter Tragweite durchbricht, doch noch von all seinen bisherigen Gewohnheiten und Interessen umstellt ist, was ihn daran hindert, das Wesen dieses Impulses klar ins Auge zu fassen. Deshalb kann der Geheilte auf die Frage der geistlichen Führer, wer seine Heilung verursacht hat, nicht antworten.

Doch im Tempel, am Ort der Begegnung des Menschen mit Gott, kann er sich Rechenschaft über die Ursache seiner Heilung ablegen. Hier verfügt er über die Ruhe und Klarheit, die zur Selbsterforschung notwendig sind. Und hier wird ihm die Art des Impulses deutlich, der ihn zur Freiheit und Selbstständigkeit und zur Aufhebung der Lähmung geführt hat – es ist Jesus, der spirituelle Mensch, das Prinzip, das als seine Lebensbestimmung in ihm selbst wirkt. Jetzt enthüllt sich ihm im Licht dieses Impulses auch die ganze Verkettung der Umstände, die zu seiner Lähmung geführt haben. Er hatte „gesündigt". Wie die Zahl 38 gezeigt hat, bestand seine „Sünde" im Protest gegen Gott, der ihn ins Gelobte Land führen wollte. Aus Angst vor der neuen, unbekannten Situation, die dort auf ihn wartete, hatte er gegen seine spirituelle Bestimmung protestiert – und sich dadurch von ihr, von Gott, „gesondert". Das war seine „Sünde": die Absonderung von Gott. Diesen Sachverhalt erkennt der Geheilte jetzt, ebenso, dass seine Lähmung eine Folge dieser Absonderung war und dass er in Zukunft darauf achten muss, niemals mehr aus Angst vor der Freiheit eine solche Trennung von seiner spirituellen Bestimmung eintreten zu lassen. Falls er es doch tut, werden die Folgen noch gravierender sein.

Der Geheilte hat die Quelle seiner Heilung erkannt: Jesus, Verkörperung des „Lichtes", das aus „Wort" und „Leben" entstanden ist. Der einzige „Sohn Gottes", das göttliche „Licht", hat einen Strahl dieses Lichtes, das wahre Selbst, einen einzelnen „Sohn Gottes", zum Leben erweckt. Der ehemals Gelähmte kann jetzt den geistlichen Führern die Quelle seiner Heilung bezeichnen.

Aber die geistlichen Führer klammern sich an die Epoche der Vorbereitung, an das Gesetz, weil sie sich Rechtfertigung vor Gott von diesem Gesetz erwarten und weil ihr ganzes Leben auf dieses Gesetz – konzentriert im „Sabbat" – orientiert ist. Sie müssen denjenigen, der innere Freiheit, die Epoche der Erfüllung, bringt und nach dem inneren Gesetz, dem „Wort" und dem „Leben", handelt, verfolgen. Die Herausforderung, die ein solches freies Handeln für ihr Leben nach starren Richtlinien bedeutet, ist zu groß. In Wirklichkeit sind jetzt sie die „Gelähmten". Ihre Angst vor dem Eintritt in die Freiheit und der Protest gegen diese innerlich vor ihnen stehende Aufgabe führt zur Lähmung ihrer spirituellen Möglichkeiten. Sie jedoch wollen, anders als der Gelähmte, nicht geheilt werden. Sie erkennen ihre Krankheit gar nicht als solche. Sie verfolgen vielmehr den, der sie heilen könnte und wollte.

Sie verfolgen ihn umso mehr, als er die Art seines Handelns, die innere Freiheit gegenüber dem äußeren Gesetz, noch auf eine Weise erklärt, die ihr Verständnis weit übersteigt. Er erklärt sie aus der Art seines Seins. Sein Sein unterscheidet sich total von dem ihren. Er ist aus Gott geboren, ja von Gott erleuchtet und damit zum „Sohn Gottes" geworden, während sie aus dem Blut, dem Mannes- und dem Fleischeswillen geboren sind und trotz großer ethischer Fortschritte der Welt der Finsternis angehören. Wie könnten sie, ohne Empfänglichkeit und Bereitschaft für Impulse aus der göttlichen Welt, erkennen, wo und in wem diese Impulse wirken! Wie könnten sie akzeptieren, dass ein Mensch sich „Sohn Gottes" nennt! Sie begreifen nicht, dass Jesus sich nicht als aus der Finsternis geborener irdischer Mensch Sohn Gottes nennt, sondern als aus Wasser und Geist, von oben her, Geborener. Würde sich ein irdischer Mensch „Sohn Gottes" nennen, so wäre das in der Tat eine Blasphemie, und die geistlichen Führer würden ihn zu Recht zur Rechenschaft ziehen.

Aber sie haben die Empfänglichkeit für das Wissen verloren, dass es eine Geburt des spirituellen Menschen aus „Wasser" und „Geist" gibt und dass ein erleuchteter Mensch wirklich ein „Sohn Gottes" ist, eins mit dem Vater. Für sie ist ein solcher „Sohn Gottes" immer ein Usurpator, der „sich selbst Gott gleich macht". Der irdische Mensch, der sich „Sohn Gottes" nennt, wäre tatsächlich ein solcher Usurpator, nicht jedoch der spirituelle Mensch, der aus Wasser und Geist geboren und erleuchtet ist.

Auch diese „Wundergeschichte" von der Heilung des Gelähmten ist ein Bild für einen Vorgang, der sich im Seelenraum der gesamten Menschheit ereignet. Jesus, der vollkommene spirituelle Mensch, offenbart den dritten Aspekt dieses Menschen, von oben gezählt, im geistig-seelischen Organismus der Menschheit: sein eigenes wahres Selbst. Er projiziert es in den Organismus der Menschheit und schafft so die dritte Hülle der spirituellen Matrix. Er ermöglicht der Menschheit, aus dem Zustand der Lähmung ihres wahren Selbst „aufzustehen".

Es sieht auf den ersten Blick so aus, als reagierten die geistlichen Führer als reale, physisch sichtbare Personen auf dieses „Wunder". Man könnte daraus den Schluss ziehen, das „Wunder" vollziehe sich doch auf der physischen Ebene und sei ein mit sinnlichen Augen wahrnehmbares übernatürliches Ereignis.

Es ist aber gerade umgekehrt: Auch die geistlichen Führer sind für den Evangelisten Realitäten auf der geistig-seelischen Ebene. Er bewegt sich *stets* auf dieser Ebene und beschreibt geistig-seelische Zusammenhänge mit Bildern und Personen aus der sinnlichen Welt. Er stellt dar, wie eine geistig-seelische Realität, das dogmatische Ich-Bewusstsein – verkörpert in den geistlichen Führern – auf eine andere geistig-seelische Realität: die Erweckung des wahren Selbst in der Menschheit durch den vollkommenen spirituellen Menschen, reagiert.

Die Eigenschaften des spirituellen Bewusstseins

5, 19 *Jesus antwortete nun und sprach zu ihnen: Wahrlich, wahrlich, ich sage euch: Der Sohn kann nichts von sich aus tun, er sehe denn den Vater etwas tun; denn was jener tut, das tut ebenso auch der Sohn.* ***20*** *Denn der Vater liebt den Sohn und zeigt ihm alles, was er selbst tut; und er wird ihm noch größere Werke zeigen als diese, damit ihr euch verwundert.* ***21*** *Denn wie der Vater die Toten auferweckt und le-*

bendig macht, so macht auch der Sohn lebendig, welche er will. ***22*** *Denn auch das Gericht übt der Vater über niemand aus, sondern er hat das Gericht ganz dem Sohn übergeben,* ***23*** *damit alle den Sohn ehren, wie sie den Vater ehren. Wer den Sohn nicht ehrt, der ehrt den Vater nicht, der ihn gesandt hat.* ***24*** *Wahrlich, wahrlich, ich sage euch. Wer mein Wort hört und dem glaubt, der mich gesandt hat, der hat ewiges Leben, und in ein Gericht kommt er nicht, sondern er ist aus dem Tod ins Leben hinübergegangen.* ***25*** *Wahrlich, wahrlich, ich sage euch: Die Stunde kommt und ist jetzt da, wo die Toten die Stimme des Sohnes Gottes hören werden, und die, welche sie hören, werden leben.* ***26*** *Denn wie der Vater in sich selbst das Leben hat, so hat er auch dem Sohn verliehen, in sich selbst das Leben zu haben.* ***27*** *Und er hat ihm Vollmacht gegeben, Gericht zu halten, weil er der Sohn des Menschen ist.* ***28*** *Verwundert euch darüber nicht! Denn die Stunde kommt, in welcher alle, die in den Gräbern sind, seine Stimme hören* ***29*** *und hervorgehen werden, die das Gute getan haben, zur Auferstehung für das Leben, die das Böse verübt haben, zur Auferstehung für das Gericht.* ***30*** *Ich kann nichts von mir aus tun. Wie ich höre, so richte ich, und mein Gericht ist gerecht; denn ich suche nicht meinen Willen, sondern den Willen dessen, der mich gesandt hat.*

Erleuchtete Menschen – „Söhne Gottes“ – haben im Lauf der Weltgeschichte immer wieder vom Zustand der Erleuchtung berichtet und versucht, ihn so gut wie möglich zu beschreiben. Umso bedeutsamer ist es, dass nun auch Jesus, der vollkommenste der „Söhne Gottes“, eine solche Beschreibung gibt. Auf jeden „Sohn Gottes“ trifft diese Beschreibung zu, und da jeder Mensch, als spirituelles Wesen, zum „Sohn Gottes“ berufen ist, nachdem er aus Wasser und Geist, „von oben her“, wiedergeboren ist, kann jeder diesen künftigen Zustand, mag er für ihn auch noch in weiter Ferne liegen, ahnend nachvollziehen. Was hätte es sonst für einen Sinn, dass Jesus seinen spirituellen Zustand und dessen Eigenschaften beschreibt? Er würde ja die Kluft zwischen sich und seinen Nachfolgern nur um so größer machen, wenn diese nie in der Lage wären, ähnliche Eigenschaften zu entwickeln.

Es geht hier um die Beschreibung eines Zustandes, der der dritten Hülle der von oben herab gebauten Matrix entspricht: „Wort“ und „Leben“, die beiden ersten Aspekte der göttlichen Welt und des vollkommenen spirituellen Menschen, sind zum „Sohn“, zum „Licht“, zum erleuchteten Bewusstsein geworden. Das Verhältnis des „Sohnes“ zum „Vater“ ist das des erleuchteten Bewusstseins zum „Wort“, von dem es erleuchtet ist, und, so ist zu ergänzen, zum „Leben“, von dem es Kraft erhält.

Ein Mensch mit einem derart erleuchteten Bewusstsein wirkt erstens aus „Wort“ und „Leben“. Er kann und wird nur das tun, was er den Vater tun sieht, ja er wird überhaupt nicht tätig werden, „er sehe denn den Vater etwas tun“. Nur wenn ihm bewusst wird – nur wenn er „sieht“ –, was der Vater tut, wird er handeln, und er wird nur die Impulse verwirklichen, die er bewusst vom Vater ausgehen „sieht“: „er sehe denn den Vater etwas tun“. „Von sich aus“ kann und wird er nichts tun, ist er doch eins mit „Wort“ und „Leben“ geworden. Sein Handeln stimmt völlig mit „Wort“ und „Leben“, mit dem göttlichen Urgesetz und der göttlichen Urenergie, überein. Die Struktur seines Bewusstseins ist von „Wort“ und „Leben“ geprägt, also ist es auch die Struktur seines Handelns.

Dies ist die erste wesentliche Eigenschaft jedes spirituellen Menschen. Er tut nichts von sich aus. Er verfolgt keine Zwecke, sondern vollzieht die Gesetze und Kräfte der göttlichen Welt mit. Er verwirklicht keine von der göttlichen Ordnung abweichenden eigenen Vorstellungen und Wünsche. Seine Gedanken und Empfindungen sind zwar auch seine eigenen. Doch sind sie identisch mit den Gesetzen und Kräften der göttlichen Welt.

„Der Vater liebt, zweitens, den Sohn". Er hat den „Sohn" erzeugt, weil er wirken und alles, was er hat und ist, unaufhörlich weitergeben will. Das ist seine „Liebe". Die Grundordnung der Welt – der „Vater" – ist schöpferisch und projiziert sich fortwährend in „Werken" nach außen, wie sich ein Künstler in Werken projiziert, in ihnen fortlebt und ihnen seine Eigenschaften mitteilt. Der „Sohn" ist ein ununterbrochen hervorgebrachtes Werk des „Vaters". Der „Vater" fördert und entwickelt dieses Werk, er ist das dynamische Entwicklungsgesetz im „Sohn", das dessen Entwicklung vorantreibt und immer neue „väterliche" Eigenschaften in ihm und durch ihn offenbart. Die ganze Schöpfung ist ein solches Werk des „Vaters" mit dem Ziel, dass ihr der „Vater" bewusst werde. Im erleuchteten Menschen ist dieses Ziel erreicht. In ihm wird sich der „Sohn" des „Vaters" bewusst. Und aus dem göttlichen Urgesetz und der göttlichen Urenergie strömen ununterbrochen Impulse und Kräfte ins erleuchtete Bewusstsein ein. Der „Sohn" erkennt sie – der Vater „zeigt ihm alles, was er selbst tut" – und führt sie aus.

Er erkennt sie schrittweise. Denn das „Wort", die das All erzeugenden und durchziehenden göttlichen „Gedanken" als Urkeime alles Werdens, manifestiert sich dem erleuchteten Bewusstsein immer nach dessen Fassungkraft. Wenn das erleuchtete Bewusstsein durch bestimmte Impulse und Kräfte Gottes eine bestimmte Struktur erhalten hat, kann es diese Impulse und Kräfte erkennen – Gott „zeigt" dem „Sohn" bestimmte seiner Eigenschaften und Werke – und kann mit ihnen mitwirken. Damit ist wieder die Möglichkeit für eine neue, höhere Stufe geschaffen. Das erleuchtete Bewusstsein erhält durch neue Impulse und Kräfte Gottes eine umfassendere Struktur, erkennt diese neuen Eigenschaften und Werke Gottes und wirkt mit ihnen mit. So enthüllen sich dem „Sohn" immer größere – tiefere oder höhere, das hängt von der Perspektive ab – Eigenschaften und Werke Gottes, Strukturen der Natur und des Geistes, Entwicklungsgesetze des Alls und der Menschheit. Er kann sie, diese „größeren Werke" Gottes, mitvollziehen, „damit ihr euch verwundert" ob dieser unerschöpflichen Fülle der aus Gott hervorgehenden Strukturen und Eigenschaften.

Jeder spirituelle Mensch wird so „vom Vater geliebt", empfängt unaufhörlich dessen Kräfte und Eigenschaften, bis sie ihm bewusst werden, und entwickelt sich, mit diesen Kräften mitwirkend, zum immer vollkommeneren Ebenbild des Vaters. Dies ist die zweite wesentliche Eigenschaft jedes spirituellen Menschen. Der irdische Mensch dagegen schließt sich vom „Vater" ab – das ist gerade seine irdische Finsternis, dass er sich vom Licht abschneidet –, so dass die Anlage zum spirituellen Bewusstsein in ihm immer mehr verkümmert, mag er auch alles daransetzen, sich und die Welt in unaufhörlichem Fortschritt weiterzuentwickeln.

Eine der größten Eigenschaften Gottes ist, drittens, die Unsterblichkeit. Sein Wesen, seine Ordnung, seine Struktur, sein „Wort" – alles ein und dasselbe – ist ewig und veranlasst die Welt zu ewigem Werden in dem Maß, wie sich die Aspekte dieses

„Wortes“: Gottes „Gedanken“ und „Eigenschaften“, enthüllen und wirksam werden. Mit diesem unsterblichen Leben wirkt Gott im Menschen und in der Welt und erweckt alles, was sich von ihm getrennt hat und daher zunehmend verkümmert, zu neuem Leben. Das spirituelle Prinzip im Menschen, von der Finsternis der vergänglichen Welt umhüllt und kraftlos geworden, ist wie ein Toter, der, von den Kräften des unsterblichen Lebens berührt, „auferweckt und lebendig“ wird. Unmittelbar dem Tod unterworfen ist zudem die ganze aus der irdischen Welt, der Finsternis, geborene irdische Persönlichkeit: Körper, Lebenskraft, Empfindung, Denken und Ich-Bewusstsein. Doch auch die Persönlichkeit des Menschen kann „auferweckt und lebendig“ werden, wenn sie aus dem lebendig werdenden spirituellen Prinzip neu aufgebaut wird. Dann nämlich lebt sie aus unvergänglichen Kräften und im Einklang mit ewigen Gesetzen, während sie jetzt aus der vergänglichen Natur und vergänglichen Kräften lebt.

So wie das „Wort“, der „Vater“, die Toten „auferweckt und lebendig macht“, so tut es auch der „Sohn“: das mit dem „Vater“ zusammenarbeitende und von ihm erfüllte Bewusstsein. Von jedem erleuchteten spirituellen Menschen – das ist seine dritte wesentliche Eigenschaft – strahlen Kräfte und eine Ordnung aus, die mit „Leben“ und „Wort“ des Vaters übereinstimmen. Sie können in anderen Menschen das spirituelle Prinzip, den „Toten“, wecken und beim Aufbau einer neuen, unsterblichen Persönlichkeit mitwirken. So macht der „Sohn“ lebendig, „welche er will“: Das von „Wort“ und „Leben“ erleuchtete Bewusstsein ist frei, aus „Wort“ und „Leben“ zu wirken.

Freiheit ist ebenfalls eine Eigenschaft Gottes. Der „Sohn“ besitzt sie in gleicher Weise wie der „Vater“. Der „Vater“ hat dem „Sohn“ überlassen zu wirken, wie er, der „Sohn“, will. Diese Freiheit des „Sohnes“ ist keine Willkür, schließt im Gegenteil jede Willkür aus. Freiheit eines Wesens ist seine Möglichkeit, übereinstimmend mit sich selbst zu sein und zu handeln. Die Freiheit des „Vaters“ ist somit der Vollzug seines eigenen Wesens, der unverrückbaren göttlichen Ordnung. Der „Sohn“ aber lebt ebenfalls aus dieser unverrückbaren Ordnung, dem „Wort“, sie ist sein Wesen. Indem er sie vollzieht, ist er frei, da er in Übereinstimmung mit seinem Wesen handelt. In Freiheit vollzieht er „Wort“ und „Leben“, göttliches Gesetz und göttliche Kraft, ja, dieser Vollzug *ist* seine Freiheit. Keine davon abweichenden Vorstellungen und Wünsche können sich einschleichen und Willkür verursachen. So tut der „Sohn“ in Freiheit immer das, was er will, und tut damit doch das, was der „Vater“ will. Denn auch er ist „Wort“ und „Leben“.

Ebenso wenig kann der „Sohn“ willkürlich handeln, indem er den einen vor dem andern bevorzugt. Er macht zwar lebendig, „welche er will“. Aber sein Wille besteht darin, all jene lebendig zu machen, die für das Leben empfänglich sind und das „Licht annehmen“. Er vollzieht eine Gesetzmäßigkeit, er reagiert auf alle, die ihm entgegenkommen, und macht keine willkürlichen Ausnahmen. Das ist sein Wille, das ist zugleich der Wille des „Vaters“. Jeder spirituelle Mensch, der bewusst sein wahres Selbst entfaltet, verfügt ebenfalls über diese Freiheit als vierte wesentliche Eigenschaft.

So wie der erleuchtete Mensch frei ist, das unvergängliche Leben allen zu geben, die dafür empfänglich sind – er hat diese Freiheit, weil er in Gott und dessen Freiheit lebt –, so ist er auch frei, zu richten, welche er will. Aber das von ihm ausgehende Gericht besteht nur darin, dass alle, die ihn, das Licht, die spirituelle Lebensmöglichkeit nicht annehmen, sich selbst von ihr ausschließen und damit von der Erfüllung ihrer eigenen Bestimmung ausschließen. Sie verurteilen sich selbst zu einem unfruchtbaren, sinnlosen, dem Tod unterworfenen Leben. Der erleuchtete Mensch, der „Sohn", ist der Maßstab, an dem sich Gelingen oder Misslingen eines Lebens entscheiden. Er verkörpert einen Maßstab, den Gott selbst verkörpert. In ihm ist dieser Maßstab Gottes bewusst geworden. Der erleuchtete Mensch hat von Gott, dessen „Sohn" er ist, diese Maßstabfunktion erhalten: Gott übergibt dem „Sohn" das Gericht. Das Wesen des erleuchteten Menschen ist dieser Maßstab, der in der Welt auf andere Menschen wirkt.

Wer diesen Maßstab des wahren Menschen akzeptiert, ehrt sowohl den erleuchteten Menschen als auch Gott, die beide diesen Maßstab verkörpern. Wer den erleuchteten Menschen als Maßstab für ein sinnvolles menschliches Leben nicht ehrt, indem er ihn als seinen Lebensmaßstab anerkennt, der ehrt auch Gott nicht, von dem der erleuchtete Mensch „Wort" und „Leben" und damit den Maßstab für Gelingen oder Misslingen eines Lebens erhalten hat.

Im „Sohn", dem erleuchteten Menschen, ist das Wesen des Vaters, das der Maßstab für Wert und Unwert alles Lebens ist, bewusst geworden. Der „Sohn" ist dieses Bewusstsein und wirkt aus diesem „Licht" für die Menschen. Er verkörpert das Wesen des „Vaters" vor den Augen der Menschen, er erklärt es ihrem Verstand und berührt damit ihr Herz. Wer sich dieser Erklärung und dieser Berührung öffnet, wie sich Nikodemus und die Samariterin ihr geöffnet haben, der glaubt dem, „der mich gesandt hat": der öffnet sich, von den Wirkungen getroffen, der Ursache dieser Wirkungen. Und diese Ursache ist das ewige Leben, die unerschöpfliche Kraft und das unveränderliche Gesetz Gottes, das dem sich Öffnenden zuteil wird. Dadurch löst er sich von der Gesetzmäßigkeit und den Kräften des irdischen Lebens, die ihn bisher bestimmt hatten. Sie hatten zur Verkümmerung, ja, zum „Tod" seines spirituellen Prinzips geführt, und sie werden auch seine irdische Persönlichkeit zur Auflösung im Tod führen.

Löst er sich von diesen irdischen Kräften und Gesetzen, so verlässt er die Sphäre des Todes und geht ins Leben ein. Dann kann sein wie tot gewordenes spirituelles Prinzip inmitten unerschöpflicher göttlicher Energien, dem „lebendigen Wasser", und im unveränderlichen Gesetz Gottes, dem „Geist" oder „Wort", von neuem geboren und lebendig werden und eine neue Persönlichkeit aufbauen, die nicht mehr dem Tod unterworfen ist.

Der Augenblick, in dem dieser Wechsel von einer Dimension zur anderen vollzogen werden kann, ist jederzeit. „Die Stunde kommt und ist jetzt da." *Jetzt* können sich die „Seinen" dem Ruf aus dem eigenen Innern öffnen, der identisch mit der Stimme jedes erleuchteten Menschen, jedes „Sohnes Gottes", ist. Wer sich öffnet, dessen Geistprinzip wird lebendig und dessen Persönlichkeit wird völlig neu und auf das ewige Leben abgestimmt werden. *Jetzt* ist diese Möglichkeit gegeben. Die Reaktion auf die Wirkung der spirituellen Welt in und außerhalb des Menschen muss *jetzt* erfolgen. Die Auferweckung geschieht nicht etwa an irgendeinem fernen Tag am Ende der Zeiten, und sie geschieht auch nicht ohne Zutun des Menschen wie durch ein Wunder.

Sie bezieht sich außerdem auf den spirituellen, nicht den irdischen Menschen. Es wird nicht die alte, irdische, aus der Finsternis geborene Persönlichkeit auferweckt, die sterblich ist und bleibt, sondern das wahre Selbst. Aus ihm kann dann eine neue, aus dem Licht geborene Persönlichkeit entwickelt werden, die unsterblich ist. Der erleuchtete Mensch, in dem der „Vater" bewusst geworden ist, hat in sich selbst „Wort" und „Leben". Er ist jedes auferweckte, lebendig gewordene wahre Selbst mit einer unsterblichen, neuen Persönlichkeit. Er kann andere Menschen zu einem Weg rufen, auf dem sie ebenfalls, als wahres Selbst und neue Persönlichkeit, lebendig werden. Das ist die Wirkung des „Vaters" im „Sohn". Dazu hat Gott den Menschen als sein Ebenbild geschaffen, damit er dem „Vater" gleich werde und wie der „Vater" Leben schenken und Gericht halten könne – als Maßstab für Misslingen und Gelingen des menschlichen Lebens.

Niemand wundere sich darüber, sagt Jesus. Es handelt sich um gesetzmäßige Vorgänge. Wenn in einem Menschen „Wort" und „Leben" bewusst werden, dann gehen von ihm Wirkungen aus, die alle, „die in den Gräbern sind", erreichen. Mit denen, „die in den Gräbern" sind, sind nicht etwa die Verstorbenen gemeint. Es sind die lebenden Menschen, welche sich inmitten der Kräfte und Gesetze der vergänglichen Welt wie in einem Grab befinden: spirituell tot, als Persönlichkeiten unfruchtbar. Wer sich der neuen Lebensmöglichkeit geöffnet und sich darauf vorbereitet hat – „die das Gute getan haben" –, der wird von „Wort" und „Leben" des erleuchteten Menschen berührt werden können und zum Leben auferstehen. Wer sich der neuen Lebensmöglichkeit verschlossen und nicht darauf vorbereitet hat, weil er die Finsternis mehr liebte als das Licht – „die das Böse verübt haben" –, der wird die Korrektur durch das Licht erleben. Er wird zum Gericht auferstehen. Doch ist es immer möglich, dass er durch die Korrekturen des Lebens lernt und sich doch dem Licht zuwendet.

Das „Gericht ist gerecht", weil es nicht von den Maßstäben des irdischen Menschen ausgeht. Es geht vom Wesen eines erleuchteten Menschen aus, der eins mit dem „Vater" ist. Der Maßstab eines solchen Menschen ist der Maßstab Gottes. Ein „Sohn Gottes" tut nichts Egozentrisches, sucht nicht seinen Willen, sondern tut den Willen des „Vaters". Er vollzieht, ohne egoistische Wünsche und Vorstellungen dazwischenzuschalten, bewusst das Gesetz und die Kräfte der göttlichen Welt, „Wort" und „Leben", und ist damit freies und bewusstes Organ der Entwicklungsgesetze und -kräfte, die Welt und Menschheit ihrer Bestimmung entgegendrängen. Diese Kräfte und Gesetze sind es, die im Sinn einer neuen „Ausrichtung" alles, was dieser Bestimmung zuwiderläuft, „richten", so dass schließlich alle Menschen zu Kindern Gottes, zu Söhnen Gottes im Sinn des Prologs werden.

Jesus hat nun, vom „Himmel" zur Erde, vom „Licht" in die „Finsternis" hinuntersteigend, die drei ersten Hüllen der siebenfachen Matrix des vollkommenen spirituellen Menschen erbaut. Sie entsprechen den drei Aspekten der göttlichen Welt: Vater, heiliger Geist und Sohn, „Wort", „Leben" und „Licht", Information, Energie und Bewusstsein. Sie entsprechen übrigens auch den drei ersten Bitten des Vaterunsers, das der Verfasser des Johannesevangeliums nicht ausdrücklich vorstellt, das sich aber aus den sieben Hüllen der Matrix, die Jesus von oben her errichtet, ergibt.

„Dein Name werde geheiligt“, die erste Bitte, bezieht sich auf das „Wort“, die göttliche Information. Es ist der göttliche „Name“, der allem zu Grunde liegt und überall zur Geltung kommen – „geheiligt“ werden – soll. Die zweite Bitte, „dein Reich komme“, bezieht sich auf das göttliche „Leben“, die Energie, die überall erfahrbar werden soll. Und die dritte, „dein Wille geschehe“, auf das göttliche „Licht“-Bewusstsein, das im erleuchteten Menschen entflammt werden und ihn befähigen soll, bewusst und willentlich die Information und Energie Gottes zu verwirklichen.

Wenn Jesus im Folgenden die vier weiteren Hüllen der spirituellen Matrix errichtet, die sich auf Denken, Fühlen, Lebenskraft und Handeln des Menschen beziehen, so handelt es sich um die Verankerung von vier Fähigkeiten oder Eigenschaften des vollkommenen spirituellen Menschen, der aus Wasser und Geist, „Leben“ und „Wort“ geboren ist, in der Welt der Finsternis. Jesus selbst besitzt, neben den voll entfalteten drei „oberen“ Aspekten des spirituellen Menschen, auch die voll entfalteten drei „unteren“ Aspekte, dazu das intuitive Denken, das die oberen und unteren Aspekte verbindet. Ja, er *ist* diese voll entfalteten oberen und unteren Aspekte samt ihrem Verbindungsglied. Er *besteht* aus „Wort“, „Leben“ und „Licht“, den drei oberen Aspekten des siebenfachen spirituellen Menschen, aus Körper, Lebenskraft und Fühlen, seinen drei unteren Aspekten, die bei ihm nicht aus der Finsternis, sondern aus Gott geboren sind, und aus dem intuitiven Denken, das zwischen oben und unten vermittelt. Weil er auch die drei unteren Fähigkeiten oder Eigenschaften des spirituellen Menschen samt dem intuitiven Denken *ist*, kann er sie, von oben herabsteigend, durch sein Denken, Fühlen, Leben und Handeln in der irdischen Welt der Finsternis wie eine Matrix verankern. Die „Seinen“ können dann, auf dem spirituellen Weg von unten hinaufsteigend, in dieser Matrix ebenfalls vier neue spirituelle Fähigkeiten als untere Aspekte ihres spirituellen Menschen aufbauen.

Verankerung eines neuen Denkens in der Menschheit

Intuitives und rationales Denken

5, 31 *Wenn ich über mich selbst zeuge, ist mein Zeugnis nicht wahr.* ***32*** *Ein anderer ist es, der über mich zeugt, und ich weiß, dass das Zeugnis wahr ist, das er über mich ablegt.* ***33*** *Ihr habt zu Johannes gesandt, und er hat für die Wahrheit Zeugnis abgelegt;* ***34*** *ich aber nehme das Zeugnis nicht von einem Menschen an, sondern ich sage dies, damit ihr gerettet werdet.* ***35*** *Jener war die brennende und scheinende Leuchte; ihr aber wolltet euch [nur] eine Zeitlang an ihrem Schein ergötzen.* ***36*** *Das Zeugnis jedoch, das ich habe, ist größer als das des Johannes; denn die Werke,* *die mir der Vater zu vollbringen gegeben hat, eben die Werke, die ich tue, zeugen von mir, dass mich der Vater gesandt hat.* ***37*** *Und der Vater, der mich gesandt hat, er hat von mir gezeugt. Weder seine Stimme habt ihr jemals gehört noch seine Gestalt gesehen,* ***38*** *und sein Wort habt ihr nicht bleibend in euch; denn dem, den jener gesandt hat, glaubt ihr nicht.* ***39*** *Ihr durchforscht die Schriften, weil ihr meint, in ihnen ewiges Leben zu haben; und diese sind es [doch], die von mir zeugen.* ***40*** *Und ihr wollt nicht zu mir kommen, um Leben zu haben.* ***41*** *Ehre nehme ich von Menschen nicht an,* ***42*** *vielmehr habe ich euch erkannt, dass ihr die Liebe zu Gott nicht in euch habt.* ***43*** *Ich bin im Namen meines Vaters gekommen, und ihr nehmt mich nicht an; wenn ein anderer im eignen Namen kommt, den werdet ihr annehmen.* ***44*** *Wie könnt ihr glauben, die ihr Ehre voneinander annehmt, und die Ehre vom alleinigen Gott sucht ihr nicht?* ***45*** *Meint nicht, dass ich euch beim Vater anklagen werde! Es gibt einen, der euch anklagt, Mose, auf den ihr eure Hoffnung gesetzt habt.* ***46*** *Denn wenn ihr Mose glaubtet, würdet ihr mir glauben; denn über mich hat jener geschrieben.* ***47*** *Wenn ihr aber seinen Schriften nicht glaubt, wie werdet ihr meinen Worten glauben?*

Der Abschnitt des Evangeliums, in dem der Verfasser die Verankerung eines neuen Denkens in der Menschheit beschreibt, beginnt mit einer Gegenüberstellung von neuem und altem Denken. Das geschieht im Rahmen einer Ansprache Jesu an die geistlichen Führer und an Hand der Frage, wie ein Mensch erkennen kann, ob ein in der Öffentlichkeit auftretender Lehrer aus göttlichem „Wort“ und „Leben“ wirkt – oder nicht.

Grundsätzlich ist ein solches Erkennen nur mittels eines intuitiven, ebenfalls aus „Wort“ und „Leben“ hervorgehenden Denkens möglich. Doch die „Juden“, die geistlichen Führer, wollen mit ihrem rationalen, aus der „Finsternis“ geborenen Denken eine Antwort finden. Jesus prüft der Reihe nach die Ausgangspunkte dieses Denkens und zeigt, dass sie alle unzulänglich sind.

Um an den spirituellen Menschen „glauben“, das heißt sich für die von ihm verkörperte Lebensmöglichkeit öffnen zu können, muss man zumindest für möglich halten, dass diese Lebensmöglichkeit „wahr“ ist. Es gibt logische Wahrheit im Sinn einer Übereinstimmung von Aussage und Sachverhalt, und existenzielle Wahrheit im Sinn einer Übereinstimmung von spirituellen Lebensgesetzen und darauf bezogener Lebensführung. Der vollkommene spirituelle Mensch lebt aus „Wort“, „Leben“ und „Licht“, der Grundstruktur der Welt. Wer wie er in Übereinstimmung mit dieser Grundstruktur lebt oder wenigstens zu einem solchen Leben hinstrebt, der lebt aus der existenziellen Wahrheit.

Die Frage für den Außenstehenden ist nun, ob Jesus aus dieser existenziellen Wahrheit, in dieser Übereinstimmung mit göttlichem „Wort“, „Leben“ und „Licht“ lebt und ob man daher seine spirituelle Lebensführung als verbindliches Vorbild für die eigene spirituelle Entwicklung ansehen kann. Deshalb prüfen die „Juden“ mit aller Eindringlichkeit, ob Jesus aus der Wahrheit ist oder nicht. Aber wie lässt sich so etwas prüfen? Doch nur dadurch, dass einer selbst wenigstens ansatzweise in der existenziellen Wahrheit lebt. Nur dann hat er überhaupt Zugang zum Leben eines andern, der aus der Wahrheit ist, und kann Vergleiche anstellen.

Jesus versucht auf die stillschweigend vorausgesetzte Frage der „Juden“ nach der Wahrheit seiner Existenz zu antworten und spricht verschiedene Wege an, wie sie sich einer Antwort nähern könnten.

Er bezieht sich zunächst formal auf ein Prinzip der jüdischen Rechtsprechung. Wenn ein Angeklagter Auskünfte über sich selbst gab, „über sich selbst zeugte“, so musste man damit rechnen, dass er nicht die Wahrheit sprach, weil er eine eventuelle Schuld zu verbergen suchte. Auch wenn ein Mensch im normalen Leben von sich spricht, ist Vorsicht geboten, da er sich, selbst bei bestem Willen, in der Regel schlecht kennt. Es galt darum vor Gericht nur das Zeugnis eines andern. Jesus kommt den Vorstellungen der geistlichen Führer entgegen und verzichtet darauf, über sich selbst zu zeugen. Denn ein solches Zeugnis ist, nach herrschender Auffassung, nicht wahr.

Aber er verweist auf Johannes den Täufer. Johannes der Täufer hat „für die Wahrheit (meiner Existenz) Zeugnis abgelegt“. Er hat bestätigt, dass Jesus der „Christus“, der Gesalbte, die Verkörperung des spirituellen Menschen und der neu anbrechenden spirituellen Epoche ist (3,27–36). Er hat bestätigt, dass Jesus „von oben her kommt und im Einklang mit „Wort“, „Leben“ und „Licht“ lebt. Ihr Juden, argumentiert Jesus, müsstet also diesem Zeugnis eines andern über mich Glauben schenken.

Doch eigentlich, so fährt er fort, bin ich nicht auf das Zeugnis eines *irdischen* Menschen angewiesen – „ich nehme das Zeugnis nicht von einem Menschen an“ –, ja ich verwerfe es als nicht angemessen. Denn auch wenn das Zeugnis Johannes des Täufers wahr ist – „ich weiß, dass das Zeugnis wahr ist, das er über mich ablegt“ –, stammt es eben doch von einem Menschen, der „von unten her“ kommt, während nur ein Mensch, der „von oben her“ kommt, ein spiritueller Mensch, ein Sohn Gottes wie ich, die Möglichkeit hätte, zu erkennen, wer ich bin, und wahr über mich zu sprechen. Trotzdem lasse ich das Zeugnis Johannes des Täufers gelten, „damit ihr gerettet werdet“. Ich passe mich euren Gepflogenheiten an und lasse einen andern, obwohl er ein irdischer Mensch ist, von mir zeugen, damit ihr einen Zugang zur Art meiner Existenz findet, euch als spirituelle Menschen für diese Art der spirituellen Existenz öffnet – an mich „glaubt“ – und so gerettet werdet.

Aber ihr benutzt ja diesen Zugang nicht!, ruft Jesus aus. Johannes der Täufer war die „brennende Leuchte“. Er hatte auch als irdischer Mensch so viel Einsicht und Erkenntnis, dass er den Weg zu mir, zum spirituellen Menschen, weisen konnte. Statt jedoch dieser Weisung zu folgen, habt ihr euch nur an der Sensation, am kometengleichen Auftreten dieses genialen und originellen, kraftvollen und unkonventionellen Menschen ergötzt. Statt ihn ernst zu nehmen, seinem Aufruf zur Umkehr zu folgen und die Ankunft des spirituellen Menschen in euch vorzubereiten, standet ihr nur bewundernd oder spöttisch lächelnd da.

Doch, wie gesagt, das Zeugnis Johannes des Täufers ist der spirituellen Existenz eines Sohnes Gottes nicht angemessen. Dieser hat andere Zeugen, nämlich die Wirkungen seiner Existenz – die „Werke, die mir der Vater zu vollbringen gegeben hat“. Diese Wirkungen sind Zeugen für das Wesen, von dem sie ausgehen, für die spirituelle Existenz, die aus „Wort“, „Leben“ und „Licht“ hervorgeht. Es sind zum Beispiel die Reinigung der traditionellen Religion – die „Tempelreinigung“ –, die neue, dem Nikodemus mitgeteilte Lehre, die das Werden des spirituellen Menschen beschreibt und ermöglicht, die neue, unerschöpfliche Kraft, die unter den Samaritern gewirkt hat, und das Licht des Bewusstseins, das jetzt, im Augenblick der Rede Jesu, die Zugangswege zum spirituellen Menschen beleuchtet. All diese Wirkungen zeigen, dass Jesus tatsächlich vom „Vater" gesandt ist und dass er aus "Wort", „Leben" und „Licht" wirkt. So ist der „Vater", Gott selbst, Zeuge für die Wahrheit von Jesu Existenz.

Doch diese Zeugenschaft, erklärt Jesus weiter, ist euch, den geistlichen Führern, unerkennbar, da ihr selbst eben nicht aus Gott und keine Söhne Gottes seid, sondern euch in der Verblendung des Blutes, der Trägheit des Fleischeswillens und dem Fanatismus des Manneswillens der Wahrheit nähern wollt. So könnt ihr Gottes Stimme, das ist die vom spirituellen Menschen ausgehende Kraft, nicht wahrnehmen und seine Gestalt, das ist die Struktur des spirituellen Menschen, nicht sehen. Ihr könnt die Struktur der göttlichen Welt nicht erkennen. Ihr könnt keine Einsicht über den spirituellen Menschen und den Weg zu ihm gewinnen und in euch bewahren. Ihr könntet es nur, wenn ihr euch, als spirituelle Menschen, die ihr der Anlage nach seid, inmitten eurer Finsternis für den von Gott gesandten Erleuchteten öffnen und an ihn glauben würdet. Seine Wirkungen würden euch zur Ursache, zu Gott, führen. Aber das tut ihr nicht, ihr glaubt dem Erleuchteten nicht. Das wäre der einzig adäquate Zugang zur Wahrheit: sich in intuitivem Denken der Wahrheit zu öffnen, selbst zur existenziellen Wahrheit zu werden und so die Übereinstimmung der eigenen spirituellen Existenz mit der Struktur der göttlichen Welt zu erleben. Dieses Erleben wäre evident. Es wäre auf Grund der Empfindung, dass die eigene, wahre Identität verwirklicht ist, überzeugend.

Ihr aber weicht, so fährt Jesus fort, dieser einzig richtigen Methode aus und versucht es mit anderen, „rationalen" Methoden und Zugängen. Ihr forscht zum Beispiel in den Heiligen Schriften. Ihr glaubt, „in ihnen ewiges Leben zu haben". Ihr glaubt, dadurch, dass ihr die darin berichteten Ereignisse und Aussagen für wahr haltet, erlöst zu sein. Aber ihr nehmt die dort geschilderten Gleichnisse und Wunder als bare Münze, nicht als Zeichen, die auf mich und meine Wirksamkeit verweisen. Ihr nehmt – so könnte man Jesu Worte auf die Gegenwart übertragen – die in den Evangelien berichteten Ereignisse aus meinem Leben nur als historische Biografie und nicht vor allem als exemplarischen Niederschlag innerer Vorgänge, aus denen der spirituelle Weg besteht. Ihr nehmt die Heiligen Schriften nicht als Zeugnisse für eine lebendige, spirituelle Wirklichkeit und versäumt dadurch, euch dieser Wirklichkeit selbst zu öffnen. „Ihr wollt nicht zu mir, zu dieser lebendigen Wirklichkeit, kommen, um Leben zu haben" und selbst zu dieser lebendigen Wirklichkeit zu werden. Ihr nehmt die Heiligen Schriften als dogmatische Autorität, der ihr euch unterwerft, statt als Hinweis und Ausgangspunkt für einen selbstständigen spirituellen Erfahrungsweg.

Oder, zweitens, ihr verlasst euch auf irdische Personen als geistliche Autorität. Ihr orientiert euch, wenn es um das Heil eurer Seelen geht, an Menschen, die „im eigenen Namen kommen" und aus der Verblendung des Blutes, dem Fleisches- und dem Manneswillen heraus wirken, mögen diese Wirkungen auch überwältigend sein. Ihr müsstet euch dagegen an dem orientieren, der im „Namen meines Vaters" kommt, der aus dem „Wort", dem „Leben" und dem „Licht" von oben her arbeitet. Aber solange ihr selbst nicht der spirituellen Anlage im eigenen Wesen folgt, sondern der

Finsternis, aus der ihr als irdische Menschen geboren seid, ist es gar nicht anders möglich, als dass ihr dem folgt, der „im eigenen Namen", im Namen der eigenen Ichhaftigkeit, auftritt.

Der Erleuchtete orientiert sich nicht an der Anerkennung von Menschen und sucht nicht nach ihr – er nimmt nicht „Ehre von Menschen" an. Er orientiert sich nur an Gott. Ihr jedoch, ihr geistlichen Führer, ruft Jesus aus, orientiert euch nicht an Gott und sucht nicht nach seiner Wahrheit. Ihr bestätigt euch immer nur gegenseitig. Die eine wissenschaftliche Autorität lässt sich von der anderen anerkennen und bezieht dadurch ihre Selbstsicherheit, die so überzeugend auf die Unsicheren wirkt. Wie könnt ihr, die ihr von der Bestätigung durch euresgleichen lebt – „die ihr Ehre von einander annehmt" –, Bestätigung durch Gott, nämlich durch das Geistprinzip in eurem Herzen, suchen? So lange ihr Ehre von einander annehmt, könnt ihr euch niemals für Gott öffnen und glauben.

Oder, die dritte Möglichkeit: Ihr verlasst euch auf die Tradition als Autorität und versäumt dadurch die selbstständige Öffnung für den spirituellen Weg und die spirituelle Entwicklung. Ihr verlasst euch auf Mose, auf den ihr eure Hoffnung gesetzt habt. (Für „Mose" lassen sich andere Namen einsetzen, die sich jede Zeit als aus der Vergangenheit überkommene Leitsterne wählt.) Mich, so sagt Jesus, erkennt ihr nicht als Maßstab an. Gut, so werde *ich* euch auch nicht richten und beim „Vater" anklagen, vor dem eure Beschaffenheit offenbar werden wird.

Aber ihr beruft euch selbst auf Mose und erkennt ihn als Maßstab an. Und weil ihr denkt, ihr folgt ihm und seiner Lehre, vertraut ihr darauf, er werde euch beim „Vater" verteidigen. Doch wird er euch vor dem „Vater" anklagen. Denn er war für die göttliche Wirklichkeit geöffnet, er sah als Prophet, dass die Epoche des spirituellen Menschen kommen würde, er hat „über mich geschrieben". Wolltet ihr euch zu Recht auf ihn berufen, so müsstet ihr euch wie er für die göttliche Wirklichkeit öffnen – und sie dann auch verwirklichen wie ich. Aber ihr macht aus ihm eine durch Tradition geheiligte Autorität und unterwerft euch ihr in Unselbstständigkeit. So versäumt ihr wieder, eurer eigentlichen Bestimmung zu folgen und in Selbstständigkeit den spirituellen Menschen zu verwirklichen.

Würdet ihr die Hinweise des Mose auf das Kommen des spirituellen Menschen ernst nehmen und ihm glauben, so würdet ihr auch mir glauben. Denn auf mich hat jener hingewiesen. In mir erscheint der vollkommene spirituelle Mensch. Wenn ihr euch Moses Hinweisen auf den zukünftigen spirituellen Menschen öffnen würdet, so würdet ihr euch erst recht mir öffnen, in dem der spirituelle Mensch Gegenwart geworden ist. Doch wenn ihr euch schon Moses Hinweisen verschließt, die euren intellektuellen Möglichkeiten noch einigermaßen entsprechen, werdet ihr euch erst recht meinen Worten verschließen, die voller Kraft und Leben sind und eure intellektuellen Möglichkeiten weit übersteigen.

Auf diese Weise erhellt das Licht des vollkommenen spirituellen Menschen die Denkmethoden, durch die sich der irdische Mensch zu allen Zeiten Aufschluss über das Wesen des spirituellen Menschen zu verschaffen und sich ihm zu nähern sucht. Er hofft, der Wahrheit durch die Autorität der heiligen Schriften, der geistlichen Führer oder der Tradition habhaft werden zu können, obwohl die Wahrheit doch nur erkannt werden kann, indem sie im Sucher selbst lebendig wird.

Speisung der Fünftausend: Vermittlung spirituellen Lebenssinns

Brot und Fische: Sinn und Hoffnung

6, 1 *Danach ging Jesus ans jenseitige Ufer des Sees von Tiberias.* ***2*** *Es folgte ihm aber viel Volk nach, weil sie die Zeichen sahen, die er an den Kranken tat.* ***3*** *Jesus jedoch ging auf den Berg hinauf, und dort setzte er sich mit seinen Schülern.* ***4*** *Es war aber das Passa nahe, das Fest der Juden.* ***5*** *Als nun Jesus die Augen erhob und sah, dass viel Volk zu ihm kam, sagte er zu Philippus: Wo sollen wir Brot kaufen, damit diese essen können?* ***6*** *Das sagte er aber, um ihn auf die Probe zu stellen; er wusste nämlich selbst, was er tun wollte.* ***7*** *Philippus antwortete ihm: Für zweihundert Denare Brot reicht für sie nicht hin, damit jeder [auch nur] ein wenig bekommt.* ***8*** *Einer von seinen Schülern, Andreas, der Bruder des Simon Petrus, sagte zu ihm:* ***9*** *Es ist ein Knabe hier, der hat fünf Gerstenbrote und zwei Fische; aber was ist das unter so viele?* ***10*** *Jesus sprach: Heißt die Leute sich lagern! Es war aber viel Gras an dem Ort. Da lagerten sich viele Männer, an Zahl etwa fünftausend.* ***11*** *Jesus nahm die Brote, sprach das Dankgebet darüber und teilte sie unter die aus, welche sich gelagert hatten, ebenso auch von den Fischen, so viel sie wollten.* ***12*** *Als sie aber satt geworden waren, sagte er zu seinen Schülern: Sammelt die übriggebliebenen Brocken, damit nichts verlorengeht!* ***13*** *Da sammelten sie und füllten zwölf Körbe mit Brocken von den fünf Gerstenbroten, die denen übriggeblieben waren, welche gegessen hatten.*

Das vierte „Wunder“ Jesu, die Brotvermehrung, zeigt, wie der vollkommene spirituelle Mensch neue Denkinhalte und damit auch ein neues Denken in der Welt der Finsternis verankert. Er vermag das, weil er selbst dieses aus „Wasser“ und „Geist“ geborene neue Denken ist, das die drei oberen Aspekte des spirituellen Menschen: „Wort“, „Leben“ und „Licht“, empfängt und in die drei unteren Aspekte: Handeln, Lebenskraft und Fühlen, umsetzt. Die Inhalte dieses neuen, spirituellen Denkens werden in der Erzählung als „Brot“ bezeichnet, entsprechend der vierten Bitte des Vaterunsers: „Unser tägliches Brot gib uns heute.“

Die Umstände dieses „Wunders“ sind folgende: Jesus geht erstens ans „jenseitige Ufer“ des Sees von Tiberias, ins Land der „Heiden“. Denn am diesseitigen Ufer liegt Galiläa, das Land, in dem sich die Vorbereitung auf den spirituellen Weg vollzieht. Es gehört zu „Israel“, zu den Menschen, die sich, veranlasst durch spirituelle Impulse, mehr oder weniger bewusst durch ethisches Verhalten auf die eigentliche spirituelle Bestimmung des Menschen vorbereiten. Am „jenseitigen Ufer“ aber befinden sich Menschen, die noch keinen Bezug zur göttlichen Welt haben und mit ihrem Denken, Fühlen, Leben und Handeln voll auf die irdische Welt ausgerichtet sind.

Zweitens sind viele nach Spiritualität suchende Menschen Jesus in dieses Gebiet der irdischen Welt nachgefolgt, weil sie, berührt von seinen „Zeichen“, spüren, dass in Jesus eine neue Ordnung auch aller irdischen Verhältnisse verkörpert ist, welche die Unordnung der irdischen Verhältnisse, die „Krankheiten“, beseitigt.

Drittens begibt sich Jesus in diesem Gebiet der „Heiden“ mit seinen Schülern auf einen Berg. „Berg“ ist Mysteriensymbol für die Welt des Geistes oder die Nähe zu ihr. Was Jesus im Folgenden auch tut: Er tut es aus der göttlichen Welt heraus und in Verbindung mit der göttlichen Welt. Damit begegnen sich in dieser Erzählung die

Symbole „Land“, „See“ und „Berg“: „Land“ als Sinnbild für die physische, „See“ als Sinnbild für die psychische und „Berg“ als Sinnbild für die spirituelle Ebene der menschlichen Existenz.

Und viertens „war Passa nahe“, das Fest, das auf das Selbstopfer des vollkommenen spirituellen Menschen, des „Lammes“, verweist. Nur indem der vollkommene spirituelle Mensch den noch unentwickelten spirituellen Menschen all seine Eigenschaften und Kräfte zur Verfügung stellt – er opfert ihnen wie das Lamm in der alttestamentarischen Erzählung sein Leben (2. Mose 12,2–10) –, können sie, wie seinerzeit die Israeliten, aus „Ägypten“ – der irdischen Welt – ausziehen, um nach langem Irren durch die Wüste ins „Gelobte Land“ – die göttliche Welt – zu gelangen.

Wieder benutzt der Evangelist, wie bei allen vorhergehenden „Wundern“, scheinbar konkrete Vorgänge in der zeiträumlichen Welt als Bilder, um geistig-seelische Sachverhalte darzustellen. Dieses Vorgehen wird hier noch dadurch unterstrichen, dass der Evangelist Jesus „die Augen erheben“ lässt. „Die Augen erheben“ ist eine Redewendung, die von allen Evangelisten benutzt wird, um anzudeuten, dass sich das Bewusstsein in die geistig-seelische Dimension erhebt. In dieser Dimension erblickt Jesus „viel Volk“, viele suchende Seelen, die genährt werden wollen. Er weiß, dass sie mit „Brot“ genährt werden müssen: Das sind neue Denkinhalte und Denkweisen, die der spirituelle Mensch anderen Menschen mitteilen kann.

Es handelt sich um fünf Brote, die bei dem Knaben gefunden und dann von Jesus weitergegeben werden: fünf Brote entsprechend den neuen Eigenschaften und Strukturen des Denkens. Fünf ist seit alters die Zahl der Seele – entsprechend ihrem Ich-Kern und ihren vier „Hüllen“ Denken, Fühlen, Lebenskraft und Handeln. Das neue Denken hat Beziehung zum neuen Ich – zum wahren Selbst – , zu sich selbst, zum Fühlen, zur Lebenskraft und zum Handeln. Demgemäß werden den Hungernden fünf Brote gereicht.

Das erste Brot ist zum Beispiel die Aufgeschlossenheit des Denkens für das wahre Selbst. Das Denken wird vom „Licht“-Bewusstsein erhellt und kann sich für die Weiten der göttlichen Welt öffnen. Das zweite Brot ist eine auf dieser Grundlage gewonnene Einsicht in die Stellung des Menschen als Ebenbild Gottes in der Welt, woraus sich seine Aufgabe in der Weltentwicklung, der Sinn seines Lebens, ergibt. Das dritte Brot ist die Fähigkeit, jede konkrete Situation, die im Leben begegnet, im Licht dieser Einsicht wahrzunehmen und ihre Bedeutung für die Menschheitsentwicklung zu erkennen. Daraus folgt die Vision, in welche Richtung sich diese Situation entwickeln sollte: das vierte Brot. Und daraus wiederum ergibt sich die Fähigkeit zu durchdachten Entschlüssen für das Handeln: das fünfte Brot.

Während die fünf Brote die Eigenschaften des intuitiven Denkens versinnbildlichen, verweisen die zwei Fische auf seine Dynamik. Der eine Fisch verkörpert die Empfänglichkeit des Denkens für neue spirituelle Kräfte: für das göttliche „Leben“, der andere Fisch die schöpferische Tätigkeit des Denkens auf der Grundlage des göttlichen „Wortes“.

Anders als in den synoptischen Evangelien finden sich diese Brote und Fische im Johannesevangelium nicht bei den Schülern Jesu, sondern bei einem Knaben aus dem Volk. Das ist wieder ein für den Verfasser des Johannesevangeliums typisches, aus alten Mysterientraditionen übernommenes, poetisches Symbol. Unter den Hungernden befindet sich ein entwicklungsfähiges, zukunftsträchtiges Prinzip, ein junger, kräftiger, zum Wachstum bereiter spiritueller Keim. Aus ihm gehen die fünf Eigenschaften des neuen Denkens und die zweifache Dynamik des neuen Denkens hervor: die fünf Brote und zwei Fische. In allen suchenden Seelen der Menschheit, nicht nur in den Schülern Jesu, die einen spirituellen Weg gehen, sind Kräfte vorhanden, die jugendlich in die Zukunft vorausweisen und an denen Jesus, Verkörperung des spirituellen Menschen, anknüpfen kann.

Immer muss, wenn ein Erleuchteter in der Menschheit wirkt, ein solcher Anknüpfungspunkt da sein. Unten und oben müssen sich begegnen. Wäre das Unten völlig taub und unempfänglich, könnte das Oben nichts bewirken. Der „Knabe" ist die Verkörperung der jungen spirituellen Kräfte der Menschheit, die sich dem Erleuchteten entgegensehnen. 5 ist die Zahl der Seele. 5000 Seelen hungern und werden gesättigt Es sind all jene Menschen – 1000 ist Symbol für ihre unzählige Menge –, die in der Seele: im neuen Ich mit seinen vier Hüllen Denken, Fühlen, Leben und Handeln, für die vom Erleuchteten gebrachte Seelennahrung empfänglich sind.

Und der Erleuchtete greift die Sehnsucht der Hungernden auf. Er nimmt die neuen Ansätze des Denkens, die ihm in seiner Zeit entgegentreten – von den Broten und Fischen des Knaben veranschaulicht – entgegen. Er spricht sodann das „Dankgebet" über sie. Denn er weiß, dass sie nicht von den irdischen Kräften der Menschen erzeugt worden sind. Sie sind Ergebnis der Wirkungen der göttlichen Welt in der Menschheit. Der göttlichen Welt gebührt daher Dank für sie. Zugleich verknüpft sie der Erleuchtete durch seine Gedanken bewusst mit der göttlichen Welt und fügt sie in deren Kraftströme ein. Es kann jetzt unerschöpflich mit ihnen gearbeitet werden.

Die Schüler spielen bei alledem die Rolle der Vermittler. Sie sind es, die als Abgesandte des Erleuchteten den Knaben finden, und sie sind es, welche die neuen Verstandeskräfte und Ideenansätze der Menschheit dem Erleuchteten zur Verfügung stellen. Genau so trägt das Bewusstsein – die „Schüler" – in einem einzelnen Menschen die Erfahrungen der Persönlichkeit dem Geist dieses Menschen zu und vermittelt umgekehrt seiner Persönlichkeit die geistigen Impulse.

Im Gegensatz zu den jungen, in der Menschheit herangewachsenen Verstandeskräften und Ideen, auf die Jesus antwortet, indem er sie aufnimmt und, verbunden mit dem Segen der göttlichen Welt, wieder austeilt, steht die irdische Seelennahrung. Es sind die traditionellen Denkinhalte, die man mit irdischem Geld, mit 200 Denaren, kaufen kann. Diese irdische Seelennahrung ist etwas Altes, Abgelebtes, zur Ware Gewordenes – Traditionen des Wissens, der Religion und der Kunst, die keine Lebenskraft mehr besitzen. Sie sind dem routinierten Zugriff zugänglich, berechenbar und verwertbar, aber wie alles Irdische ein Übergang: von Negativ zu Positiv, von Positiv zu Negativ, je nach Gesichtswinkel. Daher die 2 mit den beiden Nullen: Gegensätzlichkeit auf der Ebene der Materie. Wenn Jesus Philippus fragt, wo solches Brot zu kaufen sei, und Philippus antwortet, diese Art Brot reiche sicher nicht für so viele, so ist das ein Hinweis des Evangelisten darauf, dass man auch versuchen könnte, die Hungernden mit Hilfe dieser abgelebten Ersatzseelennahrung zu sättigen, dass aber ein solcher Versuch unbedingt zum Scheitern verurteilt wäre.

Philippus weiß noch nicht, dass der vollkommene spirituelle Mensch über lebendige, unerschöpfliche Seelennahrung verfügt. In Vers 6 erklärt der Evangelist – oder ist es ein Kommentator? –, Jesus habe Philippus mit seiner Frage „auf die Probe stellen“ wollen. Bedeutet das, dass Jesus prüfen will, ob Philippus schon ein Gefühl für die unterschiedlichen Arten von „Brot“ hat, um die es sich hier handelt: für käufliches irdisches „Brot“ oder unerschöpfliches göttliches „Brot“? Oder will Jesus prüfen, ob Philippus schon errät, was sein Meister vorhat, und ob er daran glaubt, dass dieser zu einer Wunderleistung im Stande wäre? Die erste Möglichkeit wäre des Evangelisten würdig, die zweite würde dafür sprechen, dass hier ein nicht begreifender Kommentator einen Vers eingeschoben hat.

Auf jeden Fall zeigt sich in der Wechselrede Jesu mit seinen Schülern, dass sie noch nicht wissen, dass der vollkommene spirituelle Mensch – jeder entwickelte spirituelle Mensch – über unerschöpfliche Seelennahrung verfügt. Immerhin haben sie eine Ahnung davon, dass es spirituelle Seelennahrung gibt – Andreas weist auf den „Knaben“ hin. Aber es ist ihnen noch nicht klar, dass diese, wenn von einem Erleuchteten umgesetzt und ausgeteilt, unerschöpflich ist. Deshalb die Frage des Andreas: „Aber was ist das unter so viele?“

Jesus lässt nun die Hungernden sich lagern – „es war aber viel Gras an dem Ort“. Wer neuen Lebenssinn und Lebenskraft empfangen will, muss ruhig geworden sein und darf ruhig sein. Er darf sich in der Gewissheit „lagern“, dass ihm die neuen Einsichten und Kräfte auch zufließen, selbst wenn er ihnen nicht angestrengt nachjagt. Er muss nur innerlich bereit dafür sein und dem Geber der Nahrung, dem spirituellen Menschen in sich oder außerhalb von sich, vertrauen. Und „viel Gras“ wächst, wo er sich lagert, Symbol dafür, dass seine Grundstimmung, die Hoffnung auf neues Leben, berechtigt ist.

Jesus verteilt die fünf Brote und zwei Fische: die Einsichten und Kräfte, die sich in den Hungernden schon ansatzweise entwickelt hatten. Er aber hatte sie entgegengenommen und durch sein Dankgebet an die göttliche Welt mit spirituellen Akzenten versehen. So nimmt zu allen Zeiten ein spiritueller Lehrer die neuen gedanklichen Möglichkeiten auf, die in den Menschen seiner Zeit herangewachsen sind, und verarbeitet sie in seinen besonderen Kräften zu Seelennahrung – vielleicht einem neuen spirituellen Paradigma –, die er den Menschen wieder austeilt. Dabei vervielfältigt er die neuen Gedanken und Impulse unendlich. Denn werden Einsichten und Ideen schwächer, wenn sie anderen geschenkt werden? Im Gegenteil, sie werden stärker und erzeugen in anderen dieselben Einsichten und Ideen. Wer den spirituellen Lebenssinn erkannt hat und diese Erkenntnis anderen weitergibt, empfindet dadurch keinen Verlust, und auch die Empfänger, die ihre Einsichten Dritten vermitteln, empfinden keinen Verlust, ja werden durch die Vermittlung nur reicher. Und wer aus neuer spiritueller Dynamik lebt, kann andere anstecken, ohne dass ihm dadurch sein eigener Schwung geraubt wird – im Gegenteil, Sprecher und Hörer verstärken einander. Neues spirituelles Denken und seine Dynamik sind unerschöpflich. Es ist keineswegs ein „Wunder“, dass geistig-seelische Substanz und Kraft unerschöpflich sind. Nur die Unerschöpflichkeit *materieller* Substanz und Kraft wäre eines.

Neue Gedanken und Dynamik rufen außerdem in den Gesättigten Reaktionen hervor. Sie beginnen ja aus neuer Einsicht und Kraft auch zu leben und zu handeln, in allen 12 Bereichen, in die von den traditionellen Mysterienschulen das äußere Leben eingeteilt wurde. In all diesen Bereichen erzeugen die Gesättigten neue Facetten des spirituellen Brotes – die „Brocken“, von denen in der Erzählung die Rede ist. Sie differenzieren die ihnen geschenkten spirituellen Einsichten weiter aus und machen sie für Wissenschaft, Kunst, Politik usw., in allen 12 Bereichen des Lebens, fruchtbar. Und die Schüler, Verkörperungen des Bewusstseins, das zwischen äußerer und innerer Welt vermittelt, nehmen diese Reaktionen in ihr Inneres auf. Sie sammeln die „Brocken“ ein.

„Brot“ im Sinn dieser Erzählung ist spirituelle Nahrung für das neue, auf die göttliche Welt bezogene Denken. Der Mensch bewegt sich vorläufig mit seinem Denken noch ganz in der irdischen Natur und drückt sich darin aus. Es ist aus Blut, Fleischeswillen und Manneswillen geboren. Das von Jesus, dem spirituellen Menschen, gebrachte „Brot“ dagegen hat die Eigenschaft, das Denken in einen neuen Zustand zu versetzen – einen spirituellen Zustand, und es darin zu nähren. Indem das menschliche Denken spirituelle Nahrung aus dem „Wort“, dem „Leben“ und dem „Licht“ aufnimmt, wird es selbst verwandelt und zum Ausdruck dieser drei höheren Aspekte des spirituellen Menschen. Es wird, aus „Wasser“ und „Geist“ geboren, zu einem neuen Verstand, einem intuitiven Denken, das als Möglichkeit immer schon im Menschen angelegt war. Mit der Aufnahme der spirituellen Speise wird sich der denkende Mensch seiner eigentlichen Beschaffenheit und Aufgabe bewusst. Das „Brot“ als spiritueller Lebenssinn macht dem Menschen bewusst, dass es seine Bestimmung ist, aus den drei höheren Aspekten des spirituellen Menschen zu sein und zu wirken.

Das spirituelle „Brot“ ist seitdem als Paradigma für den Sinn des menschlichen Lebens und den Sinn der Entwicklung der Menschheit überhaupt, als vierter Aspekt der Matrix des spirituellen Menschen, im Organismus Menschheit wirksam. Das Bild der im Gras jenseits des Sees von Tiberias lagernden hungrigen Menge weitet sich und wird zum Bild für alle Menschen – 5000 –, die seelisch nach spirituellem Lebenssinn hungern, sei es damals, sei es heute, und nun die Möglichkeit haben, durch Begreifen des vom spirituellen Menschen entwickelten Paradigmas diesen Hunger zu stillen.

Brot: irdische oder geistige Nahrung?

6, 14 *Als nun die Leute das Zeichen sahen, das er tat, sagten sie: Dies ist in Wahrheit der Prophet, der in die Welt kommen soll.* ***15*** *Da nun Jesus merkte, dass sie kommen und ihn gewaltsam wegführen wollten, um ihn zum König zu machen, zog er sich wiederum auf den Berg zurück, er allein.*

Wenn Jesus als vollkommener spiritueller Mensch, dessen vierter Aspekt das intuitive Denken ist, unerschöpfliche spirituelle Speise für das Denken anderer Menschen bereitstellt, so schafft er damit die Möglichkeit, dass dieses Denken der Welt der Finsternis entzogen, fundamental verwandelt und den höheren Aspekten des spirituellen Menschen als ihr Ausdrucksorgan unterstellt wird. Er errichtet damit einen weiteren Teil, den vierten, der siebenfachen Matrix, die als Struktur und Energie für den Aufbau des spirituellen Menschen in der Welt der Finsternis dienen soll.

Aber weil dieser Impuls des spirituellen Menschen zur Entwicklung eines spirituellen Denkens auf das alte, aus der Finsternis geborene zweckrationale Denken der Menschen stößt, entsteht ein großes Problem. Die Menschen geraten in Versuchung, sich mit ihrem alten, zweckrationalen Denken der neuen, spirituellen Kräfte zu bemächtigen. Die Versuchung ist um so größer, als sie sich am „jenseitigen Ufer" des Sees, im Land der ganz aufs Irdische gerichteten Menschen ereignet. In dieser materialistischen Atmosphäre gewinnen die irdischen Bedürfnisse noch besonderes Gewicht. Würden die Hungernden dieser Versuchung erliegen, so würden Blut, Fleischeswillen und Manneswillen unendliche neue Möglichkeiten erhalten. Jesu Absicht ist aber das genaue Gegenteil. Er will, dass das alte Denken, das sich selbst zum Maß aller Erkenntnis macht, nur seine aus der Sinnenwelt bezogene Logik kennt und der Welt der Finsternis dient, für das neue, intuitive Denken preisgegeben wird, das der Welt des Lichtes dient.

Die Alternative: die neuen Kräfte mit dem alten Verstand anzuwenden oder einen neuen Verstand zu entwickeln, wird vom Evangelisten gleich nach der Speisung dargestellt. Die Leute sagen. „Dies ist in Wahrheit der Prophet." Sie erkennen in Jesus denjenigen, der „Brot" für das Denken bringt: neue Gedanken und Ideen. Er ist für sie der lang erwartete Heilsbringer, der größer ist als Mose. Und sofort wollen dieselben Leute Jesus zum irdischen König machen. Jesus, der Herrscher im Reich des Geistes, schenkt ihnen zwar die höchsten spirituellen Einsichten. Doch wollen sie diese Einsichten sogleich in Maßnahmen umsetzen, die ihnen Meisterung des irdischen – diesseitigen oder jenseitigen – Lebens statt innere Umkehr und Wandlung bringen. Sie wollen mit diesen spirituellen Kräften Wohlstand, Sicherheit und Glück in der diesseitigen Welt oder Unsterblichkeit und ewige Seligkeit in der jenseitigen Welt erringen, statt sich auf das „Sehen des Reiches Gottes" zu richten.

Auf der geistig-seelischen Ebene, auf der die Erzählung spielt, ist das „Brot" Bild für Seelennahrung durch Werte gegensätzlicher Art. Die Gespeisten verwechseln das spirituelle „Brot" – spirituelle Werte – mit weltanschaulichem oder dogmatisch-religiösem „Brot". Sie verwechseln Spiritualität mit Humanität und Religiosität und den Spender spirituellen Lebenssinns mit einem Spender weltanschaulicher oder religiöser Überzeugungen. Der neue Lebenssinn, den ihnen der spirituelle Mensch bringt, ist ihnen gerade recht, um sich mit seiner Hilfe bequem in der diesseitigen oder jenseitigen Welt einzurichten. Das spirituelle Brot soll ihnen zur Befriedigung ihrer weltanschaulichen oder dogmatisch-religiösen Bedürfnisse dienen.

Deshalb sagt Jesus zu ihnen (Vers 26): „Ihr sucht mich nicht, weil ihr Zeichen gesehen, sondern weil ihr von den Broten gegessen und satt geworden seid." Die Menschen betrachten die Speisung mit neuem Lebenssinn nicht als Wirkung „von oben her", als Zeichen für die Wirksamkeit der göttlichen Welt, und das „Brot" selbst nicht als Aufforderung und Möglichkeit, ein neues Denken zu entwickeln. Sie wollen sie vielmehr nur benützen, um ihr Dasein „von unten her" aufrechtzuerhalten und ihr altes Wesen zu sättigen. Als eingefleischte irdische Menschen, denen das Leben im irdischen Diesseits oder Jenseits alles bedeutet, gehen sie auf die Suche nach Jesus, dem Spender des spirituellen Brotes, weil sie hoffen, durch die Aufnahme dieser neuen Speise ihr altes Leben in der irdischen Welt weiterführen und für alle Zukunft sichern zu können.

Dieser Vorgang, dass neue spirituelle Möglichkeiten nicht als „Zeichen" für die eigentliche Bestimmung des Menschen verstanden, sondern zur Sättigung des alten irdischen Menschen benützt werden, ist in der Weltgeschichte und im Alltag die Regel. Jede ursprüngliche Religion hat spirituelle Wahrheit gebracht und dem gewöhnlichen Denken erklärt, dass der Sinn des menschlichen Lebens darin besteht, einen neuen Menschen geboren werden zu lassen. Das spirituelle Brot ist „Zeichen" für die spirituelle Welt. Aber der alte zweckrationale Verstand pflegt aus der lebendigen spirituellen Wahrheit, die den Menschen verändern und in die spirituelle Welt hinaufziehen will, ein Dogma zu machen, das diese Absicht gerade verhindert. Das Dogma bietet dem alten irdischen Menschen Glaubens- und Lebenssicherheit. Er fühlt sich erlöst, braucht sich nicht zu verändern und muss seine Selbstherrlichkeit nicht preisgeben. Auf dieser Grundlage fühlt er sich sicher und kann das alte, aus Blut, Fleisches- und Manneswillen geborene Leben scheinbar guten Gewissens weiterführen.

Aus der spirituellen Religion, Zeichen für die spirituelle Welt und Weg zu ihr, wird auf diese Weise eine dogmatische Religion, die nur der Sättigung der Bedürfnisse des irdischen Menschen nach Erlösung und Unsterblichkeit im Jenseits dient. Und nicht nur jeder ursprünglichen Religion ergeht es so, sondern auch jedem spirituellen Impuls, der sich in Gestalt einer Philosophie, einer Erkenntnis oder eines Kunstwerks dem Menschen nähert. Wer dieses spirituelle Brot, das „Zeichen" für eine spirituelle Welt, dazu benützt, seine Hoffnungen auf ein besseres Leben im Jenseits zu nähren, missbraucht es zur Sättigung und Aufrechterhaltung seines alten irdischen Wesens, statt sein spirituelles Wesen dadurch wachsen zu lassen.

Auch alle Ideologien sind Illustrationen dieses Missbrauchs spirituellen Brotes. Der Mensch empfängt aus dem eigenen Innern oder von außen einen spirituellen Impuls – spirituelles „Brot" – als Aufforderung und Möglichkeit, die Anlage zum spirituellen Menschen zu entwickeln, um einst die göttliche Welt: eine neue Gerechtigkeit, Freiheit, Brüderlichkeit und Fülle, bewusst zu erleben. Aber sofort ergreift sein altes, irdisches Denken diesen Impuls, projiziert die neuen Perspektiven auf die vergängliche diesseitige Welt und versucht diese mit Gewalt zum Reich Gottes, in dem Gerechtigkeit, Freiheit, Brüderlichkeit und Fülle wohnen, umzuschaffen. Die großen Ideologien – Faschismus, Kommunismus, Liberalismus – sind nicht minder Beispiele für diesen Prozess als die kleinen Ideologien des Alltags. Der Einzelne, der Impulse aus der spirituellen Welt erlebt, setzt sie um, indem er andere nach seinen Vorstellungen ändern will, statt sich selbst von innen her verändern zu lassen. Auch so wird das spirituelle Brot zur Sättigung der Bedürfnisse des alten irdischen Menschen missbraucht.

Sobald ein solcher Missbrauch des spirituellen Brotes geschieht, zieht sich der Spender zurück. Ein Botschafter der göttlichen Welt, der bemerkt, dass die von ihm übermittelten Kräfte missbraucht werden, hört auf, solche Kräfte auszuteilen, und begibt sich auf den Berg des Geistes. Er bleibt dort für sich, „er allein", im Einklang mit der Welt des Geistes. So schützt er sich selbst und die spirituellen Kräfte vor Missbrauch, und er schützt die Menschen vor sich selbst, die mit ihrem alten Denken das spirituelle Brot verantwortungslos für ihre irdischen Zwecke benützen wollen, wodurch sie ihre Welt und sich selbst noch mehr in Unordnung bringen würden.

Er trennt sich bewusst von ihnen. Was Geist ist, das ist Geist, und was Fleisch ist, das ist Fleisch. Es geht nicht an, beides zu vermengen.

Verankerung eines neuen Fühlens in der Menschheit

6, 16 *Als es aber Abend wurde, gingen seine Schüler an den See hinab,* ***17*** *stiegen in ein Schiff und wollten ans jenseitige Ufer des Sees nach Kapernaum fahren. Und es war schon finster geworden, und Jesus war noch nicht zu ihnen gekommen.* ***18*** *Und der See geriet in starke Bewegung, weil ein heftiger Wind wehte.* ***19*** *Als sie nun etwa 25 oder dreißig Stadien gefahren waren, sehen sie Jesus auf dem See wandeln und nahe ans Schiff kommen; und sie fürchteten sich.* ***20*** *Er aber sagt zu ihnen: Ich bin's, fürchtet euch nicht!* ***21*** *Sie wollten ihn nun ins Schiff nehmen, und alsbald kam das Schiff an das Land, wohin sie fuhren.*

Am Abend dieses Tages ereignet sich eine besondere Begegnung Jesu mit seinen Schülern. Er war, für sich allein, auf dem „Berg" gewesen und erscheint nun seinen Schülern übers Wasser des „Sees" wandelnd. Die Szene zeigt als fünftes „Wunder" des Johannesevangeliums, wie der spirituelle Mensch eine fünfte neue Kraft in die Welt der Finsternis hineinträgt und sie dort verankert. Er baut weiter an der Matrix des spirituellen Menschen, jetzt an ihrer fünften Hülle, um der Menschheit eine Form zur Verfügung zu stellen, in der jeder Mensch den in ihm angelegten spirituellen Menschen verwirklichen kann.

Die „Brotvermehrung" hatte illustriert, wie das Denken des Menschen auf dem spirituellen Weg eine neue Orientierung erhalten kann. Diese neue Orientierung ist das „Brot", eine Lehre vom spirituellen Lebenssinn, der dem Dasein eine neue Grundlage gibt.

Doch muss, nach dem Denken, auch das Fühlen neuen Halt und neue Qualität bekommen. Das Fühlen des aus Blut, Fleischeswillen und Manneswillen geborenen irdischen Menschen ist flüchtig und unstet, launisch allen möglichen Einflüssen von innen und außen unterworfen. Stimmungen und Empfindungen, Leidenschaften und Triebe sind wie ein tiefer See, der vom Sturm des Schicksals immer wieder aufgewühlt wird. Auch steht das Fühlen mit dem Unbewussten in besonderem Zusammenhang. Über Träume und unerklärliche Einflüsse aus den dunklen Schichten der Seele wirken verdrängte Schuldgefühle, Ressentiments, „unerlaubte" Wünsche und unbewältigte Konflikte herauf, verbunden mit unverständlichen Ängsten, Depressionen und Aggressionen. Darin macht sich die Vergangenheit nicht nur des Einzelnen, sondern auch der Völker und der ganzen Menschheit bemerkbar. Furcht vor diesen oft unkontrollierbaren Einflüssen aus dem Innern, Furcht vor den noch zu erwartenden Übeln der Zukunft, schwankende Hoffnungen auf eine bessere Zeit, auf Helfer, die von allen Nöten befreien – all dies sind emotionale Wogen, in denen der Mensch versinken kann. Sie werden immer wieder von Schicksalsschlägen wie von heftigen Winden erregt und wollen ihn in ihre unheimliche Tiefe hinabziehen.

Wie das Denken besonders dem Tag, dem hellen Bewusstsein, gehört, so das Fühlen besonders der Nacht, dem dunklen Unbewussten. Deshalb sind die Schüler Jesu auf dem nächtlichen See unterwegs. Denn es geht jetzt um die Umwandlung des Fühlens durch neue Kräfte, vor allem des aus dem Unbewussten heraufdringenden Fühlens, das Selbstzweifel und Unsicherheit auslöst.

Die Schüler Jesu verkörpern das den spirituellen Möglichkeiten zugewandte irdische Bewusstsein, während das „Volk" für die gewöhnlichen Eigenschaften der irdischen Persönlichkeit steht. Die Schüler haben kraft ihres durch den spirituellen Menschen veränderten Bewusstseins eine Möglichkeit, mit dem flüchtigen irdischen Fühlen, das den Menschen in sich einsaugen oder überfluten will, umzugehen. Sie bilden auf Grund dieses Bewusstseins eine besondere Gemeinschaft, symbolisiert durch das „Schiff". So wie Noah seinerzeit in der Arche der Spiritualität über die chaotischen Wünsche und Leidenschaften, die alles geordnete Leben verschlangen, hinwegfuhr, so fahren die Schüler im Schiff ihrer spirituellen Gemeinschaft unbeschadet über den nächtlichen See ihrer Stimmungen, Empfindungen und Leidenschaften hinweg. Seine Wogen gehen hoch, der Schicksalssturm peitscht sie auf. Die Schüler kämpfen mit Wind und Wogen, sind aber schon 25–30 Stadien vorangekommen. Sie nähern sich der „30". Die „3" versinnbildlicht Harmonie von Geist, Seele und Körper auf der Ebene der geistigen Prinzipien. Die Null daran versinnbildlicht die Dynamik dieser Harmonie auf der Ebene des Seelischen. Die Schüler nähern sich also mit potenzierter Seelenkraft (5 x 5 = 25) dem Zustand einer kraftvollen seelischen Harmonie: 30. Bis zu dieser inneren Verfassung ist ihre Gemeinschaft bereits gediehen.

Aber sie allein sind der Situation nicht gewachsen. Sie bemühen sich zwar mit aller Kraft, ans Ufer zu gelangen. Doch reichen ihre eigenen Anstrengungen nicht aus. Entscheidend ist die spirituelle Hilfe, die sie erhalten. Sie wird durch Jesus, den vollkommenen spirituellen Menschen, gebracht. Er verkörpert in dieser Szene gerade die Kraft, die das irdische Fühlen von Grund auf in ein spirituelles Fühlen verändert. Er wandelt über das Wasser. Er besitzt das spirituelle Vermögen, über alle irdischen Erregungen ruhig hinwegzuwandeln, ohne darin zu versinken. Persönliche und kollektive Hysterien, epidemische Ängste, Depressionen und Schuldgefühle können ihm nichts anhaben. Seine spirituelle Kraft ist Ruhe trotz aller Bedrängnisse, Einsicht in Charakter und Verlauf emotionaler Konflikte, Mitgefühl mit allen, die unter ihnen leiden, Zuversicht, in den unvergänglichen Gesetzen und Kräften der göttlichen Welt aufgehoben zu sein und darin eine Aufgabe zu haben. Er hat niemals das Gefühl, Spielball undurchschaubarer Interessen zu sein und den Boden unter den Füßen zu verlieren.

Als die Schüler diese Kraft spüren – als Jesus in ihre Nähe kommt –, fürchten sie zunächst, von ihr überwältigt zu werden. Vielleicht ist es ja ein Einfluss aus dem Unbewussten – die anderen Evangelisten sprechen anlässlich dieser Szene von einem „Gespenst" –, der Gefahr und Untergang für das wache Ich-Bewusstsein bedeuten würde. Aber Jesus gibt sich ihnen zu erkennen: „Ich bin's", ich, der spirituelle Mensch, der als Anlage auch in euch lebt und dem ihr nachstrebt. Und dieses Mal bin ich insbesondere die neue spirituelle Gefühlskraft, die euer gewohntes irdisches Gefühlsleben durchdringt, es verwandelt und ihm festen Halt gibt. Ich bin kein „Gespenst" aus dem Unbewussten. Ich bin die neue spirituelle Ruhe, frei von Angst und Erregung. Wer diese neue Kraft ins „Schiff" nimmt und mit ihr fährt, nein, wer sie auch nur aufnehmen *will* – der Wille allein reicht schon aus –, ist bereits am Land. Er hat die Sicherheit des festen Ufers gewonnen.

Dieses fünfte „Wunder" des Johannesevangeliums illustriert, wie die göttliche Welt nach dem „Brot" eines neuen Lebenssinns auch neuen emotionalen Halt vermittelt. Das geschieht durch eine neue Gefühlskraft, die über alle emotionale Erregung des irdisch Bewussten und Unbewussten hinwegschreitet und alle inmitten dieser Erregung kämpfenden, um spirituelle Bewusstheit bemühten Menschen – die Schüler – im Augenblick, da sie an Bord der spirituellen Gemeinschaft geholt wird, ans sichere Land bringt. Der angestrengte Kampf gegen eingetretenes oder erwartetes Schicksal, gegen Hindernisse vielfältigster Art, die den spirituellen Fortschritt erschweren, ist, obwohl als Vorbereitung unbedingt notwendig, im Nu beendet, sobald die spirituelle Kraft ins Leben eintritt. In diesem Augenblick ist der Mensch in einer neuen Verfassung, er verwirklicht den Zustand des Reiches Gottes auch mit dem Fühlen.

Die Erzählung betont einen sehr wesentlichen Sachverhalt. Es ist unerlässlich, dass sich die Schüler bis zum Äußersten anstrengen, um sich der Grenze des irdisch Erreichbaren, der 30, zu nähern. Aber dann, und erst dann, zeigt sich ihnen, dass sie mit der eigenen Anstrengung allein scheitern müssten, und dann, erst dann, können und dürfen sie lockerlassen und sich der spirituellen Kraft anvertrauen. Eigene Anstrengung ist eine notwendige Bedingung auf dem spirituellen Weg. Aber es ist keine hinreichende Bedingung. Für sich allein wird sie niemals zum Ziel führen. Erst wenn sich die Schüler, nach dem Einsatz ihrer seelischen Kräfte bis zur Erschöpfung, der spirituellen Kraft anvertrauen, sind sie unversehens, wie durch ein Wunder, am festen Ufer der spirituellen Erfahrung.

Es ist kein Zufall, dass es die *Schüler* Jesu sind, denen diese neue Gefühlskraft mitgeteilt wird, nicht etwa das *Volk*. Sie verkörpern das der göttlichen Welt zugewandte irdische Bewusstsein, und ihre Gemeinschaft ist die Gemeinschaft all derer, die dieses Bewusstsein besitzen – ob sie sich untereinander kennen oder nicht. Nur mit einem solchen Bewusstsein lässt sich der Kampf gegen irdische Emotionen und Schicksalsschläge aufnehmen. Nur so lässt sich gegen Wogen und Wind „anrudern". Wie sollten die im Unbewussten hausenden Mächte bemeistert werden, wenn nicht durch Bewusstheit! Und erst wenn durch diesen Kampf ausreichende innere Fortschritte erzielt sind, kann die neue, spirituelle Gefühlskraft empfangen werden. Sie kommt dem arbeitenden irdischen Bewusstsein zu Hilfe. Ohne sie wäre der Mensch der irdischen Gefühlswelt gegenüber auf Dauer hilflos. Aber indem die Kraft spiritueller Zuversicht von bewussten Menschen aufgenommen wird, wird sie in der Welt der Finsternis verankert, auch für jene Menschen, die vorläufig noch unbewusst in Wind und Wogen der Emotionen und Schicksalsschläge hin und hergeworfen werden.

Es ist nun auch einsichtig, warum diese Erzählung zwischen der Verteilung von „Broten" und der Suche des Volkes nach dem Brotspender steht. Die Schüler Jesu vollbringen ihre nächtliche Fahrt in einem für die spirituelle Welt aufgeschlossenen Bewusstsein. Deshalb kann sich ihnen Jesus, der spirituelle Mensch, vom Berg des Geistes her nähern, um sie über den See der irdischen Gefühlskräfte zum festen Land zu bringen, dorthin, wo ein neu gewordenes Denken das Handeln steuert. Für die Schüler besteht demnach ein kontinuierlicher Kontakt zum spirituellen Menschen auf allen drei Ebenen: vom Geist her über die Seele bis in den Körper.

Die Menschen aus dem Volk hingegen haben diesen Kontakt durch den Missbrauch des Brotes abgebrochen, indem sie es für ihre irdischen Bedürfnisse verwendet und nicht als Weg zur göttlichen Welt, als „Zeichen", verstanden haben. Sie suchen Jesus verzweifelt, weil sie ihre irdischen Bedürfnisse weiter durch ihn befriedigt haben wollen. Sie können keine nächtliche Fahrt über den See der Leidenschaften wagen, da sie sich dem Unbewussten nicht mit einem aufs Spirituelle gerichteten, bewussten neuen Denken stellen können. Sie begegnen Jesus daher erst wieder in Galiläa und sind, da sie seinen Weg vom Berg des Geistes über den See der Seele nicht mitgemacht haben, erstaunt, ihn dort zu finden: „Rabbi, wann bist du hierher gekommen?" (Vers 25)

Erst jetzt wird es möglich, dass ihr Irrtum über den Gebrauch der „Brote" aufgeklärt wird. Schüler und Volk illustrieren in dieser Erzählung zwei verschiedene Verhaltensweisen. Während das Volk in irdischer Sehnsucht nach Jesus als seinem irdischen König sucht, nehmen ihn die Schüler in spiritueller Sehnsucht in ihre Gemeinschaft auf und erhalten eine neue Gefühlsgrundlage.

Auch im Fühlen wird die Persönlichkeit des Menschen im Lauf der spirituellen Entwicklung fundamental umgewandelt. Sie wird zum Ausdruck der drei höheren Aspekte des spirituellen Menschen: von „Wort", „Leben" und „Licht". Dabei verwandelt das „Licht" das Fühlen. Der dritte Aspekt verwandelt den fünften. Das neue, spirituelle Denken vermittelt dabei. Deshalb folgt dieses fünfte Wunder des Johannesevangeliums unmittelbar dem vierten. Das Denken ist das Scharnier zwischen den drei oberen und den drei unteren Aspekten des spirituellen Menschen. Die Wirkungen aus den oberen Aspekten verwandeln spiegelbildlich die drei unteren.

Die fünfte Bitte des Vaterunsers bezieht sich auf einen Hauptfaktor des emotionalen Lebens: die Schuldverstrickungen des Menschen, die er durch emotionale Erregtheit aufbaut. In der neuen spirituellen Gefühlskraft können diese Verstrickungen vom Menschen bewusst aufgelöst werden. Er kann seinen Schuldnern vergeben und wird dadurch erleben, dass ihm auch seine Schulden vergeben werden. Er wird in dieser neuen Kraft frei von Schulden und Schuldgefühlen gegenüber Gott, anderen und sich selbst und kann in neuer Zuversicht und Freiheit sein Leben führen.

Die Erzählung zeigt im Bild, wie Jesus, der vollkommene spirituelle Mensch, als fünften Aspekt der Matrix des spirituellen Menschen die Möglichkeit für ein neues Gefühlsleben in der Menschheit verankert. Seitdem sind neue, spirituelle Gefühlskräfte im geistig-seelischen Organismus der Menschheit vorhanden, in denen alle dafür empfänglichen Menschen der Vergangenheit, Gegenwart oder Zukunft ein neues Gefühlsleben des Vertrauens und der Zuversicht entwickeln können.

Suche nach spirituellem „Brot“

6, 22 *Am folgenden Tag – das Volk, das am jenseitigen Ufer des Sees stand, hatte ge-*
sehen, dass kein anderes Schiff dort gewesen war als nur das eine und dass Jesus
nicht mit seinen Schülern in das Schiff gestiegen, sondern seine Schüler allein abge-
fahren waren; ***23*** *aber es kamen Schiffe aus Tiberias nahe an den Ort, wo sie das Brot*
gegessen hatten, nachdem der Herr das Dankgebet darüber gesprochen ***24*** *– als also*
das Volk [am folgenden Tag] sah, dass Jesus nicht dort war noch seine Schüler, stie-
gen sie selbst in die Schiffe und fuhren nach Kapernaum und suchten Jesus. ***25*** *Und*
als sie ihn am jenseitigen Ufer des Sees fanden, sagten sie zu ihm: Rabbi, wann bist
du hierher gekommen? ***26*** *Jesus antwortete ihnen und sprach: Wahrlich, wahrlich, ich*
sage euch: Ihr sucht mich nicht, weil ihr Zeichen gesehen, sondern weil ihr von den
Broten gegessen habt und satt geworden seid. ***27*** *Müht euch nicht um die Speise, die*
vergeht, sondern um die Speise, die ins ewige Leben bleibt, welche der Sohn des Men-
schen euch geben wird; denn diesen hat Gott, der Vater, beglaubigt.
28 *Sie sagten nun zu ihm: Was sollen wir tun, damit wir die Werke Gottes wirken?*
29 *Jesus antwortete und sprach zu ihnen: Darin besteht das Werk Gottes, dass ihr an*
den glaubt, den jener gesandt hat.

Der Evangelist bleibt weiter im Rahmen seiner bildlichen Darstellung. Aus seiner Perspektive des intuitiven Denkens ist das physische Brot Bild für den Lebenssinn überhaupt. Dieser Lebenssinn, vom Denken aufgenommen und begriffen, kann spirituell oder irdisch sein. Die Gespeisten haben wirklich spirituellen Lebenssinn „gegessen“, haben ihn aber in ihrer Konsumhaltung als irdischen Lebenssinn aufgefasst und zur irdischen Speise gemacht, die vergeht, statt den spirituellen Lebenssinn als solchen zu begreifen: als „Zeichen“, das auf die spirituelle Welt verweist. Als „Zeichen“ aufgefasst, ist die von Jesus gegebene Speise unvergänglich. Zur Sättigung irdischer Bedürfnisse verwendet, ist sie vergänglich.

Deshalb suchen jetzt die Menschen, deren Hunger nach Lebenssinn nur vorübergehend gestillt worden war, verzweifelt nach dem Spender dieser Nahrung. Irgendwann sind die spirituellen Kräfte, die nicht als „Zeichen“ begriffen, sondern zum Dogma oder zur Ideologie umgewandelt und zur Sättigung des alten irdischen Menschen missbraucht wurden, erschöpft. Dogmatische Religion und alle Arten weltanschaulicher Orientierung verlieren ihre Überzeugungs- und Antriebskraft.

Jetzt suchen die Menschen nach neuer Belebung. Sie haben die alte Speise verbraucht und empfinden Sinnleere. Sie warten auf Jesus. Sie ziehen ihm nach, zu Fuß, zu Schiff. Sie sind wie Wanderer, die alle Gebiete des Daseins durchstreifen, um den nachhaltigen Lebenssinn, den sie durch ihren Missbrauch schon wieder verloren haben, und seinen Spender endlich wieder zu finden. Am „jenseitigen Ufer“, in der „heidnischen“ Welt, ist er nicht mehr, er hat sich auf den Berg des Geistes zurückgezogen. Sie finden ihn erst wieder in „Galiläa“, Chiffre für einen Bereich, wo wirkliche Sehnsucht nach spiritueller Speise lebt und wo der Spender dieser Speise wieder an dieser Sehnsucht anknüpfen kann.

Und hier macht ihnen Jesus ihren Irrtum klar: „Ihr sucht mich nicht, weil ihr ein Zeichen gesehen, sondern weil ihr von den Broten gegessen habt und satt geworden seid.“ Dass der spirituelle Mensch Lebenssinn, spirituelle Speise gibt, soll ihnen „Zeichen“, Hinweis auf den vollkommenen spirituellen Menschen sein, von dem diese Kraft ausgeht, und damit auch Hinweis auf die Aufgabe und Notwendigkeit, mit Hilfe dieser Kraft den spirituellen Menschen im eigenen Wesen, das neue Ich, zu verwirklichen. Bemüht euch nicht um die Sättigung des alten Menschen mit irdischer Seelennahrung, die doch niemals vorhält, sagt Jesus, sondern um die Speise, die ewiges Leben vermittelt und unerschöpflich ist. Er, der Sohn des Menschen, der wahre Mensch, das Ebenbild Gottes, das voll entwickelte neue Ich, das wahre Selbst – er gibt diese Speise, die in Ewigkeit bleibt.

Denn er steht in Verbindung mit „Wort“, „Leben“ und „Licht“, mit „Gott dem Vater“, und hat als Erleuchteter die Macht empfangen, „Wort“, „Leben“, „Licht“ und „Brot“ als Speise für das wahre Selbst auszuteilen. Er ist von Gott „beglaubigt“.

Nachdem die Menschen bemerkt haben, dass die spirituelle Speise, für irdische Zwecke missbraucht, vergeht, empfinden sie schmerzlich die daraus folgende Leere. Nach langer, verzweifelter Suche sind sie dann bereit, sich sagen zu lassen, wie sie das spirituelle Brot anwenden müssen. Sie fragen: „Was sollen wir tun, damit wir die Werke Gottes wirken?“ Kap. 4,34 hatte Jesus gesagt. „Meine Speise ist, dass ich den Willen dessen tue, der mich gesandt hat, und sein Werk vollende.“ Die Frage der Leute lässt sich daher übersetzen: „Welche Speise sollen wir essen, wie sollen wir handeln, um sicher zu gehen, dass wir die Werke Gottes tun?“ Und Jesus antwortet: Wenn ihr euch für den öffnet, den Gott gesandt hat; wenn ihr die neue Lebensperspektive aufgreift, die er verkörpert und ermöglicht; wenn ihr durch sie euer altes Zweckdenken opfert und eure Selbstherrlichkeit preisgebt, damit Gott in euch wirken kann – dann tut ihr das Werk Gottes. Dann lasst ihr euer Denken zu einem neuen, spirituellen Denken verändern und arbeitet auf diese Weise in der großen Welt- und Menschheitsentwicklung mit, die das Werk Gottes ist: an der Menschheitsentwicklung zur Herausbildung des wahren Selbst, bis es, erleuchtet, zum Sohn Gottes geworden ist.

Indem ihr dieses Werk Gottes tut, nehmt ihr spirituelle Speise zu euch. Denn dadurch fließen euch die Sicherheit und Kraft der Übereinstimmung mit der göttlichen Information und Energie zu. So ersetzt ihr euer Zweckdenken durch intuitives Denken, das nicht an seine eigene Sättigung und Macht denkt, sondern sich selbst als Ausdrucksmittel und Handlungsorgan der göttlichen Welt versteht.

„Brot“: Gesetz und Freiheit

***6, 30** Da sagten sie zu ihm: Was tust nun du für ein Zeichen, damit wir es sehen und dir glauben? Was wirkst du? **31** Unsere Väter haben in der Wüste das Manna gegessen, wie geschrieben steht:*

„Brot aus dem Himmel gab er ihnen zu essen.“

***32** Da sprach Jesus zu ihnen: Wahrlich, wahrlich, ich sage euch: Nicht Mose hat euch das Brot aus dem Himmel gegeben, sondern mein Vater gibt euch das wahre Brot aus dem Himmel. **33** Denn das Brot Gottes ist das, welches aus dem Himmel herabkommt und der Welt Leben gibt. **34** Sie sagten nun zu ihm: Herr, gib uns alle-*

zeit dieses Brot! ***35*** *Jesus sprach zu ihnen: Ich bin das Brot des Lebens; wer zu mir kommt, wird nicht hungern, und wer an mich glaubt, wird nimmermehr dürsten.* ***36*** *Aber ich habe euch gesagt, dass ihr mich gesehen habt und doch nicht glaubt.* ***37*** *Alles, was mir der Vater gibt, wird zu mir kommen, und wer zu mir kommt, den werde ich nicht hinausstoßen;* ***38*** *denn ich bin aus dem Himmel herabgekommen, nicht damit ich meinen Willen tue, sondern den Willen dessen, der mich gesandt hat.* ***39*** *Das aber ist der Wille dessen, der mich gesandt hat, dass ich von allem, was er mir gegeben hat, nichts verliere, sondern es auferwecke am jüngsten Tag.* ***40*** *Denn das ist der Wille meines Vaters, dass jeder, der den Sohn sieht und an ihn glaubt, ewiges Leben habe; und ich werde ihn auferwecken am jüngsten Tag.*

Hier zeigt sich die literarische Methode des Evangelisten, Passagen nebeneinander zu stellen, die dem äußeren Handlungsrahmen nach nichts miteinander zu tun haben, doch verschiedene Aspekte eines Themas behandeln und deshalb inhaltlich zusammengehören. Das „Wunder“ der Brotvermehrung und die sich anknüpfenden Gespräche Jesu mit dem Volk (6,1–29) geschahen am „jenseitigen Ufer“ des Sees und dann wieder am diesseitigen Ufer. Formal, dem äußeren Rahmen nach, ist das eine in sich geschlossene textliche Einheit. Die dann folgenden Auseinandersetzungen Jesu mit einer Gruppe von Menschen und den „Juden“, wie sie Vers 30–59 geschildert werden, sind eine neue, in sich geschlossene textliche Einheit. Ihren äußeren Rahmen bildet ein Aufenthalt Jesu in der Synagoge von Kapernaum (Vers 59). Würde man beide Passagen auch dem äußeren Handlungsrahmen nach als zusammengehörig ansehen, so wäre unverständlich, weshalb die Leute Jesus Vers 30 um ein Zeichen bitten, das sie zum Glauben an ihn führen könnte. Sie hätten ja soeben erst ein Zeichen, die Brotvermehrung, gesehen. Nein, ihre Bitte ist unabhängig von den vorhergehenden Ereignissen und nichts anderes als die Einleitung zu einer neuen Erörterung des Evangelisten über das „Brot“.

Auch dieser Erörterung liegt die Frage nach dem Wesen und der Legitimation Jesu und seiner Tätigkeit zu Grunde, weshalb um ein „Zeichen“ gebeten wird, aus dem sich die Antwort auf diese Frage ergeben könnte. Die vorherige Erörterung über das „Brot“ hatte zum Thema die Unerschöpflichkeit des spirituellen Brotes, das Jesus austeilt, und den Missbrauch dieser für das spirituelle Denken bestimmten Speise durch den irdischen Menschen. Die jetzige Erörterung bezieht sich auf das Verhältnis des spirituellen Brotes zum Brot, das die Israeliten beim Durchzug durch die Wüste aßen. Es geht um die Frage, wie sich die Speise für das alte Denken, das der Zeit der Vorbereitung angehört, von der Speise für das neue intuitive Denken, das in die Erfüllung eintritt, unterscheidet.

Das alte Denken, das sich auf den spirituellen Weg vorbereitet, „nährt“ sich vom äußeren Gesetz. Es ist zwar schon anders beschaffen als das gewöhnliche Denken, das durch „Ägypten“ charakterisiert wird und nur aus den irdischen Bedürfnissen und für sie lebt. Das sich vorbereitende Denken entspricht Johannes dem Täufer und dem irdischen Ich, das durch ethisches Verhalten zu Selbstverantwortlichkeit und Vernunft gelangt.

Dieses Ich zieht nach dem Auszug aus Ägypten durch die Wüste. Aber es kann nicht ins Gelobte Land, das Reich des Lichtes, eintreten. Denn es ist prinzipiell aus der Finsternis geboren und somit sterblich. Es „nährt“ sich vom Einhalten der 10 Gebote. Das äußere Gesetz gibt ihm Halt und Substanz. Der Ich-Verstand dieser Periode bezieht demgemäß seine Inhalte und Dynamik aus den äußeren Geboten und ihrer Begründung durch eine Gottesvorstellung, die der Welt der irdischen Erscheinungen analog ist. Aber auch dies ist Speise „aus dem Himmel“. Denn auch das äußere Gesetz ist von der göttlichen Welt gegeben, damit der Mensch die Vorbereitung auf die Erfüllung vollziehe. Trotzdem unterscheidet sich diese Speise „aus dem Himmel“ von der von Jesus gegebenen Speise.

Die Leute erbitten von Jesus ein Zeichen, aus dem sie auf seine Art und die Art der von ihm gegebenen Speise schließen und den Unterschied zu Mose und der von Mose gegebenen Speise erkennen können. „Was wirkst du?“ Die Wirkungen eines Menschen sind das „Zeichen“, das auf seine Art und die Art der von ihm gegebenen Speise schließen lässt. Mose gab das äußere Gesetz – zwar ein „Brot vom Himmel“, aber noch nicht das „wahre Brot“. Daraus kann der Empfänger schließen, dass Mose selbst noch, wie Johannes der Täufer und alle Propheten, der Zeit der ethischen Vorbereitung angehörte. Er war sterblich, und das von ihm gegebene Brot hob die Sterblichkeit nicht auf.

Jesus aber gibt Brot, das vom Himmel herabkommt und zugleich „das wahre Brot“ ist. Denn es gibt der Welt Unsterblichkeit und Leben. Aus dieser Wirkung Jesu lässt sich schließen, dass er selbst lebendig und unsterblich ist. Er gehört der Zeit der Erfüllung an, er bringt die Erfüllung.

Vers 32 drückt diesen Zusammenhang sehr verkürzt aus. Ausführlich formuliert müsste der Vers lauten: „Nicht Mose hat euch das Brot der Vorbereitung aus dem Himmel gegeben, sondern es war mein Vater. Und mein Vater gibt euch [jetzt] auch das wahre Brot der Erfüllung aus dem Himmel.“ Damit korrigiert Jesus zunächst die Vorstellung, Mose habe dem Volk Israel aus eigener Machtvollkommenheit das Manna in der Wüste zu essen gegeben. Mose war vielmehr ein von Gott Gesandter. Der eigentliche Spender auch des alttestamentarischen „Brotes“, des äußeren Gesetzes, war Gott. Im zweiten Teil des Satzes stellt Jesus das neutestamentarische „Brot“, das innere Gesetz der Freiheit, das Brot der Erfüllung, dem alttestamentarischen Brot, dem Brot der Vorbereitung, gegenüber. Spender auch dieses wahren Brotes ist Gott. Jesus ist ebenfalls nur sein Gesandter, der nicht aus eigener Machtvollkommenheit gibt. Doch ist er ein Gesandter, der, anders als Mose, mit Gott eins, ein „Sohn“ Gottes ist. Deshalb kann er im Folgenden von sich sagen, dass er selbst die Gabe ist, die von Gott gegeben wird.

Und die Leute bitten ihn, ihnen das Brot der Erfüllung zu geben. Daraufhin sagt Jesus: „Ich bin das Brot des Lebens.“ Er ist wirklich selbst die Gabe des Vaters. Denn das Brot des Lebens ist ein Zustand. Es ist der Zustand des neuen, spirituellen Denkens, das sich aus „Wort“, „Leben“ und „Licht“ ergibt. Jesus verkörpert diesen Zustand, ein Denken aus dem inneren Gesetz des „Wortes“, der Kraft des „Lebens“ und der Erkenntnis, die „Licht“ ist.

Jeder hat schon erlebt, dass ein Mensch von bestimmter – irdischer – Beschaffenheit allein durch sein Wesen auf ihn so gewirkt hat, dass in ihm die gleichen Eigenschaften gefördert wurden. Genauso ist es auf der spirituellen Ebene. Der Gesalbte, der den spirituellen Menschen verkörpert, regt die „Seinen“ allein durch die von ihm ausgehende Wirkung an, ihm ähnlich zu werden. So teilt er das „Brot“ aus, das er selbst ist. Deshalb wird jeder, der zum Gesalbten kommt, nicht hungern. Er wird, wenn er sich der neuen Möglichkeit des Denkens öffnet, selbst den Zustand des spirituellen Denkens entwickeln können. Wie könnte er dann, mit der Fülle der Ewigkeit eins geworden, jemals wieder Mangel empfinden? Ja, er wird selbst zum „Brot“ für andere werden, da dann von ihm dieselben Wirkungen ausgehen.

Es handelt sich nicht um Wirkungen kausaler Art. Vom Gesalbten gehen keine Impulse aus, die den Menschen unausweichlich in eine neue Form zwingen. So wirkt nur das äußere Gesetz, das den Menschen von außen beeinflusst, lenkt und in eine dem Gesetz entsprechende Form zu bringen versucht. Das von Jesus gebrachte und von ihm verkörperte „Brot“ ist ein Informationsmuster, das durch „Ansteckung“ wirkt. Ein vom vollkommenen spirituellen Menschen ausgehender Gedanke – „Brot“ – erzeugt in anderen Menschen nicht kausal zwingend denselben Gedanken. Der andere ist frei, ihn aufzunehmen und nach-zudenken – oder nicht. Wer dieses neue Denken „sieht“ oder spürt – „dass ihr mich gesehen habt“, sagt Jesus –, kann zugleich spüren, dass dieselbe Struktur in ihm selbst angelegt ist, und kann sie sich frei entfalten lassen. Er kann sich am Anblick des Musters laben und selbst in diese Richtung wachsen.

Viele „sehen“ indessen das neue Informationsmuster und öffnen sich dieser Möglichkeit nicht. Sie glauben doch nicht. Alle aber, die sich öffnen, werden sich an diesem Muster orientieren und nicht abgelehnt – „hinausgestoßen“ – werden, wie schwach sie als irdische Menschen auch sein mögen. Doch auch diese Offenheit ist eine Wirkung des „Vaters“. Jesus kann sie nicht erzwingen, weshalb er sagt: „Alles, was mir der Vater gibt“.

Jesus wiederholt noch einmal, weshalb er „vom Himmel herabgekommen“ ist. Der Gesalbte, Muster des spirituellen Menschen, erbaut mit seinen spirituellen Kräften, die aus den sieben Gebieten der Welt des Lichtes stammen, eine siebenfache Matrix des spirituellen Menschen und verankert sie in den sieben Gebieten der Welt der Finsternis. So können alle, die sich an dieser Matrix orientieren und Kraft aus ihr beziehen, ewiges Leben haben: selbst zu einem unsterblichen spirituellen Menschen werden. Das ist der „Wille des Vaters“, das ist das Entwicklungsziel von Welt und Menschheit. Alle Wesen, die die Möglichkeit dazu haben, sollen aus Wasser und Geist neu geboren werden, die Gefangenschaft in der Welt der Finsternis aufheben, bewusst in die Welt des Lichtes eintreten und so den Tod überwinden. Um dieses Entwicklungsziel zu befördern und damit den „Willen des Vaters“ zu tun, ist der Sohn in die Welt gekommen: der vollkommene spirituelle Mensch, durch dessen Anblick und Wirkung der unentwickelte spirituelle Mensch in anderen aufwachen und leben kann.

Es ist der Wille des „Vaters“, dass der Sohn von allem, was ihm der Vater gegeben hat, nichts verliert. Die „Seinen“ sind das, was der Vater dem Sohn gegeben hat. Die durch den „Glauben“ von unten und das „Brot“ des Gesalbten von oben zwischen beiden Seiten hergestellte Beziehung ist eine spirituelle Wechselwirkung. Der Wille des Vaters ist die Bindungskraft, die zwischen beiden Seiten wirkt und dafür sorgt, dass die Verbindung nicht abreißt – sofern der Glaube von unten lebendig bleibt. Im

Willen des Vaters kann und wird daher der Sohn nichts von allem verlieren, was ihm der Vater gegeben hat. In dieser Kraft des Vaters haben die „Seinen“ ewiges Leben. Denn wie könnte ein Bewusstsein, das eins mit dem Sohn, dem göttlichen „Licht“, und dadurch eins mit dem unsterblichen göttlichen „Wort“ und „Leben“ geworden ist, sterblich sein?

Reaktion der geistlichen Führer

6, 41 *Die Juden murrten nun über ihn, weil er gesagt hatte: Ich bin das Brot, das aus dem Himmel herabgekommen ist,* ***42*** *und sagten: Ist das nicht Jesus, der Sohn Josephs, dessen Vater und Mutter wir kennen? Wie kann er jetzt sagen: Ich bin aus dem Himmel herabgekommen?* ***43*** *Jesus antwortete und sprach zu ihnen: Murrt nicht untereinander!* ***44*** *Niemand kann zu mir kommen, es ziehe ihn denn der Vater, der mich gesandt hat; und ich werde ihn auferwecken am jüngsten Tag.* ***45*** *In den Propheten steht geschrieben:*

„Und alle werden von Gott gelehrt sein.“

Jeder, der vom Vater her gehört und gelernt hat, kommt zu mir. ***46*** *Nicht, als ob irgendjemand den Vater gesehen hätte, sondern nur der, welcher von Gott her ist, der hat den Vater gesehen.* ***47*** *Wahrlich, wahrlich, ich sage euch: Wer glaubt, hat ewiges Leben.* ***48*** *Ich bin das Brot des Lebens.* ***49*** *Eure Väter haben in der Wüste das Manna gegessen und sind gestorben;* ***50*** *dies [dagegen] ist das Brot, das aus dem Himmel herabkommt, damit man davon isst und nicht stirbt.* ***51*** *Ich bin das lebendige Brot, das aus dem Himmel herabgekommen ist. Wenn jemand von diesem Brot isst, wird er in Ewigkeit leben.*

Hat Jesus öffentlich, vor den „Juden“, den damaligen geistlichen Führern, gesagt: „Ich bin das Brot des Lebens“? Der Evangelist schildert geistig-seelische Zustände und Ereignisse auf der geistig-seelischen Ebene. Auf dieser Ebene ist erkennbar, dass Jesus in der Tat das „Brot des Lebens“ ist, und er selbst kann sich auf dieser Ebene so benennen. Auf der irdischen Ebene wird er nicht so sprechen. Aber der Evangelist schildert geistig-seelische Tatsachen, als ob sie in der irdischen Welt stattfänden, da sie sich ja auch in der irdischen Welt ausdrücken. Deshalb legt er Jesus diesen Ausspruch in den Mund. Jesu Verfassung und Zustand sind die des vollkommenen spirituellen Menschen. Er ist unter anderem das „Brot“, das intuitive Denken, welches aus „Wort“, „Leben“ und „Licht“ geboren ist, unsterbliches Leben besitzt und daher anderen, dafür Empfänglichen, unsterbliches Leben mitteilen kann.

Die geistlichen Führer – auch sie Verkörperungern geistig-seelischer Realitäten – verstehen das nicht. Für sie ist jeder Mensch nichts anderes als der aus Blut, Manneswillen und Fleischeswillen geborene Mensch, von irdischen Eltern erzeugt. Sie wissen nicht, dass in jedem irdischen Menschen ein spiritueller Mensch als Anlage schlummert. Erst recht wissen sie nicht, dass es spirituelle Wesen gibt, die schon in der göttlichen Welt beheimatet sind und „aus dem Himmel herabkommen“. Jesus ist ein solches spirituelles Wesen. Er ist „aus dem Himmel herabgekommen“ und hat einen sterblichen Leib angenommen, der von irdischen Eltern erzeugt ist wie jeder andere irdische Leib. Diesen Leib sehen und kennen die geistlichen Führer. Jesu eigentliches Wesen aber sehen und kennen sie nicht.

Er erzeugt die nährende Matrix für den spirituellen Menschen, der in jedem irdischen Menschen als Geistprinzip verborgen ist. Er ist insbesondere „Brot" für den vierten Aspekt des spirituellen Menschen: für das Denken. Ohne eine solche nährende Matrix müsste die spirituelle Anlage im irdischen Menschen unwirksam bleiben, eingekapselt von der aus irdischen Kräften geborenen, sterblichen Persönlichkeit.

Es ist verständlich, dass die geistlichen Führer über die ihnen ganz neue Lehre murren, die ihnen Jesus bringt und die ihren Horizont weit übersteigt. In ihrem Unverständnis müssen sie zu der Ansicht kommen, dass Jesus sich zu hoch einschätzt oder gar größenwahnsinnig ist. Dieses Murren hat sich Jahrhunderte lang in den angestrengten Bemühungen der ersten Christen und Kirchenväter fortgesetzt, sich über die Natur Jesu, des Gesalbten, klar zu werden. Er ist doch ein sterblicher Mensch, von sterblichen Eltern geboren! Wie kann er zugleich unsterblicher, spiritueller Mensch sein, aus „Wort" und „Leben" geboren und bewusst, als erleuchteter Gesalbter, daraus lebend? Ein Gottessohn?

Jesus sagt zu den geistlichen Führern: Murrt nicht. Es ist verständlich, dass euch diese Sachverhalte neu und ungewohnt sind und ihr deshalb Anstoß daran nehmt. Ihr werdet sie verstehen, wenn euch der „Vater" „zieht". Dann könnt ihr zu mir kommen und alles begreifen, was euch jetzt noch unverständlich ist.

Damit enthüllt Jesus ein weiteres spirituelles Gesetz, das schon in Vers 37 angesprochen worden war: „Alles, was mir der Vater gibt, wird zu mir kommen." Nicht alle die „Seinen" nehmen das Licht auf, wenn es in die irdische Welt kommt und in die Finsternis scheint. Es genügt nicht, dass das Muster des spirituellen Menschen als spirituelles „Brot" gegenwärtig ist. Hinzukommen muss noch zweierlei: dass der Vater die „Seinen" „zieht", und dass der Mensch „von Gott gelehrt" ist.

Die spirituelle Anlage im irdischen Menschen, das dreifache Geistprinzip, ist aus Gott, aus „Wort", „Leben" und „Licht". Daher drängt Gott den Menschen von innen her zur Verwirklichung seiner Bestimmung, der spirituelle Mensch zu werden, der er seiner Anlage nach ist. Gott „zieht" ihn zu sich. Er wirkt als „Wort", „Leben" und „Licht" im Geistprinzip des Menschen.

Der Kontakt zwischen dem Sohn, der als Gesalbter das Brot ist, und der spirituellen Anlage im irdischen Menschen kommt aber nur zustande, wenn auch auf Seiten des irdischen Menschen eine bestimmte Voraussetzung erfüllt ist: die Voraussetzung der Reife. Der Mensch muss „von Gott gelehrt sein". Gott ist auch in der Außenwelt des Menschen und wirkt darin als Schicksalsgesetz: Was du säst, das wirst du ernten. Durch unzählige Erfahrungen in der vergänglichen irdischen Welt lernt der Mensch, dass seine Bestimmung nicht in ihr liegt. Kann er in Ruhm, Macht, Besitz und Sicherheit endgültige Erfüllung finden? All diese Hoffnungen werden doch über kurz oder lang enttäuscht. So erkennt er allmählich, dass sein Glück nur darin liegen kann, bewusst aus dem göttlichen Wort und den göttlichen Kräften zu leben. Sie sind unvergänglich, sie sind in seinem Innern erfahrbar.

Auf diese Weise gelangt er durch zwei Wirkungen Gottes, des „Vaters", allmählich zur Offenheit für eine Begegnung mit dem Muster des spirituellen Menschen, dem „Sohn". Er hat „vom Vater her gehört": Er spürt in sich das „Ziehen" Gottes, seine Bestimmung zu verwirklichen. Und er hat „vom Vater her gelernt": Er weiß, dass diese Bestimmung nicht in der irdischen Welt zu verwirklichen ist. Er hat es durch Schicksalserfahrungen gelernt.

Die beiden Bemühungen Gottes werden dem Menschen lange Zeit nicht bewusst. Er „sieht" den Vater nicht. Wie könnte er ihn auch sehen, da er vorläufig nur mit einem irdischen, auf die irdische Welt ausgerichteten Bewusstsein ausgestattet ist! Erst der wach gewordene, bewusst gewordene, neu geborene spirituelle Mensch, der „Sohn", sieht den Vater. Wenn ein Mensch spirituell erwacht, bemerkt er erst, wie ihn bis zu diesem Punkt, ihm unbewusst, unaufhörlich eine innere Sehnsucht – Gott – vorangedrängt hat. Er bemerkt weiter die Wege, die das Schicksal – Gott – mit ihm gegangen ist, damit er bis zum Erwachen gelangen konnte. Diese vielleicht in vielen Inkarnationen gegangenen langen Wege konnte und durfte er nicht erkennen, um die Entwicklung seiner spirituellen Anlage nicht mit seinem beschränkten irdischen Bewusstsein zu stören. Aber auf solchen verschlungenen Wegen hat ihn Gott gezogen und gelehrt.

Wer noch nicht von Gott gezogen und gelehrt ist, wird sein gewöhnliches irdisches Leben weiterführen, das Licht, wo es erscheint, nicht erkennen und nicht annehmen. Es wird aber der Zeitpunkt kommen, wo der spirituelle Mensch in ihm durch die dauernde, ihm unbewusste Wirksamkeit des „Vaters" – sei es in Gestalt unaufhörlichen inneren Drängens, sei es in Form von Schicksalserfahrungen – erwacht. Dann wird er, gezogen vom Vater, auf den Sohn, das Muster des spirituellen Menschen, antworten, indem er bewusst einen spirituellen Weg geht, an dessen Ende er selbst, als Sohn, den Vater sieht. Vorher wird er, noch blind, vom Vater dem Sohn entgegengeführt werden.

Jesus wiederholt noch einmal: Wer sich für die Möglichkeit des spirituellen Seins öffnet, wer „glaubt", wird in diesem Sein, das ewig ist, ewig leben. Der voll entwickelte spirituelle Mensch ist Nahrung, „Brot" für den noch nicht entwickelten spirituellen Menschen, „Brot des Lebens". Diese Nahrung bezieht sich auf das Denken des wahren Selbst, das unsterblich ist, während das alttestamentarische Brot, das Manna, sich auf das Denken des Ich bezog, das sterblich ist, sich aber auf einen spirituellen Weg vorbereitete.

„Fleisch" und „Blut"

6, 51 *Aber das Brot, das ich geben werde, ist zugleich mein Fleisch, das ich geben werde für das Leben der Welt.* ***52*** *Die Juden stritten nun untereinander und sagten: Wie kann dieser uns sein Fleisch zu essen geben?* ***53*** *Da sprach Jesus zu ihnen: Wahrlich, wahrlich, ich sage euch: Wenn ihr nicht das Fleisch des Sohnes des Menschen esst und sein Blut trinkt, habt ihr kein Leben in euch.* ***54*** *Wer mein Fleisch isst und mein Blut trinkt, hat ewiges Leben, und ich werde ihn auferwecken am jüngsten Tag.* ***55*** *Denn mein Fleisch ist wahre Speise und mein Blut ist wahrer Trank.* ***56*** *Wer mein Fleisch isst und mein Blut trinkt, bleibt in mir und ich in ihm.* ***57*** *Wie mich der lebendige Vater gesandt hat und ich lebe, weil der Vater lebt, wird auch der, welcher* *mich isst, leben, weil ich lebe.* ***58*** *Das ist das Brot, das aus dem Himmel herabgekommen ist, nicht wie die Väter es gegessen haben und [hernach doch] gestorben sind. Wer dieses Brot isst, wird in Ewigkeit leben.* ***59*** *Dies sprach er, als er in der Synagoge in Kapernaum lehrte.*

Jesus führt näher aus, wie der voll entwickelte spirituelle Mensch dem noch nicht entwickelten behilflich ist. Er benutzt dabei alte, scheinbar seltsame Mysteriensymbole, die nichtsdestoweniger den Vorgang treffend beschreiben: das „Fleisch" des Menschensohns, des spirituellen Menschen, „essen" und sein „Blut" „trinken". Der spirituelle Mensch ist Substanz und Kraft. Seine Substanz ist das göttliche „Wort", die Gedanken Gottes, die alles erzeugen, erhalten und seiner Bestimmung entgegendrängen. Und seine Kraft ist das göttliche „Leben", die Energie Gottes. Die Substanz des Menschensohns, im besonderen das Denken im Einklang mit dem „Wort" des Vaters, ist das „Brot". Es ist identisch mit dem „Fleisch" – „zugleich mein Fleisch" –, mit dem er dem nicht entwickelten spirituellen Menschen Lebenssinn vermittelt. Und die Kraft des Menschensohns, aus der unter anderem sein Denken lebt, sind die „Fische", identisch mit dem „Blut" – „zugleich mein Blut" –, mit dem er dem nicht entwickelten Menschen Lebensmut einflößt.

Der nicht entwickelte spirituelle Mensch braucht eine Matrix, aus der er die neue, spirituelle Lebensform entwickelt und vollzieht. Eben diese Matrix ist die vom entwickelten spirituellen Menschen ausgehende Substanz und Kraft. Es ist wie bei einem Embryo im Mutterleib. Der Embryo besitzt zwar Eigenständigkeit – eine eigene Information in den Genen –, so wie jeder spirituelle Mensch seine Eigenständigkeit besitzt. Aber um wachsen zu können, muss er die Substanz und Kraft der Mutter annehmen, ja buchstäblich „essen" und „trinken". Sie stellt ihm die Matrix zur Verfügung, in Form ihrer Substanz, ihres „Fleisches", und in Form ihrer Kraft, ihres „Blutes".

Der voll entwickelte spirituelle Mensch lebt als besondere Information und Energie im Organismus der Menschheit. Alle nicht entwickelten spirituellen Menschen müssen, wollen sie wachsen, seine Information in sich aufnehmen – essen – und seine Energie in sich aufnehmen – trinken. Das geschieht zum Beispiel, wenn sie die Worte eines entwickelten spirituellen Menschen in sich aufnehmen – schriftlich oder mündlich. Sagt nicht Jesus: „Die Worte, die ich zu euch geredet habe, sind Geist und sind Leben"? (6,63) In den Worten des Erleuchteten sind Geist und Leben, Substanz und Kraft insbesondere seines Denkens enthalten. Aus dieser besonderen Substanz und Kraft baut der noch nicht entwickelte spirituelle Mensch sein Denken auf und speist es mit Energie. Dabei besitzt er gleichwohl eine unverwechselbare Individualität.

Ausdrücklich sagt Jesus: „Wenn ihr nicht das Fleisch des Sohnes des Menschen esst und sein Blut trinkt, habt ihr kein Leben in euch." Der unentwickelte spirituelle Mensch braucht zu seiner Entwicklung Speise und Kraft, die aus der göttlichen Welt stammen. Wollte er sich mit Hilfe irdischer Substanz und Energie nähren, so käme er nicht weiter. Irdische Substanz und Energie, von irdischen Menschen ausgedachte Lehren und freigesetzte Energien, helfen ihm nichts. Sie haben eine andere Struktur und Schwingung als „himmlische" Substanz und Energie. Irdische Struktur und

Schwingung sind auf die irdische Welt abgestimmt, die aus Blut (verblendetem irdischen Denken und Fühlen), Fleischeswillen (irdischer Trägheit) und Manneswillen (irdischen Leidenschaften) aufgebaut ist. Wie könnten solche Strukturen und Schwingungen der himmlischen Substanz und Energie, die aus dem „Wort" und dem „Leben" stammen, entsprechen? Nur Substanz und Energie mit himmlischer Struktur: „Fleisch" und „Blut" des Menschensohns, sind als Nahrung für den spirituellen Menschen geeignet. Sie gehen in ihrer „Schwingung" weit über Substanz und Energie irdischer Struktur hinaus, ja sind von völlig anderer *Qualität.* Irdische „Nahrung" ist aus Finsternis gewonnen, himmlische aus Licht. Und nur Substanz und Energie himmlischer Qualität vermitteln ewiges Leben, denn nur sie stammen aus der Welt des ewigen Wortes und Lebens. Substanz und Energie irdischer Qualität dagegen vermitteln ein Leben, das unweigerlich dem Tod unterworfen ist.

So wie der spirituelle Mensch aus Wasser und Geist, aus „Leben" und „Wort" geboren wird, so muss er sich auch mit Speisen ernähren, die aus „Leben" und „Wort" stammen: mit dem „Fleisch" und dem „Blut" des Menschensohns.

Diese Erklärungen Jesu beziehen sich nicht auf irgendwelche Rituale, sondern auf geistig-seelische Realitäten. Nur wer tatsächlich die Strukturen und Schwingungen des spirituellen Menschen, die im Organismus der Menschheit vorhanden sind, aufnimmt, also das „Fleisch" des Menschensohns isst und das „Blut" des Menschensohns trinkt, entwickelt sich als spiritueller Mensch. Er kann das und er wird das tun, auch wenn es für ihn kein rituelles Abendmahl gibt, bei dem „Brot" und „Wein" für Fleisch" und „Blut" des Menschensohns stehen. Er kann und er wird als erwachender spiritueller Mensch Fleisch und Blut des Menschensohns aufnehmen, auch ohne dem Namen nach Christ zu sein. Er kann jeder beliebigen Religion angehören, ja sogar Atheist sein. Wenn er auf irgendeine Weise an Substanz und Kraft eines spirituellen Menschen Anteil erhält, nimmt er Fleisch und Blut des Menschensohns zu sich. Ein christliches Abendmahlsritual mit Brot und Wein kann diesen Vorgang veranschaulichen und dadurch bewusster machen. Aber wenn ein Mensch das rituelle Abendmahl nimmt, ohne wirklich, im Leben, die Struktur und Schwingung des vollkommenen spirituellen Menschen in sich aufzunehmen und dadurch den spirituellen Menschen im eigenen Innern zu nähren, nimmt er das Abendmahl vergeblich.

Das Muster des voll entwickelten spirituellen Menschen ist die Matrix, in welcher der noch nicht entwickelte heranwachsen kann. Er ist in die Struktur und Schwingung des vollkommenen spirituellen Menschen eingebettet wie ein Embryo in den Mutterleib. Daher sagt Jesus: „Wer mein Fleisch isst und mein Blut trinkt, der bleibt in mir." Und er fährt fort: „Und ich in ihm". Der sich entwickelnde spirituelle Mensch spürt, dass Substanz und Kraft des voll entwickelten ihn von innen her stärken. Immer, wenn das „Wort" eines spirituellen Menschen als Gedanke, Gefühl, Lebenskraft oder Handlung in ihm Gestalt annimmt, weiß er, dass der Menschensohn, der Christus, in ihm wirkt und lebt.

Damit weiß er auch, dass der „Vater" in ihm lebt. Denn Substanz und Kraft des Menschensohns stammen aus göttlichem „Wort" und „Leben", dem „lebendigen Vater". Ein solcher Mensch lebt ewig, weil er aus der Struktur und den Schwingungen des Menschensohns lebt, und weil Struktur und Schwingungen des Menschensohns wiederum aus dem ewigen göttlichen „Wort" und „Leben" stammen.

Wieder begreifen die geistlichen Führer, die „Juden“, nicht und streiten sich untereinander. Der Streit hat sich, in anderer Form, durch die Jahrhunderte fortgesetzt. Heute streiten sich die Konfessionen darüber, ob im Brot oder Wein des Abendmahlsrituals Fleisch und Blut Jesu wirklich oder nur symbolisch anwesend seien. Aber der Streit wird gegenstandslos, sobald man einsieht: Entscheidend ist, ob ein Mensch im *Leben* Substanz und Kraft des Menschensohns – als geistig-seelische Nahrung für den spirituellen Menschen – zu sich nimmt.

Das „Fleisch“ der Auferstehung

6, 60 *Viele nun von seinen Schülern, die es hörten, sagten: Diese Rede ist hart, wer kann sie anhören?* ***61*** *Da aber Jesus bei sich selbst wusste, dass seine Schüler darüber murrten, sprach er zu ihnen: Das bereitet euch Anstoß?* ***62*** *Wenn ihr nun [erst] den Sohn des Menschen [dorthin] werdet auffahren sehen, wo er zuvor war –?* ***63*** *Der Geist ist es, der lebendig macht, das Fleisch hilft nichts; die Worte, die ich zu euch geredet habe, sind Geist und sind Leben.* ***64*** *Aber es sind etliche unter euch, die nicht glauben. Jesus wusste nämlich von Anfang an, wer die waren, die nicht glaubten, und wer der war, der ihn verraten würde.* ***65*** *Und er sprach: Deshalb habe ich euch gesagt, dass niemand zu mir kommen kann, es sei ihm denn vom Vater aus gegeben.* ***66*** *Von da an zogen sich viele seiner Schüler zurück und wandelten nicht mehr mit ihm.*

Das Fleisch des Menschensohns, das fünffache Brot, ist ein anderes Fleisch als die fünffache Gedankensubstanz des irdischen Menschen, und das Blut des Menschensohns, die beiden Fische, ein anderes Blut als die Gedankenenergie des irdischen Menschen. Der irdische Mensch ist sterblich, sowohl seinem Ich als auch seinem Denken, Fühlen und Leben nach – erst recht als materieller Körper, als materielles „Fleisch“. Der spirituelle Mensch dagegen ist unsterblich, sowohl seinem neuen Ich als auch seinem neuen Denken, Fühlen und Leben nach – bis in Aspekte des materiellen Körpers, bis ins materielle „Fleisch“ hinein. Das Neue Testament spricht von der Auferstehung auch des Fleisches. Damit meint es, dass der spirituelle Mensch aus spiritueller Substanz und spirituellem Leben nicht nur ein neues, unsterbliches Denken, Fühlen und biologisches Leben aufbaut, sondern auch ein neues feinmaterielles Handlungsinstrument, ein neues „Fleisch“, einen geistigen „Leib“.

Auf diesen Sachverhalt bezieht sich Jesus, wenn er zu seinen Schülern sagt: „Wenn ihr nun erst den Sohn des Menschen dorthin werdet auffahren sehen, wo er zuvor war?“ Denn nicht nur die geistlichen Führer, auch einige der Schüler Jesu nehmen Anstoß an seinen Erklärungen über das Fleisch und das Blut des Menschensohns, von denen der sich entwickelnde spirituelle Mensch essen und trinken muss.

Und Jesus erklärt: Schon die Lehre von der „Ernährung“ des spirituellen Menschen durch spirituelles Fleisch und Blut ist schwer zu verdauen. Noch viel schwerer zu verdauen aber ist die Lehre, dass der Sohn des Menschen, jeder entwickelte spirituelle Mensch, mit einem neuen Fleisch und Blut, mit einem geistigen Leib, in die göttliche Welt „auffahren“ wird, aus der er hervorgegangen ist. Er wird bewusst in die göttliche Welt eingehen und mit einem neuen Handlungsinstrument, einem geistigen Fleisch, aus dem göttlichen „Wort“ und „Leben“ handeln. Wenn ihr schon, sagt Jesus, die Realität der Ernährung des spirituellen Menschen mit dem Fleisch des Menschensohns nicht annehmen wollt, wie wollt ihr dann die Realität der Auferstehung des spirituellen Menschen im geistigen Fleisch des Menschensohns annehmen?

Und sind Klarheit und Verständnis für den Vorgang der Auferstehung im geistigen Fleisch bis heute gewachsen? Den Schülern Jesu hatte dieser Vorgang Anstoß bereitet. Ebenso bereitet er vielen heutigen Christen Anstoß. Sie versuchen, die Auferstehung anders zu erklären. Die Meinungen reichen von der Auffassung, dass das gewöhnliche, irdische, sterbliche Fleisch Jesu unsterblich auferstand, bis zur Erklärung, dass nur die Lehre Jesu in den Menschen, nachdem Jesus getötet war, auferstand.

Aber ist der Vorgang, den Jesus schildert, so abwegig? Sicher ersteht nicht das sterbliche Fleisch unsterblich auf. „Der Geist ist es, der lebendig macht, das Fleisch hilft nichts.“ Das irdische, sterbliche Fleisch, der grobmaterielle, irdischen Augen sichtbare Körper kann gewiss nicht unsterblich werden. Doch wenn im irdischen Menschen der spirituelle Mensch, aus Wasser und Geist, göttlicher, unsterblicher Energie und Information, geboren ist, und bewusst, vom himmlischen Fleisch und Blut des Menschensohns ernährt, ein neues Ich mit Denken, Fühlen und Lebenskraft aufbaut – sollte dann nicht auch der siebte Aspekt dieses neuen Menschen, der materielle Körper, durch spirituelle Substanz und Energie wenigstens teilweise so verändert werden können, dass er zu neuer Materie wird, zu neuer Substanz und Kraft, die unsterblich sind? Sollte also nicht auch ein neues Fleisch, ein feinmaterieller Geistleib, unsichtbar für irdische Augen, auferstehen und ewig leben können?

Noch einmal klärt Jesus, was sein Fleisch und sein Blut sind und wie sie anderen übertragen werden können. Sein Fleisch und sein Blut sind „die Worte, die ich zu euch geredet habe“. Denn in den Worten des Menschensohns sind Substanz und Kraft des spirituellen Menschen enthalten, die dem göttlichen „Wort“ und „Leben“ entsprechen. Wer Substanz und Kraft eines spirituellen Menschen in sich aufnimmt, der nimmt Geist und Leben, göttliches Wort und göttliche Energie, „Geist“ und „Wasser“ in sich auf. Nur der Geist ist es, der lebendig macht, weil der Geist als göttliche Struktur und Energie des Alls ewig lebendig ist, während alles aus der irdischen Welt Geborene, das irdische „Fleisch“, nichts hilft. Es ist vergänglich, da aus Vergänglichem geboren, und kann nur zum Tod führen.

Selbst im weiteren Schülerkreis Jesu sind „etliche, die nicht glauben“. Sie können sich den Worten des spirituellen Menschen, die Geist und Leben sind, nicht öffnen und daher auch den spirituellen Möglichkeiten nicht öffnen, die von der Geburt des spirituellen Menschen bis zur Auferstehung, im – geistigen – Fleisch, führen. Sie können sich nicht öffnen, weil es ihnen „vom Vater aus“ nicht gegeben ist. Die Anlage zum spirituellen Menschen in ihnen schlummert noch zu tief, und die leidvollen Erfahrungen in der vergänglichen Welt haben sie noch nicht zur Einsicht in ihre eigentliche Bestimmung gebracht. Gott hat sie noch nicht „gelehrt“. Aber einmal werden alle „von Gott gelehrt sein“.

Jene im Schülerkreis, die nicht glauben können, ziehen sich von Jesus zurück. „Sie wandelten nicht mehr mit ihm." Zu abstrus erscheinen ihrem irdischen, noch nicht genügend erhellten Denken die Lehren Jesu.

Befremdlich wirkt in diesem Zusammenhang die in kurzen Abständen vier Mal wiederholte Wendung „sondern es auferwecke am jüngsten Tag" oder „und ich werde ihn auferwecken am jüngsten Tag" (Vers 39,40,44 und 54). Man hat, gerade wegen dieser hartnäckigen Wiederholung, das Gefühl, dass die Wendung später eingefügt worden ist, um dem Dogma von der Auferstehung am Jüngsten Tag Nachdruck zu verleihen. Jesus hatte doch gesagt – und der Evangelist hatte es so wiedergegeben: „Wer mein Fleisch isst und mein Blut trinkt, *hat* ewiges Leben." Oder: Wenn jemand die „Worte, die ich zu euch geredet habe" (Vers 63), aufnimmt und verwirklicht, nimmt er Geist und Leben auf. Er isst das Fleisch und trinkt das Blut des vollkommenen spirituellen Menschen und *hat* dadurch ewiges Leben, da er mit ewiger Substanz und Kraft erfüllt ist.

Ein späterer Kommentator verstand wohl nicht mehr, dass das ewige Leben ein Leben im Jetzt ist, und dass die Auferstehung in der Gegenwart erlebt werden kann. Er verlegte das ewige Leben in eine ferne Zukunft. Er fasste es als Ergebnis eines äußeren Gnadenaktes des Gottessohns auf, der den sterblichen Leib zu unsterblichem Leben erweckt, statt als Ergebnis einer inneren spirituellen Entwicklung in den Kräften des Gottessohns, durch die ein unsterblicher Geistleib aufersteht. Möglicherweise knüpfte er dabei an im Alten Testament enthaltene Vorstellungen über eine Auferstehung der „im Erdenstaub" schlafenden Toten am „Ende der Tage" an (vgl. etwa Daniel 12, 1–12).

Die „Seinen" aber wachen schon auf und leben, sobald sie die Wirkung der spirituellen Matrix, die überall ausgebreitet ist, verspüren und glaubend darauf reagieren. So ein Mensch muss nicht bis zu einem „Jüngsten Tag" am Ende der Menschheitsgeschichte warten, um von einem Gottessohn „auferweckt" zu werden. Wenn bei ihm überhaupt von einem „Jüngsten (letzten) Tag" die Rede sein kann, so ist es der Tag seiner Neugeburt aus Wasser und Geist, der Tag, an dem das aus Blut, Fleischeswillen und Manneswillen geborene Leben prinzipiell zu Ende ist.

Die Erkenntnis des Petrus

6, 67 *Jesus sprach nun zu den Zwölfen: Wollt etwa auch ihr hinweggehen?* ***68*** *Simon Petrus antwortete ihm: Herr, zu wem sollten wir gehen? Du hast Worte ewigen Lebens,* ***69*** *und wir haben geglaubt und erkannt, dass du der Heilige Gottes bist.* ***70*** *Jesus antwortete ihnen: Habe nicht ich euch Zwölf erwählt? Und unter euch ist einer ein Teufel.* ***71*** *Er meinte aber Judas, den Sohn des Simon Ischarioth, denn dieser sollte ihn verraten, einer von den Zwölfen.*

Im Lauf der Ereignisse und Erörterungen um das spirituelle „Brot", die lebendige Nahrung für das spirituelle Denken, haben sich verschiedene Reaktionen der Menschen gezeigt. Zuerst, als es um die Unerschöpflichkeit des „Brotes" ging, schieden sich die Hungernden in solche, die es nur zur Belebung ihres alten Denkens durch neue Lebensperspektiven gebrauchen wollten, und solche, die es richtig als Aufforderung zur Neuorientierung und Neuwerdung ihres Denkens auffassten und als „Zeichen“ werteten.

Dann stellte Jesus das „Manna“, das Brot des alten Testaments, dem lebendigen Brot des neuen Testaments gegenüber, wobei der spirituelle Mensch selbst dieses lebendige, wahre Brot ist. Er gibt es, indem er sich selbst gibt: all seine Eigenschaften und Kräfte, insbesondere seine Gedanken und Worte. Hier „murrten“ die geistlichen Führer, da sie nicht begreifen konnten, dass es einen spirituellen Menschen gibt, der als dreifaches Geistprinzip im irdischen Menschen „schläft“, und wenn erwacht und erwachsen geworden, sich neue, unsterbliche Hüllen und Ausdrucksmittel des Denkens, Fühlens, Lebens und Handelns schafft.

Schließlich erklärte Jesus, dass der vollkommene spirituelle Mensch als lebendiges Brot Substanz und Kraft, „Fleisch“ und „Blut“ ist; dass andere, noch nicht entwickelte spirituelle Menschen dieses „Fleisch“ und „Blut“ aufnehmen können und müssen, wenn sie sich, wie ein Embryo im Mutterleib, entwickeln wollen, und dass es sich hier um spirituelles „Fleisch“ und „Blut“, nicht um irdisches Fleisch und Blut handelt. Daraufhin stritten sich die geistlichen Führer, weil sie nicht verstanden oder nicht von diesem spirituellen „Fleisch“ und „Blut“ abhängig sein wollten. Selbst viele Schüler aus der weiteren Umgebung Jesu wandten sich ab, sei es, dass sie nicht verstanden, sei es, dass auch sie nicht wahrhaben wollten, dass sie in ihrer spirituellen Entwicklung von einer unirdischen Substanz und Energie, dem spirituellen „Fleisch“ und „Blut“ eines „Sohnes des Menschen“ abhängig sein sollten.

Die zwölf engsten Schüler Jesu dagegen mit Petrus als Wortführer bleiben. Sie haben erkannt, dass ohne „Fleisch“ und „Blut“, ohne Substanz und Kraft des entwickelten spirituellen Menschen, eine spirituelle Entwicklung nicht möglich ist. Und da diese Entwicklung ihr Lebensziel ist, da sie nicht anders können, als diesem Ziel zu folgen, bleiben sie unbedingt bei Jesus, dem Christus, dem entwickelten spirituellen Menschen, um von ihm „Fleisch“ und „Blut“ aufzunehmen: „Worte des ewigen Lebens“, Worte, die „Geist und Leben“, spirituelles Fleisch und Blut, sind. Woanders als bei einem spirituell entwickelten Menschen finden sie diese unerlässliche Nahrung nicht, bei keiner religiösen, wissenschaftlichen oder kulturellen Institution der irdischen Welt, erst recht nicht bei sich selbst, befangen im irdischen Blut, Manneswillen und Fleischeswillen, wie sie noch sind. „Herr, wohin sollen wir gehen?“

Die Zwölf mit Petrus an der Spitze haben „geglaubt und erkannt“, weil Gott sie „gelehrt“ hat. In ihnen ist die Anlage des spirituellen Menschen schon wach geworden, und deshalb können sie sich den Worten Jesu öffnen und *„glauben“*. Ja sie können jetzt, gerade weil sie Substanz und Kraft des spirituellen Menschen schon lange Zeit in sich aufgenommen haben, sogar *„erkennen“*. Die Szene demonstriert, welche Folgen die Aufnahme, das „Essen“ von „Fleisch“ und „Blut“ des spirituellen Menschen hat. Wer sich von Substanz und Kraft des spirituellen Menschen nährt, dessen Anlage zum spirituellen Menschen öffnet sich nicht nur, sondern wird auch bewusst und kann am „Zeichen“, an der Wirkung des spirituellen Menschen erkennen, woher diese Substanz und Kraft kommen: vom „Heiligen Gottes“, vom vollkommenen spirituellen Menschen, der aus göttlichem „Wort“ und „Leben“ lebt und daher heil – heilig – ist.

Deshalb steht diese Szene mit der Erkenntnis des Petrus bei den Synoptikern, den anderen drei Evangelisten, ebenfalls unmittelbar hinter dem „Wunder" der Brotvermehrung. Wer Substanz und Kraft des spirituellen Menschen aufnimmt, in dem entsteht spirituelles Bewusstsein. Das wahre Selbst wird bewusst und erhellt und verändert das Denken. Es erkennt bewusst Struktur und Energie des spirituellen Menschen in sich selbst und außerhalb von sich selbst.

Es geht hier nicht um ein *Bekenntnis* des Petrus, etwa weil er durch das „Wunder" der Brotvermehrung erneut die Bestätigung der Gottessohnschaft Jesu erhalten hätte. Es handelt sich vielmehr um eine *Erkenntnis*: „Wir haben geglaubt und erkannt." Nach dem Glauben, der Offenheit für die Gedanken und Energien des vollkommenen spirituellen Menschen, stellt sich, wenn der Schüler diese Gedanken und Energien lange genug in sich hat wirken lassen, Erkenntnis ein: das denkende Erfassen dieser Gedanken und Energien mit einem neuen, nicht mehr an der irdischen Welt orientierten Verstand. Das neue Denken erkennt die spirituellen Gedanken und Energien als Eigenschaften und Kräfte des vollkommenen spirituellen Menschen, als das „lebendige Brot", als den „Heiligen Gottes".

Doch gerade mit dieser Bewusstwerdung und diesen neuen Fähigkeiten des Denkens stellt sich auch eine Gefahr ein. Jesus hat alle Zwölf erwählt, einschließlich des Judas. Auch für Judas hat der spirituelle Mensch seine Substanz und Kraft, das lebendige Brot, das er ist, gegeben, und Judas hat es in sich aufgenommen. Auch Judas hat geglaubt und erkannt, dass Jesus „Worte des ewigen Lebens" hat und der „Heilige Gottes" ist. Auch Judas bleibt vorläufig beim spirituellen Menschen, weil er erlebt hat, dass er ohne dessen „Fleisch" und „Blut" in seiner spirituellen Entwicklung nicht vorankommt. Und doch ist er ein „Teufel". In einem gegebenen Augenblick bemächtigt sich seiner der Teufel – die Anmaßung des irdischen, aus Blut, Manneswillen und Fleischeswillen geborenen Menschen, das Maß aller Dinge zu sein. Judas verrät den spirituellen Menschen in sich, der sich schon weitgehend entfaltet hatte, und räumt dem Teufel in sich, dem Prinzip der Anmaßung, Macht über sich ein. Er verrät Jesus an jene irdischen Instanzen, welche dieselbe Anmaßung verkörpern.

Es ist kein Zufall, dass der Evangelist die Charakterisierung des Judas gleich nach der Erkenntnis des Petrus anfügt. Denn die Gefahr des Verrats ist gerade anlässlich einer solchen Erkenntnis am größten. Es ist wie bei den von den Synoptikern berichteten Versuchungen Jesu in der Wüste. Gerade nachdem Jesus mit dem heiligen Geist getauft war und bewusste Erkenntnis von der göttlichen Welt erhalten hatte, wurde er vom Teufel – dem auch in seinem irdischen Wesen wirkenden Prinzip der Anmaßung – versucht. Gerade wenn ein Mensch neue spirituelle Kräfte empfängt, versucht der Teufel sich dieser Kräfte zu bemächtigen und sie für sich einzuspannen. Denn eben die neuen spirituellen Kräfte und Möglichkeiten reizen den irdischen Macht-, Geltungs- und Besitztrieb, sich ihrer zu bedienen, statt zu ihren Gunsten zurückzutreten.

Doch besitzt ein Mensch, in dem neue Erkenntniskräfte wach werden, gerade dadurch auch die Möglichkeit, den Teufel in sich bewusst zu erkennen und abzuwehren. Judas indessen ergreift diese Möglichkeit nicht. Als ihm später der „Bissen" – spirituelles „Brot" – gereicht wird (13,26–27), tritt der Versucher, der Teufel, auf ihn zu. Judas erliegt der Versuchung und wird so selbst zum „Teufel". Deshalb zitiert

Jesus in Kapitel 13,18 das Psalmwort: „Der mein Brot isst, hat seine Ferse wider mich erhoben.“ Judas, der Jesu „Brot“ isst, empört sich gegen seinen Meister und verrät ihn.

Warum lässt Jesus Judas bei sich, wenn er doch, wie schon Vers 64 erzählt, die innere Verfassung dieses Schülers kennt und weiß, dass sich Judas im Augenblick der Wahrheit gegen ihn entscheiden wird? Jesus tut nichts gegen die göttlichen Entwicklungsgesetze. Er selbst hat Judas, einen von den Zwölfen, „erwählt“. Auch Judas ist von Gott „gelehrt“ und vom Vater zum Sohn „gezogen“ worden. In diese Vorgänge darf niemand eingreifen. Das ist eine Angelegenheit nur zwischen diesem Menschen und Gott. Und auch in den Vorgang der Versuchung darf niemand eingreifen. Der Schüler muss sich, wenn er Erkenntnis gewonnen hat, selbstständig mit dem Versucher im eigenen Wesen, der diese Erkenntnis für sich ausnützen will, auseinandersetzen. Nur so entwickelt er Selbstständigkeit und Freiheit, wesentliche Eigenschaften des spirituellen Menschen. Diese Chance eines Schülers darf von niemandem behindert werden, auch nicht von seinem Meister. Der Betreffende hat sich selbst auf diese Chance hin entwickelt. Er ist jetzt auch verantwortlich dafür, ob er sie nutzt oder nicht.

Jesus als spiritueller Mensch weiß zudem, dass jede Entwicklung ihre Zeit hat. Wenn es so weit ist, wird sich das Ergebnis des inneren Kampfes in Judas deklarieren. Es wird so weit sein, sobald die Entwicklungen aller anderen Menschen, die am Geschehen um den Menschensohn beteiligt sind – zum Beispiel der geistlichen Führer und des Volkes – an einem Krisispunkt zusammentreffen. Auch in die zu diesem Krisispunkt führenden Entwicklungen und in den Krisispunkt selbst darf nicht eingegriffen werden. Es müssen sich die notwendigen Entwicklungen vollziehen. Der spirituelle Mensch lässt sie zu, denn nur so offenbaren sich auch die ihm feindlichen Einstellungen seiner Gegner, können diesen bewusst und auf lange Sicht von ihnen überwunden werden. Und nur so offenbart sich schließlich der spirituelle Mensch selbst im Bewusstsein aller Menschen, seien sie ihm vorläufig noch feind, seien sie ihm freund.

Zwischenspiel Laubhüttenfest: Öffentliche Wirksamkeit des vollkommenen spirituellen Menschen

Die Geschehnisse am Laubhüttenfest in Jerusalem illustrieren, welche Arbeitsgrundlage und Arbeitsweise ein spiritueller Mensch und seine Schülergemeinschaft besitzen, wie sich ihre Arbeit entwickelt und welche Beziehung sich im Lauf der Zeit zwischen ihnen und dem Volk sowie den geistlichen Führern herausbildet. Alle überhaupt nur möglichen Aspekte einer solchen Arbeit und Beziehung werden vom Evangelisten angesprochen, weshalb seine Darstellung für alle Zeiten gilt. Immer wenn ein entwickelter spiritueller Mensch in seiner weiteren oder engeren Umgebung wirkt, werden sich solche Verhältnisse einstellen.

Folgerichtig stehen diese Passagen genau an dieser Stelle des Evangeliums. Denn wenn ein voll entwickelter spiritueller Mensch das intuitive Denken als vierte Hülle der spirituellen Matrix in der Welt verankert und es seinen Schülern als Einsicht in den spirituellen Lebenssinn – als „Brot" – und als daraus entspringende Zuversicht – als „Fische" – vermittelt, wird sich gerade auch die Frage stellen, auf welche Weise dieser Lebenssinn unter den verschiedensten Umständen verwirklicht werden muss.

Der Evangelist geht systematisch vor, wie wenn heutzutage jemand eine Abhandlung schriebe. Nur stellt er die verschiedenen Aspekte des Themas immer wieder an Hand kleiner, in sich geschlossener Szenen oder Aussprüche dar, die er aneinanderreiht, ohne dass die Textteile ihrem raumzeitlichen Rahmen nach immer zusammenstimmen müssten. Ein zeiträumlicher Gesamtrahmen ist allerdings gegeben: das Laubhüttenfest.

Da der Verfasser des Johannesevangeliums auch ein großer Dichter ist, passt dieser Gesamtrahmen genau zu seinen Ausführungen und spiegelt sie wider. Das Laubhüttenfest war teils ein herbstliches Erntefest, teils wurde es zur Erinnerung an den Durchzug der Israeliten durch die Wüste gefeiert. Gott hatte durch den Mund Moses die Einsetzung dieses Festes befohlen, um seinem Volk ins Gedächtnis zu rufen, dass es beim Durchzug durch die Wüste – und so ein Durchzug durch die Wüste ist auch die spirituelle Arbeit eines Eingeweihten und seiner Schüler –, ständig aufbruchsbereit sein musste. Man darf sich keine festen Häuser bauen und muss in provisorischen Laubhütten wohnen, damit das Ziel, das Gelobte Land, niemals aus dem Auge verloren wird. Das Laubhüttenfest erinnert somit daran, dass man sich in der „Wüste" befindet und darauf achten muss, das Ziel im Auge zu behalten. Es ist zugleich ein Fest der Freude darüber, dass man zur unvergänglichen Welt unterwegs ist und sich in der unzuverlässigen vergänglichen Welt gar nicht erst fest einzurichten *braucht*. Man hält den Blick auf die unvergängliche Welt gerichtet. Und das Wassergussopfer, das an diesem Fest gebracht wird, versinnbildlicht die Hoffnung auf Wasser – auf lebendiges spirituelles Wasser in der „Wüste" der vergänglichen Welt.

Sieben Tage lang und einen achten dauert das Fest. Der erste Tag dient der Vorbereitung, die ersten sieben Tage zusammen stellen die Zeit des Unterwegsseins dar. Wenn diese Periode beendet ist – eine abgeschlossene Einheit, sieben Tage –, geschieht am achten Tag der Durchbruch zu etwas Neuem: der Einzug ins Verheißene Land.

Entsprechend dem Charakter dieses Festes ist die Abhandlung des Evangelisten inhaltlich und formal aufgebaut. Jesu Wirksamkeit in der Öffentlichkeit ist ein Weg durch die „Wüste". Denn die Reaktionen auf ihn und seine Lehre sind überwiegend feindlich, ja bedrohlich. Und es kommt darauf an, bei dieser Arbeit niemals an irdischen Zielen hängenzubleiben, sondern sich stets vom spirituellen Ziel der Arbeit leiten zu lassen.

In drei Teilen zeigt der Evangelist die Zeit unmittelbar vor dem Fest und zum Beginn, dann die Wirksamkeit Jesu in der „Mitte des Festes" und schließlich die Situation am letzten Tag des Festes, der den Durchbruch zu etwas Neuem bringt. Auf diese Weise kennzeichnet er an Hand des Festverlaufs auch den Verlauf und die Entwicklung, die eine spirituelle Arbeit immer in der Öffentlichkeit nimmt.

Zuerst geht es um die grundsätzlichen Bedingungen dieser Arbeit und um die Einstellung des Eingeweihten zu ihr. Dies wird durch die Situation vor dem Fest und das

Verhalten Jesu zur Frage, ob er zum Fest hinaufziehen soll, illustriert. Soll er das Fest für sich selbst und sein Ansehen als Lehrer nutzen? Oder gelten für ihn andere Maßstäbe?

Bedingungen der Wirksamkeit

*7, **1** Und danach zog Jesus in Galiläa umher; denn er wollte nicht in Judäa umherziehen, weil die Juden ihn zu töten suchten. **2** Es war aber das Fest der Juden, das Laubhüttenfest, nahe. **3** Seine Brüder sagten nun zu ihm: Geh von hier fort und zieh hin nach Judäa, damit auch deine Schüler die Werke sehen, die du tust! **4** Denn niemand tut etwas im Verborgenen und sucht [doch] selber öffentlich in Ansehen zu stehen. Wenn du solches tust, so mache dich der Welt offenbar! **5** Denn auch seine Brüder glaubten nicht an ihn. **6** Da sagt Jesus zu ihnen: Meine Zeit ist noch nicht da; eure Zeit aber ist immer bereit. **7** Die Welt kann euch nicht hassen, mich aber hasst sie; denn ich bezeuge, dass ihre Werke böse sind. **8** Geht ihr hinauf zum Fest! Ich gehe nicht zu diesem Fest hinauf; denn meine Zeit ist noch nicht da. **9** Nachdem er ihnen aber dies gesagt hatte, blieb er in Galiläa. **10** Als jedoch seine Brüder zum Fest hinaufgegangen waren, da ging auch er hinauf, nicht offenkundig, sondern gleichsam im geheimen. **11** Die Juden nun suchten ihn am Fest und sagten: Wo ist jener? **12** Und in der Volksmenge war viel Gemurmel über ihn. Die einen sagten: Er ist gut; andre sagten: Nein, sondern er führt das Volk irre. **13** Doch redete niemand frei heraus über ihn aus Furcht vor den Juden.*

Die Einstellung der „Juden“, der geistlichen Führer, zu Jesus, dem spirituellen Menschen, ist ausgesprochen feindlich. Sie wollen ihn töten, so wie immer das Althergebrachte und Erstarrte das Neue und Lebendige beseitigen will, weil es sich davon in seiner Existenz bedroht fühlt. Und es könnte und sollte sich doch als Vorbereitung auf das Neue verstehen und es freudig als die Erfüllung willkommen heißen, die auch der Vorbereitung erst ihren Sinn gibt! Jesus trägt der Feindseligkeit der „Juden“ Rechnung, indem er vorläufig in Galiläa bleibt und nicht nach Judäa hinaufzieht. Trotzdem weiß er, dass die Zeit der Konfrontation kommen muss und wird. Denn der spirituelle Mensch wird mit dem irdischen notwendig zusammenstoßen, in der Menschheit, in einem Volk, wie auch in jedem Einzelnen, in dem die Anlage zum spirituellen Menschen wach wird. Der irdische Mensch wird sich vom spirituellen immer entlarvt und in Frage gestellt fühlen.

Jesus weiß andererseits, dass der Zeitpunkt der Konfrontation nicht von den eigenen Überlegungen abhängt und abhängen darf. Er hängt von Entwicklungsgesetzen ab, auf die der irdische Mensch keinen Einfluss hat und denen der spirituelle Mensch, da er sie kennt und ihre Notwendigkeit einsieht, freiwillig gehorcht. Der spirituelle Mensch hat „seine Zeit“. Es sind die zeitlich unabänderlich festgelegten Entwicklungsgesetze der spirituellen und irdischen Welt, die den Zeitpunkt seines Handelns bestimmen. Auch der irdische Mensch hat „seine Zeit“. Aber diese Zeit ist „immer bereit“. Der irdische Mensch handelt aus Motiven, die ständig auf dem Sprung liegen, zum Beispiel aus Eifersucht und Machtgier. Der Zeitpunkt seines

Handelns ist von seinen eigenen Manipulationen abhängig, und diese wiederum von seinen spontanen Bedürfnissen, gleichgültig, ob es spirituell „an der Zeit ist“ oder nicht.

Die Brüder Jesu verkörpern den irdischen Menschen, so wie ihn seinerzeit die Mutter Jesu bei der Hochzeit in Kana verkörpert hatte, nur mit dem Unterschied, dass die Mutter für den spirituellen Menschen aufgeschlossen gewesen war, die Brüder Jesu jedoch nicht. „Sie glaubten nicht an ihn“, sie sind in ihren irdischen Interessen und Überlegungen gefangen. Auch damals, bei der Hochzeit, war es darum gegangen, dass die „Zeit“ des irdischen Menschen nicht die des spirituellen Menschen ist. Die Blutsverwandten eines spirituellen Menschen wie Jesus verkörpern das Blut, den Manneswillen und Fleischeswillen in ihm und außerhalb von ihm, die Tendenz, nach irdischen Motiven und Überlegungen, nach irdischer „Zeit“ zu verfahren, statt der spirituellen Notwendigkeit, der spirituellen „Zeit“ zu folgen.

Für die Brüder Jesu steht fest: Wer als Volksführer und -lehrer Erfolg haben will, muss öffentlich auftreten, sich Ansehen erwerben und Gelegenheiten wie ein solches Fest beim Schopf packen. Ihre Zeit ist „immer bereit“. Sie bräuchten als irdische Menschen außerdem nicht damit zu rechnen, dass ihnen abgründiger Hass aus der irdischen Welt entgegenschlägt. Zwar pflegt ein Emporkömmling als Konkurrent der Etablierten ebenfalls gehasst zu werden. Doch ist dieser Hass nur vordergründig. Ein neuer Bewerber um Rang, Ansehen und Macht durchkreuzt wohl die Interessen seiner Gegner. Aber ihre Interessen liegen auf derselben Ebene. Die Brüder Jesu sind selbst von der Welt, und „ihre Werke sind böse“. Daher kann die Welt sie nicht wirklich hassen.

Für den spirituellen Menschen dagegen gilt: Er richtet sich nicht nach Motiven wie Ansehen und Macht, er ist nicht darauf aus, sich Anhänger zu erwerben und greift nicht nach jeder scheinbar günstigen Gelegenheit. Er nützt ein solches Fest nicht aus. Er gehorcht nur den Entwicklungsgesetzen, die sich in der göttlichen und irdischen Welt vollziehen und arbeitet mit ihnen mit. Er braucht nicht für sich zu werben. Er informiert über sein Dasein und seine Lehre und weiß, dass „Gott alle zieht“, die zu ihm kommen wollen. Deshalb kann er abwarten. Seine „Zeit ist noch nicht da“. Er rechnet auch immer damit, dass ihm glühender Hass entgegenschlägt. Sein spirituelles Wesen entlarvt das irdische Wesen. Jesus „bezeugt, dass ihre Werke böse sind“. Und diese Entlarvung erzeugt abgründigen Hass.

Die Auseinandersetzung zwischen dem spirituellen Menschen und dem irdischen Menschen über die geeignete Arbeitsweise findet in jeder Gruppe statt, die der Öffentlichkeit eine spirituelle Lehre und einen spirituellen Weg vorstellen will, aber auch in jedem Einzelnen, in dem sich die Anlage zum spirituellen Menschen entfalten möchte. Die irdischen Verwandten des spirituellen Menschen legen ihm immer nahe, für sich zu werben, aufzutrumpfen und alle Möglichkeiten irdischer Propaganda auszunützen. Sie können nicht wissen, mit welchem Hass der Eingeweihte in der Welt rechnen muss. Der Eingeweihte selbst aber weiß es und rechnet damit. Und er verlässt sich allein auf die spirituellen Gesetze und Notwendigkeiten, denen er unverbrüchlich gehorcht.

Geht also ihr hinauf zum Fest und verfolgt dort eure Interessen, sagt Jesus zu seinen Brüdern. Ich gehe nicht hinauf, denn „meine Zeit ist noch nicht da“. Meine Beweggründe und meine Arbeitsweise sind anders als die euren. Ich folge einer spirituellen Notwendigkeit, nicht irdischen Motiven. Ich weiß, dass sich das Licht und der Sucher nach dem Licht finden werden, ohne dass das Licht groß auf sich aufmerksam machen muss. Und ich rechne immer mit dem Hass der Menschen.

Wenn Jesus dann doch zum Fest hinaufgeht, straft er sich nicht selbst Lügen, wie man ihm häufig anlässlich dieser Stelle vorgeworfen hat. Mit dem Ausspruch: „Ich gehe nicht hinauf, denn meine Zeit ist noch nicht da“, hatte er ja nur dokumentiert, dass er einer anderen „Uhr“ als der irdische Mensch folgt. Der irdische Zeitpunkt seines Aufbruchs könnte sogar mit dem des Aufbruchs seiner Brüder zusammenfallen. Das würde nichts daran ändern, dass die göttliche Uhr anders geht als die irdische. Die göttliche Uhr ist die der spirituellen Notwendigkeit, die irdische die der ichbezogenen Motive und Manipulationen.

Und Jesus geht nicht „offenkundig“ hinauf. Damit illustriert der Evangelist noch einmal, dass der spirituelle Mensch nicht absichtlich Aufmerksamkeit auf sich zieht. Er arbeitet, weil es ihm die innere und äußere Notwendigkeit so befiehlt. Jesus geht außerdem „gleichsam im Geheimen“, um sich dem Hass seiner Gegner zu entziehen. Das ist ein Gebot der Klugheit. Er folgt ihm nicht aus Angst um sich selbst oder weil sonst seine irdischen Interessen durchkreuzt würden, sondern weil er weiß, dass er damit die Entwicklung seiner spirituellen Arbeit gefährden würde.

Die letzten Verse berichten, dass die geistlichen Führer Jesus tatsächlich suchen, um seiner habhaft zu werden. Die Vorsicht des spirituellen Arbeiters ist berechtigt. Die geistlichen Führer haben sogar alle, die sich ihm nähern wollen und sich über sein Wesen Gedanken machen, schon eingeschüchtert. Niemand redet mehr „frei heraus über ihn“, gleichgültig, ob es sich um Sympathisanten oder um Menschen handelt, die glauben, er sei ein Irrlehrer.

Lehre und Handeln

Art der Lehre

***7, 14** Als aber bereits die Mitte des Festes gekommen war, ging Jesus in den Tempel hinauf und lehrte. **15** Die Juden nun verwunderten sich und sagten: Wieso kennt dieser die Schriften, da er doch ein Ungelehrter ist? **16** Da antwortete ihnen Jesus und sprach: Meine Lehre ist nicht mein, sondern dessen, der mich gesandt hat; **17** wenn jemand seinen Willen tun will, wird er erkennen, ob die Lehre aus Gott ist oder ob ich von mir aus rede. **18** Wer von sich aus redet, sucht seine eigene Lehre; wer aber die Ehre dessen sucht, der ihn gesandt hat, der ist wahrhaftig, und Ungerechtigkeit ist nicht in ihm.*

Nach der grundsätzlichen Einstellung des spirituellen Menschen zu seiner öffentlichen Wirksamkeit schildert der Evangelist die Art der Lehre und des Handelns des spirituellen Menschen. Dieser tritt in der „Mitte des Festes“ auf. Er wird inmitten seiner Wirksamkeit beschrieben, inmitten seines Durchzugs durch die „Wüste“, bei seiner Arbeit mitten unter den irdischen Menschen. Dass Jesus jetzt öffentlich im Tempel lehrt, ist kein Widerspruch zu seiner früheren Aussage, auf keinen Fall Aufsehen erregen zu wollen. Er lehrt eben nicht, um Aufsehen zu erregen und Anhänger zu gewinnen, sondern weil es die „Zeit Gottes“, die Entwicklungsphase, in der sich die Menschen seiner Umgebung befinden, so verlangt.

Der spirituelle Mensch ist ein „Ungelehrter“. Die Grundlage seiner Lehre ist nicht eifrig gesammeltes Wissen *über* Gott und dessen Wirkungen in der Welt, wie es von den Gelehrten im Lauf der Jahrhunderte zusammengetragen wurde. „Meine Lehre ist nicht mein.“ Seine Lehre ist Ausdruck seiner Erfahrungen *mit* Gott und *in* Gott, seiner bewussten Erfahrungen und Wahrnehmungen im göttlichen „Wort“ und „Leben“. Denn er ist selbst „Licht“, Bewusstsein von den Strukturen und Kräften der göttlichen Welt, die in ihm wirksam sind. Diese Erfahrungen und Wahrnehmungen spricht er in Bildern oder Begriffen aus.

Es sind weder von ihm selbst erfundene Gedanken und Phantasien, noch von ihm neu durchdachte, neu beleuchtete, neu zusammengestellte und interessant aufbereitete Gedanken anderer. Deshalb kann auch nur er „die Schriften“ richtig kennen und verstehen. Sie erschließen sich ihm ohne theologisches Studium, weil auch sie Ausdruck von Erfahrungen mit Gott und in Gott sind. Wer sie von außen betrachtet, ohne diese Erfahrungen mit Gott und in Gott zu haben, wird sie nicht verstehen und nach seiner irdischen Weise interpretieren. Nur wer die Erfahrungen wenigstens ahnend nachvollziehen kann, die in ihnen unmittelbar oder mittelbar zum Ausdruck kommen, wird ihre Symbole und Begriffe, die auf diese Erfahrungen mit Gott und in Gott verweisen, begreifen können.

Wie aber erkennt man, ob einer aus eigenen Erfahrungen mit Gott und in Gott lehrt? Man erkennt es nur dadurch, dass man selbst solche Erfahrungen gemacht hat oder wenigstens erahnen kann. Und man macht sie nur, wenn man Gottes „Willen tun will“. Nur wer aus dem göttlichen „Wort“ und „Leben“ lebt und handelt – Gottes „Willen tun will“ –, macht entsprechende Erfahrungen mit Gott und in Gott und kann beurteilen, ob jemand ebenfalls solche Erfahrungen hat und aus ihnen lehrt. Er kann beurteilen, ob jemand eigene, subjektive „Wahrheiten“ erfindet – „ob ich von mir aus rede“ – oder ob seine „Lehre aus Gott“, also objektive Wahrheit ist.

Viele gibt es, die mit ihrer Gelehrsamkeit und Originalität glänzen wollen. Ihr Motiv ist, mit Hilfe ihrer Kenntnisse über die Schriften und ihrer subjektiven Auslegung der Schriften Ehre einzulegen. Sie suchen Anerkennung durch andere, „ihre eigene Ehre“. Und auch wenn sie sich mit ihrer Lehre bescheiden in den Dienst anderer Lehrer stellen, die vor ihnen „ihre eigene Ehre“ gesucht haben, tragen sie noch nicht zur Ehre Gottes bei. Denn auf diese Weise zehren sie doch von der Größe und Ehre ihrer Vorgänger. Die Ehre Gottes sucht allein jener Lehrer, welcher sich für die spirituelle Wahrheit öffnet, die in ihm selbst verborgen liegt, und aus seinen Erfahrungen mit Gott und in Gott schöpft, selbst wenn sie allen Traditionen und wissenschaftlichen Moden zu widersprechen scheinen.

Nur ein solcher Lehrer ist „wahrhaftig“. Wenn er den „Willen Gottes tut“, indem er sich dem „Wort“ und dem „Leben“ Gottes öffnet und anvertraut, ist er in Übereinstimmung mit dem „Wort“ und dem „Leben“ Gottes: mit der Struktur und den Kräften, die das All erzeugen, erhalten und entwickeln. Er steht dann in der objektiven Wahrheit, und auch seine Lehre ist „wahrhaftig“, weil sie die Situation, die Aufgabe der Menschheit und den Weg zur Erfüllung dieser Aufgabe beschreibt, ähnlich wie der Prolog des Johannesevangeliums. Alle anderen, aus irdischen Erfahrungen folgenden Lehren sind notwendig relativ, entsprechend dem persönlichen oder historischen Standpunkt des einzelnen irdischen Menschen in seiner vergänglichen, flüchtigen Welt. Wahrhaftig im Sinn objektiver Wahrheit kann nur der spirituelle Mensch sein. Denn er sucht die Ehre Gottes, dessen, der ihn gesandt hat, dessen „Wort“ und „Leben“ er bewusst erlebt und zum Ausdruck bringt.

Unmittelbares Lehren aus der Wahrheit Gottes und Gelehrsamkeit schließen sich nicht aus. Aber Gelehrsamkeit ohne unmittelbare Erfahrung der göttlichen Wahrheit ist relativ und unfruchtbar und nur zu häufig mit der Suche nach eigener Ehre verknüpft. Unmittelbares Lehren aus der Wahrheit Gottes dagegen kann und wird sich der Gelehrsamkeit bedienen und aus ihr Nutzen ziehen.

Art des Handelns

*7, **19** Hat nicht Mose euch das Gesetz gegeben? Und keiner von euch handelt nach dem Gesetz. Warum sucht ihr mich zu töten? **20** Das Volk antwortete: Du hast einen Dämon. Wer sucht dich zu töten? **21** Jesus antwortete und sprach zu ihnen: Ein Werk habe ich getan, und ihr verwundert euch alle darüber. **22** Mose hat euch die Beschneidung gegeben – nicht als ob sie von Mose stammte, vielmehr von den Vätern – und ihr beschneidet einen Menschen am Sabbat. **23** Wenn ein Mensch am Sabbat die Beschneidung empfängt, damit das Gesetz Moses nicht aufgelöst wird, zürnt ihr da mir, dass ich einen ganzen Menschen am Sabbat gesund gemacht habe? **24** Richtet nicht nach dem Schein, sondern übt gerechtes Gericht!*

Nach dem erkenntnistheoretischen Lehrstück, das zwei prinzipiell verschiedene Arten von „Wissen“ und „Wahrheit“ vorführt und erklärt, dass und warum irdisches Wissen Erfahrungen mit göttlicher Wahrheit niemals beurteilen kann, bringt der Evangelist ein Lehrstück über zwei prinzipiell verschiedene Arten des „Handelns“. Es gibt ein Handeln, das ungerecht ist, und eines, das gerecht ist. Gerecht ist das Handeln nach dem von Gott gegebenen Gesetz, sei es von Mose, sei es von Lehrern anderer Kulturen formuliert. Ein solches Handeln orientiert sich am Sinn, nicht am Buchstaben des Gesetzes. Ein Handeln nach dem Buchstaben des Gesetzes ist, wenn es dem Sinn des Gesetzes widerspricht, gesetzwidrig und ungerecht, mag es auch legal erscheinen.

Die Darstellung dieses Problems gibt Jesus an Hand eines „Werkes“, das er getan hat und über das sich die Leute verwundern. Es ist seine Heilung des Gelähmten am Teich Bethesda. Man wirft ihm vor, durch diese Heilung gegen das mosaische Gesetz verstoßen zu haben, da sie am Sabbat erfolgt ist und am Sabbat Heiltätigkeit nicht gestattet ist. Der Sabbat solle doch der Heiligung des Lebens dienen, der Orientierung auf das Leben aus und in der göttlichen Welt. Und Heiltätigkeit verhindere diese Heiligung des Lebens.

Jesus beweist den Leuten, dass er mit dieser Heilung zwar gegen den Buchstaben des Gesetzes verstoßen und somit dem Schein nach gegen das Gesetz gehandelt, in Wirklichkeit aber vollkommen im Sinn des Gesetzes gehandelt hat. Er führt seine Zuhörer zu dieser Einsicht, indem er zuerst von der Beschneidung spricht. Auch die

Beschneidung, von Mose und den Erzvätern geboten, ist am Sabbat gestattet. Die Beschneidung ist ein Ritual, welches auf die Notwendigkeit verweist, die Ichbezogenheit des irdischen Menschen zu „beschneiden", damit der spirituelle Mensch zum Vorschein komme. Die Beschneidung also, so führt Jesus aus, die, als geistiger Vorgang gesehen, einen Menschen *teilweise* gesund – gesund in ethischer Hinsicht – macht, ist am Sabbat gestattet. Um so mehr muss es doch gestattet sein, am Sabbat einen „*ganzen* Menschen gesund" zu machen. Jesu Heilung des Gelähmten ist ja eine Heilung in spiritueller Hinsicht. Wenn die Beschneidung, symbolisch verstanden, die *Umkehr des irdischen Menschen* und seine Orientierung auf die göttliche Welt ermöglicht, wie sie Johannes der Täufer lehrte, so bringt die Heilung am Teich Bethesda, symbolisch verstanden, die *Aufrichtung des spirituellen Menschen* durch den Erleuchteten, den Christus. Das ist die Gesundung des *ganzen* Menschen.

Damit ist Jesu Heiltätigkeit am Sabbat keineswegs ein Verstoß gegen das Gesetz, sondern vollkommen im Sinn des Gesetzes, und keineswegs eine Entheiligung des Sabbat, sondern erst die eigentliche Heiligung des Sabbat, der ja dazu da ist, dass der Mensch heil und geheiligt werde.

Der spirituelle Mensch kennt den Sinn des Gesetzes und handelt entsprechend, auch wenn er dem Schein nach illegal vorgeht. Er ist gerecht. Der irdische Mensch dagegen kennt den Sinn des Gesetzes nicht und handelt dem Buchstaben entsprechend: ganz „legal". Doch damit verstößt er gegen das Gesetz: „Keiner von euch handelt nach dem Gesetz." Er ist ungerecht. Entsprechend ungerecht ist sein Urteil über den Gerechten. Und auch damit verstößt er gegen das Gesetz. Denn dieses verlangt, dass nicht nach dem Schein gerichtet werde.

Manche moderne Interpreten sind der Ansicht, dass die Passage Kap.7, 15–24 über das gesetzestreue Handeln im Text des Evangeliums zurückverlegt werden sollte, unmittelbar hinter die Heilung am Teich Bethesda, wohin sie dem Handlungsrahmen nach ja auch passt. Vielleicht war sie tatsächlich in einer Vorlage des Evangelisten mit der Heilung am Teich textlich verbunden. Aber man kann sich gut vorstellen, dass der Evangelist die Stelle bewusst von seiner Vorlage abgetrennt hat – auch wenn dadurch Unstimmigkeiten in der Handlung auftreten –, weil sie ihm die Möglichkeit bot, im Rahmen des Themas der öffentlichen Wirksamkeit Jesu dessen besondere Art des Handelns zu beschreiben. „Ungerechtigkeit ist nicht im spirituellen Menschen" (Vers 18). Jesus handelt nach den Strukturen des göttlichen „Wortes", die auch im Gesetz des Mose zum Ausdruck kommen, und weil er nach ihnen handelt, erfüllt er das Gesetz des Mose, so wie es gemeint ist. Wie er auf Grund seiner Einbettung ins göttliche „Wort" und „Leben" die „Schriften" richtig versteht und *lehrt*, so *handelt* er auf Grund dieser Einbettung auch richtig im Sinn des „Gesetzes".

Der „Dämon" Verfolgungswahn

Man begreift zunächst nicht, warum der Evangelist Vers 20 zwischen Vers 19 und 21 eingefügt hat. Aber die Logik wird klar, wenn man Vers 19 sinngemäß ergänzt. Jesus sagt: „Keiner von euch handelt nach dem Gesetz." Zu ergänzen ist: „Ich aber handle nach dem Gesetz." (Dass das der Fall ist, beweist Jesus in den Versen 21–24.) „Warum also sucht ihr mich zu töten?", ist die logisch sich anschließende Frage. Das

Volk wirft ihm daraufhin vor, er habe einen „Dämon“, sei „von Sinnen“ und von Wahnvorstellungen besessen, in diesem Fall von einem Verfolgungswahn: „Du hast einen Dämon. Wer sucht dich zu töten?“ Und Jesus antwortet sinngemäß: Doch, ihr wollt mich töten, weil ich einen Menschen am Sabbat gesund gemacht habe. Aber ihr zürnt mir zu Unrecht. Ich kann es euch beweisen.

Der Evangelist fügt diese Episode hier ein, weil er offenbar zeigen will, dass und warum einem spirituellen Menschen, der in der Öffentlichkeit wirkt, gerne unterstellt wird, er habe unbegründete Angst vor Nachstellungen. Und er will weiter zeigen, wie der spirituelle Mensch auf diese Unterstellung antwortet.

Künstler, Philosophen, Reformer und Erfinder, die ihrer Zeit voraus sind, können Hass und Verfolgung hervorrufen, weil sich das Alte vom Neuen bedroht fühlt. Es kann so weit kommen, dass sie schließlich überall Feinde wittern. So entsteht ein unbewusster „Dämon“ in ihnen, ein Verfolgungswahn. Er kann nur überwunden werden, indem der Betreffende genau prüft, von wem ihm wirklich Hass entgegenschlägt und von wem nicht. Auch Anhänger solcher Außenseiter, die psychisch ähnlich beschaffen sind, unterstellen gern, dass die Welt insgesamt ihrem „Helden“ feindlich gesinnt ist und ihn mit allen Mitteln verfolgt. So bilden sich Verschwörungstheorien, kollektive „Dämonen“, Wahnvorstellungen heraus, dass Künstler und Philosophen, deren Erkenntnisse, und Erfinder und Reformer, deren Erfindungen und Programme unwillkommen waren, von ihren Feinden heimlich beseitigt worden seien. Und jeder gegenteiligen Information, jeder realistischen Einschätzung gegenüber ist ein solcher kollektiver Wahn immun.

Noch auf andere Weise können „Dämonen“ des Verfolgungswahns entstehen. Manche Menschen verstoßen gegen Gesetze und Moralvorstellungen und kommen von den damit verbundenen Schuldgefühlen nicht los. Es ist sogar möglich, dass sie nur in ihrer Phantasie dagegen verstoßen und sich deshalb unbewusst schuldig fühlen. Oder ihr Verstoß ist, objektiv betrachtet, gar keiner, weil die Gesetze und Moralvorstellungen, gegen die sie verstoßen, selbst ungerecht sind. Wie auch immer: Diese Menschen entwickeln insgeheim Schuldgefühle, Angst vor Bestrafung und Aggressionen gegen die Gesetzesvertreter. Wegen dieser Aggressionen fühlen sie sich dann erst recht schuldig und fürchten Vergeltung. Ein „Dämon“, ein Verfolgungswahn, ist in ihnen entstanden. Ein erster Schritt zu seiner Überwindung wäre, dass sie erkennen: Ich habe ja nur in der Phantasie gegen das Gesetz verstoßen. Oder: Ich bin ja im Recht, das Gesetz und die Gesetzesvertreter sind im Unrecht.

Jesus entgeht dem Schicksal nicht, mit solchen wahnhaften Außenseitern oder Menschen, die sich in eine Opferrolle verrannt haben, in einem Atem genannt zu werden. Man unterstellt ihm, er habe einen „Dämon“, einen Verfolgungswahn (Vers 20), weil er, zu Unrecht, fürchte, dass man ihn töten wolle. Jesus zeigt durch seine Antwort, dass seine Befürchtungen durchaus realistisch sind und keineswegs einer Wahnvorstellung entspringen. Er zeigt zugleich, wie eine solche Wahnvorstellung aufgelöst werden könnte. Er hat tatsächlich durch sein „Werk“, durch die Heilung des Kranken am Teich von Bethesda am Sabbat, gegen den Buchstaben des Gesetzes verstoßen, weshalb ihn die „Juden“ töten wollen. Das ist realistische Beurteilung der Situation, keine Besessenheit. Aber er weiß, dass seine Tat, mochte sie auch gegen den Buchstaben des Gesetzes verstoßen, vollkommen im Sinn des Gesetzes war.

Er weist die Beurteilung durch andere zurück. Sein eigenes, spirituelles Urteilsvermögen zeigt ihm den Wert seiner Tat und seiner selbst. Deshalb ist in ihm keine bewusste oder unbewusste Angst vor Bestrafung wegen eines eingebildeten Vergehens, sondern nur die klare Einschätzung, dass man ihn wegen eines vermeintlichen Verstoßes zur Rechenschaft ziehen will. Und deshalb sind in ihm auch keine unbewussten Aggressionen, aus denen Furcht vor Vergeltung und unrealistische Vorstellungen, verfolgt zu werden, entstehen könnten. In Jesus als dem vollkommenen spirituellen Menschen sind keine eingebildeten Schuldgefühle, keine Aggressionen, kein sich Hineinsteigern in eine Opferrolle – kein „Dämon".

Somit erfüllt der Abschnitt von Vers 21–24 in knapper Engführung zwei Funktionen. Er belegt, dass das öffentliche Handeln des vollkommenen spirituellen Menschen „gerecht" ist, und zeigt zugleich, dass dieser von keinem „Dämon" besessen ist, wenn er, gerade wegen dieser Gerechtigkeit seines Handelns, mit Verfolgung seitens seiner „legalistischen" Zeitgenossen rechnet. An Vers 20 zeigt sich außerdem besonders deutlich, dass bei dem Evangelisten die einzelnen Teile eines Textabschnitts nicht unbedingt dem Handlungsrahmen nach miteinander verbunden sein müssen. Vorher war noch von den Einschüchterungsversuchen der geistlichen Führer die Rede gewesen (Vers 13), und kurz danach (Vers 25) fragt das Volk: „Ist das nicht der, den sie zu töten versuchen?" Es wäre unsinnig, wenn in diesem Zusammenhang das Volk die Frage Jesu: „Warum sucht ihr mich zu töten?", als wahnhaftes Hirngespinst abtun würde. Es genügt dem Evangelisten, Teile eines Textabschnitts nur dadurch zu verbinden, dass sie verschiedene Aspekte eines Gesamtthemas beleuchten.

Quelle der Wirksamkeit: im „Auftrag des Vaters"

7, 25 *Einige von den Einwohnern Jerusalems sagten nun: Ist das nicht der, den sie*
zu töten suchen? ***26*** *Und siehe, er redet frei heraus, und sie sagen ihm nichts. Haben*
etwa die Oberen wirklich erkannt, dass dieser der Christus ist? ***27*** *Doch von diesem*
wissen wir, woher er ist; wenn aber der Christus kommt, weiß niemand, woher er ist.
28 *Jesus rief nun, indem er im Tempel lehrte: Mich kennt ihr und wisst, woher ich*
bin? Und doch bin ich nicht von mir aus gekommen, sondern wahrhaft ist der, wel-
cher mich gesandt hat, den ihr nicht kennt. ***29*** *Ich kenne ihn, denn ich bin von ihm*
her, und er hat mich gesandt. ***30*** *Da suchten sie sich seiner zu bemächtigen, und doch*
legte niemand Hand an ihn; denn seine Stunde war noch nicht gekommen. ***31*** *Viele*
aus dem Volk aber glaubten an ihn und sagten: Wird der Christus, wenn er kommt,
etwa mehr Zeichen tun, als dieser getan hat? ***32*** *Die Pharisäer hörten das Volk dies*
über ihn murmeln, und die Hohenpriester und die Pharisäer schickten Diener hin,
ihn zu ergreifen.

33 *Da sprach Jesus: Noch eine kurze Zeit bin ich bei euch und gehe [dann] hin zu*
dem, der mich gesandt hat. ***34*** *Ihr werdet mich suchen und nicht finden; und wo ich*
bin, dahin könnt ihr nicht kommen. ***35*** *Die Juden sagten nun bei sich selbst: Wohin*
will dieser gehen, dass wir ihn nicht finden werden? Will er etwa zu denen gehen, die
unter den Griechen zerstreut leben, und die Griechen lehren? ***36*** *Was bedeutet die-*
ses Wort, das er gesprochen hat: Ihr werdet mich suchen und nicht finden, und wo ich
bin, dahin könnt ihr nicht kommen?

Weitere Aspekte des Gesamtthemas werden erörtert. Es geht jetzt um die Quelle der Wirksamkeit des Gesandten der göttlichen Welt und die Zeitdauer eines spirituellen Impulses in der irdischen Welt.

Jesus redet inzwischen „frei heraus". Das Wirken des spirituellen Menschen in der Öffentlichkeit wird in einem Stadium der Entfaltung geschildert, in dem es vor aller Augen offenbar wird. Sofort knüpfen sich Fragen der Leute an diese Situation. Sollten die geistlichen Führer doch erkannt haben, dass Jesus der Gesalbte, der voll entwickelte spirituelle Mensch ist? Aber man bringt sogleich auch ein Gegenargument aus der Überlieferung. Von Jesus weiß man, woher er stammt – nämlich aus einer allen bekannten irdischen Familie und Heimat. Vom Christus aber weiß man es nicht. Die Überlieferung besagte nämlich: Wenn der Christus kommt, wird seine Herkunft – Familie und Heimat – verborgen sein. Niemand wird wissen, wo er sich vor seinem öffentlichen Auftreten, seiner Selbstoffenbarung, aufgehalten hat. Niemand weiß, „woher er ist".

Diese Überlieferung ist ein Bild. Es will darauf hinweisen, dass der Christus seiner unirdischen Beschaffenheit wegen nicht in der irdischen Welt zu Hause ist. Seine Heimat ist die göttliche Welt. Aus ihr stammt er und kommt er. Deshalb kann kein irdischer Mensch erkennen, „woher er ist". Doch die Leute verstehen diesen übertragenen Sinn nicht mehr und begreifen die Aussage wortwörtlich.

Jesus greift die Überlieferung auf und nimmt sie zum Anlass, die Herkunft des Christus zu klären – womit er auch die ursprüngliche Bedeutung der Überlieferung wiederherstellt. Der Christus ist von unirdischer Herkunft, so erklärt Jesus. Deshalb könnt ihr, irdische Menschen, nicht wissen, woher der Christus ist. Ihr könntet es nur wissen, wenn er euresgleichen und seine Motive irdische Motive wären: wenn er „von sich aus" gekommen wäre. Aber seine Motive sind nicht irdisch. Er ist von Gott „gesandt", sein Wirken entspringt einer unirdischen Notwendigkeit, die sich aus dem göttlichen „Wort", dem „Leben", und dem „Licht", das in die Finsternis des irdischen Lebens scheint, ergibt.

Im Christus wirkt Gott, und da Gott „wahrhaftig", nämlich die Wahrheit, die unveränderliche Ordnung und Kraft des Universums, selbst ist, ist es auch der Gesandte. Nur der spirituelle Mensch, nur das entfaltete spirituelle Bewusstsein im Menschen kann Gott, die unveränderliche Ordnung und Kraft des Weltalls, und damit auch die Herkunft des vollkommenen spirituellen Menschen, erleben und kennen. Denn nur er ist aus Gott, aus „Wasser" und „Geist", geboren. Ihr könnt, so sagt Jesus, die Herkunft des spirituellen Menschen nicht kennen, da ihr, als irdische Menschen, aus Blut, Fleischeswillen und Manneswillen geboren seid. Es besteht ein unüberbrückbarer, fundamentaler Gegensatz zwischen irdischem und spirituellem Wesen, zwischen irdischer Motivation und spiritueller Notwendigkeit.

Wenn irdische Menschen von einem spirituellen Menschen mit diesem grundsätzlichen Sachverhalt konfrontiert werden, pflegen sie zornig zu werden und ihm elitäres Denken vorzuwerfen. Dass Jesus sich als Gottgesandter bezeichnet, behauptet, nur ein Mensch, der „von Gott her" ist, könne Gott kennen, und den „Juden" die Möglichkeit abspricht, Gott zu kennen, weil sie eben nicht „von Gott her" sind, ist ihnen unerträglich. Deshalb versuchen sie, Jesus zu beseitigen. Doch auch die Möglichkeiten, einen spirituellen Menschen physisch zu töten, sind von Entwicklungsgesetzen abhängig, auf die der irdische Mensch keinen Einfluss hat. Wenn die unirdische „Zeit“ reif ist, wenn die spirituelle Notwendigkeit es erfordert, ist die Stunde des spirituellen Menschen gekommen, in der er Hand an sich legen lässt, so wie einst die „Zeit“ da war, wo er, der Notwendigkeit folgend, Wasser in Wein verwandelte oder zum Fest nach Jerusalem hinaufging. Jetzt aber ist diese Stunde noch nicht gekommen, und „niemand legte Hand an ihn“.

Ebenfalls in Bezug zur Wirksamkeit des Christus steht die Frage nach der Gegenwart und Dauer eines spirituellen Impulses überhaupt und damit auch der Wirksamkeit Jesu. Anlass zur Erörterung dieses Themas geben Jesus die Diskussionen im Volk, ob nicht die „Zeichen“, die er tut, Beweise dafür sind, dass er der Gesalbte ist. Die „Zeichen“ eines spirituellen Menschen sind die von ihm ausgehenden Wirkungen, durch die sein Wesen bezeichnet wird und auf die Beschaffenheit ihres Urhebers zurückgeschlossen werden kann. Die Zeichen sind Ausdruck der Gegenwärtigkeit eines spirituellen Menschen in der Zeiträumlichkeit. Das Licht scheint in der Finsternis.

Es scheint aber nur periodisch, je nach Empfänglichkeit der Menschen. Zu bestimmten Zeiten ist sie gegeben, zu anderen Zeiten nicht. Ein spiritueller Impuls kommt von oben, wirkt eine Zeit lang in der irdischen Welt und zieht sich dann wieder zurück. Überdies ist diese Zeitdauer verknüpft mit der Lebenszeit eines spirituellen Gesandten und seiner nächsten Schüler. Nur während der Gegenwart des Gesandten und seiner nächsten Schüler, nur während der Verkörperung des Lichtes in einem irdischen Körper sind „Zeichen“ zu sehen: zeiträumliche Wirkungen, von denen empfängliche Menschen auf die unirdischen Ursachen schließen können. Ist seine Aufgabe erfüllt, so zieht sich der Gesandte wieder zurück zu dem, der ihn gesandt hat – in seine Heimat, das Reich des Geistes. Die Matrix des spirituellen Menschen, die er während seines Lebens in der Zeiträumlichkeit aufgebaut hat, bleibt dann zwar erhalten, muss aber von neuen Gesandten periodisch immer wieder neu belebt und von Trübungen gereinigt werden, um weiter wirksam sein zu können.

Jesus erklärt diese Gesetzmäßigkeit. Ein spiritueller Impuls des Lichtes, damals durch Jesus verkörpert, dauert immer nur „eine kurze Zeit“, während der er in der Zeiträumlichkeit gegenwärtig ist und durch Zeichen empfängliche Menschen auf sich aufmerksam macht. In dieser Zeit besteht die besondere Chance, dass die „Seinen“, die Menschen mit empfänglicher spiritueller Anlage, das in Jesus verkörperte Licht, den vollkommenen spirituellen Menschen, suchen und finden, um mit seiner Hilfe einen spirituellen Weg zu gehen. Ist aber die zeiträumliche Verkörperung des Lichtes beendet, sind keine „Zeichen“ in der Zeiträumlichkeit mehr möglich. Die für das Licht Empfänglichen werden nach dem Gesandten suchen – und ihn nicht mehr finden. Der spirituelle Impuls ist in der Zeiträumlichkeit – in Gestalt der irdischen Verkörperung des Christus – nicht mehr gegenwärtig. Und kein irdischer Mensch wird dem Gesandten folgen können. Der spirituelle Impuls zieht sich in die Welt des Geistes zurück, die Anknüpfungsmöglichkeit in Gestalt der irdischen Verkörperung des Christus verschwindet. Und kein irdisches Bewusstsein und Sein kann das unirdische Reich des Christus betreten: „dahin könnt ihr nicht kommen“.

Auch diese Erklärungen verdeutlicht der Evangelist, indem er, wie so häufig, die Zuhörer einem Missverständnis erliegen lässt. Wie sie bei der vorherigen Erörterung über die Herkunft des Christus die Verborgenheit seiner *irdischen* Herkunft als Kriterium für die Identität des Christus herangezogen – und damit einen unirdischen Sachverhalt mit einem irdischen verwechselt hatten –, so interpretieren sie jetzt die Aussage Jesu, man könne ihm nicht in sein spirituelles Reich folgen, als Hinweis auf seinen eventuellen Plan, eine Reise ins Ausland zu den Griechen zu machen. Doch dieses Missverständnis ist so offensichtlich, dass der Evangelist darauf verzichtet, es klarzustellen. Der Leser des Evangeliums wird selbst erkennen, dass es sich um ein Missverständnis handelt, und sich die Frage der Juden selbst beantworten. Jesus meint kein irdisches Land, in das er sich zurückziehen will, sondern ein spirituelles Gebiet, in das sich der spirituelle Impuls nach der genau bemessenen Zeit seiner Wirksamkeit zurückbegibt.

Jesus demonstriert ein zeitloses Gesetz. Ein Gesandter aus der Welt des Geistes, ein entwickelter spiritueller Mensch, kann, indem er einen irdischen Körper annimmt, eine direkte Verbindung zu den „Seinen", zur Anlage des spirituellen Menschen in anderen Menschen, herstellen. Zu ihnen spricht er „Worte, die Geist und Leben" sind. Wenn sie diese Verbindung aufnehmen, werden sie fragen: „Herr, wohin sollen wir sonst gehen?" Denn *nur* mit Hilfe einer solchen direkten Verbindung können sie auf dem spirituellen Weg entscheidende Fortschritte machen. Jeder irdische Mensch trägt zwar die Anlage zum spirituellen Menschen in sich, und die Matrix des spirituellen Menschen und seines Weges ist als Information im geistig-seelischen Organismus der Menschheit, auch in Form von heiligen Schriften, immer vorhanden. Jeder kann daher durch Lektüre dieser Schriften oder Besinnung den Anschluss an diese Matrix erhalten und den Weg beginnen. Um weiterzukommen, braucht er jedoch den konkreten Einfluss der göttlichen Welt durch einen in einer irdischen Persönlichkeit inkarnierten Gesandten, von dem er die „Worte des ewigen Lebens" hört. Nur wenn ihm auf seinem Weg der spirituelle Mensch, „Wort" und „Leben" im eigenen Wesen, schon bewusst geworden wäre und er die bewusste Verbindung zur göttlichen Welt hergestellt hätte, würde er einen solchen Gesandten auch dann noch „finden" können, wenn dessen irdische Persönlichkeit gestorben ist. Er könnte ihm in seine spirituelle Heimat „folgen".

Austeilung spiritueller Kräfte

Das lebendige „Wasser"

7, 37 *Am letzten, dem großen Tag des Festes aber stand Jesus da und rief: Wenn jemand dürstet, komme er zu mir und trinke!* ***38*** *Wer an mich glaubt, aus dessen Leib werden, wie die Schrift gesagt hat, Ströme lebendigen Wassers fließen.* ***39*** *Das sagte er aber mit Bezug auf den Geist, den die empfangen sollten, welche an ihn glaubten; denn [den heiligen] Geist gab es noch nicht, weil Jesus noch nicht verherrlicht war.*

Wie jemand auf dem spirituellen Weg die göttliche Welt bewusst erkennt und dadurch selbst zur Quelle des „Wortes" und „Lebens" wird, davon spricht Jesus am letzten Tag des Festes. Jesus als voll entwickelter spiritueller Mensch manifestiert durch seine Persönlichkeit die Substanz und Kraft des spirituellen Menschen in der zeiträumlichen Welt. Es ist der „große Tag“ des Festes, der achte Tag, der Tag, der immer, nach einer abgeschlossenen Periode von sieben, den Durchbruch ins Neue versinnbildlicht. Der spirituelle Mensch „stand da“, voll entfaltet. Allein seine Gegenwart ist schon entscheidend. Wahrheit und Gerechtigkeit, die Struktur und Kraft der göttlichen Welt, sind ihm bewusst geworden. Er ist Maßstab und Ziel der Menschheitsentwicklung, an denen sich jeder Mensch orientieren kann. Wahrheit und Gerechtigkeit wirken durch ihn im geistig-seelischen Organismus der Menschheit. „Wort“ und „Leben“ werden in ihm zum „Licht“ der Menschen. Sie können ihnen bewusst werden.

Diese Gestalt des spirituellen Menschen ist Schönheit und Größe, Wirkung ohne Absicht, Einklang mit „Wort“ und „Leben“. Und Jesus ruft seinen Hörern zu: Schaut euch diesen Maßstab und dieses Ziel eures Daseins an! Erkennt eure Möglichkeiten! Nehmt göttliche Substanz und Kraft in euch auf, als Nahrung für den spirituellen Menschen, der auch in euch wohnt. Wenn ihr es tut, wenn ihr „an mich glaubt“, werdet ihr genau so werden wie ich, der spirituelle Mensch. Wahrheit und Gerechtigkeit werden bewusst in euch leben und von euch ausstrahlen. Ihr braucht es nicht zu beabsichtigen, ihr könnt es gar nicht beabsichtigen. Die Quelle göttlicher Kraft sprudelt dann von selbst in euch. Ihr könnt selbst zur Quelle des „Wortes“ und „Lebens“ werden, „Ströme lebendigen Wassers“ werden von eurem Leib fließen.

Somit bringt Jesus selbst das für das Laubhüttenfest typische Wassergussopfer, das im Alten Testament gefordert wird (3.Mose23, 37), ja, er *ist* dieses Opfer. Mit dem Bild vom „Strom des lebendigen Wassers“ knüpft er ebenfalls ans Alte Testament an. Heißt es nicht bei Jesaja: „Du wirst sein wie ein wohlbewässerter Garten und wie ein Wasserquell, der nie versiegt“? (Jes.58,11) Und wird nicht beim Propheten Hesekiel geschildert, wie unter der Schwelle des „Tempels“ vier Ströme lebendigen, Leben bringenden Wassers hervorfließen? (Hes.47,1-12) Der Evangelist hatte Jesu Leib als „Tempel“ bezeichnet (2,21). Jetzt stellt er einen Zusammenhang zwischen diesem Tempel des Leibes und Hesekiels Tempel her, unter dem Ströme lebendigen Wassers hervorfließen. Wer selbst zur Quelle des „Wortes“ und „Lebens“ wird, ist vom heiligen Geist erfüllt. Von seinem Leib fließen „Ströme lebendigen Wassers“, Ströme des heiligen Geistes, der „Mutter“, die gemeinsam mit dem „Wort“, dem zeugenden„Vater“, das „Licht“ hervorbringt. In Jesus ist dieser heilige Geist wirksam geworden, nachdem er wie eine „Taube vom Himmel“ auf ihn herabgeschwebt war (1,32).

Wenn aber Jesus sich nach seiner Auferstehung – seiner „Verherrlichung“ – von seinen Schülern trennt und zum „Vater“ geht, besteht die Möglichkeit, dass auch sie selbstständig aus dem „Wort“ und dem „Leben“ zu wirken lernen, mit anderen Worten: dass auch sie vom heiligen Geist erfüllt und selbst zu einer Quelle des „Wortes“ und „Lebens“ werden (14,16).

Reaktionen auf Jesu Reden

7, 40 *Solche nun aus dem Volk, die diese Reden gehört hatten, sagten: Dieser ist in Wahrheit der Prophet.* ***41*** *Andere sagten: Dieser ist der Christus. Noch andere sagten: Kommt denn der Christus aus Galiläa?* ***42*** *Hat nicht die Schrift gesagt, dass der*

Christus aus der Nachkommenschaft Davids und aus Bethlehem kommt, dem Dorf, wo David war? ***43*** *Daraufhin entstand seinetwegen eine Spaltung im Volk.* ***44*** *Etliche aber von ihnen wollten sich seiner bemächtigen; doch legte niemand Hand an ihn.* ***45*** *Die Diener kamen nun zu den Hohenpriestern und Pharisäern, und diese sagten zu ihnen: Warum habt ihr ihn nicht gebracht?* ***46*** *Die Diener antworteten: Nie hat ein Mensch so geredet, wie dieser Mensch redet.* ***47*** *Da antworteten ihnen die Pharisäer: Habt auch ihr euch irreführen lassen?* ***48*** *Hat etwa von den Oberen jemand an ihn geglaubt oder von den Pharisäern?* ***49*** *Aber dieses Volk, welches das Gesetz nicht kennt – verflucht sind sie!* ***50*** *Einer, der zu ihnen gehörte, Nikodemus, der früher zu ihm gekommen war, sagt zu ihnen:* ***51*** *Richtet etwa unser Gesetz einen Menschen, wenn es ihn nicht zuerst gehört hat und erkannt hat, was er tut?* ***52*** *Sie antworteten und sagten zu ihm: Bist auch du aus Galiläa? Forsche, und du wirst sehen, dass aus Galiläa kein Prophet ersteht.*

So mächtig ist der Eindruck, der von der Gegenwart des vollkommenen spirituellen Menschen und von seinen Worten ausgeht, dass die Diener der Hohenpriester, ausgesandt, Jesus zu ergreifen, nicht wagen, Hand an ihn zu legen. „Nie hat ein Mensch so geredet, wie dieser Mensch redet."

Die geistlichen Führer aber halten hartnäckig am „Gesetz" fest. Aus ihm lesen sie heraus, dass Jesus, da aus Galiläa stammend, nicht der Christus, der erleuchtete spirituelle Mensch, sein kann. „Kommt denn der Christus aus Galiläa? Hat nicht die Schrift gesagt, dass der Christus aus der Nachkommenschaft Davids und aus Bethlehem kommt?" (Micha. 5,2). Sie urteilen nicht nach eigener Erfahrung, sondern nach dem Buchstaben der heiligen Schriften. Durch das Festhalten am äußeren Buchstaben verhindern sie ihre Offenheit für innere Erfahrungen und somit das Wachwerden und die Entwicklung des spirituellen Menschen in ihnen: den Glauben an Jesus. Sie verhindern so auch, dass sie die heiligen Schriften richtig verstehen. Heißt nicht „Bethlehem" „Haus des Brotes"? Und verteilt nicht Jesus „himmlisches Brot", ja ist selbst dieses Brot? Und kulminieren nicht in ihm die besten Eigenschaften, die „Davidseigenschaften" des jüdischen Volkes, Glaubenskraft, Lebenszuversicht und Furchtlosigkeit im Vertrauen auf Gott?

Würden sich die geistlichen Führer innerlich für die Möglichkeit eines spirituellen Lebens öffnen, befähigt dazu durch die lebendigen Worte des vollkommenen spirituellen Menschen, so würden sie entdecken, dass ja die Schriften nichts anderes als die Eigenschaften des spirituellen Menschen und seine Entwicklung zum Ausdruck bringen. Und nicht genug damit, dass sie sich selbst den Zugang zum vollkommenen spirituellen Menschen und zu den von ihm zeugenden Schriften verschließen, verfluchen sie auch noch alle, die nicht wie sie an der Autorität des Buchstabens festhalten und gerade dadurch den Zugang zur eigenen spirituellen Erfahrung und zum eigentlichen Verständnis der Schriften gewinnen.

Die Alternative: Festhalten an der äußeren Autorität der Schrift – die zu beweisen scheint, dass Jesus, da nicht aus Judäa stammend, nicht der Christus sein kann – und lebendige innere Erfahrung des Christus, führt zu einer Spaltung im Volk. Auch unter den geistlichen Führern gibt es etliche, die zumindest vorsichtig dafür plädieren, die innere, spirituelle Erfahrung gelten zu lassen. Nikodemus, der seinerzeit erkannt hatte, dass Jesus „als Lehrer von Gott gekommen“ war, und mit ihm das Gespräch über die Geburt des spirituellen Menschen aus „Wasser“ und „Geist“ geführt hatte, gehört zu denen, die sich auf die innere Erfahrung verlassen wollen.

Er verzichtet zwar auf den untauglichen Versuch, seine Kollegen auf diese Möglichkeit innerer Erfahrung hinzuweisen, versucht aber, sie wenigstens an ihre Treue zum Gesetz zu erinnern und damit Jesus zu verteidigen. Nach dem Gesetz ist die Verurteilung eines Menschen, ohne dass man ihn gehört und sein Verhalten genau untersucht hat, unzulässig. Wenn sie es unterlassen, Jesus wenigstens anzuhören, verstoßen sie selbst, die sich so gesetzestreu gebärden, gegen das Gesetz.

Aber die Initiative des Nikodemus ist vergeblich. Wie zu allen Zeiten, so kümmern sich auch hier die Anhänger äußerer Autorität, wenn es um die Verfolgung eines „Ketzers“ geht, in keiner Weise um die Vorschriften dieser Autorität. Gebote der Fairness oder gar der Achtung vor anderen zählen nicht mehr, wo der eigene Halt an der äußeren Autorität bedroht ist. Innere Selbstständigkeit wird innere Selbstständigkeit bei anderen immer erkennen und achten. Innere Unselbstständigkeit jedoch, die Halt an äußeren Autoritäten sucht, wird innere Selbstständigkeit immer als Bedrohung empfinden. Deshalb wischen die geistlichen Führer Nikodemus‘ Einwand ohne Umstände beiseite und stellen ihn selbst in bedrohliche Nähe zum Ketzer. Sie weisen ihn noch einmal auf die äußere Autorität hin, der sie selbst folgen, und versuchen ihn ihrer Sichtweise zu verpflichten: Forsche in der Schrift, und du wirst sehen!

Sind die damaligen Diskussionen, ob Jesus der Christus war, und die Argumente aus Tradition und heiliger Schrift, die diese Frage klären sollten, heute nicht längst veraltet? Sie sind es inhaltlich, nicht aber in Bezug auf die hinter ihnen stehende Einstellung. Heute hat sich nur die Situation und damit auch die Fragestellung geändert. Wo es damals darum ging, ob Jesus der Christus sei, da geht es heute entweder um die Frage, ob dieser oder jener Meister wirklich ein aus der göttlichen Welt inkarniertes Wesen, oder um die Frage, auf welche Weise der in die göttliche Welt entrückte vollkommene spirituelle Mensch, der Christus, noch auf Erden vertreten sei.

Wie lassen sich Behauptungen, dieser oder jener Mensch sei ein aus der göttlichen Welt inkarnierter Meister, oder ein „Lehrer, von Gott gekommen“, überprüfen? Wie lässt sich feststellen, ob so jemand vielleicht nur aus der jenseitigen Welt der Engel- und Dämonenwesen kommt oder von ihr inspiriert ist? Wie damals lässt sich so etwas nicht an Hand äußerer, aus dem Buchstaben der Bibel bezogener Kriterien überprüfen, sondern nur an Hand innerer Erfahrungen: nur dadurch, dass sich in demjenigen, der prüft, die spirituelle Anlage zumindest als Ahnung oder Gefühl bemerkbar macht. Vor dieser inneren Instanz werden sich Herkunft und Wesen der als Meister auftretenden Persönlichkeit über kurz oder lang enthüllen.

Was hat es andererseits mit der Auffassung auf sich, in der Kirche wirke die von Jesus, dem Christus, aufgebaute Matrix, in welcher der Christus seit seiner Auffahrt ins Reich des Geistes gegenwärtig sei, und sie allein sei es, durch die der Gläubige erlöst werden könne? Damals gab die Schrift Anlass zu zweifeln, dass Jesus der Christus, der erwartete Messias, sei. Heute ziehen viele die Stelle von Petrus als dem Felsen, auf den der Christus seine Kirche bauen werde (Matth.16, 18-19), als Beweis aus der Schrift heran, dass der Christus von der Institution Kirche auf Erden repräsentiert werde.

Wird jedoch diese Stelle spirituell interpretiert, so ist sie kein Beweis mehr für diese Auffassung. Jeder Mensch, der erkennt, dass Jesus der Christus ist, der vollkommene spirituelle Mensch, Ziel des Menschen und der Menschheitsentwicklung, ist ein Petrus. Jeder solche Mensch ist das Fundament, der Felsen, auf dem die Gemeinschaft aller spirituellen Menschen, die „Kirche", ruht.

Kann also die Schrift die Bestätigung geben, ob in der Kirche der Christus lebt und ob sie wirklich die Gemeinschaft der Heiligen, der spirituellen Menschen ist? Ist nicht vielmehr die spirituelle Erfahrung entscheidend? Ist die von Jesus, dem Christus, aufgebaute Matrix des spirituellen Menschen nicht in der ganzen Menschheit wirksam? Kann und muss sie nicht immer von neuem dadurch belebt werden, dass Gesandte aus der göttlichen Welt inkarnieren? Lebt die Matrix des spirituellen Menschen ausschließlich in der Institution Kirche? Wenn sie nun nicht mehr darin lebte? Wenn das lebendige Brot, das der Christus ausgeteilt hat: die lebendige Lehre über den Sinn des menschlichen Lebens und die davon ausgehende Kraft, von vielen Gläubigen nicht mehr als „Zeichen", als Hinweis auf den spirituellen Weg, auf die Notwendigkeit der fundamentalen Umwandlung des alten Denkens, damit ein neues, spirituelles Denken entstehe, aufgefasst würde? Wenn stattdessen aus diesem lebendigen Brot ein Dogma geworden wäre, das nur das irdische Denken sättigt? Ja, weil die Kraft eines so missbrauchten Brotes allmählich abnimmt, schon längst nicht mehr sättigte? Müsste nicht das Brot wieder „Zeichen" werden, Hinweis auf das spirituelle Ziel des menschlichen Lebens und den Weg dorthin?

Die Ehebrecherin: Das Gericht des vollkommenen spirituellen Menschen

*7, 53 Und sie gingen jeder in sein Haus. **8 1** Jesus aber ging an den Ölberg. **2** Am Morgen jedoch fand er sich wieder im Tempel ein (und alles Volk kam zu ihm, und er setzte sich und lehrte sie). **3** Da bringen die Schriftgelehrten und die Pharisäer eine Frau, die beim Ehebruch ergriffen worden war, stellen sie in die Mitte **4** und sagen zu ihm: Meister, diese Frau ist auf frischer Tat beim Ehebruch ergriffen worden. **5** Im Gesetz aber hat [uns] Mose geboten, solche zu steinigen. Was sagst nun du? (**6** Das sagten sie aber, um ihn zu versuchen, damit sie ihn anklagen könnten.) Da bückte sich Jesus nieder und schrieb mit dem Finger auf die Erde. **7** Als sie (ihn) aber beharrlich weiterfragten, richtete er sich auf und sprach (zu ihnen): Wer unter euch ohne Sünde ist, werfe den ersten Stein auf sie! **8** Und er bückte sich wiederum nieder und schrieb auf die Erde. **9** Sie aber gingen, als sie es hörten, einer nach dem andern hinaus, die Ältesten voran, und er blieb allein zurück mit der Frau, die in der Mitte war. **10** Da richtete sich Jesus auf und sprach zu ihr: Weib, wo sind sie? Hat dich niemand verurteilt? **11** Sie aber sagte: Niemand, Herr! Darauf sprach Jesus: Auch ich verurteile dich nicht; geh, sündige von jetzt an nicht mehr!*

Man hat festgestellt, dass diese Szene ein Einschub von späterer Hand sein muss, noch vor dem Jahr 200 n. Chr. eingefügt. Aber ihre Aussage und ihr Aufbau sind derart, dass sie sehr würdig im Johannesevangelium steht. Sie entspricht seinem sonstigen inhaltlichen und künstlerischen Niveau. Was spielt es daher für eine Rolle, ob sie vom Evangelisten selbst stammt oder nicht?

Sie bezieht sich auf die kurz danach folgenden Verse (8,15–16): „Ihr richtet nach dem Fleisch; ich richte niemand. Doch auch wenn ich richte, ist mein Gericht wahr", und illustriert sie.

Die Schriftgelehrten möchten mit ihrer Frage Jesus eine Falle stellen. Wenn er sich, so spekulieren sie, ans mosaische Gesetz hält, muss er für die Steinigung plädieren, bringt sich aber dadurch in den Ruf besonderer Grausamkeit. Plädiert er jedoch nicht für die Steinigung, so kann man ihm vorwerfen, nicht gesetzestreu zu sein. In jedem Fall hätte man seinen Einfluss geschwächt.

Jesus hätte sagen können: „Das mosaische Gesetz muss prinzipiell seine Gültigkeit behalten. Doch bin ich für ein geringeres, unseren zivilisierten Zeiten entsprechendes Strafmaß." Doch Jesus ist der vollkommene spirituelle Mensch. Sein Denken und Leben gehorchen anderen Gesetzen. Er ist kein Richter nach irdischem Gesetz, diese Ebene überlässt er anderen: „Ihr richtet nach dem Fleisch; ich richte niemand", zu ergänzen ist: nach dem Fleisch. Damit lehnt er das irdische Gesetz keineswegs ab. Er sagt ja zu der Frau, „geh, sündige von jetzt an nicht mehr". Er geht davon aus, dass sie nach irdischem Gesetz „gesündigt", gegen irdisches Gesetz verstoßen hat, und fordert sie auf, dieses irdische Gesetz künftig zu achten. Doch seine Perspektive ist die des spirituellen Gesetzes.

In dieser Perspektive betrachtet er die irdische Welt, die Welt der Finsternis, und zeigt sie den Menschen, die sie bewohnen und aus ihr geboren sind. „Wer unter euch ist ohne Sünde?" Wer verstößt niemals gegen das irdische Gesetz? Jeder begeht doch dauernd Verstöße dagegen, und wenn nicht offensichtlich, so doch heimlich, und wenn nicht mit der Tat, so doch mit Gedanken und Wünschen. Das eben ist der Zustand der Welt der Finsternis. Es ist gar nicht anders möglich: Der Mensch in ihr muss „böse Werke" tun. Sein Blut, sein Mannes- und sein Fleischeswille verurteilen ihn zu Taten, die anderen schaden oder Konflikte verursachen. Und würde er sich selbst bis aufs Äußerste zwingen, so würden die unterdrückten Neigungen doch einmal aufbegehren und sich ein Ventil suchen.

Und, so fährt Jesus fort, weil es so ist, weil jeder Mensch als Bewohner der Welt der Finsternis „böse Werke" tut, hat keiner das Recht, andere zu verurteilen.

Natürlich machen es die irdischen Verhältnisse notwendig, dass das Zusammenleben durch Gesetze geregelt und Verstöße geahndet werden. Doch müsste sich jeder Richter und jeder, der innerlich mitrichtet, klar machen, dass man nur mit dem allerschlechtesten Gewissen richten dürfte. Irdische Gerichtsbarkeit ist nur eine Notlösung. Eigentlich dürfte niemand richten. Ist es nicht so, dass das Verbrechen in jedem lauert? Ist es nicht so, dass jeder seine Mitmenschen durch lieblose Behandlung zu Verstößen gegen das Gesetz treibt? Dass er es versäumt, ihnen eine emotionale und intellektuelle Grundlage zu vermitteln, die es ihnen erlauben würde, der Tendenz zum Verbrechen zu widerstehen? Sind nicht die Strukturen der Gesellschaft von Menschen gemacht, oft derart, dass sie Unterdrückte zum Verbrechen herausfordern? Und sind nicht die Verbrecher nur das Ventil im geistig-seelischen Organismus der Gesellschaft, durch das sich das Verbrechenspotenzial aller Bürger entlädt? Manifestieren sich in den Verbrechern nicht die Wirkungen der

„bösen Werke“ aller? Ganz zu schweigen von den unzähligen Fällen, wo die eigentlichen Drahtzieher und Übeltäter straflos bleiben, während die Kleinen gehängt werden.

Und wie gerne werfen die Menschen Steine auf die Verbrecher und Sünder! Gerade weil sie selbst das Potenzial zum Verbrechen und zur „Sünde“, zu Verstößen gegen das irdische Gesetz, in sich tragen und es nur mühsam zügeln, sind sie froh, wenn sie die Strafe, die ihrem Gefühl nach eigentlich ihnen zukäme, auf andere ablenken können. Bis zur pathologischen Hetzlust und Lynchjustiz kann diese Leidenschaft gehen. Im Wunsch, andere zu bestrafen, kommt das schlechte Gewissen der Verfolger und ihr Bedürfnis, sich selbst reinzuwaschen, erst recht zum Ausdruck. Auch diese Komponente des Richtens wird von Jesus angesprochen, und auch hier fordert er die Menschen auf, sich selbst zu erkennen. „Wer ohne Sünde ist, werfe den ersten Stein!“

Der spirituelle Mensch sagt demgegenüber: „Ich richte niemand“, zu ergänzen ist: nach dem Fleisch. Ich richte nicht nach irdischen Gesetzen, und schon gar nicht aus irdischer Selbstgerechtigkeit oder Hetzlust. „Doch auch wenn ich richte, ist mein Gericht wahr; denn ich bin nicht allein, sondern ich und der, welcher mich gesandt hat [, richten gemeinsam]“ (8,16). Ich richte nach dem Geist.

Der Geist aber, die göttliche Welt, hat sich nicht in Jesus inkarniert, um die Welt zu richten, „sondern damit die Welt durch ihn gerettet werde“ (3,17). Würde der Geist die Welt richten, so könnte sie in keiner Weise bestehen. Die Welt der Finsternis ist als Ganzes von den Gesetzen der geistigen Welt abgewichen. Sie lebt im „Ehebruch“. Dass es sich in der kleinen Szene, die darstellt, wie der spirituelle Mensch richtet, gerade um „Ehebruch“ handelt, könnte Absicht ihres Autors sein. Es ginge dann nicht nur um den *irdischen* Ehebruch einer einzelnen Frau. Der Ehebruch stünde auch symbolisch für allgemeine *spirituelle* Untreue. Oft hatten die Propheten des alten Testaments den Gesamtzustand der religiösen Menschheit – des Volkes Israel – als „Ehebruch“ beschrieben. Die Seele der Menschheit lässt sich von Blut, Manneswillen und Fleischeswillen bestimmen statt vom göttlichen „Wort“ und „Leben“. Sie hat sich den „Götzen“ der irdischen Welt zugewendet und bricht mit ihnen die spirituelle Ehe, die sie ursprünglich mit Gott eingegangen ist. Deshalb hätte sie Strafe verdient.

Doch der Sohn des Menschen ist nicht in die Welt gekommen, um sie zu richten, sondern „damit die Welt durch ihn gerettet werde“. Der Geist, verkörpert im Sohn des Menschen, erkennt die „Seinen“ und sieht, wie sie von Blut, Manneswillen und Fleischeswillen geknechtet werden. Die Finsternis hat die Oberhand über das Licht gewonnen. Wendet sich die spirituelle Anlage im Menschen dem Sohn des Menschen zu und empfängt dessen Kräfte, so wird sie erweckt und gestärkt und kann allmählich das Denken, Fühlen, Leben und Handeln des irdischen Menschen so verwandeln, dass es zum Ausdruck der göttlichen Gesetze wird. Dann gibt es keine Verstöße mehr – weder gegen das irdische Gesetz, das dann ohnehin nicht mehr notwendig ist, noch gegen das göttliche Gesetz. Es durchleuchtet ja die Finsternis und hebt sie auf. Auf diese Weise rettet es die Welt. Wenn der Geist richtet, wird das Spirituelle gestärkt, und das Irdische so beleuchtet, dass der Mensch allmählich zur Einsicht kommt, wo sein Lebensziel liegt und wie er es erreicht.

Zwei Mal bückt sich Jesus, schreibt auf die Erde, und zwei Mal richtet er sich wieder auf. Im Orient war und ist es üblich, dass jemand, an den im Freien eine Angelegenheit herangetragen wird und der seine Nichtzuständigkeit bekunden will, sich demonstrativ abwendet und mit dem Finger in den Sand zeichnet. Damit zeigt er, dass die Fragesteller die Angelegenheit mit sich selbst ausmachen und ihn bei seinen eigenen Beschäftigungen nicht weiter stören sollen. So verhält sich auch Jesus in dieser Geschichte. Er ist kein Richter in weltlichen Angelegenheiten, und wenn er überhaupt richtet, dann nicht nach irdischem Recht. Er ist für diese Angelegenheit einfach nicht zuständig.

Als aber die Schriftgelehrten beharrlich in ihn dringen, wendet er sich ihnen zu, antwortet – und hebt das Problem sogleich auf die spirituelle Ebene, wo andere Gesetze gelten.

Und noch einmal überlässt er sie sich selbst, um sich wieder zurückzuziehen. Diesmal gibt er ihnen durch sein Verhalten die Freiheit, unbeeinflusst von ihm nur in sich selbst hineinzuhorchen. Was sagt ihnen ihr Gewissen? Und sie hören auf die Stimme des Gewissens und lassen von der Frau, von Jesus und von ihrem gesamten Vorhaben ab. Erneut richtet sich Jesus auf – diesmal vor der Frau – und konfrontiert sie mit dem spirituellen Gesetz, durch das die Welt gerettet wird: Er „richtet niemand" nach dem Fleisch, sondern kommt, um die Welt zu retten. „Auch ich verurteile dich nicht." Zugleich lässt er dem irdischen Gesetz auf dessen Ebene seine relative Gültigkeit und sagt der Frau, sie möge sich danach richten: „Sündige von jetzt an nicht mehr!"

Sollte die Ehebrecherin zusätzlich ein Bild für die Seele der religiösen Menschheit überhaupt sein, so fordert der spirituelle Mensch sie mit denselben Worten auf, künftig den „Götzen" der irdischen Ziele zu entsagen und Gott, den Gesetzen der spirituellen Welt, treu zu bleiben.

Verankerung eines neuen Sehens in der Menschheit

Wahrheit und Selbsttäuschung

8, 12 *Jesus redete nun wiederum zu ihnen und sprach: Ich bin das Licht der Welt. Wer mir nachfolgt, wird nicht in der Finsternis wandeln, sondern er wird das Licht des Lebens haben.* ***13*** *Da sagten die Pharisäer zu ihm: Du zeugst von dir selbst; dein Zeugnis ist nicht wahr.* ***14*** *Jesus antwortete und sprach zu ihnen: Auch wenn ich von mir selbst zeuge, ist mein Zeugnis wahr, denn ich weiß, woher ich gekommen bin und wohin ich gehe; ihr aber wisst nicht, woher ich komme oder wohin ich gehe.* ***15*** *Ihr richtet nach dem Fleisch; ich richte niemand.* ***16*** *Doch auch wenn ich richte, ist mein Gericht wahr; denn ich bin nicht allein, sondern ich und der, welcher mich gesandt hat [richten gemeinsam].* ***17*** *Aber auch in eurem Gesetz steht geschrieben, dass das Zeugnis zweier Menschen wahr ist.* ***18*** *Ich bin es, der von mir zeugt, und es zeugt von mir der Vater, der mich gesandt hat.* ***19*** *Sie sagten nun zu ihm: Wo ist dein Vater? Jesus antwortete: Ihr kennt weder mich noch meinen Vater; wenn ihr mich kennen* *würdet, würdet ihr auch meinen Vater kennen.* ***20*** *Diese Worte redete er, als er beim Opferstock im Tempel lehrte. Und niemand ergriff ihn; denn seine Stunde war noch nicht gekommen.*

Der vollkommene spirituelle, mit der göttlichen Welt einige Mensch offenbart eine neue Eigenschaft: die Fähigkeit zum „inneren Sehen" der Strukturen und Kräfte der göttlichen und irdischen Welt. Nach heutiger Auffassung trifft von den Gegenständen zurückgeworfenes Licht das Auge und ermöglicht diesem das Sehen der Dinge. Nach Vorstellung der Alten wirkt das Auge wie eine Lampe, die Licht auf die Gegenstände wirft und sie dadurch sichtbar macht. „Das Auge ist des Leibes Licht", heißt es bei den Synoptikern (Luk.11,34-36). Wie auch immer: Durch das Sehorgan wird dem Menschen die Welt sichtbar. Durch das Auge erscheint ihm die Welt voller Licht, Formen und Farben. Es ermöglicht ihm die Wahrnehmung der Dinge.

Wenn der Evangelist Jesus sagen lässt: „Ich bin das Licht der Welt", so ist das gleichbedeutend mit der Aussage: „Ich bin das Auge der Welt." So wie nach Vorstellung der Alten das Auge das Licht des Leibes ist und dem Menschen seine materielle Umwelt erhellt, so ist der vollkommene spirituelle Mensch das Licht der Seele, das dem Menschen die immaterielle Umwelt sichtbar macht. Er hat und verleiht die Fähigkeit, die inneren Strukturen und Kräfte der göttlichen und der irdischen Welt zu schauen. Er ist ein neues „Auge", das dem Menschen die Welt in ihren dem gewöhnlichen Auge unsichtbaren Strukturen und Kräften erhellt.

Und wie mit dem leiblichen Auge ein leibliches Bewusstsein verbunden ist, das die Zusammenhänge der materiellen Welt erhellt, so mit dem geistigen Auge ein geistiges Bewusstsein, das die immaterielle in ihren Zusammenhängen wahr-nimmt und erkennt. Dieses Bewusstsein von göttlicher Helligkeit und Klarheit ist erst recht das „Licht der Welt", mit dem der Evangelist den vollkommenen spirituellen Menschen gleichsetzt.

Wer selbst den in ihm angelegten spirituellen Menschen entwickelt und so mit dem vollkommenen spirituellen Menschen eins wird, der wird auch eins mit dessen Auge und Bewusstsein. Er wird ebenfalls die inneren Strukturen und Kräfte der göttlichen und irdischen Welt wahrnehmen und sie mit einem Bewusstsein durchdringen, das vollkommene Helligkeit und Klarheit ist.

Deshalb fährt Jesus fort: „Wer mir nachfolgt, wird nicht in der Finsternis wandeln, sondern das Licht des Lebens haben." Was der gewöhnliche irdische Mensch mit seinen Augen sieht, ist im Vergleich zu dem, was der spirituelle Mensch mit einem neuen Sinnesorgan schaut, Finsternis. Alle Erscheinungen der irdischen Welt, Formen, Farben und Licht, sind, verglichen mit dem Wesen der göttlichen und irdischen Dinge, Finsternis. Wem sich aber das Auge des spirituellen Menschen öffnet, der erkennt das innere Wesen der Dinge, seien sie göttlich, seien sie irdisch. Er erkennt die Energie, aus der sie leben, und die Struktur, aus der ihre Erscheinung hervorgeht. Er hat das „Licht des Lebens", das zugleich neue Wahrnehmung und neues Bewusstsein ist.

Damit beschreibt der Evangelist die sechste Hülle der Matrix, die der Geistmensch bei seinem Herabstieg aus der göttlichen Welt aufbaut und in der irdischen Welt verankert. Sie ermöglicht die Entstehung neuer Vitalfunktionen im Menschen, genährt und aufgebaut aus göttlicher Energie und Information, insbesondere ein Vermögen, mit dessen Hilfe der spirituelle Mensch das Wesen der Dinge, seien sie göttlich oder irdisch, das hinter ihrer Erscheinung steht, zu schauen vermag. Das später berichtete „Wunder“ der Heilung des Blindgeborenen erzählt den Aufbau dieses sechsten Aspektes der Matrix des spirituellen Menschen.

Es ist nicht anzunehmen, dass Jesus in aller Öffentlichkeit von sich selbst gesagt hat: „Ich bin das Licht der Welt.“ Der Evangelist lässt den spirituellen Menschen in der geistig-seelischen Realität so von sich sprechen, um ihn zu charakterisieren. Und wenn im Folgenden die Pharisäer sein Wesen hinterfragen, so stellt auch hier der Evangelist durch die konkreten Gestalten der Pharisäer ihre geistig-seelische Realität dar. Anders ausgedrückt: Er stellt den Typus des Pharisäers dar, der sich mit Jesus, dem Typus des spirituellen Menschen, auseinandersetzt.

Zunächst illustriert der Evangelist den Unterschied zwischen irdischem und spirituellem Wesen, ja ihre Unvereinbarkeit. Die Selbstoffenbarung Jesu ist ein Vorgang im geistig-seelischen Organismus der Menschheit. Auch das Bewusstsein der Pharisäer wird von diesem Impuls des Geistes berührt. Sie stehen für die reinen Verstandesmenschen und beginnen nun auf Grund dieser Berührung zu fragen und zu forschen. Sie wollen erkennen und Sicherheit haben, was es mit diesem spirituellen Impuls und dem spirituellen Menschen, von dem er ausgeht, auf sich hat. So umkreisen sie ihn unaufhörlich fragend mit ihrem Verstand, und doch entzieht sich ihnen die Antwort – unweigerlich. Mit dem irdischen Intellekt lässt sich das Wesen des spirituellen Menschen nicht erfassen.

Trotzdem gibt Jesus Antwort, indem er von sich „zeugt“. Wenn ein irdischer Mensch von sich zeugt, so ist das etwas anderes, als wenn ein spiritueller Mensch es tut. Der irdische Mensch nimmt sich mittels seines irdischen Bewusstseins wahr und bildet sich mit Hilfe seines irdischen Verstandes ein Urteil *über* sich. Er wird sich selbst zum Objekt. Dabei kann und wird er sich täuschen und kann und wird andere täuschen. Deshalb gab es ja im alten Judentum vor Gericht die Regel, dass nur das übereinstimmende Zeugnis zweier Menschen galt. Doch der spirituelle Mensch spricht nicht *über* sich. Er spricht *sich selbst aus*. Seine Worte, Wahrnehmungen und Handlungen sind unmittelbarer Ausdruck seines Wesens. Er sieht sich nicht von außen als Objekt, sondern erlebt sich und die Welt von *innen*. Deshalb ist er das „Licht der Welt“. Er ist sich seines Herabstiegs aus der göttlichen Welt und seines späteren Hinaufstiegs dorthin bewusst. Er schaut sie im Innern.

Der Bewusstseins- und Seinszustand eines spirituellen Menschen ist von anderer Beschaffenheit als der des irdischen Menschen, und deshalb ist auch sein Zeugnis von sich selbst wahr. Er täuscht sich selbst nicht, er täuscht andere nicht. Seinerzeit hatte Jesus, um Zugang zu den geistlichen Führern zu finden, ihre Art der Zeugnispraxis vorläufig akzeptiert (5,34) und Johannes den Täufer, einen irdischen Menschen, als zweiten Zeugen neben sich genannt. Jetzt nennt er als zweiten Zeugen neben sich nur noch den „Vater, der mich gesandt hat“. Sein eigenes Zeugnis ist wahr, da sich sein Wesen darin unmittelbar ausspricht. Und es ist außerdem wahr, weil sich in seinem Wesen „Wort“ und „Leben“ der göttlichen Welt, der „Vater“, aussprechen, und weil er sich dieses Sachverhalts bewusst ist.

Wie könnten Menschen, die der Welt und einander als Subjekte den Objekten gegenüberstehen, begreifen, dass der spirituelle Mensch reines Subjekt ist und die ganze

Welt und all ihre Geschöpfe zu diesem Subjekt gehören, weil er *in* allen Dingen und Geschöpfen ist? Die irdischen Menschen, aus dem Fleisch geboren, nehmen nach dem Fleisch wahr und urteilen – „richten" – nach dem Fleisch. Sie müssen sich täuschen. Der spirituelle Mensch aber urteilt nicht nach dem Fleisch, sondern nach dem Geist, dem göttlichen Gesetz, das dem ganzen All und auch ihm selbst zu Grunde liegt.

Gerade am „Opferstock im Tempel" zeigt sich das Innere des Menschen, das der nach dem Geist urteilende spirituelle Mensch unfehlbar erkennt. Nach Lukas 21,1–3 zum Beispiel sieht er „der Wahrheit gemäß", welchen Wert die Gabe einer armen Witwe im Vergleich zu den Gaben der Reichen hat. Sie gibt „aus dem Mangel" heraus alles, was sie besitzt – für den irdischen Blick ist es lächerlich wenig – und zeigt damit ihre vorbehaltlose Hingabe an Gott. Die Reichen aber geben aus ihrem Überfluss relativ wenig – für den irdischen Blick ist es imponierend viel – und zeigen damit, dass sie ihr Herz, das am Reichtum hängt, Gott nicht hingeben wollen. Der irdische Verstand sieht nur das Äußere und stellt in seinem Urteil die Reichen über die arme Witwe. Der Geist aber sieht das Innere.

Weil dem vollkommenen spirituellen Menschen bewusst ist, dass er aus dem göttlichen Gesetz lebt und wirkt, ist er nicht „allein". Wenn er urteilt, urteilt – „richtet" – zugleich der „Vater" in ihm, das göttliche Gesetz. So nimmt der „Vater" durch den Sohn wahr, urteilt durch den Sohn und zeugt von dem Sohn, wie umgekehrt der Sohn vom Vater zeugt.

Aber auch dies kann der Pharisäer, der irdische Verstandesmensch, nicht fassen. Er hat ja nur seinen Intellekt, der die Welt in Subjekt und Objekt spaltet und nicht in der Lage ist, das göttliche Gesetz, das allem zu Grunde liegt, wahrzunehmen. Das kann nur der spirituelle Mensch, der Sohn, der aus dem „Wort" und dem „Leben", dem Vater, geboren und ihm daher wesensgleich ist. Der irdische Verstandesmensch ist aus Blut, Manneswillen und Fleischeswillen geboren, dem „Vater" nicht wesensgleich und kann ihn daher auch nicht erkennen. Deshalb sagt Jesus: Wenn ihr den Sohn kennen könntet, den spirituellen Menschen, könntet ihr auch den Vater kennen, das göttliche „Wort" und „Leben", aus dem der Sohn geboren ist.

Übrigens wird der irdische Verstandesmensch den spirituellen immer als Bedrohung empfinden, da er insgeheim weiß, dass er sich selbst in gewaltiger Überschätzung zum Maß aller Dinge zu machen pflegt. Er muss stets damit rechnen, korrigiert und an die ihm gebührende Stelle versetzt zu werden. Deshalb versucht er, sich des spirituellen Menschen zu bemächtigen und ihn zu beseitigen, so wie die geistlichen Führer Jesus auch jetzt wieder ergreifen wollen. Doch auch in dieser Hinsicht ist der irdische Mensch, mag er es auch nicht wissen, von spirituellen Gesetzen abhängig, auf die er keinen Einfluss hat. Er wird Jesus erst dann ergreifen können, wenn dieser Vorgang in der irdischen Welt die Wirkung haben wird, die ihm von der spirituellen Welt zugedacht ist. Diese „Stunde" aber war noch nicht gekommen.

Ursachen der Selbsttäuschung

8, 21 *Er sprach nun wiederum zu ihnen: Ich gehe hinweg, und ihr werdet mich suchen und werdet in eurer Sünde sterben. Wohin ich gehe, dahin könnt ihr nicht kommen.* ***22*** *Darauf sagten die Juden: Will er sich etwa selbst töten, dass er sagt:*

Wohin ich gehe, dahin könnt ihr nicht kommen? ***23*** *Und er sprach zu ihnen: Ihr seid von unten her, ich bin von oben her; ihr seid aus dieser Welt, ich bin nicht aus dieser Welt.* ***24*** *Darum habe ich euch gesagt, dass ihr in euren Sünden sterben werdet; denn wenn ihr nicht glaubt, dass ich es bin, werdet ihr in euren Sünden sterben.*

25 *Da sagten sie zu ihm: Wer bist du? Jesus sprach zu ihnen: Was rede ich überhaupt noch zu euch?* ***26*** *Vieles hätte ich über euch zu reden und zu richten. Doch der, welcher mich gesandt hat, ist wahrhaftig, und was ich von ihm gehört habe, das rede ich zur Welt.* ***27*** *Sie verstanden nicht, dass er vom Vater zu ihnen redete.* ***28*** *Da sprach Jesus: Wenn ihr den Sohn des Menschen erhöht haben werdet, dann werdet ihr erkennen, dass ich es bin und nichts von mir aus tue, sondern so rede, wie mich der Vater gelehrt hat.* ***29*** *Und der, welcher mich gesandt hat, ist mit mir. Er hat mich nicht allein gelassen; denn ich tue allezeit, was ihm wohlgefällt.*

Zum zweiten Mal spricht Jesus davon, dass sich der in ihm verkörperte spirituelle Impuls eines Tages aus der irdischen Welt zurückziehen wird. Dann werden ihn die Menschen, getrieben von ihrer Sehnsucht nach dem spirituellen Menschen, suchen, aber nicht finden können. Es wird keine Kontaktmöglichkeit zwischen ihm und den „Seinen" mehr geben. Ein direkter Kontakt ist nur möglich, solange der vollkommene spirituelle Mensch in einer irdischen Persönlichkeit inkarniert ist und als irdischer Mensch zu irdischen Menschen spricht. Nur dann vermag das göttliche „Wort" auf dem Weg über das irdische Wort zu den „Seinen" zu sprechen. Sind sie nicht empfänglich dafür und „nehmen ihn nicht an", so ist ihre Chance für dieses Leben vertan.

Würden sie reagieren und das in ihnen verborgene Geistprinzip entwickeln, so würde ihnen ihr wahres Selbst bewusst werden und unmittelbar mit der göttlichen Welt verbunden sein. Es würde Denken, Fühlen, Lebenskraft und Körper der irdischen Persönlichkeit zu seinem Ausdruck umwandeln. Sie wären, als wahres Selbst bewusst im göttlichen „Wort und „Leben" ruhend, unsterblich, und ihre Gedanken, Gefühle, Lebenskraft und Handlungen wären, da durchdrungen von „Wort" und „Leben", ebenfalls unsterblich. Sie würden sich der göttlichen Welt bewusst werden und könnten in der Tat „dahin kommen", wohin Jesus geht. Sie würden den Zustand der Trennung von Gott, der „Sünde", aufgehoben haben, und würden beim Tod des physischen Körpers ihr mit Gott vereinigtes Bewusstsein nicht verlieren

Weil sie aber nicht reagieren, entwickelt sich ihr wahres Selbst nicht. Sie können nicht dahin kommen, wohin Jesus geht. Sie werden in ihrem jetzigen Zustand der Trennung von Gott, der „Sünde", sterben müssen. Der Tod wird die irdische Persönlichkeit, Ich, Denken, Fühlen, Lebenskraft und Körper, auflösen, und ihre spirituelle Anlage, nicht bewusst geworden, wird vorläufig weiter unwirksam bleiben.

So hatte Jesus schon einmal gesprochen. Auch damals hatten seine Zuhörer mit Unverständnis reagiert. Sie hatten geglaubt, er wolle in der *diesseitigen* Welt „zu denen gehen, die unter den Griechen zerstreut" leben (7,35). Jetzt reagieren sie erneut mit Unverständnis und kommen auf den Gedanken, er wolle durch Freitod in die *jenseitige* Welt gehen. Doch Jesus macht, gerade vor dem Hintergrund dieses Missverständnisses, klar, dass die göttliche Welt ebenso wenig mit der jenseitigen Welt der Toten identisch ist wie mit der diesseitigen Welt der Lebenden. Es besteht ein grundsätzlicher Unterschied zwischen der irdischen Welt mit ihren beiden Hälften Diesseits und Jenseits einerseits, und der göttlichen Welt andererseits: Es ist der Unterschied zwischen Finsternis und Licht. „Ihr seid aus dieser Welt, ich bin nicht aus dieser Welt. Ihr seid von unten her, ich bin von oben her." Deutlicher lässt sich die Unvereinbarkeit von irdischem, aus dem „Fleisch" geborenen, und spirituellem, aus dem „Geist" geborenen Menschen nicht konstatieren.

Der aus dem Fleisch Geborene ist existenziell von anderer Beschaffenheit als der aus dem Geist Geborene. Er ist, wegen seiner Geburt aus den vergänglichen Erscheinungen, selbst vergänglich und wird „in seinen Sünden", „gesondert" von Gott, unweigerlich sterben. Die einzige Möglichkeit, diesem Verhängnis zu entrinnen, ist, dass sich die unsterbliche spirituelle Anlage im Menschen für das in Jesus inkarnierte göttliche Licht öffnet. Das ist gleichbedeutend mit glauben, dass „ich es bin": dass der spirituelle Mensch das „Licht", das „Leben" und das „Wort" ist. Wer so glaubt, „dass ich es bin", wer sich mit seiner spirituellen Anlage der Möglichkeit eines spirituellen Lebens zuwendet, der wird diese Möglichkeit verwirklichen können und bewusst in der göttlichen Welt leben. Er wird unsterblich leben.

Erneut fragt jetzt der irdische Verstandesmensch: „Wer bist du?" Er versucht weiter, mit allen intellektuellen Mitteln das Wesen des spirituellen Menschen zu ergründen. Doch der spirituelle Mensch weiß, dass es verlorene Mühe ist, Leuten, die mit dem Verstand sein Wesen ergründen wollen, Erklärungen zu geben. Wer es nicht mit dem Herzen erlebt, der wird es nicht begreifen. Deshalb sagt Jesus sinngemäß, es habe eigentlich gar keinen Zweck, mit ihnen, den Verstandesmenschen, zu reden. „Was rede ich überhaupt noch zu euch?" Er könnte ihnen ihren Zustand klarzumachen versuchen, er könnte ihnen zeigen, warum es unmöglich ist, dass der irdische Verstand unmittelbaren Zugang zu Sachverhalten spiritueller Natur findet. Er könnte viel „über euch reden". Ja, er könnte auch über sie „richten". Denn in diesen Versuchen der Verstandesmenschen, den spirituellen Menschen zu verstehen und zu ergründen, zeigt sich gerade ihre Anmaßung, das Maß aller Dinge zu sein. Statt dessen sollte sich der rationale Verstand als Diener des intuitiven Verstandes verhalten. Dazu müsste er aber seine Anmaßung preisgeben.

Nur die Anlage zum spirituellen Menschen im Herzen kann, indem sie sich für den vollkommenen spirituellen Menschen öffnet, zum Erleben der spirituellen Welt kommen. So jemand versteht und erkennt die spirituelle Welt, weil sie in ihm lebt und er selbst mit ihr eins geworden ist. Er entwickelt ein intuitives Denken, ein Gefäß für Impulse aus der spirituellen Welt. Sein rationales Denken kann dann die Erkenntnisse des intuitiven in Begriffe fassen oder in Symbolen und Bildern formulieren.

Doch lieber sagt der irdische Verstand, so etwas wie spirituelle Erfahrungen und eine spirituelle Welt gebe es nicht, als dass er seine Grenzen zugäbe, still würde, den spirituellen Menschen im Herzen wirken ließe und dessen Erkenntnisse in Begriffe und Symbole umsetzte. Lieber erklärt er die ganze Welt zur bloß materiellen Erscheinung und lässt sie aus nur kausalen Gesetzmäßigkeiten entstehen und existieren, als dass er schweigen, das Licht des Geistes ins Herz fallen lassen und so die ganze Welt als spirituellen Makrokosmos und sich selbst als spirituellen Mikrokosmos erkennen würde. Lieber macht er aus den Schriften, die vom spirituellen Menschen zeugen, ein starres Dogmensystem, als dass er sie als „Zeichen" verstünde, die das Herz für die Wirkungen des spirituellen Menschen öffnen. Lieber lenkt er vom Inhalt dieser Schriften auf intellektuelle Fragen nach ihrem Entstehen ab, als dass er sie als Aufforderung ernst nähme, sich selbst in Frage zu stellen.

Diese Anmaßung und Selbstgerechtigkeit sind die Ursachen für die prinzipielle Selbsttäuschung des irdischen Menschen. Jesus würde sie gerne im Licht seiner spirituellen Erfahrungen als Finsternis entlarven und so die Verstandesmenschen „richten“: Er würde sie gerne neu ausrichten. Er möchte sie zur Einsicht in ihren Zustand führen. Er spricht nicht als Richter nach dem Fleisch, der Anmaßung und Selbstgerechtigkeit bestraft, sondern bringt die Wahrheit über Licht und Finsternis, über irdischen Menschen und spirituellen Menschen. Er hat diese Wahrheit nicht selbst erfunden. Sie ist die der Welt zu Grunde liegende Struktur und Information, nach der sich früher oder später alles „richten“ muss. Sie ist der „Vater“, der „wahrhaftig“ ist. Sie ist im vollkommenen spirituellen Menschen bewusst geworden und wird von ihm verkündet. „Was ich von ihm (dem Vater) gehört habe, das rede ich zur Welt.“

Erst wenn der irdische Verstandesmensch die spirituellen Impulse im Herzen zulässt und den spirituellen Menschen als Leitbild in sich aufstellt – erst wenn er die „kupferne Schlange“ des spirituellen Menschen in seinem Bewusstsein aufrichtet, so wie es die Israeliten beim Durchzug durch die Wüste taten –, mit anderen Worten: erst wenn der irdische Mensch den Sohn des Menschen, den spirituellen Menschen, in sich „erhöht“, kann er selbst, zum Ausdruck des spirituellen Menschen geworden, erkennen, was der vollkommene spirituelle Mensch ist. Dann wird er es als Evidenz erleben. Dann wird er erleben und verstehen, dass der spirituelle Mensch, wenn er von „Wort“, „Leben“ und „Licht“ spricht, die ihn gesandt haben, „vom Vater zu ihnen redet“. Dann wird er erleben und verstehen, dass der Sohn des Menschen in ihm selbst ist, „dass ich es bin“, das wahre Selbst, der Christus in jedem Menschen. Dann wird er auch erleben und verstehen, dass dieser spirituelle Mensch frei von Anmaßung und Selbstgerechtigkeit ist. Er ist der göttlichen Welt geöffnet und tut nichts von sich aus. Er redet so, wie ihm „Wort“ und „Leben“ ins Bewusstsein treten: wie ihn „der Vater gelehrt hat“.

Die Beziehung zwischen dem Sohn und dem Vater, zwischen dem spirituellen Bewusstsein und der spirituellen Welt, ist unverbrüchlich. Sie ist die wahre Selbstständigkeit. Wie könnte sich jemand, in dem der Vater: „Wort“ und „Leben“ der göttlichen Welt, wirkt, noch schwach fühlen? „Der, der mich gesandt hat, ist mit mir.“ Wie könnte sich jemand, der eins mit der ganzen Welt ist, einsam fühlen? „Er hat mich nicht allein gelassen.“ Denn wer ununterbrochen aus dem bewusst gewordenen göttlichen „Wort“ und „Leben“ lebt, der wird ununterbrochen davon durchdrungen und gestärkt. Nicht nur Jesus, der vollkommene spirituelle Mensch, kann so sprechen. Jeder spirituelle Mensch, der eins mit dem Vater geworden ist, kann es.

Wahrheit und Freiheit

8, 30 *Als er dies redete, glaubten viele an ihn.* ***31*** *Jesus sprach nun zu den Juden, die zum Glauben an ihn gekommen waren: Wenn ihr in meinem Wort bleibt, seid ihr in Wahrheit meine Schüler,* ***32*** *und ihr werdet die Wahrheit erkennen, und die Wahrheit wird euch frei machen.* ***33*** *Sie antworteten ihm: Wir sind Abrahams Nachkom-*

men und sind nie jemandes Knechte gewesen; wie kannst du sagen: Ihr werdet frei werden? ***34*** *Jesus antwortete ihnen: Wahrlich, wahrlich, ich sage euch: Jeder, der Sünde tut, ist der Sünde Knecht.* ***35*** *Der Knecht aber bleibt nicht für immer im Haus; der Sohn bleibt für immer.* ***36*** *Wenn nun der Sohn euch frei macht, werdet ihr wirklich frei sein.*

Die Hörer Jesu, „die zum Glauben an ihn gekommen waren", sind jene Menschen, die ihr Geistprinzip den Wirkungen des spirituellen Menschen geöffnet haben. Sie haben daher „Wort" und „Leben" empfangen, sie sind aus „Geist" und „Wasser", von oben her, zum zweiten Mal geboren.

Die von Jesus als dem verkörperten „Wort" und „Leben" ausgehenden geistig-seelischen Wirkungen, die er in der irdischen Welt verankert, sind nichts anderes als die siebenfache Matrix des spirituellen Menschen, die im geistig-seelischen Organismus Menschheit wirksam wird. „Wenn ihr in meinem Wort bleibt", das heißt: Wenn ihr in der von mir geschaffenen Matrix bleibt, dann seid ihr in Wahrheit meine Schüler. Dann geht ihr nämlich, von dieser Matrix geformt und genährt, den spirituellen Weg. Dann entfaltet ihr im eigenen Wesen das göttliche „Wort", „Leben" und „Licht" als die drei höheren Aspekte des spirituellen Menschen, und neues Denken, Fühlen, Leben und Handeln, abgestimmt auf die Struktur der göttlichen Welt, als seine vier niederen Aspekte.

Ihr seid in „Wahrheit" meine Schüler, weil diese Matrix ein Abbild der unveränderlichen Ordnung und Kraft der göttlichen Welt, der Wahrheit, ist, und ihr werdet diese unveränderliche Ordnung und Kraft, die Wahrheit, erkennen, weil ihr, als bewusste, spirituelle Menschen, allmählich selbst zur Wahrheit werdet. Wenn ihr eins mit der göttlichen Wahrheit werdet, wird sie euch bewusst und ihr erkennt sie. Sie wirkt schon in euch als spirituelle Anlage, die zur Entfaltung drängt.

Jesu Wort ist Wahrheit in zweifacher Weise. Es zeigt seinen Schülern den wahren Weg zur Entfaltung des spirituellen Menschen, und ist somit *logische* Wahrheit als Übereinstimmung zwischen Aussage und Sachverhalt: dem Verlauf des spirituellen Weges. Und es vermittelt den noch unentwickelten Schülern Wesen und Kraft des vollkommenen spirituellen Menschen: eine Existenz, die mit göttlichem „Wort" und „Leben" übereinstimmt. Es ist daher auch *existenzielle* Wahrheit.

„Die Wahrheit wird euch frei machen." Das ist die größte Verheißung, die einem Menschen gegeben werden kann. Wer die spirituelle Wahrheit – als logische und existenzielle Wahrheit – findet und sich ihr anvertraut, der wird frei werden. Er wird sein wahres, spirituelles Wesen ungehindert entfalten können, wird die göttlichen Eigenschaften und Fähigkeiten dieses Wesens erleben und höchstes Glück genießen. Denn die Freiheit eines Wesens ist nichts anderes als seine Möglichkeit, sich übereinstimmend mit sich selbst ausdrücken zu können. Und diese Freiheit ist höchstes Glück.

Die Zuhörer Jesu missverstehen ihn wieder. Sie meinen, er beschreibe die Freiheit des irdischen Menschen von politischen und sozialen Zwängen. Und sie fühlen sich tatsächlich, da sie selbstständige Menschen – Abrahams Nachkommen – sind, niemandem untertan. Abraham stand als irdischer Mensch selbstständig und frei vor Gott. Er erkannte keinen irdischen Herrn über sich an. Diese irdische Freiheit im

Sinn ungehinderter irdischer Entfaltungsmöglichkeiten meint aber Jesus nicht. Der Einwand der Hörer Jesu dient dem Evangelisten nur wieder dazu, klarzustellen, was Jesus nicht meint. Jesus meint die Freiheit des spirituellen Menschen, die Möglichkeit des spirituellen Menschen, sich ungehindert zu entfalten und er selbst zu werden.

Der spirituelle Mensch ist das wahre Wesen, die wahre Identität des Menschen. Der irdische Mensch ist das unwahre Wesen, die unwahre Identität. Wer in dieser unwahren Identität lebt und sie für sein wahres Wesen hält, ist seinem wahren Wesen nach unfrei. Es kann sich nicht entfalten. Wer, aus der Finsternis geboren, nur nach seinen irdischen Wünschen und Vorstellungen lebt, unterdrückt dadurch sein wahres, aus Gott geborenes Wesen. Und da aus Finsternis geboren zu sein, existenzielle „Sünde" ist, nämlich „Sonderung" von Gott, ist ein solcher Mensch der Sünde „Knecht". Wer im Zustand der Trennung von Gott lebt, wer „Sünde tut", ist Knecht dieses Zustands. Sein wahres Wesen kann sich nicht entfalten. Es wird vom irdischen Wesen unterdrückt. Frei wird daher der Mensch erst, wenn sich sein spirituelles Wesen entfalten kann. Dann lebt er in Übereinstimmung mit seinem wahren Wesen und bringt es ungehindert von den Bedürfnissen und Zwängen des irdischen Wesens zum Ausdruck.

Wie aber löst sich der Mensch aus der Knechtschaft unter der „Sünde", der existenziellen Trennung von Gott, um sein wahres Wesen frei zu entfalten? Indem er die Wahrheit empfängt und sich ihr anvertraut: die logische Wahrheit über seine gegenwärtige Situation der Knechtschaft, über seine eigentliche Identität und über den Weg, der zur Beseitigung der Knechtschaft und Entfaltung des spirituellen Wesens führt –, und die existenzielle Wahrheit in Form der Matrix des spirituellen Menschen, in deren Struktur und Kraft er sich als spiritueller Mensch entfalten kann. Werden logische und existenzielle Wahrheit in ihm wirksam, so entfaltet sich sein wahres Wesen, der spirituelle Mensch. Und damit ist er frei. Die Wahrheit wird euch frei machen.

Die spirituelle Freiheit des spirituellen Menschen ist gleichbedeutend mit der Freiheit Gottes. Der Mensch empfindet sie als Bei-sich-Sein, als Leben, Kraft und Freude, zugleich als Eingebettet-Sein in Wesen und Kraft der göttlichen Welt und als Mitwirken mit ihr. Er fühlt sich bewusst durchströmt von der alles erfüllenden Intelligenz und Kraft, die Gott sind, er ist selbst zu „Wort", „Leben" und „Licht" geworden und kann ihnen durch eine neue Persönlichkeit Ausdruck verleihen. Er ist un-bedingt, wie Gott selbst un-bedingt ist.

Wie Gott selbst ein grund-loser Brunnen ist, aus dessen Tiefe unerschöpflich, unausschöpfbar, seine Eigenschaften und Kräfte heraufquellen, um sich zu offenbaren, so ist der spirituelle, aus Gott geborene Mensch ein im göttlichen Brunnen mitsprudelnder grund-loser Brunnen, aus dessen Tiefe unaufhörlich spirituelle Eigenschaften und Kräfte heraufquellen. Seine Freiheit ist un-bedingt. Er ist immer Verursacher, niemals Bewirkter. Deshalb ist er, wie Gott, unaufhörlich schöpferisch. Mit „Wort" und „Leben", mit Information und Energie baut er sich Organe, die sich ihrer selbst und der Eigenschaften Gottes bewusst werden – dieses Bewusstsein ist das göttliche „Licht" –, um sie für andere umzusetzen und auszudrücken. Seine Eigenschaften und Fähigkeiten, unerschöpflich aus dem göttlichen Quell heraufdringend, werden eine nach der anderen in seinen Werken manifest, so wie ein Künstler seine Ideen und Kräfte in immer neuen Kunstwerken aus sich herausstellt.

Die Freiheit des irdischen Menschen dagegen ist begrenzt, wenn nicht überhaupt Einbildung. Er ist immer Bewirkter. All seine Vorstellungen, Motive und Handlungen sind bedingt. Er ist Ergebnis und Instrument der Kausalität. Seine schöpferische Fähigkeit ist höchstens ein Abglanz der Fähigkeiten des spirituellen Menschen. Er ist Knecht seiner Situation und Entstehungsgeschichte. Aufgebaut aus Elementen und Faktoren der vergänglichen Welt, ist er von diesen abhängig. Und versucht er sich zum Herrn über sie zu machen, so wirken sie doch in ihm weiter und bestimmen auch diese Versuche. Er kann als irdischer Mensch der irdischen Natur nicht entrinnen.

Er kann sich aber der göttlichen Welt zuwenden. Er kann wie Johannes der Täufer die Wege für den spirituellen Menschen recht machen. Wenn er sich durch ein geeignetes ethisches Verhalten von den Verstrickungen in die irdische Welt löst und still wird, gewinnt der spirituelle Mensch Entfaltungsspielraum in ihm.

Trotzdem lebt er, auch wenn er sich ethisch so einwandfrei wie möglich verhält, immer noch als irdischer Mensch, obgleich schon nach dem von Gott gegebenen äußeren Gesetz. Er ist, als „der Sünde Knecht", zugleich Knecht des Gesetzes. Denn das Gesetz ist dazu da, um die Folgen der Trennung von Gott, der „Sünde", in Grenzen zu halten, dem Menschen seinen Knechtszustand unter der „Sünde" bewusst zu machen und ihn zu einem Verhalten zu veranlassen, das die Entwicklung des spirituellen Menschen in ihm vorbereitet.

Als Knecht des Gesetzes bleibt er nicht „für die Ewigkeit" (so die wörtliche Übersetzung des griechischen Textes in Vers 35) im „Haus". Er gelangt zwar in die Sphäre der göttlichen Welt – ins „Haus" –, aber nur zur Entgegennahme von „Befehlen" des Gesetzes und vorübergehend. Als ethisch lebender Mensch ist und bleibt er doch ein sterblicher irdischer Mensch mit endlicher Lebensdauer und muss als solcher das „Haus" im Tod endgültig verlassen.

Der spirituelle Mensch dagegen ist „Haus"bewohner „für die Ewigkeit". Er ist Sohn des Eigentümers und „Vaters", eins mit der ewigen spirituellen Welt und daher selbst ewig. Er lebt bewusst in ihr, erkennt ihre Gesetze unmittelbar im Innern und führt sie aus. Er wird von ihren Kräften ununterbrochen ernährt und gestärkt. Wenn also, so sagt Jesus, die spirituelle Wahrheit „euch frei macht", wenn sie als Struktur eures wahren Wesens dieses wahre Wesen zur Entfaltung bringt und nährt, so lebt ihr in Übereinstimmung mit eurem wahren Wesen und bringt es ungehindert zum Ausdruck. Ihr seid „wirklich frei". Ihr seid als bewusste spirituelle Menschen Bürger der Ewigkeit, frei und unsterblich.

Gott, Abraham und Teufel: das Wesen des Menschen

8, 37 *Ich weiß, dass ihr Abrahams Nachkommen seid; aber ihr sucht mich zu töten, weil mein Wort keinen Fortschritt in euch macht.* ***38*** *Ich rede, was ich beim Vater gesehen habe; auch ihr mögt nun tun, was ihr von eurem Vater gehört habt.* ***39*** *Sie antworteten und sagten zu ihm: Unser Vater ist Abraham. Jesus sagt zu ihnen: Wenn ihr Abrahams Kinder seid, so tut Abrahams Werke!* ***40*** *Nun aber sucht ihr mich zu töten,* *einen Menschen, der euch die Wahrheit gesagt hat, die ich von Gott her gehört habe; das hat Abraham nicht getan.* ***41*** *Ihr tut die Werke eures Vaters. Sie sagten zu ihm: Wir sind nicht aus Unzucht geboren; wir haben einen Vater, Gott.* ***42*** *Jesus sprach zu ihnen: Wenn Gott euer Vater wäre, würdet ihr mich lieben. Denn ich bin von Gott ausgegangen und gekommen; und nicht von mir aus bin ich ja gekommen, sondern jener hat mich gesandt.* ***43*** *Warum versteht ihr meine Rede nicht? Weil ihr mein Wort nicht hören könnt.* ***44*** *Ihr stammt vom Teufel als eurem Vater und wollt die Gelüste eures Vaters tun. Der war von Anfang an ein Menschenmörder und stand nicht in der Wahrheit; denn Wahrheit ist nicht in ihm. Wenn er die Lüge redet, so redet er aus seinem Eignen; denn er ist ein Lügner und [ist] der Vater derselben.* ***45*** *Weil aber ich die Wahrheit rede, glaubt ihr mir nicht.* ***46*** *Wer unter euch überführt mich einer Sünde? Wenn ich Wahrheit rede, warum glaubt ihr mir nicht?* ***47*** *Wer aus Gott ist, hört die Worte Gottes; deshalb hört ihr sie nicht, weil ihr nicht aus Gott seid.*

Der vollkommene spirituelle Mensch ist „Licht“ nicht nur als aus „Wort“ und „Leben“ geborenes Bewusstsein, das „Wort“ und „Leben“ erkennt. Er ist „Licht“ auch deshalb, weil er mit spirituellen Augen in die Finsternis der irdischen Welt hineinschaut und diese Finsternis bis in den letzten Winkel ausleuchtet. Er offenbart im Seelenraum der Menschheit seine Herkunft, sein Wesen und seine Wirkung: „Ich bin das Licht der Welt.“ Es ist unausweichlich, dass im Kontrast dazu Herkunft, Wesen und Wirkung des irdischen Menschen aufgedeckt werden. Vor dem aus Gott Geborenen, der Licht ist, wird das Wesen des aus der irdischen Natur Geborenen, der Finsternis ist, offenbar.

Wesen und Herkunft beider Existenzformen werden vom Evangelisten durch den jeweiligen „Vater“ bezeichnet, aus dem sie hervorgegangen sind. (Unter „Vater“ ist das geistig-seelische Prinzip zu verstehen, aus dem ein Mensch lebt und so geworden ist, wie er ist.) Er stellt im Folgenden nicht nur zwei geschichtliche Typen einander gegenüber: Jesus einerseits, die Juden, die Kinder Abrahams, andererseits. Unter den „Kindern Abrahams“ lassen sich alle sterblichen irdischen Menschen einer bestimmten Beschaffenheit verstehen, und Jesus ist die Verkörperung des unsterblichen, vollkommenen spirituellen Menschen.

Jesus greift die Behauptung der Juden auf, sie seien Abrahams Nachkommen. Wer ist Abraham? Es ist der irdische Mensch, in dem der spirituelle Mensch erwacht ist und sich dem Ruf aus der göttlichen Welt geöffnet hat: der glaubende Mensch. Als Erzvater des jüdischen Volkes verkörpert Abraham diesen glaubenden Menschen, der einen „Bund“ mit Gott geschlossen hat. Er verkörpert ihn beispielhaft für alle Zeiten. Noch mehr: Er blickt der Verheißung entgegen, dass einst dieser Glaube Früchte tragen wird. Aus dem Glauben wird einmal Erkenntnis entstehen. Bildlich wird das im Alten Testament so ausgedrückt, dass Abraham Stammvater eines großen Volkes werden soll, das später ins Gelobte Land einziehen wird. Ins Gelobte Land einziehen bedeutet, bewusst die göttliche Welt schauen. Und Abraham erlebt selbst den Beginn der Erfüllung dieser Verheißung. Es wird ihm, als „Frucht seines Glaubens“, ein Sohn Isaak geboren, aus dem das verheißene Volk hervorgehen wird, das Gott schauen soll. Im Glaubenden entstehen Ahnung und Beginn des Schauens Gottes. „Isaak“ ist Bild für diesen Beginn.

Gleichen nun aber die Juden, an die sich Jesus wendet, diesem glaubenden Menschen, der nach dem verheißenen Zustand der Erkenntnis strebt? Sind sie wirklich „Nachkommen Abrahams"? Sie glauben immerhin an den spirituellen Menschen. Denn es sind jene Juden, „die zum Glauben an ihn gekommen waren". Sie haben sich auf den spirituellen Weg begeben. Insofern könnte man sie mit Recht als Abrahams Nachkommen bezeichnen. Doch macht Jesu Wort „keinen Fortschritt in ihnen". Sie stagnieren im Zustand des Glaubens. Sie haben die Verheißung vergessen, dass am Ende ihres Weges die Erkenntnis Gottes stehen wird. Sie streben nicht mehr nach dem eigentlichen Ziel des Weges.

Es sind, allgemein gesprochen, Schüler eines spirituellen Lehrers, die sich in der scheinbaren Sicherheit eingerichtet haben, durch die Verbindung mit ihm schon alles erreicht zu haben. Aus Glaube müsste Erkenntnis, selbstständige Bewusstheit der göttlichen Welt hervorgehen. Sie müssten sich im Klaren darüber sein, dass der Glaube nur der Weg zum Ziel, keineswegs das Ziel selbst ist. Aber sie sind wieder eingeschlafen, nachdem sie wach geworden waren. Das Wort des Lehrers „macht keinen Fortschritt" in ihnen. Und deshalb suchen sie Jesus zu töten. Der lebendige, bewusste spirituelle Mensch ist eine Bedrohung für die Bequemlichkeit und Selbstgerechtigkeit des Gewohnheitsschülers. Das spirituelle Brot ist gegessen, man ist satt geworden, man freut sich dieser Sattheit. Man nimmt das Brot nicht mehr als „Zeichen", als Stärkung auf dem Weg zu einem verheißenen Ziel. Wer dazu auffordert, aus dem Zustand der Stagnation in neue Bewegung überzugehen, ist ein Feind und muss getötet werden.

Deshalb sind diese glaubenden Menschen, an die sich Jesus wendet, keineswegs Abrahams Kinder. Sie sind der Verheißung und dem Auftrag untreu geworden, den Gott dem Abraham gegeben hatte, und suchen sogar den zu töten, der „ihnen die Wahrheit gesagt hat". „Die Wahrheit wird euch frei machen." Sie wollen nicht in der Wahrheit, im Zustand des bewussten spirituellen Menschen, frei werden und lehnen den ab, der sie dazu auffordert.

Daher stellt Jesus fest: Ich spreche und handle aus meinem Vater, aus göttlichem „Wort" und „Leben", die mir bewusst geworden sind. Ihr aber lebt und handelt aus *eurem* Vater. Es kann nicht Abraham sein. Euer Wesen kann nicht aus Glauben und Sehnsucht nach der verheißenen Erkenntnis Gottes hervorgegangen sein. Denn in diesem Fall würdet ihr mich, den spirituellen Menschen, der diese Erkenntnis Gottes ist und lehrt, nicht töten wollen.

Die von Jesus angesprochenen glaubenden Menschen behaupten jetzt sogar, sie hätten Gott zum Vater. Sie wollen damit sagen: Wir leben aus dem Gesetz, das Gott uns durch Vermittlung Moses auf dem Sinai gegeben hat. Unser Wesen ist aus dem Gehorsam gegenüber diesem Gesetz hervorgegangen. Wir sind dem Bund mit Gott immer treu geblieben. Unser innerer Zustand ist nicht dadurch bewirkt, dass wir uns ehebrecherisch mit den Verlockungen der irdischen Welt – den „Götzen" – eingelassen haben. Er ist nicht Ergebnis der Unzucht mit fremden Götzen, sondern der Treue zu dem einen Gott.

Die Gesprächspartner Jesu sind demnach der Auffassung, sie hätten das Gesetz Gottes immer gehalten, hätten stets im Einklang mit Gottes Gesetz, dem auf dem Sinai gesprochenen „Wort", gelebt und könnten sich daher als Kinder Gottes bezeichnen.

Wenn dem so wäre, entgegnet Jesus, wenn Gott als „Wort" und „Leben" euer Vater wäre, würdet ihr mich, den spirituellen Menschen, lieben. Ihr lebt eben doch nicht aus dem Vater. Sich im Einklang mit dem äußeren Gesetz zu befinden, an die Dogmen der Religion zu glauben und ihre Riten und Vorschriften treu zu befolgen, beweist keineswegs schon, dass jemand aus dem Vater lebt. Aus dem Vater, aus göttlichem „Wort" und „Leben", lebt nur der spirituelle Mensch. Die Befolgung der religiösen Vorschriften und Gesetze ist höchstens Vorbereitung auf den Zustand des spirituellen Menschen. Der irdische Mensch, der auf seine Frömmigkeit und Rechtgläubigkeit pocht, ohne diesen Zustand nur als Durchgangsstation zum Erleben und Erkennen Gottes zu betrachten, ist kein Kind Gottes. In seiner Selbstgerechtigkeit liebt er den spirituellen Menschen nicht, der tatsächlich „von Gott ausgegangen" und gesandt ist.

Der nur gesetzes- und dogmentreue Mensch kann die Rede des spirituellen Menschen nicht verstehen und dessen Wort nicht hören. Er gehört zu den Menschen der Finsternis, die sich in der Finsternis einrichten, nicht nach dem Licht der selbstständigen, lebendigen Erkenntnis Ausschau halten und es daher auch nicht erkennen, wenn es, im eigenen Wesen oder als Eindruck von außen, kommt. Sie empfinden es vielmehr als Gefahr und wollen es töten.

Und jetzt entdeckt ihnen Jesus, wer in Wirklichkeit ihr Vater ist. Woraus sind ihr Wesen und ihr Zustand in Wirklichkeit hervorgegangen? Sie gehören nicht zu den Menschen wie Abraham, die glaubend nach der verheißenen spirituellen Erkenntnis Ausschau halten. Sie sind im Gegenteil von Anmaßung und Selbstgerechtigkeit erfüllt, vom „Teufel". Der „Teufel" ist ihr Vater. In ihrer Anmaßung halten sie sich, obwohl nur glaubend, schon für Befreite und Erleuchtete, und in ihrer Selbstgerechtigkeit halten sie Frömmigkeit und Rechtgläubigkeit für das Endziel der Erlösung. Von Anmaßung und Selbstgerechtigkeit erfüllt, wollen sie „die Gelüste ihres Vaters" tun. Sie wollen die aus Anmaßung und Selbstgerechtigkeit entspringenden Wünsche befriedigen: ihren Hass gegen den spirituellen Menschen ausleben.

Der Teufel war „von Anfang an" wirksam. Eigensinnige Anmaßung und Selbstgerechtigkeit waren die Tendenzen, die schon im ursprünglichen Menschen, der unbewusst aus der göttlichen Welt hervorging, wirkten und ihn zur Abkehr vom göttlichen „Wort" veranlassten. Trotzdem wurde es möglich, dass der Mensch in der Welt der Finsternis, in die er geraten war, eine Ich-Persönlichkeit aufbaute, welche die Rückkehr in die Welt des Lichtes einleiten kann. Wenn sie dem latent gewordenen Geistprinzip im Menschen den notwendigen Spielraum gibt, erfüllt sie ihre Aufgabe. Aber Anmaßung und Selbstgerechtigkeit hindern dieses Ich immer wieder an einem solchen Entschluss. Sie vereiteln die ethische Vorbereitung auf den spirituellen Weg und damit erst recht das Erwachen des spirituellen Menschen. Anmaßung und Selbstgerechtigkeit – der Teufel – morden den spirituellen Menschen „von Anfang an".

Jesus denkt hier nicht an die Tötung eines konkreten Eingeweihten durch irdische Menschen, sondern an die Tötung des inneren Geistprinzips durch Anmaßung und Selbstgerechtigkeit. An die Stelle des Geistprinzips tritt der „Teufel" und eine ihm entsprechende irdische Persönlichkeit als Ausdrucksform. Der Teufel „redet die Lüge": Anmaßung und Selbstgerechtigkeit reden dem Menschen ein, er könne von sich aus etwas sein und tun. Dadurch reißt er sich nicht nur vorübergehend von den göttlichen Gesetzen los, sondern bleibt dauernd im Zustand der Trennung von Gott, der „Sünde".

Er wird unwahr und unfrei. Jesus als vollkommener spiritueller Mensch dagegen redet die Wahrheit. Er sagt, dass er von sich aus nichts sein und tun könne. Nur indem er hört, was das „Wort“, aus dem er hervorgegangen ist, ihm sagt, und tut, was die Werke des Vaters sind, existiert er. Und so existiert er in Wahrheit und Freiheit.

Es ist unmöglich, dass Menschen, die aus dem Teufel der Anmaßung und Selbstgerechtigkeit leben, dem Menschen, der die Wahrheit redet, Glauben schenken. Ihr Wesen ist unwahr. Sie wollen in ihrer Anmaßung und Selbstgerechtigkeit den spirituellen Menschen sogar „einer Sünde“ überführen. Sie wollen zeigen, dass er einer in ihren Augen falschen Verheißung – der bewussten Erkenntnis Gottes – aufsitzt und eine in ihren Augen falsche Freiheit beansprucht – ein aus dem inneren Gesetz selbstständig geführtes Leben. Sein Leben muss ja, da er auf immer neue Situationen immer neu reagiert, immer wieder vom äußeren Gesetz abweichen, das nur starre Regeln kennt.

Doch gerade der spirituelle Mensch, der in den Augen der irdischen Menschen ein Ketzer ist, weil er, wie der Vorwurf im Allgemeinen lautet, „Selbsterlösung durch Erkenntnis“ sucht und sich der Autorität des Dogmas und der Tradition entzieht, ist im Einklang mit der Wahrheit und Freiheit Gottes. Man kann ihn keiner Abweichung von diesem Einklang, keiner „Sünde“, überführen. Er ist aus Gott, aus dem Wesen und der Kraft der göttlichen Welt und hört daher die „Worte Gottes“. Ihm werden Wesen und Kraft der göttlichen Welt bewusst. Wer nicht aus Gott, sondern aus dem Wesen und der Kraft der irdischen Welt ist, die durch den Teufel „Anmaßung und Selbstgerechtigkeit“ bestimmt ist, kann nur die Worte des Teufels hören und niemals die der göttlichen Welt.

Der vollkommene spirituelle Mensch und Abraham: Ewigkeit und Zeitlichkeit

8, 48 *Die Juden antworteten und sagten zu ihm: Sagen wir nicht mit Recht, dass du ein Samariter bist und einen Dämon hast?* ***49*** *Jesus antwortete: Ich habe keinen Dämon, sondern ich ehre meinen Vater, und ihr versagt mir die Ehre.* ***50*** *Ich aber suche nicht meine Ehre; es ist einer da, der sie sucht und der richtet.* ***51*** *Wahrlich, wahrlich, ich sage euch: Wenn jemand mein Wort befolgt, wird er in Ewigkeit den Tod nicht sehen.* ***52*** *Die Juden sagten zu ihm: Jetzt haben wir erkannt, dass du einen Dämon hast. Abraham ist gestorben und [ebenso] die Propheten, und du sagst: Wenn jemand mein Wort befolgt, wird er in Ewigkeit den Tod nicht schmecken.* ***53*** *Bist du etwa größer als unser Vater Abraham, der gestorben ist – und die Propheten sind [doch auch] gestorben? Wozu machst du dich?* ***54*** *Jesus antwortete: Wenn ich mich selbst ehre, ist meine Ehre nichts; mein Vater ist es, der mich ehrt, er, von dem ihr sagt: Er ist unser Gott.* ***55*** *Und doch habt ihr ihn nicht erkannt; ich aber kenne ihn. Und wenn ich sage: Ich kenne ihn nicht, werde ich gleich euch ein Lügner sein. Aber ich kenne ihn und befolge sein Wort.* ***56*** *Euer Vater Abraham frohlockte, dass er meinen Tag sehen sollte. Und er sah ihn und freute sich.* ***57*** *Darauf sagten die Juden zu ihm: Du bist noch nicht fünfzig Jahre alt und hast Abraham gesehen?* ***58*** *Jesus sprach zu ihnen: Wahrlich, wahrlich, ich sage euch: Ehe Abraham war, bin ich.* ***59*** *Da* *hoben sie Steine auf, um sie auf ihn zu werfen. Jesus aber verbarg sich und ging aus dem Tempel hinaus.*

Wieder geht es um Eigenschaften des spirituellen Menschen, die nur im Licht-Bewusstsein des spirituellen Menschen erkennbar sind. Wer dieses Bewusstsein nicht einmal ansatzweise besitzt, und sich nur, wie die geistlichen Führer der Juden, von religiösen Dogmen leiten lässt, wird den spirituellen Menschen als Ketzer – „Samariter" – oder Zauberer – „Dämon" – erleben und bezeichnen. Denn der vom dogmatischen Glauben geleitete Verstand hat von seiner Warte aus einfach keine Möglichkeit, den spirituellen Menschen objektiv zu beurteilen. Dieser weicht ja sowohl vom Dogma als auch vom Normalen ab. Deshalb ist er für den dogmatischen Verstandesmenschen entweder ein Häretiker oder ein Hexer, auf keinen Fall ein vom Geist Gottes erfüllter Mensch.

Nach den Vorstellungen des Dogmatikers wäre ein geist-erfüllter Mensch ein „Heiliger", einer, der die Forderungen des Dogmas weit besser erfüllt als der Durchschnitt. Aber der spirituelle Mensch lebt oft gerade nicht nach dem Dogma. Er handelt nach dem inneren, nicht nach dem äußeren Gesetz und wird deshalb auf so manche Situation auf ungewohnte Weise, nicht nach starrem Schema, reagieren. Er muss daher für den Dogmatiker ein Ketzer sein.

Und weil er außer seiner inneren Unabhängigkeit in der Regel über ungewöhnliche Gaben und Kräfte verfügt, verwechselt ihn der dogmatische Mensch gern mit einem dämonischen Menschen. Denn auch der dämonische Mensch besitzt ungewöhnliche Gaben und Kräfte und lebt nicht nach den Maßstäben von Rechtgläubigkeit und Frömmigkeit. Deshalb sagen die Juden zu Jesus, er habe einen Dämon: Er wirke aus bösen Kräften und Gesetzen der jenseitigen Welt, sei von ihnen besessen und diene ihnen als Instrument.

Angesichts dieser Vorwürfe kann Jesus, der vollkommene spirituelle Mensch, nur darauf verweisen, dass er seinen Vater ehrt. Er tut, was aus dem göttlichen „Wort" und „Leben" ist. Er strebt nicht nach seiner eigenen Ehre. Er macht sich nicht selbst groß, wie einer, der vom Dämon des Größenwahns besessen ist. Aber da er tut, was aus dem göttlichen „Wort" und „Leben" ist, erwachsen ihm Größe und Anerkennung aus Gott: Gott selbst ehrt den spirituellen Menschen, indem er ihm all seine Gaben und Kräfte zur Verfügung stellt. „Es ist einer da, der (meine Ehre) sucht." Gott richtet außerdem: Er entscheidet und unterscheidet, aus welcher Quelle der spirituelle Mensch handelt – aus dem göttlichen „Wort" und „Leben", oder aus den dämonischen Kräften des Jenseits. Und Gottes Entscheidung und Unterscheidung sind wahrhaftig. Er kann den spirituellen Menschen nach dessen innerem Wesen beurteilen und gibt ihm die Ehre, während die Juden sie ihm versagen. Sie können in dieser Sache nicht urteilen und unterscheiden, weil sie nach irdischen, nicht nach spirituellen Maßstäben urteilen.

Der erwachte, erleuchtete spirituelle Mensch ist ewig und unsterblich. Er sieht in „Ewigkeit den Tod nicht". Und wer sein „Wort befolgt", wer sich glaubend für die in ihm selbst angelegte spirituelle Möglichkeit öffnet und sie in den Gesetzen und Kräften, die der vollkommene spirituelle Mensch ist und weitergibt, verwirklicht, der erweckt den spirituellen Menschen im eigenen Wesen zum Leben. Er wird ebenfalls in Ewigkeit den Tod nicht sehen. Auch der unentwickelte spirituelle Mensch ist von Ewigkeit her aus dem Vater, aus göttlichem „Wort" und „Leben". Doch ist er sich seiner selbst nicht bewusst. Sein Bewusstsein vom Vater und sein Leben aus dem Vater sind durch die Einflüsse der eigenen Anmaßung und der irdischen, vergänglichen Welt, die ihn umgibt, verkümmert. An die Stelle des wahren Selbst ist das irdische Ich getreten, aufgebaut aus der vergänglichen Welt und daher sterblich. Das unsterbliche spirituelle Prinzip, latent geworden, wird in der zeiträumlichen Kette der Reinkarnationen und der Geschlechterfolge mitgeschleift, ohne in der irdischen Persönlichkeit zu Bewusstsein kommen und sich ausdrücken zu können.

Wieder verstehen die Juden nicht. Abraham und die Propheten waren irdische Menschen – die größten. Sie hatten sich glaubend dem „Wort" und dem „Leben" geöffnet, aus denen der spirituelle Mensch erwachen, bewusst und wirksam werden kann. Doch als irdische Menschen waren sie sterblich. Jesus hingegen verkörpert den vollkommenen spirituellen Menschen, der unsterblich ist. Wenn er nun von der Unsterblichkeit dieses spirituellen Menschen spricht, unterstellen ihm die Juden, er spreche von sich als irdischem Menschen. Es wäre in der Tat dämonischer Größenwahn, wenn ein irdischer Mensch, und sei es der größte, von sich behauptete, er sei unsterblich. Wieder kann Jesus nur darauf verweisen, dass er seinen Vater ehrt, nicht sich selbst. Wenn er sagt, der spirituelle Mensch werde „in Ewigkeit den Tod nicht schmecken", spricht er nur die Wahrheit über den spirituellen Menschen aus, die aus dem Vater ist, und ehrt damit den Vater. Der spirituelle Mensch macht sich nicht selbst groß und stellt sich nicht selbst in den Vordergrund. „Wort" und „Leben" aus der göttlichen Welt machen ihn groß: Der Vater „ehrt" ihn, eben der Vater, den auch die Juden als Gott anerkennen.

Doch obwohl sie ihn anerkennen, kennen sie ihn nicht. Sie kennen ihn nur als den Geber äußerer Gesetze, als äußere Autorität, nicht als inneren Quell der Kraft und innere Struktur des spirituellen Menschen. Der spirituelle Mensch, Jesus, aber kennt ihn, weil er ihn erlebt. Würde er anders sprechen, wäre er nicht in der Wahrheit, sondern ein Lügner. Und er befolgt „sein Wort". Er spricht aus, was er vom Vater „gehört" hat: die Eigenschaften der göttlichen Welt, die ihm selbst bewusst geworden sind.

Vater Abraham, der glaubende irdische Mensch, empfing die Verheißung, dass er zum Stammvater „vieler Völker" werden würde, denen Kanaan, das Gelobte Land, gehören sollte (1. Mose 17, 4–8). Jesus drückt diese selbe Verheißung mit anderen Worten aus. Er sagt, dass Abraham „meinen Tag sehen" sollte. Ins Gelobte Land eingehen bedeutet, bewusst das „Reich Gottes" zu betreten und den vollkommenen spirituellen Menschen zu sehen. Aus der in Abraham wach gewordenen spirituellen Anlage erwächst ihm die Gewissheit – dieser innere Vorgang ist die „Verheißung" Gottes –, dass er in seinen Nachkommen das Gelobte Land betreten, dass er „meinen Tag", das ist „meine Gegenwart", „sehen" sollte. Ja, Abraham „sah ihn". Die sich entfaltende spirituelle Anlage stellte Abraham das Bild des vollkommenen spirituellen Menschen vor Augen, der einmal Gegenwart für die Menschheit sein würde. Das Unterpfand für diese Gewissheit war die nach irdischen Maßstäben unmögliche Geburt des Sohnes Isaak – Bild dafür, dass aus seinem, Abrahams, Glauben eine nach irdischen Maßstäben unmögliche spirituelle Entwicklung der Menschheit und des Einzelnen beginnen würde.

Und Abraham „freute sich", als er diese Erhellung seines Inneren erlebte und den „Tag", die Gegenwart des spirituellen Menschen „sah". Denn mit einer solchen Erleuchtung ist höchstes Glück verbunden. Die Kräfte der göttlichen Welt durchströmen den Menschen – das Selbstgefühl des spirituellen Menschen, das Wohlgefühl seiner Fülle und Freiheit erwacht: eine neue Freude.

So erwachte der spirituelle Mensch in Abraham und sah den irdischen Menschen Abraham, und der irdische Mensch Abraham sah, wie der spirituelle Mensch in ihm auflebte. Beide erblickten einander. Wenn der ewige spirituelle Mensch in einem irdischen Menschen wach wird, begegnet das Ewige dem Zeiträumlichen, das Zeiträumliche dem Ewigen. Diese Begegnung fand in Abraham statt, sie kann in jedem irdischen Menschen stattfinden, gleichgültig, an welcher Stelle von Raum und Zeit er sich befindet. Die Ewigkeit kann in jedem Augenblick und an jedem Ort in die Zeit einbrechen.

Auch diesen Zusammenhang verstehen die Juden, die irdischen Verstandesmenschen, nicht. Jesus ist für sie ein irdischer Mensch, der in einer ganz anderen geschichtlichen Zeit lebt als Abraham. Es erscheint ihnen absurd, dass Jesus, noch nicht fünfzig Jahre alt, behauptet, von Abraham gesehen worden zu sein. Abraham ist doch seit Jahrhunderten tot! Aber Jesus deckt ihr Missverständnis auf. Er spricht ja vom vollkommenen, lebendigen spirituellen Menschen, der in ihm verkörpert ist. Dieser spirituelle Mensch ist ewig, durch die ganze Zeiträumlichkeit ausgebreitet. Er lässt alle Erscheinungen der Zeiträumlichkeit an sich vorüberziehen: die Ketten der Reinkarnationen, die Ketten der aufeinander folgenden Geschlechter, Geburt und Tod der Völker, Kulturen und Menschen, Geburt und Tod ihrer Werke, Geburt und Tod in Kosmos und Natur. Für das irdische Bewusstsein sind die spirituellen Hintergründe der irdischen Geschehnisse in undurchdringliche Finsternis gehüllt. Für das spirituelle Bewusstsein hingegen liegen die Zusammenhänge klar zu Tage. Immer kann in einem irdischen, der Finsternis angehörenden Menschen die spirituelle Anlage, vom Licht berührt, aufspringen wie eine Knospe. Dann wird dieser individuelle spirituelle Mensch mit dem alles überblickenden, ewigen spirituellen Menschen eins werden. Er erkennt dann: „Ehe Abraham war, bin ich." Ehe die sterblichen Menschen und die Zeiträumlichkeit sich bildeten, ist der ewige spirituelle Mensch. Er *ist*, für ihn gibt es keine Vergangenheit und Zukunft, er überblickt und erlebt alles zugleich. Der irdische Mensch dagegen ist und *war*. Er ist sterblich und wird einmal Beute der Vergangenheit und Vergänglichkeit werden.

Jeder erleuchtete spirituelle Mensch kann von sich sagen, ich *bin*, nicht nur Jesus. Jeder erleuchtete spirituelle Mensch erlebt, dass er von Ewigkeit her aus dem Vater ist und „in Ewigkeit den Tod nicht schmecken wird": dass er bewusst in einer anderen Dimension als der Zeiträumlichkeit lebt. Die Zeiträumlichkeit hat sich gebildet, weil der spirituelle Mensch, durch Anmaßung und Selbstgerechtigkeit verführt, die bewusste Verbindung zur göttlichen Welt verloren hatte. So entwickelte er ein sterbliches Instrument, die irdische Persönlichkeit, band sich daran und geriet in ihre Gefangenschaft. Löst er diese Bindung wieder auf, indem er Anmaßung und Selbstgerechtigkeit durch Hingabe an die göttliche Welt ersetzt, so wird er die Unsterblichkeit bewusst wieder erleben und sogar ein unsterbliches Instrument, eine neue unsterbliche Persönlichkeit, für sich aufbauen können.

Die Juden verstehen den spirituellen Menschen nicht. Sie können seine Existenzweise nicht nachvollziehen und meinen daher, Jesus als irdischer Mensch behaupte von sich selbst, er sei ewig und mache sich damit Gott gleich. Das aber wäre eine Gotteslästerung, auf der die Strafe der Steinigung steht.

Heilung des Blindgeborenen: Entwicklung inneren Sehens

9, 1 *Und im Vorübergehen sah er einen Menschen, der von Geburt an blind war.* ***2***
Und seine Schüler fragten ihn: Rabbi, wer hat gesündigt, dieser oder seine Eltern,
dass er blind geboren worden ist? ***3*** *Jesus antwortete: Weder dieser hat gesündigt*
noch seine Eltern, sondern die Werke Gottes sollen an ihm offenbar werden. ***4*** *Wir*
müssen die Werke dessen, der mich gesandt hat, wirken, solange es Tag ist; es kommt
die Nacht, da niemand wirken kann. ***5*** *Solange ich in der Welt bin, bin ich das Licht*
der Welt. ***6*** *Als er dies gesagt hatte, spie er auf die Erde und machte einen Teig aus*
dem Speichel und legte ihm den Teig auf die Augen ***7*** *und sprach zu ihm: Geh hin,*
wasche dich im Teich Siloah! (was übersetzt heißt: Abgesandter). Da ging er hin und
wusch sich und ging sehend weg.

Das sechste im Johannesevangelium erzählte „Wunder" Jesu bezieht sich auf die sechste Hülle der Matrix des spirituellen Menschen, die der vollkommene spirituelle Mensch in der irdischen Welt aufbaut und verankert. Es handelt sich um eine neue Lebenskraft, die dem Menschen neue Vitalfunktionen ermöglicht. Hervorstechende Eigenschaften auch der irdischen Lebenskraft, des „Manneswillens", sind ihre Wahrnehmungs- und bildnerische Fähigkeit. Sie veranlasst die Sinne und Instinkte zu ihren Wahrnehmungen, setzt diese in Bilder und Gestalten um, personifiziert Wünsche und Empfindungen – wie man es aus den Träumen kennt –, und ist verantwortlich für die Ein-Bildungen mit ihrer oft unwiderstehlichen Suggestivwirkung. Sie sorgt für die Ausbildung des männlichen Samens – daher die Bezeichnung „Manneswille" –, für das Wachstum des Embryos in der Gebärmutter und den körpergerechten Verlauf der Stoffwechselvorgänge. Ihre bildnerische Fähigkeit liegt auch jeder künstlerischen Tätigkeit zu Grunde. Sie ist Motor der Phantasie, der Visionen und Projektionen und ermöglicht dem Menschen, schöpferisch zukünftige Handlungsabläufe zu entwerfen.

In dem vom Evangelisten berichteten „Wunder" geht es um neue Funktionen dieser Lebenskraft: um die Wahrnehmung nicht mehr der materiellen Erscheinungen – dafür sind die physischen Sinnesorgane zuständig –, sondern der lebendigen Kräfte und Strukturen, deren Ausdruck diese Erscheinungen nur sind. Es geht um die Herausbildung neuer Sinnesorgane zur Wahrnehmung einer „inneren" Welt und um die Fähigkeit, Bilder hervorzubringen, die unmittelbar von dieser „inneren" Welt zeugen. „Sehen" ist der Sammelbegriff, mit dem der Evangelist diese Wahrnehmungs- und Gestaltungsfähigkeit beschreibt – sie umfasst nicht nur ein neues Sehen, sondern auch ein neues Hören, Schmecken, Tasten usw. –, und „Blindheit" ist der Begriff für das Fehlen dieses „Sehens".

Wie die früheren vom Evangelisten wohl aus einem Vorrat alter Erzählungen ausgewählten „Wunder“ zeigt auch dieses „Wunder“ von der Heilung des blind Geborenen einen geistig-seelischen Sachverhalt, der sich im ganzen „Seelenraum“ des Organismus Menschheit ereignet: die Erschließung eines neuen Wahrnehmungsvermögens, eines „inneren Sehens“.

Eine besondere Art von Blindheit

Entscheidend für das Verständnis dieses „Wunders“ sind die Verse 1 bis 3. Warum betont der Erzähler so sehr, dass der Blinde *„von Geburt an* blind“ war? Und welche Ursachen für diese Blindheit führt er im Gespräch Jesu mit den Schülern an? Viele Interpreten, für die es in dieser Erzählung um die wunderbare Heilung einer physischen Blindheit geht, kommen zu dem Schluss, der Umstand, dass der Blinde „von Geburt an“ blind war, solle jedenfalls zeigen, wie außergewöhnlich groß die Wundertat Jesu gewesen sei. Sogar angeborene Blindheit vermochte er zu heilen!

Die Schüler Jesu fragen außerdem nach den Ursachen der Blindheit. Ist der Blinde selbst an seinem Gebrechen schuld oder liegt ein Fehlverhalten der Eltern vor? Wenn der Blinde selbst „gesündigt“ hat, kann es sich nur um ein Fehlverhalten vor der Geburt, also in einer früheren Reinkarnation, handeln. Man zieht daher diese Stelle häufig als Beweis dafür heran, dass den Schülern Jesu das Prinzip der Reinkarnation geläufig war. Auch im frühen Christentum sei es ursprünglich bekannt gewesen. Es sei nur später, aus welchen Gründen auch, daraus wieder entfernt worden. Andere haben sich gegen diese Auffassung gesträubt und behauptet, auch ein Embryo könne schon sündigen.

Aber gerade die Diskussion darüber, welche Ursachen zur Blindheit geführt haben, schneidet Jesus ab. Weder hat der Blindgeborene gesündigt noch seine Eltern. Die Blindheit hat weder karmische noch erbliche Ursachen. Der Kranke ist vielmehr blind, sagt Jesus, damit „die Werke Gottes an ihm offenbar werden“. Das wirft, versteht man die Blindheit als physisches Gebrechen, sofort die Frage auf: Ist Gott zu der Ungerechtigkeit fähig, einen Menschen jahrelang blind leben zu lassen, nur um seine Macht an ihm zu demonstrieren? Oder schlug Gott einen Menschen mit der Nacht der Blindheit, um ihm durch die plötzliche Heilung das Glück eines besonders intensiven Sehens der Schöpfungswunder zu schenken?

Oder will Jesus einfach sagen: Die Ursachen der Blindheit sind unwichtig. Das Fragen danach ist zwecklos und verstrickt nur in unnützes Grübeln. Dadurch wird die Kraft gelähmt, das Leiden zu beseitigen. Es genügt, die Tatsache des Leidens zu erkennen, um dann alle Kräfte zu seiner Aufhebung einzusetzen. Dazu bin ich, der vollkommene spirituelle Mensch, gekommen. Ich zeige, dass durch den spirituellen Menschen das Leiden, hier in Form der Blindheit, beseitigt werden kann. So offenbart sich durch mich, den vollkommenen spirituellen Menschen, die Macht Gottes. Die Werke Gottes, der nichts als heilen will, werden, anlässlich dieser Blindheit, durch mich offenbar.

Fragen ohne Ende – falls man die Blindheit als physische Krankheit auffasst! Liest man jedoch die Erzählung, wie das ganze Evangelium gelesen werden will, als spirituellen Text, so erscheint sie in einem anderen Licht und gewinnt plötzlich einen tiefen Sinn. Wie ähnliche Blindenheilungen in den synoptischen Evangelien ist nämlich auch hier die Heilung des Blinden Bild für die Heilung einer nicht physischen Blindheit. Und sowohl die Formulierung „von Geburt an blind" als auch die von Jesus angegebene Ursache: „die Werke Gottes sollen an ihm offenbar werden" führen auf die Spur eines Zusammenhangs, der in den Mysterienschulen immer gelehrt wurde und wird.

„Von Geburt an blind" soll besagen: Es handelt sich um eine Blindheit, die gerade durch die Geburt in der irdischen materiellen Welt bedingt ist. Wer in der materiellen, äußeren Welt geboren wird, verliert dadurch notwendig das Sehvermögen für die nicht-materielle, innere Welt der Lebenskräfte. Die materielle Welt und ihre Naturgesetze blockieren die Organe für die unmittelbare Wahrnehmung der inneren Welt der Lebenskräfte. Gerade wegen seiner Zugehörigkeit zur materiellen, äußeren Welt ist der Mensch blind für die immaterielle, innere Welt. Das ist seine Konstitution „von Geburt an".

Und die Formulierung: „die Werke Gottes sollen an ihm offenbar werden" weist darauf hin, *warum* dieser Zusammenhang zwischen Sehvermögen für die materielle und Blindheit für die immaterielle Welt besteht. Diese Blindheit war aus Gründen der Ich-Entwicklung notwendig und wurde von der göttlichen Welt über den Menschen *verhängt* – damit eines Tages ein neues Sehen in der immateriellen Welt möglich würde. Damit ist ein menschheitsgeschichtliches Phänomen angesprochen, ein Vorgang in der Evolution der Menschheit. Und dieser Vorgang, der sich in der ganzen Menschheit ereignet hat und noch ereignet, wird exemplarisch an dem einzelnen Blinden dargestellt. Der Blindgeborene steht, wie die Gestalten in den früheren „Wundern" Jesu im Johannesevangelium, für die ganze Menschheit, und was Jesus im Bild für diesen Blinden tut, das tut er für die ganze Menschheit. Er erstellt die sechste Hülle der Matrix des spirituellen Menschen.

Warum musste sich das innere Auge schließen und das äußere öffnen? Auf seinem Weg der fortschreitenden Trennung vom göttlichen „Wort" durchlief der Mensch, entsprechend den sieben Gebieten der Schöpfung und seinem eigenen siebenfachen Aufbau, verschiedene Bewusstseinszustände. Immer, wenn er in das nächstniedere Gebiet der Schöpfung geriet und sich seine Wahrnehmung für dieses Gebiet öffnete, verlor er die Wahrnehmung für das darüber liegende höhere Gebiet. So wurde die Trennung von Gott immer tiefer, die Finsternis um den Menschen immer dichter.

Zugleich bot aber dieser „Abstieg" die Möglichkeit, dass der Mensch schließlich in der materiellen Welt ein bewusstes, individuelles, verantwortliches Ich entwickelte, mit dem er seine unhaltbare Lage der Trennung von Gott erkennen und bewusst einen spirituellen Weg zu ihrer Aufhebung einleiten konnte.

Auf seinem Weg der fortschreitenden Trennung von Gott war der Mensch auch ins „vorletzte", sechste Gebiet der Finsternisschöpfung, ins Gebiet der Lebenskräfte, gelangt und hatte sich Bewusstsein und Wahrnehmung darin erworben. Es war der Zustand des an Mythen und personifizierten Naturkräften orientierten Lebens, der Hellsichtigkeit und Magie. Der Mensch nahm geistig-seelische Sachverhalte und Gesetzmäßigkeiten wahr und brachte sie in Schöpfungsmythen, Göttergeschichten und Erzählungen von Halbgöttern und Kulturheroen zum Ausdruck. Er erlebte das Spiel der Lebenskräfte im Menschen und in der Natur. Tierkreiszeichen und astrologische Bedeutung der Planeten, archetypische Sagen und Berichte über Begegnungen mit Naturwesen sind Beispiele für solche Erlebnisse. Ja, sogar die Fähigkeiten des Wahrnehmens und Wirkens außerhalb der Zeiträumlichkeit waren überall verbreitet, woraus sich Prophezeiungen und magische Operationen ergaben. Reste dieser Fähigkeiten haben sich in Ritualen und Initiationswegen mancher Stammesgesellschaften, im „zweiten Gesicht" gewisser Menschen und in der Fähigkeit des Träumens, wie sie alle Menschen noch besitzen, erhalten.

Ein solches Leben brachte kaum Erfahrungen mit sich, die dem Menschen die Situation seiner Trennung von Gott bewusst machten. Er fühlte sich in der immateriellen Sphäre der Lebenskräfte wohl. Die Auswirkungen seiner Trennung von Gott wurden ihm nicht bewusst. Aber er *sollte* sich ihrer bewusst werden. Das jedoch war nur mittels eines individuellen Ich möglich.

Eine Ich-Entwicklung konnte nur in einer harten materiellen Wirklichkeit erfolgen, wo die Auswirkungen unverantwortlichen Verhaltens unmittelbar und schmerzhaft gespürt werden. Da sich aber der Mensch sträubte, aus der Geborgenheit der immateriellen Welt in die Einsamkeit und Härte der materiellen Welt einzutauchen, wurde ein „Eingriff" der göttlichen Welt notwendig. Der Mensch wurde aus der „angenehmen" immateriellen Welt in die „unangenehme" materielle Welt „getrieben". Das äußere Gesetz, wie es zum Beispiel im Alten Testament von Mose für die Israeliten formuliert wurde, war das Mittel, dessen sich die göttliche Welt zu diesem Zweck bediente.

Beim Eintritt in die äußere, materielle Welt verlor nun der Mensch das Sehvermögen für die innere, immaterielle Welt. Das „Auge" für die innere Seite der Welt schloss sich allmählich. Im gleichen Maß öffnete sich das „Auge" für die äußere Seite der Welt, was im Lauf der Jahrhunderte zur Konzentration auf diese Seite und zum Aufstieg von Naturwissenschaft und Technik führte.

Auf diese Weise kam „Blindheit" für die innere Welt über den Menschen. Sie war eine von Gesandten wie Mose durchgeführte „Maßnahme" Gottes, durch welche die Entwicklung eines verantwortlichen und bewussten Ich ermöglicht und verbürgt wurde.

Wie ungern sich der Mensch dieser Aufgabe stellte und noch stellt, das zeigen seine vielen Versuche, den Verlust des inneren Auges ungeschehen zu machen. Die Blindheit für die innere Seite der Welt riss den archaischen Menschen rau aus Zusammenhängen, in denen er bis dahin eine instinktive, kollektive Sicherheit erlebt hatte. Daher das Interesse auch vieler heutiger Menschen an parapsychologischen Erscheinungen und Fähigkeiten, ihre Beschäftigung mit Magie, Astrologie und den „Dämonen", „Engeln" und „Meistern" des Jenseits, ihre Versuche, das verlorene innere Sehen in der Welt der Lebenskräfte mittels Hypnose, Drogen oder Übungen künstlich wieder zu erwecken.

Aber der dem Menschen bestimmte Weg zur Erfahrung der inneren Welt führt nicht in die Vergangenheit zurück – das wäre ein Rückschritt –, sondern nach vorne: zum inneren Sehen auf der Grundlage eines verantwortlichen, selbstständigen Ichbewusstseins und später eines neu entwickelten wahren Selbst, das die Phänomene der inneren Welt richtig einschätzen kann und sich nicht unkontrolliert darin verliert.

Welche Gefahren dem Menschen drohen, wenn er sich, rückwärts gewandt, ohne die Entwicklung eines verantwortlichen Ich, und erst recht ohne ein neues wahres

Selbst, mit der Welt der Lebenskräfte einlässt, das zeigen viele psychische Erkrankungen, bei denen er, meist ungewollt, in diese Sphären hinein- und zurückgezogen wird. Vorstellungen und Wünsche können dort ein Eigenleben entwickeln. Das imaginative Vermögen gestaltet sie zu Personen um, die, vom bewussten Ich abgespalten, dieses beiseite drängen, verwirren, täuschen oder ganz überwältigen. Von innen kommende Gedanken und Erinnerungen werden zu Stimmen und Visionen, die wie Wahrnehmungen von außen – als Halluzinationen – auftreten.

Manchmal werden Wünsche und Ängste von der Imagination auch zu derart wirksamen Ein-Bildungen verdichtet, dass die ganze materielle Welt ihnen zu dienen scheint. Der Kranke sieht überall Anzeichen, die seinen Wünschen entgegenkommen oder seine Ängste bestätigen – „Beziehungswahn" und „Verfolgungswahn" sind die modernen Bezeichnungen dafür. Dabei geschieht nichts anderes, als dass der Realitätssinn des Ich in der materiellen Welt, der die Dinge in logische und zeiträumlich klare Beziehungen zueinander setzt, ausgeschaltet wird, woraufhin unbewusste Wünsche und Ängste die Welt interpretieren und ihnen entsprechende Wahnvorstellungen und Projektionen erzeugen.

Ist jedoch einmal ein verantwortliches, vernünftiges, realitätsbezogenes Ich entwickelt, so kann und muss, auf neuer Ebene, wiedergewonnen werden, was einst verloren ging. Das innere Auge für die innere Seite der Welt kann wieder geöffnet werden, wenn der Mensch gelernt hat, bewusst auch seine Lebenskraft den göttlichen und natürlichen Gesetzen zu unterstellen.

Eben diese Öffnung des inneren Auges, das blind geworden war, ist das Werk Jesu in diesem „Wunder". Die göttliche Kraft des spirituellen Menschen öffnet, wenn die Zeit dafür reif geworden ist, das blind gewordene innere Auge. Der Mensch sieht dann wieder die geistig-seelischen Sachverhalte der inneren Seite der Welt. Aber er sieht sie jetzt als selbstständiges wahres Selbst, als neues Ich, das er inzwischen geworden ist, und er wird sie, erzogen von den vielen leidvollen Korrekturen in der materiellen Welt, nicht mehr zu seinen willkürlichen Zwecken missbrauchen. Er hat in der materiellen Welt einen Realitätssinn entwickelt, mit dem er nun auch in der immateriellen Welt handeln wird.

So werden die „Werke Gottes an dem Blindgeborenen offenbar". Die „Arbeitsweise" Gottes wird an ihm offenbar. Indem nämlich Gott – als korrigierendes Weltgesetz – den Menschen vorübergehend für den immateriellen Bereich der Welt blind macht, ermöglicht er ihm, im materiellen Bereich Verantwortlichkeit und Selbstständigkeit zu entwickeln. Ist dieser Realitätssinn entwickelt und der Mensch zum bewussten Individuum herangereift, kann die Blindheit wieder aufgehoben und der Mensch auf neue, bewusste, verantwortliche Weise im immateriellen Bereich sehend und tätig werden. Die Blindheit ist Folge eines unreifen Zustands des Menschen, auf Grund dessen sie von Gott „verhängt" werden musste. Sie ist gleichzeitig Voraussetzung für die Entwicklung des Menschen zur Reife und kann wieder aufgehoben werden, wenn diese Reife erlangt ist.

Wenn Jesus dem Blindgeborenen das innere Auge öffnet, so bedeutet das, dass ein Aspekt des spirituellen Menschen, welcher der sechsten Hülle der spirituellen Matrix entspricht, wieder zu arbeiten beginnt, und zwar auf höherer Ebene als vorher.

Der Mensch gewinnt die Fähigkeit, bewusst die Welt der Lebenskräfte wahrzunehmen, und bewusst zu erkennen, was ihm vorher in Form mythischer Bilder ohne sein Zutun zufloss. Er wird die innere Seite der Natur wieder erkennen und die psychischen Fähigkeiten des Wahrnehmens und Wirkens außerhalb von Zeit und Raum wiedergewinnen. Aber er wird sie im Sinn der göttlichen und natürlichen Gesetze, nicht nach eigener Willkür, anwenden.

So ist die Blindheit von Gott zum Nutzen des Menschen über ihn „verhängt" worden und wird zu gegebener Zeit zum Nutzen des Menschen wieder aufgehoben. Dadurch werden tatsächlich die Werke Gottes offenbar, die er an der Menschheit vollbringt. Es wird, mit anderen Worten, die Arbeitsweise der Evolution offenbar, die nicht einem blinden Spiel des Zufalls folgt, sondern einer sinnvollen, einsichtigen Gesetzmäßigkeit.

Und auch noch auf andere Weise werden die Werke Gottes an dem Blindgeborenen offenbar. Denn Mitwirkender bei diesen Werken Gottes ist der vollkommene spirituelle Mensch, der Gesandte Gottes. Er heilt den Blindgeborenen. Er öffnet der Menschheit das innere Auge auf der inzwischen erreichten Grundlage des wahren Selbst. Er tut „die Werke dessen", der ihn gesandt hat. Er verwandelt den sechsten Aspekt des siebenfachen irdischen Menschen – die irdische Lebenskraft des „Manneswillens" – in neue, spirituelle Lebenskraft.

Von dieser Warte aus wird verständlich, warum der Evangelist vor der Schilderung des sechsten „Wunders" auf Abraham und dessen Verhältnis zu Jesus eingegangen war. Abraham steht für die Periode der Menschheitsentwicklung, in der die Fähigkeit des hellsichtigen Schauens der inneren Welt und der Umsetzung des Schauens in Bilder noch gegeben war. Davon zeugen die vielen Symbole und Mythen dieser Periode, insbesondere auch des Alten Testaments. Davon zeugt auch die von Jesus angesprochene Fähigkeit Abrahams, den Tag des vollkommenen spirituellen Menschen zu „sehen". Solange Menschen sich im Einklang mit dem „Blut" ihres Stammes befinden und in diesem Kollektiv aufgehen, wirkt – auch das ist altes Mysterienwissen – das archaische Vermögen der inneren Sinneswahrnehmung. Solange die Juden als Kollektiv die Beziehung zum Stammvater Abraham aufrechterhielten, der glaubend auf die göttliche Welt hinorientiert war, blieb ihr inneres Auge geöffnet. Als sie sich aber zu Gunsten der Ich-Entwicklung aus diesem Zusammenhang lösen mussten und individualisierten, ging die auf dem kollektiven Stammesleben beruhende archaische Hellsichtigkeit verloren. Sie wird erst wieder, auf höherer Grundlage, erweckt, wenn ein spirituelles Selbst, obwohl individualisiert, mit der göttlichen Welt, der ganzen Menschheit und der Natur eins wird. Jesus verkörpert dieses unsterbliche spirituelle Selbst, das *ist*, ehe Abraham war, und die Öffnung des inneren Auges auf höherer Ebene ermöglicht.

Voraussetzung der Heilung

Der Evangelist gibt zugleich mit dem „Wunder" auch den zeitlichen Zusammenhang an, in dem es möglich wird. Jesus sagt: „Ich bin das Licht der Welt." Die Antike stellte sich, wie erwähnt, das Auge als Lampe vor, die dem Menschen den Weg erhellt. Diese Vorstellung entspricht dem Lebenskraft-Aspekt des Sehens. Die Lebenskraft-Seite der Wahrnehmung ist es, die überhaupt sinnvolle Wahrnehmung ermöglicht. Das physische Auge ist nur Empfangsorgan für quantitative physikalische Vorgänge. Gäbe es die Lebenskraft-Seite der Wahrnehmung nicht, so würde der Mensch keine qualitativen Eindrücke haben können und keine Farben und Gestalten sehen.

Das Auge als das Licht des Leibes ist tatsächlich, als Fähigkeit der Lebenskraft verstanden, die Lampe, welche die Eigenschaften der Welt und ihrer Geschöpfe erkennbar macht. Das physische äußere Auge und die physikalischen Schwingungen, die es treffen, sind die materielle, passive Seite des Sehvorgangs. Das immaterielle, innere Auge ist die lebendige, aktive Seite. Wenn Jesus sagt: „Ich bin das Licht der Welt", so sagt er damit: Ich *habe* ein offenes inneres Auge, eine bewusste Wahrnehmung der inneren Seite der Welt. Und da ich das lebendige geöffnete innere Auge auch *bin*, öffne ich, wenn ich als spiritueller Mensch in irdischen Menschen lebendig werde, dieses selbe Auge bei allen, die die Reife und Empfänglichkeit dafür besitzen – die an mich „glauben".

Somit öffnet der vollkommene spirituelle Mensch, selbst Lampe, die die Welt erhellt, allen anderen spirituellen Menschen das innere Auge, damit auch sie zu Lampen werden, die die Welt erhellen. Dieses Augen-Öffnen ist sein Werk. Er tut es, indem er in unentwickelten spirituellen Menschen als vollkommener spiritueller Mensch wirkt. Und er tut es, solange er in der Welt ist. „Solange ich in der Welt bin, bin ich das Licht der Welt."

Denn er ist einem gesetzmäßigen Rhythmus von „Tag" und „Nacht" unterworfen. Es gibt Zeiten in der Geschichte der Menschheit, in denen Gott wirken kann – sie werden durch den „Tag" versinnbildlicht –, und andere, wo er nicht wirken kann – die „Nacht". Der Evangelist spielt wiederum auf das schon zwei Mal erwähnte Gesetz an: „Ich gehe hinweg und ihr werdet mich suchen. Und wo ich hingehe, da könnt ihr nicht hinkommen." Ein spiritueller Impuls hängt von Bedingungen ab, zum Beispiel, ob die Menschen und die Menschheit dafür aufgeschlossen sind – dann ist „Tag" und die Zeit der Wirkmöglichkeit –, oder ob sie sich ausschließlich mit nur irdischen Angelegenheiten beschäftigen. Dann ist „Nacht", der spirituelle Impuls muss sich zurückziehen, weil er kein Echo findet.

Auch hiermit stellt der Evangelist das „Wunder" in einen geistig-seelischen Zusammenhang. Jesus ermöglicht als „Licht der Welt" ein neues Sehen, eine individuelle Wahrnehmung der Lebenskraft-Seite der Welt. Und er tut es, „solange es Tag", solange er also in der Welt ist und darin wirken kann. Daraus folgt erneut, dass auch dieses „Wunder" der Heilung des Blindgeborenen kein Wunder im Sinn der Durchbrechung der zeiträumlichen Naturgesetze ist, sondern die bildliche Darstellung eines geistig-seelischen Vorgangs. Es muss auf der geistig-seelischen Ebene gelesen werden.

Einzelheiten der Heilung

Die Einzelheiten des eigentlichen Heilvorgangs entstammen der „Wunder"geschichte, die der Evangelist vermutlich schon vorgefunden hat. Es scheinen sehr konkrete Einzelheiten zu sein: Der Heiler macht einen Teig aus Erde und seinem Speichel, legt ihn dem Blinden auf die Augen und befiehlt diesem, sich im Teich Siloah zu waschen. Auch diese Einzelheiten können als Sinnbilder für das energetische Kräftespiel gelesen werden, das sich zwischen Jesus und dem Blinden entwickelt, erst recht für das Kräftespiel, das sich *in* jedem Menschen zwischen dem in ihm wirkenden vollkommenen spirituellen Menschen und seinem noch unentwickelten Geistprinzip entwickelt.

Der Speichel gilt seit alters als Essenz der Lebenskraft eines Menschen. In dieser Erzählung überträgt also der entwickelte spirituelle Mensch seine Lebenskraft auf das noch unentwickelte oder latente innere Schauen eines anderen Menschen, wodurch es geweckt und aktiviert wird. Zugleich ist dieser Speichel mit Erde vermischt. Die Lebenskraft des spirituellen Menschen imprägniert auch die Materie, so dass die materielle Seite des Sehens ebenfalls aktiviert wird. Es wirkt jetzt sowohl das innere Auge als aktives Licht, das die Welt erhellt, als auch das äußere Auge als passives Empfangsorgan, das die Eindrücke aus der Welt in sich aufnimmt.

Wenn sich der Blindgeborene im Wasser des Teiches „Siloah", im Wasser des „Abgesandten", waschen soll, so ist das gleichbedeutend mit der Aufforderung, sich auch wirklich bewusst, auf der Grundlage des wahren Selbst und der neuen Lebenskraft des Abgesandten, in der inneren Welt zu orientieren. Die neue Lebenskraft des „Abgesandten" Gottes sind die lebenden Wasser, auf die sich der Sehendgewordene abstimmen und die ihm alle restliche Unbewusstheit in der Welt der Lebenskräfte, die Reste der alten „Blindheit", „abwaschen" sollen.

Die sechste Hülle der Matrix, deren Aufbau durch Jesus in diesem „Wunder" geschildert wird, entspricht der sechsten Bitte des Vaterunsers: „Und führe uns nicht in Versuchung". Wenn das innere Schauen auf neuer Grundlage gewonnen ist, können Versuchungen besonderer Art auftreten. Das dann entwickelte wahre Selbst soll ja die neuen Gaben des Sehens der Welt der Lebenskräfte und des bildnerischen Vermögens nur im Sinn des göttlichen „Wortes" und „Lebens" gebrauchen. Es besteht jedoch die Gefahr, dass sich gerade, wenn diese neuen Fähigkeiten auftauchen, die alte Anmaßung wieder meldet und sich unverantwortlich zu eigenen Zwecken ihrer bedient. Die sechste Bitte des Vaterunsers hat daher den Sinn: Führe uns dadurch, dass du uns das Sehvermögen für die innere Welt schenkst, nicht in Versuchung, die so gewonnenen neuen Fähigkeiten zu missbrauchen.

Prüfung des Heilvorgangs

9, 8 *Die Nachbarn nun und die, welche ihn früher als Bettler gesehen hatten, sagten: Ist das nicht der, welcher dasaß und bettelte?* ***9*** *Andere sagten: Er ist es. Noch andre sagten: Nein, sondern er ist ihm ähnlich. Jener sagte: Ich bin es.* ***10*** *Da sagten sie zu ihm: Wie sind dir nun die Augen aufgetan worden?* ***11*** *Jener antwortete: Der Mensch, der Jesus heißt, machte einen Teig, bestrich mir damit die Augen und sprach zu mir: Geh an den [Teich] Siloah und wasche dich! Als ich nun hinging und mich wusch, wurde ich sehend.* ***12*** *Und sie sagten zu ihm: Wo ist er? Er erwiderte: Ich weiß es nicht.*

13 Sie führten ihn, der vorher blind war, zu den Pharisäern. **14** Es war aber Sab-
bat an dem Tag, an dem Jesus den Teig machte und ihm die Augen auftat. **15** Wieder-
um fragten ihn nun auch die Pharisäer, wie er sehend geworden sei. Er aber sagte zu
ihnen: Er legte mir einen Teig auf die Augen, und ich wusch mich, und ich sehe
[jetzt]. **16** Da sagten etliche unter den Pharisäern: Dieser Mensch ist nicht von Gott
her, weil er den Sabbat nicht hält. Andere sagten: Wie kann ein sündiger Mensch sol-
che Zeichen tun? Und es war eine Spaltung unter ihnen. **17** Sie sagten nun wieder-
um zu dem Blinden: Was sagst du über ihn, dass er dir die Augen aufgetan hat? Er
aber sagte: Er ist ein Prophet. **18** Die Juden nun glaubten nicht von ihm, dass er
blind gewesen und sehend geworden sei, bis sie seine, des Sehendgewordenen, El-
tern gerufen hatten. **19** Und sie fragten sie: Ist dies euer Sohn, von dem ihr sagt, dass
er blind geboren worden ist? Wie kann er denn jetzt sehen? **20** Da antworteten seine
Eltern und sagten: Wir wissen, dass dies unser Sohn ist und dass er blind geboren
worden ist; **21** wie er aber jetzt sehen kann, wissen wir nicht, oder wer ihm die Augen
aufgetan hat, wissen wir nicht. Fragt ihn! Er ist alt genug; er mag selber über sich
Auskunft geben. **22** Das sagten seine Eltern, weil sie die Juden fürchteten, denn die
Juden waren schon übereingekommen, wenn jemand ihn als den Christus bekennen
würde, solle er aus der Synagoge ausgeschlossen werden. **23** Deshalb sagten seine
Eltern: Er ist alt genug; fragt ihn!

24 Da riefen sie den Menschen, der blind gewesen war, zum zweitenmal und sag-
ten zu ihm: Gib Gott die Ehre! Wir wissen, dass dieser Mensch ein Sünder ist. **25**
Jener antwortete nun: Ob er ein Sünder ist, weiß ich nicht; eins weiß ich, dass ich
blind war und jetzt sehe. **26** Darauf sagten sie zu ihm: Was hat er mit dir gemacht?
27 Er antwortete ihnen: Ich habe es euch schon gesagt, und ihr habt nicht darauf ge-
hört; was wollt ihr es noch einmal hören? Wollt ihr etwa auch seine Schüler werden?
28 Und sie schmähten ihn und sagten: Du bist sein Schüler; wir aber sind Moses
Schüler. **29** Wir wissen, dass Gott zu Mose geredet hat; von diesem aber wissen wir
nicht, woher er ist. **30** Der Mensch antwortete und sagte zu ihnen: Da ist es fürwahr
verwunderlich, dass ihr nicht wisst, woher er ist, und er hat mir doch die Augen auf-
getan. **31** Wir wissen, dass Gott nicht auf Sünder hört, sondern, wenn jemand got-
tesfürchtig ist und seinen Willen tut, auf den hört er. **32** Von Ewigkeit her hat man
nicht vernommen, dass jemand einem Blindgeborenen die Augen aufgetan hat. **33**
Wenn dieser nicht von Gott her wäre, vermöchte er nichts zu tun. **34** Sie antworteten
und sagten zu ihm: Du bist ganz in Sünden geboren, und du willst uns lehren? Und
sie stießen ihn hinaus.

35 Jesus hörte, dass sie ihn hinausgestoßen hatten, und als er ihn antraf, sprach
er: Glaubst du an den Sohn des Menschen? **36** Jener antwortete und sagte: Und wer
ist es, Herr, damit ich an ihn glaube? **37** Jesus sprach zu ihm: Du hast ihn sogar ge-
sehen, und der mit dir redet, der ist es. **38** Er aber sprach: Ich glaube, Herr! und
warf sich vor ihm nieder.

Wenn in der Menschheit die vorsorglich verhängte Blindheit für die innere Seite der Welt durch spirituelle Kräfte beseitigt wird, weil sie ihre Funktion erfüllt hat und ein wahres Selbst entstanden ist, das bewusste und selbstständige Orientierung in der immateriellen Welt leisten kann – wenn also die „Werke Gottes“ an der Menschheit durch den spirituellen Menschen offenbar gemacht worden sind –, wird gerade das irdische Ich der materiellen Welt die neuen Möglichkeiten der Wahrnehmung gründlich in Augenschein nehmen und prüfen. Deshalb berichtet der Evangelist so ausführlich darüber, wie sich die Nachbarn des Sehendgewordenen und später die Pharisäer und die Juden so eingehend mit dem Mann selbst und mit dem Vorgang der Heilung beschäftigen. Es handelt sich nicht um eine etwas weitschweifige Ausschmückung der Erzählung, sondern um die Darstellung eines Prozesses, der notwendig mit einem solchen Geschehen verbunden ist. Ist die von Gott über die Menschheit verhängte Blindheit für die innere Welt tatsächlich rückgängig gemacht worden? Oder handelt es sich um einen Irrtum, vielleicht sogar die Vortäuschung einer Heilung?

In der Erzählung werden diese Fragen bildlich dargestellt, indem zunächst die Nachbarn des Sehendgewordenen seine Identität überprüfen. Ist es wirklich der Mensch, der von Geburt an blind war – für die innere Welt – und hat sich ihm wirklich ein neues Sehvermögen erschlossen? Es kam häufig vor, dass sich Bettler blind stellten, um mehr Mitleid bei den Vorübergehenden zu erregen. Manche, die von diesem „Wunder" Jesu hören, vermuten daher, Jesus habe gar nicht geheilt, und der vermeintlich Sehendgewordene sei überhaupt nicht blind gewesen. Er sei nur mit dem Blindgeborenen verwechselt worden, weil er ihm ähnlich sah.

Der Evangelist benutzt diesen Umstand, um einen Einwand vorzuführen, den die nächsten Beobachter des Vorgangs – die „Nachbarn" – äußern. Viele werden nämlich, wenn in der Menschheit allmählich ein neues Sehvermögen für die Welt der Lebenskräfte entsteht, behaupten, der Mensch sei gar nie wirklich blind für diese Welt gewesen. Deshalb habe auch keine Blindheit beseitigt werden müssen. Man sehe ja, dass in allen Menschen noch immer die Fähigkeit des Träumens, und zumindest teilweise eine Art Hellsichtigkeit vorhanden sei, höchstens behindert und verdeckt durch die betonte Zuwendung zur Erscheinungswelt. Diese Fähigkeit müsse nur wieder aktiviert werden. Keine *neue* Fähigkeit müsse erweckt werden. Der vollkommene spirituelle Mensch habe nichts anderes getan, als einen Blinden, der nur scheinbar blind war, „sehend" zu machen. Eine echte Heilung sei nur vorgetäuscht worden.

Doch trifft dieser Einwand das Wesentliche nicht. Wenn noch Reste der alten Hellsichtigkeit da sind, so ist das eine Anormalität. Die Erzählung geht aber vom *normalen* Evolutionsgang der Menschheit aus. In diesem Rahmen haben sich die inneren Augen des Menschen prinzipiell geschlossen. Er ist prinzipiell für die Welt der Lebenskräfte blind geworden, und der vollkommene spirituelle Mensch beginnt, ihm die Augen auf einer *neuen* Ebene zu öffnen.

Das „Wunder" beschreibt somit, dass durch die Wirksamkeit des vollkommenen spirituellen Menschen tatsächlich ein neuer Entwicklungsschritt der Menschheit erfolgt. Eine neue „Hellsichtigkeit" auf der Grundlage eines verantwortlichen, realitätssicheren wahren Selbst entsteht nach einer Nacht der Blindheit für die Welt der Lebenskräfte. Mag auch die neue Menschheit, verkörpert durch den Sehendgewordenen, der alten „ähnlich" sein: Sie ist nicht mit der alten Menschheit und deren atavistischer Hellsichtigkeit identisch. Sie ist wirklich durch die Blindheit der geistigen Augen gegangen und wirklich einer neuen Hellsichtigkeit teilhaftig geworden. Der neu, auf der Grundlage eines verantwortlichen wahren Selbst Sehendgewordene, bestätigt es selbst: „Ich bin es."

Auch die geistlichen Führer können es nicht glauben, dass eine neue Fähigkeit des Sehens im Menschen entstanden sein soll. Sie rufen die Eltern des Blindgeborenen, um sich informieren zu lassen, ob bei dem Mann tatsächlich eine Unfähigkeit vorlag, in die innere Welt hineinzusehen. Wer die Erzählung wörtlich versteht, wird sagen: Natürlich müssen gerade die Eltern befragt werden, weil sie am besten wissen, ob der Sehendgewordene wirklich von Geburt an blind war.

Doch wenn die Blindheit und ihre Heilung als „Werke Gottes" im Verlauf der biologischen, vom „Manneswillen" abhängigen Menschheitsentwicklung aufzufassen sind, so kann und muss die Entstehung dieser Blindheit im Lauf der Generationen erforscht werden. Für diese Generationen stehen die „Eltern".

Der forschende Verstand betrachtet die Geschichte der Menschheit der letzten Jahrhunderte und stellt fest, dass der Mensch in der Tat im Wesentlichen nur noch über Wahrnehmung in der materiellen Sinneswelt verfügt. Auf diese Weise erfahren die geistlichen Führer von den „Eltern", dass die Unfähigkeit des inneren Sehens wirklich strukturell, „von Geburt an", gegeben war.

Sie erhalten jedoch keine Hinweise darauf, *wie* das neue Vermögen des inneren Schauens entstanden sein könnte. Die „Eltern" wissen nicht, „wie er jetzt sehen kann oder wer ihm die Augen aufgetan hat". Nur der Mann selbst, der über die neue Fähigkeit verfügt, kann aus eigener Erfahrung darüber Auskunft geben. „Er ist alt genug": Er ist mündig geworden.

Er hat ein reif gewordenes Selbst, das die neue Fähigkeit selbst beobachten kann. Seine Reife war ja überhaupt die Voraussetzung dafür, dass die von Gott verhängte Blindheit, der Verlust des alten, instinktiven inneren Sehens, aufgehoben werden und durch ein neues, bewusstes inneres Sehen auf spiritueller Grundlage ersetzt werden konnte.

Die Verse 22–23 dürften Einschübe eines Kommentators sein. „Er ist alt genug, fragt ihn" bedarf keiner weiteren Erläuterung. Der Kommentator glaubt trotzdem eine Erklärung geben zu müssen und meint, die Eltern fürchteten sich, Jesus „als den Christus (zu) bekennen". Das steht aber im Widerspruch zu den weiter unten folgenden Ausführungen des Evangelisten. Dort heißt es ja, dass nicht einmal der Blindgeborene weiß, wer ihn geheilt hat. Erst recht können es daher seine Eltern nicht wissen. Er selbst erkennt erst nach langer Bemühung, dass Jesus der „Sohn des Menschen" ist.

Dennoch liegt auch in der Erklärung des Kommentators eine Wahrheit. Jene unter den geistlichen Führern aller Zeiten, die sich streng an das traditionelle Gesetz halten und nicht erkennen können, ob und wann in einem Menschen spirituelle Kräfte wirken und für andere wirksam werden, müssen einen spirituellen Menschen notwendig als „Ketzer" einschätzen. Es ist nicht ihr böser Wille, sondern ihr Wesen als aus der irdischen Natur Geborene, das sie dazu zwingt, ja darüber hinaus veranlasst, den „Ketzer" inquisitorisch zu verfolgen.

Dieses Verhalten entspringt zwar ihrer besten Absicht, das Bewährte vor dem „zerstörerischen" Zugriff des Neuerers zu retten. Sollten sie aber nicht aus dem Schicksal gerade Jesu, der von den damaligen religiösen Institutionen als Ketzer verurteilt wurde, gelernt haben, dass solchen Einschätzungen gegenüber Vorsicht geboten ist?

Die übrigen Auseinandersetzungen des Sehendgewordenen mit den Pharisäern beziehen sich weniger auf den Vorgang der Erschließung des neuen Sehens als darauf, wie das Wesen dessen, der es erschlossen hat, erkannt werden kann. Der spirituelle Mensch wirkt mit göttlichem „Wort", „Leben" und „Licht", die in ihm Gestalt angenommen haben und ihn von innen her leiten, so dass er jede ihm begegnende Situation immer neu zu ihrem Recht kommen lässt. Er handelt nicht nach fixierten irdischen Maßstäben, nach Traditionen, nach von außen auferlegten Gesetzen. Und so war und ist auch seine Erschließung des neuen Sehvermögens eine aus „Wort", „Leben" und „Licht" hervorgehende spontane, selbstverständliche Wirksamkeit, eine Wirksamkeit aus Gott.

Gerade diese Art Wirksamkeit machen ihm aber die geistlichen Führer zum Vorwurf. Nach ihren Vorstellungen ist ein Handeln aus Gott ein Handeln nach dem von Gott gegebenen äußeren Gesetz, nach Dogmen, Glaubenssätzen und bewährten Traditionen. Solange eine innere, spirituelle Selbstständigkeit nicht gewonnen ist, sind solche Grundsätze notwendig und sinnvoll, nicht mehr jedoch, wenn die Stunde des freien spirituellen Menschen gekommen ist.

Der Vorwurf der Pharisäer gegen den spirituellen Menschen, nicht nach dem Gesetz vorzugehen, konzentriert sich im Vorwurf, er habe am Sabbat geheilt. Und sie argumentieren: „Dieser Mensch ist nicht von Gott her, weil er den Sabbat nicht hält." Aber es ist gleichgültig, an welchem konkreten Verstoß solche Vorwürfe der geistlichen Führer festgemacht werden – entscheidend ist, dass sie nicht begreifen, dass der spirituelle Mensch kraft seines Wesens aus der göttlichen Ordnung handelt, die alles Leben erhält und entwickelt. Sie steht über dem äußeren Gesetz.

Einige Angehörige der Geistlichkeit denken freier. Sie bemerken die vom spirituellen Menschen ausgehende Wirkung, die Erschließung eines neuen Sehvermögens auf spiritueller Grundlage, und schließen von ihr zurück auf sein Wesen. Seine Wirkungen sind ihnen Zeichen für sein Wesen. *Diese* Wirkungen, so erkennen sie, können nur von einem Menschen ausgehen, der aus Gott ist, im Einklang mit „Wort", „Leben" und „Licht". Es kann kein sündiger, vom göttlichen „Wort", „Leben" und „Licht" abweichender, aus der irdischen Natur geborener Mensch sein.

Und der Sehendgewordene selbst weiß aus eigenem Erleben, dass Kräfte in ihm gewirkt haben, die unmöglich aus der Anwendung alter Rezepte erklärt werden können. Es waren lebendige, aus der göttlichen Struktur der Welt stammende Kräfte. Deshalb führt er sie auf einen „Propheten" zurück, einen von Gott mit besonderen Kräften ausgestatteten Menschen. Er gehört zu den Menschen mit evidenten spirituellen Erfahrungen. Deshalb kann er mit solcher Sicherheit sagen: „Eins weiß ich, dass ich blind war und jetzt sehe." Er gibt Gott die Ehre dadurch, dass er zu den eigenen Erfahrungen und dem lebendigen „Wort" steht, das diese Erfahrungen bewirkt hat.

Die Mehrheit der geistlichen Führer dagegen verlangt, er solle *ihrem* Gott die Ehre geben, dem Garanten des äußeren Gesetzes und der Tradition, dem Prinzip der Autorität. Nach den Gesetzen dieses Gottes scheint es so, als wäre der spirituelle

Neuerer ein Sünder, ein „Ketzer". Aber auf diese Frage lässt sich der Mann nicht ein. „Ob er ein Sünder ist, weiß ich nicht." Für ihn gilt nur, was er selbst erlebt hat.

Dieses „subjektive" Erleben können die dogmatisch orientierten geistlichen Führer nicht nachvollziehen. Deshalb dringen sie so sehr in den Mann. Vielleicht, so hoffen sie, könnten sie sich, wenn er selbst seine Erfahrungen beschriebe, ein Bild von den Vorgängen machen. Vergebens. Sie hatten es schon einmal versucht, und, so meint der Sehendgewordene, ein neuer Versuch würde auch nichts nützen. Ironisch fragt er sie nach ihren Motiven: Wollt ihr vielleicht diese Vorgänge erforschen, um selbst zu spirituellen Erfahrungen zu gelangen und somit Schüler des spirituellen Menschen zu werden? Er weiß zu genau, dass sie nur forschen, um seine Erlebnisse und damit die Möglichkeit spiritueller Erfahrungen überhaupt zu widerlegen. Für sie gibt es nur das äußere Gesetz und Dogma, die Tradition des Glaubens.

Zu diesem dogmatischen Gesetz bekennen sie sich und charakterisieren damit ihr eigenes Wesen. Sie sind Schüler Moses, der, der Schrift nach, die Gesetze von Gott empfangen hat. Sie betrachten sich als Schüler der Autoritäten der Vergangenheit, die das religiöse Dogma von Gott empfangen und formuliert haben. Aber eben diese Einstellung hindert sie daran, zu erkennen, wo sich lebendige Spiritualität zeigt und woher sie kommt. „Von diesem wissen wir nicht, woher er ist." Wo keine Offenheit für spirituelle Erfahrungen gegeben ist, da können sie weder im eigenen Wesen noch bei anderen wahrgenommen werden. Die geistlichen Führer stehen hilflos vor solchen Phänomenen und ziehen sich erst recht wieder auf ihren „Glauben" zurück.

Der Sehendgewordene hingegen, offen und empfänglich für spirituelle Erfahrungen, hat sie selbst erlebt. Daher kann er sie sich sehr gut erklären. „Wenn jemand gottesfürchtig ist und seinen (Gottes) Willen tut, auf den hört er." Wenn jemand ein Leben führt, das dem göttlichen „Wort" und „Leben" Wirkungsmöglichkeit gibt: wenn er „gottesfürchtig" ist, und diese Wirkungen bewusst mitvollzieht, „Gottes Willen tut", dann wird ihm Gott auch spirituelle Kräfte und Einsichten mitteilen. Denn auf einen solchen Menschen reagiert Gott, auf ihn „hört er".

Jesus ist für den Sehendgewordenen ein solcher Mensch. Der Blindgeborene hat die spirituelle Wirksamkeit des vollkommenen spirituellen Menschen an sich selbst erfahren. Ihm haben sich neue Wahrnehmungsmöglichkeiten, wie sie von „Ewigkeit her" der Menschheit noch verschlossen waren, erschlossen. Er schaut selbstständig, und ohne das Bewusstsein für die Welt der Erscheinungen zu verlieren, die Lebenskräfte und Strukturen, deren Ausdruck die Erscheinungen sind. Er besitzt sowohl das „innere" als auch das „äußere" Auge. Das war bisher in der Menschheit nicht möglich. Sie hatte sich „von Ewigkeit her" zu immer größerer Blindheit für die innere Seite der Welt entwickelt, und *musste* sich wegen des von Gott getrennten „Manneswillens" auch so entwickeln. Erst jetzt, nachdem ein verantwortliches Ich in der Erscheinungswelt aufgebaut und die Öffnung des inneren Auges auf neuer Grundlage gefahrlos möglich ist, *darf* diese Öffnung auch erfolgen.

Der spirituell Erlebende spürt die Wirksamkeit des spirituellen Menschen im eigenen Innern und kann sie sich daher erklären. Für ihn ist nur verwunderlich, dass die geistlichen Führer dazu nicht im Stande sind. Sie befinden sich in „Erklärungsnotstand" den spirituellen Erfahrungen gegenüber und wehren sich, indem sie sich selbst als Gerechte – im Einklang mit dem traditionellen Gesetz –, und die Menschen mit spirituellen Erfahrungen als Sünder hinstellen. Sie können das in diesem Fall um so leichter, als sie davon ausgehen, dass die Blindheit des Mannes Ergebnis einer Geburt „in Sünden“ war. Auf diese Theorie hatten ja schon anfangs die Schüler Jesu angespielt. Die geistlichen Führer empfinden die Ausführungen des Sehendgewordenen als Anmaßung und stoßen ihn hinaus.

Noch hat aber sein spirituelles Erleben nicht den Grad der Klarheit erlangt, den es erlangen könnte. Es ist ihm noch nicht bewusst geworden, welcher besonderen Quelle die Beseitigung seiner „Blindheit“ und die Entstehung eines neuen inneren Sehens zu verdanken sind. Er ist zwar schon davon überzeugt, dass der Mensch, der ihn geheilt hatte, ein „Prophet“ war, ein mit besonderen spirituellen Kräften ausgestatteter irdischer Mensch. Jetzt muss er aber noch lernen, dass es der vollkommene spirituelle Mensch, der Sohn des Menschen, der wahre, aus Gott geborene Mensch ist. Wenn Jesus den Sehendgewordenen fragt: „Glaubst du an den Sohn des Menschen?“, so will er ihn auf die Spur dieser Erkenntnis führen. Und der Sehendgewordene lässt sich führen. Er öffnet sich fragend dieser neuen Erkenntnis. „Wer ist es, damit ich an ihn glaube?“

Durch diese innere Öffnung, durch diese Fragehaltung teilt sich ihm das Wesen des spirituellen Menschen mit. Es wird ihm bewusst, dass ein neues Menschentum, der wahre, spirituelle Mensch, in ihm und in der Menschheit wirksam geworden ist, und dass, was er erlebt hat: die Beseitigung von Gott verhängter Blindheit zugunsten eines neuen inneren Sehens, die Wirkung dieses neuen Menschentums gewesen ist. Kein „Prophet“ wäre zu dieser Wirksamkeit im Stande gewesen. Ja, es wird ihm die aktuelle Gegenwart dieses neuen Menschentums in der Menschheit bewusst – es steht „sichtbar“ vor ihm und tritt mit ihm in Beziehung. Er kann sich diesen neuen, gewaltigen Möglichkeiten des Menschseins öffnen und fortan aus ihnen leben. In Ehrfurcht vor dieser Möglichkeit, selbst der siebenfache spirituelle Mensch zu werden, wirft er sich vor Jesus, der Verkörperung dieses spirituellen Menschen, nieder. Einer der „Seinen“ des Lichtes hat das Licht, das in die Finsternis scheint, erblickt, angenommen, und lässt zu, dass es sein Werk in ihm verrichtet. Es verleiht ihm Macht, selbst zu einem Sohn Gottes zu werden, zum spirituellen Menschen, der das Ziel der Menschheitsgeschichte ist.

Spirituelle Blindheit

9, 39 *Und Jesus sprach: Um ein Gericht herbeizuführen, bin ich in diese Welt gekommen, damit die Nichtsehenden sehen und die Sehenden blind werden.* ***40*** *Einige der Pharisäer, die bei ihm waren, hörten dies und sagten zu ihm: Sind etwa auch wir blind?* ***41*** *Jesus sprach zu ihnen: Wenn ihr blind wäret, hättet ihr keine Sünde. Nun aber sagt ihr: Wir sehen. Eure Sünde bleibt.*

In diesen Versen geht es nicht mehr um die Erschließung des „inneren Sehens“, sondern um spirituelle Aufgeschlossenheit überhaupt. Wie bei den anderen Evangelisten wird hier spirituelle Aufgeschlossenheit als „Sehen“ bezeichnet, spirituelle Verschlossenheit als „Blindheit“. Jesus ist „in diese Welt gekommen, damit“ die bisher Verschlossenen sich aufschließen und die sich bisher für aufgeschlossen Haltenden als „Blinde“, Nicht-Aufgeschlossene, entlarvt werden.

Deshalb sagt Jesus: „Um ein Gericht herbeizuführen, bin ich in diese Welt gekommen.“ Wenn der vollkommene spirituelle Mensch in der Finsternis der irdischen Welt als neue Möglichkeit des Menschseins auftritt und wirkt, ergibt sich zwangsläufig eine Scheidung. Das „Gericht“, das Jesus herbeizuführen gekommen ist, ist kein Gericht nach Art des irdischen Menschen, der seine irdischen Maßstäbe, mögen sie ihm als äußeres Gesetz von Gott gegeben sein oder mag er sie selbst entwickelt haben, auf andere anwendet und entsprechend belohnt oder bestraft. Es ist eine selbstverständliche Wirkung, die vom wahren Menschen, vom Sohn des Menschen ausgeht und verschiedene Reaktionen auslöst. Die einen, vorher nicht Sehenden, werden sehend. Damit sind jene gemeint, die die irdische Welt als Finsternis empfinden, in der sie Gott nicht sehen, und daher nach Gott suchen. In ihnen wird durch die Wirksamkeit des Menschensohnes die Fähigkeit, Gott zu sehen, erweckt und entwickelt. Aus Nicht-Sehenden werden Sehende.

Die anderen, bisher Sehenden, aber werden blind. Es sind jene gemeint, die Gott in der irdischen Welt mittels seiner äußeren Gesetze zu sehen glauben und daher nicht mehr nach ihm suchen. Durch die Wirksamkeit des Menschensohns wird offenbar, dass sie weiterhin im Zustand der Finsternis verharren wollen. Sie werden „blind“ für das unmittelbare Sehen Gottes, der sich im Innern des Menschen offenbart.

Das wird vom Evangelisten noch einmal nachdrücklich unterstrichen und ausgeführt, indem einige dieser „Blinden“, einige Pharisäer, selbst das Urteil des Lichtes herausfordern. Sie wenden sich an Jesus mit der Frage: „Sind wir etwa auch Blinde?“ Und Jesus antwortet sinngemäß: „Wenn ihr blind (für die Wahrheit) wäret und würdet sagen: Wir sehen (die Wahrheit) nicht, hättet ihr keine Sünde. Nun aber sagt ihr, wir sehen (die Wahrheit), seid aber blind (für die Wahrheit). Eure Sünde bleibt.“ Das ist eure Sünde des Eigendünkels. Dieser Eigendünkel trennt euch vom Sehen der Wahrheit. Ihr haltet beharrlich ein gesetzestreues Leben für die Wahrheit und für das dem Menschen bestimmte Leben und seht deshalb die lebendige, existenzielle Wahrheit, das dem Menschen bestimmte *spirituelle* Leben, nicht. Würdet ihr dagegen eingestehen: Wir sehen in unserem gegenwärtigen Zustand die Wahrheit nicht, wir sind blind für sie, so wäret ihr ehrlich und bliebet nicht in der Sünde des Eigendünkels, die euch von der Wahrheit trennt. Daraus würde sich die Möglichkeit ergeben, dass ihr den spirituellen Menschen als existenzielle Wahrheit in euch erlebt und dass euch die Augen für die spirituelle Welt aufgetan werden. „Wenn ihr – eingestandermaßen – blind wäret, hättet ihr keine Sünde. Nun aber sagt ihr, obwohl ihr blind seid, wir sehen. Eure Sünde – des Eigendünkels – bleibt.“

Zwischenspiel „Hirte der Schafe": Verhältnis zwischen Wahrheitslehrer und Wahrheitssucher

Wenn in einem Menschen ein neues, inneres Sehvermögen erschlossen ist, sieht er das Ziel eines Daseins in existenzieller Wahrheit vor sich. Er möchte sein Leben in der irdischen Welt so gestalten, dass es im Einklang mit göttlichem „Wort" und „Leben" verläuft und deren Ausdruck wird. Aber die Vision des Zieles ist zu undeutlich, und der Weg dorthin liegt noch im Dunkeln. Er wird suchen und tasten, bis er gelernt hat, die Impulse des spirituellen Menschen in sich von irreführenden Impulsen seines irdischen Wesens zu unterscheiden und als die alleinige Richtschnur seines Handelns anzusehen. Er braucht vorläufig noch einen Führer. Deshalb greift der Evangelist an dieser Stelle das Thema wahrer und falscher spiritueller Führung auf. Er spricht im Folgenden einerseits vom richtigen und falschen Kontakt zwischen Führer und Geführten, Meister und Schülern, andererseits von der richtigen und falschen Art der Führung. Beide Aspekte seines Themas lässt er Jesus in Bildern behandeln, wobei die Schüler und Geführten als „Schafe" im Schafstall und die echten Meister und Lehrer als die „Hirten" auftreten.

Kontakt zwischen Lehrer und Sucher

10, 1 *Wahrlich, wahrlich, ich sage euch: Wer nicht durch die Tür in den Schafstall hineingeht, sondern anderswo hineinsteigt, der ist ein Dieb und ein Räuber.* ***2*** *Wer aber durch die Tür hineingeht, ist der Hirte der Schafe.* ***3*** *Diesem tut der Türhüter auf, und die Schafe hören auf seine Stimme, und er ruft seine Schafe beim Namen und führt sie hinaus.* ***4*** *Wenn er alle, die ihm gehören, herausgelassen hat, geht er vor ihnen her, und die Schafe folgen ihm nach; denn sie kennen seine Stimme.* ***5*** *Einem Fremden aber werden sie nicht nachfolgen, sondern vor ihm fliehen; denn sie kennen die Stimme der Fremden nicht.* ***6*** *Diese Bildrede sprach Jesus zu ihnen. Jene aber verstanden die Bedeutung seiner Rede nicht.* ***7*** *Jesus sprach nun wiederum: Wahrlich, wahrlich, ich sage euch: Ich bin die Tür zu den Schafen.* ***8*** *Alle, die vor mir gekommen sind, sind Diebe und Räuber; aber die Schafe haben nicht auf sie gehört.* ***9*** *Ich bin die Tür. Wenn jemand durch mich hineingeht, wird er gerettet werden, und er wird ein und ausgehen und Weide finden.* ***10*** *Der Dieb kommt nur, um zu stehlen und zu schlachten und zu verderben. Ich bin gekommen, damit sie Leben und reiche Fülle haben.*

Es geht um die Art des Kontaktes zwischen spirituellem Führer und Geführten und die Art und Weise der Kontaktaufnahme.

Auch jeder irdische Mensch grenzt sich von anderen ab und ist auf Wahrung seiner Identität bedacht. Er spürt, wenn ihn jemand ausbeuten will, sei es durch Verführung, sei es durch Drohung und Gewalt, und tut alles, um solche unerwünschten Fremdeinflüsse abzuwehren. Er will sich selbst leben, und wenn er für andere lebt, dann will er es freiwillig tun. Und auch wenn er noch unmündig ist und sich führen lassen muss, sei es als Kind, sei es als Erwachsener, hat er Anspruch darauf, dass Erzieher, Vormund oder Lehrer vertrauenswürdig sind und sein Wohl im Auge haben, nicht ihr eigenes Wohl.

In dieser berechtigten Aufrechterhaltung seiner Identität legt er einen Schutzzaun um sich: Ablehnung und Abwehr all dessen, was seine Identität stören oder zerstören könnte. Auch lässt er eine Tür in diesem Schutzzaun. Es ist seine Offenheit für Einflüsse, die seinem inneren Maßstab nach der in ihm angelegten Entwicklung förderlich sind und mit seiner Identität übereinstimmen. An dieser Tür steht außerdem ein Türhüter. Es ist sein auf Grund vieler Erfahrungen mit guten oder schlechten Einflüssen entstandenes Bewusstsein dafür, was gute, und was schlechte Einflüsse sind. Dieses Bewusstsein urteilt, ob herankommende Einflüsse der eigenen Identität förderlich sind oder nicht. Ist die Bedingung der Übereinstimmung erfüllt? Nur die förderlichen Einflüsse werden eingelassen.

Das gleiche gilt für den gerade erst erwachten spirituellen Menschen, ja für ihn in noch höherem Maß. Er ist zunächst wirklich noch unentwickelt und unmündig wie ein Kind und braucht spirituelle Führer, die ihm bei seiner Entwicklung helfen. In einer Welt zahlloser, selbsternannter „spiritueller Führer", die seine Sehnsucht nach spiritueller Entwicklung ausbeuten wollen, hat er es schwer, einen Führer zu finden, sei es ein Einzelner, sei es eine Gruppe oder Institution, die vertrauenswürdig sind. Wer wird ihm einen spirituellen Weg weisen und ihn darauf führen, der seiner spirituellen Bestimmung, seiner Identität als spiritueller Mensch, entspricht? Er wird einen Schutzzaun um sich ziehen und alle Einflüsse ablehnen, die, sei es durch Verführung, sei es durch Gewalt, sich seiner zu fremden Zwecken zu bemächtigen suchen. Doch in diesem Schutzzaun ist eine Tür. Sie ist die Kontaktmöglichkeit zwischen dem spirituellen Sucher und dem spirituellen Lehrer, die Möglichkeit einer Begegnung zwischen spiritueller Frage und spiritueller Antwort.

Bedingung für einen solchen Kontakt ist, dass der Lehrer dem Maßstab des vollkommenen spirituellen Menschen entspricht. Durch die Tür zu gehen, heißt, diese Bedingung zu erfüllen und diesem Maßstab zu entsprechen. Es heißt, ein spiritueller Mensch zu sein. Der unentwickelte spirituelle Mensch findet verlässlichen Kontakt nur zu einem Menschen, der dem Maßstab des spirituellen Menschen entspricht. Nur ein solcher Mensch entspricht der geforderten Bedingung. Er geht durch die Tür zu den Schafen. Eine solche Begegnung zwischen Schüler und Meister erfolgt mit Notwendigkeit und Selbstverständlichkeit, wenn die geforderte Bedingung erfüllt ist und die entsprechende Reife im Sucher vorhanden ist.

Es muss sich zunächst nicht um eine konkrete Begegnung handeln. Es kann ein ganz unbewusster Vorgang sein, bei dem sich der Sucher in seiner spirituellen Sehnsucht zu einer ihm noch unbekannten Institution oder einem unbekannten Meister hingezogen fühlt. Der konkrete Kontakt kann dann auf dieser unbewussten Grundlage bei irgendeinem aktuellen Anlass erfolgen. Wie auch immer, ob unbewusste oder bewusste Begegnung: In beiden Fällen geht der entwickelte spirituelle Mensch, der Hirte, durch die „Tür" und begegnet den unentwickelten spirituellen Menschen, den Schafen. Er erfüllt die Bedingung, er entspricht dem Maßstab des vollkommenen spirituellen Menschen. Der Türhüter, das prüfende Bewusstsein des Empfangenden, erkennt die Übereinstimmung zwischen seinem wahrem Selbst und dem wahren Selbst des Hirten, und lässt ihn ein.

Die Tür besteht also in der *Bedingung*, dass der Besucher ein spiritueller Mensch ist, welcher der Struktur des vollkommenen spirituellen Menschen entspricht. Der spirituelle Mensch ist aber auch *selbst* die Tür. Er ist der Maßstab. Wer ihm entspricht, erhält Kontakt zu den „Schafen". Deshalb kann Jesus, der spirituelle Mensch, von sich sagen: „Ich bin die Tür." Ich, der spirituelle Mensch, *bin* die Bedingung und *erfülle* sie zugleich. Ich *bin* die Tür, und ich *gehe* durch die Tür. Der Hirte stellt selbst die Bedingung zur Kontaktmöglichkeit dar. Er besitzt die Signatur des spirituellen Menschen. Zugleich geht er als spiritueller Mensch berechtigter Weise durch diese Tür zum Sucher und verwandelt die Kontaktmöglichkeit in einen wirklichen Kontakt. Es ist wieder wie seinerzeit, als Jesus sagte: „Ich bin das Brot des Lebens". Er, der spirituelle Mensch, *ist* die Nahrung für den noch unentwickelten Menschen, und er *gibt* zugleich diese Nahrung. Genauso hier: Der spirituelle Mensch *ist* die Bedingung und Ermöglichung einer vertrauensvollen Begegnung – die Tür – und *geht* zugleich durch diese Tür. Er erfüllt die Bedingung und verwirklicht die Begegnung.

Auch der noch unentwickelte spirituelle Mensch geht durch diese Tür zur Gemeinschaft der „Schafe" hinein. Es ist der Sucher, der zum Schüler wird und sich einer spirituellen Gemeinschaft anschließt, der Mensch, der sich auf einen spirituellen Weg begibt, sich entwickelt, vom entwickelten spirituellen Menschen nähren lässt – und „gerettet" wird (Vers 9). Auch er kann den Kontakt zur Gemeinschaft der spirituellen Menschen nur knüpfen, wenn er der Struktur des spirituellen Menschen entspricht und durch die Tür der Signatur des spirituellen Menschen hineingeht.

Unzählig sind die Möglichkeiten, nicht durch die Tür zu den „Schafen" zu gehen und die Bedingung für eine vertrauensvolle, selbstverständliche Begegnung zwischen spiritueller Frage und Antwort nicht zu erfüllen. Unzählige „spirituelle Führer" durchbrechen die vom Sucher errichteten Schutzzäune und steigen „anderswo" in den „Schafstall" hinein. Sie entsprechen dem Maßstab des spirituellen Menschen nicht. Zwischen ihnen und den Wahrheitssuchern besteht keine Übereinstimmung. Sie versuchen gezielt Einfluss auf sie zu gewinnen, statt auf selbstverständliche Weise einen Kontakt entstehen zu *lassen*. Sie arbeiten mittels Verführung und Gewalt. Wer sich mittels Verführung oder Gewalt Zugang zu einem spirituellen Sucher verschafft, der ist ein „Dieb und Räuber". Er nutzt dessen spirituelle Sehnsucht für seine eigenen Zwecke aus.

Es gibt okkulte Führer, die die spirituelle Welt mit dem Jenseits, der immateriellen Seite der materiellen Welt, verwechseln und den Wahrheitssuchern „göttliche" Energien und Fähigkeiten versprechen. Sie locken mit dem „Geheimnis", das sie zu besitzen und durch ihre Methoden zu vermitteln vorgeben, und haben doch keine Verbindung zur spirituellen, sondern nur zur jenseitigen Welt.

Es gibt religiöse Führer, die dem *irdischen* Menschen ein ewiges Leben versprechen, falls er bestimmten Regeln gehorcht und bestimmte Glaubenssätze übernimmt, während doch nur der *spirituelle* Mensch ein ewiges Leben erlangen kann. Das Einhalten bestimmter Verhaltensregeln durch den irdischen Menschen ist eine zwar notwendige, aber nicht hinreichende Bedingung für die Entfaltung des spirituellen Menschen. Umgekehrt gibt es religiöse Führer, die zwar den spirituellen Menschen ansprechen und ihm Entfaltung in Aussicht stellen, ihm jedoch die Bedingung vorenthalten, deren Erfüllung allein die Entfaltung des spirituellen Menschen möglich macht: die Preisgabe der Ichhaftigkeit des irdischen Menschen.

Es gibt psychologische Führer, die sich von den okkulten und religiösen Führern nur durch ihre Terminologie unterscheiden. Sie öffnen den Wahrheitssuchern Zugänge ins Jenseits, indem sie das Unbewusste mobilisieren, und behaupten, sie so ihrer spirituellen Bestimmung entgegenzuführen. Oder sie wollen den *irdischen* Menschen zu Glück und Selbstständigkeit führen, ohne zu bemerken, dass hinter seinen Konflikten und Nöten oft gerade die Sehnsucht des *spirituellen* Menschen steckt, der aus seiner Gefangenschaft in den Zwängen der irdischen Welt befreit werden will.

All diese „spirituellen Führer" gehen nicht durch die „Tür". Sie steigen „anderswo" ein. Sie begegnen nicht als spirituelle Menschen der spirituellen Sehnsucht im Herzen anderer. Der wirkliche spirituelle Führer hingegen spricht unmittelbar den spirituellen Menschen im anderen an – er geht durch die „Tür" zu ihm. Er sagt unmissverständlich, mit welchen Freuden und Leiden der spirituelle Weg verbunden ist und welche Opfer der irdische Mensch dafür bringen muss. Wenn Jesus sagt, „alle, die vor mir gekommen sind, sind Diebe und Räuber", so bezieht er sich auf all jene, die den spirituellen Weg weder verkörpert noch auf ihn hingewiesen haben. Er meint nicht die Propheten des Alten Testaments. Sie entsprachen ja dem Maßstab des spirituellen Menschen und arbeiteten im Sinn des göttlichen „Wortes" und „Lebens". Der Evangelist verallgemeinert hier wieder und überlässt es dem Leser, die Ausnahme zu ergänzen: Aber wer im Namen des spirituellen Menschen – oder des ethischen Menschen, der ihn vorbereitet – gekommen ist, ist auch früher schon durch die Tür gegangen.

Einem zuverlässigen spirituellen Führer öffnet der Türhüter die Tür. Der Schüler hat durch viele Erfahrungen unterscheiden gelernt, was einen falschen und was einen richtigen spirituellen Lehrer kennzeichnet. Dieses Erfahrungsbewusstsein ist sein Türhüter. Wenn es ihm sagt, hier ist ein verlässlicher spiritueller Lehrer, vertraut er sich ihm an. Der noch unentwickelte spirituelle Mensch kann an den Wirkungen des entwickelten auf sein eigenes Wesen erleben und ablesen, dass hier ein vertrauenswürdiger Führer tätig ist.

Diese Wirkungen des entwickelten spirituellen Menschen sind die „Stimme", mit der er die Sucher ruft. Er kennt sie alle in ihrer Eigenart und spricht sie in dieser Eigenart – mit ihrem „Namen" – an. Und sie kennen seine Stimme. Es ist die in ihnen bewirkte spirituelle Einsicht und Klarheit, die ihnen, abgesehen von ihrem prüfenden „Türhüter"-Bewusstsein, sagt, dass hier kein Dieb und Räuber sie ins Verderben führen will. Er „führt sie hinaus": Er zeigt ihnen den spirituellen Weg, auf dem sie aus der Gefangenschaft im äußeren Gesetz befreit werden, an spiritueller Kraft und Erkenntnis zunehmen und „Leben und reiche Fülle haben". Er „geht vor ihnen her": Er geht selbst den spirituellen Weg und ermöglicht ihnen dadurch, ihn ebenfalls zu gehen. Kommt jedoch ein „Fremder", einer, dessen Wesen nicht in Übereinstimmung mit ihrem Wesen, dem wahren Selbst, ist, so verweigern sie sich ihm. Die von ihm ausgehenden Wirkungen treffen auf keine Resonanz in ihrem wahren Selbst. Seine „Stimme" kennen sie nicht.

Der echte spirituelle Führer schmeichelt nicht. Er erspart seinen Schülern nichts für ihre Entwicklung Notwendiges, er bedient sich ihrer nicht zur Selbstbestätigung und setzt sich nicht in Szene. Er gibt ihnen Kraft und Erkenntnis zur Entfaltung ihres wahren Wesens. Er wendet sich unmittelbar an dieses wahre, spirituelle Wesen, weil er weiß, dass, wenn es sich entfaltet, allmählich auch die Konflikte und Nöte des irdischen Menschen gelöst werden können. Er wendet sich nicht zuerst an den irdischen Menschen, um diesen zu interessieren, ihm etwas zu bieten, ihm Geborgenheit zu vermitteln, ihn von Konflikten zu befreien, damit dann, vielleicht, auch eine spirituelle Entwicklung beginnen kann. Das wäre das Pferd vom Schwanz her aufgezäumt. Er geht durch die Tür. Alles andere wird sich finden.

Beziehung des spirituellen Führers zu den Geführten

10, 11 *Ich bin der gute Hirte; der gute Hirte gibt sein Leben hin für die Schafe.* ***12***
Wer Mietling und nicht Hirte ist, wem die Schafe nicht eigen sind, der sieht den Wolf
kommen und lässt die Schafe im Stich und flieht – und der Wolf raubt sie und zer-
streut sie –, ***13*** *denn er ist ein Mietling und bekümmert sich nicht um die Schafe.* ***14***
Ich bin der gute Hirte und kenne die Meinen und die Meinen kennen mich, ***15*** *wie der*
Vater mich kennt und ich den Vater kenne. Und ich gebe mein Leben hin für die Scha-
fe.

16 *Und ich habe [noch] andere Schafe, die nicht aus diesem Stall sind; auch sie*
muss ich führen, und sie werden auf meine Stimme hören, und es wird eine Herde, ein
Hirte werden. ***17*** *Deshalb liebt mich der Vater, weil ich mein Leben hingebe, damit*
ich es wieder nehme. ***18*** *Niemand nimmt es von mir, sondern ich gebe es von mir aus*
hin. Ich habe Macht, es hinzugeben, und habe Macht, es wieder zu nehmen. Diesen
Auftrag habe ich von meinem Vater empfangen.

Nach der Art des Kontaktes zwischen entwickeltem und unentwickeltem spirituellen Menschen und der Art der Kontaktaufnahme schildert der Evangelist die Beziehung des spirituellen Führers zu den Geführten. Wie wirkt der vertrauenswürdige spirituelle Führer, der „gute Hirte“? Es gibt ein entscheidendes Kriterium, das ihn kennzeichnet: Er beutet die von ihm Geführten nicht aus. Er setzt im Gegenteil alles daran, sie ihrer eigenen Bestimmung entgegenzuführen. Er gibt sein ganzes Wesen und all seine Kräfte – sein „Leben“ – für sie, um ihre Entwicklung zu fördern und sie, so weit möglich, vor Gefahren zu bewahren, denen sie selbst noch nicht gewachsen sind.

Zwischen dem entwickelten und dem unentwickelten spirituellen Menschen, zwischen dem Meister und seinen Schülern besteht eine unzerreißbare Verbindung, wie zwischen zwei Kraftfeldern gleicher Schwingung, die sich zu einem einzigen vereinigen. Sie beruht nicht primär auf guten Absichten des Meisters und gutwilligem Gehorsam der Schüler, sondern auf der Tatsache, dass beider Wesen der spirituellen Dimension angehört. Im Vergleich zu ihr ist ein doch immer begrenzter irdischer guter Wille sekundär. Es handelt sich um ein gemeinsames Kraftfeld unirdischer, unzerstörbarer Schwingungen zwischen Meister und Schüler. Deshalb, wegen ihrer Wesensgleichheit, kennt der Meister die „Seinen“ und die „Seinen“ kennen ihn. Dieselbe Wesensgleichheit besteht zwischen dem Meister als dem „Sohn“ Gottes und seinem „Vater“. Auch ihre Beziehung beruht auf Schwingungen unirdischer, unzerstörbarer Art, so dass der „Sohn“ Gottes, der erleuchtete spirituelle Mensch, seinen Vater, das göttliche „Wort“ und „Leben“, kennt, wie er von ihm gekannt wird.

Da eine derart unverbrüchliche Verbindung zwischen spirituellem Meister und Schüler besteht, wird und kann der Meister auch nicht an sich selbst denken, wenn es gilt, Gefahren vom Schüler abzuwenden. Das spirituelle Leben des Schülers ist ihm wie sein eigenes Leben. Gefahr für das Leben des Schülers ist ihm wie Gefahr für sein eigenes Leben – anders als beim „Mietling“, einem „Meister“, der sich nur aus irdischen Motiven um seine Schüler kümmert. Für den „Mietling“ hängt der Einsatz für sie vom eigenen Vorteil ab. Der zuverlässige Meister dagegen, für den das Leben der Schüler wie das eigene Leben ist, hält ihnen die Treue, auch wenn der „Wolf“ sich ihnen nähert.

Es wird nämlich nicht ausbleiben, dass Leidenschaften, Ängste und Zweifel von innen oder Angriffe von außen her sie bestürmen. Bei Angriffen des „Wolfes“ von innen, „dämonischen“ Kräften und Selbstzweifeln, stärkt der Meister seine Schüler und stellt sich ihnen zur Seite. Bei Angriffen von außen stellt er sich vor sie, als wäre er es selbst, dem die Angriffe gelten. Und in Wirklichkeit ist er es auch selbst, dem sie gelten, weil er mit seinen Schülern eins ist. Er ist, als Erleuchteter, ein Erkennender und Starker. Er sieht mehr als seine Schüler, sieht Gewitter schon, während sie sich fernab bilden, und bemerkt Feinde, die dem gewöhnlichen Bewusstsein noch unsichtbar sind. Gefahren, die er abwenden kann und darf, wendet er ab oder hilft seinen Schülern bei unvermeidlichen Nöten. Denn ihr Leben ist sein Leben.

Am schwierigsten ist es für den Meister, wenn sich die Wölfe selbst als spirituelle Führer gebärden und die Tür zum „Schafstall“ umschleichen. Da gilt es, das Unterscheidungsvermögen des „Türhüters“ zu schärfen und den Schülern zu zeigen, was ein Eindringen über den Zaun und was ein Eingehen durch die Tür ist. Wölfische Verführer, immer wieder auch im politischen Bereich auftretend, versprechen Größe, Macht und Erlösung von allem Übel. Sie mobilisieren tiefe spirituelle Bedürfnisse nach Gerechtigkeit, Freiheit und Glück für irdische Zwecke. Sie scheinen von Spannungen zu erlösen, indem sie moralische Dämme niederreißen und dahinter aufgestaute Energien der Rachgier, des Neides und der Grausamkeit freisetzen. Die Angesprochenen haben dann das Gefühl, als würden sie wirklich im tiefsten Wesen berührt und erlöst, als wolle der Wolf wirklich durch die „Tür“ gehen und sei ein „Hirte“.

Doch wenn sie ihm öffnen und sich ihm anvertrauen, wird sich bald herausstellen, dass so ein „Führer“ die Geführten „raubt“ – er unterwirft sie sich und entfremdet sie ihrem wahren Selbst. Er „zerstreut sie“, indem er Eigeninteresse und Furcht voreinander in ihnen schürt. Deshalb wird der Meister alles versuchen, um seinen Schülern deutlich zu machen, dass die „Tür“ ausschließlich der spirituelle Mensch ist, und dass nur, wer die Signatur des spirituellen Menschen trägt, berechtigt hindurchgeht. Alle anderen Kontaktversuche sind entweder Ausnutzung spiritueller Bedürfnisse für ausbeuterische Zwecke oder Mobilisierung irdischer Bedürfnisse. Wer so verfährt, gehört zu den Dieben und Räubern, die anderswo einsteigen. Vor diesen Räubern schützt der spirituelle Meister, falls notwendig, seine Schüler und hilft ihnen bei der Entwicklung eines eigenen Urteilsvermögens.

Der vollkommene spirituelle Mensch, verkörpert in Jesus, dem Gesalbten, ist verantwortlich für die „Seinen" in der ganzen Menschheit. In seiner Verkörperung als Jesus bringt er der ganzen Menschheit die „Information" und „Energie" des spirituellen Menschen, verankert sie im Organismus Menschheit und stellt Kontakt zu all den „Seinen" her: den noch unentwickelten spirituellen Menschen, die sich im irdischen Menschen nach Entwicklung sehnen. Zunächst spricht er nur zu Angehörigen der jüdischen Religion. Jesus tritt in einem spezifischen Umfeld auf, das für seine Tätigkeit besonders vorbereitet ist. Doch die Existenz der „Seinen", der noch unentwickelten spirituellen Menschen, ist nicht an eine bestimmte Religion gebunden. In jeder Religion, Kultur und Rasse gibt es zu allen Zeiten Menschen mit reif gewordener spiritueller Anlage, die gerufen und geweckt werden können.

Sie alle „muss ich führen", sagt der vollkommene spirituelle Mensch. Ihnen allen muss die Information und Kraft des spirituellen Menschentums, das als Matrix im Organismus Menschheit verankert ist, begegnen, sei es unter dem Namen des Christus, sei es unter anderem Namen, sei es unter überhaupt keinem Namen. Es kann sich auch einfach als unerklärliche Suche nach Wahrheit im Innern eines Menschen äußern. Und sie alle müssen durch andere, entwickeltere Menschen geführt werden, sei es zunächst noch unbewusst, sei es in einem bewussten Meister-Schüler-Verhältnis. So wird „*eine* Herde, *ein* Hirte werden".

In seiner Wirksamkeit und Beziehung zu den „Seinen" ist der Meister, der erleuchtete spirituelle Mensch, vollkommen unabhängig. Und doch ist es sein Wesen, sich ohne Rückhalt jedem Empfänglichen hinzugeben. Er teilt seine Kräfte und Impulse nicht absichtlich berechnend und wohldosiert aus. In seiner Liebe ist er wie ein Strom göttlicher Kräfte und Erkenntnisse, der nicht anders kann, als fließen. Wie Wasser dringt er überall dorthin, wo man seiner bedarf, erfrischt und nährt und gibt sich selbst. Deshalb „liebt" ihn der Vater. Denn auch der „Vater" ist Information und Energie, die sich unaufhörlich selbst gibt. Sie gibt sich dem Sohn und „liebt" ihn auf diese Weise.

Bei alledem ist der Sohn des Vaters nicht abhängig von den „Seinen". Er gehorcht seinem inneren Gesetz, dem „Wort" und dem „Leben", die in ihm wirken. Darin ist er absolut frei und schöpferisch. „Niemand nimmt es von mir, sondern ich gebe es von mir aus." Niemand kann sich seiner bedienen, ihn ausnützen, ausbeuten oder gar unterwerfen. Wenn jemand so etwas versucht, entzieht sich ihm das göttliche „Leben" sofort. Denn der Sohn des Vaters hat „Macht, es wieder zu nehmen". Es ist ungreifbar, unzwingbar, und kommt und bleibt nur dann, wenn ohne Berechnung darauf gewartet und danach verlangt wird.

Der spirituelle Mensch lebt aus eigener Macht und Souveränität. Aus eigener Macht und Souveränität gibt er sich Empfänglichen hin und entzieht sich Unempfänglichen und Gierigen. Aber seine Macht ist nicht Anmaßung. Seine Macht ist die des „Vaters", des göttlichen „Wortes" und „Lebens", die in ihm wirken: die Fundamente des Alls, die Information und Energie, aus denen alle Geschöpfe und Dinge existieren und sich entwickeln. Wer wollte sich unterstehen, diese Macht in seinen Dienst zu zwingen?

Die Macht des Vaters ermöglicht dem Sohn sein Wirken, von ihm hat er den „Auftrag" empfangen, sein Leben für andere zu geben. Die Macht seines Vaters ist auch die seine. So wie der Vater ihn „liebt“ und ihm all seine Kräfte und Erkenntnisse schenkt, so liebt der Sohn die „Seinen“ und schenkt ihnen all seine Kräfte und Erkenntnisse – sein Leben. Auf diese Weise charakterisiert Jesus nicht nur sich selbst. Er charakterisiert den spirituellen Menschen aller Zeiten und Länder.

Reaktionen auf Jesu Rede

10, 19 *Wiederum entstand eine Spaltung unter den Juden um dieser Worte willen.*
20 *Und zwar sagten viele von ihnen: Er hat einen Dämon und ist von Sinnen; was*
hört ihr auf ihn? ***21*** *Andere sagten: Das sind nicht Worte eines Besessenen. Kann*
etwa ein Dämon Blinden die Augen auftun?

22 *Damals fand in Jerusalem das Fest der Tempelweihe statt; es war Winter.* ***23***
Und Jesus ging im Tempel in der Halle Salomos umher. ***24*** *Da umringten ihn die*
Juden und sagten zu ihm: Wie lange lässt du unsere Seele im Ungewissen? Bist du
der Christus, so sag es uns frei heraus! ***25*** *Jesus antwortete ihnen: Ich habe es euch*
gesagt, und ihr glaubt es nicht; die Werke, die ich im Namen meines Vaters tue, diese
zeugen von mir. ***26*** *Aber ihr glaubt nicht; denn ihr gehört nicht zu meinen Schafen.*
27 *Meine Schafe hören auf meine Stimme, und ich kenne sie, und sie folgen mir nach.*
28 *Und ich gebe ihnen ewiges Leben, und sie werden in Ewigkeit nicht umkommen,*
und niemand wird sie aus meiner Hand reißen. ***29*** *Mein Vater, der sie mir gegeben*
hat, ist größer als alle, und niemand kann sie aus der Hand des Vaters reißen. ***30*** *Ich*
und der Vater sind eins.

Wiederum schildert der Evangelist zwei gegensätzliche Reaktionen auf die Äußerungen Jesu. Zunächst stellt er fest, dass verschiedene Menschentypen notwendig verschiedene Einstellungen zum spirituellen Menschen entwickeln müssen. Die einen, unempfänglich für spirituelle Impulse, beurteilen ihn aus der Perspektive starrer Glaubensüberzeugungen und Verstandesbegriffe. Von dieser Perspektive aus ist er verrückt, „von Sinnen“, hat einen „Dämon“ und ist größenwahnsinnig. Die anderen, für spirituelle Impulse empfänglich, fühlen sich von ihm als spirituelle Menschen angesprochen und empfinden die Wahrheit und Vernunft in seinen Worten. Außerdem erinnern sie sich an die Wirkungen, die von ihm ausgegangen sind: Einem für die Welt der Lebenskräfte Blinden wurden die inneren Augen aufgetan. So etwas steht nur in der Macht des vollkommenen spirituellen Menschen, nicht in der Macht eines „Dämons“, einer Kraft, die zur jenseitigen Hälfte der irdischen Welt gehört.

Nachdem er das Verhältnis der beiden Menschentypen prinzipiell charakterisiert hat, schildert der Evangelist erneut eine typische Auseinandersetzung zwischen dem dogmatischen Verstandesmenschen und dem spirituellen Menschen. Die geistlichen Führer wollen sich Gewissheit über das Wesen des spirituellen Menschen verschaffen, und der Evangelist beschreibt ihr Vorgehen dabei. Denn auch die geistlichen Führer sind angesichts des Aufsehens, das Jesus erregt, nachdenklich geworden. Sollte er nicht doch der Gesalbte, der lang erwartete Messias sein? Diese Ungewissheit quält sie tatsächlich. Es wäre eine Katastrophe für sie, wenn sie es versäumten, aufs richtige Pferd zu setzen. Sicher ist es kein Zufall, dass sie gerade in der Halle Salomos, Verkörperung höchster spiritueller Weisheit, ihre Fragen an Jesus richten und dass sich dort herausstellt, wie ihre Verstandesweisheit vor spiritueller Weisheit zuschanden wird.

Die geistlichen Führer hoffen, durch die Worte des spirituellen Menschen Gewissheit über seine Identität gewinnen zu können. Sie hoffen immer noch, durch beweiskräftige, für den Verstand nachvollziehbare Erklärungen zu dieser Gewissheit zu gelangen, also auf anderen Wegen als über eigenes spirituelles Erleben.

Doch Jesus macht ihnen die Vergeblichkeit dieser Hoffnung klar. Gewissheit über die Identität des spirituellen Menschen lässt sich nur dadurch gewinnen, dass ein Echo entweder auf seine Worte oder auf seine Werke im Herzen des Menschen erklingt. Beides geschieht bei den geistlichen Führern nicht. Sie glauben weder Jesu Worten über seine Identität – sie spüren die Wahrheit dieser Worte innerlich nicht –, noch reagieren sie auf die Werke, die von seiner Identität zeugen. Sie erschließen sich seinen Wirkungen nicht.

Ein Drittes, wie sie es sich wünschen, gibt es nicht. Es ist nicht möglich, die Identität des spirituellen Menschen Fragestellern, die sich nur mit dem forschenden Verstand nähern, zu beschreiben. Im Gegenteil: Wenn ausschließlich der forschende, begriffliche Verstand fragt, ohne dass die spirituelle Sehnsucht als Motiv dahintersteht, wird die spirituelle Erfahrung, die allein Gewissheit bringen könnte, erst recht blockiert.

Jesus beleuchtet diesen Sachverhalt weiter. Wer nicht „zu meinen Schafen“ gehört – in wem die spirituelle Anlage noch schläft –, und wer nur mit dem irdischen Verstand in dogmatischer Voreingenommenheit das Wesen des spirituellen Menschen zu ergründen versucht, wird scheitern. Denn er „glaubt nicht“: Er öffnet sich weder den Worten noch den Werken des spirituellen Menschen. Wer aber, so fährt Jesus fort, „zu meinen Schafen“ gehört – in wem eine Verbindung zwischen der unentwickelten spirituellen Anlage im Herzen und dem entwickelten spirituellen Menschen entsteht –, der folgt dem spirituellen Weg, in dem entfaltet sich in den Kräften und in der Ordnung des spirituellen Menschen das unsterbliche wahre Selbst. Das wahre Selbst allein begreift den spirituellen Menschen, da es sich ihm mit einem spirituellen Wahrnehmungsorgan nähert. Das wahre Selbst allein bekommt Gewissheit, ob es sich bei einem Menschen um einen vertrauenswürdigen spirituellen Meister oder um einen „Dieb und Räuber“, der anderswo einsteigt, handelt.

Ein Schüler mit sich entwickelnder spiritueller Anlage kann, solange er nicht selbst die Verbindung zum Meister zerreißt, nicht mehr „umkommen“. Er lebt zunehmend im Einklang mit Kraft und Wesen des Meisters, und durch ihn im Einklang mit Kraft und Wesen der göttlichen Welt. Der Meister ist als Sohn Gottes mit Kraft und Wesen der göttlichen Welt in bewusstem Einklang. „Ich und der Vater sind eins“, sagt Jesus.

Welche irdische Macht könnte die Verbindung des Schülers mit Wesen und Kraft des Meisters und somit auch der göttlichen Welt zerreißen? Die Verbindung beruht auf spirituellen Schwingungen, dem Fundament und der Grundenergie der Welt, von denen alle Geschöpfe und Dinge abhängig sind. Wer sollte diese Verbindung stören können? „Niemand wird sie aus meiner Hand und aus der Hand des Vaters reißen.“

Unverständnis des Irdischen für das Spirituelle

10, 31 *Die Juden trugen wiederum Steine herbei, um ihn zu steinigen.* ***32*** *Jesus be-*
gann und sprach zu ihnen: Viele gute Werke vom Vater her habe ich euch sehen las-
sen; wegen welches unter diesen Werken wollt ihr mich steinigen? ***33*** *Die Juden ant-*
worteten ihm: Nicht wegen eines guten Werkes wollen wir dich steinigen, sondern
wegen einer Lästerung, und zwar weil du, der du ein Mensch bist, dich zu Gott
machst. ***34*** *Jesus antwortete ihnen: Steht nicht in eurem Gesetz geschrieben:*
„Ich habe gesagt: Ihr seid Götter"?
35 *Wenn es jene [Menschen] Götter genannt hat, an die das Wort Gottes erging –*
und die Schrift kann nicht aufgelöst werden –, ***36*** *sagt ihr da von dem, welchen der*
Vater geheiligt und in die Welt gesandt hat: du lästerst! weil ich gesagt habe: Ich bin
Gottes Sohn? ***37*** *Tue ich die Werke meines Vaters nicht, so glaubt mir nicht!* ***38*** *Tue*
ich sie aber, so glaubt, wenn ihr auch nicht mir glaubt, [doch] den Werken, damit ihr
erfasst und erkennt, dass der Vater in mir ist und ich im Vater. ***39*** *Da suchten sie wie-*
derum sich seiner zu bemächtigen. Und er entkam aus ihrer Hand.
40 *Und er ging wieder über den Jordan an den Ort, wo Johannes zuerst getauft*
hatte, und blieb dort. ***41*** *Und viele kamen zu ihm und sagten: Johannes hat zwar kein*
Zeichen getan; was aber Johannes über diesen gesagt hat, ist alles wahr gewesen. ***42***
Und viele glaubten dort an ihn.

Noch ein Mal zeigt der Evangelist das prinzipielle Unvermögen des irdischen Menschen, der nur seinem begrifflichen Verstand und seinem voreingenommenen Gefühl vertraut, den spirituellen Menschen als solchen zu erkennen. Er lässt Jesus sogar einen Versuch machen, dem Verständnis des irdischen Menschen, so gut es geht, zu Hilfe zu kommen. Der spirituelle Mensch begibt sich auf das Terrain des irdischen Menschen und versucht ihn dort „abzuholen".

Er hatte gesagt: „Ich und der Vater sind eins." Ein erleuchteter spiritueller Mensch fühlt sich eins mit Gott, er *ist* eins mit Gott. Sein Wesen entspricht ja dem göttlichen „Wort", sein Leben dem göttlichen „Leben", und mit seinem göttlichen „Licht"-Bewusstsein ist er sich dieses Sachverhalts bewusst. Ein irdischer Mensch aber, mit seiner Wahrnehmung auf die Dimension der irdischen Welt beschränkt, wird den spirituellen Menschen, der in einer unirdischen Dimension lebt, nicht begreifen. Wenn jemand von sich sagt: Ich bin Gottes Sohn, oder ich bin göttlich, oder ich habe etwas Göttliches in mir, wird der irdische Mensch nicht unterscheiden können, ob hier ein irdischer Mensch im Größenwahn oder ein erleuchteter spiritueller Mensch spricht. Er wird auch den spirituellen Menschen in die Kategorie der Größenwahnsinnigen einordnen oder ihn als Ketzer – Gotteslästerer – bezeichnen.

Jesus bemüht sich, trotzdem bei den geistlichen Führern Verständnis für die Möglichkeit zu wecken, dass in einem Menschen göttliche Kräfte wirksam sind, ja, dass er aus Gott geboren ist. Er knüpft dabei an ihren eigenen Traditionen, ihrem „Gesetz" an, das die Autorität Moses für sich hat. Vielleicht sind sie bereit, auf diesem Umweg, wenn schon nicht auf Grund eigener Erfahrung, die Möglichkeit der Existenz spiritueller Menschen anzuerkennen. In Psalm 82,6 ist von Richtern im Volk

Israel die Rede, die von Gott den Auftrag erhalten, nach göttlichem Gesetz zu richten, und deshalb als „Götter“ und „Söhne des Höchsten“ bezeichnet werden.

Wenn schon irdische Menschen, so argumentiert Jesus, die lediglich einen solchen Auftrag erhielten – „an die das Wort Gottes erging“ –, im Alten Testament als Götter bezeichnet werden, um wie viel mehr hat ein Erleuchteter das Recht, sich als Sohn Gottes zu bezeichnen! An ihn ist ja nicht nur das Wort Gottes ergangen, sondern Gott hat ihn sogar„geheiligt“. Er hat das ganze Wesen des Erleuchteten mit dem göttlichen „Wort“ und „Leben“ durchdrungen und ihn so zu einem wirklichen, aus Gott gezeugten Ebenbild Gottes gemacht. Und Gott hat ihn „in die Welt gesandt“. Er hat in den Erleuchteten seinen eigenen Willen gepflanzt, sich allen Geschöpfen zuzuwenden und ihnen bei ihrer Entwicklung zum Ebenbild Gottes behilflich zu sein – den „Seinen“, die in der Welt der Finsternis leben. So jemand dürfte sich doch gewiss als Sohn Gottes bezeichnen.

Und so jemandem müssten sie, die geistlichen Führer, auch „glauben“. Sie müssten erkennen, dass er die Existenzform verkörpert, die jedem Menschen, auch ihnen selbst, bestimmt ist, und sich dieser Möglichkeit öffnen. Wenn ich, so fährt Jesus fort, „die Werke meines Vaters“ nicht tue, wenn ich nicht aus göttlichem „Wort“ und „Leben“ wirke, so braucht ihr mir nicht zu glauben und braucht euch meinen Worten und mir tatsächlich nicht zu öffnen. Tue ich aber die Werke meines Vaters, so glaubt doch, wenn ihr schon meinen Worten nicht glaubt, meinen Werken. Lasst meine Wirkungen, die Wirkungen des spirituellen Menschen, in euch zu, lasst euch von ihnen „heiligen“, lasst euch von „Wort“ und „Leben“ durchdringen – dann werdet ihr erkennen, dass „der Vater in mir ist und ich im Vater“. Dann werdet ihr aus eigenem Erleben erfahren, dass der spirituelle Mensch aus dem Vater ist und dass der Vater in ihm und durch ihn wirkt. Und dann werdet ihr spirituelle Menschen nicht mehr der Ketzerei beschuldigen, sondern werdet sie, da ihr selbst spirituelle Erfahrungen gemacht habt, als solche erkennen.

Aber es zeigt sich auch hier, wie immer in der Geschichte, dass ein vom Dogma gefühls- und verstandesmäßig gebundener Mensch nicht in der Lage und willens ist, die Worte eines spirituellen Menschen zu verstehen. Er versteht sie nicht einmal dann, wenn dieser auf dem Boden des Dogmas und der Tradition – die ja auch aus spirituellen Impulsen entstanden sind – argumentiert. Im Gegenteil: Solche Argumentationen sind dem dogmatischen Menschen nur ein weiterer Anlass, den spirituellen Menschen zu hassen und zu verfolgen.

Andererseits gibt es doch immer Menschen, die sich für die Worte und Wirkungen des spirituellen Menschen öffnen, nachdem sie sich innerlich auf seine Wirkungen vorbereitet haben. Sie haben Johannes den Täufer gehört, der diese Wirkungen beschrieben hatte. Sie haben sich innerlich Johannes dem Täufer, der Verkörperung der Vorbereitung auf die spirituelle Entwicklung, geöffnet und diese Vorbereitung vollzogen, indem sie ein Leben geführt haben, das den spirituellen Impulsen Wirkungsmöglichkeiten gab. Und als sie jetzt diese Wirkungen erleben, als sie die „Zeichen“ Jesu im eigenen Wesen spüren, wird ihnen bewusst, dass Johannes der Täufer diese Wirkungen richtig beschrieben hatte. Das ist ihnen eine erneute Bestätigung für die Integrität Jesu, der Verkörperung des spirituellen Menschen. Johannes der Täufer und der spirituelle Mensch selbst „zeugen“ in ihnen von der Wahrheit der spirituellen Existenz.

Verankerung einer neuen Leiblichkeit in der Menschheit

Das „Wunder" der Auferweckung des Lazarus beschreibt den Aufbau des siebten Aspektes der Matrix des spirituellen Menschen. Der vollkommene spirituelle Mensch, der Erleuchtete, der Sohn Gottes, kommt in die Welt der Finsternis, um dort eine siebenfache Matrix des spirituellen Menschen zu verankern. Innerhalb dieser Matrix können die „Seinen" aller Zeiten, soweit sie sich für das Licht der Erkenntnis empfänglich erweisen und mit dem vollkommenen spirituellen Menschen verbunden bleiben, einen spirituellen Weg gehen, auf dem sich ihre Anlage zum spirituellen Menschen entfaltet. Die ersten drei Aspekte dieser Matrix beziehen sich auf die geistigen Vermögen des spirituellen Menschen, die mit „Vater", „heiligem Geist" und „Sohn" korrespondieren: mit „Wort", „Leben" und „Licht".

Die übrigen vier Aspekte beziehen sich auf die seelischen und körperlichen Vermögen, durch welche der spirituelle Mensch seine göttlichen Eigenschaften ausdrückt: auf seine spirituelle Persönlichkeit also, die durch ein neues Denken, Fühlen, Leben und Handeln bestimmt ist. Der Aufbau einer neuen spirituellen Persönlichkeit setzt den Abbau der alten irdischen Persönlichkeit voraus. Ein neues spirituelles Denken ersetzt das alte, nur auf den eigenen Vorteil gerichtete irdische Denken. Das alte Denken „erstirbt", und ein neues Denken „ersteht auf". Ein neues spirituelles Fühlen ersetzt das alte egoistische, irdische Fühlen. Das alte Fühlen „erstirbt", ein neues Fühlen „ersteht auf". Beides läuft darauf hinaus, dass der aus Unwissenheit – aus dem irdischen „Blut" – geborene Mensch dem Denken und Fühlen nach erstirbt und der aus göttlicher Erkenntnis geborene Mensch „aufersteht". Drittens ersetzt eine neue spirituelle Lebenskraft als neues inneres Sehen und bildnerisches Vermögen die alte irdische Lebenskraft, die nur der Selbstbehauptung des Individuums und der Gattung verpflichtet war. Das alte Leben – der „Wille des Mannes" – „erstirbt", ein neues spirituelles Leben „ersteht auf". Und viertens ersetzt auch ein neues spirituelles Handeln mit neuen Organen das alte Handeln und dessen Organe. Das alte Handeln – der „Wille des Fleisches" – „erstirbt", und ein neues spirituelles Handeln mit neuen Organen „ersteht auf".

Der Aufbau einer neuen, spirituellen Persönlichkeit ist gleichbedeutend mit der Überwindung des Todes. Denn die spirituelle Persönlichkeit lebt aus dem Wesen und den Kräften der unvergänglichen göttlichen Welt. Ihr Denken empfängt das unvergängliche „Brot", die Erkenntnis der Zusammenhänge und des Sinnes der Welt, es wird eins mit dem Wesen der göttlichen Welt. Es ist das „Scharnier" zwischen den drei göttlichen Vermögen „oben" und den drei spirituellen Persönlichkeitsvermögen „unten". Es verbindet das göttliche „Licht" – Bewusstsein – mit dem Fühlen. Dadurch wird das Fühlen zu einem spirituellen, unvergänglichen Fühlen, zu unendlichem Frieden und umfassendem Verständnis. Das neue Denken verbindet weiter das göttliche „Leben" – Energie – mit dem Leben der Persönlichkeit. Dadurch wird das Leben der Persönlichkeit, abgestimmt auf die unerschöpflichen göttlichen Energien, selbst unerschöpflich. Und das neue Denken verbindet das göttliche „Wort" mit dem physischen Organismus. Dieser wird so zum Instrument, das dem „Wort" unvergänglich Ausdruck verleiht.

Den Aufbau eines neuen Denkens hatte das „Wunder" von der unendlichen Brotvermehrung geschildert, den Aufbau eines neuen Fühlens das „Wunder" vom Gehen Jesu über das Wasser und den Aufbau einer neuen Lebenskraft das „Wunder" von der Heilung des Blindgeborenen. Den Aufbau eines neuen physischen Organismus beschreibt das „Wunder" von der Auferweckung des Lazarus.

Auch der Aufbau eines neuen physischen Organismus kann erfolgen, während der Mensch noch lebt. Während er mit dem physischen Körper in der Welt der Erscheinungen wahrnimmt und handelt, können in Teilen des physischen Organismus Ansätze zu neuen Strukturen aufgebaut werden, die anderen Gesetzen als denen der Erscheinungswelt gehorchen. Normalerweise beherrscht der „Fleischeswille", der Selbsterhaltungstrieb, jede Zelle des physischen Organismus und bestimmt dessen Funktionen. Wahrnehmen, Sprechen und Handeln und das diese Funktionen steuernde Gehirn stehen vollständig im Dienst des Selbsterhaltungstriebs, der Erhaltung und Durchsetzung des Individuums.

Nach den Mysterienlehren wird aber, wenn Kräfte und Gesetze aus der göttlichen Welt Denken, Fühlen und Leben eines Menschen auf diese Gesetze und Kräfte abstimmen, auch der physische Organismus zumindest in Teilen darauf abgestimmt. Es entstehen ein neues Wahrnehmen, Sprechen und Handeln, die nicht mehr im Dienst des Selbsterhaltungstriebs stehen, und neue Nervenzellenverbindungen werden aufgebaut, die diese neuen Funktionen steuern. Ein Mensch mit solchen Eigenschaften erlebt bewusst die Kräfte und Gesetze der göttlichen Welt. Sie strömen in ihn ein und lenken Wahrnehmung, Sprechen und Handeln auch in der Erscheinungswelt so, dass die bewusste Verbindung zur göttlichen Welt niemals abreißt. Die Informationen, die diese neue Physiologie steuern und die neue materielle Substanz der Zellen, Hormone und des Blutes aufbauen, sind Grundlage für einen neuen Körper. Sie sind in der Lebenskraft dieses Menschen verankert, bleiben als Information auch im physischen Tod – wenn sich der physische Körper auflöst – erhalten und sind die Ursache dafür, dass dieser Mensch auch nach dem physischen Tod Ausdrucksmittel und Wahrnehmungsorgane besitzt: jetzt aber für das siebte Gebiet der göttlichen Welt des Lichtes. Sie sind unvergänglich und bilden einen geistigen Leib.

Voraussetzung für den Aufbau eines solchen auf die göttliche Welt abgestimmten physischen Organismus innerhalb des gewöhnlichen, noch in der Erscheinungswelt funktionierenden Körpers ist, dass der Selbsterhaltungstrieb, der „Fleischeswille", der sonst bis in jede Zelle des Körpers hineinwirkt und dessen Physiologie bestimmt, bewusst abgebaut wird – „erstirbt". So etwas ist nur in den Kräften und Gesetzen der göttlichen Welt möglich, in den Kräften und Gesetzen des vollkommenen spirituellen Menschen. Die „Auferweckung des Lazarus" stellt diesen Prozess des bewussten Ersterbens des „Fleischeswillens" dar, wodurch ein neuer, auf die göttliche Welt abgestimmter, unsterblicher physischer Organismus aufgebaut wird. Dieser dient als Muster und Matrix für jeden neuen Geistleib, den andere Menschen auf ihrem eigenen spirituellen Weg in späteren Zeiten aufbauen werden.

Beide Seiten dieses Prozesses: Ersterben des Alten und Auferstehen des Neuen, sind nur in den Kräften und Gesetzen des vollkommenen spirituellen Menschen möglich, folgen aber auch mit Notwendigkeit aus ihnen. Wenn sich Denken, Fühlen und Lebenskraft verändern, müssen sich nach psychosomatischen Gesetzen auch die physischen Ausdrucksformen dieser Eigenschaften ihrer Funktion und Substanz nach verändern. Deshalb ist es Jesus, als Verkörperung des vollkommenen spirituellen Menschen, der den Ersterbungsprozess des Lazarus begleitet und ihn vom Tod auferweckt.

Lazarus' Krankheit: ein freiwilliger „Ersterbungsprozess"

***11, 1** Es war aber einer krank, Lazarus von Bethanien, aus dem Dorf der Maria und ihrer Schwester Martha. **2** Maria aber war die, welche den Herrn mit Salbe gesalbt und seine Füße mit ihren Haaren getrocknet hat; deren Bruder Lazarus war krank. **3** Die Schwestern sandten nun zu ihm und ließen sagen: Herr, siehe, der, den du lieb hast, ist krank. **4** Als Jesus das hörte, sprach er: Diese Krankheit führt nicht zum Tod, sondern sie dient zur Ehre Gottes, damit der Sohn Gottes durch sie verherrlicht wird.**5** Jesus hatte aber die Martha und ihre Schwester und den Lazarus lieb. **6** Als er nun hörte, dass er krank sei, da blieb er zwei Tage an dem Ort, wo er war.*

*7 Danach sagt er zu den Schülern: Lasst uns wieder nach Judäa gehen! **8** Die Schüler sagen zu ihm: Rabbi, soeben [noch] suchten die Juden dich zu steinigen, und du willst wieder dorthin gehen? **9** Jesus antwortete: Hat nicht der Tag zwölf Stunden? Wenn jemand bei Tag umhergeht, stößt er nicht an; denn er sieht das Licht dieser Welt. **10** Wenn aber jemand bei Nacht umhergeht, stößt er an; denn das Licht ist nicht in ihm.*

Auch in dieser Geschichte werden wie bei den früheren „Wundern" geistig-seelische Realitäten bildhaft dargestellt. Der Evangelist benutzt eine Wundergeschichte, die ihm schon vorlag, um mit ihrer Hilfe geistig-seelische Vorgänge zu illustrieren. Die Wundergeschichte schilderte das Sterben eines Menschen und seine Auferweckung von den Toten durch Jesus, so wie etwa bei Lukas der Jüngling von Nain von den Toten auferweckt wurde (Luk. 7, 11–17). Vielleicht ging sie auch teilweise auf eine Vorlage des Alten Testaments zurück. Bei Hesekiel heißt es: „So spricht Gott der Herr: Siehe, nun öffne ich eure Gräber und lasse euch aus euren Gräbern steigen und bringe euch heim ins Land Israels. Da werdet ihr erkennen, dass ich der Herr bin, wenn ich eure Gräber auftue und euch, mein Volk, aus euren Gräbern steigen lasse" (Hes. 37, 12–13).

Es handelte sich dort ganz allgemein um ein Bild für die Auferweckung des spirituellen Menschen aus seinem Todesschlaf in der irdischen Welt. Jetzt jedoch, im Johannesevangelium, geht es im Besonderen um die Auferstehung des siebten Aspektes des spirituellen Menschen, eines neuen Geistleibs, wobei Voraussetzung das „Sterben" des „Fleischeswillens" ist: der „Mysterientod". Und der Evangelist setzt einen Schüler Jesu – „Lazarus" – in die vorhandene Wundergeschichte ein. Lazarus übernimmt die Rolle des auferweckten „Toten" darin. Die Geschichte versinnbildlicht durch die „Krankheit" des Lazarus den auf dem spirituellen Weg vollzogenen bewussten, freiwilligen Prozess des Ersterbens des „Fleischeswillens“, durch den Aufenthalt des Lazarus im Grab den Tod des „Fleischeswillens“ und den Aufbau eines neuen physischen Organismus, und durch die Auferweckung des Lazarus die Auferstehung dieses Organismus. Anders gesagt: Der physische Tod der Wundergeschichte versinnbildlicht den Mysterientod des alten Leibes, der Voraussetzung für die Auferstehung eines neuen Leibes ist.

Wesentlich für das Verständnis der Erzählung ist die Einsicht, dass die geistig-seelischen Vorgänge hier, anders als in den vorhergehenden „Wundern“, bis in die physische Welt hineinwirken. Das Ersterben des „Fleischeswillens“ hat wirklich den physischen Tod bestimmter physiologischer Vorgänge und Körpersubstanzen zur Folge, was wiederum Voraussetzung für die Wirksamkeit neuer physiologischer Vorgänge und Körpersubstanzen ist.

Lazarus – der Name bedeutet „Gott hilft“ –, ein Schüler Jesu, ist derjenige Mensch, in dem sich diese Vorgänge auf dem spirituellen Weg exemplarisch vollziehen. Was in diesem einen Menschen geschieht, soll in Zukunft in der ganzen Menschheit geschehen. Indem der vollkommene spirituelle Mensch *eine* Zelle – Lazarus – des geistig-seelischen Organismus der Menschheit bis in die Physiologie hinein verändert, verankert er die Matrix dieses Vorgangs im ganzen Organismus.

Lazarus’ Schwestern Martha und Maria, Schülerinnen Jesu auch sie, werden vom Evangelisten als Gestalten geschildert, die den Mysterientod ihres Bruders zwar bemerken, aber nicht verstehen. Ebenso verstehen bei den Synoptikern die Schüler Jesu ihren Meister nicht, wenn er von seiner leiblichen Auferstehung und deren Voraussetzungen spricht (z. B. Luk. 18, 34). Gerade dieses Nichtverstehen bietet dem Evangelisten aber die Möglichkeit, Jesus immer aufs neue den wahren Sachverhalt erklären zu lassen.

Als Jesus davon hört, dass Lazarus krank ist, sagt er: „Diese Krankheit führt nicht zum Tod, sondern sie dient zur Ehre Gottes, damit der Sohn Gottes durch sie verherrlicht wird.“ Das entspricht den Worten Jesu bei der Heilung des Blindgeborenen – „die Werke Gottes sollen an ihm offenbar werden“ –, wie sich überhaupt der Aufbau der beiden Geschichten in vielem ähnelt. Es wäre töricht gewesen, anzunehmen, Gott habe den Blinden „von Geburt an“ mit der Qual der Blindheit geschlagen, nur um seine Macht umso besser demonstrieren zu können. Ebenso töricht wäre es jetzt, anzunehmen, Jesus habe den kranken Lazarus absichtlich erst sterben lassen, um dann seine und die Macht Gottes umso großartiger zu beweisen. Wenn Jesus nur die Absicht gehabt hätte, die Macht Gottes durch eine „Totenauferweckung“ zu demonstrieren, so hätte er leicht einen Toten finden können, von dessen Krankheit er vorher nichts wusste. Er hätte nicht erst einen Kranken sterben lassen müssen.

Nein: Diese „Krankheit“ ist, so wie die „Blindheit“ des Sehendgewordenen, eine besondere Krankheit. Sie ist der freiwillige Ersterbungsprozess, dem sich Lazarus auf dem spirituellen Weg unterzieht. Dieser freiwillige Ersterbungsprozess führt nicht zum endgültigen physischen Tod, sondern ist gerade die Voraussetzung für ein neues Leben, das durch den vollkommenen spirituellen Menschen möglich wird. Deshalb dient er zur „Ehre Gottes“ und zur Verherrlichung des Sohnes Gottes. Der freiwillige Ersterbungsprozess des alten Menschen und die dadurch mögliche Auferstehung des neuen erfolgen in den Kräften und Gesetzen Gottes und seines Sohnes. Auf diese Weise erweisen Gott und sein Sohn an dieser „Krankheit“ ihre Macht. Noch mehr: Ersterbung und Auferstehung beenden ein für alle Mal das alte Leben in der Finsternis und führen in das neue Leben im Licht.

Sie sind die letzte Phase des im Prolog des Evangeliums beschriebenen Vorgangs, dass der Mensch, der „an seinen Namen glaubt“, Macht erhält, Kind Gottes zu werden. Sie bedeuten die endgültige Aufhebung eines Lebens, das nicht der Bestimmung des Menschen entspricht, und den Beginn eines Lebens, das ihr entspricht. Ein solches neues, spirituelles Leben steht im Einklang mit dem Willen Gottes und seines Sohnes. Es ist „aus Gott geboren“, nicht mehr aus dem „Fleisch“. Deshalb dient diese „Krankheit“ „zur Ehre Gottes“. Sie führt den Menschen Lazarus zu seiner wahren Bestimmung, durch die er Gott ehrt. Und „verherrlicht“ wird der Sohn Gottes durch sie, weil aus seinen Kräften ein neuer, unsterblicher Leib hervorgeht, der vollkommener Ausdruck seines Wesens ist. Dieser Leib strahlt als äußere Form das innere Wesen Gottes und seines Sohnes wider und ist somit die „Herrlichkeit“ Gottes und seines Sohnes.

Da es sich bei dieser „Krankheit“ um einen freiwilligen Ersterbungsprozess handelt, *darf* Jesus in den Prozess gar nicht eingreifen. Sein Eingreifen würde den Prozess behindern. Der Ersterbungsprozess muss erst an sein gesetzmäßiges Ende gelangt, der „Fleischeswille“ muss erst gänzlich erstorben sein, ehe eine Auferweckung des neuen Geistleibs möglich wird und sinnvoll ist. Das Abwarten Jesu ist nicht durch sein Motiv bedingt, statt nur einen Kranken zu heilen, einen Toten aufzuerwecken und dadurch seine Macht umso deutlicher zu bekunden. Es ist vielmehr durch die Sache, durch die Art dieser „Krankheit“ bedingt.

Zwischen Jesus als dem Meister und Lazarus, seinem Schüler, besteht eine spirituelle Verbindung, wie seinerzeit zwischen Jesus und Nathanael unter dem Feigenbaum. Auf der Grundlage dieser spirituellen Verbindung ist es Jesus möglich, bewusst die „Krankheit“ des Lazarus, den freiwilligen Ersterbungsprozess des Selbsterhaltungstriebs, auch aus der zeiträumlichen Distanz mitzuerleben und zu begleiten. Die Schwestern des Lazarus wissen zwar, dass sich Lazarus einem freiwilligen Ersterbungsprozess, einem Mysterientod, unterzieht. Sie sind ja Schülerinnen Jesu – später spricht ihn Martha mit „Meister“ an – und müssen von ihm Erklärungen über diese Vorgänge erhalten haben. Doch erliegen sie noch lange einem Missverständnis über die Art dieses Todes. Es ist zwar ein endgültiger Tod des Fleischeswillens, des Lebenshungers überhaupt. Aber er ist zugleich Voraussetzung für ein neues Leben.

Lazarus, der lange unter Anleitung des Meisters einen spirituellen Weg gegangen ist, tritt nach Ersterbung des alten Denkens und Fühlens – der Auflösung der Unwissenheit des „Blutes“ – und Ersterbung des alten Lebenswillens – der Auflösung des „Manneswillens“ – zuletzt in die Phase der Auflösung des „Fleischeswillens“ ein. Seine Schwestern interpretieren das als eine wirkliche Krankheit. Sie bemerken vielleicht eine völlige Abkehr des Bruders von allen Bindungen und Erwartungen an die irdische Welt, eine Abwesenheit jeder auf Selbstdurchsetzung und Selbsterhaltung bedachten Aktivität. Diesen Zustand deuten sie als äußerste Antriebslosigkeit und Interesselosigkeit, als Krankheit, während er in Wirklichkeit Ausdruck des freiwilligen Ersterbens des Selbsterhaltungstriebs ist. In Wirklichkeit ist es ein Stillwerden und Zu-sich-selbst-Kommen.

Wann dieser Zustand eintritt, liegt nicht in der Willkür des Schülers, auch nicht des Meisters. Aber bei Lazarus tritt er zu einem bestimmten Zeitpunkt ein, und seine Schwestern, die den Vorgang als Krankheit interpretieren, geben dem Meister Nachricht davon.

Man kann die Erzählung auch als Vorgang in einem einzelnen Menschen lesen, wobei die handelnden Personen Kräfte in diesem Einzelnen sind. Lazarus ist dann der alte „Fleischeswille“ , den dieser Einzelne prozessmäßig ersterben lässt, um die Auferweckung eines neuen Geistleibs zu ermöglichen. Das ist die „Krankheit“, die „nicht zum Tod“ ist. Jesus ist die spirituelle Kraft in diesem Einzelnen, die sowohl das Ersterben des alten als auch die Auferweckung des neuen Leibes ermöglicht. Die beiden Schwestern sind irdische Seelenaspekte im Einzelnen, personifizierte Empfindungen, die den Zustand ihres „Bruders“, des alten „Fleischeswillens“, beobachten und die spirituelle Kraft, Jesus, zu Hilfe rufen. Sie entsprechen der Mutter Jesu im „Wunder“ zu Kana, die sich ebenfalls als irdischer Seelenaspekt an Jesus um Hilfe gewendet hatte.

Jesus wartet also zunächst, bis sich der Vorgang der „Ersterbung“ ganz vollzogen hat. Er wartet „zwei Tage“. „Zwei“ ist die Zahl, die einen Übergang, einen Prozess symbolisiert. Jesus wartet, bis der Prozess des Ersterbens abgeschlossen ist, „zwei Tage“. Das sind keine wirklichen Tage. Die Angabe besagt nur, dass überhaupt gewartet wird und dass es sich um einen Übergangsprozess handelt.

Bevor das eigentliche „Wunder“ der Auferweckung geschieht, spricht Jesus mit seinen Schülern über die Umstände der spirituellen „Zeit“, unter denen es geschieht. Die Gegend, wo sich das „Wunder“ ereignen soll, ist Judäa, Herrschaftsbereich der dem spirituellen Menschen feindlich gesinnten geistlichen Führer. Ist in einer solchen Gegend, in einer solchen Atmosphäre spirituelle Arbeit überhaupt möglich? Diese Frage verbirgt sich in den Bedenken, die die Schüler Jesu äußern, als er nach Judäa gehen will. Jesus antwortet analog zu der Antwort, die er seinerzeit bei der Heilung des Blindgeborenen gegeben hatte. Damals hatte er gesagt (9,4): „Wir müssen die Werke dessen, der mich gesandt hat, wirken, solange es Tag ist; es kommt die Nacht, da niemand wirken kann.“ Das hatte bedeutet: Es gibt eine spirituelle Zeit, eine Periode, in der ein spiritueller Impuls wirken kann, weil ihm die Bedingungen, das Verhältnis zwischen göttlicher Welt oben und irdischer Welt unten, günstig sind. Solange die Menschen der göttlichen Welt gegenüber aufgeschlossen sind, ist „Tag“. In der „Nacht“, einer Zeit der Verschlossenheit der Menschen, kann der spirituelle Mensch nicht wirken.

Ebenso argumentiert Jesus jetzt. Es gibt eine Zeitspanne, in der der spirituelle Impuls wirken kann, aktiv in allen seinen zwölf Aspekten – bezogen auf alle Bereiche des Lebens –, so wie der Tag zwölf Stunden hat (nach jüdischer Einteilung). In dieser Zeitspanne kann der spirituelle Mensch im Einklang mit der göttlichen Welt wirken. Er sieht seine Möglichkeiten, er bemerkt, dass ihm durch die Kräfte der göttlichen Welt und die Reaktion der Menschen darauf die Wege geebnet werden. Er „stößt nicht an“, genau so wenig, wie ein gewöhnlicher Mensch bei Tageslicht irgendwo anstößt. Ziehen sich aber die göttlichen Kräfte zurück, weil die Menschen unten sich nicht mehr nach der göttlichen Welt oben sehnen, kann der spirituelle Mensch nicht mehr wirken. Mag auch das Licht der eigenen Erkenntnis noch in ihm sein – das kosmische göttliche Licht kann ihn nicht mehr unterstützen, weil niemand darauf reagiert. Es ist dunkel in der Welt, und er wird „anstoßen" wie ein irdischer Mensch bei Nacht. Die Umstände wenden sich gegen ihn. Wenn ihn vorher göttliche Kräfte umgeben und geschützt hatten, so ist er jetzt, nach dem Rückzug dieser Kräfte, seinen Feinden schutzlos ausgeliefert. Sie können seine irdische Erscheinung, seinen Körper, ergreifen und vernichten.

Vorläufig aber, so sagt Jesus zu seinen Schülern, ist es noch nicht so weit. Vorläufig ebnen mir die göttlichen Kräfte noch den Weg. Es ist Tag. Deshalb kann ich noch wirken, und meine Feinde werden mir nichts anhaben können.

Der freiwillige „Tod"

__11, 11__ Dies sprach er; und danach sagte er zu ihnen: Unser Freund Lazarus ist entschlummert; aber ich gehe hin, um ihn aufzuwecken. __12__ Da sagten die Schüler zu ihm: Herr, ist er entschlummert, so wird er gerettet werden. __13__ Jesus hatte jedoch von seinem Tod gesprochen; jene aber meinten, er spreche vom Entschlummern zum Schlaf. __14__ Da nun sagte ihnen Jesus frei heraus: Lazarus ist gestorben, __15__ und ich freue mich, dass ich nicht dort gewesen bin, um euretwillen, damit ihr zum Glauben kommt. Aber lasst uns zu ihm gehen! __16__ Thomas nun, der [auch] Didymus genannt wird, sagte zu den Mitschülern: Lasst auch uns hingehen, damit wir mit ihm sterben! __17__ Als nun Jesus hinkam, fand er ihn schon vier Tage in der Gruft liegend. __18__ Bethanien war aber nahe bei Jerusalem, etwa fünfzehn Stadien entfernt.

Endlich ist es so weit, dass der Prozess der freiwilligen Selbstersterbung des „Fleischeswillens" vollendet ist. Lazarus ist den Mysterientod gestorben. Jesus stellt diese Tatsache fest und geht jetzt hin, den „Entschlummerten" „aufzuwecken". Nach der Ersterbung des „Fleischeswillens", der Ersterbung der alten Materie, des vierten Aspektes der irdischen Persönlichkeit, kann mit Hilfe des vollkommenen spirituellen Menschen eine neue Materie, ein neuer vierter Aspekt der Persönlichkeit, ein „Geistleib", auferstehen.

Jesus gebraucht für die Ersterbung des alten „Fleischeswillens" und damit der alten Leibesorganisation das Wort „entschlummern". Er verwendet das Bild vom Tod als Schlaf, um erst recht deutlich zu machen, was im Tod geschieht und was auch im freiwilligen Ersterbungsprozess des Lazarus geschieht. Der Evangelist wendet wieder seine übliche Methode an. Er lässt Jesus dieses Bild gebrauchen, weil dadurch ein Missverständnis bei den Schülern ausgelöst wird, das den Sachverhalt um so klarer hervorhebt.

Im Schlaf erlischt das an den materiellen Körper gebundene Bewusstsein, und damit erlöschen auch die aktiven Körperfunktionen des Wahrnehmens und Handelns in der Erscheinungswelt. Genauso erlischt dieses irdische Bewusstsein samt seinen aktiven Körperfunktionen im Tod, sei es im freiwilligen „Tod" des Mysterienschülers, sei es im unfreiwilligen Tod des gewöhnlichen Menschen. Somit sind das an die irdische Erscheinungswelt gebundene Bewusstsein des Lazarus und seine daran gebundenen aktiven Körperfunktionen durch seinen Mysterientod vollkommen erloschen. Das will Jesus mit seinem Bild vom Schlaf seinen Schülern klarmachen. Ihr wisst ja, was im Schlaf geschieht, sagt er. Ihr habt entsprechende eigene Erfahrungen. Genau dasselbe ist jetzt mit Lazarus geschehen, nur unwiderruflicher, als es im Schlaf der Fall ist.

Die Schüler aber missverstehen ihn, wie so oft. Sie meinen, er spreche davon, dass Lazarus wirklich schlafe. Doch Jesus klärt das Missverständnis auf. Er spricht nicht von einem realen Schlaf, der tatsächlich zur Heilung einer Krankheit beitragen kann – zur „Rettung" des Kranken, wie die Schüler meinen –, sondern er gebraucht den Schlaf als erläuterndes Bild für das, was mit Lazarus geschehen ist. Das an den sterblichen Körper gebundene Bewusstsein und der mit diesem Bewusstsein verbundene „Fleischeswille" des Lazarus haben sich tatsächlich aufgelöst. In diesem Sinn ist er „gestorben". Aber zugleich ist bei ihm ein neues Bewusstsein entstanden, aus dem ein neuer, unsterblicher Körper hervorgehen wird.

Dies ist in den Kräften und auf der Grundlage der Struktur des vollkommenen spirituellen Menschen geschehen. Deshalb ist der Tod des Lazarus, obwohl ein wirklicher Tod von Teilen der materiellen Leibesorganisation, ein anderer Tod als der des gewöhnlichen Menschen. Beim gewöhnlichen Tod hat der Mensch seinen Selbsterhaltungstrieb vorher nicht bewusst aufgelöst, und keine neuen spirituellen Kräfte, kein neues Selbst-Bewusstsein ist an die Stelle des alten Ich-Bewusstseins getreten. Das wahre Selbst als dreifaches Geistprinzip ist latent geblieben und muss warten, bis es sich in einem neuen Körper reinkarnieren kann. Es muss reinkarnieren, weil der damit verbundene „Fleischeswille" noch nicht erloschen ist und den Menschen über kurz oder lang wieder in die irdische Welt hineinzieht.

Bei Lazarus hingegen ist der „Fleischeswille" bewusst erloschen, sein wahres Selbst ist wach geworden. Er hat während des freiwilligen Ersterbungsprozesses den Keim für einen neuen, aus Gott geborenen Körper gelegt. Deshalb muss sein wahres Selbst nicht mehr inkarnieren. Der Lebenshunger seiner Ich-Persönlichkeit ist aufgelöst. Nichts ist mehr da, was nach dem physischen Tod noch einmal einen sterblichen Körper aufbauen könnte. Aber es steht schon die Matrize eines spirituellen Körpers bereit, um in den Kräften des vollkommenen spirituellen Menschen erweckt zu werden und unsterblich zu leben.

Auf diese Möglichkeit des Erweckens eines neuen, spirituellen Körpers spielt Jesus an, wenn er sagt, er freue sich, dass er „nicht dort gewesen" sei. Er hat absichtlich, mit Rücksicht auf den gesetzmäßig verlaufenden Ersterbungsprozess, gewartet, bis dieser Prozess abgeschlossen war. Er musste warten, er *durfte* nicht dort sein. Aber er freut sich, dass er nicht dort war, weil sich durch seine Abwesenheit und sein Nicht-Eingreifen der freiwillige Ersterbungsprozess des Lazarus bis zum gesetzmäßigen Ende vollziehen und sich gleichzeitig, aus dem wahren Selbst und dem erneuerten Denken, Fühlen und Leben, der Keim einer neuen Leibesorganisation bilden konnte. Aus diesem Keim kann jetzt ein neuer, ein „Geistleib", auferweckt werden. Jesus freut sich, den Schülern zeigen zu können, welche neuen Möglichkeiten sich in Lazarus entwickelt haben und dass der Prozess des Abbaus alter Gegebenheiten den Aufbau neuer Gegebenheiten ermöglicht hat. Er freut sich, den Schülern dies zeigen zu können, „damit ihr zum Glauben kommt".

Zu welchem Glauben? Hätte er es nötig gehabt, sie noch einmal, durch ein nicht mehr überbietbares „Wunder", zur Überzeugung zu bringen, dass er der Christus ist? Nein, sie sollen zum Glauben daran kommen, dass mit und durch die bewusste Ersterbung des „Fleischeswillens" ein neuer, spiritueller Körper entsteht, der in den Kräften des vollkommenen spirituellen Menschen auferweckt werden kann. Sie sollen zum Glauben kommen, dass, nach dem Aufbau von sechs Aspekten eines neuen, spirituellen Menschen, auch der siebte Aspekt aufgebaut werden kann und dass somit der gesamte, aus der Finsternis der irdischen Natur geborene Mensch erneuert werden kann, bis in die Materie, bis ins Körperliche hinein. So wird der Mensch endgültig ein Kind Gottes im Sinn des Prologs, so erfüllt er seine Bestimmung.

Thomas begreift offenbar, was Jesus erklärt hat. Er begreift, dass das freiwillige Sterben des alten Menschen die Voraussetzung für die Auferweckung des neuen Menschen ist. Deshalb sagt er zu den Mitschülern: „Lasst auch uns hingehen, damit wir mit ihm sterben." Er willigt als Schüler des Meisters in die letzte Konsequenz des spirituellen Weges ein. Er will mit Lazarus, wie Lazarus, dem alten Wesen nach sterben, damit ein neues Wesen in ihm auferweckt werden kann.

Man bezieht diese Aussage des Thomas in der Regel auf Vers 8 dieses Kapitels und meint, Thomas wolle Jesus seine Solidarität bekunden und mit *ihm* in den gewaltsamen Tod in Judäa gehen. Doch Jesus hat ja gerade erst deutlich gemacht, dass vorläufig keine Gefahr besteht, „anzustoßen". Eine solche Äußerung des Thomas stünde im Widerspruch dazu. Der Text will vielmehr sagen, dass Thomas seinerseits bereit ist, wie Lazarus seinen „Fleischeswillen" freiwillig ersterben zu lassen, und auch seine Mitschüler zu dieser letzten Konsequenz des spirituellen Weges auffordert. Dem entspricht, dass er auch später derjenige ist (20,24–29), der sich mit dieser Thematik – bezogen auf Jesus – befasst. Wenngleich er nach der Auferstehung Jesu daran zweifelt, dass sein Meister wirklich auferstanden ist, hat er in der Lazarusgeschichte zumindest theoretisch begriffen, dass es einen bewussten Tod gibt, der die Voraussetzung für die Auferstehung eines neuen Körpers ist, und dass jeder, der ein neuer, siebenfacher, aus Gott geborener Mensch werden will, auch diese letzte Konsequenz des spirituellen Weges auf sich nehmen muss.

Zum Verständnis der folgenden Ereignisse ist es gut, sich daran zu erinnern, dass die „Wunder"erzählungen des Neuen Testaments, und auch viele Stellen im Alten Testament, Bilder für geistig-seelische Vorgänge sind. Wenn Jahwe bei Hesekiel (Hes. 37,12) spricht: „Siehe, nun öffne ich eure Gräber und lasse euch aus euren Gräbern steigen und bringe euch heim ins Land Israels", wird niemand auf den Gedanken kommen, hier steige ein physisch sichtbares Volk aus physischen Gräbern hervor. Ebenso verwendet der Evangelist den physischen Tod und das Grab aus der ihm vorliegenden Wundergeschichte als Bild für den Mysterientod. Es liegt kein physisch sichtbarer Lazarus in einer Gruft. Lazarus wandelt weiter unter den Lebenden. Wenn man statt Tod des „Lazarus" Tod seines „Fleischeswillens" einsetzt, wird man den Evangelisten richtig begreifen. Der „Fleischeswille" des Lazarus, die Lebensursache seines irdischen materiellen Leibes, ist auf dem spirituellen Weg wirklich gestorben. Geistig-seelische Augen sehen das.

Aus dieser Perspektive kann daher der Evangelist auch alle Begleiterscheinungen des Todes, wie sie die ihm vorliegende Wundergeschichte schon enthielt, mit übernehmen. Er demonstriert den, mit geistig-seelischen Augen betrachteten, *wirklichen* Tod des „Fleischeswillens“, indem er die Utensilien und Ereignisse, die normalerweise den Tod begleiten, verwendet, ja sogar noch vermehrt: die Gruft, die Binden, der Stein vor der Gruft, die Weinenden. All dies sind Einzelheiten, die illustrieren können, wie ungemein wirklich der Tod des „Fleischeswillens“ ist. Sie geben dem Evangelisten darüber hinaus Gelegenheit, die Irrtümer Marthas und Marias in Bezug auf den Mysterientod sowie die Einstellungen der Trauergäste zum gewöhnlichen Tod zu schildern.

Jesus nähert sich der Gruft, in der Lazarus liegt, und stellt fest, der Tote liege schon „vier Tage“ darin. Das ist eine Angabe – sie wird später noch einmal von Martha wiederholt –, durch die der Evangelist erneut unterstreicht, dass der Tod des „Fleischeswillens“ ein wirklicher Tod der Lebensursache des materiellen Leibes ist. Vier ist die Zahl der Materie. Der Tod des Lazarus ist nicht nur ein Tod des immateriellen Denkens und Fühlens, sondern auch und in erster Linie ein Tod der Ursache seiner materiellen Existenz. Die alte Lebensursache seines Körpers, der „Fleischeswille“, ist wirklich aufgelöst, um den Aufbau einer neuen, vom göttlichen Willen aufgebauten Materie, eines neuen „Fleisches“, zu ermöglichen.

Und Lazarus liegt „in der Gruft“. Die ganze Welt der irdischen Erscheinungen ist ihm zu einer Gruft geworden, in der jetzt sein freiwillig erstorbener „Fleischeswille“ liegt. Wie all seine psychischen Erwartungen an die irdische Welt aufgelöst sind, so jetzt auch alle physischen „Erwartungen“ seines materiellen Körpers: sein Lebenshunger, sein Selbsterhaltungstrieb.

Aber der freiwillige Tod des Mysterienschülers unterscheidet sich vom unfreiwilligen des gewöhnlichen Menschen. Der Unterschied liegt eben in der Freiwilligkeit und darin, dass der freiwillige Ersterbungsprozess in den Kräften und Substanzen des vollkommenen spirituellen Menschen erfolgt. Das bedeutet, dass zugleich mit dem Ersterben des alten, vergänglichen Leibes ein neuer, unvergänglicher Leib aufgebaut wird.

Die Angabe, dass Bethanien, der Ort, wo die Auferweckung stattfindet, „etwa fünfzehn Stadien“ von Jerusalem entfernt ist, dürfte ein Symbol sein. Die 15 versinnbildlicht die Mitte eines seelischen Zyklus. 15 ist die Mitte des Monats, der Wendepunkt im 30-tägigen Mondzyklus. Die 30 bezeichnet den Endzustand einer geistig-seelischen Entwicklung: den auferstandenen spirituellen Menschen. Wenn Bethanien „15“ Stadien von Jerusalem entfernt ist, so spielt diese Angabe darauf an, dass es sich hier um die Hälfte des Weges Jesu zur 30, zur Erfüllung seiner Aufgabe in der irdischen Welt, handelt. Mit der Auferweckung des Lazarus in Bethanien hat er den ersten Teil dieser Aufgabe erfüllt. Er hat, von oben her, die siebenfache Matrix errichtet, aus welcher in Zukunft seine Schüler Kraft für den spirituellen Weg beziehen können. Der zweite Teil der Aufgabe besteht darin, dass er, von unten her, diese Matrix mit seinen Schülern verbindet. Das findet in Jerusalem statt. Dort krönt Jesus seine Aufgabe und schließt sie ab. Er stirbt selbst den Mysterientod und den physischen Tod, um mit einem neuen, unsterblichen Geistleib aufzuerstehen.

Martha und Maria: Was ist „Auferstehung“?

10, 19 *Es waren aber viele von den Juden zu Martha und Maria gekommen, um sie wegen ihres Bruders zu trösten.* ***20*** *Wie nun Martha hörte, dass Jesus komme, ging sie ihm entgegen; Maria aber blieb zu Hause.* ***21*** *Martha sagte nun zu Jesus: Herr, wärest du hier gewesen, so wäre mein Bruder nicht gestorben.* ***22*** *Und jetzt weiß ich [trotzdem]: Alles, um was du Gott bitten wirst, wird Gott dir geben.* ***23*** *Jesus sagt zu ihr: Dein Bruder wird auferstehen.* ***24*** *Martha sagt zu ihm: Ich weiß, dass er auferstehen wird bei der Auferstehung am Jüngsten Tag.* ***25*** *Jesus sprach zu ihr: Ich bin die Auferstehung und das Leben. Wer an mich glaubt, wird leben, auch wenn er stirbt;* ***26*** *und jeder, der lebt und an mich glaubt, wird in Ewigkeit nicht sterben. Glaubst du das?* ***27*** *Sie sagt zu ihm: Ja, Herr, ich habe den Glauben gewonnen, dass du der Christus, der Sohn Gottes bist, der in die Welt kommen soll.* ***28*** *Und als sie dies gesagt hatte, ging sie hinweg, rief heimlich ihre Schwester Maria und sagte: Der Meister ist da und lässt dich rufen.* ***29*** *Als jene das hörte, stand sie eilends auf und machte sich auf den Weg zu ihm.* ***30*** *Jesus war aber noch nicht in das Dorf gekommen, sondern er war noch an dem Ort, wohin ihm Martha entgegengegangen war.* ***31*** *Als nun die Juden, die bei ihr im Haus waren und sie trösteten, sahen, dass Maria eilends aufstand und hinausging, folgten sie ihr nach in der Meinung, sie gehe zur Gruft, um dort zu weinen.* ***32*** *Wie nun Maria dahin kam, wo Jesus war, warf sie sich bei seinem Anblick ihm zu Füßen und sagte zu ihm: Herr, wärest du hier gewesen, so wäre mein Bruder nicht gestorben.*

Der vollkommene spirituelle Mensch steht in der Nähe der Gruft, bereit, seine Kräfte wirken zu lassen. In dieser Situation lässt der Evangelist Jesus genau erklären, was es mit dem von Lazarus erlebten freiwilligen Tod und der darauf folgenden Auferstehung auf sich hat. Lazarus ist, was die Auflösung der Lebensursache seines materiellen Körpers betrifft, wirklich gestorben. Aber dieser Tod unterscheidet sich vom Tod des gewöhnlichen Menschen dadurch, dass das Sterben in den Kräften des spirituellen Menschen erfolgt ist, durch die zugleich der Ansatz eines neuen materiellen Körpers aufgebaut worden ist. Ein neuer materieller Körper kann lebendig und wirksam werden, er kann „auferstehen“. Diesen Sachverhalt erklärt Jesus, vor der Gruft stehend, Martha und Maria.

Nimmt man Jesus und die drei Geschwister als Aspekte in einem einzigen Menschen, so ist Jesus die spirituelle Kraft in ihm, Lazarus das „männliche“ Willenselement und die beiden Schwestern die „weibliche“ Empfindung. Im Willenselement vollzieht sich konkret der Ersterbungsprozess – der „Fleischeswille“ erstirbt. Begleitet wird dieser Prozess vom Empfinden dieses Menschen, der nicht begreifen kann, was in ihm vorgeht. Martha ist traditionell die aktive Seite dieses Empfindens, Maria die passive Seite. Demgemäß geht Martha auf Jesus, den spirituellen Menschen, zu, um ihm ihre Sorgen vorzutragen, während Maria „zu Hause“ bleibt und abwartet.

Martha zeigt, dass sie das Wesen *dieser* „Krankheit“ und *dieses* „Todes“ nicht verstanden hat. Jesus *durfte* in diese „Krankheit“ gar nicht eingreifen, er *musste* warten, bis der Ersterbungsprozess an sein gesetzmäßiges Ende gelangt war. Aber Martha meint, Jesus hätte bei der Nachricht von der Krankheit ihres Bruders sofort kommen und ihn heilen sollen. Dann wäre Lazarus nicht gestorben. Sie begreift nicht, dass „Lazarus“ sterben *musste*, dass er dem „Fleischeswillen“ nach sterben *wollte*, und dass dies im Einverständnis mit Jesus geschah. Denn *dieses* Sterben ist die Voraussetzung für ein neues Leben. Martha meint also, Lazarus' „Fleischeswille“ sei im gewöhnlichen Sinn gestorben, traut aber Jesus zu, dass er, im Einklang mit Gott, auch einen im gewöhnlichen Sinn Erstorbenen auferwecken kann. „Alles, um was du Gott bitten wirst, wird Gott dir geben.“ Ihr ist nicht klar, dass der „Tod“ ihres Bruders von anderer Art ist als der Tod des gewöhnlichen Menschen.

Als Jesus sagt: „Dein Bruder wird auferstehen“, missversteht ihn Martha im Sinn ihrer Auffassung von Auferstehung. Sie lebt in den Vorstellungen des Alten Testaments, nach denen „am Ende der Tage“ „viele von denen, die schlafen im Erdenstaub, erwachen werden, die einen zu ewigem Leben, die andern zu Schmach, zu ewigem Abscheu“ (Daniel 12,2), und meint, Jesus spreche von dieser Auferstehung des irdischen Menschen „am Ende der Tage“. Deshalb sagt sie: „Ich weiß, dass er auferstehen wird bei der Auferstehung am Jüngsten Tag.“

Jesus aber spricht von der Auferstehung des spirituellen Menschen: von der Bewusstwerdung des unsterblichen wahren Selbst und dem Wirksamwerden einer neuen Persönlichkeit, die durch den freiwilligen Ersterbungsprozess entsteht, noch während der Schüler lebt.

Diese Auferstehung geschieht im Wesen und in der Kraft des vollkommenen siebenfachen spirituellen Menschen, des Gesalbten. Er kann daher von sich sagen: „Ich bin die Auferstehung und das Leben.“ Er ist selbst der Erleuchtete, der Auferstandene, und ermöglicht anderen Menschen, indem er als vollkommener spiritueller Mensch in ihnen aufersteht, ihrerseits aufzuerstehen und ewig zu leben. Er erzeugt in Lazarus einen neuen Geistleib, den untersten Teil der Matrix des spirituellen Menschen, nach deren Muster sich all die „Seinen“ entwickeln und „Söhne Gottes“ werden können – Auferstandene, die ewig leben.

Wer an den spirituellen Menschen „glaubt“, wer diese Möglichkeit des Seins erkennt, sich ihr öffnet, sie in sich wirken lässt und dadurch verwirklicht, „wird leben, auch wenn er stirbt“. Er wird leben, auch wenn er die Hülle seines materiellen Körpers, die ihm im Leben nach der Auferstehung einer neuen Persönlichkeit noch verbleibt, im physischen Tod ablegt. Und er wird „in Ewigkeit nicht sterben“. Denn der siebenfache spirituelle Mensch ist in seinen drei göttlichen Aspekten und seiner vierfachen neuen Persönlichkeit unsterblich, da im bewussten Einklang mit der göttlichen Welt.

Diese Auferstehung geschieht nicht erst an einem Jüngsten Tag in irgendeiner näheren oder ferneren Zukunft. Sie geschieht *jetzt*, sie geschieht jeden Augenblick, wenn Wesen und Kraft des vollkommenen spirituellen Menschen einen der „Seinen“ durchdringen, wodurch dieser in die Lage versetzt wird, einen neuen siebenfachen Menschen aufzubauen und den alten siebenfachen Menschen ersterben zu lassen.

Das ist die zentrale Botschaft des ursprünglichen spirituellen Menschen, der vom Himmel herabgestiegen ist, um die Matrix des spirituellen Menschen in der irdischen Welt zu verankern und den „Seinen" die Möglichkeit zu geben, aus Gott geboren zu werden und den Zustand der Geburt aus Blut, Mannes- und Fleischeswillen hinter sich zu lassen. Sie können aus der Finsternis ins Licht auferstehen.

In diesem Sinn sagt Martha, die jetzt versteht: „Ich habe den Glauben gewonnen, dass du der Christus, der Gesalbte bist, der in die Welt kommen soll." Sie hat erkannt, dass der vollkommene spirituelle Mensch, der Christus, die Auferstehung, der Auferstandene und die Möglichkeit der Auferstehung für andere ist und dass er in die irdische Welt gekommen ist, um den „Seinen" bei der Verwirklichung dieser Möglichkeit zu helfen.

Martha, Verkörperung der aktiven Auseinandersetzung mit dem spirituellen Menschen und seinem Wesen, das Auferstehung und Leben ist, ist zur Einsicht über dieses Wesen gelangt. Jetzt geht vom spirituellen Menschen ein Impuls zu Maria aus, der Verkörperung des „passiven" Abwartens, und erweckt auch in ihr eine neue Aktivität. Der Meister lässt Maria „rufen", und sie begibt sich eilends zu ihm. Wie vorher Martha hatte auch sie nicht verstanden, dass die „Krankheit" ihres Bruders ein freiwilliger Ersterbungsprozess war, in den nicht vorzeitig eingegriffen werden durfte. Deshalb sagt auch sie, wie vorher Martha, zu Jesus: „Wärest du hier gewesen, so wäre mein Bruder nicht gestorben." Der Evangelist macht überdeutlich, worum es sich bei dieser „Krankheit" handelt und dass Jesus bewusst nicht eingreifen und abwarten wollte, bis der Vorgang der freiwilligen Ersterbung an sein gesetzmäßiges Ende gelangt war.

Die Realität des irdischen Todes

__11, 33__ Da nun Jesus sah, wie sie weinte und wie die Juden, die mit ihr gekommen waren, weinten, ergrimmte er im Geist und empörte sich __34__ und sagte: Wo habt ihr ihn hingelegt? Sie sagten zu ihm: Herr, komm und sieh! __35__ Jesus weinte. __36__ Da sagten die Juden: Siehe, wie hat er ihn liebgehabt! __37__ Einige aber von ihnen sagten: Konnte er, der dem Blinden die Augen aufgetan hat, nicht machen, dass auch dieser nicht stürbe? __38__ Jesus nun, abermals in seinem Innern ergrimmt, kommt zur Gruft; es war aber eine Höhle, und ein Stein lag davor.

Immer noch befindet sich Jesus erst in der Nähe der Gruft. Diesen letzten Augenblick vor der Auferweckung benützt der Evangelist, um zu illustrieren, was der gewöhnliche Tod eigentlich für die Menschheit bedeutet. Er verwendet dafür Einzelheiten aus der ihm vorliegenden „Wunder"geschichte. Sie erzählt, dass Juden mit Maria gekommen waren, die mit ihr weinten, und dass Jesus im Geist „ergrimmte und sich empörte", und wenig später ebenfalls „weinte".

Worüber „ergrimmt" und „weint" Jesus? Ergrimmt er über das rücksichtslose Weinen der Trauernden, die doch wissen sollten, dass Tote bei ihrem Übergang ins

Jenseits dadurch nur gestört werden? Erliegt er dann selbst dem Schmerz und beginnt ebenfalls zu weinen? Hat er nicht überhaupt vor, den Toten wieder zum Leben zu erwecken? Welcher Grund besteht dann für ihn, über diesen Tod zu weinen?

Solche Fragen entstehen, wenn man die Erzählung so auffasst, als spielte sie wirklich in der physischen Welt. Aber es ist eine Bildergeschichte, die geistig-seelische Realitäten darstellt. Der Evangelist zeigt, wie der vollkommene spirituelle Mensch – auf der geistig-seelischen Ebene – auf das Phänomen des gewöhnlichen Todes und die damit verbundene Trauer und Verzweiflung der Hinterbliebenen reagiert. (Für die Trauergäste in der Bildergeschichte, Verkörperungen der geistig-seelischen Realität des irdischen Bewusstseins, ist ja der Mysterientod des Lazarus ein gewöhnlicher Tod.) Dadurch wird um so deutlicher, welche Erlösung es für die Menschheit ist, wenn dieser gewöhnliche Tod durch den freiwilligen Mysterientod und die Auferstehung überwunden wird.

Muss es nicht so sein, dass sich im spirituellen Menschen, wenn er mit der letzten Realität der vergänglichen Welt – dem Tod und den darüber Weinenden – zusammentrifft, alles gegen diese Realität aufbäumt? Die Dimension des Lichtes und die der Finsternis sind unvereinbar. Für die göttliche Welt ist die vergängliche Welt eine Anomalie. In der göttlichen Welt ist unendliches, ewiges, unvergängliches Leben, und der Mensch als Ebenbild Gottes, als spiritueller Mensch, ist in dieses ewige Leben eingebettet. Es ist sein Wesen und sein Lebenselement. Er kennt keinen Tod, keine Auslöschung des Bewusstseins, keine endgültige Auflösung seiner Ausdrucksformen. Von ihm aus gesehen ist der irdische Tod ein Skandal.

Der Mensch geht normalerweise dumpf durchs Leben und unterwirft sich dumpf, ohne nachzudenken, der harten Realität des Todes. Er bemerkt nicht, dass diese Realität ihm, der seinem wahren Wesen nach ein Ebenbild Gottes ist, nicht angemessen ist. Sie ist seiner unwürdig. Der erwachte spirituelle Mensch aber bemerkt das. Er bemerkt, in welch unwürdiger Lage er sich, verstrickt in die Vergänglichkeit der irdischen Welt, befindet. Er ist dem Tod seiner persönlichen Ausdrucksformen unterworfen, obwohl doch sein Wesen das Leben ist. Das ist wirklich ein Grund, im Geist zu ergrimmen und sich zu empören – gegen diese Anomalie, gegen diesen Skandal. Und es ist verständlich, dass aus der Empörung auch die Motivation und die Kraft erwachsen, diese Situation zu ändern und den Tod zu überwinden.

Der griechische Ausdruck für „er ergrimmte im Geist“ müsste eigentlich mit „der Geist wallte in ihm auf“, „die geistige Heilkraft wallte in ihm auf“ übersetzt werden. Denn in der ursprünglichen Wundergeschichte schickte sich Jesus als Wundermann an, eine magische Tat zu verrichten. Doch ist die vorliegende Übersetzung ebenfalls sehr treffend. Der vollkommene spirituelle Mensch stößt auf die Anomalie des Todes und überwindet den Tod. Die absurde, leidvolle Situation der irdischen Welt und der „Seinen“ in der irdischen Welt sind für das Licht der empörende Anlass und Beweggrund – er „ergrimmte im Geist“ –, sie in seinen spirituellen Kräften den Tod überwinden zu lassen und zur Auferstehung zu führen.

Und „Jesus weinte“. Ist es nicht verständlich, dass auch der spirituelle Mensch Schmerz empfindet, wenn er mit der Realität des Todes und seinen Folgen konfrontiert wird? Er sieht, wie die Freunde und Verwandten des Verstorbenen weinen, denn jeder Tod ist ein furchtbarer Verlust für die Angehörigen. Er sieht, wie ein Körper,

Wunderwerk der irdischen Natur, durch die gesetzmäßigen Wirkungen dieser selben Natur nach der ihm bestimmten Zeit wieder vernichtet wird. Ist das kein Grund zum Schmerz? Der spirituelle Mensch sieht den ganzen erbarmungswürdigen Zustand der irdischen Menschheit, die, gerade weil sie aus der irdischen Natur, aus Blut, Mannes- und Fleischeswillen geboren ist, gezwungen ist, den Tod zu erleiden. Das ist jammervoll, um so jammervoller, als die Menschen nicht erkennen, dass ihr eigener Selbsterhaltungstrieb – der „Fleischeswille" – diese Absurdität verursacht. Ihr eigener anmaßlicher Wille ist die Ursache dafür, dass dieses angemaßte Leben wieder vergehen muss. Er ist die Ursache für den Tod.

Noch jammervoller ist, dass sie die Rettungsmöglichkeit nicht erkennen. Wer seinen anmaßlichen Willen in den Kräften und der Ordnung der spirituellen Welt freiwillig ersterben lässt, in dem erwacht der spirituelle Mensch und ersteht auf. Er, der bewusst an den Willen Gottes wiederanknüpft und aus Gott geboren ist, ist dem Tod nicht mehr unterworfen. Er lebt ewig. Auch über diese jammervolle Situation: dass die Menschen die Ursache ihrer Lage und daher auch die Möglichkeit, sie zu beseitigen, nicht erkennen, weint Jesus. Dies alles ist ja der Anlass, weshalb er in die Welt der Finsternis gekommen ist. Er ist gekommen, um den Tod und seine Folgen zu beseitigen, um den Menschen Bewusstsein von ihrer Lage zu vermitteln und Kraft zu geben, sie zu verändern. Der vollkommene spirituelle Mensch führt jeden, der freiwillig seinen anmaßlichen Willen ersterben lässt, zur Auferstehung und zum unsterblichen Leben. Er kann daher sagen: „Ich bin die Auferstehung und das Leben."

Die Juden – Verkörperungen des irdischen Bewusstseins – missverstehen das „Weinen" des spirituellen Menschen. Für sie ist Jesus ein irdischer Mensch wie sie, der über den Verlust eines lieben Freundes weint. Sie können unmöglich begreifen, dass der spirituelle Mensch, der die Auferstehung und das Leben ist und in der Dimension des ewigen Lebens lebt, über die Lage des irdischen Menschen weinen muss, der dem Tod unterworfen ist und in einer Dimension des flüchtigen Lebens lebt, welches unweigerlich vom Tod ereilt wird. Sie verstehen, wie zuvor Martha und Maria, die eigentlichen Hintergründe des Geschehens nicht. Ihr Vorwurf an Jesus, der dem Blinden die Augen aufgetan und es jetzt versäumt habe, den Kranken rechtzeitig zu heilen, zeigt, dass sie die Art dieser „Krankheit" nicht erkennen. Sie erkennen nicht, dass es sich um einen Ersterbungsprozess auf einem spirituellen Weg gehandelt hat, der bis zum gesetzmäßigen Ende verlaufen *musste* und nicht unterbrochen werden durfte. Um den Lesern der Geschichte diesen Sachverhalt einzuschärfen, lässt der Evangelist die Juden, wie vorher Martha und Maria, diesem Missverständnis erliegen.

Die Auferweckung des Lazarus: Aufbau einer neuen Leiblichkeit

11, 39 *Jesus sagt: Hebt den Stein weg! Martha, die Schwester des Verstorbenen, sagt zu ihm: Herr, er riecht schon, denn er ist vier Tage tot.* ***40*** *Jesus sagt zu ihr: Habe ich dir nicht gesagt, wenn du glaubtest, würdest du die Herrlichkeit Gottes sehen?* ***41*** *Da hoben sie den Stein weg. Jesus aber richtete die Augen nach oben und* *sprach: Vater, ich danke dir, dass du mich erhört hast.* ***42*** *Ich aber wusste, dass du mich allezeit erhörst; doch um des umherstehenden Volkes willen habe ich es gesagt, damit sie glauben, dass du mich gesandt hast.* ***43*** *Und als er dies gesprochen hatte, rief er mit lauter Stimme: Lazarus, komm heraus!* ***44*** *Der Verstorbene kam heraus, an Händen und Füßen mit Binden umwickelt, und sein Angesicht war mit einem Schweißtuch umbunden. Jesus sagt zu ihnen: Macht ihn frei und lasst ihn hinweggehen!* ***45*** *Viele von den Juden nun, die zu Maria gekommen waren und gesehen hatten, was er getan hatte, glaubten an ihn.* ***46*** *Etliche aber von ihnen gingen hin zu den Pharisäern und sagten ihnen, was Jesus getan hatte.*

Jetzt endlich kommt die Erzählung zum eigentlichen Akt der Auferweckung. Im Bild ist Lazarus gestorben wie ein gewöhnlicher Mensch. Er liegt schon vier Tage in der Gruft, ein Stein liegt davor, der weggehoben werden muss, und der Tote ist mit Binden an Armen und Beinen und einem Schweißtuch am Gesicht versehen. Vielleicht hat der Evangelist diese Einzelheiten aus der ihm vorliegenden Wundergeschichte nur übernommen, um zu zeigen, dass der Tod des Selbsterhaltungstriebs des Mysterienschülers Lazarus ein wirklicher, unwiderruflicher Tod ist. Vielleicht aber haben sie auch eine Bedeutung auf der geistig-seelischen Ebene und sind Bilder für geistig-seelische Sachverhalte. Es handelt sich ja in Wirklichkeit nicht um einen gewöhnlichen physischen Tod, sondern um einen freiwilligen Ersterbungsprozess, der allerdings auch eine Veränderung von Teilaspekten des materiellen Körpers zur Folge hat. Gestorben ist nicht Lazarus selbst, sondern sein „Fleischeswille", die Lebensursache seines materiellen Körpers.

Dies jedoch hat Martha immer noch nicht voll verstanden, obwohl es Jesus schon ausführlich erklärt hatte. Sie meint, der Tod des „Fleischeswillens" auf dem spirituellen Weg sei einem gewöhnlichen physischen Tod gleichzusetzen, bei dem am vierten Tag die Verwesung einsetzt. Deshalb sagt sie, im Rahmen der Bildergeschichte, die einen wirklichen physischen Tod beschreibt: „Herr, er riecht (doch sicher) schon". Mit dieser drastischen Wendung will der Evangelist das Missverständnis Marthas, beim Mysterientod handle es sich um eine endgültige Auflösung ins Nichts hinein, noch unterstreichen. Der Mysterientod, so wirklich er auch ist, führt nicht ins Nichts der Verwesung, sondern zum neuen, wahren Leben. Eine ähnliche Verwechslung des Spirituellen mit dem Irdischen war seinerzeit dem Nikodemus unterlaufen, als er anlässlich der spirituellen Wiedergeburt aus Wasser und Geist fragte: Kann denn der Mensch in seinen Mutterleib zurückkehren und aufs neue geboren werden?

Jesus korrigiert Martha ein letztes Mal: „Wenn du glaubtest" – wenn du dich für die Sachverhalte aufgeschlossen zeigtest, um die es sich hier handelt –, würdest du erkennen, was wirklich geschehen wird, und würdest den Vorgang und das Ergebnis der Auferweckung begreifen können. Der „Fleischeswille", die Lebensursache des materiellen Leibes, ist im Schüler auf dem spirituellen Weg tatsächlich gestorben. Aber an seine Stelle ist bereits ein neues Leben, ein neuer spiritueller Leib getreten. Dieser neue, auferstandene Leib des spirituellen Menschen, durchstrahlt von den göttlichen Kräften, ist die „Herrlichkeit" Gottes. Durch die Auferweckung wird Lazarus endgültig zu einem Sohn Gottes, dessen Ausdrucksformen bis in den materiellen Körper hinein dem göttlichen „Wort", „Leben" und „Licht" entsprechen.

Nur ein Mensch, der für diese Sachverhalte aufgeschlossen ist, der „glaubt", erkennt sie auch und sieht die „Herrlichkeit Gottes". Ein anderer erkennt und sieht nicht. Deshalb das „wenn du glaubtest". Was hätte das „wenn du glaubtest" sonst für einen Sinn? Ginge es um eine *sichtbare* Totenerweckung, so bedürfte es keines Glaubens. Aber der gewöhnliche Mensch sieht im Tod allein die Verwesung. Er kann nicht zwischen dem natürlichen, gewöhnlichen Tod und dem freiwillig erlebten Tod des „Fleischeswillens" auf der Grundlage spiritueller Kräfte unterscheiden. Nur der für die Wahrheit des spirituellen Weges aufgeschlossene Mensch, der Glaubende, erkennt, dass es einen anderen Tod gibt, der zum Leben führt. Er schaut die „Herrlichkeit Gottes".

Lazarus liegt vier Tage in der „Gruft". Die ganze irdische Welt ist ihm, dem Mysterienschüler, zu einem Grab geworden. Er ist ihr erstorben, er hat jedes Interesse und jede Haftung an ihr verloren. Aber wie der Schmetterling in der Puppe hat sich zugleich ein neuer materieller Körper in ihm gebildet, der auf die Auferstehung wartet. Damit sich dieser neue Körper ungestört auf sein Leben vorbereiten kann, ist das Grab mit einem „Stein" verschlossen. Auch dieser Stein kann als Bild aufgefasst werden. Lazarus und sein Meister mussten alle Einflüsse von außen, welche die inneren Aufbauprozesse stören könnten, aussperren. Das wird durch den Stein, der das Grab verschließt, versinnbildlicht. Wenn aber nach Abschluss der inneren Arbeit neue, spirituelle Einflüsse den auf die Auferstehung wartenden neuen Körper berühren und aktivieren sollen, muss der Stein weggehoben, der Entschluss, den „Erstorbenen" von allen Einflüssen abzuschirmen, aufgehoben werden.

Das geschieht nun auf Befehl des spirituellen Menschen. Jetzt können die spirituellen Impulse des vollkommenen spirituellen Menschen den neuen Geistleib des Schülers erreichen und zur Aktivität veranlassen. Jesus ruft: „Lazarus, komm heraus!" Lazarus, erhebe dich als neuer Geistleib aus der irdischen Welt, die deinem irdischen „Fleischeswillen" zum Grab geworden ist! Tritt bewusst in die spirituelle Welt ein, die das dir gemäße Umfeld ist. Wende dich mir, dem vollkommenen spirituellen Menschen, zu und empfange meine Kraft und mein Wesen. Und Lazarus kommt als neuer Geistleib heraus. Er ersteht aus dem Grab der irdischen Welt auf. Der irdische „Fleischeswille", die Lebensursache des irdischen Leibes, ist auf dem spirituellen Weg gestorben, der aus Gott geborene, von neuem und von oben her geborene Geistleib ist erwachsen geworden und lebt fortan bewusst aus den Kräften und Gesetzen der göttlichen Welt.

Der neue Geistleib kommt mit den Resten des irdischen Lebens, die ihm noch anhaften – „Binden" und „Schweißtuch" – aus der Gruft. Im Alten Testament werden Absichten und Handlungen gelegentlich mit Fäden verglichen, aus denen Kleider und Tücher gewebt werden. „Ihre Fäden taugen nicht zum Kleid, und mit ihrem Gewirk kann man sich nicht bedecken; ihre Werke sind Unheilswerke, und Gewalttat ist in ihren Händen" (Jes. 59,6). Ähnlich lassen sich auch hier „Binden" und „Schweißtuch" als Bilder auffassen. Binden und Schweißtuch sind beim gewöhnlichen Tod Ausdruck dafür, dass den Toten die Gedanken und Gefühle seiner Freunde und Verwandten begleiten und schützend umhüllen. Entsprechend sind sie hier, beim bewussten, freiwilligen Ersterbungsprozess, Sinnbilder für die Gedanken und Gefühle der spirituellen Gemeinschaft des Auferweckten, die als „Schweißtuch" das sich verändernde Ich-Bewusstsein des im „Grab“ Ruhenden, als „Binden“ an den Händen das sich verändernde Denken und Fühlen und als „Binden“ an den Füßen das sich verändernde Leben und Sein schützend umhüllen. Aber der Auferstandene braucht diese schützenden Hüllen nicht mehr. Seine Freunde ziehen ihre Gedanken und Gefühle von Lazarus ab. Sie lassen ihn frei, und frei hinweggehen.

Der vollkommene spirituelle Mensch, Jesus, in dessen Kräften die Auferstehung geschieht, wirkt dabei vollständig im Einklang mit „Wort“ und „Leben“, mit dem „Vater“. Er weiß, dass die Informationen und Kräfte, durch die er wirkt, nicht von ihm selbst erzeugt sind. Sie dienen auch nicht seinen eigenen Vorstellungen. Er empfängt sie vom „Vater“, und sie dienen dem „Willen“ des Vaters. Daher ist er dem „Vater“ dankbar. Und er weiß, dass ihn der Vater immer erhört, da er selbst nur um das bittet, was im Willen des Vaters beschlossen liegt: was der Entwicklung der Menschheit zu dem in ihr angelegten Ziel dient. Im Augenblick dient dieser Entwicklung, dass der spirituelle Mensch die Erneuerung des materiellen Körpers des Menschen – am Beispiel des Lazarus – in den Gesetzen und Kräften der göttlichen Welt vollbringt. Und Jesus drückt seinen Dank so aus, dass alle Umherstehenden es hören. Alle sollen erkennen, dass dieses Werk in Gottes Willen liegt und vom Gottgesandten ausgeführt wird.

Die Lazarusgeschichte ist mitunter so interpretiert worden, als habe Jesus an Lazarus ein Mysterienritual vollzogen, wie es in den antiken Mysterienschulen üblich war. In einem solchen „Einweihungs“ritual hielt sich der Kandidat drei Tage lang in einem eigens dafür hergerichteten Grab auf und erlebte in einem unbewussten, traumartigen Zustand die Ersterbung seines irdischen Bewusstseins, um danach, ebenfalls unbewusst, die Auferweckung seines spirituellen Bewusstseins zu erleben. Nach dem Aufwachen erinnerte er sich dieser Vorgänge. Er hatte Eindrücke aus der göttlichen Welt empfangen, die sein Leben für immer prägten. So interpretiert, würde es sich um keine Bildergeschichte, sondern um reale, rituelle Ereignisse auf der physischen Ebene handeln.

Doch allen Anzeichen nach berichtet die Lazarus-Erzählung von keinem alten Mysterien*ritual*, sondern mittels Bildern von einem neuen Mysterien*geschehen*: dem bewussten Ersterbungs- und Auferstehungsprozess auf dem spirituellen Weg, der bis zur Auferweckung auch eines neuen Geistleibs führt. Es wird ein entscheidender neuer Schritt in der Menschheitsentwicklung vollzogen. Vorher war „Einweihung“ ein Vorgang gewesen, der unter rituellen Vorkehrungen und unter Ausschluss der Öffentlichkeit stattfand. Er führte nur zu einer *Bewusstseins*veränderung des Kandidaten. Jesus aber macht aus der „Einweihung“ einen spirituellen Weg, den der Schüler frei und bewusst geht und der auch das *körperliche* Sein verändert. Außerdem spielt sich der Weg im Alltag ab. Jeder Mensch kann diesen Weg seitdem innerhalb seiner gewohnten Umgebung gehen, in Beruf, Gesellschaft und Familie. „Umherstehende“, die keinen Sinn dafür haben, werden nichts von den Vorgängen bemerken, die sich im Innern eines solchen Mysterienschülers abspielen. Andere werden sie als „Krankheit“ interpretieren – so wie Martha und Maria im Fall des Lazarus.

Vor Jesus musste der spirituelle Weg im Geheimen gegangen werden, hinter den Mauern von Mysterienschulen. Jesus und seine Schülergemeinschaft arbeiteten zunächst, bis zur „Auferweckung des Lazarus“, ebenfalls noch im Geheimen. Deshalb holte Martha Maria „heimlich“ (11,28) zu Jesus. Sie wollte vor Außenstehenden verbergen, dass zwischen ihnen und Jesus eine Schüler-Meister-Beziehung bestand. Aber es war jetzt nicht mehr möglich und notwendig, etwas zu verheimlichen. Die Juden des „Volkes“, die gewöhnlichen Menschen, folgten ihr, und Jesus machte sie – auf der geistig-seelischen Ebene – zu Zeugen der früher geheimen Mysterienvorgänge. Jeder kann und darf seitdem an anderen beobachten, was sich auf dem spirituellen Weg abspielt, ob er es begreift oder nicht, und kann – falls er es begreift – bewusst seine Entscheidung treffen, ob er selbst einen solchen Weg einschlagen will.

Den Bildern nach ist in der Geschichte ein gewöhnlicher Toter wieder ins Leben zurückgeholt worden. Wollte man diese Bilder als konkrete Realität nehmen, so entstünde noch die Frage, was mit der Auferweckung gewonnen wäre. Lazarus würde als irdischer Mensch ein paar weitere Jahrzehnte leben und dann doch sterben. Und dafür der ganze Aufwand? Man wird einwenden: Diese Auferweckung des toten irdischen Menschen für ein paar weitere Jahrzehnte irdischen Lebens ist eben ein „Zeichen“ dafür, dass Jesus als Sohn Gottes die Macht hat, den Tod zu überwinden und alle Menschen am Jüngsten Tag aufzuerwecken – aber wofür? Wieder zu einem Leben irdischer Art?

Die Auferweckung des Lazarus ist in der Tat ein Zeichen, aber für einen ganz anderen Sachverhalt. Da der vollkommene spirituelle Mensch die Auferstehung und das Leben ist, ist jeder Mensch, der sich im freiwilligen Ersterbungsprozess des „Fleischeswillens“ dem spirituellen Menschen im eigenen Wesen anvertraut, zur Auferstehung und zum Leben in einer göttlichen Welt berufen und fähig. Es ersteht nicht der alte, irdische, sterbliche Mensch unsterblich auf – das wäre ein vollkommener Widerspruch und unmöglich –, sondern der latent gewesene, unwirksam gewordene spirituelle Mensch, der unsterblich ist, ersteht auf – und nicht erst am Jüngsten Tag. Er ersteht *jetzt* auf. Ein Mensch, der, noch lebend, den freiwilligen Ersterbungsprozess vollzieht, erlangt Freiheit vom irdischen Tod und baut einen siebenfachen spirituellen Menschen innerhalb der Hülle des alten irdischen, physisch noch lebenden, Menschen auf.

Er geht dann in der Hülle des alten, irdischen Menschen durchs Leben, und doch in dieser Hülle schon, wie der auferweckte Lazarus, mit einem Geistleib ausgestattet. Deshalb ist er schon lebend, mit allen sieben Aspekten des spirituellen Menschen, Bürger der göttlichen Welt. Wenn schließlich die Hülle des physischen Körpers stirbt, ist das nur die Auflösung eines nicht mehr benötigten Instruments in der irdischen Welt, während der bereits im Leben auferstandene spirituelle Mensch ewig lebt. Das wahre Selbst, bewusst geworden, lebt aus göttlichem „Wort“, „Leben“ und „Licht“ und verfügt über eine unsterbliche Persönlichkeit, die nach Denken, Fühlen, Lebenskraft *und* neu-materiellem Körper auf die göttliche Welt abgestimmt ist. *Dieser* Sachverhalt wird durch das „Wunder“ der Auferweckung des Lazarus dargestellt, und er ist wirklich ein Wunder, wenngleich in all seinen Aspekten verstehbar. Dass der Mensch mit Hilfe göttlicher Kräfte, der Matrix des vollkommenen spirituellen Menschen, die irdische Welt des Todes überwinden kann, um in die göttliche

Welt des Lebens, in der seine Bestimmung liegt, einzutreten – dass ihm diese Möglichkeit, Sohn Gottes zu werden, geschenkt wird, ist in der Tat ein Wunder.

Maler, welche die Auferweckung des Lazarus schildern, pflegen ihn wie ein Gespenst abzubilden – als ob ein schon halb verwester Leichnam mühsam wieder zum Leben erweckt würde. Auch sie haben offenbar nicht begriffen, was diese Auferweckung in Wirklichkeit bedeutet: die Ersetzung eines gewöhnlichen, sterblichen Leibes durch einen neuen, unsterblichen Geistleib und somit die Überwindung des irdischen Lebens, aus dem notwendig der Tod folgt, durch das wahre Leben, das in Ewigkeit ist. Sie hätten die „Herrlichkeit Gottes" darstellen müssen: einen vom göttlichen Licht durchstrahlten, feinmateriellen, ewigen Leib, Ausdruck von „Wort", „Leben" und „Licht", Ausdruck eines neuen Denkens, Fühlens und unsterblichen Lebens.

Für viele ist das Charakteristische am Christentum, dass seine Bekenner bewusst und unmittelbar in der irdischen Welt wirken und sie dadurch verändern. Tatsächlich spricht der Verfasser der „Offenbarung des Johannes", von einem „neuen Himmel" *und* einer „neuen Erde", die sich dem Seher auf Patmos zeigen (Off. 21,1): nicht nur von neuen immateriellen Gesinnungen – einem neuen „Himmel" –, sondern auch von neuem Handeln, das auf die materielle Welt, die „Erde", einwirkt. Aber wenn der irdische Mensch, und sei es auch der von Menschenliebe erfüllte, gläubige Christ, auf die irdische Welt einwirkt, wird diese nur nach irdischen Maßstäben verändert – zum Guten oder zum Schlechten. Das ist keine grundsätzlich „neue Erde".

Das ursprüngliche Christentum wirkt nach spirituellen Maßstäben in der irdischen Welt und verändert sie. Das Licht scheint in der Finsternis. Und diese Wirkung geschieht zuerst im einzelnen Menschen. Das Licht löst den alten individuellen „Himmel" auf, Denken, Fühlen und Leben der irdischen Persönlichkeit, *und* die alte individuelle „Erde", Teile des materiellen Körpers der irdischen Persönlichkeit. Es baut zugleich einen neuen siebenfachen spirituellen Menschen auf. So entsteht im einzelnen Menschen nach dem neuen individuellen „Himmel", einer spirituellen Persönlichkeit mit Denken, Fühlen und Leben, auch ein neuer Geistleib – eine individuelle neue „Erde". Und dieser neue Mensch wirkt, ob allein durch seine Gegenwart oder durch bewusstes Handeln, auf seine irdische Umwelt ein und verändert sie.

Dadurch entsteht auf lange Sicht auch eine kollektive „neue Erde": neue materielle Verhältnisse in Gesellschaft und Natur. Das ist das große Geschehen, das Jesus mit der „Auferweckung des Lazarus" einleitet: eine totale Veränderung auch der physischen Materie – im einzelnen Menschen, in der Gesellschaft und in der ganzen Natur. Der siebte Aspekt der von ihm aufgebauten siebenfachen Matrix wirkt in dieser Richtung.

Wie immer nach den „Zeichen" des vollkommenen spirituellen Menschen – es sind die von ihm ausgehenden Wirkungen, die auf die dahinter stehende göttliche Welt schließen lassen – finden sich auch nach der „Auferweckung des Lazarus" Menschen, die „glauben" und sich diesen Wirkungen öffnen, während andere sich erst recht in ihrem irdischen Zustand behaupten und den spirituellen Menschen bekämpfen. Im vorliegenden Fall hinterbringen einige Jesus feindlich gesonnene Juden das Geschehene den geistlichen Führern. Und diese entschließen sich jetzt endgültig, zur Tat zu schreiten und Jesus unschädlich zu machen.

Auch nach früheren „Wundern“ und Äußerungen Jesu hatte es im Evangelium geheißen, dass die geistlichen Führer ihn töten oder steinigen wollten, ihn verfolgten und anklagten. Es war aber immer entweder bei der Tötungsabsicht geblieben, oder Jesus hatte sich ihrer spontanen Justiz entzogen. Denn die endgültige Entscheidung über das Schicksal Jesu konnte erst fallen, als Jesus seine Aufgabe vollbracht hatte. Erst dann war „seine Stunde gekommen“.

Jetzt aber ist die Zeit reif. Der Aufbau einer siebenfachen spirituellen Matrix ist abgeschlossen. Und jetzt fällen die geistlichen Führer endgültig ihre Entscheidung, jetzt entzieht sich Jesus dieser Entscheidung nicht mehr, obwohl er es ist, der letzten Endes auch den Zeitpunkt seiner Gefangennahme bestimmt – im Einklang mit den spirituellen Lebensgesetzen.

Die siebenfache spirituelle Matrix als „Vaterunser“

Siebenfach ist die spirituelle Matrix, die Jesus, als vollkommener spiritueller Mensch vom Himmel herabsteigend, für die Menschheit aufgebaut und in der Menschheit verankert hat, entsprechend seiner eigenen siebenfachen spirituellen Struktur. Der Evangelist hat ihren Aufbau der Reihe nach durch die sieben von Jesus vollbrachten „Wunder“ dargestellt. In dieser Matrix wird es den „Seinen“ zu allen Zeiten möglich sein, die in ihnen keimhaft vorhandene Anlage des spirituellen Menschen wenigstens ansatzweise zu entwickeln. Sie erhalten durch diese Matrix einerseits die neuen, göttlichen Informationen und Kräfte, die für den Aufbau des spirituellen Menschen notwendig sind, andererseits sind sie dadurch in der Lage, sich von der irdischen Welt und ihrer siebenfachen Ordnung, die den siebenfachen irdischen Menschen am Leben erhält, zu lösen.

Es stirbt in ihnen erstens die Grundlage der irdischen Ordnung, das Fundament des irdischen Lebens, das durch die Anmaßung des Menschen gegen die göttliche Ordnung bestimmt ist, und wird durch die göttliche Ordnung, das „Wort“ ersetzt. Es wird zweitens die im Sinn der Anmaßung wirkende irdische Energie verwandelt, neu gerichtet und als göttliches „Leben“ der göttlichen Ordnung dienstbar gemacht. Es stirbt drittens das irdische, anmaßliche Bewusstsein des Menschen, das auf der irdischen Ordnung und Energie beruht, um durch ein vom göttlichen „Wort“ und „Leben“ erfülltes Bewusstsein, das göttliche „Licht“, ersetzt zu werden. An die Stelle des alten, sich abgrenzenden Ich-Bewusstseins tritt das Bewusstsein des wahren Selbst, das auf der spirituellen Ebene mit allen Dingen und Wesen verbunden ist.

Es stirbt viertens das anmaßliche irdische Denken, das den Sinn des Lebens im Fortschritt, in immer größerer Entfaltung der irdischen Fähigkeiten und Möglichkeiten des Menschen sieht, und wird abgelöst durch Erkenntnis des wahren Lebenssinns, der im Mitvollzug der göttlichen Ordnung besteht. Fünftens stirbt das irdische Fühlen: die anmaßlichen Erwartungen an Gott, Mensch und Welt, die den Menschen durch die unvermeidlich damit verbundenen Enttäuschungen in Hass und Trauer verstricken und ausweglose Schuldgefühle erzeugen. Sie werden durch die Freude und Liebe eines Lebens im Einklang mit dem wahren Lebenssinn ersetzt. Sechstens stirbt die ganze irdische Lebenskraft, der „Manneswille", die anmaßlichen Projektionen und Projekte, hervorgerufen durch eine anmaßliche Einbildung und Phantasie. An ihre Stelle tritt ein neues Sehen und ein kreatives Mitwirken mit den göttlichen Impulsen und Kräften. Siebtens stirbt schließlich der „Fleischeswille", der im materiellen Körper wirkende Selbsterhaltungstrieb, und macht den Weg zum Aufbau eines neuen materiellen Organismus, aufrechterhalten vom göttlichen Willen, frei.

Man kann den Aufbau dieser siebenfachen spirituellen Matrix, begleitet vom Abbau der siebenfachen irdischen Matrix, in der der irdische Mensch gewöhnlich lebt, mit den sieben Bitten des Vaterunsers vergleichen. Übersetzt in die Begriffssprache des Johannesevangeliums, würde es etwa lauten:

1. Die Ordnung des Geistes, das „Wort", gelte im ganzen All und auch in uns: „Geheiligt werde dein Name."
2. Die Kraft des Geistes, das „Leben", erfülle das ganze All und uns: „Dein Reich komme."
3. Die Ordnung und Kraft des Geistes werde im ganzen All und in uns zu Bewusstsein – „Licht" – und damit zu bewusstem Willen: „Dein Wille geschehe."
4. Gib uns täglich Einsicht in das, was wir, auf der Grundlage von „Wort", „Leben" und „Licht", konkret zu vollbringen haben: „Unser täglich Brot gib uns heute."
5. Löse uns durch die von dir geschenkte Zuversicht aus den Verstrickungen, die durch unsere Erwartungen an andere und durch die Erwartungen anderer an uns entstehen: „Vergib uns unsere Schuld, wie wir vergeben unseren Schuldigern."
6. Lass uns unser kreatives und projektives Vermögen nicht anmaßlich blind gebrauchen: „Führe uns nicht in Versuchung."
7. Lass uns als spirituelle Wesen handeln und damit vom Tod der Materie auferstehen: „Erlöse uns von dem Bösen."

Unverständnis der geistlichen Führer

11, 47 *Da beriefen die Hohenpriester und die Pharisäer eine Versammlung des Hohen Rates ein und sagten: Was tun wir? Denn dieser Mensch tut viele Zeichen.* ***48*** *Lassen wir ihn auf diese Weise gewähren, so werden alle an ihn glauben, und die Römer werden kommen und uns sowohl die [heilige] Stätte als auch das Volk wegnehmen.* ***49*** *Einer aber von ihnen, Kajaphas, welcher Hoherpriester jenes Jahres war, sagte zu ihnen: Ihr wisst nichts;* ***50*** *auch bedenkt ihr nicht, dass es für euch besser ist, wenn ein Mensch für das Volk stirbt und nicht das ganze Volk umkommt.* ***51*** *Dies sagte er aber nicht von sich aus, sondern weil er Hoherpriester jenes Jahres war, weissagte er. Denn Jesus sollte für das Volk sterben,* ***52*** *und nicht für das Volk allein, sondern damit er auch die [unter den Völkern] zerstreuten Kinder Gottes in Eins zusammenbrächte.* ***53*** *Von jenem Tag an beratschlagten sie nun, ihn zu töten.*

Der Evangelist stellt die Motive und Überlegungen der geistlichen Führer dar, nachdem Jesus das letzte „Wunder" vollbracht hat. Sie analysieren die Lage. Jesus hat erneut ein großes „Zeichen“ getan. So viel verstehen sie. Er hat einen Mysterienvorgang, der früher von Hierophanten an unbewussten, in einen Traumzustand versetzten Mysterienschülern vollzogen wurde, auf eine neue Ebene gehoben, wo er von Schülern wie Lazarus bewusst erlebt werden kann. Eben dadurch hat er den Mysterienprozess auch aus der Geheimhaltung der bisherigen Mysterienpraxis gelöst und als spirituellen Weg jedem dafür bereiten Menschen zugänglich gemacht. Auf diese Weise hat er zahlreiche neue Anhänger gewonnen, die diese Zielsetzung und Möglichkeit als ihre Bestimmung erkennen.

Für die geistlichen Führer wird Jesus deshalb zu einer Gefahr und bedroht ihre Macht und Privilegien. Diese sind von den Römern nur geliehen. Die Römer sind ja Herren im Land und haben den geistlichen Führern die religiöse Macht über die Gläubigen „kommissarisch“ übertragen. Würden die „Juden“ Jesus als unberechenbaren religiösen Führer gewähren lassen, so könnten Zustände einreißen, die auch für die Römer gefährlich wären. Die „Juden“ befürchten, dass ihnen die Römer in diesem Fall die Macht entziehen und selbst Ordnung schaffen würden, indem sie den Volksführer Jesus vernichten. Sie überlegen, wie dieser Möglichkeit zu begegnen sei: „Was sollen wir tun?“ Der Klügste und Aktivste unter ihnen, der Hohepriester Kajaphas, tadelt sie: „Ihr wisst nichts“, und findet entschlossen die Lösung: Sie selbst, die geistlichen Führer, müssen Jesus unschädlich machen. Damit kommen sie den Römern zuvor, beweisen sich als römertreu und erhalten sich Macht und Privilegien: den Tempel – „die heilige Stätte“ – und die Führung des Volkes.

In Kajaphas’ Augen schließt dieses Vorgehen die Rettung des Volkes ein. Denn bei einem Aufstand des Volkes unter einem Volksführer Jesus gegen die Römer – wie es die geistlichen Führer befürchten – würden die Römer mit brutaler Gewalt eingreifen und das Volk vernichten. So geschah es ja auch im Jahr 70 n. Chr., als die Römer den Tempel zerstörten und das jüdische Volk in alle Richtungen zerstreuten. Besser also, sagt Kajaphas, *einen* Menschen für das Volk sterben zu lassen, als dass das ganze Volk umkommt. Die Tötung würde sowohl der Aufrechterhaltung ihrer eigenen Macht und dem guten Verhältnis zu Rom, der Grundlage dieser Macht, dienen, als auch der Rettung des Volkes, das bei einem eventuellen Aufstand mit Sicherheit umkäme.

Sind also die geistlichen Führer zu tadeln? Haben sie nicht sehr klug und menschenfreundlich entschieden? Was können sie dafür, dass die Rettung des Volkes auch mit ihren eigenen Interessen zusammenfällt?

Ein „stellvertretender Tod“?

Möglicherweise hat der Evangelist selbst, wahrscheinlich aber ein späterer Bearbeiter den Ausspruch des Kajaphas noch in eine andere Perspektive gerückt. Der Ausspruch war von Kajaphas gewiss rein politisch gemeint. Doch der Bearbeiter unterstellt ihm, damit unbewusst auch eine Prophetie ausgesprochen zu haben: Jesus werde für das Volk und für alle „zerstreuten Kinder Gottes“ auf Erden sterben.

Was kann damit gemeint sein? Ist ein „stellvertretender“ Tod gemeint, derart, dass Jesus als Sohn Gottes den Zorn Gottes auf die sündigen Menschen stellvertretend abbüßt? Gott ist zornig auf seine Kinder, weil sie sich gegen seine Gebote vergangen haben und weiterhin vergehen. Der über alle irdischen Menschen verhängte Tod ist die Strafe Gottes für dieses Vergehen. Er wäre unwiderruflich, wenn sich nicht der Sohn Gottes, im Auftrag des Vaters, ins Mittel legte, den Tod am eigenen Leib erlebte und besiegte, um wieder aufzuerstehen und auch allen „Kindern Gottes" aus Gnade und Barmherzigkeit die Auferstehung am jüngsten Tag zu schenken. – Nach dieser Vorstellung hätten die „Kinder Gottes" nur an diese „Heilstat" Gottes und seines Sohnes zu „glauben", um der Überwindung des Todes und der Auferstehung am jüngsten Tag teilhaftig zu werden. Sie müssten sonst nichts weiter tun. Sie müssten nichts zur Überwindung des Todes und zur Überwindung der Ursache des Todes, die in ihnen wirkt, beitragen. Sie bräuchten sich nur auf den göttlichen Erlöser zu verlassen. Doch einer solchen Auffassung steht die Aussage Jesu entgegen, der Mensch müsse aus „Wasser" und „Geist" neu geboren werden, anders könne er das „Reich Gottes" nicht sehen: anders könne er die Auferstehung nicht erleben.

Was also kann damit gemeint sein, dass Jesus für das Volk und für alle „zerstreuten Kinder Gottes" auf Erden stirbt?

Die erste Bedeutung seines „Sterbens" ist, dass der Sohn Gottes sein Leben für Welt und Menschheit gibt, um ihnen den Aufbau eines neuen Lebens zu ermöglichen. Der Sohn Gottes, zugleich der Sohn des Menschen, der wahre spirituelle Mensch, opfert sich für seine „Freunde". Es sind die „Seinen", so weit sie das „Licht" annehmen. Er verströmt alle göttlichen Energien, die er besitzt, für die „Seinen". Er baut in der irdischen Welt der Finsternis eine Matrix des spirituellen Menschen, aus dem „Wort", dem „Leben", dem „Licht", dem göttlichen Denken, Fühlen, Leben und Handeln. Er ist ja selbst dieses „Wort", „Leben", „Licht", „Brot", und „Hirte" seiner „Schafe".

Indem er sich gibt, gibt er sein Leben für die „Seinen". Er gibt es aber, damit die „Seinen" in dieser Matrix ihr altes Leben und Sein preisgeben können, um ein neues Leben und Sein zu gewinnen. Er gibt es, damit die Seinen sich in dieser Matrix von der Geburt aus Blut, Mannes- und Fleischeswillen lösen und neu aus Gott geboren werden können. Er gibt sein göttliches Leben, nicht damit die „Seinen" passiv dieses Opfer annehmen und ihn dankbar dafür verehren. Er gibt es, damit sie die ihnen geschenkte Möglichkeit selbst verwirklichen. Sie können, in dieser Matrix, selbst den Tod, der aus der Geburt in der irdischen Natur folgt, überwinden und der Auferstehung des spirituellen Menschen teilhaftig werden.

Der Sohn Gottes, der spirituelle Mensch, gibt sein Leben aber auch für seine „Feinde". Das Licht opfert sich für die Finsternis. Auch seine „Feinde" sind prinzipiell die „Seinen", da auch sie ein Geistprinzip besitzen, aus dem der spirituelle Mensch erwachen kann. Nur nehmen sie das „Licht" vorerst nicht an und wehren sich dagegen. Wenn ein spiritueller Mensch in der irdischen Welt wirkt, so fordert er allein schon durch sein Wesen, das die Maßstäbe des spirituellen Menschentums verkörpert, Widerstand und Hass der irdischen Menschen heraus. Denn ihre irdischen Maßstäbe werden durch die spirituellen in Frage gestellt. Und so „verdrängen" sie die Wahrheit und beseitigen den Bringer der Wahrheit physisch, um sich vom unerträglichen Anspruch der Wahrheit zu befreien. Doch gerade dies macht es dem Licht möglich, auch für seine „Feinde" zu wirken. Denn indem sie es „töten", imprägnieren sie sich selbst mit der Wahrheit. Sie wirkt von nun an in ihnen wie ein Stachel im

Fleisch, wird sich einst gegen alle Verdrängungstendenzen und Widerstände durchsetzen und auch in ihnen „auferstehen“.

Das Opfer des spirituellen Menschen für die „Seinen“ geht bis zum Opfer seines physischen Lebens. Der gewaltsame Tod ist nur die Verlängerung und Zuspitzung des Opfers, das der spirituelle Mensch während seines Lebens schon immer gebracht hat. Er hat schon immer sein spirituelles Leben gegeben und gibt es nun auch noch physisch, im gewaltsamen Tod.

Die zweite Bedeutung von „Sterben“ im Evangelium ist, dass auf dem spirituellen Weg der alte irdische Mensch „sterben“ muss, damit der neue, spirituelle Mensch „auferstehen“ kann. Jesus, der sich in einem irdischen Menschen inkarniert hat, lebt den Mysterientod dieses irdischen Menschen vor, damit die „Seinen“ ihn nachvollziehen und zur Auferstehung des spirituellen Menschen gelangen können. Dieses „Sterben“ des irdischen Menschen hat sieben Aspekte, entsprechend den sieben Aspekten der Matrix des spirituellen Menschen. Es stirbt auf dem spirituellen Weg die Bindung des Schülers an die Ordnung der irdischen Welt überhaupt, an ihre Energien und ihr Bewusstsein. Es sterben sein anmaßliches Denken, Fühlen, Leben und Handeln.

Für dieses siebenfache, bewusste „Sterben“ des alten Menschen auf dem spirituellen Weg ist das Opfer des vollkommenen spirituellen Menschen Voraussetzung. Nur dadurch, dass der vollkommene spirituelle Mensch seinen alten irdischen Menschen „sterben“ lässt, ist es auch dem Schüler möglich, seine Bindungen an die irdische Welt „sterben“ zu lassen. So ersteht der schlummernde spirituelle Mensch im Schüler in den Kräften des vollkommenen spirituellen Menschen auf, der ihm das „Sterben“ des irdischen und das „Auferstehen“ des spirituellen Menschen vorgelebt hat.

Noch in einer dritten Hinsicht hat das „Sterben“ des Gottgesandten eine Bedeutung für den spirituellen Weg der „Seinen“. Denn er erleidet einen gewaltsamen Tod. Alle, die den spirituellen Weg gehen, müssen nicht nur mit den Widerständen in ihrem eigenen Innern rechnen. Sie werden auch Widerstände von außen erfahren, genauso wie der Gottgesandte selbst. Sie werden gehasst, verfolgt und vielleicht sogar getötet werden. Wie könnten sie aus eigener Kraft mit diesen Problemen fertig werden? Besteht nicht Gefahr, dass der noch schwache, sich entwickelnde spirituelle Mensch vom Hass der Welt und von seiner Angst davor überwältigt wird?

Auch hier springt der Gottgesandte ein. Indem er Hass, Verfolgung und Tod seitens der irdischen Welt auf sich nimmt und in seinen besonderen Kräften erträgt, ohne in seinem spirituellen Zustand jemals zu wanken, schafft er die Möglichkeit, dass die „Seinen“ auch diese von außen herandringenden Heimsuchungen bewältigen können. Er hält ruhig bei Gefangennahme, Verhör, Verspottung und Kreuzigung stand. Das ermöglicht auch den „Seinen“, in ähnlichen Situationen standzuhalten.

Der Gottgesandte „stirbt“ also dreifach für die „Seinen“. Indem er ihnen erstens alle spirituellen Kräfte zuströmen lässt, aus denen er selbst lebt und die er selbst *ist*, gibt er sein Leben für sie und ermöglicht ihnen, seien es seine „Freunde“, seien es seine „Feinde“, dem alten, irdischen Menschen nach zu sterben und dem spirituellen Menschen nach aufzuerstehen.

Indem er zweitens den spirituellen Weg vorlebt und den alten, siebenfachen irdischen Menschen, in dem er sich inkarniert hat, freiwillig „sterben“ lässt, damit der neue, siebenfache spirituelle Mensch auferstehen kann, ermöglicht er den gleichen Prozess all seinen Schülern. Allein wären sie für diesen Prozess zu schwach. Der vollkommene spirituelle Mensch vollzieht den Prozess der freiwilligen Ersterbung des alten Menschen und öffnet auf diese Weise eine Bahn, auf der ihm andere, schwächere, nachfolgen können.

Indem er sich drittens der Feindschaft der irdischen Welt aussetzt und deren Bosheit erträgt, ermöglicht er den „Seinen“, ihrerseits diese Bosheit zu ertragen und auf dem spirituellen Weg nicht zu scheitern.

Nur dies kann die Bedeutung der Redeweise vom „stellvertretenden Leiden und Tod“ Jesu sein: Er inkarniert erstens freiwillig in eine sterbliche irdische Persönlichkeit und nimmt „stellvertretend“ all die Übel auf sich, die eine sterbliche Persönlichkeit in der irdsichen Welt unweigerlich ertragen muss, sowie das ganze Schicksal der irdischen Menschheit, mit der ihn eine sterbliche Persönlichkeit unzertrennlich verbindet. Er überwindet diese Übel und dieses Schicksal, um all den „Seinen“ dieselbe Überwindung zu ermöglichen. Er vollzieht zweitens das freiwillige „Sterben“ des alten Menschen als Voraussetzung zur Auferstehung des neuen. Er vollzieht es „stellvertretend“ für alle, die ihm nachfolgen wollen. Er ermöglicht ihnen den gleichen Vollzug. Und er lässt sich drittens gewaltsam töten, ohne dabei seine Verbindung zur spirituellen Welt zu verlieren. Er tut es „stellvertretend“ in dem Sinn, dass er dadurch seinen Schülern ermöglicht, ebenfalls, ohne auf dem spirituellen Weg zu wanken, Gewalt und Leiden auszuhalten.

Der vollkommene spirituelle Mensch unter Todesdrohung

__11, 54__ Da ging Jesus nicht mehr öffentlich unter den Juden umher, sondern er zog von dort hinweg in die Gegend nahe bei der Wüste, in eine Stadt, die Ephraim heißt, und hielt sich mit den Schülern dort auf. __55__ Es war aber das Passa der Juden nahe. Und viele aus dem [ganzen] Land zogen vor dem Passa nach Jerusalem hinauf, um sich zu heiligen. __56__ Sie suchten nun Jesus und sagten: Was meint ihr? Kommt er etwa nicht zum Fest? __57__ Die Hohenpriester und die Pharisäer hatten aber Befehl gegeben, es anzuzeigen, wenn jemand wisse, wo er sei, damit sie sich seiner bemächtigen könnten.

Die Ausgangslage vor der Verhaftung Jesu schildern die Verse 53–57 von Kapitel 11. Es ist die Zeit vor dem Passafest, an dem dieser Weg Jesu durch Hass und Gewalt seiner Feinde beginnt. Bevor es so weit ist, bevor die „Zeit“ des Gottgesandten gekommen ist, zieht sich Jesus noch zurück. Er behält auch hier die Initiative, jedenfalls was den richtigen Zeitpunkt betrifft. Die Lage ist durch große Spannung gekennzeichnet. Die geistlichen Führer hatten beschlossen, Jesus zu töten. Unzählige Pilger ziehen nach Jerusalem, „um sich zu heiligen“. Es ist die Frage, ob auch Jesus zum Fest kommt, obwohl er weiß, dass in Jerusalem der Tod auf ihn wartet. Und die geistlichen Führer, die damit rechnen, dass er kommt, haben Anweisung gegeben, ihnen sofort Mitteilung darüber zu machen, „damit sie sich seiner bemächtigen könnten“.

2. Teil: Verbindung der siebenfachen spirituellen Matrix mit dem Bewusstsein der Schüler des vollkommenen spirituellen Menschen

Verbindung der neuen Leiblichkeit mit den Schülern

Die Salbung: Verbindung der Schüler mit dem Geistleib Jesu

12, 1 *Jesus nun kam sechs Tage vor dem Passa nach Bethanien, wo Lazarus*
war, den er von den Toten auferweckt hatte. ***2*** *Dort bereiteten sie ihm ein Mahl, und*
Martha besorgte die Bedienung; Lazarus aber war einer von denen, die mit ihm zu
Tisch saßen. ***3*** *Da nahm Maria ein Pfund echter, kostbarer Nardensalbe, salbte Jesus*
die Füße und trocknete mit ihren Haaren seine Füße ab; das Haus aber wurde erfüllt
vom Geruch der Salbe. ***4*** *Judas Ischarioth aber, einer von seinen Schülern, der ihn*
verraten sollte, sagte: ***5*** *Warum wurde diese Salbe nicht für dreihundert Denare ver-*
kauft und [der Erlös] den Armen gegeben? ***6*** *Er sagte dies aber nicht, weil ihm die*
Armen am Herzen lagen, sondern weil er ein Dieb war und die Kasse hatte und das
Eingelegte beiseite brachte. ***7*** *Da sprach Jesus: Lass sie gewähren! Für den Tag mei-*
nes Begräbnisses hat sie es aufbewahrt. ***8*** *Denn die Armen habt ihr allezeit bei euch;*
mich aber habt ihr nicht allezeit.

9 *Die zahlreiche jüdische Volksmenge erfuhr nun, dass er dort sei; und sie kamen*
nicht allein um Jesu willen, sondern um auch Lazarus zu sehen, den er von den Toten
auferweckt hatte. ***10*** *Die Hohenpriester aber beratschlagten, auch Lazarus zu töten;*
11 *denn seinetwegen gingen viele der Juden hin und glaubten an Jesus.*

Bevor der Weg Jesu durch Hass und Gewalt seiner Feinde beginnt, liegt die Aufgabe vor ihm, die spirituelle Matrix, die er, vom Himmel herabsteigend, aufgebaut und prinzipiell im geistig-seelischen Organismus der Menschheit verankert hatte, mit dem Bewusstsein seiner Schüler zu verbinden. Es kommt jetzt darauf an, dass sie den siebenfachen Weg, der vor ihnen – und vor jedem Menschen, der diesen Weg gehen will – liegt, erkennen und sich bewusst und schrittweise von den sieben Hüllen der Matrix berühren lassen. Nur in den „Informationen“ und „Kräften“, die in den Hüllen der Matrix gegeben sind – man könnte auch sagen: in dem besonderen Kraftfeld, das jede Hülle dieser Matrix darstellt –, lässt sich der Abbau des siebenfachen irdischen Menschen und der Aufbau des siebenfachen spirituellen Menschen durchführen.

In den Kapiteln 12–17 beschreibt der Evangelist, wie der vollkommene spirituelle Mensch diese Matrix mit dem Bewusstsein seiner Schüler verbindet und ihnen damit die Möglichkeit gibt, bewusst mit den Kräften und Informationen dieser Matrix zu arbeiten. Jesus fasst die Lage ins Auge, in der sich seine Schüler nach seinem Weggang aus der irdischen Welt befinden werden, und stellt eine unauflösliche Verbindung zwischen der von ihm geschaffenen Matrix und ihnen her. Das geschieht dadurch, dass die Schüler auf die Kräfte und Informationen der durch Jesus belebten Matrix bewusst reagieren und dass Jesus wiederum auf ihre Reaktionen antwortet. So entwickelt sich ein Prozess der Gegenseitigkeit, und seine Schüler werden mittels der von ihm im geistig-seelischen Organismus der Menschheit hinterlassenen Matrix auch mit ihm verbunden bleiben, wenn er wieder „in den Himmel hinaufgestiegen" ist.

Während der Aufbau der Matrix von oben nach unten erfolgt war – vom göttlichen „Wort" bis hinunter zum neuen materiellen Körper, zum auferweckten Geistleib des Lazarus –, erfolgt ihre Verbindung mit den Schülern von unten nach oben. So steigt der vollkommene spirituelle Mensch, der, vom Himmel herabsteigend, das Kraftfeld dieser Matrix geschaffen hatte, mit seinen Schülern wieder in den Himmel hinauf. Es beginnt damit, dass die Schüler bewusst Kontakt zum neuen, in der Matrix verankerten Geistleib herstellen, und endet damit, dass sie der Sphäre des göttlichen „Wortes" anvertraut werden.

Die Ereignisse stehen im Zeichen der Vorbereitung auf das Passafest. Es sind noch „sechs Tage" bis dahin. Die Zahl sechs symbolisiert eine Entwicklung auf einen erfüllenden Höhepunkt zu, der als „sieben" versinnbildlicht wird. „Sieben" ist die Krönung einer vollständigen Entwicklung, „sechs" sind die zu diesem Abschluss führenden Stufen oder Phasen. Kapitel 12 bis 17 schildern Geschehnisse, die zu diesen Stufen „vor dem Passa" gehören. Indem sich der vollkommene spirituelle Mensch als Matrix bewusst mit den „Seinen" verbindet, opfert er sein Leben für sie. Er gibt ihnen alle Kräfte und Substanzen, die er besitzt. Er opfert sich in sechs Schritten, um schließlich, in einem siebten, auch sein physisches Leben für sie zu geben. Das Opfer des physischen Lebens steht im Zeichen des Passafestes selbst. Darauf beziehen sich die Kapitel 18–20.

Das Passafest wird gefeiert zur Erinnerung an den Auszug Israels aus Ägypten. Auch die Erzählungen des Alten Testaments sind Bilder und Gleichnisse. Sie nehmen immer wieder historische Ereignisse als Stoff zu diesen Bildern. Aber sie beschreiben an Hand dieser Ereignisse geistig-seelische, innere Entwicklungen Einzelner oder eines Volkes. „Ägypten" ist Bild für die Gefangenschaft des Volkes Israel. Eine einzelne Seele oder eine Volksseele, die Gott gehört und sich dem Dienst an der spirituellen Welt geweiht hat – „Israel" = „Knecht Gottes" –, ist in der irdischen Welt gefangen. Das Volk Israel, Bild für das aus Gott geborene Geistprinzip im Menschen, ist dem „Fleischeswillen" unterworfen und hängt an den „Fleischtöpfen" Ägyptens. Es kann sich aber aus dieser Gefangenschaft befreien, einen spirituellen Weg durch die „Wüste" des irdischen Lebens gehen – denn für eine der spirituellen Welt geweihte Seele ist die irdische Welt eine Wüste ohne spirituelle Nahrung – und ins „Gelobte Land" eintreten. Das „Gelobte Land" ist kein geografisches Land. Es ist Bild für einen seelischen Zustand, der spirituelle Freiheit und Erfüllung bedeutet. Im Neuen Testament wird es als „Reich Gottes" bezeichnet.

Der Auszug aus „Ägypten“ ist für das „Volk Israel“ nur möglich, wenn jede Familie ein unschuldiges Lamm schlachtet (2.Mose 12,1–14). Unter dieser Bedingung wird jede „Erstgeburt“ der Israeliten verschont, während die „Erstgeburten“ der Ägypter, die kein Lamm schlachten, getötet werden. „Erstgeburt“ steht für das bewusste menschliche Ich, das aus dem Unbewussten heraus geboren wird. Durch die Opferung des Lammes, Sinnbild für den vollkommenen spirituellen Menschen, wird aus dem gewöhnlichen Ich der Israeliten ein neues Ich, das wahre, unsterbliche Selbst des spirituellen Menschen. Das alte Ich der Ägypter dagegen bleibt dem Tod unterworfen.

Wenn nun der Evangelist das von ihm erzählte Geschehen auf das Passafest bezieht, so will er das Sterben Jesu mit dem Sterben des Passalamms identifizieren. Johannes der Täufer hatte Jesus das „Lamm Gottes“ genannt, „das die Sünde der Welt hinwegnimmt“ (Kap. 1,29). Jesus, der Christus, ist als Wesen der spirituellen Welt unschuldig wie ein Lamm. Und trotzdem inkarniert er in eine irdische Persönlichkeit, die aus dem Blut, dem Mannes- und dem Fleischeswillen geboren ist. Dadurch nimmt er den Zustand der Trennung von Gott, die „Sünde“, auf sich, durch die das Leben des irdischen Menschen gekennzeichnet ist. Er nimmt diesen Zustand auf sich, um ihn aufzulösen – um die Gefangenschaft des spirituellen Menschen in der irdischen Welt, zunächst für sich selbst, aufzuheben.

Doch indem er das exemplarisch und in seinen besonderen spirituellen Kräften tut, setzt er Kräfte frei, welche dieselbe Aufhebung allen anderen spirituellen Menschen ermöglichen. Als Unschuldiger gibt er sein Leben für die „Seinen“, um ihnen, wie seinerzeit das Passalamm in Ägypten, zum Auszug aus der irdischen Welt zu verhelfen: zur Überwindung des alten Ich und zum Aufbau eines neuen Ich. Er gibt sein Leben als Opfer, als Information und Kraft, die fortan in der irdischen Welt als Matrix des spirituellen Menschen für andere wirken. Das ist die *eine* Bedeutung des Lammes. Es symbolisiert den vollkommenen spirituellen Menschen, der sich für die „Seinen“ opfert.

In seiner *anderen* Bedeutung symbolisiert das Lamm das animalische, irdische Wesen des Menschen, das geopfert werden und sterben muss, damit der spirituelle Mensch seine Gefangenschaft verlassen und auferstehen kann. In der Matrix des spirituellen Menschen kann und muss alles, was aus dem Blut, dem Mannes- und dem Fleischeswillen geboren ist, freiwillig aufgelöst werden und „sterben“. Auch diese Funktion übernimmt Jesus für die „Seinen“, um ihnen den gleichen Prozess zu ermöglichen.

So wird durch das Opfer des Lammes das alte Ich, die „Erstgeburt“, zu einem neuen Ich, wenn der Mensch, wie die Israeliten, dieses Opfer annimmt und selbst im Innern vollzieht. Dagegen wird das alte Ich endgültig vom Tod ereilt, wenn der Mensch, wie die Ägypter, dieses Opfer nicht annimmt und nicht im Innern vollzieht. Der Tod ist die Folge der Geburt aus Blut, Mannes- und Fleischeswillen, während ein unsterbliches Leben erlangt wird, wenn eine Wiedergeburt aus göttlichem „Wasser“ und „Geist“ erfolgt. Im Horizont dieser Bedeutungen des Passafestes sollen nach dem Willen des Evangelisten alle nun folgenden Ereignisse gelesen werden.

Zuerst wird die siebte Hülle der Matrix des vollkommenen spirituellen Menschen mit seinen Schülern verbunden. Dies wird in der „Salbung“ Jesu durch Maria, die

Schwester der Martha und des Lazarus, dargestellt (12,3). „Martha“ ist auch in dieser Erzählung die aktive Schwester, die Jesus bedient – sie verkörpert die tätige Sorge und Pflege eines Schülers, der die Entwicklung des spirituellen Menschen aktiv unterstützt. „Maria“ dagegen verkörpert die Liebe und Hingabe zum Höchsten im Menschen, zur spirituellen Bestimmung des Menschen.

Ein Schüler auf dem spirituellen Weg, der spürt, wie sich die spirituelle Anlage in ihm – der „Jesus“ in ihm – allmählich entfaltet, und bemerkt, wie sich sein Horizont weitet, neue Kräfte und Strukturen in ihm wirksam werden, Freiheit, Wahrheit und Erkenntnis in ihm wachsen – der erkennt auch, dass diese Entwicklung das Höchste ist, was einem Menschen zuteil werden kann. Und er liebt dieses Göttliche in sich mit allen Fasern seiner irdischen Persönlichkeit, soweit sie sich diesem Prozess dienstbar gemacht hat. Diese Liebe des verwandelten Irdischen zum Göttlichen geht von Maria aus. Mit dieser Liebe „salbt“ sie die „Füße“ des spirituellen Menschen. Die Füße sind Bild für die Identität des Menschen, mit der er auftritt und aufrecht steht.

In jedem Menschen ist aber auch das Bedürfnis, das Elend der Welt zu beseitigen und menschenwürdige soziale Zustände zu schaffen. Dieses Bedürfnis nach humanen Verhältnissen wird durch Judas verkörpert. Judas ist keineswegs ein schlechter Mensch. Er wäre sonst nicht Schüler von Jesus geworden. Er ist ein Philanthrop. Verdient es nicht höchste Anerkennung, wenn ein Mensch Armut, Unfreiheit und Ungerechtigkeit beseitigen will? Wenn er all seine Energie und Liebe an dieses Ziel setzt?

Judas kann nur noch nicht zwischen den verschiedenen Zielen der menschlichen Liebe unterscheiden. Die Bestimmung des Menschen ist die Entfaltung seines spirituellen Wesens. Diesem höchsten Ziel müssten all seine Kräfte in erster Linie dienen. Judas’ Irrtum besteht darin, dass er irdische Ziele an die erste Stelle rückt, ja die höchste Liebes- und Hingabefähigkeit des Menschen dafür missbrauchen will. Die kostbare „Salbe“, die höchste Liebesfähigkeit des Menschen, will er ihrem höchsten Ziel entziehen – „verkaufen“ – und für materielle, soziale und humane Ziele in der irdischen Welt einspannen. Er wechselt ihren Wert in irdische Werte um: in 300 Denare. 3 ist dic Synthese geistiger, seelischer und körperlicher Qualitäten des Menschen, eingesetzt auf materieller Ebene (die beiden Nullen).

Jesus stellt die Rangordnung der Ziele klar. Das höchste Ziel, die Bestimmung des Menschen und seine Erfüllung, ist der spirituelle Mensch. Wenn sich diese Möglichkeit in einem Menschen zeigt, gilt es, ihr alle Liebe und Hingabe zukommen zu lassen. Sie ist außerdem zeitlich begrenzt: „mich aber habt ihr nicht allezeit.“ Wendet der Mensch alle Liebe seiner höchsten Möglichkeit zu, der spirituellen Entwicklung, so werden auch die sozialen Verhältnisse in Ordnung kommen, da der spirituelle Mensch nicht ausbeutet und unterdrückt. Wendet der Mensch aber seine Liebe und Hingabe in erster Linie an die Verbesserung seiner sozialen Verhältnisse – die immer verbesserungsbedürftig sind, da in der irdischen Welt immer Ausbeutung und Unterdrückung herrschen werden („die Armen habt ihr allezeit bei euch“) –, so wird er sein höchstes Ziel verfehlen und für die sozialen Verhältnisse doch nur wenig oder nichts erreichen. Denn solange der Mensch als solcher nicht verändert ist, werden sich auch die sozialen Verhältnisse nicht nachhaltig verändern lassen.

Jesus spricht aus, was die Salbung durch Maria bedeutet. Es ist die liebevolle Zuwendung einer Mysterienschülerin zum Körper, zum siebten Aspekt des spirituellen Menschen. Dieser Körper wird auf dem spirituellen Weg, den Jesus exemplarisch geht, am Ende zu einem „Geistleib" werden, zur materiellen Ausdrucksform des spirituellen Menschen. Die Salbung durch Maria ist die Vorwegnahme der Salbung, die dem später sich manifestierenden Geistleib des spirituellen Menschen beim Begräbnis zuteil werden soll. „Für den Tag meines Begräbnisses" hat sie es vorweggenommen. Was sie jetzt getan hat, ist für den Tag des Begräbnisses getan und wird für den Tag des Begräbnisses „aufbewahrt".

Durch diese vorweggenommene Salbung des Geistleibs Jesu verbinden sich seine Schüler unauflöslich damit. Es ist wie ein ritueller Akt, der symbolisiert, dass die höchste Liebe der Schüler dem spirituellen Menschen gilt – im Augenblick dem Geistleib als dem siebten Aspekt der Matrix des spirituellen Menschen. Durch diese Liebe schaffen sie eine unverbrüchliche Einheit mit dem Geistleib des spirituellen Menschen, und Jesus, der sich salben *lässt*, antwortet auf ihre Hingabe und bestätigt dadurch diese Einheit. Es ist ein Prozess der Gegenseitigkeit. Das hat zur Folge, dass auch die Schüler, wenn einst ihre spirituelle Entwicklung so weit gediehen sein wird, im Muster des Geistleibs Jesu ihren eigenen Geistleib entwickeln können. Lazarus hatte gezeigt, dass dies möglich war.

Wie werden sie das tun? Wie vermag das jeder Mensch, der sich auf einen spirituellen Weg begibt? Er wird so handeln und sich so verhalten, wie es der materiellen Ausdrucksform des spirituellen Menschen entspricht. Er wird sein Handeln ganz auf diese Ausdrucksform abstimmen. Er wird die Liebe zum in ihm heranwachsenden spirituellen Menschen an die höchste Stelle setzen und ihr alle philanthropischen Tätigkeiten unterordnen. Er wird so handeln, als ob er schon das neue Denken vollzöge, das den Lebenssinn des Menschen erkennt, als ob er schon im neuen Fühlen, dem umfassenden Frieden und Verständnis des spirituellen Menschen stünde und als ob er bereits aus neuen Lebenskräften schöpfte, die seinem Tun Harmonie und Ausgeglichenheit verbürgen. Er kann dies, weil es ihm durch das Muster des Geistleibs des vollkommenen spirituellen Menschen, mit dem er verbunden ist, ermöglicht wird.

Durch diese vorweggenommene „Salbung" des Geistleibs Jesu verbinden sich die Schüler unauflöslich mit dem vom Geist durchdrungenen, dem Tod entzogenen Leib des vollkommenen spirituellen Menschen. Im „Wunder" der Auferweckung des Lazarus war dieser neue Geistleib im geistig-seelischen Organismus der Menschheit verankert worden. Jetzt wird er in besonderem Maß den Schülern als Verheißung für die Zukunft anvertraut. Dass ein Bezug zwischen dem neuen Leib Jesu und dem neuen Leib des Lazarus besteht, drückt der Evangelist dadurch aus, dass er Lazarus gleich nach der Salbung noch einmal erwähnt. Die Menschen möchten nicht nur Jesus, sondern auch Lazarus, der innerhalb des gewöhnlichen physischen Körpers einen spirituellen Körper entwickelt hat, sehen, und die Hohenpriester möchten nicht nur Jesus, sondern auch Lazarus, töten. Jesus als Gottgesandter und Mysterienlehrer besitzt die Kraft, geeignete Schüler bis zum Ziel der Mysterien, zur Überwindung des physischen Todes, zu führen. Damit ist er ein Konkurrent für die geistlichen Führer, die unter Religion etwas anderes als den spirituellen Weg verstehen.

Sie suchen Jesus selbst und Lazarus, den lebendigen Beweis seiner Kraft, zu beseitigen.

Vers 6 ist offensichtlich Einschub eines späteren Bearbeiters. Man kann sich vorstellen, dass sich bei manchen Anhängern Jesu schon bald nach dem Tod des Meisters das Urteil gebildet hatte, Judas als Verräter des Meisters müsse durch und durch ein Schurke gewesen sein. Doch Judas war ein sich entwickelnder spiritueller Mensch, ein Schüler des vollkommenen spirituellen Menschen. Er hatte nur noch nicht verstanden, dass ein spiritueller Weg und die spirituelle Welt alle Hingabe und Liebe des Menschen erfordern. Er wandte seine höchste Hingabe und Liebe den humanen Zielen in der irdischen Welt zu – was, so hochherzig es ist, die Abkehr von der spirituellen Welt und den Verrat an ihr bedeutet. Die humanen Ziele in der irdischen Welt haben im Vergleich zu den spirituellen Zielen nur relative Bedeutung.

Judas ist, nach irdischen Maßstäben, sogar ein sehr edler Mensch. Das begriff der spätere Bearbeiter des Evangeliums nicht mehr. Für ihn musste Judas ein Schurke sein und durfte daher auch kein Herz für die Armen haben. Er musste als Egoist und Materialist nur an den eigenen Vorteil denken und sogar mitunter Gelder aus der Kasse unterschlagen. Aber dem Geist der gesamten Erzählung entspricht dieser Einschub nicht.

Sie wirft statt dessen ein bezeichnendes Licht auf die Vorgänge in Judas – in jedem Schüler auf dem spirituellen Weg, der das Rangverhältnis zwischen der Liebe zur spirituellen und zu den höchsten Idealen der irdischen Welt noch nicht begriffen hat.

Einzug in Jerusalem: Verbindung des Volkes mit dem irdischen Leib Jesu

12, 12 *Als am folgenden Tag das Volk, das zahlreich zum Fest gekommen war, hörte, dass Jesus nach Jerusalem komme,* ***13*** *nahmen sie die Palmzweige und zogen hinaus, ihm entgegen, und riefen:*

„Hosianna!
Gepriesen sei, der da kommt
im Namen des Herrn“
und [der] der König Israels [ist]!

14 *Jesus aber fand einen jungen Esel und setzte sich darauf, wie geschrieben steht:*

15 *„Fürchte dich nicht, Tochter Zion! Siehe, dein König kommt, sitzend auf dem Füllen einer Eselin.“*

16 *Dies verstanden seine Schüler zuerst nicht; aber als Jesus verherrlicht war, da erinnerten sie sich, dass dies über ihn geschrieben stand und dass man ihm dies getan hatte. 17 Das Volk nun, das bei ihm war, bezeugte, dass er Lazarus aus der Gruft gerufen und ihn von den Toten auferweckt hatte. 18 Deshalb ging ihm das Volk entgegen, weil sie gehört hatten, dass er dieses Zeichen getan habe. 19 Da sagten die Pharisäer zueinander: Ihr seht, dass ihr nichts ausrichtet. Siehe, die [ganze] Welt ist ihm nachgelaufen.*

Nachdem der Evangelist das Verhältnis der *Schüler* zu ihrem Meister in dieser Phase der Entwicklung dargestellt hat – höchste Liebe zum spirituellen Menschen, aus der ein dem Geistleib entsprechendes Handeln folgt –, schildert er das Verhältnis des *Volkes* zum spirituellen Menschen. Auch hierbei steht das Verhältnis zum „Körper", zum Handeln, im Vordergrund. Das geht daraus hervor, dass Jesus auf einem Esel, einem Tier, dem materiellen Träger der geistig-seelischen Energien, reitet. Das „Volk" sind all jene Menschen, die nicht bewusste Schüler Jesu sind, also nicht ausdrücklich einen spirituellen Weg gehen, aber doch empfänglich für seine Kräfte sind und ahnen, dass in ihm der vollkommene spirituelle Mensch, der lang erwartete Messias, verkörpert ist.

Wie Maria den spirituellen Menschen „gesalbt" hatte, so kommen ihm nun die Menschen des Volkes mit Palmzweigen entgegen – Ausdruck ihrer höchsten Liebe und Verehrung. Sie erkennen, dass Jesus einen Prozess in der Menschheit in Gang setzt, durch den der irdische, so vielen Übeln und Konflikten unterworfene Mensch vom spirituellen Menschen abgelöst wird, der wahren Frieden bringt. In dieser Ahnung ist ihnen auch bewusst, dass der vollkommene spirituelle Mensch „im Namen des Herrn" kommt. Er ist aus Gott geboren, er lebt aus göttlichem „Wort", „Leben" und „Licht". Und als Erleuchteter ist er der „König Israels", das Muster all der „Seinen", all jener, die nicht mehr Knechte der irdischen Natur, sondern Gottes sind.

Maria hatte als bewusste Schülerin vorwegnehmend den Geistleib des vollkommenen spirituellen Menschen gesalbt. Die Menschen des Volkes lieben und verehren Jesus, weil sie unter anderem sehen, welche Eigenschaften sein Leib und das daraus folgende Handeln haben. Es ist ohne jede Pose und Prachtentfaltung. Das wird durch das Bild ausgedrückt, dass Jesus auf dem Füllen einer Eselin in Jerusalem einreitet. Das Bild stammt aus dem Propheten Sacharja, der ebenfalls diese Eigenschaft des – damals noch zukünftigen – spirituellen Menschen kannte (Sach. 9, 9–10). Nach Sacharja bedient sich der spirituelle Mensch nicht eines stolzen Rosses als seines Handlungsträgers, sondern eines Esels. Der spirituelle Mensch ist weder stolz noch kriegerisch. Er ist, der er ist, nichts weiter, reines „Wort", „Leben" und „Licht", und lässt „Wort", „Leben" und „Licht" wirken, ohne etwas zu erwarten und zu beabsichtigen, ohne mit Gewalt zu zwingen und zu manipulieren. Er ist voller Frieden, und trotzdem stark. Denn was ist stärker als die göttliche Ordnung (Wort) und die göttliche Energie (Leben), aus denen das göttliche Bewusstsein (Licht) hervorgeht? Diese drei bringen doch alles hervor, erhalten alles und ermöglichen seine Entwicklung.

„Dies verstanden seine Schüler zuerst nicht." Sie konnten nicht begreifen, dass der Messias nicht mit kriegerischem Aufwand und stolzem Gepränge kommen würde. Sie begriffen nicht, dass er kein politischer König für die „Tochter Zion" (ein Ausdruck für das jüdische Volk, das vom Berg Zion aus regiert wurde) war und sein wollte, der das politische Davidsreich mit Gewalt gegen die Fremdherrschaft der Römer und die Ungerechtigkeit der geistlichen Führer wieder errichtete. Wäre es so gewesen, hätte ihn der Evangelist auf einem Ross einherreiten lassen müssen.

Aber Jesus, der vollkommene spirituelle Mensch, wirkt nicht von außen mit Gewalt, sondern von innen durch Bewusstwerdung, durch Aufbau eines spirituellen und Abbau des irdischen Menschen. Wenn der irdische Mensch, der aus dem Blut, dem Mannes- und dem Fleischeswillen lebt, überall auf der Welt bewusst „erstorben“ ist, hört die unendliche Kette der Gewalttaten zwischen Einzelnen und Völkern auf. Und wenn der spirituelle Mensch, aus dem Geist geboren, überall auf der Welt auferstanden ist, wird sich, aus dem Geist, eine neue Ordnung unter Einzelnen und Völkern ergeben, die der göttlichen Welt entspricht.

Als Jesus auferstanden, als er „verherrlicht“ war, als seinen Schülern der spirituelle Mensch und seine Eigenschaften gezeigt und bewusst geworden waren, da verstanden sie, welche Eigenschaften der spirituelle Mensch haben muss. Da verstanden sie, „dass man ihm dies getan hatte“: dass man ihm, dem Nicht-Stolzen und dennoch Starken, mit Palmzweigen zugejubelt hatte. Der spirituelle Mensch muss „auf einem Esel reiten“, das ist sein Wesen. Sacharja hatte es nicht hellseherisch vorausgesehen. Er hatte gewusst, dass es so sein würde.

Die geistlichen Führer, hier summarisch als „Pharisäer“ bezeichnet, beobachten diese Situation. Sie sehen, dass ihr Einfluss auf die Menge geschwunden ist – sie können nichts ausrichten – und dass die ganze Welt dem Messias nachläuft. Die lebendige spirituelle Macht des vollkommenen spirituellen Menschen wirkt stärker auf die Herzen der Menschen, als es alle Machtmittel der erstarrten dogmatischen Religion vermögen. Die lebendige spirituelle Macht erweckt sogar Tote zum Leben, so wie Jesus „Lazarus aus der Gruft gerufen“ hatte. Der spirituelle Mensch in jedem Menschen wird durch die göttlichen Kräfte aus der Gruft des irdischen Lebens, das immer im Tod endet, gerufen und zu einem Leben, das niemals endet, befreit. Diese Wirkung des vollkommenen spirituellen Menschen spüren die Menschen, das bezeugen sie und deshalb öffnen sie sich der neuen Lebensmöglichkeit.

Verbindung des neuen Sehens mit den Schülern

Die Griechen: inneres Schauen des Mysteriums der Erlösung

***12, 20** Es waren aber einige Griechen unter denen, die hinaufzogen, um am Fest anzubeten. **21** Diese nun kamen zu Philippus, der aus Bethsaida in Galiläa war, und baten ihn: Herr, wir möchten Jesus sehen. **22** Philippus geht und sagt es dem Andreas; Andreas geht mit Philippus, und sie sagen es Jesus. **23** Jesus aber antwortete ihnen: Die Stunde ist gekommen, dass der Sohn des Menschen verherrlicht wird.*

Die Wirkung Jesu erstreckt sich nicht nur auf seine unmittelbaren Schüler und das Volk Israel. Sie erstreckt sich auch auf die „Griechen“ und noch andere Völker. Es wird tatsächlich allmählich „die ganze Welt“ in die Wirkung des vollkommenen spirituellen Menschen einbezogen. Die Griechen sind insbesondere jenes Volk, welches das aus dem Judentum hervorgegangene Christentum philosophisch ergründete. Dass sich ein göttliches Wesen, der vollkommene spirituelle Mensch, in einem irdischen Menschen inkarnierte, um den „Seinen“ einen Weg der Befreiung aus der Finsternis der irdischen Welt zu ermöglichen; dass das Licht der göttlichen Welt in die Finsternis der irdischen Welt hineinwirkte, dort die Matrix des spirituellen Menschen errichtete und so den Weg bahnte, dass einst die Finsternis wieder Ausdruck des Lichtes werden würde – diese Vorgänge, von Jesus und seinen Schülern erlebt und im Rahmen der jüdischen Religion, etwa im Opfer des Passalamms versinnbildlicht, machten die Griechen dem inneren Blick des Menschen sichtbar. Das Johannesevangelium selbst ist Ergebnis dieser philosophischen, „schauenden" Durchdringung der durch Jesus vollzogenen Entwicklungen.

Der Wunsch der Griechen, Jesus zu „sehen", trifft auf Jesu Bereitschaft, sich sehen zu *lassen*. Damit bringt der Evangelist wieder die Gegenseitigkeit in diesen Vorgängen zum Ausdruck. Die Bereitschaft Jesu zeigt sich in seinen Ausführungen über das Licht und die Blindheit derer, die das Licht nicht erkennen, obwohl sie es vor Augen haben, und schließlich in seinem Wort, dass, wer ihn sehe, den sieht, der ihn gesandt hat. In all diesen Angaben des Evangelisten wird deutlich, dass der vollkommene spirituelle Mensch hier den sechsten Aspekt der siebenfachen Matrix des spirituellen Menschen mit seinen Schülern verbindet. Es handelt sich bei den Schülern darum, dass sie mit neuen Augen wahrnehmen, die vom Licht des Geistes durchdrungen und somit zu neuem Sehen fähig sind, und bei Jesus darum, dass er sich entsprechend wahrnehmen *lässt*.

Diese Vorgänge entsprechen dem „Wunder", dass dem von Geburt an Blinden die Augen für die inneren Welten der Lebenskräfte geöffnet wurden. Damals hatte der Evangelist beschrieben, wie der sechste Aspekt der Matrix des vollkommenen spirituellen Menschen im Allgemeinen in der irdischen Welt verankert wurde. Jetzt schildert er, wie dieser Aspekt im Besonderen mit den Schülern Jesu – und zu ihnen gehören auch die „Griechen" – verbunden wird.

Wenn die Griechen Jesus „sehen" wollen, so ist das keine Neugierde. Wäre es so gewesen, hätten die engeren Schüler Jesu die Bittsteller nicht zu ihm geleitet. Die Griechen wollen vielmehr das Wesen des vollkommenen spirituellen Menschen „schauen". Sie wollen nicht einen berühmten Menschen sehen, sondern mit einem geöffneten inneren Auge wahrnehmen, wer der vollkommene spirituelle Mensch ist, was er ist und wie er wirkt. Dieses für das gewöhnliche Auge und Denken verborgene Mysterium soll sich ihrem geistigen Auge entschleiern.

Es ist sicher kein Zufall, dass der Evangelist die Griechen über zwei Schüler zu Jesus führt. Die Bittsteller können das Mysterium des spirituellen Menschen noch nicht direkt erblicken. Sie müssen zuerst an der Umgebung des Mysteriums anknüpfen, wie sie von den Schülern Jesu, hier Philippus und dann Andreas, verkörpert wird. Erst nachdem sie sich mit wesentlichen Aspekten des spirituellen Weges auseinandergesetzt haben, können sie Jesus, dem Mysterium selbst, von Angesicht zu Angesicht gegenübertreten.

Jesus ist der vollkommene spirituelle Mensch, das Mysterium, das sich selbst schaut und sich selbst schauen *lässt*. Er lässt sich nun von den Griechen schauen, und sie schauen mit dem geöffneten inneren Auge das Mysterium: das Wesen des spirituellen Menschen, das Gesetz, auf dem es beruht und wodurch es wirkt, die Verfassung, in der es sich vor der Auferstehung und in der Auferstehung, der Verherrlichung, befindet. Ja während es sich erklärt und dadurch schauen lässt, macht sich auch die göttliche Welt, der „Himmel", der mit dem spirituellen Menschen zusammenwirkt, bemerkbar und wird von dem geöffneten inneren Auge der Griechen ebenfalls wahrgenommen.

Während sich Jesus erklärt, schaut er selbst mit dem inneren Auge, dass die Stunde seiner „Verherrlichung“ gekommen ist. Das Ziel des spirituellen Weges, den er exemplarisch gegangen ist, ist nahe. Alle Aspekte der Persönlichkeit werden in den Kräften der göttlichen Welt verwandelt und von diesen Kräften durchdrungen sein, bis in den materiellen Körper hinein. Der ganze siebenfache Mensch wird zum spirituellen Menschen geworden sein und in den Kräften der göttlichen Welt strahlen.

Erstes Grundgesetz des Mysteriums der Erlösung: Opfer

***12, 24** Wahrlich, wahrlich, ich sage euch: Wenn das Weizenkorn nicht in die Erde fällt und erstirbt, bleibt es allein; wenn es aber erstirbt, trägt es viel Frucht.*

Jesus erklärt den Griechen, deren inneres Auge für das Wesen des spirituellen Menschen geöffnet ist, wie er selbst als spiritueller Mensch, als Sohn Gottes und als Sohn des Menschen, in der irdischen Welt wirkt und was die Folgen dieser Wirkung sind.

„Wenn das Weizenkorn nicht in die Erde fällt und erstirbt, bleibt es allein; wenn es aber erstirbt, trägt es viel Frucht.“ Mit diesem Bild wird das Grundgesetz der Wirksamkeit jedes spirituellen Menschen in der Welt beschrieben. Er gibt sein Leben, er verströmt sich selbst, er gibt all seine Kräfte und Fähigkeiten, ja sein Wesen, für andere. Er lässt das göttliche „Wort“, „Leben“ und „Licht“, sein Denken, sein Verständnis für andere, seine Lebenskraft und seinen Leib – was alles er selbst ist – für andere wirken und ermöglicht ihnen dadurch ihre eigene Entwicklung bis zur Frucht.

Wenn das Weizenkorn wirksam werden will, muss es in die Erde fallen und sich, indem es selbst erstirbt, einer neuen Pflanze hingeben. Dadurch kann die neue Pflanze wachsen und vielfältig Frucht bringen. In diesem Gleichnis Jesu veranschaulicht die Erde die irdischen Verhältnisse, in denen sich der vollkommene spirituelle Mensch inkarniert, um all die „Seinen“, die noch unentwickelten spirituellen Menschen, mit seinen Kräften zu nähren und in ihnen weiterzuleben. So wie göttliches „Wort“ und „Leben“ in allen Geschöpfen und Dingen wirken und sich von ihnen verzehren lassen, damit diese leben, sich entwickeln und schließlich selbst zu „Wort“ und „Leben“ werden können, so wirkt der siebenfache spirituelle Mensch in den noch unentwickelten spirituellen Menschen und lässt sich von ihnen aufnehmen und „verzehren“. Er opfert seine Gedanken, seine Empfindungen, seine Lebenskraft und seine Taten, um den Menschen Leben und Förderung zu schenken.

Es handelt sich nicht um Unterwerfung unter die Herrschaft anderer, nicht darum, sich ausbeuten zu lassen. Der spirituelle Mensch gibt sein Leben „von sich aus“ (10,18). Er könnte es wieder an sich nehmen. Er stellt den Menschen seine Kraft und sein Wesen zur Verfügung, so wie sich Gott selbst und die Natur in Gestalt von Licht, Luft, Wasser und Erde der Welt zur Verfügung stellen, sie erhalten und wachsen lassen. Gott und die Natur stellen sich auch den Gewalttätern und Ausbeutern zur Verfügung. Ohne Gott und Natur könnten sie nicht leben, nicht Gewalt ausüben und nicht ausbeuten. Da sie aber aus Gott und Natur ihr Leben bekommen, haben sie die

Chance, zu erkennen, dass sie durch Gewalt und Ausbeutung nicht das Gesetz erfüllen, das ihrem eigenen Leben zu Grunde liegt. Dann können sie ihr Leben ändern.

„Wort“ und „Leben“ des spirituellen Menschen wirken in all den „Seinen“, in allen Menschen, die ein Geistprinzip als Anlage zum spirituellen Menschen besitzen. Manche der „Seinen“, „so viele ihn aber aufnahmen“, versuchen, sich des „Wortes“ und „Lebens“ würdig zu erweisen und sich zu spirituellen Menschen zu entwickeln. Sie streben danach, aus der göttlichen Information – dem „Wort“ – und der göttlichen Energie – dem „Leben“ – zu leben und Bewusstsein – „Licht“ – von „Wort“ und „Leben“ zu erlangen, um dann als neue Persönlichkeiten in Denken, Fühlen, Leben und Handeln in der Welt zu wirken. Wenn das Weizenkorn erstirbt, wenn der spirituelle Mensch sein Leben für die „Seinen“ gibt, trägt es viel Frucht. In den Kräften des Einen, des vollkommenen spirituellen Menschen, können zahlreiche spirituelle Menschen ihre Entwicklung vollziehen.

Doch auch in den „Seinen“, die ihn noch „nicht aufnahmen“, wirken „Wort“ und „Leben“ des spirituellen Menschen. Auch sie tragen die Anlage zum spirituellen Menschen in sich, nur dass sie in ihnen noch nicht wirksam werden will. Sie hängen noch zu sehr am Blut, am Mannes- und am Fleischeswillen. Trotzdem kann durch ihre Begegnung mit einem spirituellen Menschen diese Anlage stimuliert werden und sich künftig als spirituelles Gewissen, als Unruhe, als Gefühl, durch ihr kleines irdisches Leben ein größeres Ziel zu verfehlen, bemerkbar machen. Auf lange Sicht werden auch sie bemerken, dass Gewalt und Ausbeutung, irdische Ziele und Ideale dem in ihnen angelegten spirituellen Ziel nicht entsprechen. Auch sie werden, durch viele Enttäuschungen und durch die Folgen des anmaßlichen irdischen Lebenswillens – Krankheit, Alter und Tod – ernüchtert, einmal aus dem in ihnen wirksamen spirituellen Kern zu leben beginnen. Das göttliche „Wort“ und das göttliche „Leben“, auf der Erde verkörpert in spirituellen Menschen, geben sich ihnen hin und ermöglichen ihnen, einst, durch einen langen Erfahrungsprozess gereift, ein Leben aus dem Geist zu führen. Auch sie werden zur Frucht werden, hervorgebracht von dem in der Erde erstorbenen Weizenkorn.

In diesem ersten Grundgesetz des Mysteriums der Erlösung kommt die erste symbolische Bedeutung des „Passalamms“ zum Ausdruck: Es opfert sich als vollkommener spiritueller Mensch für die „Seinen“.

Zweites Grundgesetz des Mysteriums der Erlösung: „Ich-Ersterbung“

12, 25 *Wer sein Leben liebt, verliert es, und wer sein Leben in dieser Welt hasst, wird es ins ewige Leben bewahren.* ***26*** *Wenn jemand mir dient, so folge er mir nach, und wo ich bin, da wird auch mein Diener sein. Wenn jemand mir dient, wird der Vater ihn ehren.*

Nach dem Grundgesetz der Wirksamkeit des spirituellen Menschen formuliert Jesus das Grundgesetz des spirituellen Weges. „Wer sein Leben liebt, verliert es, und wer sein Leben in dieser Welt hasst, wird es ins ewige Leben bewahren.“ Darin zeigt sich die zweite symbolische Bedeutung des „Passalamms“: Das irdische, animalische Wesen des Menschen muss freiwillig sterben, damit der spirituelle Mensch leben kann.

Wer das Leben aus dem Fleisch liebt und ausschließlich dem Blut, dem Mannes- und dem Fleischeswillen folgt, wird unweigerlich und unfreiwillig sterben – er wird sein Leben verlieren. Er hängt dann mit allen Fasern an den Dingen der vergänglichen Welt, und sein Bewusstsein ist nur auf diese Dinge gerichtet. Sein Leib wird sterben, weil er aus den Elementen der vergänglichen Welt aufgebaut ist, und mit dem Leib sein nur auf die Elemente der vergänglichen Welt gerichtetes Bewusstsein.

Wer aber aus dem dreifachen Geistprinzip, der spirituellen Anlage im eigenen Wesen, zu leben beginnt, wird sein Leben in dieser Welt hassen. Er wird bemerken, dass ihn Blut, Mannes- und Fleischeswille an die vergänglichen Dinge ketten, und wird diese Ketten hassen – nicht die vergänglichen Dinge selbst. Er wird die Gefangenschaft hassen, in die sein spirituelles Prinzip durch das „Fleisch“ gezwungen wird, und wird alles tun, diese Gefangenschaft aufzulösen. Er wird dem Blut, dem Mannes- und dem Fleischeswillen nach freiwillig sterben. Wenn er die Ketten, die ihn an diese Welt binden, hasst und sie schrittweise zerbricht – und das kann er, indem er den Einflüssen dieser Welt nicht mehr als nötig nachgibt –, wird sich die spirituelle Anlage in ihm entfalten. Man könnte auch umgekehrt sagen: In dem Maß, wie sich die spirituelle Anlage in ihm entfaltet, wächst sein Hass auf die sie behindernden Ketten und wächst seine Kraft, sie zu zerbrechen.

Der spirituelle Mensch lebt aus der unvergänglichen, göttlichen Welt. Seine Grundlage sind göttliches „Wort“ und „Leben“, sein Bewusstsein ist Erleuchtung durch „Wort“ und “Leben“, sein Instrument sind auf die unvergängliche Welt abgestimmtes Denken, Fühlen, Lebenskraft und Handeln. Während sich die Energien des der vergänglichen Welt verhafteten Menschen irgendwann auflösen, wird der spirituelle Mensch ununterbrochen von der göttlichen Welt genährt. Seine Energien werden „ins ewige Leben bewahrt“. Sein Denken, Fühlen, Leben und Handeln werden, vom göttlichen „Wort“ und „Leben“ durchdrungen, ewig leben.

Um einem möglichen Irrtum vorzubeugen, schildert Jesus nach dem zweiten Grundgesetz des Mysteriums der Erlösung eine wesentliche Bedingung des spirituellen Weges: „Wenn jemand mir dient, so folge er mir nach, und wo ich bin, da wird auch mein Diener sein.“ Der spirituelle Weg muss für den spirituellen Menschen gegangen werden, nicht für den irdischen Menschen. Er muss für den spirituellen Menschen im Schüler selbst und in allen anderen Menschen, für das wahre, spirituelle Selbst, gegangen werden und von ihm seinen Ausgang nehmen. Man kann ihn auch für das eigene irdische Ich, für das irdische Ich anderer, für einen Meister, eine Ideologie oder ein Dogma zu gehen versuchen. Dann aber wird man von äußeren Instanzen abhängig werden oder das eigene irdische Ich nur verstärken, statt das wahre Selbst zum Vorschein zu bringen.

Ihm, dem spirituellen Menschen im eigenen Innern und in anderen Menschen, muss der Schüler auf dem spirituellen Weg dienen. Ihm muss er folgen, in seiner Kraft muss er die Ketten hassen, die ihn ans irdische Leben binden, und in seiner Kraft sie zerbrechen. Dann wird der spirituelle Mensch, das wahre Selbst, die eigentliche Identität des Menschen zum Vorschein kommen. Statt Abhängigkeit von anderen oder wahnhafter Ichstärke wird Selbstständigkeit in den Gesetzen und Kräften der göttlichen Welt entstehen. Das bedeutet auch, dass sich der Mensch auf dem spirituellen Weg nicht selbst forciert. Das wäre nur der Versuch, den Weg mit dem irdischen Ich und für das irdische Ich zu gehen.

Dabei kann sich jeder Schüler auf dem spirituellen Weg darauf verlassen, dass der vollkommene spirituelle Mensch ihm behilflich ist. Aus eigener Kraft könnte niemand den spirituellen Weg gehen. Er braucht einen entwickelten spirituellen Menschen sowie dessen Matrix als helfendes und nährendes Feld. „Mir dienen und folgen" heißt demnach, dem spirituellen, wahren Selbst im eigenen Wesen zu dienen und zu folgen und zugleich dem vollkommenen spirituellen Menschen zu dienen und zu folgen, der alle noch unentwickelten spirituellen Menschen stärkt und sie mit seiner Matrix umgibt.

Wo der vollkommene spirituelle Mensch ist – im „Wort", im „Leben", im „Licht" der göttlichen Welt –, da wird auch sein Diener sein. Auch der sich entwickelnde spirituelle Mensch, der Diener des vollkommenen, wird in der göttlichen Welt – im „Wort", im „Leben" und im „Licht" – sein, und der Vater wird „ihn ehren": Die göttliche Welt wird ihm ihre Struktur und ihre Energie mitteilen, ein neues Bewusstsein – „Licht" – in ihm aufleuchten lassen und ihn mit einer Persönlichkeit ausstatten, die nach Denken, Fühlen, Vitalität und Handeln in und aus den Gesetzen und Kräften der göttlichen Welt lebt.

Selbstüberwindung des vollkommenen spirituellen Menschen

12, 27 *Jetzt ist meine Seele erregt. Und was soll ich sagen? Vater, rette mich aus dieser Stunde? Doch deshalb bin ich in diese Stunde gekommen.* ***28*** *Vater, verherrliche deinen Namen! Da kam eine Stimme aus dem Himmel: Ich habe ihn verherrlicht und werde ihn wiederum verherrlichen.* ***29*** *Das Volk nun, das dastand und es hörte, sagte, es habe gedonnert. Andere sagten: Ein Engel hat zu ihm geredet.* ***30*** *Jesus antwortete und sprach: Nicht um meinetwillen ist diese Stimme erschollen, sondern um euretwillen.* ***31*** *Jetzt ergeht ein Gericht über diese Welt; jetzt wird der Fürst dieser Welt hinausgeworfen werden.* ***32*** *Und wenn ich von der Erde erhöht bin, werde ich alle zu mir ziehen.* ***33*** *Dies sagte er aber, um anzudeuten, welchen Todes er sterben würde.*

Sogar die inneren Seelenkämpfe des vollkommenen spirituellen Menschen und sein siegreiches Hervorgehen aus ihnen lässt Jesus die Griechen schauen, und sie schauen sie mit ihrem inneren Auge. Was bei den drei synoptischen Evangelisten im Garten Gethsemane geschieht, drängt der Verfasser des Johannesevangeliums in *einen* Vers zusammen. Der vollkommene spirituelle Mensch hat freiwillig eine irdische Persönlichkeit mit einem irdischen Körper angenommen. Damit hat er auch alle von diesem Körper ausgehenden Bedürfnisse und Triebe angenommen. Er weiß, dass in Kürze dieser irdische Körper getötet werden wird. Und der Selbsterhaltungstrieb, der „Fleischeswille" des irdischen Körpers, empört sich mit aller Macht gegen dieses Schicksal.

Mit diesem Fleischeswillen muss sich der spirituelle Mensch, den irdischen Tod vor Augen, auseinandersetzen. Seine Seele ist „erregt“. Aus dem irdischen Körper dringen Angst und Widerstreben auf sie ein. Es liegt nahe, Gott zu bitten: „Rette mich aus dieser Stunde!“ Jesus setzt sich mit dieser Möglichkeit auseinander: „Soll ich sagen, Vater, rette mich aus dieser Stunde?“

Wie lassen sich Angst, Widerstand und die Verlockung, dem Tod auszuweichen, überwinden? Der von seinem Ziel überzeugte irdische Mensch würde versuchen, mit ungeheurer Willensanstrengung die Angst und Abwehr seines Körpers zu unterdrücken und ihn zu unterwerfen. Aber wäre dies die Gewaltlosigkeit auch sich selbst gegenüber, die den spirituellen Menschen auszeichnet? Und wäre es eine zuverlässige Methode? Im Ernstfall, und bei geschwächtem Willen, würde sich der Körper doch wieder durchsetzen.

Die einzige Möglichkeit, den „Fleischeswillen“ zu überwinden, ist, ihn von den spirituellen Kräften auflösen zu lassen. Deshalb sagt Jesus: „Vater, verherrliche deinen Namen!“ Er bittet die göttlichen Kräfte im eigenen Wesen, den „Fleischeswillen“ aufzulösen und den göttlichen Willen an dessen Stelle zu setzen, um einen neuen Körper aufzubauen. So werden die Energien des irdischen Körpers der irdischen Gesetzmäßigkeit entzogen und der göttlichen Gesetzmäßigkeit unterstellt. Der ganze alte Mensch, einschließlich des physischen Organismus, wird von den göttlichen Kräften gleichsam entmachtet. Er „erstirbt“, und ein neuer, spiritueller Mensch tritt an seine Stelle. So wird der „Name“ Gottes, das Wesen Gottes, wirksam – und dadurch „verherrlicht“.

Der „Fleischeswille“ im irdischen Körper Jesu ist durch den göttlichen Willen entmachtet. Angst und Widerstand des irdischen Körpers sind verschwunden, die Verlockung, dem Tod auszuweichen, ist beseitigt. Jesus befindet sich im Einklang mit den göttlichen Gesetzen und der daraus folgenden Aufgabe. Eben um dies zu vollbringen, ist er „in diese Stunde gekommen“. Dies zu vollbringen, ist Teil seines Opfers für die Menschheit. Denn indem er den „Fleischeswillen“ seines irdischen Körpers durch die göttlichen Kräfte entmachten lässt, schafft er im geistig-seelischen Organismus der Menschheit die Möglichkeit, dass jeder Mensch in ähnlicher Lage ihm nachfolgt und das Gleiche tut. Durch seine Tat und sein Verhalten können die göttlichen Kräfte in den geistig-seelischen Organismus der Menschheit eindringen, den „Fleischeswillen“ des irdischen materiellen Körpers bei jedem dafür empfänglichen Menschen auflösen und Spielraum für den Aufbau eines neuen Geistleibs schaffen.

Auch dieses Eindringen der göttlichen Lebenskräfte in den geistig-seelischen Organismus der Menschheit mit Auswirkungen bis in den materiellen Körper hinein schauen die Griechen mit ihrem inneren Auge. Sie bemerken die Bewegung und Erschütterung, die diese Kräfte in der irdischen Welt verursachen, und erkennen sie als Wirksamkeit des Vaters, als „Stimme aus dem Himmel“, die bestätigt, was soeben geschehen ist. Der Sohn Gottes ist „verherrlicht“ worden. Sein ganzes irdisches Wesen, einschließlich des irdischen Körpers, ist verwandelt und durch das göttliche Wesen, einschließlich eines geistigen Körpers, ersetzt worden. Und diese Verherrlichung, diese „Verklärung“ oder Transfiguration, wird sich erneut und endgültig nach der Kreuzigung, in der Auferstehung, manifestieren. Deshalb sagt die „Stimme aus dem Himmel“: Ich „werde ihn wiederum verherrlichen“.

Das Volk dagegen spürt die Bewegung und Erschütterung des geistig-seelischen Organismus der Menschheit zwar, kann sich aber keinen Reim darauf machen. Einige sagen: „Es hat gedonnert.“ Sie halten die spürbare geistig-seelische Erschütterung für ein Naturereignis. Andere schreiben sie einem „Engel“, einer Konzentration mentaler oder emotionaler irdischer Kräfte, zu. Doch der spirituelle Mensch, in dem diese Erschütterung zur Verherrlichung geführt hat, weiß, was sie in Wirklichkeit ist und bedeutet. Er weiß, dass sie vom „Vater“, von der göttlichen Welt, ausgegangen ist. Er weiß auch, dass seine Verherrlichung nicht um seinetwillen, sondern um der Menschen willen erfolgt ist. Sie soll allen Menschen den gleichen Vorgang der Auflösung des Alten und Entstehung des Neuen ermöglichen.

Er weiß schließlich, dass die Erschütterung des geistig-seelischen Organismus der Menschheit durch die göttlichen Kräfte zugleich das „Gericht über diese Welt“ auslöst. Denn der „Fürst dieser Welt“, die Konzentration und das Prinzip des Blutes, des Mannes- und des Fleischeswillens im Menschheitsorganismus, wird ab jetzt durch die göttlichen Kräfte aufgelöst werden. Auf lange Sicht wird der „Fürst dieser Welt“ aus dem Menschheitsorganismus hinausgeworfen werden. Die Menschen werden frei von allen Einflüssen der irdischen Welt werden, wie Jesus, der vollkommene spirituelle Mensch, davon frei geworden ist. Und sie werden, mit Hilfe des vollkommenen spirituellen Menschen, ebenfalls „verherrlicht“, ebenfalls, als spirituelle Menschen, mit neuen Körperhüllen versehen werden, mit denen sie den Namen des Vaters verherrlichen. Wenn der vollkommene spirituelle Mensch „von der Erde erhöht“ ist: Wenn er seine irdischen Körperhüllen endgültig aufgelöst und durch neue, geistige Körperhüllen ersetzt hat, mit denen er die Dimension der „Erde“ verlässt und in die Dimension des „Himmels“ eintritt, kann er allen noch unvollkommenen spirituellen Menschen behilflich sein, den gleichen Prozess zu vollbringen. Er kann sie zu sich ziehen. Er kann sie der Herrschaft des „Fürsten dieser Welt“ entziehen und den göttlichen Willen in ihnen wirken lassen, der ihr wahres Wesen ist und ihrer Bestimmung entspricht. So zieht er sie in die Dimension des „Himmels“ hinauf und erhöht sie ebenfalls.

Es ist die Frage, ob der Kommentator – Vers 33 ist der Einschub eines Kommentators – den Evangelisten richtig verstanden hat. Bedeutet die „Erhöhung“, von der hier Jesus spricht, wirklich nur die – räumlich aufzufassende – Erhöhung am Kreuz? Wäre sie also nur ein anderer Ausdruck für den besonderen physischen Tod, den Jesus erleiden sollte? Oder meint der Evangelist nicht vielmehr den Aufstieg Jesu in eine andere Dimension? Den Aufstieg von der Erde, der Dimension des irdischen Körpers mit seinem „Fleischeswillen“, in den Himmel, die Dimension des verherrlichten, spirituellen Körpers, der Ausdruck des göttlichen Willens ist? Möglich wäre immerhin, dass der Kommentator die räumliche Erhöhung am Kreuz als *Bild* für diesen Dimensionswechsel auffasst.

Die Heimat des spirituellen Menschen

12, 34 *Das Volk antwortete ihm nun: Wir haben aus dem Gesetz gehört, dass der Christus in Ewigkeit bleibt; wie kannst du da sagen, der Sohn des Menschen müsse* *erhöht werden? Wer ist dieser Sohn des Menschen?* ***35*** *Da sprach Jesus zu ihnen: Noch kurze Zeit ist das Licht bei euch. Wandelt, weil ihr das Licht habt, damit euch nicht Finsternis überfällt! Und wer in der Finsternis wandelt, weiß nicht, wohin er geht.* ***36*** *Weil ihr das Licht habt, so glaubt an das Licht, damit ihr Kinder des Lichtes werdet! Dies redete Jesus und ging [dann] hinweg und verbarg sich vor ihnen.*

Auch das „Volk" versteht das Bild von der „Erhöhung" nicht. Wie kann der vollkommene spirituelle Mensch, der Messias, der „in Ewigkeit bleibt", „erhöht" werden? Was ist diese „Erhöhung"? Versteht auch das Volk darunter den Tod am Kreuz, bei dem der Gekreuzigte tatsächlich räumlich erhöht wird? Oder versteht es darunter, wie der Evangelist, einen Wechsel vom niederen irdischen zum höheren Lebensgebiet? In beiden Fällen wäre jedenfalls die Anwesenheit des spirituellen Menschen in der irdischen Welt von begrenzter Dauer. Das aber stünde im Widerspruch zur Auffassung des Volkes, dass der Messias, nachdem er in der irdischen Welt sein Reich errichtet hat, „in Ewigkeit" darin bleibt.

Jesus erklärt: Diese Auffassung ist irrig. Der vollkommene spirituelle Mensch errichtet kein unvergängliches Friedensreich in der vergänglichen *irdischen* Welt und bleibt nicht „in Ewigkeit" darin. Das wäre unmöglich. „Aufenthaltsort" des vollkommenen spirituellen Menschen, des Gesalbten, des Christus und Messias, ist die *göttliche* Welt. Sie ist die ihm zugehörige Dimension. Und in *ihr* bleibt er „in Ewigkeit".

In der irdischen Welt jedoch bleibt er nur für eine begrenzte Zeit. Als Sohn des Menschen, als spiritueller, wahrer Mensch, nimmt er einen irdischen Körper an und wird von einer irdischen Mutter geboren, um all den „Seinen", die in der irdischen Welt leben, eine Kontaktmöglichkeit zu bieten. Diese Kontaktmöglichkeit ist zeitlich begrenzt. Sie besteht nur so lange, wie das irdische Leben des Gottgesandten dauert und wie die von ihm in der irdischen Welt aufgebaute Matrix in Reinheit wirksam ist. Sobald er selbst das irdische Leben verlässt – endgültig mit einem geistigen Körper in die göttliche Dimension „erhöht" wird –, und sobald die von ihm aufgebaute Matrix durch Verflachung oder Unverständnis der Menschen an Kraft verliert, schwindet die Kontaktmöglichkeit der irdischen Menschen mit ihm.

Diese Kontaktmöglichkeit ist unentbehrlich. Ohne sie wären die „Seinen" in der irdischen Welt für das Licht nicht erreichbar. Sie brauchen die Ansprache und das Vorbild des körperlich sichtbaren spirituellen Menschen. Ohne die konkrete Wirksamkeit des vollkommenen spirituellen Menschen in einer irdischen Persönlichkeit könnten die „Seinen" ihr geistiges Auge nicht öffnen und die Gesetzmäßigkeiten des spirituellen Lebens nicht schauen. Ohne sie hätten sie auch nicht die Kraft, das Geschaute in die Praxis umzusetzen. Sie benötigen also zwar die nicht an eine sichtbare Persönlichkeit gebundene unirdische Erkenntnis und Kraft der göttlichen Welt, um mit ihrer spirituellen Sehnsucht daran anknüpfen zu können. Ein innerer Kontakt zwischen göttlicher Welt und Geistprinzip im Schüler ist die Grundvoraussetzung für den spirituellen Weg. Aber der Schüler auf dem spirituellen Weg braucht zugleich auch einen äußeren Kontakt mit einer sichtbaren Persönlichkeit, die ihm unirdische Erkenntnis und Kraft in irdische Begriffe und Kräfte übersetzt. Nur so kann er auch als irdischer Mensch mit Verstand und Verhalten auf die spirituellen Einflüsse reagieren.

Deshalb spricht Jesus seine Hörer mit solchem Nachdruck an. Nützt diese Gelegenheit des äußeren Kontaktes! Orientiert euch am Licht – an den Erkenntnissen, die der spirituelle Mensch in einer sichtbaren Persönlichkeit euch bringt –, und geht den spirituellen Weg in den Kräften, die er euch mitteilt. „Wandelt, solange ihr das Licht habt!“ Lasst euch nicht von der Finsternis, von Unwissenheit und Stumpfheit, von Leidenschaft und von träger Liebe zur vergänglichen Welt beherrschen. Wer ohne Einsicht in die Bestimmung des Menschen und die Gesetzmäßigkeiten des spirituellen Lebens durchs Leben geht, weiß nicht, „wohin er geht“. Er „wandelt“ in der Finsternis. Geboren „von unten her“, bleibt er in diesem Zustand hängen und versäumt die Geburt „von oben her“, die Geburt aus „Wasser und Geist“, die ihm der vollkommene spirituelle Mensch ermöglicht. Deshalb: „Glaubt an das Licht“, öffnet euch für die Struktur und Energie des vollkommenen spirituellen Menschen, damit das in euch veranlagte geistige Auge geöffnet werde und ihr „Kinder des Lichtes“ werdet. Denn, wie es im Prolog des Evangeliums heißt, welche den vollkommenen spirituellen Menschen, das Licht, in sich aufnehmen, denen verleiht es die Macht, „Kinder Gottes zu werden“, Söhne des Lichtes, die bewusst aus göttlichem „Wort“ und göttlichem „Leben“ leben.

Immer wieder weist der vollkommene spirituelle Mensch das „Volk“ auf diese Möglichkeit hin, und immer wieder muss er sich „verbergen“, weil in manchen seiner Hörer Hass und Widerstand aufsteigen.

Ursache des Unglaubens

12, 37 *Wiewohl er aber so viele Zeichen vor ihnen getan hatte, glaubten sie nicht*
an ihn, ***38*** *damit das Wort des Propheten Jesaja erfüllt würde, das er gesprochen hat:*
„Herr, wer hat unserer Predigt geglaubt und wem ist der Arm des Herrn offenbar geworden?“

39 *Deshalb konnten sie nicht glauben, weil Jesaja wiederum gesagt hat:*

40 *„Er hat ihre Augen geblendet und ihr Herz verstockt, damit sie mit den Augen nicht sehen noch mit dem Herzen verstehen und sich bekehren und ich sie heile.“*

41 *Dies hat Jesaja gesagt, weil er seine Herrlichkeit sah, und von ihm hat er ge-*
redet. ***42*** *Gleichwohl glaubten doch auch viele von den Oberen an ihn; aber wegen*
der Pharisäer bekannten sie es nicht, damit sie nicht aus der Synagoge ausgeschlos-
sen würden. ***43*** *Denn sie liebten die Ehre bei den Menschen mehr als die Ehre bei*
Gott.

Alles aus dem Fleisch Geborene wehrt sich gegen den Geist und möchte ihn unschädlich machen. Immer gibt es unter den Hörern des spirituellen Menschen solche, die ihn hassen und verfolgen, und immer macht sich auch in jedem einzelnen Hörer das aus dem Fleisch Geborene feindselig bemerkbar, wenn sich die spirituelle Sehnsucht in ihm regt. Denn das aus der Finsternis Geborene möchte seine Anmaßung, das Maß aller Dinge zu sein, nicht aufgeben und fühlt sich vom „Licht“ – von der Einsicht, dass das Spirituelle das Maß aller Dinge ist –, bedroht. Diese Angst und der daraus folgende Widerstand werden umso größer, je wirksamer die spirituellen Kräfte – in einer Hörerschaft oder in einzelnen Hörern – werden: je mehr „Zeichen“ der vollkommene spirituelle Mensch in ihnen verrichtet.

Und so verschließen sich immer einzelne Menschen, auch wenn sie spirituell stark berührt sind, ja gerade dann, diesem Impuls und „glauben“ nicht an ihn. Der Evangelist kennt dieses Phänomen und erkennt es als zeitlos. Schon zu den Zeiten der Propheten verschlossen sich Menschen den von den Propheten ausgehenden spirituellen Impulsen. Die Propheten, unter anderem Jesaja, machten dieselbe Erfahrung wie Jesus, dieselbe Erfahrung, wie sie jeder von Gott gesandte spirituelle Mensch machen wird. Es handelt sich um eine Gesetzmäßigkeit, und deshalb konnte Jesaja voraussagen, dass sich dasselbe Phänomen auch beim Auftreten des Messias zeigen würde. „Wer hat unserer – der spirituellen Menschen – Predigt geglaubt?“ Wer hat die Wirkungen der spirituellen Menschen als Zeichen für die Wirksamkeit der göttlichen Welt erkannt? Und „wem ist der Arm Gottes – die Wirksamkeit der göttlichen Welt – offenbar geworden?“ (Jes. 53,1)

Jesaja sah die Herrlichkeit des Gesalbten im Voraus. Er sah, dass einst der vollkommene spirituelle Mensch auf die Erde kommen und das Muster des spirituellen Menschen in der Menschheit verankern würde. Von diesem vollkommenen spirituellen Menschen „hat er geredet“, ihn hat Jesaja vorausgesehen, -gesagt und -verkündet. Und ebenso sah er die Reaktionen voraus, die der Messias auslösen würde.

Was ist die Ursache für Widerstand und Hass mancher Hörer? Mit Jesaja stellt der Evangelist diese Frage. Das bei ihm stehende Jesajazitat: „Er hat ihre Augen geblendet und ihr Herz verstockt...“, lautet jedoch an seiner ursprünglichen Stelle anders. Bei Jesaja sagt Jahwe zum Propheten: „Geh und sprich zu diesem Volk: Hört immerfort, doch versteht nicht, und seht immerfort, doch erkennt nicht! Verstocke das Herz dieses Volkes, mache taub seine Ohren und blind seine Augen, dass es mit seinen Augen nicht sehe und mit seinen Ohren nicht höre, dass nicht sein Herz einsichtig werde und man es wieder heile“ (Jes.6, 9–10) Damit sagt Jahwe doch offenbar: Geh unter die Menschen und predige ihnen, damit du die leider unvermeidlichen Reaktionen der Uneinsichtigkeit und des Unverständnisses bei ihnen auslöst. – Jahwe wünscht nicht, dass der Prophet die Augen seiner Hörer verblende und die Herzen verstocke. Aber es ist vorauszusehen, dass einige, oder viele, oder gar alle Hörer, unverständig reagieren werden. Und in dieser wissenden Vorwegnahme der Reaktionen der Zuhörer spricht Jahwe zu Jesaja: Geh unter die Menschen, damit sich wie üblich das Schmerzliche herausstellt: Sie werden uneinsichtig und unverständig sein. Sie werden sich weiter an ihre vielen „Götzen“, die Naturgötter, halten, statt sich dem einen Gott Jahwe, dem Ich-bin-der-ich-bin, zuzuwenden, Jahwe, der in dieser alttestamentarischen Entwicklungsphase der Menschheit deren Aufgabe verkörpert, ein verantwortliches Ich zu entwickeln.

Der Verfasser des Johannesevangeliums aber ändert das Zitat ab und scheint damit einen neuen Zusammenhang zeigen zu wollen. Nach seiner in Vers 41 geäußerten Auffassung sah Jesaja schon die Herrlichkeit des „Sohnes“ voraus, die zugleich die Herrlichkeit des „Vaters“ als „Wort“, „Leben“ und „Licht“ ist. Der „Sohn“ verkörpert die Entwicklungsphase der Menschheit, in der sie, frei vom äußeren Gesetz, aus dem innerlich erfahrenen göttlichen „Wort“, „Leben“ und „Licht“ lebt. In diesem Sinn formuliert der Evangelist statt: dass „*man* es wieder heile“, dass „*ich* es wieder heile“, und stellt dieses „ich“ – den Vater des vollkommenen spirituellen Menschen – dem „er“ gegenüber, dem Gott des äußeren Gesetzes.

Der vollkommene spirituelle Mensch, Jesus, geht von „Wort“, „Leben“ und „Licht“ aus. Der göttliche Ursprung, der Vater, will, wie der Sohn, nichts anderes als die Heilung aller Menschen. Das „Licht“ möchte die Finsternis erhellen und wünscht nichts sehnlicher, als alle geistige Blindheit zu beseitigen. Und doch öffnen sich viele Menschen nicht und verharren in der Finsternis. Warum? Weil „er“, Jahwe, die Herzen verstockt und die Augen blendet. Jahwe steht für eine Entwicklungsphase, in der sich die Menschheit, mittels des äußeren Gesetzes, auf ihre eigentliche Bestimmung vorbereiten soll.

Diese Vorbereitung besteht in der Entwicklung eines verantwortlichen Ich, das einerseits über die Abhängigkeit von der Natur – den „Götzen – hinausgewachsen ist, andererseits die Fähigkeit besitzt, einen neuen Zustand ins Auge zu fassen, der erst der Bestimmung des Menschen entspricht: den Zustand des spirituellen Menschen, eins mit der göttlichen Welt des Ursprungs.

Doch jede Entwicklungsstufe, in welchem Zusammenhang auch immer, hat die Tendenz, sich nicht als bloßes Durchgangsstadium, sondern schon als Endziel zu betrachten. Diese Tendenz ist es, die sich in vielen Menschen, an die sich Jesus wendet, geltend macht. Die „Juden“, die geistlichen Führer, klammern sich hartnäckig an die Phase des „Gesetzes“. Sie hatte ihre Berechtigung als Vorbereitung. Jetzt aber, da in Jesus die Möglichkeit der Erfüllung gekommen ist, hat sie sich überlebt und müsste zu Gunsten einer neuen Entwicklungsstufe überstiegen werden. Doch Jahwe, „er“, ist in vielen Menschen so stark, dass sie in der Vorbereitung, im Glauben, durch das äußere Gesetz gerecht werden zu können, stecken bleiben. Diese Tendenz ist es, die sie blind macht und ihr Herz verstockt für das Licht der Erfüllung, die innere Freiheit der Söhne Gottes. Das Licht der Welt vermag nichts in ihnen und kann sie nicht wieder heilen.

Doch der Klage dieses Zitats lässt sich die Hoffnung eines anderen Zitats aus dem Alten Testament gegenüberstellen: „Und alle werden von Gott gelehrt sein“ (6,45). „Jeder, der vom Vater her gehört und gelernt hat, kommt zu mir“, sagt der vollkommene spirituelle Mensch. So groß auch die Verstocktheit sein mag: Eines Tages wird sie durch Offenheit ersetzt werden. Das göttliche Gesetz: „Was du säst, das wirst du ernten“, wird das Vertrauen des Menschen auf seine Ich-Stärke erschüttern. Die Erfahrungen in der vergänglichen Erscheinungswelt: Enttäuschung, Schmerz, Krankheit, Alter und Tod, werden ihn lehren, dass ihm nur sein wahres Selbst, das mit dem „Vater“ eins ist, das Glück der Übereinstimmung mit sich selbst und das Glück der Heilung gewährt.

Auch wenn Menschen sich den Wirkungen des vollkommenen spirituellen Menschen glaubend öffnen, ist es noch ein weiter Schritt, bis sie die Konsequenzen daraus ziehen, entsprechend leben und privat oder öffentlich zu diesem Leben stehen. Vielleicht gibt es kein größeres Hindernis für das Gehen des spirituellen Weges als die Angst vor der Meinung der anderen. Wenn die Freunde und Verwandten eines von spirituellen Kräften berührten Menschen spüren, dass er aus einer anderen Quelle zu leben beginnt, während sie selbst noch ganz aus irdischen Kräften leben, werden sie alles tun, um ihn in ihrer Sphäre zurückzuhalten. Sie werden spotten und schikanieren, locken und schmeicheln. Denn der spirituelle Mensch ist eine Gefahr für die Anmaßung und die Gewohnheiten des irdischen. Und wenn er fest bleibt, werden sie ihn aus ihrer Gemeinschaft ausstoßen. Das wäre für ihn um so schmerzlicher, je höheres Ansehen er genießt und je größeren Wert er auf seinen „guten Ruf" legt.

Deshalb haben gerade die „Oberen" die größten Schwierigkeiten, öffentlich zu ihren spirituellen Einsichten zu stehen. Ihr Ruf und ihre Existenz sind gefährdet, wenn sie es tun. Da ist sehr die Frage, ob ihnen die „Ehre bei den Menschen" lieber ist als die „Ehre bei Gott". Sich von Gott ehren zu lassen, hieße, der Berührung durch die spirituellen Kräfte konsequent zu folgen und sein Leben auch in der Öffentlichkeit entsprechend einzurichten. Das wäre im Einklang mit den Gesetzen und Kräften der göttlichen Welt, das brächte die „Anerkennung" der göttlichen Welt und den Zufluss von Kräften aus ihr. Das brächte unter Umständen aber auch den Bruch mit der irdischen Welt und den Verlust *ihrer* Anerkennung, von der die Existenz des Betreffenden abhängt. So gerät er in Konflikt zwischen seinem Bedürfnis nach Wahrhaftigkeit und seinem Bedürfnis nach irdischer Anerkennung und Sicherheit. Es wird sich herausstellen, was ihm auf lange Sicht lieber ist: dieser aufreibende innere Konflikt, oder das Gefühl, in Übereinstimmung mit seiner innersten Sehnsucht zu leben.

Das Wesen des vollkommenen spirituellen Menschen

12, 44 *Jesus aber rief: Wer an mich glaubt, der glaubt nicht an mich, sondern an den, der mich gesandt hat;* ***45*** *und wer mich sieht, der sieht den, der mich gesandt hat.* ***46*** *Ich bin als Licht in die Welt gekommen, damit jeder, der an mich glaubt, nicht in der Finsternis bleibt.* ***47*** *Und wenn jemand meine Worte hört und nicht hält, richte nicht ich ihn. Denn ich bin nicht gekommen, um die Welt zu richten, sondern um sie zu retten.* ***48*** *Wer mich verwirft und meine Worte nicht annimmt, hat seinen Richter; das Wort, das ich geredet habe, das wird ihn richten am Jüngsten Tag.* ***49*** *Denn ich habe nicht von mir aus geredet, sondern der Vater, der mich gesandt hat, er hat mir Auftrag gegeben, was ich sagen und was ich reden soll.* ***50*** *Und ich weiß, dass sein Auftrag ewiges Leben ist. Was ich also rede, das rede ich so, wie es mir der Vater gesagt hat.*

Noch einmal beschreibt der vollkommene spirituelle Mensch, den physischen Tod vor Augen, in der Öffentlichkeit sein Wesen und die Art seiner Wirksamkeit, und zwar mit großem Nachdruck. Deshalb die Formulierung: „Jesus *rief.*" Und da Jesus in dieser Phase seiner Wirksamkeit die sechste Hülle der Matrix des spirituellen Menschen mit seinen Schülern verbindet, betont er noch einmal, dass er selbst das göttliche Licht ist und den Menschen das Licht bringt, das ihnen die Schau seines Wesens ermöglicht.

Der vollkommene spirituelle Mensch wirkt nicht aus Anmaßung und Zweckdenken wie der irdische Mensch. Sein ganzes Wesen ist bewusst eins mit den kosmischen göttlichen Gesetzen und Kräften, mit Gott. Aus ihnen lebt er, mit ihnen wirkt er zusammen, ihre „Aufträge" vollzieht er. Deshalb kann er sagen, Gott habe ihn „gesandt". Wer sich daher seinen Wirkungen, seien es Worte, seien es Taten, sei es auch nur sein Charisma, öffnet – wer also an ihn „glaubt" und sich dadurch der vom spirituellen Menschen verkörperten neuen Lebensmöglichkeit aufschließt, der schließt sich der göttlichen Welt auf, die den spirituellen Menschen gesandt hat. Und wer, von den Wirkungen des spirituellen Menschen zu einem spirituellen Leben erweckt, sich von den irdischen Gesetzen und Kräften befreit, wird allmählich die spirituellen Gesetze und Kräfte bewusst erleben und erkennen. Er wird wie die Griechen, die Jesus sehen wollen, den spirituellen Menschen „sehen" und dadurch auch die göttliche Welt „sehen", aus der der spirituelle Mensch wirkt. Er wird Gott schauen, den, der den spirituellen Menschen gesandt hat.

Denn der vollkommene spirituelle Mensch ist Bewusstsein von „Wort" und „Leben", er ist bewusst gewordene göttliche Gesetzmäßigkeit und Kraft, die den Kosmos allgegenwärtig durchdringen. Er ist „Licht". Dieses Licht bringt er in die irdische Welt, in die „Finsternis" der Unbewusstheit. Er inkarniert sich als göttliches Licht in einem irdischen Menschen und verändert und erhellt dessen Bewusstsein, Denken, Fühlen, Leben und Handeln. So kann er sich den in der irdischen Welt und in irdischen Körpern eingeschlossenen, unentwickelten spirituellen Menschen, den „Seinen", konkret nähern und sie, sofern sie an ihn „glauben" und sich ihm öffnen, aus der Finsternis der Unbewusstheit erlösen. Er kann sie einen Weg führen, auf dem sie selbst zum Bewusstsein der göttlichen Gesetze und Kräfte des Alls kommen und bemerken, dass diese göttlichen Gesetze und Kräfte ihr eigentliches, wahres Wesen sind. Sie werden selbst Kinder des Lichtes und „Licht" werden. Sie bleiben nicht in der Finsternis.

Die „Seinen" aus der Finsternis zu erlösen, ist Jesu göttlicher „Auftrag". Er vollzieht damit das im Kosmos wirkende Entwicklungsgesetz, den in der Schöpfung wirkenden göttlichen Impuls, der alle Geschöpfe zu bewusster Erkenntnis des göttlichen „Wortes" und „Lebens" drängen und führen will. Wer „seine Worte hört und hält", der verhält sich im Einklang mit diesem Entwicklungsgesetz, das jedem Menschen – als spirituelle Anlage – eingeschrieben ist. Er verhält sich im Sinn seiner innersten Bestimmung und wird die Freude des Einklangs mit dieser Bestimmung erleben. Er wird aus dem Haften an den vergänglichen Dingen befreit und gerettet, sein Ich-Bewusstsein, Ausdruck dieses Haftens, wird im wahren Selbst aufgelöst, und das wahre Selbst wird als seine wahre Identität in Erscheinung treten.

Wer aber „seine Worte hört und nicht hält", der verhält sich nicht im Einklang mit dem ihm eingeschriebenen Entwicklungsgesetz und hindert es an seiner Entfaltung. Dieses Entwicklungsgesetz selbst, das von den Worten des vollkommenen spirituellen Menschen beschrieben wird, wird ihn „richten". Es wird alles, was ihm nicht entspricht und daher der Gesamtentwicklung der göttlichen Welt nicht entspricht, auflösen, so wie ein sich entwickelnder gesunder Organismus hinderliche Störfaktoren beseitigt. Das ist das Gericht des vollkommenen spirituellen Menschen. Es vollzieht sich in jedem Augenblick, je nachdem, wie das göttliche Entwicklungsgesetz in einem Menschen auf dessen irdische Verfassung einwirkt. Es schwächt diese Verfassung unaufhörlich. Es braucht nicht bis zu einem „Jüngsten Tag" damit zu warten.

Hat hier wieder ein Kommentator die Wendung „am Jüngsten Tag" eingefügt? Wenn er darunter den Augenblick des Todes und die Zeit kurz danach verstanden hat, ist die Wendung trotzdem am Platz. Denn im Tod löst sich der irdische Körper auf, weil er während des ganzen Lebens dem innersten, spirituellen Entwicklungsgesetz nicht entsprochen hat. Und nach dem physischen Tod werden sich Blut, Manneswille und Fleischeswille sowie das Ich-Bewusstsein, das aus diesen Faktoren aufgebaut ist, ebenfalls auflösen.

Der vollkommene spirituelle Mensch will nichts anderes, als selbst das göttliche Entwicklungsgesetz zu vollziehen und den „Seinen" beim Vollzug desselben Gesetzes zu helfen. Er will sie aus der Finsternis retten. Er will sie nicht richten. Wenn sie dem Entwicklungsgesetz, das in seinen Worten zum Ausdruck kommt, nicht folgen, so werden sie durch dieses Gesetz selbst, das die innerste Notwendigkeit der kosmischen Entwicklung darstellt, korrigiert. Der vollkommene spirituelle Mensch hat es nicht selbst aufgestellt, etwa um der eigenen Macht und des eigenen Vorteils willen. Er erklärt es nur und gibt ihm durch seine Worte größere Kraft. Er redet nicht „von sich aus", sondern sagt und redet nur, was ihm der Vater – die göttliche Welt – selbst gezeigt hat. Er verwirklicht nur das göttliche Gesetz und die Kräfte, die im Kosmos wirken, nicht seine eigenen Ideen. „Wort" und „Leben" drängen ihn, sie auch zu den „Seinen" zu bringen, um auch in den „Seinen" als „Wort" und „Leben" bewusst zu werden.

Dieser im eigenen Wesen verspürte und bewusst gewordene Drang ist der „Auftrag", den ihm der Vater gegeben hat. Im Sinn dieses Auftrags redet und handelt er. Und er weiß, dass des Vaters „Auftrag ewiges Leben ist". Denn das im Kosmos wirkende Entwicklungsgesetz, das die Geschöpfe zur Bewusstheit Gottes führen will, ist ja Gott selbst, ist göttliches „Wort" und „Kraft" selbst und dadurch ewiges Leben, da Wort und Kraft Gottes ewig sind. Wer im Einklang mit diesem Entwicklungsgesetz lebt, lebt im Einklang mit dem ewig Währenden. Er lebt in der Wahrheit. Also, so schließt der vollkommene spirituelle Mensch seine Erklärungen über sein Wesen, seine Wirksamkeit und seinen Auftrag: Ich rede nicht von mir aus, nicht aus eigener philosophischer Spekulation und dem eigenen Bedürfnis, Welt und Menschheit zu verbessern. Ich rede so, „wie es mir der Vater gesagt hat": aus ewigem göttlichem „Wort" und „Leben", die in mir bewusst geworden sind.

Damit hat Jesus den sechsten Aspekt der Matrix des vollkommenen spirituellen Menschen mit seinen Schülern verbunden. Die „Griechen", diejenigen unter seinen Schülern, die im Besonderen der Schau der geistig-seelischen Gesetze aufgeschlossen sind, haben Anlass und Möglichkeit dafür gegeben. Sie öffnen ihr inneres Auge für den spirituellen Menschen, und er zeigt sich ihnen in der Niedrigkeit seines irdischen Gewandes und in der Herrlichkeit seiner spirituellen Ausdrucksform. Und je mehr er sich und von sich zeigt, desto mehr wird ihr Auge geöffnet.

Jeder Mensch kann auf dieselbe Weise die Verbindung mit dem sechsten Aspekt der Matrix herstellen. Voraussetzung ist Offenheit für die Tatsachen der Welt der Lebenskräfte und die innerste Sehnsucht, sie zu „sehen". Schriften und Menschen, die von diesen Tatsachen sprechen, werden das innere Auge des Empfänglichen öffnen. So wird sich der vollkommene spirituelle Mensch sehen *lassen* und dadurch bewirken, dass das Auge des Empfänglichen noch weiter geöffnet wird.

Verbindung des neuen Fühlens mit den Schülern

Die Fußwaschung: eine neue Art der Gemeinschaft

13, 1 *Vor dem Passafest aber, als Jesus wusste, dass seine Stunde gekommen sei,*
aus dieser Welt zum Vater zu gehen, erwies er den Seinigen in der Welt, wie er sie
[bisher] geliebt hatte, seine Liebe bis zum Ende. ***2*** *Und während eines Mahles, als*
der Teufel in seinem Herzen schon den Plan gefasst hatte, dass Judas Ischarioth,
Simons Sohn, ihn verraten sollte, ***3*** *steht Jesus – er wusste ja, dass ihm der Vater alles*
in die Hände gegeben habe und dass er von Gott ausgegangen sei und zu Gott hin-
gehe – ***4*** *vom Mahl auf und legt die Kleider ab, nimmt ein leinenes Tuch und um-*
gürtet sich. ***5*** *Darauf gießt er Wasser in das Becken und fängt an, den Schülern die*
Füße zu waschen und mit dem leinenen Tuch abzutrocknen, mit dem er umgürtet war.
6 *Er kommt nun an Simon Petrus. Der sagt zu ihm: Herr, du willst mir die Füße*
waschen? ***7*** *Jesus antwortet und sagt zu ihm: Was ich tue, weißt du jetzt nicht; du*
wirst es aber nachher verstehen. ***8*** *Petrus sagt zu ihm: Nimmermehr sollst du mir die*
Füße waschen. Jesus antwortete ihm: Wenn ich dich nicht wasche, hast du keine Ge-
meinschaft mit mir. ***9*** *Simon Petrus sagt zu ihm: Herr, nicht meine Füße nur, sondern*
auch die Hände und das Haupt! ***10*** *Jesus sagt zu ihm: Wer [an den Füßen] gewa-*
schen ist, bedarf [weiter] keiner Waschung, sondern er ist ganz rein. Und ihr seid
rein, aber nicht alle. ***11*** *Denn er kannte seinen Verräter; deshalb sagte er: Ihr seid*
nicht alle rein.

Kurz vor dem Passafest stiftet Jesus eine besondere Art der Gemeinschaft mit den „Seinen". Der vollkommene spirituelle Mensch bildet ja mit den „Seinen" eine Schule, in der er der Meister und sie, die noch unvollkommenen spirituellen Menschen, die Schüler sind. Jetzt verleiht der Meister dieser Beziehung noch einen besonderen Akzent. Es ist sein letztes Vermächtnis an seine Schüler, das durch die „Fußwaschung" sinnfälligen Ausdruck findet. Sie ist ein Bild für den Vorgang, den die synoptischen Evangelisten durch das Abendmahl darstellen. Und wie bei den Synoptikern durch das Abendmahl bestimmte negative Reaktionen der Schüler ausgelöst werden: der Verrat des Judas und die Verleugnung des Petrus, so werden die gleichen Reaktionen im Johannesevangelium durch die Fußwaschung ausgelöst.

Die Einleitung stellt diese Ereignisse wiederum in die gegenwärtige Situation Jesu in der Welt. Das Passafest ist nahe, an dem des Auszugs des Volkes Israel aus Ägypten und des Lammes gedacht wird, dessen Opferung diesen Auszug erst ermöglicht. Ebenso gibt der vollkommene spirituelle Mensch all seine Kräfte und schließlich sein Leben für die „Seinen", unschuldig wie ein Lamm, um ihnen den Auszug aus der Welt der Finsternis in die Welt des Lichtes zu ermöglichen. Er hat sie schon bisher geliebt und ihnen all seine Kräfte mitgeteilt – sein neues Denken, Fühlen, Leben und Handeln. Aber jetzt am Ende, bevor er aus dieser Welt zum Vater zurückgeht, erweist er ihnen diese Liebe noch einmal in besonderer Form. Er verankert seine göttlichen Kräfte, die Matrix des vollkommenen spirituellen Menschen, bewusst in seinen Schülern und damit für alle Zukunft in der Welt der Finsternis. Es geht jetzt besonders um den fünften Aspekt dieser Matrix: das neue Fühlen des spirituellen Menschen.

Von Anfang an ist dabei eine Spaltung in den „Seinen“ angelegt, die sich später deutlich manifestieren wird. Im Herzen des Judas Ischarioth, auch er einer der „Seinen“, nimmt der Teufel, das Prinzip der Anmaßung des irdischen Menschen gegenüber der göttlichen Welt, Wohnung. Das entfremdet Judas zwangsläufig der Gemeinschaft der Schüler mit dem vollkommenen spirituellen Menschen und entfernt ihn daraus.

Während eines Mahles vollzieht Jesus die Fußwaschung. Der Evangelist verknüpft sie aufs engste mit dem „Auftrag“ Jesu. Der „Vater“ hat dem vollkommenen spirituellen Menschen „alles in die Hände gegeben“ – alle Erkenntnis und Kraft: „Wort“ und „Leben“ und „Licht“ –, alles, was zur Erlösung der „Seinen“ aus der Welt der Finsternis, ja auf lange Sicht zur Erlösung der Finsternis selbst, notwendig ist, damit der „Sohn“ dies alles jetzt und in alle Zukunft den „Seinen“ zugute kommen lasse. Er lässt es ihnen zugute kommen gerade in den Augenblicken, da er sich nach seinem Herabsteigen aus der Welt des Lichtes – er ist „von Gott ausgegangen“ – wieder zum Hinaufsteigen wendet – er „geht zu Gott hin“. Er verbindet die von ihm während des Hinabsteigens geschaffene Matrix des vollkommenen spirituellen Menschen – ihren fünften Aspekt – mit den „Seinen“, bevor er wieder in den Himmel hinaufsteigt.

Was bedeutet „Fußwaschung“? Im Alten Testament ist immer wieder von Waschungen die Rede. Der Mensch, der durch ein ethisches Verhalten die Erfüllung des Gesetzes anstrebt, wird trotzdem durch die Berührung mit den Übeln der irdischen Welt unweigerlich „unrein“. Wenn er vor dem alttestamentarischen Gott bestehen will, muss er seine Unreinheit immer wieder „abwaschen“. Die Waschungen sind Rituale und Bilder, die seine innere Reinigung veranschaulichen. Wenn zum Beispiel der Hohepriester Aaron ins Offenbarungszelt gehen würde, ohne sich vorher „gewaschen“ zu haben, müsste er „sterben“ (2. Mose 30, 19–21). Würde er Gott – der alles erhaltenden Gesetzmäßigkeit und Kraft – im Offenbarungszelt begegnen, ohne dieser Gesetzmäßigkeit und Kraft zu entsprechen, so würde seine geistige und seelische Existenz ausgelöscht werden. Der Zusammenstoß zwischen Gottes Reinheit und seiner Unreinheit, zwischen der göttlichen Struktur und seiner davon abweichenden Struktur würde ihn seelisch vernichten.

Auch der werdende spirituelle Mensch des Neuen Testaments wird durch seine Haftungen an der irdischen Welt unaufhörlich „verunreinigt“. Unaufhörlich lässt er negative Umweltreize und Einflüsse aus dem eigenen Inneren in sich wirken, die sich wie Schmutz an ihn heften. Alle Unvollkommenheiten, Schwächen und Mängel des irdischen Menschen sind – im Vergleich zur Verfassung des spirituellen Menschen – Unreinheiten, die aus der Verblendung des Blutes, dem Mannes- und dem Fleischeswillen entstehen.

Und inmitten solcher Menschen, die seine Schüler geworden sind, und für sie arbeitet der vollkommene spirituelle Mensch! Er, der in der Reinheit des spirituellen Bewusstseins und Seins lebt, wie sie sich aus der Gemeinschaft mit der göttlichen Welt des „Vaters“ ergibt, wird unaufhörlich mit der Unreinheit konfrontiert, die ihm aus der irdischen Beschaffenheit seiner Schüler entgegenschlägt. Unaufhörlich muss er die im Vergleich zur spirituellen Verfassung unreine Verfassung seiner Schüler ertragen. Das ist wahrlich ein Opfer, das der vollkommene spirituelle Mensch bringt, um der spirituellen Anlage seiner Schüler zur Entwicklung zu verhelfen.

Ja, er bewegt sich nicht nur unter ihren Fehlern und Unvollkommenheiten und erträgt sie mit Geduld – er schiebt sie sogar zur Seite, um immer wieder zum spirituellen Kern, zum Geistprinzip seiner Schüler, vorzudringen. Er „wäscht" die Seinen, indem er in Liebe und Barmherzigkeit ihre Unreinheit entfernt. Als geduldiger Lehrer versucht er, ihr Unverständnis zu beseitigen. Er flößt ihnen Mut ein, wenn es ihnen an Selbstvertrauen mangelt, und behebt ihre Zaghaftigkeit und Angst. Er gibt ihnen immer wieder Maßstäbe und Orientierung inmitten der Ablenkungen der irdischen Welt. So badet er sie unaufhörlich in seiner Kraft, Zuversicht und Erkenntnis und hilft ihnen dadurch, den Schmutz der irdischen Schwächen, Ängste und Unwissenheit abzuwaschen.

Sie andererseits empfinden seine Barmherzigkeit und Geduld tatsächlich wie ein warmes Bad. Sie fühlen sich in ihren Schwächen angenommen und verstanden, sie können sich den spirituellen Kräften des Meisters öffnen, sie spüren, wie sich in seinen Kräften der Schmutz der irdischen Welt löst, wie Unsicherheit, Mutlosigkeit und Müdigkeit von ihnen abfallen, wie sie trotz aller irdischer Schwächen und Deformationen dennoch als spirituelle Menschen wachsen und an Kraft zunehmen. Vor allem: Sie spüren, wie durch diese Reinigung der unvollkommene spirituelle Mensch in ihnen zur Gemeinschaft mit dem vollkommenen spirituellen Menschen findet.

Dabei bleibt der vollkommene spirituelle Mensch „Meister und Herr", wie später, in Vers 13, betont wird. Denn nur er besitzt die Kraft, die diese Reinigung ermöglicht und Gemeinschaft zwischen ihm und den Schülern stiftet. Dessen müssen sie sich bewusst sein, sich darauf einstellen und die Reinigung auch wirklich geschehen lassen, ja daran mitarbeiten. Würden sie seine Barmherzigkeit und Liebe, die alle Schwächen erträgt, nur genießen und dabei die Alten bleiben, so würden sie ihn ausbeuten. Sie würden sich selbst zu Herren der Vorgänge machen und dadurch die Herausbildung der spirituellen Gemeinschaft verhindern.

Die Reinigung der Schüler durch ihren Meister setzt zwar voraus, dass er in Liebe und Barmherzigkeit den armseligen irdischen Zustand erträgt, der ihr Geistprinzip umhüllt. Aber dieses Ertragen ist nicht die Hauptsache. Die Hauptsache ist, dass er mit seinen Kräften zum Geistprinzip durchdringt und Verbindung mit ihm aufnimmt, um ihm Entwicklungsmöglichkeit zu schenken. Es geht nicht primär um den irdischen Menschen. Die Schüler könnten sich sagen, wenn sie als irdische Menschen die Liebe und Barmherzigkeit des Meisters spüren: Jetzt bin ich in seiner Liebe geborgen, mir wird alles verziehen, so werde ich erlöst. Doch damit hätten sie den Sinn der Waschung nicht begriffen. Es geht um die Erlösung des spirituellen Menschen. *Dafür* erfolgt die Reinigung von allen irdischen Unzulänglichkeiten. Sie kann auch sehr schmerzhaft sein. Wenn dem Menschen seine Illusionen und Gewohnheiten durch die spirituellen Kräfte wie Schmutz abgewaschen werden, so ist das nicht angenehm. Er kann sich sogar dagegen auflehnen und seine Reinigung verhindern. Judas illustriert das später.

Wenn der Meister seine spirituellen Kräfte den Schülern überträgt und sie dadurch reinigt, stiftet er eine besondere, auf Gegenseitigkeit beruhende Gemeinschaft unter ihnen: die Gemeinschaft unter spirituellen Menschen. Damit ist eine unauflösliche Verbindung zwischen dem Fühlen, dem fünften Aspekt der spirituellen Matrix, und den Schülern geschaffen. Das neue spirituelle Fühlen – umfassende Liebe und Hingabe – wirkt nun unmittelbar in den Schülern des Meisters weiter und kann seinen Schülersschülern und so fort weitergegeben werden.

So hat die Fußwaschung im Johannesevangelium dieselbe Bedeutung wie das Abendmahl bei den synoptischen Evangelisten. Auch im Abendmahl der Synoptiker gibt Jesus vor seinem Tod in den Symbolen Brot und Wein seine spirituelle Substanz und Energie, „Fleisch“ und „Blut“, unmittelbar an seine Schüler weiter und verbindet dadurch sein Wesen und seine Kraft unauflöslich mit den „Seinen“, wodurch sie ebenfalls gereinigt werden. Doch ist das Symbol der Fußwaschung wohl besser geeignet, den Aspekt der Reinigung zu betonen. In beiden Fällen steht aber im Mittelpunkt die Stiftung einer spirituellen Gemeinschaft, die von nun an den kontinuierlichen Fluss der spirituellen Kräfte von der göttlichen Welt des Lichtes in die irdische Welt der Finsternis verbürgt.

Durch die nun folgenden Missverständnisse des Petrus macht der Evangelist deutlich, worum es bei der Waschung, und speziell der Fußwaschung, geht. Es ist seine alte Methode, im Kontrast zu groben Missverständnissen das wahre Verständnis aufscheinen zu lassen. Das Wesen des irdischen Menschen ist, über andere zu herrschen und ihre Kräfte für sich zu beanspruchen. Das Wesen des vollkommenen spirituellen Menschen dagegen ist, all seine Kräfte, ja sich selbst, für die „Seinen“ hinzugeben. So dient er den „Seinen“ und nimmt in seiner Barmherzigkeit all ihren irdischen Schmutz in Kauf, wäscht ihn sogar ab, um ihnen die spirituelle Gemeinschaft mit ihm zu ermöglichen.

Petrus begreift diesen Zusammenhang zuerst nicht und missversteht Jesus. „Herr, du willst mir die Füße waschen?“ Für ihn ist Jesus der Herr im irdischen Sinn. Wie könnte er sich von ihm bedienen lassen, ja, sich die Füße waschen lassen, was der niedrigste Sklavendienst ist? Das gibt Jesus Gelegenheit, später, Vers 12–14, zu erklären, was das Wesen eines „Herrn“ im spirituellen Sinn ist. „Versteht ihr, was ich euch getan habe?“ Der Herr im irdischen Sinn lässt sich bedienen. Der Herr im spirituellen Sinn dient den „Seinen“ und wäscht ihren Schmutz ab. Im Augenblick der Handlung versteht Petrus das noch nicht – er wird „es aber nachher verstehen“, wenn Jesus es erklärt.

Das zweite Missverständnis des Petrus bezieht sich auf die Waschung speziell der Füße. Als Petrus erfährt, diese Waschung sei erforderlich, damit Gemeinschaft zwischen ihm und dem vollkommenen spirituellen Menschen entstehe, möchte er gleich ganz gewaschen werden, nicht nur an den Füßen. Die Füße aber sind Symbol für den Willen des Menschen: für seine Standfestigkeit im Leben, seine Treue zu sich selbst, auch für sein Festhalten an einer einmal eingeschlagenen Wegrichtung.

Der Evangelist wählt hier nicht ohne Absicht gerade Petrus als Gesprächspartner Jesu. Denn Petrus verkörpert traditionell das Willenselement im Kreis der Schüler. Wenn der Wille als Lebensfundament gereinigt wird, wird dadurch allmählich auch der ganze Mensch – einschließlich seiner Gedanken und Handlungen – gereinigt. Es genügt also, den Willen zu reinigen. Es genügt für den Schüler auf dem spirituellen Weg, alle Ablenkungen des Willens durch irdische Belange zu beseitigen und ihn allein auf den spirituellen Weg zu richten. Dann werden sich dieser Richtung auch Gedanken und Handeln – Kopf und Hände – anschließen. Deshalb sagt Jesus zu Petrus: „Wer [an den Füßen] gewaschen ist, bedarf weiter keiner Waschung, sondern er ist ganz rein.“ Damit drückt Jesus im Bild den spirituellen Sachverhalt aus, dass der Wille im Menschen für den spirituellen Weg das Entscheidende ist. Ist der Wille gereinigt, so ist der ganze Mensch rein.

Auch Judas Ischarioth, dem späteren Verräter, werden von Jesus die Füße gewaschen. Auch ihm erweist der vollkommene spirituelle Mensch Barmherzigkeit und Liebe, um ihn für seinen spirituellen Weg zu reinigen und die besondere Gemeinschaft zwischen Meister und Schüler für ihn zu stiften. Judas aber reagiert negativ auf diesen Reinigungsversuch und diese Kräfte. Er lässt sich nicht reinigen.

Die Fußwaschung als Vermächtnis

13, 12 *Als er ihnen nun die Füße gewaschen und seine Kleider genommen und sich wieder zu Tisch gesetzt hatte, sprach er zu ihnen: Versteht ihr, was ich euch getan habe?* ***13*** *Ihr nennt mich Meister und Herr, und ihr sagt es mit Recht; denn ich bin es.* ***14*** *Wenn nun ich, der Herr und der Meister, euch die Füße gewaschen habe, ist es auch eure Pflicht, einander die Füße zu waschen.* ***15*** *Denn ein Vorbild habe ich euch gegeben, damit auch ihr tut, wie ich euch getan habe.* ***16*** *Wahrlich, wahrlich, ich sage euch: Ein Knecht ist nicht größer als sein Herr, noch ein Gesandter größer als der, welcher ihn gesandt hat.* ***17*** *Wenn ihr dies wisst – selig seid ihr, wenn ihr es tut.* ***18*** *Ich rede nicht von euch allen; ich weiß, welche ich erwählt habe. Aber das Schriftwort muss erfüllt werden:*

„Der mein Brot isst, hat seine Ferse wider mich erhoben.“

19 *Von jetzt an sage ich es euch, bevor es geschieht, damit ihr, wenn es geschieht, glaubt, dass ich es bin.* ***20*** *Wahrlich, wahrlich, ich sage euch: Wer einen aufnimmt, wenn ich ihn sende, nimmt mich auf; wer aber mich aufnimmt, nimmt den auf, der mich gesandt hat.*

Wie bei den Synoptikern während des Abendmahls Jesus zu seinen Schülern sagt, sie sollten auch nach seinem Tod immer wieder die von ihm ausgeteilten Substanzen und Energien – „Wort“ und „Leben“, „Fleisch“ und „Blut“ – aufnehmen und dadurch die Gemeinschaft mit ihm und untereinander beleben, so vertraut Jesus auch bei der Fußwaschung das Vermächtnis einer neuen spirituellen Gemeinschaft seinen Schülern an.

Auch die Schüler sollen untereinander die spirituellen Kräfte, die in ihnen schon wirksam geworden sind, weitergeben. Jeder soll dem anderen mit der Liebe und Barmherzigkeit begegnen, die spontan von dem sich entwickelnden spirituellen Menschen ausgehen. In dieser spirituellen Barmherzigkeit wird sich jeder andere verstanden fühlen und bemerken, wie seine irdischen Behinderungen und Schwächen gegenstandslos werden. Er wird frei von ihnen – sie werden wie in einem Bad abgewaschen –, und seine neuen, spirituellen Möglichkeiten werden angeregt und genährt. So unterstützen die „Seinen" einander durch Reinigung des irdischen und Stärkung des spirituellen Menschen und bilden eine neue Gemeinschaft. Sie ist gewachsen, sie ergibt sich aus dem immer spürbarer werdenden spirituellen Zustand der Schüler. Sie ist eine selbstverständliche Realität, anders als eine Gemeinschaft, die aus den moralischen Anstrengungen ihrer Angehörigen, gut und freundlich zu sein, gebildet wird. Eine derartige Gemeinschaft wird doch weiter von Spannungen durchzogen sein, weil ihre Grundlage nicht spirituelle, sondern irdisch-moralische Kräfte sind und weil die Tendenz zu Unverständnis, Kritik und Bosheit nur mühsam unterdrückt ist.

Die Schüler Jesu bilden ihre spirituelle Gemeinschaft nach dem Vorbild ihres Herrn und Meisters. Der vollkommene spirituelle Mensch ist, auch wenn sein Wesen im Dienen besteht, größer als der unvollkommene, sich noch entwickelnde. Der Unvollkommene braucht den Vollkommenen zu seiner Entwicklung. Und er lernt vom Vollkommenen, dass wirklich das Wesen des spirituellen Menschen die vorbehaltlose Weitergabe von Kräften an die „Seinen" ist.

Der irdische Mensch will sich Kräfte aneignen und herrschen. Der spirituelle Mensch schenkt Kräfte und dient. Entsprechend unterscheidet sich die Gemeinschaft irdischer Menschen von derjenigen der Schüler auf dem spirituellen Weg. Das erklärt Jesus seinen Schülern. „Wenn ich, der vollkommene spirituelle Mensch, euch die Füße gewaschen habe" – wenn ich euren Willen so von irdischen Bestrebungen gereinigt habe, dass er sich ganz auf die spirituelle Welt richtet –, „ist es auch eure Pflicht, einander die Füße zu waschen". Dann habt auch ihr – als sich entwickelnde spirituelle Menschen – die Pflicht, euch gegenseitig durch Barmherzigkeit und Verständnis von der Bedrängnis durch irdische Zustände zu befreien und euren Willen auf die spirituelle Welt zu richten. Das müsst ihr verstehen – „wenn ihr dies wisst". Und wenn ihr es auch tut, seid ihr „selig". Denn dann befindet ihr euch im Einklang mit den spirituellen Gesetzen und im Einklang miteinander, im gleichen Streben nach Reinigung und Erleben einer neuen Gemeinschaft. Damit seid ihr im Einklang mit der im Menschen angelegten Bestimmung. Das ist Seligkeit.

„Wenn ihr es tut": Die ganze Erzählung von der Fußwaschung ist in erster Linie ein Bild, welches die Praxis des Meisters einer Mysterienschule seinen Schülern gegenüber und der Schüler untereinander beschreibt – die Praxis der Reinigung und der Weitergabe spiritueller Kräfte, wodurch eine neue Gemeinschaft entsteht. In zweiter Linie könnte es sich um die Stiftung eines Rituals handeln. Wie das Abendmahl als Ritual schon von den ersten christlichen Gemeinden regelmäßig gefeiert wurde, so könnte auch die Fußwaschung ein Ritual mit ähnlicher Funktion gewesen sein, das in manchen frühchristlichen Gemeinden üblich war. Auch in der heutigen Christenheit wird es bei besonderen Gelegenheiten noch gefeiert.

Doch wie jedes Ritual ist auch dieses nur ein Zeichen für die Praxis, eine Veranschaulichung des tatsächlichen Handelns auf dem spirituellen Weg. Würde die Fußwaschung vollzogen, ohne dass die Beteiligten einander wirklich verstehen und spirituell fördern, so wäre sie leere Form und würde höchstens eine Illusion von Gemeinschaft erzeugen. „Selig seid ihr, wenn ihr es tut." Wichtig ist außerdem, dass ihr versteht, was ihr tut: „Wenn ihr dies wisst".

Nicht alle Schüler nehmen die Reinigung durch spirituelle Kräfte des Meisters und ihrer Mitschüler geduldig hin. In manchen Schülern, nicht nur damals, sondern aller Zeiten, lösen diese Kräfte heftigen Widerstand aus. Der irdische Wille, der gereinigt werden soll, empört sich gegen die Reinigung, um so gewaltsamer, je mehr er vom Streben nach Macht, Geltung und Sicherheit erfüllt ist. Und in welchem Schüler auf dem spirituellen Weg ist dieses Streben schon vollständig aufgelöst? Deshalb schildert der Evangelist das Wissen Jesu, dass unter seiner Schülerschar ein Judas, ein Verräter, ist. Das „Schriftwort": „Der mein Brot isst, hat seine Ferse wider mich erhoben" (Psalm 41,10), beschreibt ein allgemeines Gesetz. Immer, in jedem Schüler auf dem spirituellen Weg und in jeder spirituellen Gemeinschaft, ist der Verrat am spirituellen Ziel möglich. Jeder Schüler auf dem spirituellen Weg reagiert als irdischer Mensch mit Widerstand auf die Reinigung durch spirituelle Kräfte. Und wenn der Widerstand größer ist als die Sehnsucht nach spiritueller Entwicklung, wird ein solcher Schüler zum Verräter.

Deshalb gilt das Schriftwort auch für die spirituelle Gemeinschaft Jesu. Es muss auch dort „erfüllt werden". Und da es die „Füße" sind, die gewaschen werden, erhebt der Verräter die „Ferse" gegen den Meister. Sein Wille, symbolisiert durch die Füße, will sich nicht reinigen lassen. Er empört sich. Das im Schriftwort verwendete Bild der „Ferse" – mag es auch, wie festgestellt worden ist, auf einen Schreibfehler im alttestamentarischen Text zurückgehen – passt zur „Fuß"waschung. Der irdische Wille des Verräters richtet sich gegen die spirituellen Kräfte, die ihn reinigen wollen.

Jesus kennt das Gesetz, dass in jeder spirituellen Gemeinschaft, ja in jedem Schüler auf dem spirituellen Weg ein potenzieller Verräter verborgen ist. Er beschreibt seinen Schülern dieses Gesetz – das durch das „Schriftwort" illustriert wird –, „damit ihr, wenn es geschieht, glaubt, dass ich es bin". Sollte aber Jesus, indem er ein Allwissen oder zumindest prophetisches Wissen demonstrierte, den Glauben der Schüler an seine Göttlichkeit haben hervorrufen oder stärken wollen? Wollte er die Schüler dadurch, dass seine Voraussage zu ihrer Zeit eintraf, zum Glauben an ihn veranlassen? Das würde Jesu eigener Warnung widersprechen, sich nicht durch Wunder oder übernatürliche Fähigkeiten beeindrucken zu lassen (4,48).

Der Satz: „damit ihr, wenn es geschieht...", ist anders zu verstehen. Jesus sagt: Ich sage es euch schon jetzt, damit ihr dann, wenn der Verrat geschieht, besser begreifen könnt, was da geschieht. Ihr könnt dann besser begreifen, dass ich verraten werden *muss*, weil immer und in jedem Schüler Widerstand gegen die Reinigung des irdischen Willens durch spirituelle Kräfte auftritt. Ihr könnt dann begreifen, „dass ich es bin", der vollkommene spirituelle Mensch, gegen den sich der Verrat richtet. Denn vom vollkommenen Menschen geht immer eine Wirkung der Reinigung aus, die so manchen zum Verrat an ihm veranlasst.

Aber auch von dieser Wirkung kann auf sein Wesen geschlossen – kann an ihn „geglaubt" – werden. Ich skizziere euch also, sagt Jesus, schon jetzt die gesetzmäßigen Zusammenhänge – die ihr jetzt noch nicht begreifen könnt –, damit ihr dann, wenn sie geschehen, begreift, wie meine Wirkung sein *muss* und wie ich selbst bin. So sind die Schüler durch die Beschreibung der gesetzmäßig ablaufenden Vorgänge schon auf die künftigen Geschehnisse vorbereitet. Wenn diese dann eintreten, nehmen sie sie ganz anders wahr und können sich für die Zusammenhänge öffnen, das heißt „glauben". Sie bemerken die vom spirituellen Menschen ausgehenden Wirkungen und damit auch sein Wesen und glauben und begreifen, „dass ich es bin".

Aus dem Verhältnis zwischen Meister und Schüler folgen zwei besondere Verhaltensregeln, die in Vers 16 beschrieben werden. Erstens sollen sich die Schüler wie der Herr verhalten. In der Fußwaschung wird demonstriert, wie sich der spirituelle „Herr" gegenüber seinen Schülern verhält. Er dient ihnen und stiftet dadurch eine neue spirituelle Gemeinschaft. Genauso sollen sich seine Schüler verhalten, die nicht größer als der Herr sind. Die Betonung liegt hier auf der Notwendigkeit, dass sich die Schüler wie der Herr verhalten.

Zweitens sind die Schüler, wenn sie anderen Menschen begegnen, Stellvertreter des Herrn. Die spirituellen Kräfte sollen immer weiterfließen, von Mensch zu Mensch und in die ganze Menschheit hinein. Der Herr sendet Schüler aus, die, wie er selbst, auf empfängliche Menschen stoßen. Die Betonung liegt hier auf der Tatsache, dass den Empfängern, wenn sie Kräfte der Schüler empfangen, Kräfte des Herrn zufließen.

In beiden Aspekten besteht eine unauflösliche Einheit zwischen Meister und Schülern und eine Vorrangstellung des Meisters. Denn er ist die Quelle der spirituellen Kräfte. Die Schüler empfangen sie nur und geben sie weiter.

Dadurch, dass der vollkommene spirituelle Mensch seine Schüler in die Welt hinaussendet und sie zur Weitergabe der von ihm empfangenen spirituellen Kräfte verpflichtet, werden diese Kräfte in der Welt der Finsternis verankert. Denn wer die vom vollkommenen spirituellen Menschen gesandten Schüler und ihre Kräfte empfängt, empfängt die Kräfte des Meisters, die zugleich Kräfte der göttlichen Welt sind: „Wort", „Leben" und „Licht".

Durch die Fußwaschung verbindet Jesus besonders das Fühlen der neuen Geistpersönlichkeit mit seinen Schülern. Es ist der fünfte Aspekt der siebenfachen Matrix des vollkommenen spirituellen Menschen. Jesus hatte diesen Aspekt in der irdischen Welt verankert, als er das „Wunder" vollbrachte, übers Wasser zu gehen, und seine Schüler aus der Turbulenz ihrer irdischen Gefühle ans sichere Ufer des Vertrauens in die spirituelle Welt brachte. Jetzt zeigt er ihnen rituell, in welchen Gefühlskräften der spirituelle Mensch lebt. Er hat unerschöpfliches Verständnis und Mitgefühl für andere und dient ihnen. Er ist ihnen mit diesen Kräften bei der Reinigung von irdischen Einflüssen behilflich und fördert sie so in ihrer spirituellen Entwicklung. Dadurch entsteht eine neue Art der Gemeinschaft. Damals wie jetzt geht es um das „Wasser": damals um das „alte" Wasser der irdischen Empfindungen und Leidenschaften, über die der vollkommene spirituelle Mensch hinweggeht, ohne darin zu versinken, jetzt um das „neue" Wasser der spirituellen Empfindungen, in denen er die „Seinen" badet. Solche Empfindungen entwickeln sich in allen, die sich dem fünften Aspekt der siebenfachen Matrix anvertrauen. Sie werden dienstbereit und voll Verständnis den spirituellen Menschen im eigenen Wesen und bei anderen fördern.

Verbindung des neuen Denkens mit den Schülern

Das Abendmahl

13, 21 *Als Jesus dies gesprochen hatte, wurde er im Geist erregt und bezeugte und sprach: Wahrlich, wahrlich, ich sage euch: Einer unter euch wird mich verraten.* ***22*** *Die Schüler sahen einander an, ratlos darüber, von wem er rede.* ***23*** *Einer von seinen Schülern lag an Jesu Brust, der, den Jesus lieb hatte.* ***24*** *Diesem winkt nun Simon Petrus und sagt zu ihm: Sage, wer es ist, von dem er redet!* ***25*** *Jener lehnt sich so an die Brust Jesu und sagt zu ihm: Herr, wer ist es?* ***26*** *Da antwortet Jesus: Der ist es, dem ich den Bissen eintauchen und geben werde. Darauf taucht er den Bissen ein, nimmt ihn und gibt ihn dem Judas, dem Sohn des Simon Ischarioth.* ***27*** *Und nach dem Bissen, da fuhr der Satan in ihn. Jesus sagt nun zu ihm: Was du tun willst, tue bald!* ***28*** *Aber keiner von denen, die zu Tisch saßen, verstand, wozu er ihm das sagte.* ***29*** *Denn einige meinten, weil Judas die Kasse hatte, wolle ihm Jesus sagen: Kaufe, was wir zum Fest bedürfen; oder er solle den Armen etwas geben.* ***30*** *Als nun jener den Bissen genommen hatte, ging er alsbald hinaus. Es war aber Nacht.*

Wie seinerzeit Empfindung und Denken in engstem Zusammenhang standen – unmittelbar nach der Speisung mit Brot erfolgte das „Wunder" des Gehens über das Wasser –, so kommt auch jetzt der Evangelist von der Schilderung der Fußwaschung unmittelbar zur Schilderung der Austeilung von Brot durch Jesus. Durch diese Austeilung von „Brot", von neuer spiritueller Nahrung besonders für das Denken, verbindet Jesus seine Schüler mit dem vierten Aspekt der Matrix des vollkommenen spirituellen Menschen. Er verbindet sie mit der Möglichkeit, den Sinn des menschlichen Lebens zu erkennen.

Aber gerade wenn ein Schüler das „Brot" des spirituellen Menschen isst, ist die Gefahr am größten, dass er seine Ferse wider ihn erhebt. Warum? Das Grundgesetz des spirituellen Weges lautet: „Wer sein Leben liebt, verliert es, und wer sein Leben in dieser Welt hasst, wird es ins ewige Leben bewahren (12,25). Die Liebe zum irdischen Leben – „wer sein Leben liebt" – muss vom Schüler auf dem spirituellen Weg in den Kräften des ewigen Lebens allmählich aufgelöst werden. Es lebt zwar in ihm die auf dem Weg gewonnene Einsicht, dass das spirituelle Reich ein Reich des Dienens und Gebens ist, keines des Herrschens und Nehmens. Trotzdem tobt in seiner Seele ein dauernder Kampf zwischen der Liebe zum irdischen und der Liebe zum ewigen Leben.

Besonders in Judas tobt von Anfang an dieser Seelenkampf. Hatte er nicht seinerzeit die höchste Liebesfähigkeit des Menschen sozialen und humanen Zielen in der irdischen Welt dienstbar machen wollen? (12,5). Und nun wird ihm von Jesus der Bissen gereicht. Er empfängt noch einmal spirituelles „Brot", Einsicht in den spirituellen Sinn des Lebens, von seinem Meister. Aber gerade in diesem Augenblick melden sich die Gegenkräfte der Finsternis um so stärker in ihm. Sie spüren, dass ihnen dieser Mensch zu entgleiten droht, und bieten alle Macht auf, ihn in ihrer Sphäre zu halten. Die Liebe zum irdischen Leben, die Anmaßung der Finsternis, das

Maß aller Dinge zu sein – mit anderen Worten: der „Satan“ – dringen auf Judas ein, überwältigen ihn und nehmen von ihm Besitz. Das drückt der Evangelist mit den Worten aus: „Da fuhr der Satan in ihn.“ Der „Satan“ hat um so leichteres Spiel mit Judas, als diesem, wie der ganzen Schülergemeinschaft, der physische Tod droht. Die Todesangst mobilisiert zusätzlich die Liebe zum irdischen Leben.

Was bisher als Ziel des spirituellen Weges in Judas gelebt hatte, das verwirft er jetzt vollständig und schlägt sich ganz auf die Seite des irdischen Lebens. Das ist sein innerer Verrat. Daraus folgt der äußere. Er verwirft Jesus, die Verkörperung seines spirituellen Zieles, und geht zu den irdischen Mächten über. Ja, er liefert ihnen Jesus aus, da er wie unter einem Zwang steht. Er fühlt sich getrieben, demonstrativ seine neue Loyalität zu bekunden. Und vor allem ist ihm der Anblick seines Meisters, den er verraten hat, unerträglich. Er muss ihn sich aus den Augen schaffen.

So benutzt der „Satan“ einen solchen Menschen als Werkzeug, die Wirksamkeit des spirituellen Menschen zu behindern und zu vereiteln. Der „Satan“, die überpersönliche Konzentration der Anmaßung des irdischen Menschen, bedient sich gerade enttäuschter, von Todesangst erfüllter spiritueller Schüler, um seine Herrschaft zu errichten. Er durchkreuzt so die Anstalten des vollkommenen spirituellen Menschen, die Finsternis mit Licht zu durchdringen und all die „Seinen“ wieder zu Kindern Gottes werden zu lassen.

Angesichts dieser Vorgänge wurde Jesus „im Geist erregt“. Damals, in der Bildgeschichte von der Auferweckung des Lazarus, war er erschüttert über die Tatsache des Todes und dessen Folgen für die irdischen Menschen gewesen. Jetzt ist er erschüttert über die Tatsache des Bösen und dessen Folgen für die spirituelle Entwicklung der Menschheit. Das Böse ist in der Lage, die kostbarsten Beziehungen zwischen Menschen – die zwischen einem spirituellen Meister und seinen Schülern – zu zerstören und das Werk des spirituellen Menschen nachhaltig zu behindern. Ein Schüler, der lange Zeit in der Gemeinschaft des Meisters verbracht hat und den spirituellen Weg gegangen ist, verlässt nicht nur die Gemeinschaft, sondern verrät auch noch den Meister! Er liefert ihn an seine Feinde aus! Müsste ein Schüler, dem der Meister so viele Einsichten vermittelt und dessen irdische Mängel er – in dienender „Fußwaschung“ – ununterbrochen ertragen hat, nicht dankbar für dieses Bad der Barmherzigkeit und Liebe, dieses ununterbrochene Opfer des Meisters sein? Statt dessen erhebt sich Widerstand in ihm, Kritik und Empörung gegen den Meister. Er „hat seine Ferse wider mich erhoben“.

Die Schüler Jesu andererseits sind „ratlos“, ähnlich wie damals die Weinenden am Grab des Lazarus. Der Augenblick ist gekommen, in dem das in ihrer Gemeinschaft schon lange schwelende Böse offenbar wird.

Immer wird das in einem Menschen auf dem spirituellen Weg oder in einer spirituellen Gemeinschaft schwelende Böse, wenn die Zeit dafür reif ist, offenbar und aktiv werden. Es wird offenbar und aktiv, wenn die in dieser Gemeinschaft wirksamen spirituellen Kräfte so stark sind, dass sie zur Entlarvung des Bösen übergehen können und müssen. Deshalb kündigt Jesus in diesem Augenblick der Wahrheit an: „Einer unter euch wird mich verraten.“ Und deshalb wollen auch seine Schüler in diesem Augenblick endlich das verborgene, latente Böse in ihrer Gemeinschaft ans

Tageslicht bringen. Sie dringen vom Inneren zum Innersten ihres Meisters vor, um Gewissheit zu erhalten. Petrus, ihr Wortführer, gibt ihr Bedürfnis nach Ehrlichkeit und Aufrichtigkeit, nach Aufdeckung aller bisher verborgenen bösen Tendenzen, an den Schüler weiter, „den Jesus liebhatte" und der an der „Brust Jesu" lag – Sinnbild dafür, dass er dem Herzen seines Meisters am nächsten war. Ihm gelingt es, den Meister zur Aufdeckung des Bösen zu veranlassen.

Indem Jesus den Bissen eintaucht und dem Judas überreicht, bezeichnet er den Verräter. Indem er Judas mit dem spirituellen Lebenssinn konfrontiert, meldet sich verstärkt die Angst des irdischen Menschen in Judas, sein eigenes, irdisches Leben der Anmaßung zu verlieren. Durch die im Menschen wirkenden spirituellen Kräfte werden die irdischen Kräfte, welche die spirituellen verraten wollen, zur Offenbarung gedrängt: Sie werden „bezeichnet".

Die Fronten werden endgültig klar. Die Aufnahme spiritueller Kräfte durch einen Menschen ruft den Widerstand des irdischen Wesens gegen den eigenen Untergang und die Kräfte „Satans" hervor, die sich dieses Wesens bedienen. Umgekehrt rufen die so erregten irdischen Kräfte einen Impuls des spirituellen Menschen hervor, das Böse von sich zu entfernen und es zu deutlichster Selbst-Manifestation zu veranlassen. Die Worte: „Was du tun willst, tue bald", illustrieren diese Wirkung, die vom spirituellen Menschen zum Verräter ausgeht und ihn zum sofortigen Handeln bestimmt. Judas verhält sich dementsprechend und geht hinaus – in die Nacht. Mit seinem Vorhaben entzieht er sich der Sphäre des Lichtes und überlässt sich der Sphäre der Finsternis.

Der vollkommene spirituelle Mensch weiß, dass Judas – die Kräfte Satans – ihn den irdischen Mächten ausliefern werden. Er weiß, dass die irdischen Mächte ihn töten werden. Aber er lässt es geschehen. Nicht, um einen „Heilsplan" für die Menschen durchzuführen. Er lässt es geschehen, weil es seinem Wesen entspricht, alle Reaktionen auf sein Wesen zuzulassen, auch die feindlichen.

Doch weiß er auch, was sich seine Gegner durch ihre Reaktionen selbst zufügen werden. Judas und die irdischen Mächte werden sich selbst richten. Indem sie aber den spirituellen Menschen verraten und töten, verbinden sie sich in ihrem Hass umso stärker mit der von ihm verkörperten Wahrheit. Auf lange Sicht, vielleicht nach vielen Inkarnationen, wird sie auch in ihnen durchbrechen und auch sie zu einem spirituellen Weg veranlassen. Auch dies liegt nicht in irgendeinem „Plan" Jesu. Er verfolgt keine Zwecke. Er verhält sich seinem Wesen entsprechend, weiß, was dadurch geschehen wird, und willigt darin ein.

Bei Vers 28 und 29 handelt es sich um einen Einschub seitens eines Abschreibers oder Bearbeiters, der offensichtlich den Text nicht verstanden hatte. Denn die vorhergehenden Verse lassen ausdrücklich erkennen, dass die Schüler durchaus begriffen hatten, warum Jesus zu Judas sagt: „Was du tun willst, tue bald." Sie wissen, dass es um den Verrat durch einen der Ihren geht – Jesus hatte gesagt: „Einer unter euch wird mich verraten." Sie fragen Jesus, wer der Verräter ist. Und Jesus bezeichnet Judas ausdrücklich als den Verräter, so, dass alle es verstehen müssen. Wenn Judas aufsteht und hinausgeht, so liegt auf der Hand, dass er sich anschickt, den Verrat zu begehen, und dass Jesu Worte: „Was du tun willst, tue bald", sich darauf beziehen. Die Schüler Jesu müssen also verstanden haben, „wozu er (Jesus) ihm das sagte".

Die Meinungen, die ihnen der Kommentator unterstellt, sind aus seinem eigenen Unverständnis hervorgegangene Vermutungen.

Verherrlichung des vollkommenen spirituellen Menschen

13, 31 *Als er nun hinausgegangen war, sagt Jesus: Jetzt ist der Sohn des Menschen verherrlicht, und Gott ist verherrlicht in ihm.* ***32*** *Ist Gott verherrlicht in ihm, so wird auch Gott ihn verherrlichen in sich, und er wird ihn alsbald verherrlichen.* ***33*** *Kinder, noch eine kurze Zeit bin ich bei euch. Ihr werdet mich suchen, und wie ich zu den Juden gesagt habe: Wohin ich gehe, dahin könnt ihr nicht kommen, so sage ich jetzt auch zu euch.* ***34*** *Ein neues Gebot gebe ich euch, dass ihr einander lieben sollt, wie ich euch geliebt habe, dass auch ihr einander lieben sollt.* ***35*** *Daran wird jedermann erkennen, dass ihr meine Schüler seid, wenn ihr Liebe untereinander habt.*

36 *Simon Petrus sagt zu ihm: Herr, wohin gehst du? Jesus antwortete: Wohin ich gehe, dahin kannst du mir jetzt nicht folgen, du wirst aber später folgen.* ***37*** *Petrus sagt zu ihm: Herr, warum kann ich dir jetzt nicht folgen? Mein Leben will ich für dich hingeben.* ***38*** *Jesus antwortet: Dein Leben willst du für mich hingeben? Wahrlich, wahrlich, ich sage dir: Der Hahn wird nicht krähen, bis du mich dreimal verleugnet hast.*

„Verherrlichung“ bedeutet, dass die vier Hüllen der Persönlichkeit so von göttlichem „Wort“, „Leben“ und „Licht“ durchstrahlt werden, dass sie sich im Einklang mit der göttlichen Welt befinden und zu deren Ausdruck werden. Das Denken ist, von jeder Anmaßung befreit, zu einem klaren Spiegel geworden, der „Wort“, „Leben“ und „Licht“, Gesetzmäßigkeit, Energie und Bewusstsein der göttlichen Welt empfängt, erkennt und an Fühlen, Tatkraft und Handeln weitergibt. Das Fühlen wird vom göttlichen Licht erhellt und ist ganz Barmherzigkeit und Liebe. Die Lebenskraft ist von der göttlichen Energie erfüllt und ermöglicht ein neues Sehen, das die Gesetzmäßigkeiten des Lebens schaut. Und das Handeln vollzieht diese Gesetzmäßigkeiten mit.

Immer wieder berichtet der Evangelist, dass Jesus, der vollkommene spirituelle Mensch, in diesen Zustand völligen Einklangs mit der göttlichen Welt gerät und „verherrlicht“ wird. Meist geht dem ein Zustand der Erregung und Erschütterung der Persönlichkeit voraus, und einmal wird sogar im Zusammenhang mit der „Verherrlichung“ berichtet, dass der Satan „hinausgeworfen“ wird (12,31). Das ist sehr schlüssig. Denn erst nach der Beseitigung einer Seelentrübung kann völlige Klarheit und Helligkeit der Seele eintreten. Eine Seelentrübung wird vor allem durch die Auseinandersetzung mit dem Bösen oder mit dem Tod verursacht. Indem der Satan – das Böse – „hinausgeworfen“ wird, wird die Trübung der Seele beseitigt und Helligkeit tritt an ihre Stelle.

Bei der Auferweckung des Lazarus war Jesus durch das Phänomen des Todes durch und durch erschüttert worden. Aber sofort, nachdem er diese Erschütterung überwunden hatte, zeigte sich seine Herrlichkeit am auferweckten Lazarus. Auch in der Szene, als er sich voller Bestürzung mit seinem eigenen Tod auseinandersetzte

(12,27), folgte der Erschütterung die „Klärung“, die Verherrlichung. Sobald Angst und Schrecken als Trübungen der Seele überwunden sind, können Kräfte aus der göttlichen Welt einströmen und die ganze Persönlichkeit „verherrlichen“.

Genau so geschieht es jetzt nach der Auseinandersetzung mit dem Verräter. Die Trauer und Erschütterung über die Möglichkeit, dass ein langjähriger Schüler seinen Meister verrät, hatte die Seele Jesu getrübt. Doch hatte er den Verursacher zum Hinausgehen veranlasst. Jetzt konnte die Trübung um so größerer Klarheit weichen. Daher spricht Jesus von seiner Verherrlichung gerade in dem Augenblick, als Judas „hinausgegangen“ war. Er befindet sich jetzt wieder völlig im Einklang mit den Gesetzen und Kräften der göttlichen Welt. Sie durchstrahlen ihn und stimmen alle Aspekte seiner Persönlichkeit auf sich ab. Gott selbst bringt sich in ihm und in seiner verherrlichten Persönlichkeit zum Ausdruck. Gott wird, wenn er den Menschensohn verherrlicht, selbst im Menschensohn verherrlicht. Der Menschensohn ist in Gott, und dadurch ist Gott im Menschensohn, so wie zwei gleichgerichtete Magnetfelder einander durchdringen und dadurch verstärken.

Eine solche Verherrlichung kann bei jedem Menschen, jedem „Sohn“ des wahren Menschen, eintreten, der wie der vollkommene spirituelle Mensch alle Hüllen seiner Persönlichkeit vom göttlichen „Wort“, „Leben“ und „Licht“ durchstrahlen und erhellen lässt, so dass Gott in ihm zum Ausdruck gelangt. Gott verherrlicht ihn, aber umgekehrt verherrlicht sich Gott auch in seinem Geschöpf, das wieder zum Sohn des Lichtes geworden ist.

Es werden weitere Situationen eintreten, da Gott den Menschensohn verherrlichen und sich dadurch selbst, im Menschensohn, verherrlichen wird. Der Zustand der Verherrlichung der Persönlichkeit wird endgültig sein, wenn der vollkommene spirituelle Mensch in sich die Ursache des Todes und damit den Tod überwunden hat und als neu gewordene, ganz auf die göttliche Welt abgestimmte Persönlichkeit „aufersteht“. Auf diese endgültige Verherrlichung beziehen sich Jesu Worte: „und (Gott) wird ihn alsbald verherrlichen“. Es ist nur noch eine kurze Frist bis zu diesem Augenblick, in dem Jesu physischer Körper am Kreuz getötet, aber seine neu gewordene Persönlichkeit mit einem neuen geistigen Körper auferstehen wird.

Seine Trennung vom physischen Körper wird die Trennung von den Schülern in der irdischen Welt zur Folge haben. Sie werden ihn suchen. Sie werden sich nach seiner irdischen Erscheinung zurücksehnen, die ermöglicht hatte, dass er sich direkt mit Worten und Gesten an sie wandte, dass sie unmittelbar Fragen an ihn stellten und Antworten erhielten und dass sie bei Problemen unmittelbar von ihm unterstützt wurden. Dieser unmittelbare physische Kontakt wird dann vorbei sein. Sie werden aber vorläufig noch nicht in der Lage sein, auf der seelischen und geistigen Ebene ähnlich konkreten Kontakt zu ihm aufzunehmen. Dazu wäre es notwendig, dass auch sie schon eine verherrlichte Persönlichkeit besäßen, die nach Denken, Fühlen, Lebenskraft und Handeln unmittelbar aus göttlichem „Wort“, „Leben“ und „Licht“ lebte. Dann könnten sie sich unmittelbar in der göttlichen Welt ausdrücken und bewegen. Aber weil diese Voraussetzung zu konkreter Begegnung auf seelischer und geistiger Ebene noch nicht gegeben ist, sagt Jesus zu ihnen: „Wohin ich gehe, dahin könnt ihr nicht kommen.“

Jesus weist noch einmal auf sein Vermächtnis hin, das er ihnen mit der Fußwaschung – real und als Ritual – hinterlassen hat. Liebt einander, „wie ich euch geliebt habe." Dadurch wird vorläufig der Kontakt zwischen Meister und Schülern indirekt erhalten bleiben. Gebt einander die spirituellen Kräfte, die sich, von mir angeregt, in euch schon entfaltet haben, weiter. Begegnet einander mit Barmherzigkeit, Liebe und Verständnis für alle Schwächen, aber nicht, um sie zu hätscheln, sondern um sie „abzuwaschen" und dadurch den Weg zur spirituellen Entwicklung freizumachen. Fördert einander in eurer spirituellen Entwicklung, indem ihr einander alles weitergebt, was ihr empfangen habt, indem ihr gebt, statt zu nehmen, dient, statt zu herrschen, und durch Verzeihen Gemeinschaft aufbaut, statt durch Kritik Gemeinschaft zu zerstören.

Wenn ihr euch in dieser starken, erkennenden Barmherzigkeit und Liebe begegnet, wird sich das auch auf andere auswirken. Sie werden erkennen, dass ihr spirituelle Menschen seid, dass ihr als Schüler des vollkommenen spirituellen Menschen anders seid als irdische Menschen. Darin besteht eure Sendung in der Welt: spirituelle Menschen zu sein, Schüler des vollkommenen spirituellen Menschen. Wer euch bei sich aufnimmt, weil er erkennt, dass er bei euch Erfüllung seiner spirituellen Sehnsucht findet, der nimmt mich auf.

Der Evangelist bettet die Verleugnung des Petrus, anders als die Synoptiker, in einen spirituellen Zusammenhang ein. Als Jesus sagt: „Wohin ich gehe, dahin könnt ihr nicht kommen", und zu Petrus noch ergänzt: „Du wirst aber später folgen", missversteht Petrus ihn. Jesus meint den spirituellen Zustand der Verherrlichung der Persönlichkeit, in den ihm die Schüler jetzt noch nicht folgen können. Sie können noch nicht, wie der vollkommene spirituelle Mensch, bewusst in der göttlichen Welt leben und ihr Ausdruck geben. Petrus aber meint, Jesus spreche von einer Gefolgschaft in irdischer Gefahr. Und er traut sich zu, seinem Meister in jede Gefahr folgen zu können, und wenn es ihn das Leben kosten sollte. Er ist von höchstem moralischen Mut erfüllt und weiß noch nicht: Es können Situationen eintreten, die so große Angst erzeugen, dass kein moralischer Mut ihnen gewachsen ist.

Jesus aber, der vollkommene spirituelle Mensch, kennt die Schwäche des irdischen Menschen und die Unzuverlässigkeit seiner moralischen Vorsätze. Er korrigiert des Petrus Fehleinschätzung, indem er ihm voraussagt, dass er in akuter Lebensgefahr nicht zu seinem Meister wird stehen können. Petrus wird sein irdisches Leben für den Meister nicht hingeben können, weil keine moralische Kraft der Gewalt der Todesangst gewachsen ist. Der Meister dagegen wird es für seine Schüler hingeben können, da er von spirituellen Kräften erfüllt ist.

Jesus hat seine Schüler, indem er ihnen „während eines Mahles" das „Brot" reichte, mit dem vierten Aspekt der Matrix des vollkommenen spirituellen Menschen verbunden. Jeder Mensch kann diese Verbindung nachvollziehen, wenn er das „Brot" isst, ohne seine „Ferse" gegen den Spender zu erheben. Er öffnet sich dann spirituellen Einsichten über den Sinn des Lebens. Er reagiert in Gegenseitigkeit auf die Gabe des vollkommenen spirituellen Menschen. Er erkennt, dass es der Sinn des Lebens ist, alle Eigenschaften und Fähigkeiten der irdischen Persönlichkeit dem göttlichen

„Wort“, „Leben“ und „Licht“ zu übergeben, um sie von ihnen verwandeln zu lassen und ihnen als Organ zu dienen.

Er muss dabei wissen, dass es auch in ihm jederzeit die Möglichkeit gibt, seine „Ferse“ gegen den Spender des Brotes zu erheben. Gerade wenn er den Bissen spiritueller Einsicht empfängt, können sich alle Judas-Eigenschaften und -Fähigkeiten seiner Persönlichkeit in Todesangst gegen den Spender des Brotes empören. Sie möchten sich nicht den im eigenen Wesen wirkenden göttlichen Gesetzen und Kräften übergeben, sich nicht von ihnen verwandeln lassen und ihnen nicht als Organ dienen. Sie möchten sich selbst leben und sich selbst ihren Sinn geben.

Wenn aber der Empfänger des Brotes den spirituellen Menschen, der in ihm selbst ist, zum Judas, der in ihm selbst ist, sagen lässt: „Was du tun willst, tue bald“, und den Verräter auf diese Weise hinausschickt, wird auch ihm eine Verherrlichung zuteil werden: eine Klärung und Erhellung des Denkens, das sich der Bestimmung des Menschen voll bewusst wird.

Der Schüler auf dem spirituellen Weg muss außerdem wissen, dass auch er, wie Petrus, jederzeit zu einer Verleugnung seines innersten Zieles im Stande ist, mag er auch davon überzeugt sein, in allen Gefahren diesem Ziel treu bleiben zu können. Trotzdem wird auch er, auf einer neuen spirituellen Grundlage, dem vollkommenen spirituellen Menschen „später folgen“.

Verbindung des göttlichen Bewusstseins mit den Schülern: „Licht“

Eine „Stätte“ in der göttlichen Welt

***14 1** Euer Herz erschrecke nicht! Glaubt an Gott und glaubt an mich! **2** In meines*
Vaters Haus sind viele Wohnungen. Wo nicht, würde ich euch [dann] gesagt haben,
*dass ich hingehe, um euch eine Stätte zu bereiten? **3** Und wenn ich hingegangen bin*
und euch eine Stätte bereitet habe, komme ich wieder und werde euch zu mir neh-
*men, damit auch ihr seid, wo ich bin. **4** Und wohin ich gehe, dahin wisst ihr den Weg.*
***5** Thomas sagt zu ihm: Herr, wir wissen nicht, wohin du gehst; wie können wir den*
*Weg wissen? **6** Jesus sagt zu ihm: Ich bin der Weg und die Wahrheit und das Leben;*
*niemand kommt zum Vater außer durch mich. **7** Wenn ihr mich erkannt habt, werdet*
ihr auch meinen Vater erkennen. Und jetzt schon kennt ihr ihn und habt ihn gesehen.
***8** Philippus sagt zu ihm: Herr, zeige uns den Vater, so genügt es uns! **9** Jesus sagt zu*
ihm: So lange Zeit bin ich bei euch, und du hast mich nicht erkannt, Philippus? Wer
mich gesehen hat, der hat den Vater gesehen; wie kannst du sagen: Zeige uns den
*Vater? **10** Glaubst du nicht, dass ich im Vater [bin] und der Vater in mir ist? Die*
Worte, die ich euch sage, rede ich nicht von mir aus; der Vater aber tut seine Werke,
*indem er bleibend in mir ist. **11** Glaubt mir, dass ich im Vater bin und der Vater in mir*
*ist; wo nicht, so glaubt es [doch] um der Werke selbst willen! **12** Wahrlich, wahrlich,*
ich sage euch: Wer an mich glaubt, der wird die Werke, die ich tue, auch tun und wird
*größere als diese tun; denn ich gehe zum Vater, **13** und was ihr in meinem Namen er-*

bitten werdet, das werde ich tun, damit der Vater im Sohn verherrlicht wird. ***14*** *Wenn ihr in meinem Namen etwas erbitten werdet, werde ich es tun.*

Immer noch sind die „Tage vor dem Passa". Der vollkommene spirituelle Mensch fasst jedoch die Zeit nach dem Passafest, nach seinem physischen Tod, ins Auge, wenn seine Schüler ohne seine physische Gegenwart werden leben müssen. Und er schildert ihnen in großen Reden, mit welchen Problemen sie, allein in der irdischen Welt auf sich gestellt, werden rechnen müssen. Zugleich erklärt er ihnen, dass die Gemeinschaft mit ihm, ihrem Meister, auch wenn er nicht mehr im irdischen Körper weilt, im geistig-seelischen Bereich fortbestehen wird. Es wird, wie bisher auch, eine Gemeinschaft auf spiritueller Grundlage sein, doch wird sie einen neuen Charakter annehmen.

Dies sagt der Meister seinen Schülern zum Trost und spornt sie außerdem an, wie bisher die spirituelle Verbindung zu ihm – und über ihn zur göttlichen Welt, zum „Vater" – aufrechtzuerhalten. Er erklärt ihnen, auf welche Weise sie diese Verbindung auch nach seinem Weggang aus der irdischen Welt bewahren können. Durch diese Reden an seine Schüler verbindet sie Jesus mit den drei oberen Aspekten der Matrix des vollkommenen spirituellen Menschen: mit „Licht", „Leben", und „Wort", wiederum in umgekehrter Reihenfolge, als der Aufbau der Matrix erfolgt ist.

Dem dritten Aspekt der Matrix, dem göttlichen „Licht", entspricht die Verheißung des „Beistands", durch die der erste Teil der Reden im Besonderen charakterisiert ist. Es geht hier um die Einsamkeit der Schüler nach dem Weggang ihres Meisters, aber auch um eine Wirkung, die sich aus dieser Einsamkeit ergeben kann: ihre spirituelle Selbstständigkeit und Freiheit. Mit Hilfe des „Beistands" und in seiner Kraft wird in den Schülern ein neues spirituelles Bewusstsein, ein Selbst-Bewusstsein, ein Bewusstsein des wahren Selbst, entstehen. Das göttliche „Licht" wird sich in ihnen manifestieren, so dass sie selbstständig „Wort" und „Leben" erkennen und selbstständig aus dieser Erkenntnis – frei – handeln können. In der Kraft des „Beistands", des „heiligen Geistes", werden die Schüler den „Vater" unmittelbar „bitten", ohne Vermittlung durch den „Sohn", den vollkommenen spirituellen Menschen. Dieser Zustand der spirituellen Selbstständigkeit, die seelische Verbundenheit mit dem dritten Aspekt der Matrix des spirituellen Menschen, entspricht dem „Wunder", bei dem der Gelähmte am Teich Bethesda „aufsteht" und „geht".

Jesus weiß, dass sich seine Schüler, gewohnt, ihn in einem irdischen Körper zu sehen und von ihm Rat und Hilfe auf ihrem spirituellen Weg zu erhalten, einsam und verwaist fühlen werden, wenn er ihren irdischen Augen entschwindet. Der spirituelle Mensch, und erst recht der sich entwickelnde spirituelle Mensch, der vielleicht noch zaghaft die Schritte auf seinem Weg setzt, findet in der irdischen Welt keine Heimat. Die irdische Welt ist von Unwissenheit, blinder Leidenschaft und träger Haftung an den materiellen Dingen bestimmt. Alles in ihr ist vergänglich. Der spirituelle Mensch ist daher in ihr nicht zu Hause. Er fühlt sich verloren in ihr, da ihm ihre Werte und Ziele nicht entsprechen, und ihre Bewohner sich unter Umständen feindlich gegen ihn wenden. Die Schüler haben es ja vor Augen, das Schicksal ihres Meisters: Verfolgung und Hass bis in den physischen Tod.

Diese Angst seiner Schüler vor der Einsamkeit in einer ihnen fremden und feindlichen, unsicheren Welt spürt Jesus und ruft ihnen zu: „Euer Herz erschrecke nicht!" Denn ihr habt eine andere Heimat. Als Schüler auf dem spirituellen Weg seid ihr mit „Wort", „Leben" und „Licht" der göttlichen Welt verbunden, mit Gott selbst, und seid mit dem vollkommenen spirituellen Menschen verbunden, in dem „Wort", „Leben" und „Licht" menschliche Gestalt angenommen haben. Erinnert euch dieser Verbindung, öffnet euch den göttlichen Kräften, die euch von Gott und seinem Sohn her zuströmen – „glaubt an Gott und glaubt an mich!" Dann werdet ihr bemerken, dass ihr trotz allem eine Heimat habt: die göttliche Welt. Diese Heimat entspricht eurem Wesen, da ihr als spirituelle Menschen, und steht ihr auch erst am Anfang eures Weges, aus Gott geboren seid und einen Anspruch darauf habt, „Kinder Gottes" zu werden. Diese spirituelle Heimat ist, im Gegensatz zur irdischen Welt, verlässlich. Sie ist ein sicheres Fundament, in euch selbst gelegen, auf das ihr euch stützen könnt, wenn auch alles um euch herum ins Wanken gerät und euch verrät.

Die Heimat in der spirituellen Welt ist jedoch vorläufig nur prinzipiell gegeben. Sie muss erst noch zubereitet werden. Sie kann nur von der spirituellen Welt selbst und ihrem Gesandten, dem vollkommenen Menschen, zubereitet werden, und zwar während der Gesandte nicht – oder nicht mehr – im irdischen Körper weilt.

Solange er im irdischen Körper weilt, besteht eine konkrete Beziehung zwischen ihm und seinen Schülern in der sichtbaren Welt. Sobald er den irdischen Körper verlässt, wird und muss eine Beziehung zwischen ihm und seinen Schülern in der unsichtbaren Welt entstehen. Deshalb hat der Weggang des Gesandten aus der irdischen Welt auch positive Seiten. Er ist die Voraussetzung dafür, dass der vollkommene spirituelle Mensch eine neue Beziehung zu seinen Schülern und eine Heimat für sie in der spirituellen Welt aufbauen kann. Deshalb sagt Jesus, er gehe hin, seinen Schülern eine Stätte in seines „Vaters Haus", in der spirituellen Welt, zu bereiten.

Wie kann man sich das vorstellen? Die vielen „Wohnungen" in der spirituellen Welt und die Zubereitung dieser Wohnungen? Die spirituelle Welt ist ein gegliederter Bewusstseins-Kosmos mit Bewohnern, vielen Hierarchien spiritueller Wesen, die jeweils ihre besondere Aufgabe haben und in vollkommener Harmonie zusammenarbeiten. Sie sind als spirituelle Wesen allgegenwärtig und allbewusst, etwa so, wie elektromagnetische Felder überall im Raum ausgebreitet sind. Die Geistwesen durchdringen einander mit ihrem Bewusstsein und Sein, gehören alle zur gleichen göttlichen Ordnung, bilden somit ein Gemeinschafts-Bewusstsein und sind doch ein jedes von individueller Beschaffenheit. Wenn nun ein soeben erwachter oder sich entwickelnder spiritueller Mensch in diesen Kosmos eintreten will, müssen dessen Bewohner seinen Empfang vorbereitet haben. Er gehört zwar prinzipiell zu diesem Kosmos, er hat ein Anrecht darauf, „Kind Gottes" zu werden und wird schon lange erwartet. Aber er bewohnt den Kosmos noch nicht und muss seinen Platz im Gesamtgefüge erst noch erhalten, entsprechend seinen besonderen Eigenschaften.

Kann man sich auch vorstellen, *wie* so ein Platz geschaffen wird? Einfach dadurch, dass die Bewohner des spirituellen Kosmos sich in ihrem Bewusstsein auf die Eigenschaften des neuen Bewohners einstellen und dadurch ihr Gemeinschafts-Bewusstsein so strukturieren, dass der Neue seinen Platz darin finden kann. Es ist wie bei einem Orchester: Ein Neuankömmling wird nach seinen Fähigkeiten eingeschätzt, freundlich aufgenommen und eingegliedert, um für das Ganze seinen Beitrag zu leisten. Nur sind die Bewohner des spirituellen Kosmos keine von einander abgegrenzten Wesen mit begrenztem Bewusstsein, sondern Wesen mit unbegrenztem Bewusstsein, die sich einander durchdringen. An anderer Stelle der Bibel (Lukas 10, 20) ist von den „Namen" der spirituellen Menschen die Rede, die im Himmel geschrieben sind. Die „Tafeln", auf denen diese „Namen" – das Wesen der spirituellen Menschen – geschrieben sind, sind nichts anderes als die „Wohnungen" in des „Vaters Haus", die von einem erwachten spirituellen Menschen „bezogen" werden können. Es sind die „Orte" im Gesamtbewusstsein der Bewohner der göttlichen Welt, wo das Wesen der spirituellen Menschen seine Heimat hat.

Es sind „viele Wohnungen". Denn obgleich alle spirituellen Wesen die gleiche göttliche Grundstruktur und Substanz besitzen, gibt es unzählige Variationen dieses Grundmusters. Jeder spirituelle Mensch stellt eine Variation dieses Musters dar, mit eigenem Recht und eigener Aufgabe, doch harmonisch auf alle anderen Variationen bezogen. Jede Variation passt auf ihre Weise zur spirituellen Gemeinschaft.

Die Antwort dieser Gemeinschaft auf den einzelnen spirituellen Menschen ist also die „Wohnung", welche dieser in der spirituellen Welt bezieht. Alle Bewohner des Bewusstseinskosmos der göttlichen Welt stimmen ihr Bewusstsein und Sein auf Bewusstsein und Sein des „Neuankömmlings" ab und bilden ein Wissen darüber aus, wie seine besonderen spirituellen Eigenschaften in den gesamten Bewusstseinskosmos eingegliedert werden müssen. Das Ganze wird veranlasst und „geleitet" von dem den gesamten Bewusstseinskosmos durchdringenden Bewusstsein des vollkommenen spirituellen Menschen. Deshalb sagt Jesus, „ich gehe hin, euch eine Stätte zu bereiten".

Bedeutsam ist dabei, dass Jesus zu sich entwickelnden spirituellen Menschen spricht. Den irdischen Menschen gelten seine Worte nicht. Ihre „Namen" sind nicht im Himmel geschrieben, und für sie wird keine Stätte bereitet. Denn der irdische Mensch ist sterblich. Für ihn gibt es nach dem physischen Tod nur eine allmähliche Auflösung auch seiner nicht-materiellen Aspekte. Da er seine Gedanken, Gefühle, Bestrebungen, Handlungen und sein ganzes Ich-Bewusstsein nicht auf die unvergängliche göttliche Welt abgestimmt hatte, sind sie vergänglich und werden sich auflösen. Nur der spirituelle Kern in diesem irdischen Menschen – der „Name" –, mit der Ernte aller im Leben gemachten Erfahrungen, bleibt übrig. Da dieser „Name", die spirituelle Anlage im irdischen Menschen, normalerweise aber nicht erwacht, sondern unbewusst geblieben ist, kann es für ihn kein bewusstes Leben und Handeln – keine „Wohnung" – in der göttlichen Welt geben. Er muss wieder, anknüpfend an den Erfahrungen des vergangenen Lebens, in einen neuen Körper inkarnieren, um vielleicht in diesem zu erwachen und sich seiner selbst bewusst zu werden.

Der erwachte, bewusst gewordene spirituelle Mensch aber lebt schon vor dem Tod seines physischen, irdischen Körpers und erst recht nach dessen Tod in der göttlichen Welt, die seine Heimat ist. Er wird sich, von den darauf vorbereiteten Bewohnern der göttlichen Welt empfangen, in diese eingliedern und entsprechend seiner besonderen Beschaffenheit eine Aufgabe übernehmen. Er wird sich auch in der göttlichen Welt weiterentwickeln, um den Eigenschaften des „Vaters", die in ihm selbst wirken, immer besseren Ausdruck zu geben. So verwirklicht sich Gott immer besser und vollständiger in ihm und tut der Betreffende immer besser und vollständiger die Werke Gottes.

Wenn der vollkommene spirituelle Mensch seinen Schülern ihre Stätte in der göttlichen Welt bereitet hat, kommt er wieder und nimmt sie zu sich. Er kommt zu ihnen als „Wort", „Leben" und „Licht", das sie erleuchtet und zu bewussten spirituellen Menschen macht, welche bewusst ihre Stätte in der göttlichen Welt beziehen können.

Ihr braucht euch also nicht einsam in der irdischen Welt zu fühlen, sagt Jesus. Ihr könnt euch sicher sein, dass für euch als spirituelle Menschen eine Heimat in der göttlichen Welt wartet, ein Platz im unbegrenzten Bewusstsein und Sein der Gemeinschaft aller ihrer Bewohner. Eure Namen sind im Himmel geschrieben, und ich werde euch eine Stätte in meines Vaters Haus bereiten. Und, so fährt Jesus fort, ihr kennt sogar schon den Weg dorthin, auch wenn ihr ihn jetzt noch nicht gehen könnt.

Wieder nimmt der Meister das Unverständnis eines Schülers zum Anlass, einen Sachverhalt zu klären. Thomas sagt, sie, die Schüler, wüssten nicht, wohin der Meister geht und wie der Weg dorthin aussieht. Aber Jesus macht ihnen bewusst, dass sie es doch schon längst wissen. Der Weg zur göttlichen Welt ist ein sich fortschreitend entwickelnder spiritueller Zustand des Menschen. Deshalb kann der vollkommene spirituelle Mensch sagen: „Ich bin der Weg". Ich bin selbst der spirituelle *Zustand* in euch, der sich fortschreitend entwickelt. Wer das Muster des spirituellen Menschen in sich verwirklicht, der geht den spirituellen Weg und tritt allmählich in die göttliche Welt ein. Er wird mit dem Vater eins. Schon wenn er den Beginn damit macht, ist er auf dem Weg und gehört prinzipiell schon zur göttlichen Welt. Weil die Schüler sich selbst in einer spirituellen Entwicklung befinden und sich dieser Entwicklung bewusst sind, kennen sie den Weg des spirituellen Menschen und wissen, wohin er geht.

Der spirituelle Mensch ist zugleich die „Wahrheit". Er ist wesensgleich mit dem Vater, wesensgleich mit der göttlichen Welt, welche die Ewigkeit, das Währende, die Wahrheit ist. Wer daher den spirituellen Weg geht und den spirituellen Menschen verwirklicht, der gelangt in den Zustand der Wahrheit, der existenziellen Übereinstimmung mit dem Vater, und wird dadurch mit dem Vater eins.

Und da der spirituelle Mensch in Wesen und Kraft der ewigen göttlichen Welt entspricht, ist er auch selbst unvergänglich und ewig. Er ist das „Leben". Wenn ein Mensch den Zustand des spirituellen Menschen in sich verwirklicht, lebt er ewig, vom göttlichen Leben des „Vaters" erfüllt.

Zum „Vater", zur göttlichen Welt, gelangt ausschließlich der Mensch, der das Göttliche, den spirituellen Zustand, in sich verwirklicht. Nur dieser Zustand entspricht in Struktur und Substanz dem „Wort" und dem „Leben" der göttlichen Welt. Nur in diesem Zustand wird der Mensch eins mit dem Vater. Jeder andere Zustand, etwa eine moralische Vervollkommnung des irdischen Menschen oder der Glaube des irdischen Menschen, schon erlöst zu sein, führt nicht zur Einheit mit dem Vater. Struktur und Substanz des irdischen Menschen werden niemals deckungsgleich mit denen des Vaters, der göttlichen Welt, werden können. Er ist ja nicht aus dem Geist, sondern aus dem Fleisch geboren, das auch bei größter Vervollkommnung und glühendstem Glauben unweigerlich Fleisch bleibt. Deshalb sagt Jesus: „Niemand kommt zum Vater außer durch mich.“ Niemand kommt zum Vater, außer der Mensch, der mich, das Muster des spirituellen Menschen, verwirklicht.

Der unvollkommene spirituelle Mensch vermag das nur mit Hilfe des vollkommenen spirituellen Menschen. Mit Hilfe irdischer Kräfte könnte er es nicht. Auch nicht aus eigener spiritueller Kraft. Denn seine eigene spirituelle Kraft ist in der Regel noch klein. Er braucht die Stärkung durch den Meister. Auch dies ist mit den Worten Jesu gemeint: „Niemand kommt zum Vater außer durch mich.“ Denn der vollkommene spirituelle Mensch ist zugleich „Wort“ und „Leben“, Information und Energie, und gibt sich als solcher den „Seinen“.

Zwar sind die Schüler vorläufig noch nicht im Zustand der Erleuchtung, in dem sie eins mit dem „Vater“ sind. Aber sie haben schon so viel von diesem Zustand verwirklicht, sie sind so weit auf dem spirituellen Weg fortgeschritten, dass sie den Vater kennen und ihn sehen. Sie können die spirituellen Kräfte und Gesetzmäßigkeiten, die in ihnen oder in anderen Menschen wirken, als solche erkennen und von Kräften und Gesetzmäßigkeiten der irdischen Welt unterscheiden. Sie können es insbesondere dann, wenn diese Kräfte und Strukturen ihnen in spirituell entwickelten Menschen begegnen – zum Beispiel in Jesus, dem vollkommenen spirituellen Menschen. Jesus ist der Zustand, welcher Einheit mit dem Vater, der göttlichen Welt, bedeutet. Dieser Zustand des „Sohnes“ steht seinen Schülern klar vor Augen. Wer ihn erkennt, erkennt damit den „Vater“, das göttliche „Wort“, da es sich in diesem Zustand ausdrückt. Deshalb sagt Jesus: „Wenn ihr mich erkannt habt, werdet ihr auch meinen Vater erkennen“ und „Jetzt schon kennt ihr ihn und habt ihn gesehen.“

Doch wieder verstehen die Schüler nicht. Als ob sie den spirituellen Menschen in Gestalt Jesu noch nicht erkannt hätten und als ob sie nicht wüssten, dass sich im spirituellen Menschen die spirituelle Welt, der „Vater“, ausdrückt, bittet Philippus Jesus, ihnen den „Vater“ zu zeigen. Jesus erklärt ihm, dass sich doch in ihm, Jesus, der „Vater“ ausdrückt, dass sie ihn, Jesus, ja längst erkannt und deshalb auch den „Vater“ gesehen haben. Und er appelliert an Philippus, sich an seine Empfänglichkeit für die von Jesus ausgehenden Kräfte zu erinnern, an die von Jesus ausgehenden spirituellen Wirkungen, die er, Philippus, in seinem Wesen gespürt und beantwortet hat. „Glaubst du nicht?“ Hast du die von mir ausgehenden Wirkungen nicht empfunden? Und weißt du nicht, dass in diesen Wirkungen der „Vater“ wirkt? In den Worten und Werken des vollkommenen spirituellen Menschen kommt der „Vater“, das göttliche „Wort“, zum Ausdruck. Und wenn ihr schon, so fährt Jesus fort, den Zusammenhang zwischen dem spirituellen Menschen und Gott nicht mit dem Verstand erfassen und mit dem Gefühl nachvollziehen könnt, so seid ihr doch fähig, die Wirkungen des spirituellen Menschen zu erleben. Um dieser Wirkungen willen, die sich so völlig von den Einflüssen der irdischen Welt unterscheiden, solltet ihr euch klar darüber sein – „glauben“ –, dass der spirituelle Mensch aus der göttlichen Welt heraus wirkt und dass ihr somit in seinen Wirkungen den „Vater“ erlebt.

Also erschrecke euer Herz nicht! Ihr habt den spirituellen Menschen, seine Worte und Werke als Wirkungen in euch erlebt. Damit habt ihr den „Vater“ erlebt und gesehen und könnt in der Gewissheit leben, dass ihr in Verbindung mit der göttlichen

Welt steht und dass sie weiter in euch wirkt, auch wenn ich physisch nicht mehr bei euch weile.

Ihr werdet euch weiter entwickeln bis zum Zustand des erleuchteten spirituellen Menschen, sofern ihr dieser Möglichkeit geöffnet bleibt – sofern ihr an mich glaubt. Wenn ihr euch einst im Zustand des erleuchteten spirituellen Menschen befindet, werdet ihr eins mit dem „Vater" sein und wie ich aus den Kräften und Gesetzen der göttlichen Welt heraus wirken. Ihr werdet „die Werke, die ich tue, auch tun". Auch ihr werdet Menschen mit dem „Wort", der Grundordnung der göttlichen Welt, verbinden (Kana), werdet ihnen das „Leben", die Energie der göttlichen Welt, bringen (Sohn des königlichen Beamten), ihnen ein neues „Licht", Bewusstsein von der göttlichen Welt, vermitteln (Bethesda), ihnen das Brot der Erkenntnis des Lebenssinns (Brotvermehrung) und in dieser Erkenntnis verwurzelte Zuversicht (Wandeln übers Wasser) geben, ihr inneres Auge erwecken (Blindgeborener) und sie von allen Bindungen an die vergängliche materielle Welt lösen und vom Tod befreien (Lazarus).

Ja, ihr werdet größere Werke als diese tun, da ihr besser und leichter als ich selbst werdet arbeiten können. Ihr könnt auf all dem aufbauen, was ich geschaffen habe. Die Matrix des spirituellen Menschen ist in der irdischen Welt verankert. Wo ich allein, als Pionier, diese Matrix errichten musste, da könnt ihr schon mit dieser Matrix wirken und habt darum größere Möglichkeiten als ich. Ihr müsst das Rad nicht neu erfinden, ihr könnt diese Erfindung bereits benützen.

Je mehr Menschen im Lauf der Jahrhunderte spirituell gewirkt und die Spuren ihrer Wirkungen hinterlassen haben, desto leichter und besser können die Nachfolger an diesen Spuren anknüpfen, um noch größere Werke zu tun als ihre Vorgänger. Doch nicht nur die in der irdischen Welt hinterlassenen Spuren erleichtern ihnen die spirituelle Arbeit. Es fließen ihnen vor allem auch Kräfte aus der göttlichen Welt zu, und zwar von all den spirituellen Menschen, die im Lauf der Jahrhunderte bewusste Bewohner der göttlichen Welt geworden sind.

Wie fließen diese Kräfte? Die Bewohner der göttlichen Welt kommen nicht als „Erscheinungen" in Gestalt von „Engeln" oder „Meistern" zu ihren auf Erden lebenden Nachfolgern. In *dieser* Form kommen nur Impulse aus dem Jenseits, die an den Wünschen und Bedürfnissen der irdischen Menschen anknüpfen. Vielmehr durchdringt das unbegrenzte Bewusstsein und Sein der Bewohner der göttlichen Welt das spirituelle Bewusstsein ihrer Nachfolger, wie ein magnetisches Feld gleichgerichtete Felder durchdringt. Die spirituellen Impulse aus der göttlichen Welt wollen von den Empfängern als bewusst errungene Einsichten und Kräfte aufgenommen werden.

Jesus geht zum „Vater". Er verlässt die irdische materielle Welt und lebt fortan in der göttlichen Welt. Von da aus stärkt er, nicht als „Erscheinung", sondern als unbegrenztes Bewusstsein und Sein, Gedanken, Empfindungen und Willen seiner Schüler, in ihrem Innern wirkend, falls sie auf ihn, den vollkommenen spirituellen Menschen abgestimmt bleiben. Sie müssen aber wirklich auf sein Wesen, seinen „Namen", abgestimmt bleiben – nur dann können spirituelle Kräfte von ihm zu ihnen fließen und sie stärken. Nur wenn sie in Abstimmung auf sein Wesen und die von ihm geschaffene Matrix des spirituellen Menschen ihre Werke verrichten – wenn sie etwas in seinem „Namen“ erbitten werden –, werden ihnen seine Kräfte zufließen und wird er durch sie seine Werke verrichten – „werde ich es tun“. So wird der „Vater“ in ihren Werken und im „Sohn“ verherrlicht. Denn wenn ihre Werke auf den Namen des „Sohnes“ abgestimmt bleiben und der „Sohn“ dadurch in der Lage ist, ihnen bei ihrer Arbeit zu helfen, wirkt der „Sohn“ in ihren Werken und wirkt, über den „Sohn“, der „Vater“ in ihren Werken.

Das Leben der Bewohner der göttlichen Welt ist nicht passive Ruhe. Sie wirken, in Verbindung mit den noch im irdischen Körper lebenden Schülern auf dem spirituellen Weg, als überall erfahrbare Kräfte und Impulse im geistig-seelischen Organismus der Menschheit. Und was sie verwirklicht haben und sind, kommt der Arbeit der in der irdischen Welt lebenden Schüler zugute. Diese können auf dieser Grundlage und Vorarbeit aufbauen, spirituelle Sachverhalte immer besser erkennen und erklären, und immer größere Kräfte freisetzen: „größere Werke“ als Jesus tun.

Der „Beistand“ in der Einsamkeit

***14, 15** Wenn ihr mich liebt, werdet ihr meine Gebote halten, **16** und ich werde den Vater bitten, und er wird euch einen anderen Beistand geben, damit er in Ewigkeit bei euch sei, **17** den Geist der Wahrheit, den die Welt nicht empfangen kann, weil sie ihn nicht sieht, und nicht erkennt. Ihr erkennt ihn, weil er bei euch bleibt und in euch sein wird. **18** Ich werde euch nicht verwaist zurücklassen; ich komme zu euch. **19** Noch eine kurze Zeit, so sieht die Welt mich nicht mehr; ihr aber seht mich, denn ich lebe und [auch] ihr werdet leben. **20** An jenem Tag werdet ihr erkennen, dass ich in meinem Vater bin und ihr in mir und ich in euch.*

Nach dem physischen Weggang ihres Meisters wird es den Schülern zunächst so scheinen, als seien sie nur auf ihre Erinnerung an den vollkommenen spirituellen Menschen und auf ihre Hoffnung, dass sich seine Worte über ihre Heimat in der göttlichen Welt bewahrheiten werden, angewiesen. Wäre es wirklich so, hätten sie tatsächlich Grund, sich verwaist und schwach zu fühlen. Wenn sie aber ihrem Ziel, den Zustand des vollkommenen spirituellen Menschen zu verwirklichen, treu bleiben, ihr ganzes Verlangen darauf richten und die Grundbedingung zur Erreichung dieses Zieles erfüllen – nämlich „ihr Leben in dieser Welt zu hassen“ (12,25) –, wird ihre Lage sich grundlegend ändern. Wenn sie den spirituellen Menschen lieben und seine Gebote halten – und sie werden sie halten und halten können, wenn ihr ganzes Verlangen auf ihr spirituelles Ziel gerichtet bleibt –, wird ein neues Bewusstsein in ihnen entstehen. Sie werden „erleuchtet“ werden.

Mit dieser Erleuchtung, diesem neuen Selbst-Bewusstsein, wird eine neue Selbstständigkeit, Sicherheit und Freiheit in ihnen entstehen. Sie werden nicht mehr, wie früher, auf Erklärungen ihres Meisters und Kraftzufuhr durch ihren Meister angewiesen sein. Die spirituellen Erkenntnisse werden sich in ihnen selbst entwickeln, die spirituellen Kräfte werden in ihnen selbst wach werden. Diese neuen Erkenntnis- und Willenskräfte, hervorgehend aus dem göttlichen „Leben“, nennt Jesus den „Beistand“, den „Geist der Wahrheit“, der, einmal in den Schüler eingetreten, „in Ewigkeit“ bei ihm bleibt. Aus dem „Leben“ wird „Licht“, aus dem Beistand, dem heiligen Geist, wird der Sohn. Ist einmal die Erleuchtung als Zustand – nicht nur als intuitive Vorahnung oder blitzartige Einsicht – verwirklicht, ist sie unverlierbar, falls der Schüler sich weiter an die Gesetze des spirituellen Lebens hält.

Die Welt kann in diesen Zustand nicht eintreten, sie kann den „Geist der Wahrheit“ nicht empfangen. Denn Voraussetzung dafür ist eine innere Lösung von der irdischen Welt auf der Grundlage des Geistprinzips im Menschen. Nur was aus dem „Geist“ geboren ist und sich, indem es sich von der Beherrschung durch das aus dem „Fleisch“ Geborene freimacht, bis zu einem gewissen Grad entwickelt hat, nur was aus den Strukturen und Kräften der göttlichen Welt lebt, kann den „Geist der Wahrheit“, der diesen Strukturen und Kräften entspricht, empfangen. Nur in einem solchen Menschen kann aus dem Geist der Wahrheit ein Licht-Bewusstsein entstehen, das diese Strukturen und Kräfte wahrnimmt.

„Ihr aber“, so sagt Jesus zu seinen Schülern, „erkennt ihn, weil er bei euch bleibt und in euch sein wird.“ Weil eure innere Struktur und euer Leben dem „Wort“ und dem „Leben“, dem zeugenden und dem gestaltenden Prinzip der göttlichen Welt, entsprechen, kann auch das „Licht“, das göttliche Bewusstsein, in euch entzündet werden, in euch bleiben und in euch sein. Ihr könnt dann zu einer selbstständigen, freien, aus dem göttlichen „Leben“ gespeisten Quelle der Erkenntnis und des Handelns werden, ähnlich dem vollkommenen spirituellen Menschen, von dessen Leib Ströme des lebendigen Wassers fließen. Das „Wort“ wird euch dann nicht mehr von außen übertragen. Es entwickelt sich aus eurem eigenen, entfalteten spirituellen Kern als eure eigene Erkenntnis und euer eigenes Bewusstsein. Ihr werdet schöpferisch und selbstständig im Denken und Handeln sein. Die Ausdrucksform, die ihr für eure eigenen Erkenntnisse findet, wird daher auch immer die Spuren eurer eigenen Bemühung um die richtige Fassung zeigen. Vielleicht könnt ihr eure Erkenntnisse vorläufig nur mangelhaft ausdrücken. Trotzdem sind sie, da in und aus eurem eigenen spirituellen Kern entstanden, eingebettet ins kosmische göttliche „Wort“, so wie euer spiritueller Kern in die spirituelle Welt eingebettet ist und daraus lebt.

Mit dem „Geist der Wahrheit“ kommt Jesus, der vollkommene spirituelle Mensch, nach seinem Weggang aus der physischen Welt zu seinen Schülern, solange sie noch in der physischen Welt leben. Er ist das „Licht“, das göttliche Bewusstsein, der aus „Wort“ und „Leben“ gezeugte „Sohn“ des Vaters. Als dieses „Licht“, als das göttliche Bewusstsein in ihrem Innern, nicht als „Erscheinung“, kommt er nach seinem Weggang zu seinen Schülern. Denn in der Kraft des heiligen Geistes, des göttlichen „Lebens“, wird das „Licht“ des Sohnes in ihnen entzündet. Er lässt sie nicht lange „verwaist“ zurück, er kommt zu ihnen.

Die irdische Welt kann ihn nach seinem Weggang nicht sehen. Sie sieht nur den physischen Körper und das an ihn geknüpfte Bewusstsein. Die Schüler aber werden ihn, den vollkommenen spirituellen Menschen, mit Hilfe des „Geistes der Wahrheit“, sehen. Sie werden ihn in sich selbst, als den „Sohn“, als dieses neue spirituelle Bewusstsein, sehen. Selbst zum „Sohn“ geworden, werden sie den „Sohn“ in sich sehen. Das neue spirituelle Bewusstsein erkennt sich selbst. Und es lebt ewig, auch wenn der irdische Körper gestorben ist. Das irdische Bewusstsein dagegen stirbt mit dem sterblichen irdischen Körper, durch den und aus dem es aufgebaut ist.

Der vollkommene spirituelle Mensch lebt in siebenfacher Gestalt auch nach dem physischen Tod weiter. Er lebt unter anderem in Form eines erleuchteten Bewusstseins in seinen Schülern weiter, so dass auch diese leben werden, sobald dieses Bewusstsein in ihnen entzündet ist. Wenn diese Erleuchtung geschieht, werden sie endgültig erkennen, dass der vollkommene Mensch aus der göttlichen Welt, dem „Vater", ist und in ihm ist, dass er, als erleuchtetes Bewusstsein, als göttliches „Licht", in ihnen ist und dass sie, als erleuchtetes Bewusstsein, in ihm sind. Denn ein erleuchtetes Bewusstsein ist allgegenwärtig. Es durchdringt das erleuchtete Bewusstsein jedes anderen Menschen, ist eins damit und wird davon durchdrungen.

Voraussetzungen des neuen Bewusstseins

***14, 21** Wer meine Gebote hat und sie hält, der ist es, der mich liebt. Wer aber mich liebt, wird von meinem Vater geliebt werden, und ich werde ihn lieben und mich ihm offenbaren. **22** Judas – nicht der Ischarioth – sagt zu ihm: Herr, was ist denn geschehen, dass du dich uns offenbaren willst und nicht der Welt? **23** Jesus antwortete und sprach zu ihm: Wenn jemand mich liebt, wird er mein Wort halten, und mein Vater wird ihn lieben, und wir werden zu ihm kommen und Wohnung bei ihm machen. **24** Wer mich nicht liebt, befolgt meine Worte nicht. Und das Wort, das ihr hört, ist nicht mein, sondern des Vaters, der mich gesandt hat. **25** Dies habe ich zu euch geredet, während ich noch bei euch bin. **26** Der Beistand aber, der heilige Geist, den der Vater in meinem Namen senden wird, der wird euch alles lehren und euch an alles erinnern, was ich euch gesagt habe.*

Noch einmal schildert Jesus die Voraussetzungen, die derjenige erfüllen muss, dem er, der vollkommene spirituelle Mensch, im eigenen Innern bewusst werden soll. Der vollkommene spirituelle Mensch kann sich im Schüler auf dem spirituellen Weg nur dann „offenbaren", wenn dieser in seiner Struktur dem vollkommenen spirituellen Menschen mehr oder weniger gleich geworden ist, wenn er also in Gedanken, Gefühlen, Bestrebungen und Handlungen dem göttlichen „Wort", „Leben" und „Licht" entspricht, mit anderen Worten, wenn er „meine Gebote hat und sie hält". „Meine Gebote": Das sind die Strukturen des spirituellen Menschen. Wer diesen Strukturen in seinem Leben folgt, entwickelt sie in sich selbst. Es handelt sich dabei um keine Verhaltensregeln und moralischen Gesetze. Würde sich ein Schüler nur darum bemühen, derartige Gesetze einzuhalten, so würde er sich wohl zu einem ethisch hochstehenden Menschen entwickeln, nicht aber zu einem neuen, aus Gott geborenen Menschen. Er würde ein aus dem Fleisch geborener Mensch bleiben, der sich nur in eine neue Form gezwungen hat.

Den Strukturen des spirituellen Menschen in seinem Leben folgen kann allein der Mensch, der den spirituellen Menschen „liebt". Es muss in ihm eine unstillbare Sehnsucht nach der Entfaltung des spirituellen Menschen wirken, die aus der Anlage zu diesem Menschen in ihm selbst hervorgeht. Der unentwickelte spirituelle Mensch in ihm ist es, der sich danach sehnt, der entfaltete, bewusste spirituelle Mensch zu werden. In dieser Sehnsucht und Liebe zum bewussten spirituellen Menschen wird der Schüler dessen Eigenschaften und Verhaltensweisen entwickeln. Das ist kein moralischer Vorsatz oder Zwang von außen. Es ist ein inneres Bedürfnis. Aus diesem Bedürfnis heraus wird er die Gebote des spirituellen Menschen, dessen Strukturen, „haben“ und „halten“.

Tut er dies, wird ihn auch der „Vater“ lieben. Sein Bedürfnis nach Entfaltung des spirituellen Menschen wird von der göttlichen Welt beantwortet und gefördert werden. Sie wird ihm die Einsichten und Kräfte zur Verwirklichung schenken. Ebenso wird der vollkommene spirituelle Mensch dieses Bedürfnis des Schülers beantworten und fördern. Er wird dem sich entwickelnden, zunächst noch unbewussten spirituellen Menschen Einsichten und Kräfte mitteilen. Und eines Tages werden die Konturen des spirituellen Menschen im Schüler so deutlich und seine Wirkungen so stark sein, dass sie die Schwelle des Bewusstseins überschreiten. Der spirituelle Mensch, der im Innern herangewachsen ist, wird dem Schüler bewusst werden. Er wird ihm offenbart werden.

Ein Schüler Jesu, Judas – nicht der Ischarioth – fragt ihn noch einmal nach den Bedingungen, unter denen sich der vollkommene spirituelle Mensch offenbaren kann und wird. Dieser will sich nur seinen Schülern, „nicht der Welt“ offenbaren. Das geschieht aber nicht aus Willkür, etwa weil er seine Schüler vor der „Welt“ bevorzugen würde. Das Bewusstwerden des spirituellen Menschen und der göttlichen Welt in einem Menschen hängt nicht von den Motiven oder Vorlieben des Gesandten der göttlichen Welt ab. Deshalb lautet die Frage des Judas nicht: „Herr, warum willst du dich uns offenbaren und nicht der Welt?“ Das würde auf eine subjektive Motivation Jesu zielen. Sondern sie lautet: „Was ist denn geschehen, dass …“ oder „Welche Verhältnisse sind es denn, die dich veranlassen …“ Es geht um die objektiven Voraussetzungen dafür, dass der spirituelle Mensch und die göttliche Welt in einem Menschen bewusst werden.

Jesus beschreibt sie: „Wer mich nicht liebt, befolgt meine Worte nicht.“ Der irdische Mensch, aus dem Fleisch geboren, sehnt sich nicht nach Entfaltung des spirituellen Menschen im eigenen Wesen – er liebt ihn nicht – und folgt daher auch den Worten Jesu nicht, welche die Struktur des spirituellen Menschen darstellen. Er entwickelt die Struktur des spirituellen Menschen nicht, sondern verbleibt in der Struktur des irdischen Menschen, die anderen Gesetzen und Kräften folgt. Wie könnte die Anlage zum spirituellen Menschen, die auch in ihm ist, sich einem Bewusstsein offenbaren, das der ganz andersartigen Struktur der irdischen Welt entspricht?

Anders bei dem Menschen, der den spirituellen Menschen im eigenen Wesen liebt. Er wird durch sein Leben dessen Struktur in sich selbst entwickeln und so die Voraussetzung schaffen, dass die spirituelle Welt und das Muster des vollkommenen Menschen zu ihm kommen, ihm bewusst werden und dauerhaft bei ihm bleiben: „Wohnung bei ihm machen“. Nicht nur der vollkommene spirituelle Mensch, sondern auch der „Vater“, die göttliche Welt, werden Wohnung bei ihm machen. Denn die Beschreibung der Struktur des spirituellen Menschen, das „Wort, das ihr hört“, ist nichts subjektiv Ausgedachtes. Es ist die objektive Wahrheit, vom Vater ausgehend, „der mich gesandt hat“.

Wieder betont Jesus, dass eine Zeit kommen wird, in der all das, was er jetzt, noch im physischen Körper, seinen Schülern erklärt hat, in ihnen selbst als Erkenntnis wach werden wird. Nach dem Weggang Jesu aus der irdischen Welt wird er das „Leben“ des heiligen Geistes, die Kraft zu selbstständigem Erkennen, in seinen Schülern erwecken und dadurch als „Licht“, als Erkenntnis, in ihnen erscheinen können. Aus der Kraft des heiligen Geistes werden sie alles selbstständig erkennen, was Jesus ihnen jetzt mitteilt, und sie werden sich daran erinnern, dass es ihnen schon einmal mitgeteilt worden ist. Das „Wort“, aus dem sie als spirituelle Menschen „gezeugt“ sind, wird, ihnen vorläufig noch unbewusst, kraft des „Lebens“ in ihnen arbeiten, kräftig werden und eines Tages als Erkenntnis – als „Licht“ – in ihr Bewusstsein aufsteigen. Dann werden sie aus eigener Erkenntniskraft wissen, dass nur die Liebe zum spirituellen Menschen, zum wahren Selbst, den Menschen veranlassen kann, zwanglos sich auch so zu verhalten, wie es dem wahren Selbst entspricht, und dass so allmählich das wahre Selbst Kraft, Selbstständigkeit und Freiheit gewinnt. Es kommt der Tag, an dem es sich seiner selbst bewusst wird, wodurch ihm auch die göttliche Welt bewusst wird.

Friede

14, 27 *Frieden lasse ich euch zurück, meinen Frieden gebe ich euch. Nicht wie die Welt gibt, gebe ich euch. Euer Herz lasse sich nicht beunruhigen und verzage nicht!* ***28*** *Ihr habt gehört, dass ich euch gesagt habe: Ich gehe hin und komme zu euch. Wenn ihr mich liebtet, hättet ihr euch gefreut, dass ich zum Vater gehe; denn der Vater ist größer als ich.* ***29*** *Und jetzt habe ich es euch gesagt, ehe es geschieht, damit ihr glaubt, wenn es geschehen ist.* ***30*** *Ich werde nicht mehr vieles mit euch reden; denn es kommt der Fürst der Welt. Und an mir findet er nichts;* ***31*** *aber die Welt soll erkennen, dass ich den Vater liebe und so tue, wie mir der Vater geboten hat. [Darum] steht auf, lasst uns von hier weggehen!*

Jesus kehrt mit seinen Abschiedsworten zur Lage der Schüler zurück, in der sie sich nach seinem Weggang befinden werden. Sie sind als sich entwickelnde spirituelle Menschen nicht mehr in der irdischen Welt verwurzelt, im Gegenteil: Man betrachtet sie als Fremde, sogar als Feinde. Deshalb könnte ihr Herz beunruhigt und verzagt sein. Aber sie sollen wissen, dass sie im Herzen und Bewusstsein des vollkommen spirituellen Menschen – und damit auch in der spirituellen Welt – eine „Stätte“ haben, je nach ihrer Beschaffenheit und Aufgabe als spirituelle Menschen. Und aus der Tatsache, dass sie diese „Stätte“ haben, folgt ein unendlicher Friede. Die spirituelle Welt – Gott – und der vollkommene spirituelle Mensch – sein Sohn – sind Friede. Die Struktur der göttlichen Welt ist nicht Konflikt, sondern Friede, nicht Uneinigkeit, sondern Einheit. Alles darin und all ihre Bewohner sind auf ein und dasselbe göttliche Gesetz abgestimmt, und ihre Beschaffenheiten und Aufgaben greifen ineinander wie die Stimmen eines Chores, wie die Elemente eines Kunstwerks, wie die Zellen eines Organismus, in dem das Ganze in den Teilen wirkt und die Teile im Ganzen. Diese Struktur der spirituellen Welt wirkt sowohl im Meister als auch in seinen Schülern. Der Meister gibt sie ihnen – als Friede – auf Grund ihrer gegenseitigen spirituellen Verbundenheit. Sein Friede bewirkt denselben Frieden in ihnen.

Sein Friede wirkt in ihnen auch nach dem Weggang des Meisters. Er wirkt als Grundstruktur ihres Daseins. Mag er auch oft durch die Konflikte und Einflüsse der irdischen Welt, die als Traurigkeit und Angst, als Unruhe und Mutlosigkeit in ihren Herzen wirken, verdrängt werden – er ist als objektive Struktur ihres wahren Wesens und der Struktur der göttlichen Welt in ihnen gegenwärtig. Er kann immer wieder, unerwartet, in den dunkelsten Momenten des Lebens in ihnen aufsteigen, ihnen bewusst werden und alle Traurigkeit und Unruhe auflösen, wie die Sonne den Schnee auflöst.

Anders ist es mit dem Frieden der irdischen Welt. Deren Grundstruktur ist Uneinigkeit, da die Interessen ihrer Bewohner unvermeidlich einander widersprechen und einer sich vor dem anderen abgrenzen und schützen muss. Das irdische Ich-Bewusstsein ist geradezu durch diese Abgrenzung definiert. Es entsteht aus der Abwehr fremder Einflüsse und aus der Behauptung des eigenen Wesens. Wenn daher Friede in der irdischen Welt auftritt, so ist es immer ein gemachter, immer ein den unterschiedlichen Interessen als Kompromiss, Machtgleichgewicht oder Hackordnung abgerungener Friede.

So ein Friede ist niemals haltbar. Immer lauert unter seiner Oberfläche das Konfliktspiel der Interessen und Machtbedürfnisse, die nur durch guten Willen, Angst oder Manipulation in Schach gehalten werden. Einen solchen Frieden, „wie ihn die Welt gibt“, gibt der spirituelle Mensch seinen Schülern nicht. Er gibt spirituellen Frieden.

Wenn Jesus zum „Vater“, in die spirituelle Welt, geht, so ist das nicht nur ein Unglück für seine Schüler, die ihn dann nicht mehr leiblich bei sich haben. Es eröffnet ihnen – Jesus hat es bereits erklärt – neue Entwicklungsmöglichkeiten. Denn der Meister wird in Gestalt des Beistands wiederkommen. Erst nach seinem Weggang haben die Schüler die Chance, selbstständig zu erkennen und selbstständig in die göttliche Welt einzutreten. Noch mehr: Wenn der Meister die irdische Welt verlässt, wird er in den größeren Zusammenhang der spirituellen Welt aufgenommen. Es werden ihm dadurch weit größere Kräfte zufließen als zu der Zeit, wo er in einem irdischen Körper inkarniert war, und diese Kräfte werden, da er spirituell stets mit seinen Schülern verbunden bleibt, auch ihnen zugute kommen. Auch sie werden bewusst in den größeren spirituellen Zusammenhang, der „Vater“ genannt wird, aufgenommen werden.

Sie denken vorläufig nur an ihre Einsamkeit, in der sie der Meister zurücklassen wird. Denkt aber doch lieber, ruft ihnen Jesus zu, an eure Möglichkeiten und Aufgaben als spirituelle Menschen! Wenn ihr euch danach sehntet, diese Möglichkeiten zu ergreifen und diese Aufgaben zu erfüllen – „wenn ihr mich liebtet“ –, so würdet ihr euch freuen, dass ich in den größeren spirituellen Zusammenhang der göttlichen Welt aufgenommen werde. Denn dann würden euch die Möglichkeiten und Aufgaben des spirituellen Menschen am Herzen liegen, die durch meinen Weggang noch viel besser erfüllt werden können als vorher – sei es durch mich, den vollkommenen spirituellen Menschen, der dann nicht mehr durch einen irdischen Körper behindert wird, sei es durch euch, die als sich entwickelnde spirituelle Menschen dann am „Vater“ bewusst Anteil erhalten.

Ich sage euch absichtlich schon im Voraus, dass ich – und ihr mit mir – unmittelbar in den größeren spirituellen Zusammenhang der göttlichen Welt aufgenommen werde, wenn ich meinen irdischen Körper ablege. Denn wenn ihr auf dieses Geschehen innerlich schon vorbereitet seid, werdet ihr es, sobald es eintritt, auch wirklich wahrnehmen und erleben – ihr werdet es „glauben“. Die Zeit bis dahin ist nur noch kurz, und viel kann ich euch nicht mehr sagen. Die Kräfte der irdischen Welt, Verblendung, Leidenschaft und Trägheit, haben sich in ihrer Anmaßung formiert und konzentriert, um „Wort“, „Leben“ und „Licht“, die in mir verkörperten Gesetze und Kräfte der göttlichen Welt, zu vernichten. Sie sind der „Fürst dieser Welt“. Doch findet er bei mir nichts, woran er anknüpfen und wodurch er Gewalt über mich bekommen könnte.

Der vollkommene spirituelle Mensch hat beim Aufbau der siebenfachen Matrix des spirituellen Menschen in der irdischen Welt die Grundstruktur, die Energie und das Bewusstsein der Finsternis, die Sinnleere, die Anmaßung, die Illusionen und den Selbsterhaltungstrieb der Finsternis erkannt und überwunden. Er lebt allein aus der Grundstruktur, der Energie und dem Bewusstsein der Welt des Lichtes, aus dem Wissen um den Sinn des Lebens, aus der Hingabe, aus der Vision eines neuen Himmels und einer neuen Erde und aus der Einheit mit der Welt des Lichtes – dem Vater. Auf keiner Ebene des siebenfachen spirituellen Menschen kann der „Fürst dieser Welt“ Einfluss auf ihn gewinnen – die Schwingungen, aus denen der spirituelle Mensch lebt, sind andere als die der irdischen Welt. Nur auf den irdischen Körper des spirituellen Menschen hat der „Fürst dieser Welt“ Zugriff. Ihn wird er denn auch zerstören, in der Meinung, er könne, indem er das Ausdrucksmittel des spirituellen Menschen zerstöre, dessen Wesen zerstören.

Auch während dieses Zerstörungswerkes der Finsternis wird der spirituelle Mensch sein Wesen vor aller Augen beweisen. Ein irdischer Mensch würde sich bei Gefangennahme, Folterung und Kreuzigung wehren und sich durch Angriff, Flucht oder Schickung ins Unvermeidliche verteidigen. Der spirituelle Mensch hingegen folgt der Notwendigkeit, sein Werk der Durchdringung der Finsternis mit Licht zu vollbringen.

Solange es noch nicht vollbracht war, hatte er sich beharrlich dem Zugriff der weltlichen Macht entzogen. Jetzt, da es vollbracht ist, da die Matrix des spirituellen Menschen aufgebaut und in der irdischen Welt verankert ist, da er eine unauflösliche Beziehung zu den „Seinen“ hergestellt und ihnen die Mittel an die Hand gegeben hat, nach seinem Weggang auszuharren, braucht er sich der weltlichen Macht nicht mehr zu entziehen. Jetzt gibt es keinen Grund mehr, auszuweichen. Jetzt können und dürfen alle irdischen Kräfte zum Vorschein kommen – und sich selbst entlarven. Dieser Selbstentlarvung des „Fürsten dieser Welt“ – der auf lange Sicht die Selbstvernichtung folgen wird – setzt der spirituelle Mensch jetzt keinen Widerstand mehr entgegen. Und wenn er den Sturm der Kräfte des „Fürsten dieser Welt“ – Hass, Grausamkeit, Verleumdung, Spott und Mordgier –, gegen sich anbranden sieht, bleibt er im Zustand der Einheit mit dem Vater. Er bleibt in einer lebendigen Ruhe, in der er zugleich erkennt und versteht, was vorgeht. Das ist weder Widerstand noch Flucht, noch Einwilligung ins Unvermeidliche, noch Unterwerfung und Selbstdemütigung. Wenn dies „die Welt“ erblickt, wird sie erkennen, was das Wesen des spirituellen Menschen ist: dass er den Vater liebt, nämlich aus den Kräften und Strukturen der spirituellen Welt lebt, und so ist und handelt, wie es aus diesen Kräften und Strukturen folgt.

Darum, so sagt Jesus zu seinen Schülern, lasst uns dieser Notwendigkeit folgen und uns der Welt und dem Fürsten dieser Welt stellen! Steht also auf! Wir haben uns gestärkt, indem wir uns unsere Beziehung zur göttlichen Welt und die Art der daraus folgenden Gemeinschaft bewusst gemacht haben. Wir verlassen nun diesen Ort der Gemeinschaft mit der göttlichen Welt und bereiten uns innerlich auf das Geschehen vor, das auf uns wartet – auf die Auseinandersetzung mit der irdischen Welt.

So sprechend, hat der vollkommene spirituelle Mensch seine Schüler mit dem dritten Aspekt der siebenfachen Matrix verbunden: mit der Möglichkeit, ein selbstständiges spirituelles Bewusstsein zu entwickeln. Wie entsteht so ein selbstständiges spirituelles Bewusstsein? Es entsteht nur dadurch, dass der Schüler durch die Einsamkeit geht. Es müssen und werden die äußeren Stützen wegfallen, die der vollkommene spirituelle Mensch bisher durch seine Führung und Anleitung gegeben hatte. Die Schüler müssen sich aus ihrer Abhängigkeit lösen, die ihnen bisher Geborgenheit vermittelt hatte, und, ganz auf sich gestellt, lernen, selbstständig aus ihrem inneren Geistprinzip zu leben.

Aber der vollkommene spirituelle Mensch hilft den Einsamen nach seinem Weggang. Er hilft ihnen, eine neue, innere Stütze aufzubauen – die bewusste Erfahrung der spirituellen Welt im eigenen Innern, in der das wahre Selbst ruht, aus der es in neuer Freiheit handelt, die es selbst ist. Er erklärt ihnen, dass er ihnen eine „Wohnung“ in der göttlichen Welt schaffen wird, in der sie sich heimisch fühlen können. Er stellt ihnen den „Geist der Wahrheit“ in Aussicht: die Fähigkeit und Kraft zu selbstständiger Erkenntnis und Tat. Auf Grund dieser Kräfte aus dem göttlichen „Leben“ werden sie einst in den Zustand der Erleuchtung eintreten und selbst die Werke tun, die der vollkommene spirituelle Mensch jetzt tut. Mit Hilfe des „heiligen Geistes“ werden sie selbst zu „Söhnen Gottes“ werden.

Wesentlich ist, dass sich die Schüler stets der „Gebote“ erinnern, die der vollkommene spirituelle Mensch ihnen gegeben hat: dass sie niemals die Liebe zu ihm und die Sehnsucht, dass er sich in ihrem Wesen entfalte, verlieren. Dann wird mit Sicherheit die beschriebene Entwicklung eintreten. Dann wird der Friede mit Gott statt der Angst vor der Welt in sie einkehren.

Macht also einen Beginn mit der neuen Selbstständigkeit und Freiheit, so fordert der Meister seine Schüler auf. Steht mit mir auf, jetzt, wie der Lahme am Teich Bethesda, und stellt euch in spiritueller Selbstständigkeit der irdischen Welt.

Verbindung der göttlichen Liebe mit den Schülern: „Leben“

Der Weinstock: Gemeinschaft in der göttlichen Liebe

15, 1 *Ich bin der wahre Weinstock, und mein Vater ist der Weingärtner.* ***2*** *Jedes Schoss an mir, das nicht Frucht trägt, das nimmt er weg, und jedes, das Frucht trägt, das reinigt er, damit es mehr Frucht trage.* ***3*** *Ihr seid schon rein um des Wortes wil-*

len, das ich zu euch geredet habe. ***4*** *Bleibt in mir, und ich [bleibe] in euch. Wie das Schoss nicht von sich aus Frucht tragen kann, wenn es nicht am Weinstock bleibt, so auch ihr nicht, wenn ihr nicht in mir bleibt.* ***5*** *Ich bin der Weinstock, ihr [seid] die Schosse. Wer in mir bleibt und ich in ihm, der trägt viel Frucht; denn ohne mich könnt ihr nichts tun.* ***6*** *Wenn jemand nicht in mir bleibt, wird er weggeworfen wie das Schoss und verdorrt, und man sammelt sie und wirft sie ins Feuer, und sie verbrennen.* *7* *Wenn ihr in mir bleibt und meine Worte in euch bleiben, so bittet, um was ihr wollt, und es wird euch zuteil werden.* ***8*** *Dadurch ist mein Vater verherrlicht, dass ihr viel Frucht tragt und meine Schüler werdet.*

Mit dem zweiten Aspekt der Matrix des vollkommenen spirituellen Menschen verbindet Jesus seine Schüler durch all jene Ausführungen, die vom Strömen des „Lebens" zwischen ihm und den „Seinen", zwischen ihm und dem „Vater" und dadurch auch zwischen dem „Vater" und den „Seinen" handeln. Der Strom des „Lebens" ist die göttliche Liebe. Wie der Weinstock mit seinen Reben verbunden ist, der Saft der ganzen Pflanze durch all ihre Teile strömt und Wachstum und Frucht ermöglicht, so strömt das göttliche „Leben" als Liebe durch die Gemeinschaft des vollkommenen spirituellen Menschen mit seinen Schülern und fördert spirituelles Wachstum und Reife. Diese Vorgänge laufen dem „Wunder" parallel, in dem der vollkommene spirituelle Mensch durch sein Wort einem Todkranken wieder Leben einflößt.

Im Bild vom Weinstock und seinen Schösslingen kommt das Wesen einer spirituellen Gemeinschaft – jeder spirituellen Gemeinschaft an allen Orten und zu allen Zeiten – wunderbar zum Ausdruck. Die Schüler sind mit ihrem Meister verbunden wie die Reben mit ihrem Weinstock und der Meister mit seinen Schülern wie der Weinstock mit seinen Reben. Der sich entwickelnde spirituelle Mensch verhält sich zum vollkommenen spirituellen Menschen wie die Zelle zum Organismus, wie der Teil zum Ganzen, und umgekehrt. Das ist ein völlig anderes Verhältnis als das der irdischen Menschen in der Erscheinungswelt. Hier steht immer ein Ich dem Ich oder ein Ich dem Du *gegenüber* und muss sich notwendig von ihm abgrenzen. Das gilt auch für das Verhältnis von Führer-Ich zum geführten Ich. Das Führer-Ich steht den Geführten als Autorität, moralische Instanz oder Gewalthaber gegenüber.

Auch in einer spirituellen Gemeinschaft gibt es diese Ich-Ebene, denn alle Schüler und ihr Meister besitzen, solange sie in der irdischen Welt wirken, eine irdische Persönlichkeit. Sie müssen als Ich-Persönlichkeiten einigermaßen harmonisch miteinander umgehen, damit ihre spirituelle Entwicklung nicht behindert wird. Aber diese Ich-Ebene ist sekundär. Wesentlich ist die spirituelle Ebene. Hier gilt, dass das Ganze *in* jedem seiner Teile, und jeder Teil *im* Ganzen und *in* den anderen Teilen wirkt. Der Einzelne sieht und hört den andern nicht außerhalb von sich und sich gegenüber, sondern er erlebt ihn *in* sich, als Ordnung und Kraft. Der vollkommene spirituelle Mensch ist die Gesamtordnung und Kraft, die alle durchdringt, in die alle eingebettet sind, aus denen alle ihre spirituellen Kräfte beziehen, wie die Reben die Säfte des Weinstocks.

Jeder Einzelne ist als sich entwickelnder spiritueller Mensch eine Variation dieser Gesamtordnung und Kraft und kann daher die ihn durchdringende Gesamtordnung und all deren Variationen in sich *erleben*. Der vollkommene spirituelle Mensch schenkt die Kräfte, die Wachstum und Frucht seiner Schüler ermöglichen. Aber auch die Schüler wirken umgekehrt durch ihr Wachstum und ihre Frucht auf ihn und auf das Ganze zurück. Je lebendiger und fruchtbarer jeder Schüler ist, desto lebendiger und fruchtbarer ist auch der Meister und das Ganze und umgekehrt. Es ist *ein* geistig-seelischer Organismus.

Ähnliches ist zwar auch im irdischen Bereich zwischen den Seelen der Mitglieder einer Gemeinschaft möglich. Ein Führer-Ich kann aufgrund seiner seelischen Verbindung mit den Geführten diesen seine positiven und negativen Eigenschaften und Empfindungen übertragen – umso nachhaltiger, je unselbstständiger die Geführten sind – und kann von ihnen dieselben Eigenschaften und Empfindungen als Stärkung zurückgespiegelt bekommen. Man weiß, welch gewaltige Kräfte solche Gemeinschaften entwickeln können, in der Regel zum Schaden anderer. Wie alles Irdische werden diese Kraftpotenziale jedoch irgendwann erschöpft sein, und dann zerfällt die Gemeinschaft wieder. In einer spirituellen Gemeinschaft dagegen sind die Kräfte unerschöpflich, gehen sie doch von der unendlichen göttlichen Welt aus, und jedes Mitglied ist selbstständig und bewusst für das Ganze verantwortlich. Denn Ziel der Gemeinschaft ist ja gerade die Entwicklung des wahren Selbst jedes Einzelnen, die eigentliche Identität und Bestimmung des Menschen. Deshalb sagt Jesus, um das Wesen einer spirituellen Seelengemeinschaft von dem einer Gemeinschaft irdischer Seelen zu unterscheiden: „Ich bin der *wahre* Weinstock."

Das Bild vom Weinstock und seinen Schösslingen gilt auch für das Verhältnis des spirituellen Menschen zum „Vater", zur göttlichen Welt. Denn auch die göttliche Welt wirkt als großes Ganzes, in dem der „Sohn" und die „Seinen" eingebettet sind, von dem sie Kraft und Ordnung beziehen und zu dessen „Verherrlichung" sie als seine Teile auch selbst wieder beitragen. Doch gehen von der Ordnung und Kraft der göttlichen Welt nicht nur Wachstumskräfte aus, sondern auch korrigierende Kräfte. Das möchte Jesus seinen Schülern bewusst machen, weshalb er den „Vater" als Weingärtner einführt, der unfruchtbare Reben abschneidet und fruchtbare Reben beschneidet.

Der „Vater" schneidet unfruchtbare Schösslinge ab. Sie sind nur Parasiten am Ganzen, entziehen sich träge der Dynamik, die das Ganze belebt, und behindern es dadurch. Ein Schüler, welcher der Ordnung und Kraft des spirituellen Menschen nicht mehr entspricht und eigene Wege geht, wird sich über kurz oder lang in der spirituellen Gemeinschaft nicht mehr wohl fühlen, ja sich abgestoßen fühlen, und die Gemeinschaft verlassen. Das ist die Korrektur, die von der spirituellen Struktur und Dynamik der Gemeinschaft und der göttlichen Welt – aus der diese Gemeinschaft lebt – ausgeht.

Andererseits wird so mancher Schüler, obwohl er sich mit seiner Gemeinschaft und der göttlichen Welt verbunden fühlt, die empfangenen Kräfte nicht immer so umsetzen können, dass sie seiner eigenen spirituellen Entwicklung und der seiner Gemeinschaft dienlich sind. Er wird die spirituellen Impulse oft missverstehen, falsch verstehen, falsch für sich und andere anwenden. So bringt er zwar Früchte, aber weniger, als er bei richtigem Verständnis und Handeln bringen könnte. Auch hier wirkt die korrigierende Kraft der göttlichen Welt, des „Vaters", und zwar reinigend. Der Schüler erlebt sie, er erlebt immer wieder die Ordnung und Kraft des vollkommenen spirituellen Menschen. Seine Irrtümer und Fehler stehen im Kontrast dazu. Dieser Kontrast wird ihm auf Grund der daraus entstehenden Disharmonie bewusst werden. Er wird erkennen, wo er in Illusionen über den Schülerweg befangen ist, um sie dann aufzulösen und fortan richtig zu handeln. Ein solcher Schössling wird somit, weil er gereinigt ist, mehr Frucht bringen.

Jesus hatte diese Reinigung an seinen Schülern im Auftrag des „Vaters“ schon immer vollzogen. Als „Wort“ hatte er sie immer wieder „gerichtet“, nämlich auf die Ordnung der göttlichen Welt ausgerichtet. Er hatte ihnen den Weg des spirituellen Schülers immer wieder neu beschrieben und ermöglicht. „Um des Wortes willen“, das er zu ihnen geredet hat, sind sie schon „rein“ geworden. Sie haben durch sein Wort bereits ein klares Verständnis vom Wesen und Sinn des Schülertums gewonnen. Sie wissen, dass sich der spirituelle Mensch nur entfalten kann, wenn der Schüler „sein Leben in dieser Welt hasst“ (12,25): wenn er alle Bestimmtheit durch Einflüsse der irdischen Welt, alle Konditionierungen und ungeprüft übernommenen Vorstellungen als Fesseln für den spirituellen Mensch erlebt und auflöst. Die Schüler wenden die spirituellen Kräfte nicht für das eigene Ich an, sondern vertrauen sich ihnen an und leben aus ihnen für andere. Auf diese Weise sind sie „rein“ von Illusionen und Fehlern geworden und lassen die spirituellen Kräfte in sich und für andere auf bestmögliche Weise wirken. Sie bringen gute Früchte.

Entscheidend für die Entwicklung des noch unvollkommenen spirituellen Menschen und seine Umsetzung der spirituellen Kräfte ist, dass er unverbrüchlich mit dem vollkommenen spirituellen Menschen verbunden bleibt. Nur wenn er sich fortwährend auf die in ihm wirkende Ordnung und Kraft des „Sohnes“ abstimmt, die zugleich die Ordnung und Kraft des „Vaters“ sind, bleibt er im Ganzen und bleibt das Ganze in ihm. Nur so kann er Frucht tragen, nämlich an Erkenntnis der göttlichen Welt und an Kraft zunehmen und für die Entwicklung des spirituellen Menschen in anderen etwas bedeuten. Von sich selbst aus kann er nichts. „Ohne mich könnt ihr nichts tun“: nichts, was nicht wieder verginge. Alles, was nicht aus der Ordnung und Kraft der göttlichen Welt und ihrer Gesandten hervorgeht, ist früher oder später zum Untergang verurteilt. Es geht dann ja nur aus der Ordnung und Kraft der irdischen Welt und ihrer Großen hervor – und ist somit vergänglich. Ein Mensch, der nur aus den irdischen Ordnungen und Kräften wirkt, wird, so groß seine Schöpfungen auch scheinen mögen, nichts Dauerhaftes zustande bringen und selbst sterblich sein und bleiben. Da er selbst nicht aus Gott geboren ist, sind auch seine Werke nicht aus Gott geboren. Daher bleibt er unfruchtbar. Seine Werke vergehen, er selbst vergeht. Er „wird weggeworfen wie das Schoss und verdorrt“.

Wer aber, als aus Gott Geborener, in der Ordnung und Kraft des vollkommenen spirituellen Menschen bleibt und sich bleibend an den Worten des Meisters orientiert, dem stehen, auf dieser Grundlage, alle Kräfte der göttlichen Welt zur Verfügung. Er kann sie in Freiheit erbitten und mit ihnen verwirklichen, was er für die augenblickliche Situation als sinnvoll und notwendig erkennt. Er kann bitten, um was er will, es wird ihm zuteil werden. Er wird ja nur das verwirklichen und nur dafür Kräfte erbitten wollen, was der göttlichen Welt und ihrer Wirksamkeit in der irdischen Welt dient. Aber seine Freiheit und Verantwortung ist es, zu erkennen, was er in seiner besonderen Situation mit seinen besonderen Fähigkeiten für die Entwicklung seiner selbst und anderer Menschen tun kann, dafür die spirituellen Kräfte zu erbitten und das als richtig Erkannte auch zu tun.

Auf diese Weise trägt er spirituelle Frucht, auf diese Weise wird und bleibt er Schüler des vollkommenen spirituellen Menschen, und auf diese Weise trägt er seinen Teil, seinen nur ihm möglichen und nur ihm bestimmten Teil, zur Verherrlichung des „Vaters“ bei.

„Knechte“ und „Freunde“

15, 9 *Wie mich der Vater geliebt hat, habe auch ich euch geliebt. Bleibt in meiner Liebe!* ***10*** *Wenn ihr meine Gebote haltet, werdet ihr in meiner Liebe bleiben, wie ich die Gebote meines Vaters gehalten habe und in seiner Liebe bleibe.* ***11*** *Dies habe ich zu euch geredet, damit meine Freude in euch sei und eure Freude vollkommen werde.* ***12*** *Das ist mein Gebot, dass ihr einander lieben sollt, wie ich euch geliebt habe.* ***13*** *Größere Liebe hat niemand als die, dass einer sein Leben hingibt für seine Freunde.* ***14*** *Ihr seid meine Freunde, wenn ihr tut, was ich euch gebiete.* ***15*** *Ich nenne euch nicht mehr Knechte, denn der Knecht weiß nicht, was sein Herr tut; euch aber habe ich Freunde genannt, denn alles, was ich von meinem Vater gehört habe, das habe ich euch kundgetan.* ***16*** *Nicht ihr habt mich erwählt, sondern ich habe euch erwählt und euch dazu bestimmt, dass ihr hingeht und Frucht tragt und dass eure Frucht bleibe, damit euch der Vater gebe, um was ihr ihn in meinem Namen bittet.* ***17*** *Das gebiete ich euch, dass ihr einander lieben sollt.*

Jesus legt das Bild vom Weinstock und seinen Schösslingen weiter aus. Das, was alle Mitglieder einer spirituellen Gemeinschaft untereinander und mit ihrem Meister geistig-seelisch verbindet, ist die Liebe. Sie ist der Saft der Pflanze, der all ihre Teile durchströmt, ernährt und ihnen die Frucht ermöglicht. Sie ist die spirituelle Kraft, aus der alle Mitglieder leben und die sie sich gegenseitig und anderen zur Verfügung stellen. Sie ist nicht etwa persönliche Sympathie, eine Emotion, die auf Beantwortung durch andere hofft oder das Geliebte nur für sich haben will – das wäre die Ich-Ebene. Sie ist eine innerlich gespürte Notwendigkeit, die eigene spirituelle Entwicklung und die anderer zu fördern. Sie kann daher auch nicht absichtlich erzeugt werden. Sie ist das göttliche „Leben“, das sich im reifenden spirituellen Menschen manifestiert und von ihm ausströmt, unerschöpflich, gleichgültig, wie sympathisch oder unsympathisch ihm die Menschen auf der Ich-Ebene sind. Sie ist daher auch nicht blind. Sie erkennt das Wesen anderer Menschen, ihre Bedürftigkeit oder ihre Fähigkeit, sich selbst zu helfen, und kann daher helfen, wo es wirklich notwendig ist.

Dieses göttliche „Leben“, die spirituelle Liebe, strömt im Menschen nur, wenn er immer besser der Ordnung des vollkommenen spirituellen Menschen entspricht und aus ihr lebt. Nur wenn er aus dem göttlichen „Wort“, der Ordnung der göttlichen Welt, existiert, kann er auch ihr „Leben“ empfangen und weitergeben. Deshalb sagt Jesus: „Wenn ihr meine Gebote haltet, werdet ihr in meiner Liebe bleiben.“ Wenn ihr euch der Ordnung der göttlichen Welt entsprechend verhaltet, die ja die Ordnung des spirituellen Menschen ist, wird euch auch die Energie der göttlichen Welt zufließen.

Die „Gebote“ des spirituellen Menschen sind andererseits auch die „Gebote des Vaters“ – denn die Struktur des spirituellen Menschen entspricht der Struktur der göttlichen Welt. Und diese „Gebote des Vaters“ hatte Jesus seinerzeit beschrieben (Kap. 12,25): „Wer sein Leben liebt, verliert es, und wer sein Leben in dieser Welt hasst, wird es ins ewige Leben bewahren.“ „Sein Leben lieben“, sein irdisches Leben lieben, heißt, das Blut, den Willen des Fleisches und den Willen des Mannes fördern. Das ist der Entwicklung des spirituellen Menschen nicht förderlich. Förderlich ist ihr, alle Bestimmtheit durch Blut, Willen des Fleisches und Willen des Mannes zu erkennen und aufzulösen, so dass, was aus Gott geboren ist, sich entwickeln kann. Nur so entwickelt sich der spirituelle Mensch. Nur unter Beachtung dieser „Gebote“ entsteht Empfänglichkeit für die spirituelle Liebe, durch welche die eigene Entwicklung und die anderer gefördert wird.

Wenn euch diese Kraft aus der göttlichen Welt zuströmt, fährt Jesus fort, „wird meine Freude in euch sein“. Ihr werdet das göttliche Leben, die Dynamik der göttlichen Energie in euch spüren. Freude ist das Gefühl überschießender Kraft, das Durchströmtwerden von Vitalität. Auch der irdische Mensch empfindet Freude, wenn er sich im Einklang mit irdischen Lebensgesetzen befindet und irdische Energien ihn durchströmen. Den spirituellen Menschen aber durchströmen göttliche Energien, und deshalb empfindet er „meine Freude“, die Freude des vollkommenen spirituellen Menschen. Je mehr sich dieser in ihm entfaltet, desto vollkommener wird die spirituelle Freude. Denn desto besser entspricht der Schüler dem göttlichen „Wort“, und desto reichlicher durchströmt ihn das göttliche „Leben“. Der vollkommene spirituelle Mensch beschreibt seinen Schülern all diese Gesetzmäßigkeiten, damit sich in ihnen das spirituelle Leben entfalte und Freude in ihnen sei.

Jesus hatte seinen Schülern geboten, die „Gebote des Vaters“ zu halten, und somit die Bedingungen zu erfüllen, durch deren Erfüllung allein der spirituelle Mensch göttliche Liebe empfangen und weitergeben kann. Dann aber gebietet er ihnen auch unmittelbar, Liebe zu empfangen und weiterzugeben. Kann man aber gebieten, Liebe zu empfangen und weiterzugeben? Muss Liebe nicht von selbst entstehen, wachsen und sich verströmen? *Wird* sie nicht von selbst entstehen, wenn die Bedingungen für ihre Entstehung erfüllt sind?

Ein Gebot, das der vollkommene spirituelle Mensch seinen Schülern gibt, ist nicht mit dem Befehl eines Vorgesetzten an seine Untergebenen zu vergleichen. Befehle werden nur auf der Ich-Ebene gegeben, wo Ich-Persönlichkeiten einander gegenüberstehen und Macht ausüben. Auf der spirituellen Ebene aber sind die Beziehungen anderer Art. Da lebt der vollkommene spirituelle Mensch *in* seinen Schülern und umgekehrt. Sein Gebot ist kein Befehl, sondern Anregung und Kraftübertragung. Sein Wesen und seine Kraft stimulieren allein durch ihre Gegenwart das spirituelle Wesen und die Kraft seiner Schüler. Denn die Schüler sind mit ihm verbunden wie die Reben mit dem Weinstock. Und wenn er ihnen Wesen und Kraft des spirituellen Menschen in Worten beschreibt, so erzeugen auch diese Worte Resonanz in ihnen und kräftigen sie. Er *ist* Brot und er *gibt* Brot, er *ist* die Auferstehung und er *gibt* die Auferstehung. Auf diese Weise gibt er *seine* Gebote.

Wie die Beziehung zwischen dem vollkommenen spirituellen Menschen und den „Seinen" beschaffen ist, beschreibt Jesus, wenn er sagt: „Größere Liebe hat niemand als die, dass einer sein Leben hingibt für seine Freunde." Sein Leben geben heißt, die ganze Existenz geben, Denken, Fühlen, Vitalität und Handeln, und zwar während des ganzen Lebens, nicht „nur" auf einem heroischen Höhepunkt des Märtyrertums. Der spirituelle Mensch gibt seine ganze Existenz für seine *Freunde*. Das ist hier nicht im Gegensatz zu Feinden, sondern im Gegensatz zu *Untergebenen* zu verstehen. Die Beziehung zwischen ihm und seinen Schülern ist nicht das Verhältnis des Herrn zum Knecht, des Befehlenden zum Befehlsempfänger. Sie ist das Verhältnis zwischen erfahrenem und unerfahrenem Freund. Freund des vollkommenen spirituellen Menschen ist einer, der den spirituellen Menschen im eigenen Wesen entwickelt und daher *im* vollkommenen spirituellen Menschen lebt. Er erfüllt mithin das „Gebot" des vollkommenen spirituellen Menschen. Freund ist einer, der nicht blind Befehle empfängt und ausführt. Er erkennt, was der erfahrenere Freund will, und erkennt, dass dies auch sein eigener Wille ist: in diesem Fall, den spirituellen Menschen zu entwickeln. Der vollkommene spirituelle Mensch will, dass die „Seinen" erkennen, was er will, und dass sie es auch ausführen. Damit ist das eigentliche Ziel und Wesen jeder spirituellen Gemeinschaft beschrieben.

Denn warum existiert eine spirituelle Gemeinschaft? Warum gibt der vollkommene spirituelle Mensch seine ganze Existenz für seine Schüler? Weil er den Schülern zu Bewusstsein und Erkenntnis verhelfen, weil er sie aus *Knechten* zu *Freunden* machen will. „Ich nenne euch nicht mehr Knechte, denn der Knecht weiß nicht, was sein Herr tut." Die ganze Schöpfung hat kein anderes Ziel, als Selbst-Bewusstsein der Geschöpfe hervorzubringen. Sie sollen, indem sie Bewusstsein von sich selbst und ihrem wahren Wesen erhalten, erkennen, dass sie aus Gott hervorgegangen sind. Damit sollen sie auch Bewusstsein von Gott erhalten. Gott soll ihnen bewusst werden, damit sie frei handeln können.

Gott will seine Geschöpfe frei haben, frei durch Bewusstsein und Erkenntnis. Diesen Willen Gottes vollzieht der Sohn, der vollkommene spirituelle Mensch. Nichts ist ihm wichtiger, als freie Schüler zu haben. Er überträgt ihnen das göttliche „Wort", das Wesen des spirituellen Menschen, und das göttliche „Leben", die Liebe des spirituellen Menschen, damit „Licht" in ihnen werde: Bewusstsein vom Wesen und von der Liebe des spirituellen Menschen und dadurch auch Bewusstsein vom göttlichen „Wort", der Struktur der Schöpfung, und vom göttlichen „Leben", der Energie der Schöpfung. So will er sie haben, als seine „Freunde", die gleich ihm bewusst die Gesetze und Kräfte der Schöpfung erkennen und sie umsetzen. Er will einen Bund der Freien, die durch Erkenntnis frei geworden sind. Deshalb tut Jesus, im Einklang mit dem Ziel der Schöpfung und dem Willen Gottes, seinen Schülern alles kund, was er von seinem Vater „gehört" hat. Was er selbst erkannt hat, was ihm selbst bewusst geworden ist, was ihm der „Vater" bewusst gemacht hat, das teilt er seinen Schülern mit, damit auch sie zu Bewusstsein gelangen.

„Ich nenne euch nicht mehr Knechte." Knechte sind die Menschen, Knechte sind auch spirituelle Schüler so lange, solange sie äußeren Gesetzen folgen müssen.

Wenn die äußeren Gesetze, etwa bestimmte ethische Regeln, dem großen, von Gott in die Schöpfung gelegten Entwicklungsziel entsprechen, sind die Menschen oder Schüler immerhin Knechte Gottes. Trotzdem sind sie Knechte. Und bis zu einem bestimmten Punkt ihrer Entwicklung sind dieser Knechtszustand und der Gehorsam gegenüber äußeren Gesetzen notwendig. Solange sie zur Erkenntnis ihres wahren Selbst, ihres inneren Gesetzes, und dadurch zur Freiheit noch nicht fähig sind, müssen sie als Knechte leben.

Aber so will Gott und will sein Gesandter die „Seinen" nicht. So will er sie „nicht mehr". Es ist nicht Sinn und Ziel einer spirituellen Gemeinschaft, dass die Schüler einer Autorität und äußeren Gesetzen folgen. „Der Knecht weiß nicht, was sein Herr tut." Solange er nicht wissen *kann*, muss er tatsächlich Knecht bleiben. Doch die Schüler wissen allmählich, was ihr Meister tut, warum er so handelt, wie er handelt, warum sie den spirituellen Weg gehen, wie dieser Weg aussieht, wohin er führt. Sie wissen es, und deshalb sind sie frei. Sie sind in Liebe dem Herrn und seinen Geboten verbunden, sie leben in den Gesetzen und Kräften des spirituellen Menschen in ihnen, und sind gerade deshalb frei. Sie können bewusst in Übereinstimmung mit ihrem eigenen Wesen leben. Sie erkennen auch, dass der Knechtszustand als Vorbereitung auf den Zustand der Freiheit für sie notwendig war und für viele Menschen noch notwendig ist. Daher lehnen sie ihn nicht ab und versuchen nicht, ihn vorzeitig loszuwerden. Sie entwachsen ihm als Freie, sobald der Augenblick dafür gekommen ist.

Zum Zustand der Freien und Freunde hätten sie nicht selbst finden können. Wie hätte ihr noch unentwickeltes spirituelles Bewusstsein oder gar ihr irdisches Bewusstsein den spirituellen Weg und sein Ziel von sich aus entdecken können? Auf sich selbst angewiesen, hätten sie doch immer falsch gewählt und sich im Labyrinth der Meister und Institutionen verirrt. Doch der vollkommene spirituelle Mensch hat sie als die „Seinen" erwählt. Er war mit ihnen seit Anfang der Zeiten spirituell verbunden und hat sie durch die von ihm ausgehende Kraft zum spirituellen Weg gerufen. Ihre Sache ist nur, auf diesen Ruf, auf diese Erwählung zu antworten.

Wenn sie eines Tages erkennen, dass sie wirklich aus eigener Kraft und Fähigkeit niemals den spirituellen Weg finden, geschweige denn hätten gehen können – dass sie sich ohne den Ruf des vollkommenen spirituellen Menschen hoffnungslos in Illusionen und vergebliche Anstrengungen verstrickt hätten –, werden sie von unaussprechlicher Dankbarkeit erfüllt sein. „Nicht ihr habt mich erwählt, sondern ich habe euch erwählt."

Der vollkommene spirituelle Mensch hat sie erwählt, um sie zu „Freunden" zu machen, zu Menschen, die spirituelle Frucht bringen, jeder auf seine Weise. Die Schüler können Frucht bringen und ihre jeweiligen spirituellen Aufgaben erfüllen, weil sie, wenn sie sich den Kräften des „Vaters" öffnen, das heißt, ihn „bitten", diese Kräfte auch erhalten. Wenn sie auf der Grundlage der Struktur des spirituellen Menschen – ihres eigenen wahren Wesens –, und das heißt „in meinem Namen", für Kräfte und Erkenntnisse aus der göttlichen Welt empfänglich sind, werden sie sie auch erhalten. Grundbedingung dieser Empfänglichkeit, Grundlage des spirituellen Menschen ist das Leben nach den spirituellen Gesetzen: Umsetzen der spirituellen

Kräfte, der göttlichen Liebe, für andere. Deshalb wiederholt Jesus noch einmal: „Das gebiete ich euch, dass ihr einander lieben sollt."

Hass der irdischen Welt

15, 18 *Wenn die Welt euch hasst, so erkennt, dass sie mich zuerst, vor euch, gehasst hat.* ***19*** *Wenn ihr aus der Welt wäret, würde die Welt das Ihrige lieben; weil ihr aber nicht aus der Welt seid, sondern ich euch aus der Welt erwählt habe, deshalb hasst euch die Welt.* ***20*** *Gedenkt an das Wort, das ich euch gesagt habe: Ein Knecht ist nicht größer als sein Herr! Haben sie mich verfolgt, so werden sie auch euch verfolgen; haben sie mein Wort gehalten, so werden sie auch das eure halten.* ***21*** *Aber das alles werden sie euch antun um meines Namens willen; denn sie kennen den nicht, der mich gesandt hat.* ***22*** *Wenn ich nicht gekommen wäre und zu ihnen geredet hätte, so hätten sie keine Sünde; so aber haben sie keinen Vorwand für ihre Sünde.* ***23*** *Wer mich hasst, der hasst auch meinen Vater.* ***24*** *Hätte ich nicht die Werke unter ihnen getan, die kein anderer getan hat, so hätten sie keine Sünde; nun aber haben sie sie gesehen und haben doch sowohl mich als meinen Vater gehasst.* ***25*** *Doch das Wort muss erfüllt werden, das in ihrem Gesetz geschrieben steht:*
„Sie haben mich ohne Ursache gehasst."
26 *Wenn der Beistand kommt, den ich euch vom Vater her senden werde, der Geist der Wahrheit, der vom Vater ausgeht, so wird der von mir zeugen.* ***27*** *Aber auch ihr seid Zeugen, weil ihr von Anfang an bei mir seid.*

Nach der Innenbeziehung der Schüler einer spirituellen Gemeinschaft spricht Jesus von ihrer Außenbeziehung zur irdischen Welt. Die Innenbeziehung ist durch die göttliche Liebe bestimmt, mit der sich Meister und Schüler und die Schüler untereinander lieben. Die Außenbeziehung dagegen ist durch den Hass geprägt, mit dem die irdische Welt sowohl den Meister als auch seine Schüler verfolgen. Dieser Hass ist leicht erklärlich. Die Schüler sind als spirituelle Menschen nicht aus der irdischen Welt, nicht aus Blut, Fleischeswillen und Manneswillen geboren, sondern aus Gott. Damit sind sie von anderer Struktur und leben aus anderen Energien als die irdischen Menschen. Hätten sie dieselbe Struktur und dieselbe Energie, würde die Welt „das Ihrige lieben". Sie würde sich darin wiedererkennen und bestätigt fühlen. Da die Schüler aber aus einer anderen Struktur und Energie leben und mit dem vollkommenen spirituellen Menschen verbunden sind – er hat sie ja aus der Welt „erwählt", er hat sie der Struktur und Energie der irdischen Welt entzogen und sie mit der göttlichen Welt verbunden –, *muss* die Welt sie hassen. Es ist ein naturwissenschaftliches Gesetz: Wie zwei nach Struktur und Energie unvereinbare chemische Substanzen sich abstoßen, so hasst die irdische Welt die göttliche Welt. Denn da ihre Lebensgrundlage Empörung und Abgrenzung gegen die göttliche Welt ist, muss sie deren Ordnung und Kraft als Bedrohung ihrer Existenz empfinden.

Diese Reaktion der irdischen Welt auf die göttliche Welt richtet sich naturgemäß gegen den vollkommenen spirituellen Menschen, in dem Struktur und Energie der göttlichen Welt voll entwickelt sind. Sie richtet sich aber auch gegen die Schüler des

Meisters, da dessen Struktur und Energie in seinen Schülern in Erscheinung treten. Es wird ihnen daher nicht anders ergehen als ihm: „Ein Knecht ist nicht größer als sein Herr.“ Man wird sie verfolgen oder akzeptieren, je nachdem, ob in den Menschen ihrer Umgebung die irdische oder die spirituelle Geburt wirksam ist. Ist die irdische Geburt wirksam, wird man Meister und Schüler verfolgen. Ist es die spirituelle Geburt, wird man ihr Wort annehmen. Wenn man die Schüler hasst und verfolgt, so wird man es um der Struktur und Energie des spirituellen Menschen willen tun, der in ihnen zum Ausdruck kommt: „um meines Namens willen“. Denn der irdische Mensch kann die göttliche Welt und ihre Gesetze – „Wort“ und „Leben“ – nicht erkennen und daher auch nicht ihren Gesandten. Er weiß nicht, dass die göttliche Welt und ihre Gesetze die Grundlage aller Dinge sind. Im Gegenteil: Er setzt sich selbst und die irdische Welt absolut – in unbewusster Abwehr der göttlichen Welt und ihres Gesandten.

Doch durch die Präsenz des vollkommenen spirituellen Menschen in der irdischen Welt, sei es durch seine Worte, sei es durch seine Wirkungen, ist die eigentliche Bestimmung des Menschen vor aller Augen deutlich geworden. In allen irdischen Menschen ist, durch die Gegenwart des vollkommenen spirituellen Menschen, die spirituelle Anlage berührt worden. Sie ist ihnen mehr oder weniger bewusst geworden. Damit ist ihnen auch ihr Zustand als irdische Menschen bewusst geworden. Der vollkommene spirituelle Mensch ist im geistig-seelischen Organismus der Menschheit als Information und Kraft erschienen und wirkt seitdem auf den spirituellen Kern jedes Menschen ein. Dadurch entsteht ein Kontrast zwischen der Geburt aus dem Geist und der Geburt aus dem Fleisch.

Ohne diesen Kontrast würden die Menschen nicht wissen, in welchem Zustand sie sich befinden. Sie könnten nicht spüren, dass dieser Zustand eine Abweichung vom göttlichen Gesetz und von der ihnen bestimmten spirituellen Entwicklung ist. Solange sie diesen Zustand nicht kennen und unbewusst aus ihrer irdischen Geburt leben, haben sie keine „Sünde“. Niemand kann ihnen einen Vorwurf daraus machen. Haben sie jedoch die wahren Maßstäbe des Menschseins kennen gelernt und ist ihnen dadurch bewusst geworden, dass sie existenziell davon abweichen: dann sind sie, wenn sie doch in der Abweichung verharren, dafür verantwortlich. Sie haben „Sünde“.

Solange ein Mensch unbewusst einen Fehler begeht – so argumentiert hier Jesus –, ist er dafür nicht verantwortlich. Wird ihm sein Verhalten jedoch als Fehler bewusst und bleibt er trotzdem dabei, ist er dafür verantwortlich. Seine Sünde besteht in der fehlenden Bereitschaft, den erkannten Fehler zu beseitigen. Er wird ihn vielleicht nicht sofort beseitigen können. Aber man kann erwarten, dass er sich darum bemüht. So kann man auch von einem Menschen, der den spirituellen Menschen und seine Werke „gesehen“ hat – dem bewusst geworden ist, in welcher Lage er sich als irdischer Mensch befindet und worin sein eigentliches Lebensziel besteht –, erwarten, dass er danach strebt, sich von den Gesetzen der irdischen Welt immer weniger bestimmen zu lassen und immer mehr aus der spirituellen Anlage im eigenen Wesen zu leben.

Ein solcher Mensch kann sich, wenn er diese Bemühung unterlässt, nicht mehr herausreden. Er hat keinen Vorwand für seine fehlende Bereitschaft, den Fehler zu beseitigen, keinen Vorwand für seine „Sünde". Er kann nicht mehr sagen: Ich kenne meinen Fehler ja gar nicht. Er kann nicht mehr sagen: Ich weiß ja gar nicht, wie es um mich steht und was die eigentliche Bestimmung meines Menschseins ist. Denn der vollkommene spirituelle Mensch hat sich ihm gezeigt.

Bei vielen Menschen, die den spirituellen Menschen und seine Werke „gesehen" haben – denen bewusst geworden ist, in welcher Lage sie sich als irdische Menschen befinden und worin ihr eigentliches Lebensziel besteht –, fehlt die Bereitschaft, sich aus ihrer von den Maßstäben der göttlichen Welt abweichenden Lage zu befreien und ihre spirituelle Bestimmung zu verwirklichen. Ja, sie kaschieren diese mangelnde Bereitschaft noch mit dem Vorwand, sie könnten nicht wissen, wie es um sie steht und welches ihre Bestimmung ist. Sie lassen sich weiter von ihren irdischen Motiven und den Einflüssen der irdischen Welt bestimmen – und werden deshalb die göttliche Welt, ihren Gesandten und ihre eigene spirituelle Bestimmung „hassen".

„Sie haben mich ohne Ursache gehasst" (Psalm 7,5) bedeutet: Der Gesandte der göttlichen Welt gibt ihnen keine Ursache, ihn zu hassen. Sie haben ihn „gesehen" und müssten ihn, als Muster ihrer eigenen Bestimmung, lieben. Dennoch hassen sie ihn auf Grund ihrer „Sünde", ihrer mangelnden Bereitschaft, die eigene Bestimmung, obwohl sie sie kennen, zu verwirklichen. Die Ursache ihres Hasses liegt nicht bei ihm. Sie liegt in ihnen selbst. Sie haben ihre eigene Bestimmung gesehen und weigern sich, sie zu erfüllen. Daher haben sie sich selbst gegenüber ein schlechtes Gewissen. Aber sie hassen nicht sich selbst, sondern den spirituellen Menschen, den sie in kurzschlüssiger Logik als die Ursache ihres schlechten Gewissens ansehen. Sie sind wie Kinder, die sich den Kopf an einem Tisch stoßen und nun den Tisch hassen. Der Tisch ist nicht die Ursache ihres Schmerzes – sie hassen ihn, ohne dass er ihnen Ursache dazu geben hätte. Ursache ihres Schmerzes ist ihr eigenes Fehlverhalten – *das* müssten sie hassen.

Der Hass, der sich gegen den vollkommenen spirituellen Menschen richtet, weil dieser, ohne böse Absicht, allein durch seine Existenz, den irdischen Menschen seiner „Sünde" überführt, wird sich, vor allem nach dem Weggang des Meisters, auch gegen die Schüler des Meisters richten. Aber ihr werdet, so erklärt ihnen Jesus, den Beistand bekommen, der euch nicht nur hilft, trotz dieses Hasses zu bestehen, sondern euch sogar befähigt, inmitten dieses Hasses von mir, dem vollkommenen spirituellen Menschen, zu „zeugen".

Der „Beistand" ist die Kraft der selbstständigen Erkenntnis der göttlichen Welt. Er ist der „Geist der Wahrheit", das göttliche „Leben", welches im Zusammenwirken mit dem göttlichen „Wort" im dafür empfänglichen Menschen das „Licht" entzündet. So wird der „Geist der Wahrheit", fährt Jesus fort, auch nach meinem Weggang in euch von mir zeugen. In euch wird sich die Wahrheit über die göttliche Welt bemerkbar machen und bewusst werden, so dass der Geist der Wahrheit aus euch sprechen und von mir, dem vollkommenen spirituellen Menschen, in der Welt zeugen wird. Durch eure Worte und Werke, durch den in euch wirkenden Geist, wird sich der spirituelle Mensch, das neue Menschentum, der Welt kundtun und beweisen.

Aber auch ihr selbst, die ihr dann zu bewussten, erleuchteten Menschen geworden seid, werdet allein durch eure Existenz für das neue Menschentum zeugen. Ihr selbst werdet Zeugen für das wahre Selbst sein, als die „Seinen", die „von Anfang an" beim vollkommenen spirituellen Menschen waren. „Von Anfang an": Das kann heißen, ihr habt ihn, seit Jesus in der Welt zu wirken begann, begleitet und seid mit seiner Hilfe euren spirituellen Weg gegangen. Es kann auch heißen, ihr seid als aus Gott geborene, spirituelle Menschen von Ewigkeit her mit ihm, dem aus Gott geborenen spirituellen Menschen, verbunden. In dieser unwandelbaren Treue zu ihm und eurem eigenen Entwicklungsziel, ja *durch* diese unwandelbare Treue, zeugt ihr von ihm.

Damit nimmt der Evangelist noch einmal die Thematik des „Zeugens" für die Wahrheit und für die Identität des vollkommenen spirituellen Menschen auf. Auf Jesus kam der „Geist der Wahrheit" herab (Kap. 1,32–33). Auch auf seine Schüler wird er herabkommen, sie werden erleuchtet werden. Und durch ihn werden sie vor der Welt für den spirituellen Menschen zeugen.

16, 1 *Dies habe ich zu euch geredet, damit ihr keinen Anstoß nehmt.* ***2*** *Sie werden euch aus der Synagoge ausschließen; ja, die Stunde kommt, wo jeder, der euch tötet, meinen wird, Gott eine Opfergabe darzubringen.* ***3*** *Und dies werden sie tun, weil sie den Vater und mich nicht erkannt haben.* ***4*** *Aber dies habe ich zu euch geredet, damit ihr, wenn die Stunde kommt, euch daran erinnert, dass ich es euch gesagt habe. Jedoch von Anfang an habe ich euch dies nicht gesagt, weil ich bei euch war.*

Jesus erklärt seinen Schülern weiter, was geschehen wird, damit sie „keinen Anstoß nehmen": damit sie später nicht überrascht und darauf „gefasst" sind. Früher (Kap. 14,29) hatte er ihnen erklärt, was sich an Positivem abspielen würde – sein Eintritt in die göttliche Welt –, damit sie, wenn es geschähe, sich an seine Worte erinnern und den Ereignissen offen und verstehend gegenübertreten könnten – damit sie „glauben" sollten. Jetzt erklärt er ihnen, was sich an Negativem abspielen wird – ihre Verfolgung durch die irdische Welt –, damit sie, wiederum auf Grund ihrer Erinnerung an seine Worte (Vers 4), nicht von den Ereignissen überwältigt werden – „keinen Anstoß nehmen".

Er führt, mehr ins Einzelne gehend, aus, bis wohin der Hass der irdischen Welt gegen den vollkommenen spirituellen Menschen führen wird. Seine Schüler als die sich entwickelnden spirituellen Menschen werden „aus der Synagoge" ausgeschlossen werden. Sie werden aus der traditionellen religiösen Gemeinschaft verstoßen werden, weil diese Gemeinschaft in traditioneller Glaubenshaltung und Gesetzeserfüllung verharrt. Sie bemerkt nicht, dass und wo ein neuer, lebendiger spiritueller Impuls wirksam wird, der statt Fürwahrhalten von Dogmen inneres Erleben der göttlichen Welt und statt Gehorsam gegenüber äußeren Gesetzen Freiheit auf der Grundlage der inneren Gesetze des wahren Selbst bedeutet.

Menschen, in denen ein spiritueller Impuls wirksam wird und die allein schon durch ihr Wesen davon zeugen, wurden zu allen Zeiten als Ketzer gebrandmarkt, ausgegrenzt und getötet. Es geht hier nicht um das Verhältnis von Christen und Juden oder überhaupt um das Verhältnis zweier Religionen, sondern um das Verhältnis von lebendiger religiöser Erfahrung zu dogmatischer Starre. Lebendige religiöse, spirituelle Erfahrung ist im Judentum genauso möglich wie im Christentum. Jesus und seine Schüler begriffen sich als Juden. Wenn sie aus den Synagogen ausgeschlossen wurden, so nicht als „Christen“, Anhänger einer neuen Religion, sondern als spirituelle Menschen, die dem Glauben an Erlösung durch das äußere Gesetz des Judentums entwachsen waren. In jeder Religion, auch im Christentum, kam und kommt es zu solchen Vorgängen. Spirituelle Menschen, Christen, die dem Glauben an eine äußere Erlösung durch Tod und Auferstehung eines Gottessohns, geschehen vor vielen Jahrhunderten, entwachsen waren und die Erlösung im eigenen Innern, als Mysterientod des irdischen und Auferstehung des spirituellen Menschen, erhofften und erlebten, wurden und werden ausgeschlossen. Es gab grausame Jahrhunderte, wo sie physisch getötet, andere, zivilisiertere Jahrhunderte, wo sie nur mundtot gemacht wurden.

Und Jesus legt dar, dass jene, die ausschließen und mundtot machen oder physisch töten, mit bestem Gewissen zu handeln pflegen. Ja, sie glauben, damit etwas besonders Gutes zu tun und „Gott eine Opfergabe darzubringen“. Sie glauben, im Einklang mit den göttlichen Geboten zu handeln und bemerken nicht, dass sie nur im Einklang mit den Geboten ihres dogmatischen Glaubens handeln. Sie können es nicht bemerken, „weil sie den Vater und mich nicht erkannt haben“. Sie haben die göttliche Welt, das göttliche „Wort“ und „Leben“, innerlich nicht erfahren und können sie daher auch nicht erkennen, wenn sie ihnen von außen in einem Gottgesandten gegenübertritt. Sie haben den Erlöser, das göttliche „Licht“, das spirituelle Bewusstsein, innerlich nicht erfahren und können daher nicht erkennen, dass ihr Glaube an einen äußeren Erlöser nicht erlösend ist. Deshalb können sie auch nicht erkennen, in welchen Menschen der Erlöser, der vollkommene spirituelle Mensch, wirklich lebt und aufersteht, und werden solche Menschen verfolgen und töten.

Sie verwechseln ihre Traditionen, Glaubensüberzeugungen, Rituale und organisatorischen Strukturen, alles irdische Gegebenheiten, mit dem Göttlichen. Sie bemerken nicht, dass die toten Dogmen nur Symbole für lebendige spirituelle Erfahrungen sind, die sie selbst nachvollziehen müssten. Ihr irdischer Mensch bezieht aus diesem Dogmensystem Lebens- und Glaubenssicherheit, während ihr spiritueller Mensch darin verkümmern kann. Und deshalb empfindet der irdische Mensch den spirituellen Menschen, wenn er ihm, äußerlich oder innerlich, begegnet, als Bedrohung seiner Lebens- und Glaubenssicherheit, ja seiner Identität, und hasst ihn. Er wird, weil er auf die Sicherheit seines dogmatischen Glaubens nicht verzichten kann oder will, den spirituellen Menschen, der ihn zu einer lebendigen, spirituellen Existenz auffordert, in der äußeren Welt physisch töten oder im eigenen Wesen „töten“, indem er ihn zum Schweigen bringt.

Im Wort „Opfergabe“ kommt diese Verkehrtheit drastisch zum Ausdruck. Wenn der dogmatisch gebundene irdische Mensch den spirituellen Menschen tötet, glaubt er, Gott damit einen Gefallen zu erweisen, sich wie durch ein Opfer mit Gott zu versöhnen und die Einheit mit der göttlichen Welt zu gewinnen. In Wirklichkeit zerstört er gerade umgekehrt etwas „Gott Gefälliges“, etwas Spirituelles, um die Einheit mit der irdischen Welt, mit seinem dogmatischen Glauben und seiner religiösen Gemeinschaft, die er gefährdet glaubt, zu sichern.

Dies alles musste Jesus seinen Schülern sagen. Er musste ihnen die Lage in der äußeren Welt, die sich nach seinem Weggang ergeben würde, darstellen, damit sie darauf gefasst sind, wenn es so weit ist. Solange er bei ihnen war, brauchte er es ihnen nicht zu sagen, um sie nicht unnötig zu beunruhigen. Sie waren ja noch nicht auf sich gestellt. Jetzt aber, kurz vor seinem Weggang, muss er es ihnen sagen.

Der „Beistand" in der Traurigkeit

16, 5 *Jetzt aber gehe ich hin zu dem, der mich gesandt hat, und keiner von euch fragt mich: Wo gehst du hin?* ***6*** *Sondern weil ich dies zu euch geredet habe, hat die Traurigkeit euer Herz erfüllt.* ***7*** *Aber ich sage euch die Wahrheit: Es ist gut für euch, dass ich fortgehe. Denn wenn ich nicht fortgehe, wird der Beistand nicht zu euch kommen: wenn ich aber gehe, werde ich ihn zu euch senden.* ***8*** *Und wenn jener kommt, wird er die Welt überführen in Bezug auf die Sünde und in Bezug auf das, was recht ist und in Bezug auf das Gericht:* ***9*** *in Bezug auf die Sünde, insofern sie nicht an mich glauben;* ***10*** *in Bezug auf das, was [für mich] recht ist, insofern ich zum Vater gehe und ihr mich nicht mehr seht;* ***11*** *in Bezug auf das Gericht, insofern der Fürst dieser Welt gerichtet ist.* ***12*** *Noch vieles habe ich euch zu sagen, aber ihr könnt es jetzt nicht tragen.* ***13*** *Wenn aber jener kommt, der Geist der Wahrheit, wird er euch in die ganze Wahrheit leiten; denn er wird nicht von sich aus reden, sondern was er hört, wird er reden, und das Zukünftige wird er euch verkündigen.* ***14*** *Er wird mich verherrlichen; denn aus dem Meinigen wird er es nehmen und euch verkündigen.* ***15*** *Alles, was der Vater hat, ist mein; deshalb habe ich gesagt, dass er es aus dem Meinigen nimmt und euch verkündigen wird.*

Als Jesus den dritten Aspekt der siebenfachen Matrix, der ein selbstständiges, erleuchtetes Bewusstsein – „Licht" – ermöglicht, mit seinen Schülern verband, stand ihre „Einsamkeit" im Vordergrund. Er würde sie nicht mehr durch Wort und Beispiel führen. Sie würden auf sich selbst und ihre eigene Einsicht zurückgeworfen sein. Sie würden lernen müssen, sich in neuer Freiheit selbst zu führen. Doch verhieß er ihnen den „Beistand", der ihnen helfen würde, die Einsamkeit zu ertragen. Er erklärte ihnen, dass die Einsamkeit Voraussetzung für ihre weitere Entwicklung sei. In dieser Einsamkeit würden sie lernen, selbstständig, ohne äußere Führung, aus dem eigenen Geistprinzip zu leben.

Während nun Jesus seine Schüler mit dem zweiten Aspekt der siebenfachen Matrix verbindet, der ihnen die Aufnahme göttlicher Energie – „Leben" – und den Aufbau einer auf dieser Energie beruhenden Liebesgemeinschaft ermöglicht, spricht er von der Traurigkeit der Schüler. Sie werden, wenn Jesus ihre Gemeinschaft physisch verlässt, traurig sein. Das „Leben", die liebende Verbundenheit mit ihrem Meister, wird ihnen fehlen. Aber der „Beistand", der „Geist der Wahrheit", so verheißt Jesus, wird ihnen die Traurigkeit nehmen. Er wird ihnen den Mangel durch Erkenntnisfülle, die Trauer durch Freude ersetzen und eine Verbundenheit mit dem Meister auf neuer Ebene stiften.

Jesus sieht, dass seine Schüler traurig sind, weil er sie physisch verlassen wird. Die Traurigkeit schlägt sie so nieder, dass sie sich nicht einmal mehr dafür interessieren, wohin er geht. Würden sie sich dafür interessieren und ihn danach „fragen", so wären sie schon auf die spirituelle Welt gerichtet, in die er geht. Dadurch wären sie von ihrer Traurigkeit befreit. Sie bräuchten sich nur innerlich mit der spirituellen Welt verbinden. Außerdem ist die Traurigkeit, so erklärt ihnen Jesus zum Trost, wie die Einsamkeit eine notwendige Voraussetzung für ihre weitere spirituelle Entwicklung.

Solange der Meister bei ihnen ist, leben sie aus der Liebe, mit der er sie umgibt. Damit lassen sie ihre spirituelle Entwicklung von ihm bestimmen und bleiben von dem abhängig, was er ihnen an Liebeskräften überträgt. Deshalb muss er sie äußerlich verlassen, damit er innerlich, als „Beistand", zu ihnen kommen kann. Seine Liebeskräfte werden dann *in* ihnen wirken. Sie werden lernen, sich auf ihr Inneres, ihr wahres Selbst, zu verlassen, in dem die Liebe des vollkommenen wahren Selbst strömt. Sie werden zu selbstständigen Quellen des lebenden Wassers werden und anderen davon mitteilen können. Für jeden spirituellen Schüler ist nach der Einsamkeit auch die Traurigkeit ein dunkles Tal, das er durchschreiten muss, wenn er zu innerer Selbstständigkeit gelangen will. Aber mit Hilfe des „Beistands" kann er es durchschreiten und in eine neue Liebesgemeinschaft mit dem Meister und allen anderen Schülern eintreten, bei der jeder Einzelne spirituelle Liebe empfängt und gibt.

Das neue, selbstständige spirituelle Bewusstsein ist nicht aus dem Blut, dem Mannes- oder Fleischeswillen geboren. Es entspricht dem „Leben" der göttlichen Welt und wird daher dieses „Leben" erfahren können. Der heilige Geist, der das göttliche „Leben" ist und zusammen mit dem göttlichen „Wort" im Menschen das „Licht" erzeugt, wird nicht „von sich aus reden". Er wird vom göttlichen „Wort" befruchtet sein und reden „was er hört". Das erleuchtete Bewusstsein, das erleuchtete wahre Selbst, wird durch den heiligen Geist mit den Strukturen und Kräften der göttlichen Welt bekannt gemacht werden. Deshalb wird der heilige Geist auch „in die ganze Wahrheit leiten". Das spirituelle Bewusstsein wird mit Hilfe des heiligen Geistes alle Aspekte und Kräfte der göttlichen Welt wahrnehmen, immer größere Eigenschaften Gottes erkennen und in die unendlichen Tiefen der göttlichen Wahrheit und Liebe eintauchen. Es wird die Entwicklungsgesetze der göttlichen und irdischen Welt wahrnehmen. Es wird wahrnehmen, dass die irdische Welt eine Abweichung von den Gesetzen der göttlichen Welt darstellt und dass diese Abweichung einst notwendigerweise korrigiert werden wird: „Das Zukünftige wird er euch verkündigen."

Das Licht scheint in der Finsternis – und einige Menschen, die bisher der Finsternis angehörten, nehmen es bewusst auf. Dadurch erscheint ihnen die ganze irdische Welt und Menschheit in einem neuen Licht. Sie sind es daher, durch die der heilige Geist, die spirituelle Wahrheit, als neue Instanz im Organismus Menschheit befestigt wird. Das von ihnen als Zellen dieses Organismus aufgenommene und ausgehende Licht erfüllt den ganzen geistig-seelischen Organismus der Menschheit mit einem neuen Licht. Auf diese Weise wird der Zustand der Finsternis offenbar. Die Welt wird „überführt". In Gestalt der erleuchteten Schüler wird dem Organismus Menschheit ein neues Auge eingepflanzt, mit dem er sich selbst unbestechlich aus der Perspektive der göttlichen Welt betrachten kann.

In dreifacher Hinsicht wird die irdische Welt durch den in den Schülern wirkenden heiligen Geist, der das Licht der Wahrheit erzeugt, „überführt". Erstens „in Bezug auf die Sünde". Es zeigt sich im Licht der Wahrheit, dass sich die Welt im Zustand der „Finsternis“ befindet. Sie lebt in der Finsternis der Unwissenheit, Leidenschaft und Trägheit, ja, sie verharrt länger als nötig darin. Obwohl ihr ihre spirituelle Bestimmung gezeigt worden ist, öffnet sie sich der neuen Lebensmöglichkeit nicht. Sie „glaubt nicht“ an den spirituellen Menschen. Sie ist mit dem Licht bekannt gemacht worden und könnte im Kontrast dazu ihren Finsternis-Zustand erkennen. Sie *weiß* also, wie es um sie steht und wie sie sich verhalten müsste. Trotzdem bleibt sie in der Finsternis. Dieser „Sünde“ wird sie überführt.

Sie wird zweitens überführt „in Bezug auf das, was recht ist“. Sie bekommt durch das vom heiligen Geist erzeugte Licht der Wahrheit die Möglichkeit, zu sehen, wie sich der spirituelle Mensch, der als Ziel des Seins in jedem irdischen Menschen angelegt ist, entwickeln muss. Sie sieht, dass es die Bestimmung des Menschen ist, jede Haftung an der irdischen Welt aufzulösen, die Dimension der irdischen Welt zu verlassen und in die Dimension der göttlichen Welt einzutreten. Das ist der spirituelle Weg, Jesus lebt ihn als der vollkommene spirituelle Mensch vor. Das ist die Bestimmung des Menschen und daher das „Rechte“ für ihn. Es ist das „Rechte“ für ihn und für jeden spirituellen Menschen, zum „Vater“, in die göttliche Welt, zu gehen und die irdische Welt zu verlassen. Die Welt ist im Unrecht, wenn sie diesen Weg des spirituellen Menschen nicht geht. Denn so erfüllt sie ihre Bestimmung nicht. Dieses Unrechts, das spirituelle Entwicklungsgesetz, das in jedem Menschen angelegt ist, nicht zu erfüllen, wird sie überführt.

Sie wird drittens überführt „in Bezug auf das Gericht“. Sie will nicht wahrhaben, dass ihr Zustand, da er der Ordnung und den Kräften der göttlichen Welt nicht entspricht, korrigiert werden wird. Das erleuchtete Bewusstsein aber überführt sie. Es zeigt ihr, dass sie dem korrigierenden Gericht zu Recht unterworfen ist. Der „Fürst dieser Welt“, die Konzentration und das Prinzip der Unwissenheit, Leidenschaft und Trägheit, hat keine dauernde Daseinsberechtigung, da er sich von der Ordnung und Kraft der göttlichen Welt abgekoppelt und zum Maß aller Dinge gemacht hat. Daher wird er „gerichtet“. Die irdische Welt erlebt, dass sie auf Dauer ohne Einbettung in die göttliche Welt nicht lebensfähig ist und dass all ihre Werke, die nicht im Einklang mit der göttlichen Welt sind, zerstört werden oder sich selbst zerstören. Sie wird ihres anmaßlichen Pochens auf ihre eingebildete Selbstständigkeit überführt. Der „Fürst dieser Welt“ ist zu Recht „gerichtet“.

Dies wenigstens kann der Meister seinen Schülern jetzt, vor seinem Weggang und vor ihrer Erleuchtung, erklären. Es gibt noch andere Aspekte dieser „Überführung“ der Finsterniswelt durch den heiligen Geist. Vielleicht sind es Einzelheiten, die mit dem Gericht über den „Fürsten dieser Welt“ zusammenhängen, wie sie in der „Offenbarung des Johannes“ geschildert werden. Vielleicht sind es Aussagen über die Gesetzmäßigkeiten von Karma und Reinkarnation, die sonst in den Evangelien nur ganz von ferne anklingen. Doch sind die Schüler Jesu für ein Wissen solcher Art im Augenblick noch nicht reif. Es gibt viele Wahrheiten, die der vollkommene spirituelle Mensch dem sich entwickelnden spirituellen Menschen vorläufig nicht sagen kann, weil dieser dadurch überfordert wäre. Die Schüler könnten es „jetzt nicht tragen“.

Wenn jedoch der heilige Geist zu ihnen kommt, wenn, mit anderen Worten, ein selbstständiges spirituelles Erkenntnisvermögen in ihnen wach wird, werden sie die

Kraft haben, diese Wahrheiten zu erkennen und zu „tragen“. Der „Geist der Wahrheit“ wird sie „in die ganze Wahrheit leiten“. Der erleuchtete spirituelle Mensch der Zukunft wird mehr von den Eigenschaften Gottes und von den Gesetzen der göttlichen und irdischen Welt erkennen, als der vollkommene spirituelle Mensch seine Schüler vor ihrer Begabung mit dem heiligen Geist gelehrt hat.

Sind dies alles nicht Gründe, die Traurigkeit preiszugeben und Freude an ihre Stelle treten zu lassen? Der Weggang des Meisters aus dem Kreis seiner Schüler wird wohl zuerst eine Lücke reißen. Aber dieser Mangel wird durch eine Fülle an Erkenntnis, die der Geist der Wahrheit vermittelt, ersetzt werden. Und es wird eine Begegnung mit dem Meister auf anderer Ebene stattfinden können, wo die gegenseitige Liebe weit intensiver und umfassender ist als auf der rein physischen. Denn indem der heilige Geist, das göttliche „Leben“, in den Schülern des Meisters wirkt, wird der Meister selbst, der vollkommene spirituelle Mensch, verherrlicht. Er entwickelt sich in seinen Schülern zu Vollkommenheit in Erkenntnis und Liebe, zu Erleuchtung und Freiheit. Das ist seine Verherrlichung.

Der heilige Geist ist das göttliche „Leben“ des vollkommenen spirituellen Menschen, das dieser seinen Schülern, kraft seiner Einheit mit ihnen, überträgt, wodurch in ihnen „Licht“ entsteht. Der heilige Geist kommt aus dem vollkommenen spirituellen Menschen. Er kommt, wie Jesus sagt, aus dem „Meinigen“ und nimmt seine Kraft aus dem „Meinigen“, um sie den „Seinen“ mitzuteilen. Durch das „Leben“ des heiligen Geistes entsteht eine neue Beziehung der Liebesverbundenheit zwischen dem Meister und seinen Schülern. Sie geht weit über die emotionalen Beziehungen hinaus, die auf der irdischen Ebene möglich sind.

Sie wird im göttlichen „Wort“ verwurzelt sein. „Alles, was der Vater hat, ist mein.“ Das göttliche „Wort“ und das göttliche „Leben“ sind „mein“, sie sind mein Wesen und meine Kraft, so sagt der vollkommene spirituelle Mensch. Wenn ich euch dieses Wesen und diese Kraft übertrage, so übertrage ich euch das „Meinige“ und ermögliche euch dadurch die Erleuchtung, das selbstständig erkennende Bewusstsein. Dieses Bewusstsein verkündigt euch den „Vater“: Der heilige Geist macht euch die Struktur der göttlichen Welt bewusst. Was der Vater hat, „Wort“ und „Leben“ der göttlichen Welt, ist „mein“. Aus dem „Meinigen“ gebe ich euch „Wort“ und „Leben“ weiter. Und aus dem „Meinigen“ wird euch so das „Licht“ der göttlichen Welt entstehen. Unsere Gemeinschaft wird im „Licht“, im „Leben“ und im „Wort“ bestehen.

Zwei Ebenen der Gemeinschaft

16, 16 *Eine kurze Zeit, so seht ihr mich nicht mehr, und wiederum eine kurze Zeit, so werdet ihr mich sehen.* ***17*** *Da sagten einige von seinen Schülern zueinander: Was bedeutet das, was er zu uns sagt: Eine kurze Zeit, so seht ihr mich nicht, und wiederum eine kurze Zeit, so werdet ihr mich sehen, und: Ich gehe hin zum Vater?* ***18*** *Sie sagten nun: Was bedeutet das, was er „die kurze Zeit“ nennt? Wir wissen nicht, was er redet.* ***19*** *Jesus merkte, dass sie ihn fragen wollten, und sprach zu ihnen: Darüber verhandelt ihr miteinander, dass ich gesagt habe: eine kurze Zeit, so seht ihr mich nicht, und wiederum eine kurze Zeit, so werdet ihr mich sehen?* ***20*** *Wahrlich, wahr-*

lich, ich sage euch: Ihr werdet weinen und wehklagen, aber die Welt wird sich freuen; ihr werdet traurig sein, doch eure Traurigkeit wird zur Freude werden. ***21*** *Wenn die Frau gebiert, hat sie Traurigkeit, weil ihre Stunde gekommen ist; wenn sie aber das Kind geboren hat, denkt sie nicht mehr an die Angst um der Freude willen, dass ein Mensch zur Welt geboren ist.* ***22*** *Auch ihr nun habt jetzt Traurigkeit; ich werde euch aber wiedersehen, und euer Herz wird sich freuen, und eure Freude nimmt niemand von euch.*

Jesus führt weiter aus, wie sich seine Schüler und die Schülergemeinschaft nach seinem Weggang aus der zeiträumlichen Welt in die göttliche Welt befinden werden. Wie werden sie sich befinden, bevor und nachdem der „Beistand" zu ihnen gekommen ist? Im ersten Zustand sind sie spirituell unselbstständig, im zweiten spirituell selbstständig. Der Übergang vom einen zum anderen Zustand ist schmerzhaft.

Der vollkommene spirituelle Mensch erklärt diese Zusammenhänge nicht so ohne weiteres. Er möchte, dass seine Schüler von sich aus eine innere Fragehaltung entwickeln, um für die Antwort möglichst aufgeschlossen zu sein. Deshalb konfrontiert er sie zunächst mit einem für sie unverständlichen Ausspruch: „Eine kurze Zeit, so seht ihr mich nicht mehr. Und wiederum eine kurze Zeit, so werdet ihr mich sehen."

Die Schüler rätseln über diese Worte. Nach dem Willen Jesu *sollen* sie darüber rätseln und sich mit diesem Problem befassen, damit sie allein schon durch ihre Fragehaltung die Antwort heranziehen. Die Antwort des vollkommenen spirituellen Menschen, der auch *in* ihnen wirkt, soll auf empfangsbereite Menschen treffen. Und als Jesus „merkte, dass sie ihn fragen wollten": als sie so weit sind, dass sie mit ihrer Fragehaltung selbst die Antwort aus ihrem eigenen spirituellen Wesen hervorholen können, kommt diese Antwort auch.

„Eine kurze Zeit, so seht ihr mich nicht mehr": Es fehlt nur noch ein kurzes Stück in der Gesamtentwicklung der Dinge, bis ich meinen physischen Körper verlasse und in die Dimension der göttlichen Welt eintrete. Mit euren physischen Augen werdet ihr mich dann weder in der irdischen noch in der göttlichen Welt sehen. „Und wiederum eine kurze Zeit, so werdet ihr mich sehen": Aber es ist dann nur noch ein kurzes Stück in eurer eigenen Entwicklung notwendig, bis ihr, vom heiligen Geist dazu instand gesetzt, mit einem spirituellen Bewusstsein den vollkommenen spirituellen Menschen in seinem Geistleib sehen werdet.

Jesus spricht hier sowohl von seinem physischen, als auch von seinem Mysterientod. Beim physischen Tod wird er ganz aus der Schülergemeinschaft verschwinden. Beim gleichzeitigen Mysterientod – dem freiwilligen Sterben seines „Fleischeswillens" – wird er ihrem Bewusstsein ebenfalls entschwinden. Aber er wird mit einem Geistleib auferstehen. Mit geistigen Augen werden sie ihn dann sehen. Und er beschreibt die Seelenstimmung seiner Schüler in den beiden Zuständen vor und nach der Begabung mit dem heiligen Geist. Sie werden zunächst einsam und traurig sein. Die konkrete Gemeinschaft auf der materiellen Ebene mit dem Meister ist zerrissen. Sie sehen ihn nicht mehr mit physischen, aber auch noch nicht mit geistigen Augen. Denn diese sind noch nicht geöffnet. Deshalb werden sie „weinen und wehklagen".

Die irdische Welt dagegen wird sich freuen. Sie glaubt ja, indem sie den physischen Körper des Eingeweihten beseitigt hat, ihren vermeintlich größten Feind, den vollkommenen spirituellen Menschen, beseitigt zu haben – ohne zu wissen, dass sie sich gerade durch diese Tat unauflöslich an ihn, seine Wahrheit und sein Gericht über sie gekettet hat. Für sie wird die Freude zu Traurigkeit werden, weil über kurz oder lang das Gericht über sie ergehen wird. Für die Schüler jedoch wird die Traurigkeit zu Freude werden. Denn gerade durch die Auflösung der alten, begrenzten Form ihrer Gemeinschaft wird eine neue, unbegrenzte Form möglich.

Jesus vergleicht den Wechsel vom einen Zustand in den anderen mit einer Geburt. Der physische Weggang Jesu aus der zeiträumlichen Welt bedeutet seine physische Trennung von seiner Schülergemeinschaft und die Auflösung der alten Form ihrer Gemeinschaft. Die Schüler hatten sich daran gewöhnt, seine Lehren zu empfangen und seinem Vorbild nachzuleben. Sie konnten sich auf ihn als ihren Meister verlassen, der seine Gemeinschaft auf Grund seines Einblicks in die Lebenszusammenhänge sicher durch die Fährnisse einer feindlichen Umwelt führte. Sie waren für ihre Gemeinschaft nicht selbstverantwortlich.

Sie empfinden nun seinen Weggang wie die Mutter eine Geburt. Etwas Neues, das ihnen noch nicht bewusst ist, erblickt das Licht der Welt. Das Alte wird dabei zerrissen, und die „Mutter" windet sich in Schmerzen. Das ist die Traurigkeit der Schüler. Die alte Form ihrer Gemeinschaft, in der die neue herangewachsen war, wird zerstört. Aber eben dadurch wird eine neue möglich. Das Kind, eine neue Form der Gemeinschaft, wird „zur Welt geboren". Wenn die Schüler, vom „Beistand" zu selbstständigem spirituellem Denken und Handeln befähigt, mit einem neuen spirituellen Bewusstsein ihren Meister sehen, wird ihre Gemeinschaft mit dem Meister eine Gemeinschaft von selbstständigen „Freunden" sein, die bewusst in den Gesetzmäßigkeiten der geistigen Welt leben und daraus handeln.

Und wie die Mutter sich freut, wenn sie das neugeborene Kind sieht, so werden sich die Schüler freuen, wenn aus der alten Form ihrer Gemeinschaft eine neue Form hervorgegangen ist, in der alle Mitglieder selbstständig, im heiligen Geist, einander begegnen. Dann wird sich, so sagt Jesus, „euer Herz freuen", und niemand kann eure Freude von euch nehmen. Wie sollten irdische Menschen, nur in der zeiträumlichen Welt bewusst, eine im Spirituellen bewusste Gemeinschaft zerstören, ja überhaupt erblicken können? Sie können ja nur physische Beziehungen erblicken und nur physische Körper zerstören. Sie können die Freude, welche die Angehörigen einer aus dem heiligen Geist lebenden spirituellen Gemeinschaft empfinden, nicht von ihnen nehmen.

Die neue Selbstständigkeit der Schüler

16, 23 *Und an jenem Tag werdet ihr mich nichts fragen. Wahrlich, wahrlich, ich sage euch: Wenn ihr den Vater um etwas bitten werdet, so wird er es euch um meines Namens willen geben.* ***24*** *Bis jetzt habt ihr noch nie um etwas in meinem Namen gebeten. Bittet, so werdet ihr empfangen, damit eure Freude vollkommen sei!* ***25*** *Dies habe ich in Bildreden zu euch gesprochen. Die Stunde kommt, wo ich nicht mehr in Bildreden zu euch sprechen, sondern euch frei heraus über den Vater Kunde geben werde.* ***26*** *An jenem Tag werdet ihr in meinem Namen bitten. Und ich sage euch nicht, dass ich den Vater für euch bitten werde;* ***27*** *denn er selbst, der Vater, liebt euch, weil* *ihr mich geliebt und geglaubt habt, dass ich von Gott ausgegangen bin.* ***28*** *Ich bin vom Vater ausgegangen und in die Welt gekommen; hinwiederum verlasse ich die Welt und gehe zum Vater.*

Die neue, spirituelle Selbstständigkeit der Schüler hat zwei Aspekte. Sie werden selbstständig *Kräfte* aus der göttlichen Welt aufnehmen und anwenden können, da das göttliche „Leben" in ihnen wirkt. Und sie werden selbstständig *Erkenntnisse* über die göttliche Welt gewinnen können, da das göttliche „Licht" in ihnen wirkt und sich als Erkenntnis bemerkbar macht. Beides ist in dem Ausspruch Jesu zusammengefasst: „Und an jenem Tag werdet ihr mich nichts fragen." „An jenem Tag", wenn die Schüler durch den Beistand des heiligen Geistes spirituell selbstständig geworden sind, brauchen sie keinen Mittler zwischen sich und dem „Vater" mehr. Sie sind ja eins mit dem vollkommenen spirituellen Menschen geworden, der als heiliger Geist in ihnen wirkt, und können sich, wie der Sohn selbst, unmittelbar an die göttliche Welt wenden.

Sie können, durch den „Beistand" selbstständig geworden, den „Vater" unmittelbar um Kraft und Erkenntnis bitten. Sie können sich für das göttliche „Leben", das jetzt in ihrem Innern strömt, und für das göttliche „Licht", das jetzt ihr Bewusstsein erhellt, öffnen. Und sie werden empfangen, weil und wenn sie „um seines Namens willen" bitten. Denn wenn sie kraft ihres Wesens als spirituelle Menschen bitten, eins mit dem Wesen des vollkommenen spirituellen Menschen – und das heißt im „Namen" des spirituellen Menschen –, werden sie unweigerlich aus der göttlichen Welt „Leben" und „Licht" empfangen. Sie sind dann ihrem Wesen nach auf die göttliche Welt abgestimmt, so dass „Leben" und „Licht" der göttlichen Welt in sie einströmen werden. Solange sie noch nicht selbstständig aus göttlichem „Leben" und „Licht" leben konnten, konnten sie „nie um etwas in seinem Namen" bitten. Er, der vollkommene spirituelle Mensch, von dem sie äußerlich noch abhängig waren, musste für sie bitten.

Aber wenn sie, durch den heiligen Geist spirituell selbstständig geworden, den Vater um „Leben" bitten, werden sie eine neue Liebe empfangen, und ihre Freude wird vollkommen sein. Und wenn sie ihn um „Licht" bitten und sich innerlich für den Empfang von Erkenntnissen aus der göttlichen Welt bereit machen, so wird sich ihnen die göttliche Welt vorbehaltlos mitteilen. Sie werden sie direkt wahrnehmen, mit einem neuen, spirituellen Bewusstsein „schauen". Denn der vollkommene spirituelle Mensch wird ihnen nach seinem Eintritt in die spirituelle Welt den heiligen Geist, das „Leben", senden und so sich selbst, das „Licht", in ihnen offenbaren, das ihnen „frei heraus über den Vater Kunde" gibt.

Das irdische Bewusstsein kann Kunde über die göttliche Welt nur mittelbar erhalten, über Symbole und Gleichnisse, über „Bildreden", die spirituelle Sachverhalte durch Analogien aus der Erscheinungswelt ausdrücken. Während Jesus in einem physischen Körper unter seinen Schülern weilte, konnte er ihnen nur indirekt Mitteilung über die göttliche Welt machen, weil er sich an ihr irdisches Bewusstsein wenden musste. Doch wenn er, nach seinem Weggang in die göttliche Welt, in ihnen mittels des heiligen Geistes ein spirituelles Bewusstsein erzeugt, können sie unmittelbar Kunde vom Vater erhalten.

Und doch war die indirekte Mitteilung durch „Bildreden“ notwendig und keinesfalls umsonst. Durch solche indirekten Mitteilungen konnten sich die Schüler wenigstens vorläufig ein Bild von ihrer Lage in der Welt, von der spirituellen Bestimmung des Menschen und dem Weg dorthin machen. Die spirituelle Arbeit auf dieser vorläufigen Grundlage wird sie auf lange Sicht dahin führen, dass eine neue, spirituelle Grundlage entsteht, auf der sie direkte Mitteilungen empfangen können. Die „Erinnerung“ an in Bildreden Gehörtes ist eine wichtige Voraussetzung, um das unmittelbar Gehörte, wenn es sich schließlich kundtut, verstehen zu können.

Noch einmal betont Jesus, dass er, sobald der heilige Geist in seinen Schülern wirkt, „nicht mehr den Vater für euch bitten“ wird. Sie können sich dann selbst und selbstständig an die in ihrem Innern wirkende göttliche Welt wenden, weil sie jetzt in unmittelbarer Beziehung zu ihr stehen. Der vollkommene spirituelle Mensch wird in ihnen wirksam. Sie haben ihn geliebt: sich nach ihm gesehnt und ihn mit aller Kraft erwartet. Sie haben ihm geglaubt: sich ihm geöffnet und sich damit der göttlichen Welt geöffnet, von der er ausgegangen ist. Deshalb liebt auch der „Vater“ sie. Sein Wesen entspricht dem ihren, das göttliche „Wort“ und das göttliche „Leben“ sind ihr eigenes wahres Wesen. Es herrscht vollkommene Einheit und Harmonie zwischen dem „Vater“ und ihnen.

Diese Harmonie und der daraus entstehende ungehinderte Kräftefluss zwischen ihnen ist die Liebe des „Vaters“ zu ihnen und ihre Liebe zum „Vater“. Sie ist das Ergebnis der Wirksamkeit des „Sohnes“. Er ist vom Vater „ausgegangen“ und in die irdische Welt gekommen. Dort hat er in einem irdischen Körper gewirkt und die „Seinen“ in „Bildreden“ und durch Übertragung von spirituellen Kräften zum spirituellen Weg erweckt und auf ihm geführt. An einem bestimmten Punkt der Entwicklung der „Seinen“ verlässt er sie wieder und geht zum Vater. Denn inzwischen sind sie fähig geworden, den heiligen Geist zu empfangen, auf neue, spirituelle Weise mit dem vollkommenen spirituellen Menschen zu verkehren und unmittelbar mit dem Vater in Beziehung zu treten.

Begriffliches Wissen und spirituelle Erkenntnis

16, 29 *Seine Schüler sagten: Siehe, jetzt redest du frei heraus und gebrauchst keine Bildrede.* ***30*** *Jetzt wissen wir, dass du alles weißt und nicht nötig hast, dass dich jemand fragt. Darum glauben wir, dass du von Gott ausgegangen bist.* ***31*** *Jesus antwortete ihnen: Jetzt glaubt ihr?* ***32*** *Siehe, die Stunde kommt und ist [schon] gekommen, wo ihr euch zerstreuen werdet, jeder in seine Heimat, und mich allein lassen werdet – und doch bin ich nicht allein, denn der Vater ist bei mir.*

33 *Dies habe ich zu euch geredet, damit ihr in mir Frieden habt. In der Welt habt ihr Angst; aber seid getrost, ich habe die Welt überwunden.*

Der Abschnitt soll klären, was Jesus mit den Worten meint, er werde „frei heraus über den Vater Kunde geben“, im Gegensatz zu dem Sprechen in „Bildreden“. Unter „Bildreden“ versteht Jesus Gleichnisse und Symbole. Sie bieten die Möglichkeit, durch Analogien spirituelle Erkenntnisse dem irdischen Verstand, soweit er in Bildern und Symbolen denkt, wenigstens annähernd zu erklären. Spirituelle Erkenntnis dagegen ist eine unmittelbare Schau der göttlichen Welt, ein unmittelbares, augenblickliches Wahrnehmen ihrer unendlich vielen Aspekte – ein bewusstes Einswerden mit ihr, wodurch all ihre Gesetze und Kräfte ins Bewusstsein einströmen. Diese Art Erkenntnis, so hat Jesus seinen Schülern erklärt, wird sich einstellen, wenn der heilige Geist in sie eintritt und sie „erleuchtet".

Die Schüler beziehen sich auf die vorhergehenden „Bildreden" Jesu: dass er nur noch „kurze Zeit" bei ihnen bleibt und zum „Vater" geht, dass sie Traurigkeit haben werden wie die Frau, die gebiert, und Freude wie die Frau, wenn sie geboren hat. Das sind Gleichnisse für spirituelle Sachverhalte. Jetzt aber haben die Schüler den Eindruck, dass Jesus nicht mehr in Gleichnissen, sondern „frei heraus redet". Worüber er ihrer Meinung nach „frei heraus redet", lässt der Evangelist offen. Es kommt ihm nur darauf an, im Kontrast zu den „Bildreden" klarzustellen, was das „Frei-heraus-reden" ist.

Es ist ein Vorgang der *unmittelbaren* Übertragung von spiritueller Kraft und Einsicht, sei es durch die bloße Gegenwart des vollkommenen spirituellen Menschen, sei es durch seine Worte. Die Schüler verstehen jedoch vorläufig unter dem „Frei-heraus-reden" und unter der spirituellen Verbindung mit dem Lehrer etwas ganz anderes, Unzutreffendes. Für sie liegt die spirituelle Verbindung mit ihrem Lehrer auf der Ebene einer *begrifflichen* Verständigung. Sie meinen, es handle sich bei dem „Frei-heraus-reden" um die begriffliche Vermittlung von Wissen.

Deshalb sagen sie, wir „wissen", „dass du alles weißt". Sie glauben, Jesus wisse schon, was ein anderer wissen will, ohne dass überhaupt eine Frage gestellt worden ist. Als Jesus seinerzeit gesagt hatte: „Und an jenem Tag werdet ihr mich nichts fragen" (16,23), wollte er damit zum Ausdruck bringen: Am Tag der neuen Verbindung mit mir werden euch alle Erkenntnis und Kraft auf Grund dieser Verbindung von selbst zufließen. Sie jedoch denken, er habe darauf hinweisen wollen, dass er ihre Wissensfragen „an jenem Tag" schon von vornherein wüsste und sie gar nicht mehr abwarten müsste. Sie halten ihn für allwissend.

All dies ist ein Irrtum. Die Erkenntnisart, die durch die Wirkung des heiligen Geistes möglich ist, hat nichts mit der Arbeitsweise des irdischen Verstandes zu tun. Dessen Art, Erkenntnis zu gewinnen, ist, Wahrnehmungen zu machen und sie zu Begriffen zu ordnen, also Wissen *über* die Dinge zu erwerben. Im spirituellen Erkennen hingegen zeigen die Dinge ihr Inneres und manifestieren sich im Innern des Erkennenden. Er wird selbst eins mit den Dingen. Der Verstand sammelt allmählich Wissen über die Dinge, speichert es im Gedächtnis und fügt es zu Systemen zusammen. Dem spirituellen Erkenntnisorgan aber sind die Kräfte und Gesetze, welche alle Dinge aufbauen, unmittelbar und wie im Nu gegenwärtig. Das ist etwas anderes als Allwissenheit in dem Sinn, dass alles *über* Dinge und Menschen, über Vergangenheit, Gegenwart und Zukunft gewusst wird und dieses Wissen abrufbar gespeichert ist. Eine solche Allwissenheit wäre ohnehin unmöglich. Sie wäre die Fähigkeit eines Wundermannes.

Auch ein „Glaube", der auf einer solchen Vorstellung von Erkenntnis aufbaut, ist ein Irrtum. Die Schüler ziehen auf Grund ihrer Vorstellung von der Allwissenheit ihres Meisters den Schluss, er müsse „von Gott ausgegangen" sein. Diese Art Glauben bewegt sich ebenfalls auf der Ebene des irdischen Verstandes. Es ist eine

Schlussfolgerung des irdischen Verstandes, nichts weiter, keine Offenheit für die göttliche Welt, keine Voraussetzung für die spirituelle Erkenntnis. Diese Art Glaube, aus Schlüssen des Verstandes hervorgegangen, ist ein kraftloser Glaube. Er bewegt sich ja nur auf der irdischen Ebene und ist Ausdruck des irdischen Wesens der Schüler. Deshalb bezweifelt Jesus die Art und die Kraft dieses Glaubens: „Jetzt glaubt ihr?“ Seid ihr wirklich im Zustand der Empfänglichkeit für göttliche Kräfte, in dem spirituellen Zustand, in dem ich euch „frei heraus vom Vater Kunde geben“ könnte? Ihr seid es nicht.

Und deshalb, erklärt Jesus weiter, werdet ihr den Verfolgungen und den Gefahren, die nach meinem Weggang auf euch zukommen werden und denen ihr mit euch allein ausgesetzt sein werdet, nicht gewachsen sein. Ihr werdet zerstreut werden, jeder in seine „Heimat“ – in das Gebiet, dem er nach Erziehung und Herkunft, nach irdischen Kriterien demnach, zugehört. Ihr werdet die gemeinsame spirituelle Grundlage, die euch mit mir verbindet und die allein sicheren Halt geben könnte, verlassen und Halt wieder in all den vergänglichen irdischen Bezügen suchen, von denen ihr euch schon gelöst zu haben glaubtet. Denn ihr habt noch nicht die unmittelbare Verbindung mit der spirituellen Welt, die erst der heilige Geist bringen wird. Und so werdet ihr mich allein lassen – allein auf der spirituellen Grundlage, von der ich ausgegangen bin, die meine Heimat ist, zu der ich immer gehört habe und noch gehöre und auf die ich mich jetzt wieder zurückziehe. Deshalb bin ich, als einziger von euch allen, nicht allein und einsam. Jeder irdische Mensch ist allein und einsam, da er auf der nur für ihn geltenden vergänglichen Grundlage seiner irdischen Beziehungen lebt. Der spirituelle Mensch jedoch ist niemals einsam. Denn seine Grundlage ist die für alle geltende spirituelle, unvergängliche Welt. „Der Vater“ ist bei ihm.

Die Schüler hatten die Ankündigung Jesu, er werde ihnen „frei heraus über den Vater Kunde geben“, so missverstanden, als wolle er nicht mehr in *Bildern*, sondern in *Begriffen* zu ihnen sprechen und Wissen über die Dinge vermitteln. Sie hatten nicht verstanden, dass er von einer unmittelbaren Übertragung spiritueller Erkenntnis, in der sich dem Erkennenden das Innere der Dinge zeigt, gesprochen hatte. Dieses Missverständnis der Schüler, die auch noch ihren „Glauben“ aus dieser Art Wissen und Wissensvermittlung ableiten, wird durch seine Folgen ad absurdum geführt. Solch ein Wissen und solch ein Glaube halten den Angriffen seitens der irdischen Welt nicht stand – das erklärt Jesus seinen Schülern.

Und er hat all dies nicht zu ihnen geredet, um seine Allwissenheit unter Beweis zu stellen und damit zu beweisen, dass er „von Gott ausgegangen“ ist. Er hat es erklärt, damit „ihr in mir Frieden habt“. Er als einziger ist nicht allein, denn der Vater ist bei ihm. Er lebt auf einer spirituellen Grundlage. Und deshalb hat er die Kraft, ihnen Frieden zu vermitteln. Er hat zu ihnen geredet, damit sie im Vertrauen auf den künftigen Beistand des heiligen Geistes und die künftige selbstständige, spirituelle Erkenntnis Frieden haben – und zwar Frieden „in mir“. Friede ist nur im spirituellen Menschen, auf der Grundlage der spirituellen Welt möglich, nicht in irdischen Vorstellungen, Bildern und Begriffen und dem darauf gegründeten Glauben. Wenn die irdische Welt mit Verfolgung, Hass, Spott und Todesdrohungen heranrückt, werden die irdischen Vorstellungen und Bilder von Erlösung und vom allwissenden Gottessohn zerstieben wie Spreu im Wind.

„In der Welt habt ihr Angst“, sagt Jesus zu seinen Schülern. In der Welt müsst ihr als irdische Menschen unweigerlich Angst haben. Denn der spirituelle Mensch, der sich in euch entwickelt, wird euch den Hass der irdischen Welt zuziehen, und solange ihr als irdische Menschen von irdischen Bedingungen bestimmt seid, habt ihr Angst vor diesem Hass, vor Verfolgung, Ausgrenzung und Tod.

Ich jedoch, fährt Jesus fort, habe als spiritueller Mensch alle Angriffe der irdischen Welt auf mich genommen – er weist schon auf die folgenden Geschehnisse voraus. Ich habe die Wurzeln des irdischen Menschen: Blut, Fleischeswillen und Manneswillen überwunden. Damit habe ich auch die Angst überwunden, die aus diesen Wurzeln folgt. Und da ich als vollkommener spiritueller Mensch in euch wirke, könnt auch ihr in meinen Kräften die Wurzeln des irdischen Menschen und die Welt überwinden und von der Angst frei werden. Mit dieser Verheißung schließen die Reden Jesu an seine Schüler. Sie haben begonnen mit den Worten: „Euer Herz erschrecke nicht!“, und schließen mit den Worten: „Seid getrost!“

Jesus verbindet seine Schüler mit dem zweiten Aspekt der spirituellen Matrix – dem göttlichen „Leben“. Das hat zur Folge, dass sie durch abgrundtiefe Traurigkeit werden hindurchgehen müssen. Es ist die Traurigkeit von Menschen, für die sich alle irdischen Liebesbeziehungen, sogar die irdische Liebe zum spirituellen Meister, auf Grund der Vergänglichkeit alles Irdischen auflösen. Wer aber in dieser Traurigkeit trotzdem seiner innersten Sehnsucht treu bleibt und der Verheißung seines Innersten vertraut, er werde eine neue spirituelle Grundlage und Gemeinschaft finden, kommt bewusst mit den Strömen der göttlichen Liebe in Berührung. Es entsteht eine neue Gemeinschaft zwischen seinem spirituellen Kern und der spirituellen Welt, eine Verbindung mit dem göttlichen „Leben“, die unzerstörbar ist. Traurigkeit wird durch Freude ersetzt.

Diese neue spirituelle Verbindung mit der göttlichen Liebe wird aber den Hass der irdischen Welt hervorrufen. Damit wird ein solcher Mensch rechnen und sich in diesem Wissen um so fester in den Bund der göttlichen Liebe einfügen. Denn der vollkommene spirituelle Mensch, die Seele dieses Bundes, hat die Welt überwunden. Wer als Rebe an diesem Weinstock bleibt, wird an der Überwindung der Welt teilhaben und einst selbst bewusst in den Strömen der göttlichen Liebe leben.

Verbindung der göttlichen Ordnung mit den Schülern: „Wort“

Der „Sohn“ und der „Vater“

17, 1 *Dies redete Jesus; und er erhob seine Augen zum Himmel und sprach: Vater, die Stunde ist gekommen; verherrliche deinen Sohn, damit der Sohn dich verherrliche,* ***2*** *wie du ihm Macht über alles Fleisch gegeben hast, damit er allen, die du ihm gegeben hast, ewiges Leben gebe.* ***3*** *Das aber ist das ewige Leben, dass sie dich, den* *allein wahren Gott und, den du gesandt hast, Jesus Christus, erkennen.* ***4*** *Ich habe dich verherrlicht auf Erden und habe das Werk vollendet, das du mir übergeben hast, damit ich es tue.* ***5*** *Und jetzt verherrliche du mich, Vater, bei dir selbst mit der Herrlichkeit, die ich bei dir hatte, ehe die Welt war!*

Mit dem göttlichen „Wort“, der Ordnung, die allem Ungeschaffenen und Geschaffenen zu Grunde liegt, verbindet Jesus seine Schüler, indem er sich unmittelbar an seinen „Vater“ wendet. Damit verankert er den ersten und höchsten Aspekt der siebenfachen Matrix des spirituellen Menschen in ihrem Bewusstsein. „Er erhob seine Augen zum Himmel“ und vertraut seine Schüler, die nach seinem Weggang in der irdischen Welt allein sind, dem „Vater“ an. Der Vater ist „heilig“ und wird sie „heiligen“: ganz auf die göttliche Ordnung abstimmen. Und der „Vater“ ist „gerecht“. Er wird sie in dieser Ordnung erhalten und alles, was ihr nicht entspricht, neu ausrichten. Damit ist, über den ersten Aspekt der spirituellen Matrix, eine unverbrüchliche Einheit der Schüler mit dem „Vater“ begründet, vergleichbar einer „Ehe“ der Seele mit dem Geist, einer „Hochzeit zu Kana“, bei der der „Wein“ der göttlichen Schöpfungskraft fließt.

Der vollkommene spirituelle Mensch ist der Mittler, der die spirituelle Matrix aufbaut, in der Welt verankert und mit dem Bewusstsein der „Seinen“ verbindet. Er ist der „Sohn“, in dem der „Vater“ bewusst geworden ist und wirkt. Er zeigt den unentwickelten spirituellen Menschen den „Vater“ und lässt ihn in ihnen wirken, bis auch sie „Söhne des Vaters“ werden. Diese Wirksamkeit und dieses Wesen des vollkommenen spirituellen Menschen kommen in seinen Worten wunderbar zum Ausdruck.

Wo sonst in der Weltliteratur findet sich eine so intensive Darstellung der Gedanken und inneren Verfassung eines Eingeweihten und Erleuchteten? Jesus spricht von sich selbst und gibt Auskunft über seine Beziehung zur göttlichen Welt, zum „Vater“, zum „Auftrag“, den er von ihm erhalten hat, und zu den „Seinen“, unter denen und für die er diesen Auftrag erfüllt. Der Leser des Johannesevangeliums erhält dadurch Teil an der Seele des vollkommenen spirituellen Menschen und erlebt ihre Eigenschaften, Bewegungen und Beziehungen mit. Er erlebt auf diese Weise die Eigenschaften, Bewegungen und Beziehungen der Seele jedes spirituellen Menschen mit, auch des noch unentwickelten. Denn der vollkommene spirituelle Mensch ist das Muster aller anderen, noch mehr oder weniger entwickelten spirituellen Menschen.

Dabei wird der Leser erneut bemerken, dass der spirituelle Mensch völlig anders ist und wirkt als der irdische. Der irdische Mensch erhält einen Auftrag und nimmt sich vor, ihn bestmöglich auszuführen. Der spirituelle Mensch dagegen *ist* dieser Auftrag, sein Wesen geht darin auf. Indem er *sich* verwirklicht, verwirklicht er seinen *Auftrag*. Sein Wesen ist, sich, verbunden und eins mit der Ordnung und Kraft des „Vaters“, für die „Seinen“ zu verströmen, die noch in der Finsternis leben, dadurch das Licht der Erkenntnis in ihnen zu wecken, und so die Geburt aus Wasser und Geist, den spirituellen Weg zu ermöglichen, der sie zu „Söhnen des Vaters“ macht. Sein Wesen ist, in den „Seinen“ aufzuleben und dadurch die Disharmonie zwischen Finsternis und Licht aufzuheben, die Finsternis mit Licht zu durchdringen und wieder zum harmonischen Ausdruck des Lichtes werden zu lassen.

Der vollkommene spirituelle Mensch hat sein Wesen vom „Vater“. Er ist ja selbst göttliches „Wort“ und „Leben“, die in ihm zu „Licht“ geworden sind. In diesen Eigenschaften hat er „Macht über alles Fleisch“. Göttliches „Wort“ und „Leben“ sind stärker als Blut, Fleischeswille und Manneswille, ist doch auch dieses „Fleisch“, die irdische Welt, aus Gott hervorgegangen und lebt trotz ihrer Selbstherrlichkeit und Empörung gegen Gott ununterbrochen aus den göttlichen Kräften. Die Materie hat sich zum Maß aller Dinge gemacht und sich gegen den Geist erklärt, ja ihn verleugnet. Deshalb ist sie nicht mehr von ihm durchdrungen und zur Finsternis geworden. Sie ist nicht mehr Ausdruck des Geistes.

Doch der vollkommene spirituelle Mensch hat freiwillig einen aus Blut, Fleischeswillen und Manneswillen geborenen irdischen Körper angenommen und ihn in seiner „Macht über alles Fleisch“ mit dem Licht der göttlichen Welt durchdringen lassen. Er hat die Macht des Fleisches gebrochen, dessen Anmaßung vernichtet und es wieder zum Ausdruck des Geistes werden lassen. Seine ganze Persönlichkeit ist in Denken, Fühlen, Leben und Handeln wieder Ausdruck des Geistes geworden. Das „Wort“ ist „Fleisch“ geworden auch in dem Sinn, dass es sich ein neues „Fleisch“, eine Persönlichkeit, geschaffen hat, die nicht mehr aus Blut, altem Fleischeswillen und Manneswillen, sondern aus Gott geboren ist. Das ist die „Verherrlichung“ des Sohnes, um die er den „Vater“ bittet und die in Kürze vollendet sein wird. „Verherrlichung“ ist, dass ein Inhalt die ihm gemäße Form bekommt, und dadurch sichtbar, verwirklicht, bestätigt und verstärkt wird. Der Sohn wird „verherrlicht“, indem seine ganze Persönlichkeit zum Ausdruck seines Wesens wird, dieses sichtbar macht und ihm dadurch Glanz verleiht.

Indem der „Sohn“ verherrlicht wird, wird es auch der „Vater“. Denn indem die Persönlichkeit des Sohnes zum Ausdruck seines Wesens wird, gelangt auch der Vater, das göttliche „Wort“ und „Leben“, zum äußeren, sichtbaren Ausdruck. Ja, auch in den „Seinen“ werden der Sohn und der Vater verherrlicht, indem auch die Persönlichkeit der „Seinen“ zum Ausdruck des göttlichen „Wortes“ und „Lebens“ wird und so dem Sohn und dem Vater die Ehre und den ihnen gebührenden Glanz gibt.

Durch diese „Transfiguration“ und Verherrlichung haben alle, „die du ihm gegeben hast“, nämlich die „Seinen“, ewiges Leben. Sie haben es, weil der vollkommene spirituelle Mensch durch seine „Macht über alles Fleisch“ auch in ihnen Blut, Fleischeswillen und Manneswillen überwunden und die Geburt einer neuen, unirdischen Persönlichkeit ermöglicht hat, die auf die Unvergänglichkeit der göttlichen Welt abgestimmt ist.

In den „Seinen“ ist das Licht eines neuen, spirituellen Bewusstseins angezündet worden: die Erkenntnis Gottes und des spirituellen Menschen als des Ebenbildes Gottes. Wer aus einem solchen Bewusstsein lebt, dessen Denken, Fühlen, Leben und Handeln stimmt sich allmählich auf die Ordnung und Kraft der göttlichen Welt ab. Es entsteht eine neue, transfigurierte Persönlichkeit, Ausdruck des göttlichen „Wortes“ und „Lebens“. Wie könnte sie noch sterblich sein? Sie hat das ewige Leben. Das ewige Leben ist nicht eine unendliche Fortdauer des irdischen, sterblichen Menschen oder dessen Auferweckung an einem jüngsten Tag in weiter zeitlicher Ferne. Es entsteht immer und sofort, sobald in einem Menschen der spirituelle Mensch aus göttlichem „Wort“ und „Leben“, aus „Geist“ und „Wasser“, geboren wird: sobald das göttliche „Wort“ und „Leben“ in ihm bewusst werden, sobald er auf diese Weise Gott und den von ihm Gesandten, das Ebenbild Gottes, den spirituellen Menschen, erkennt.

Daher kann Jesus davon sprechen, dass er sein „Werk auf Erden“ vollendet habe. Er hat den Menschen, so weit sie dafür empfänglich waren, Erkenntnis und Liebe und dadurch das ewige Leben gebracht. Er hat seinen Vater in den „Seinen“ zum Ausdruck gebracht, indem sie jetzt in Denken, Fühlen, Leben und Handeln das göttliche „Wort“ und „Leben“ bewusst verwirklichen. So hat er den „Seinen“, den Geschöpfen des Vaters, dazu verholfen, ihren „Vater“ auch auf Erden bewusst zu erkennen und zu verwirklichen: ihn zu verherrlichen. Sie verherrlichen nicht mehr das Prinzip der Anmaßung, den „Fürsten dieser Welt“, sondern den göttlichen Geist, und geben ihm durch ihr Dasein die Ehre.

Jetzt ist „die Stunde gekommen“, da dieses Werk im Sohn offenbar wird und der Sohn verherrlicht wird. Wenn Jesus seinen irdischen Körper ablegt, wird sich zeigen, dass er in Denken, Fühlen und Leben, ja auch in einem neuen materiellen Körper sein spirituelles Wesen zum Ausdruck bringt. Auch gewisse Aspekte des materiellen Körpers sind „transfiguriert“ und zu einem Instrument des göttlichen Geistes geworden. So erhält der vollkommene spirituelle Mensch seine unirdische, himmlische Persönlichkeit wieder, die er freiwillig abgelegt hatte, um sich in einer irdischen Persönlichkeit zu inkarnieren und zu wirken.

Sein Auftrag ist erfüllt. Er hat die irdische Persönlichkeit vollkommen transfiguriert und zu einem Ausdrucksmittel seines göttlichen Wesens umgestaltet. Er hat dadurch den „Seinen“ die Möglichkeit gegeben, denselben Prozess nachzuvollziehen. Jetzt kann er die Reste des irdischen Körpers ablegen, die er für das Dasein in der irdischen Welt noch brauchte, und wieder in dem Körper leben, der seinem göttlichen Wesen entspricht. Dass ihm der Vater bei diesem Übergang behilflich sei, darum bittet er ihn: „Verherrliche du mich, Vater, bei dir selbst mit der Herrlichkeit, die ich bei dir hatte, ehe die Welt war!“ Wenn ich jetzt, sagt Jesus, die Reste des irdischen Körpers ablege, dann, Vater, lass mich in der göttlichen Welt wieder den himmlischen Körper anlegen, der meinem Wesen entspricht und durch den ich verherrlicht werde. Es ist dieselbe Herrlichkeit, dasselbe Ausdrucksmittel meines Wesens, das ich von Ewigkeit her besaß: bevor ich in die irdische Welt und einen irdischen Körper, ein mir nicht gemäßes Ausdrucksmittel, hinabstieg, ja, bevor diese irdische Welt als nicht gemäßer Ausdruck der göttlichen Welt überhaupt entstand.

Der „Sohn“, die „Seinen“ und der „Vater“

17, 6** Ich habe deinen Namen den Menschen geoffenbart, die du mir aus der Welt gegeben hast. Sie waren dein, und du hast sie mir gegeben, und sie haben dein Wort gehalten. **7** Jetzt haben sie erkannt, dass alles, was du mir gegeben hast, von dir ist. **8** Denn die Worte, die du mir gegeben hast, habe ich ihnen gegeben; und sie haben sie angenommen und haben in Wahrheit erkannt, dass ich von dir ausgegangen bin, und haben geglaubt, dass du mich gesandt hast. **9** Ich bitte für sie. Nicht für die Welt bitte ich, sondern für die, welche du mir gegeben hast; denn sie sind dein – **10** und* *alles, was mein ist, das ist dein, und was dein ist, das ist mein – und ich bin in ihnen verherrlicht.* ***11 *Und ich bin nicht mehr in der Welt, und diese sind in der Welt, und ich gehe zu dir. Heiliger Vater, erhalte sie bei deinem Namen, den du mir gegeben hast, damit sie eins seien wie wir!* ***12*** *Als ich bei ihnen war, erhielt ich sie bei deinem Namen, den du mir gegeben hast, und ich habe sie behütet, und keiner von ihnen ist verlorengegangen außer dem Sohn des Verderbens, damit die Schrift erfüllt würde.* ***13*** *Jetzt aber gehe ich zu dir; und dies rede ich in der Welt, damit sie in sich meine Freude vollkommen haben.*

Jesus führt näher aus, worin die Erkenntnis und Kraft besteht, die er, in Erfüllung seines Auftrags, den „Seinen" gegeben hat und wer diese „Seinen" sind. Die „Seinen" sind jene Menschen, die ihm der „Vater", die Welt des Lichtes, „aus der Welt (der Finsternis) gegeben hat". In allen Menschen schlummert ein Geistprinzip, die Anlage zum spirituellen Menschen. In einigen wird sie, wenn sie vom vollkommenen spirituellen Menschen angesprochen und „gerufen" wird, wach und öffnet sich seinen Worten und Wirkungen. Das ist eine mit dem irdischen Verstand nicht erklärbare Tatsache. In einigen Menschen wird die spirituelle Anlage als Beunruhigung, als Sehnsucht nach einem anderen als dem irdischen Leben wach, in vielen anderen nicht. Jesus schreibt das den Wirkungen der göttlichen Welt zu, dem „Vater", der ihm diese Menschen aus der irdischen Welt gegeben hat. „Sie waren dein." Sie gehören als spirituelle Menschen, die von Ewigkeit her aus Gott als sein Ebenbild hervorgegangen sind, Gott selbst und werden daher von dem Gesandten Gottes magnetisch angezogen. Ihr Wesen entspricht dem seinen. Deshalb fühlen sie sich ihm verwandt und werden von ihm wie eine Gabe Gottes empfangen. Gott hat sie ihm gegeben, damit sie in den Kräften des Gesandten ihre Gottebenbildlichkeit entwickeln und Söhne Gottes werden.

Wie können sie sich zu Söhnen Gottes entwickeln? Indem sie die Offenbarung des Namens Gottes vom Gesandten empfangen. Der „Name Gottes" ist das Wesen Gottes, göttliches „Wort" und göttliches „Leben". Es ist das Gegenteil vom Wesen des „Fürsten der irdischen Welt". Während dieser seine Kräfte zur Unterdrückung und Ausbeutung der irdischen Menschen verwendet, um selbst immer mächtiger zu werden, verströmt Gott sich selbst und seine Kräfte zur Förderung und Entwicklung der spirituellen Menschen und gibt ihnen seine Macht. Er wird in ihnen verherrlicht: Sie werden zum Ausdruck seines Wesens.

Um die Verbindung zwischen Gott und den aus ihm geborenen spirituellen Menschen herzustellen, hat ihnen der vollkommene spirituelle Mensch, der Gesandte, das Wesen Gottes offenbart. Er hat ihnen die „Worte" gegeben, die er von Gott empfangen hat. Ihm selbst sind Wesen und Kraft Gottes bewusst geworden, daher kann er sie beschreiben. Er beschreibt sie in „Worten" und gibt damit seinen Schülern das göttliche „Wort" und das göttliche „Leben" weiter. Sie ihrerseits haben sich diesen „Worten" geöffnet, haben die Worte und Wirkungen des Gesandten angenommen und dadurch, kraft ihres eigenen erwachten spirituellen Wesens, das Wesen des Gesandten und des Sendenden erkannt.

Sie haben „in Wahrheit", das heißt kraft ihres eigenen spirituellen Wesens, das der Struktur der göttlichen Welt entspricht und daher "wahr" ist, erkannt, dass der Gesandte von Gott ausgegangen ist – dass der vollkommene spirituelle Mensch der Struktur der göttlichen Welt entspricht und von dieser gesandt worden ist. Auf dieser Erkenntnis, hervorgerufen durch die Worte und Wirkungen des Gesandten, beruht die Verbindung zwischen den Schülern und ihrem Meister und somit auch zwischen den Schülern und der göttlichen Welt, von der der Meister ausgegangen ist. Es ist jedoch, bevor der heilige Geist in die Schüler eintritt, noch keine selbstständige, sondern eine vom Meister vermittelte und von ihm aufrechterhaltene Erkenntnis. Daher ist auch die Verbindung zwischen den Schülern und Gott vorläufig eine vom Meister vermittelte und aufrechterhaltene Verbindung.

Deswegen bittet Jesus noch für sie. Wenn sie den Vater einmal selbstständig schauen und selbstständig seine Kräfte empfangen werden, braucht der Meister nicht mehr für sie zu bitten (16,26). Jetzt aber bittet er für sie. Denn jetzt wird er aus der irdischen Welt und aus der Mitte seiner Schüler fortgehen, und sie werden in der irdischen Welt bleiben, vorläufig noch ohne den Beistand des heiligen Geistes. Er bittet für sie, weil sie als spirituelle Menschen dem „Vater" gehören, weil er, der Gesandte, in ihnen als spirituellen Menschen zum Ausdruck kommt – verherrlicht ist –, und weil deshalb eine Gemeinschaft zwischen Vater, Sohn und Schülern besteht, die niemals mehr aufgelöst werden soll. Für die irdische Welt bittet der Gesandte nicht. Mit ihr besteht noch keine spirituelle Gemeinschaft, die aufrechterhalten werden müsste. Mit den Schülern aber besteht diese Gemeinschaft, und sie ist gefährdet, solange der Beistand noch nicht in ihnen wirksam geworden ist.

„Als ich bei ihnen war, erhielt ich sie bei deinem Namen." Keiner außer dem Verräter, der sich, obwohl spirituell schon aufgeschlossen, wieder von den Einflüssen der irdischen Welt vereinnahmen ließ, ist „verlorengegangen". Jetzt jedoch, sagt Jesus, werde ich nicht mehr als für sie sichtbarer Mensch in ihrer Mitte weilen und sie vor allen inneren und äußeren Gefahren des spirituellen Weges „behüten" können. Jetzt kann ich nur darum bitten, dass Gott selbst, das göttliche „Wort" und „Leben", die ich in sie gelegt habe, sie „bei deinem Namen erhalte", damit sie in der spirituellen Gemeinschaft bleiben. Denn wenn sie nicht im Namen Gottes, in der Ordnung und Kraft der göttlichen Welt, bleiben, werden ihre irdischen Interessen und Ordnung und Kraft der irdischen Welt wieder in ihnen wirksam werden. Sie werden uneins werden, zu streiten beginnen, sich in Machtkämpfe verstricken. Ihr Bewusstsein von der spirituellen Welt wird sich verdunkeln.

Diese Zeit zwischen dem Weggang des Gesandten und seiner vom heiligen Geist vermittelten Wiederkunft *in* seinen Schülern ist eine Zeit höchster Gefahr für die Schülergemeinschaft. Nur im Vertrauen auf die göttliche Welt selbst und im klaren Bewusstsein dessen, was der göttliche Name ist, werden die Schüler eins bleiben können, „eins wie wir": eins wie der Sohn mit seinem Vater. Wenn jeder Schüler eins mit seinem Vater ist, werden auch die Schüler untereinander eins sein. Deshalb bittet Jesus seinen Vater so dringlich, sie bei seinem Namen zu erhalten.

Er tut es noch vor seinem Weggang aus der Welt. Er spricht zu ihnen noch in der Welt, macht ihnen ihre Situation klar, bittet vor ihren Ohren um die Hilfe des Vaters, verbindet sie so mit der Hilfe des Vaters und stärkt sie, „damit sie in sich meine Freude vollkommen haben". Wenn sie im „Wort" und im „Leben" des Vaters bleiben, werden sie auch untereinander eins bleiben, werden jeder einzelne die Ordnung und

Kraft der göttlichen Welt empfangen, sie untereinander austauschen und so den Strom dieser Kraft immer vermehren. Sie werden „meine Freude vollkommen haben“.

Die Schüler in der irdischen Welt

__17, 14__ Ich habe ihnen dein Wort gegeben, und die Welt hat sie gehasst, weil sie nicht aus der Welt sind, wie ich nicht aus der Welt bin. __15__ Ich bitte nicht, du wollest sie aus der Welt wegnehmen, sondern du wollest sie vor dem Bösen bewahren. __16__ Sie sind nicht aus der Welt, wie ich nicht aus der Welt bin. __17__ Heilige sie in der Wahrheit; dein Wort ist Wahrheit! __18__ Wie du mich in die Welt gesandt hast, habe auch ich sie in die Welt gesandt. __19__ Und ich heilige mich für sie, damit auch sie geheiligt seien in der Wahrheit.

__20__ Nicht für diese allein aber, sondern auch für die, welche durch ihr Wort an mich glauben, bitte ich, __21__ dass alle eins seien, wie du, Vater, in mir bist und ich in dir, [ja,] dass auch sie in uns eins seien, damit die Welt glaube, dass du mich gesandt hast. __22__ Und ich habe die Herrlichkeit, die du mir gegeben hast, ihnen gegeben, damit sie eins seien, wie wir eins sind – __23__ ich in ihnen und du in mir – damit sie vollkommen eins seien, auf dass die Welt erkennt, dass du mich gesandt hast und sie geliebt hast, wie du mich geliebt hast. __24__ Vater, ich will, dass da, wo ich bin, auch die bei mir seien, die du mir gegeben hast, damit sie meine Herrlichkeit sehen, die du mir gegeben hast, weil du mich geliebt hast vor Grundlegung der Welt. __25__ Gerechter Vater – die Welt hat dich nicht erkannt; ich aber habe dich erkannt, und diese haben erkannt, dass du mich gesandt hast. __26__ Und ich habe ihnen deinen Namen kundgetan und werde ihn kundtun, damit die Liebe, mit der du mich geliebt hast, in ihnen sei und ich in ihnen.

Noch einmal beschreibt Jesus die gefahrvolle Situation der Schüler nach seinem Weggang. Weil er ihnen das Wort des Vaters gegeben und dadurch den spirituellen Menschen in ihnen erweckt und gefördert hat, sind sie, als spirituelle Menschen, „nicht aus der irdischen Welt“, so wie auch der vollkommene spirituelle Mensch nicht aus der irdischen Welt ist. Deshalb hasst sie die Welt, die nur ihre eigenen Interessen der Macht und Ehre, des Reichtums und des Glücks verfolgt und sich deshalb vom spirituellen Menschen, der ihr die eigentliche Bestimmung von Welt und Menschheit vor Augen führt, in Frage gestellt, ja bedroht sieht. Die Schüler haben ihre Aufgabe in der Welt. Sie müssen sich erstens auf dem spirituellen Weg von allen Haftungen an diese Welt lösen – dazu brauchen sie ihre Existenz in dieser Welt. Und sie müssen zweitens selbst das „Wort“ an dafür empfängliche Menschen weitergeben. Auch dafür müssen sie in der Welt bleiben. Darum bittet Jesus den Vater nicht, seine Schüler aus der Welt wegzunehmen, etwa indem er sie eines leichten Todes sterben ließe.

Aber er bittet ihn, sie, da sie nun einmal in der Welt bleiben müssen, „vor dem Bösen zu bewahren“. Hass und Verfolgung durch die irdische Welt könnten sie einschüchtern, sie könnten ihrer Angst erliegen. Und von innen, aus den Bedürfnissen ihrer irdischen Persönlichkeit und ihres Körpers, könnten, unbemerkt von ihnen, Versuchungen des „Fürsten dieser Welt“ in Form von Herrschsucht, Ehrgeiz, Habgier und Streben nach irdischem Glück in ihnen aufsteigen. Deshalb sind sie auf spirituelle Stärkung und Vertrauen einerseits, Klarheit des Bewusstseins andererseits angewiesen, auf Erkenntnis dessen, was der spirituelle Weg verlangt und wo ablenkende Einflüsse auftreten. Nur die Wahrheit, die Übereinstimmung ihres Seins und Bewusstseins mit dem göttlichen „Wort“ und „Licht“, kann sie durch diese Gefahren leiten. Sie kann ihnen Kraft geben, die Angst vor der Welt zu bestehen, und die Fähigkeit verleihen, Versuchungen durch den „Bösen“ zu erkennen und abzuweisen.

Diese Wahrheit, ihr Verbleib im göttlichen „Wort“ und „Licht“, wird sie heiligen. Sie wird sie ihrem Denken, Fühlen, Leben und Handeln nach auf die göttliche Welt abstimmen, so dass ihr Denken die Ordnung der göttlichen Welt erfasst, ihr Fühlen deren Kraft empfängt, ihr Leben bewusst von Ordnung und Kraft erfüllt wird und ihr Handeln sie umsetzt. Das ist die Heiligung der Persönlichkeit: ihre Reinigung von allen irdischen Interessen und ihre völlige Durchdringung mit den göttlichen Normen und Kräften – mit der Wahrheit. Damit sind sie eins mit dem Vater, der selbst „heilig“ ist und von dem allein diese Heiligung ihren Ausgang nehmen kann. Deshalb spricht ihn Jesus, wenn er ihn um die Heiligung seiner Schüler bittet, mit „heiliger Vater“ an.

Diese Heiligung der Persönlichkeit hat Jesus selbst vollzogen, um seinen Schülern dieselbe Heiligung zu ermöglichen. Er ist vom Vater in die Welt gesandt worden, um sich selbst zu heiligen, damit er ihnen dieselbe Heiligung ermögliche. Ebenso sendet er seine Schüler in die Welt, damit sie, selbst geheiligt, anderen diese Heiligung ermöglichen. Das ist die Erlösung, die der vollkommene spirituelle Mensch den „Seinen“ bringt und die die „Seinen“, ihrerseits erlöst, anderen Menschen bringen. Indem er selbst den spirituellen Weg geht und sich heiligt, gibt er seinen Schülern die Möglichkeit, sich zu heiligen, nämlich ihren spirituellen Menschen aus der irdischen Welt zu erlösen. Und indem seine Schüler sich heiligen, ermöglichen sie wiederum *ihren* Schülern die Erlösung.

Auf diese Weise entsteht eine Kette von Schülern und Schülersschülern – von Schülern, die Meister werden und wieder Schüler gewinnen, die Meister werden – durch die Jahrtausende. Immer wieder wirkt der vollkommene spirituelle Mensch durch seine Worte im geistig-seelischen Organismus der Menschheit und erweckt noch schlafende und sich entwickelnde spirituelle Anlagen in anderen Menschen zum Leben – sofern sie durch das Wort für das Wesen des spirituellen Menschen empfänglich sind, sofern sie an ihn „glauben“. Und so wird allmählich die Finsternis vom Licht durchdrungen. Die in der Finsternis der irdischen Welt lebenden „Seinen“ erlangen Bewusstsein vom göttlichen „Wort“ und „Leben“ – es wird „Licht“ in ihnen. Mit diesem Licht durchdringen sie alle Aspekte der irdischen Welt und verwandeln diese, bis sie wieder zum Ausdruck der göttlichen Welt geworden ist. Für all diese Schüler und Schülersschüler in den kommenden Jahrtausenden der Menschheitsentwicklung bittet der vollkommene spirituelle Mensch, damit göttliches „Wort“ und „Leben“ in ihnen wirksam werden und allmählich die ganze Menschheit ihre Bestimmung, aus Gott zu leben, erfülle.

Eine Zelle des Organismus Menschheit bringt durch ihre Struktur eine neue Information in diesen Organismus – und eine nach der andern verwandeln sich alle anderen Zellen nach dem neuen Informationsmuster. Die von dem neuen Muster erfassten Zellen sind untereinander eins, eins auch mit der zentralen Zelle, und eins mit der göttlichen Information, dem „Vater". Der vollkommene spirituelle Mensch hat seine ganze Persönlichkeit – Denken, Fühlen, Leben und Handeln – vom göttlichen „Wort" und „Leben" durchdringen und zum Ausdruck Gottes werden lassen. Das ist seine Herrlichkeit, die er vom Vater empfangen hat. Er gibt sie weiter, damit auch die „Seinen" diese neue, unvergängliche Persönlichkeit entwickeln können und diesen Glanz und diese Herrlichkeit des Vaters verwirklichen. Auf diese Weise sind sie eins, da sie in Wesen und Kraft alle aus göttlichem Wesen und göttlicher Kraft leben und sie verwirklichen, frei von den Interessen des irdischen Menschen, die immer Konflikte mit anderen und Uneinigkeit hervorrufen. Einheit ist das Grundprinzip der göttlichen Welt und der aus ihr hervorgehenden Wesen.

Die irdische Welt wird sehen, was die Schüler des spirituellen Menschen verwirklichen. Sie wird sehen, dass sie untereinander eins sind, dass sie alle aus denselben Strukturen und Energien wirken, obwohl jeder seine besondere Aufgabe dabei hat. Die Welt wird bemerken, dass hier eine andere Grundlage und Wirklichkeit des Lebens vorliegt als beim irdischen Menschen. Und so kann allmählich auch die noch schlafende spirituelle Anlage anderer irdischer Menschen geweckt werden. Sie können glauben und erkennen, dass die Verwirklichung des spirituellen Menschen auch ihre Bestimmung und Aufgabe ist, dass er ihr eigentliches, wahres Wesen ist, dass dieses wahre Wesen die Gottebenbildlichkeit ist und dass der spirituelle Mensch, wenn er ihnen in anderen begegnet, der aus Gott geborene und von Gott gesandte Mensch ist, der die „Seinen" geliebt hat. Auch ihnen lässt dann der spirituelle Mensch die Kraft der göttlichen Welt zuströmen – die Liebe –, so wie ihm selbst die Liebe des Vaters zuströmt.

Der vollkommene spirituelle Mensch wird ihnen allen eine „Stätte" in der göttlichen Welt bereiten. Er wird sie, je nach ihren besonderen Eigenschaften, bewusst mit den Aspekten der spirituellen Welt verbinden, in denen sie ihre Eigenschaften verwirklichen können, eingebettet in die Gesamtstruktur der göttlichen Welt. Er will, dass sie bei ihm seien: dass sie nach Bewusstsein und Sein in derselben Dimension der Wirklichkeit seien, in der auch er selbst lebt und wirkt: in der göttlichen Welt. Dort werden sie, selbst verherrlicht, bekleidet mit einer unvergänglichen spirituellen Persönlichkeit, die Herrlichkeit des vollkommenen spirituellen Menschen sehen. Sie werden aus göttlichem „Wort" und „Leben" leben und als „Licht"-Bewusstsein die göttlichen Kräfte in neuem Denken, Fühlen, Leben und Handeln umsetzen.

Dies war der Zustand des vollkommenen spirituellen Menschen „vor Grundlegung der Welt". Die der Finsternis verfallenen Menschen hatten den Weg, der zu dieser Herrlichkeit führen sollte, verloren und statt dessen eine irdische, sterbliche Persönlichkeit entwickelt. Der vollkommene spirituelle Mensch dagegen hatte diese Herrlichkeit freiwillig abgelegt und war in eine irdische sterbliche Persönlichkeit inkarniert, um den „Seinen" vorzuleben, wie die ursprünglich vorgesehene unirdische, unsterbliche Persönlichkeit aufgebaut werden könnte, die Ausdruck des wahren, spirituellen Wesens des Menschen ist. Sie ist die Herrlichkeit, die den Menschen „vor Grundlegung der Welt“ von Gott verheißen war, weil der „Vater“ die „Seinen“ liebte und ihnen einen Organismus schenken wollte, mit dem sie ihn erkennen und seine Ordnung und Kraft schöpferisch umsetzen konnten. Der vollkommene spirituelle Mensch entwickelte, vom inneren göttlichen Gesetz und der göttlichen Energie – der Liebe des Vaters – gedrängt, diese Herrlichkeit, ohne jemals der Finsternis – der Anmaßung, selbst bestimmen zu können, was recht sei – zu verfallen.

Die in der Finsternis versunkenen, vom göttlichen „Wort“ getrennten Menschen dagegen entwickelten in der für sie geschaffenen irdischen Welt eine sterbliche Persönlichkeit. Sie war und ist Folge der Trennung des Menschen vom göttlichen „Wort“. Sie hat aber zugleich den Zweck, die Aufhebung dieser Trennung vorzubereiten. Denn sie ermöglicht dem Menschen, durch Erfahrungen mit der irdischen Welt und dieser sterblichen Persönlichkeit zu einem verantwortlichen Ich zu reifen und schließlich zur Einsicht in seinen unwürdigen Zustand zu kommen. Dann kann der vollkommene spirituelle Mensch konkret oder mittels der von ihm in der irdischen Welt errichteten Matrix erscheinen, in dafür empfänglichen Menschen die latente Anlage zum spirituellen Menschen erwecken und ihnen helfen, die ursprünglich verheißene spirituelle, unsterbliche Persönlichkeit zu entwickeln.

Aber noch sind viele Menschen in der Welt, die den Vater nicht erkennen. Zu sehr sind sie in ihren irdischen Interessen und Gewohnheiten verstrickt. Sie werden „gerichtet“. Die vielen negativen Erfahrungen in der irdischen Welt, Krankheit, Schmerz, Enttäuschung und schließlich Tod sind der Vollzug dieses Gerichts. Die Diskrepanz zwischen ihrem Zustand und ihrer göttlichen Bestimmung macht sich als „Gericht“ und Korrektur ihres Zustands bemerkbar. Deshalb ruft Jesus hier den „gerechten Vater“ an. Durch diese negativen Erfahrungen jedoch werden den Menschen einmal die Augen dafür aufgehen, dass sie in einem Zustand existieren, der nicht in Übereinstimmung mit der Ordnung und Kraft der göttlichen Welt ist, dass aber eine Möglichkeit in ihnen existiert, aus dieser Ordnung und Kraft zu leben.

Dann werden sie als die „Seinen“ erkennen, dass der spirituelle Mensch in ihnen aus Gott geboren und dass der vollkommene spirituelle Mensch von Gott gesandt ist. Sie werden sich seinen Worten öffnen, das Wesen Gottes – den Namen Gottes – erkennen, das er ihnen kundtut, und als spirituelle Menschen aus dem Namen Gottes, aus göttlichem „Wort“ und „Leben“, leben. So wird die göttliche Liebe und der vollkommene spirituelle Mensch auch in ihnen sein. Göttliches „Wort“ und „Leben“ werden in ihnen wirken, sie werden in diesen Kräften eine neue, unsterbliche Persönlichkeit aufbauen können und mit ihr bewusst – als „Licht“ – göttliches „Wort“ und „Leben“ verwirklichen.

Die siebenfache spirituelle Matrix, verbunden mit den Schülern

Damit hat Jesus das Bewusstsein seiner Schüler in den „sechs Tagen vor Passa“ und zu Beginn des Passa mit der siebenfachen Matrix verbunden, die er – die „Wunder“ des Johannesevangeliums beschreiben es – zuvor von oben nach unten im geistig-seelischen Organismus der Menschheit verankert hatte. Von unten nach oben war diese Verbindung der Matrix mit dem Bewusstsein der Schüler erfolgt. Zuerst wurden sie mit den drei unteren Aspekten einer Persönlichkeit verbunden, die nicht mehr aus dem Fleischeswillen, dem Manneswillen und dem Blut der Unwissenheit, sondern mit einem unvergänglichen Geistleib, dem siebten Aspekt der Matrix (Salbung durch Maria), mit einem neuen Sehvermögen, dem sechsten Aspekt der Matrix (die „sehenden“ Griechen), und mit umfassendem Verständnis und Mitgefühl, dem fünften Aspekt (Fußwaschung), lebt. Dann wurden sie dem vierten Aspekt der spirituellen Matrix anvertraut: einem spirituellen Denken, das den Sinn des menschlichen Lebens erkennt – sie essen das „Brot“ des Lebens – und ihn auf der Grundlage der drei höheren Aspekte der siebenfachen Matrix mit Hilfe der drei niederen umsetzt. Und schließlich wurden sie (durch die Abschiedsreden Jesu) in die drei höheren Aspekte dieser Matrix: göttliches „Licht“ – Bewusstsein des wahren Selbst –, göttliches „Leben“ – Energie der göttlichen Welt –, und göttliches „Wort“ – Struktur der göttlichen Welt –, eingebettet.

Man könnte die Aufgabe, in welche die Schüler des vollkommenen spirituellen Menschen durch seine siebenfache Matrix eingewiesen werden, in sieben knappe „Regeln“ fassen. Sie sollen, eingebettet in diese Matrix, einen siebenfachen neuen Menschen verwirklichen, der aus ihrer spirituellen Anlage hervorgeht. Die Regeln beschreiben jeweils ein Verhalten, das im Einklang mit dieser Matrix steht, und warnen zugleich vor abweichendem Verhalten. Sie können jedoch nur vollständig angewandt und erfüllt werden, wenn ein Gesandter aus der göttlichen Welt da ist und seinen Schülern die notwendigen Kräfte zur Verfügung stellt. Er muss sie, wie damals Jesus seine Schüler, mit der Matrix des vollkommenen spirituellen Menschen verbinden.

1. Handelt stets so, dass der spirituelle Mensch höchster Maßstab eures Lebens ist. Daraus ergibt sich die angemessene irdische Lebensführung. Ein Handeln, das sich von der Verbesserung der irdischen Welt alles erwartet, ist nicht im Einklang mit dem spirituellen Menschen. Baut also, nach dem Muster des „Fleisches“ des vollkommenen spirituellen Menschen, einen neuen Geistleib auf.
2. Ersetzt euren alten „Willen des Mannes“ durch einen neuen, spirituellen Willen. Daraus ergibt sich eine neue Perspektive auf Welt und Leben. Ein Leben aus den Energien der Leidenschaften erzeugt nur Illusionen und Blindheit für die Wirklichkeit. Baut also, nach dem Muster des „aus Gott geborenen Willens“ des vollkommenen spirituellen Menschen, ein neues Sehvermögen auf.
3. Lasst ein neues spirituelles Fühlen in euch entstehen: Verständnis und Mitgefühl für andere. Daraus ergibt sich eine neue Art der Gemeinschaft mit den Menschen. Ein stolzes, anmaßliches Fühlen zerstört jede Gemeinschaft. Baut also, nach dem Muster des „Blutes“ des vollkommenen spirituellen Menschen, ein neues Empfindungsleben auf.
4. Lasst ein neues spirituelles Denken in euch wirken, das den Sinn des menschlichen Lebens im Universum erkennt. Daraus ergibt sich eine neue Lebenssicherheit. Ein anmaßliches, nur zweckorientiertes Denken zerstört andere Menschen und die Natur. Baut also, nach dem Muster des intuitiven Denkens des vollkommenen spirituellen Menschen, eine neue Struktur des Lebens auf.

5. Lasst durch das „Licht“ des vollkommenen spirituellen Menschen das Bewusstsein des wahren Selbst in euch wachsen. Werdet, die ihr seid. Das ist wahre Selbstständigkeit und *Freiheit* in den Strukturen und Kräften der göttlichen Welt. Dagegen bedeutet die Freiheit, die das Ich-Bewusstein begehrt, Vereinsamung und ständigen Kampf, der zum Tod führt. Macht euch frei vom „Fürsten dieser Welt“ und lebt, eingebettet ins Selbst-Bewusstsein des vollkommenen spirituellen Menschen, in einer neuen Selbstständigkeit.
6. Lasst euch durch das „Leben“ des vollkommenen spirituellen Menschen von einer neuen *Liebe* durchströmen. Sie ist reine Kraft und kann nicht anders, als sich allen Dingen und Wesen zuzuwenden, um sie in ihrer spirituellen Entwicklung zu fördern. Die irdische Liebe dagegen ist immer wählerisch und von Erwartungen bestimmt. Lasst euch also in die Kraftströme des vollkommenen spirituellen Menschen einbetten und bildet mit allen anderen spirituellen Menschen eine unverbrüchliche Gemeinschaft der göttlichen Liebe.
7. Seid euch bewusst, dass ihr, wie die ganze Schöpfung, aus der göttlichen Ordnung, dem „Wort“, entstanden seid, erhalten werdet und in eurer Entwicklung vorwärtsgedrängt werdet. Ihr seid prinzipiell in *Einheit* mit dieser Ordnung und dadurch in Einheit mit allen anderen Dingen und Wesen. Wenn ihr annehmt, es gebe nur vom Zufall zusammen- und auseinandergewürfelte materielle Objekte im All, so zerstückelt ihr euch selbst und eure Welt. Werdet euch also eurer Einheit mit der spirituellen Ordnung bewusst und sorgt dafür, dass ihr einst, auf der Grundlage des „Wortes“ des vollkommenen spirituellen Menschen, in dieser Ordnung aufgeht.

3. Teil:
a: Überwindung der Welt durch den vollkommenen spirituellen Menschen

Die Überwindung der Welt durch den vollkommenen spirituellen Menschen ist Inhalt der Kapitel 18 bis 19,30.

Nicht genug damit, dass Jesus, der vollkommene spirituelle Mensch, vom „Vater“ ausgehend die siebenfache Matrix des spirituellen Menschen in der Welt verankert; nicht genug damit, dass er die Seinen für alle Zukunft mit dieser Matrix verbindet, um ihnen die Lösung aus der irdischen Welt und die Verwirklichung des spirituellen Menschen zu ermöglichen. Er nimmt auch noch die Verfolgung und den Hass der irdischen Welt und Menschheit auf sich, erträgt sie, überwindet sie in seinen besonderen spirituellen Kräften und verhilft so seinen Schülern zu derselben Überwindung.

Denn wenn jemand den spirituellen Menschen in seinem Leben entfaltet, fühlt sich der irdische Mensch, sei es im Innern des Schülers, sei es in seiner Umgebung, besonders herausgefordert. Er fühlt sich in seiner Existenz bedroht und möchte den spirituellen Menschen vernichten. Die Entfaltung des aus dem Geist geborenen Menschen bringt Hass und Verfolgung durch den aus dem Fleisch geborenen Menschen mit sich. Das kann bis zur Tötung des geistgeborenen Menschen gehen.

Die Schüler Jesu, noch nicht vom heiligen Geist erfüllt und daher noch nicht selbstständig aus den spirituellen Kräften lebend, wären dem Ansturm dieser irdischen Kräfte nicht gewachsen. Jesus aber erträgt ihn in seinen besonderen spirituellen Kräften. Und wenn ein Mensch eine solche Katastrophe wie Jesus durchlitten und durchgestanden hat, so ermöglicht das allen anderen Menschen in ähnlicher Lage, ähnliche Katastrophen zu durchleiden und zu durchstehen. Alle Menschen sind im geistig-seelischen Organismus der Menschheit miteinander verbunden. Was *einer* erkämpft, kommt allen anderen zugute. Indem Jesus in seinen besonderen spirituellen Kräften die irdische Welt überwindet und so den spirituellen Menschen als unüberwindlich erweist, können seine Schüler in seiner Nachfolge ebenfalls die Welt überwinden und dem spirituellen Menschen im eigenen Wesen zum Sieg verhelfen.

Das Opfer des vollkommenen spirituellen Menschen

Der Rahmen der jetzt vom Evangelisten geschilderten Ereignisse ist das Passafest. Jesus, der vollkommene spirituelle Mensch, ist das „Lamm, das der Welt Sünde trägt“ und sich für diese Sünde „opfert“.

Er trägt die „Sünde der Welt“. Der vollkommene spirituelle Mensch nimmt durch seine freiwillige „Fleischwerdung“, seine Inkarnation in einem irdischen Körper, alle Einflüsse und Tatsachen auf sich, die mit dieser irdischen Geburt verbunden sind: die Trennung von Gott – die „Sünde“ – und das daraus folgende Leben in den irdischen Übeln. Er trägt sie, um sie exemplarisch in seinen spirituellen Kräften aufzulösen. Er trägt die „Sünde der Welt“ auch in dem Sinn, dass er die Verfolgung und den Hass der Welt auf sich nimmt und für die „Seinen“ erträgt. So ermöglicht er den „Seinen“, ihrerseits in seinen Kräften die irdischen Übel aufzulösen und den Hass der Welt auf sich zu nehmen.

Damit opfert er sich für die Welt und die „Seinen“. Er gibt, während er lebt, all seine Kräfte, sein geistiges und seelisches Leben für die „Seinen“, damit diese geistig-seelisch leben können, und gibt schließlich auch sein physisches Leben. Die Gegner von „Wort“ und „Leben“, geistliche und weltliche Macht, wollen mit der Tötung des irdischen Körpers den *spirituellen* Menschen treffen und ausschalten. Nicht die Beseitigung des irdischen Körpers ist ihr eigentliches Ziel, sondern die Beseitigung des darin inkarnierten göttlichen „Wortes“ und „Lebens“, von dem sie sich in ihrer irdischen Existenz bedroht fühlen. Auch dieses göttliche „Wort“ gibt somit sein Leben hin und opfert sich. Es lässt sich wie Jesus selbst gefangennehmen, verurteilen, hinrichten und töten, weil es sein Wesen ist, nicht zu kämpfen. Es weiß aber auch, dass es sich auf diese Weise unauflöslich mit den Mördern verbindet. Es wirkt als Wahrheit in den Mördern weiter und wird ihnen eines Tages die Wahrheit über ihre Existenz zu Bewusstsein bringen.

„Nicht zu kämpfen“ heißt nicht, passiv alles mit sich geschehen zu lassen. Das Verhalten des spirituellen Menschen gegenüber den irdischen Mächten entsteht nicht aus Resignation oder Schwäche. Der Evangelist stellt in den Szenen der Gefangennahme, des Prozesses und der Verurteilung Jesu dar, was der spirituelle Mensch – jeder spirituelle Mensch – eigentlich ist und wie er sich verhält. Er ist kein irdischer Mensch. Ein irdischer Mensch würde sich entweder demütig unterwerfen, sich mit Geduld und Ausdauer wappnen oder aggressiv werden. Es ist im Lauf der Zeit die Vorstellung vom „leidenden Gottesknecht“ entstanden, der passiv alles mit sich geschehen lässt. So würde sich ein irdischer Mensch verhalten, der absichtlich aller Gewalt abgeschworen und sich vorgenommen hat, nicht zu kämpfen und nicht aufzubegehren.

Der spirituelle Mensch jedoch, sei es der vollkommene, sei es der sich entwickelnde, lebt aus einer anderen Dimension und Existenzgrundlage als der irdische. Er lebt nicht aus Machtinstinkten und Gewalt, ebenso wenig aus ihrer Verneinung. Er lebt als spiritueller Mensch aus den göttlichen Kräften und Gesetzen. Das ist seine Ruhe und Stärke. Er ist ruhig, nicht weil er sich beruhigt hätte, und stark, nicht weil er sich Stärke antrainiert hätte. Seine Ruhe beruht darauf, dass er in der unerschütterlichen Wahrheit, dem göttlichen „Wort“, verankert ist, seine Stärke darauf, dass das „Leben“ der göttlichen Welt in ihm wirkt. Er rächt sich weder, noch unterwirft er sich, noch panzert er sich. Er bleibt in allen Drangsalen bei sich selbst und offen für alles, was um ihn herum vorgeht. Er ist außerdem der spirituelle Maßstab, vor dem alles irdische Handeln in seiner Art entlarvt wird.

Deshalb zeigt sich in allen folgenden Situationen, dass in Wirklichkeit nicht die geistlichen und weltlichen Führer über Jesus zu Gericht sitzen. Es ist umgekehrt: Der spirituelle Mensch beurteilt *sie*. Er ist die spirituelle Grundlage der menschlichen Existenz, von der die irdische Grundlage nur abgeleitet ist. Deshalb zeigt sich auch stets, dass die eigentliche Initiative des Geschehens von ihm ausgeht. Er ist keineswegs bloß passiv und duldend. Er ist aktiv und seinen Gegnern überlegen. Es ist nicht die Überlegenheit des Klügeren über den weniger Klugen, des Schnelleren über den weniger Schnellen – das wäre wieder die Dimension des Irdischen. Es ist die Überlegenheit der spirituellen Dimension über die irdische. Wer in der spirituellen Dimension lebt, erkennt das Wesen von Menschen, Dingen und Situationen als Ganzes, während der irdische Mensch immer nur Teile sieht. Und wer in der spirituellen Dimension lebt, versteht, warum Menschen böse und gewalttätig sind – und nennt Bosheit und Gewalttätigkeit beim Namen, ohne dabei in Zorn zu geraten oder wieder mit Bosheit und Gewalttätigkeit zu antworten.

Gefangennahme: Überwindung der irdischen Gewalt

18, 1 *Nachdem Jesus dies gesprochen hatte, ging er mit seinen Schülern hinaus auf die andere Seite des Baches Kidron, wo ein Garten war, und in diesen trat er mit seinen Schülern ein.* ***2*** *Aber auch Judas, der ihn verraten wollte, wusste den Ort; denn Jesus war dort oft mit seinen Schülern zusammen.* ***3*** *Als nun Judas die Kohorte und von den Hohenpriestern und den Pharisäern Diener bekommen hatte, kam er dorthin mit Fackeln und Laternen und Waffen.* ***4*** *Da ging Jesus, der alles wusste, was über ihn kommen würde, hinaus und sagte zu ihnen: Wen sucht ihr?* ***5*** *Sie antworteten ihm: Jesus, den Nazoräer. Er sagte zu ihnen: Ich bin's. Aber auch Judas, der ihn verriet, stand bei ihnen.* ***6*** *Als er nun zu ihnen sagte: Ich bin's, wichen sie zurück und fielen zu Boden.* ***7*** *Da fragte er sie wiederum: Wen sucht ihr? Sie aber sagten: Jesus, den Nazoräer.* ***8*** *Jesus antwortete: Ich habe euch gesagt, dass ich es bin. Wenn ihr also mich sucht, so lasst diese gehen! –* ***9*** *damit das Wort erfüllt würde, das er gesprochen hatte: Von denen, die du mir gegeben hast, habe ich keinen verlorengehen lassen.* ***10*** *Simon Petrus nun, der ein Schwert hatte, zog es und schlug nach dem Knecht des Hohenpriesters und hieb ihm das rechte Ohr ab. Der Knecht aber hieß Malchus.* ***11*** *Da sprach Jesus zu Petrus: Stecke das Schwert in die Scheide! Soll ich den Kelch, den mir der Vater gegeben hat, nicht trinken?* ***12*** *Die Kohorte nun und der Oberst und die Diener der Juden ergriffen Jesus und banden ihn.*

„Auf der anderen Seite des Baches Kidron" pflegte sich Jesus, der Meister, mit seinen Schülern zu versammeln, um sie zu lehren. Der Bach Kidron durchlief ein tief eingeschnittenes Tal zwischen Jerusalem und dem Ölberg, auf dem der vom Evangelisten erwähnte „Garten" lag.

In diese Schlucht wurden bei religiösen Reformen in den Jahrhunderten vor Jesus die Götzenbilder und Geräte des Götzendienstes geworfen, die den Tempel geschändet hatten. Ist es daher eine bloße Ortsangabe, wenn der Evangelist von der „anderen Seite des Baches Kidron" spricht? „Kidron" heißt übersetzt „Das Schwarzbraun-Gefärbte". Es ist das Hässliche und Dunkle. Jenseits dieses Dunklen pflegten sich Jesus und die Schülergemeinschaft zu treffen. Unmittelbar aus der dunklen Tiefe herauf aber, in der sich der geistig-seelische Unrat der Jahrhunderte gesammelt hat, rücken nun die Gegner des spirituellen Menschen heran, um ihn gefangenzunehmen. Aus Gewalttätigkeit, Bosheit und Verrat, dem Bodensatz der menschlichen Seele, steigen die Soldaten der Römer, der weltlichen Macht, und die Diener der Hohenpriester und Pharisäer, der geistlichen Macht, herauf, angeführt von Judas, dem Verräter.

Verrat des Judas: Preisgabe des Schülertums

Judas, der ehemalige Schüler des spirituellen Menschen, ist zum Gegner geworden. Die weltliche und geistliche Macht fürchtet den spirituellen Menschen einfach deshalb, weil er ihre Existenzgrundlage, die irdische Macht und Geltung, in Frage stellt und ihren Besitzstand bedroht. Der Verräter dagegen war Schüler des spirituellen Menschen gewesen, hatte begriffen, welches die eigentliche Existenzgrundlage des Menschen ist und welche Lebensführung daraus folgt. Er hatte erste Schritte getan, um diese Existenzgrundlage, die Geburt aus „Wasser“ und „Geist“, zu verwirklichen und ein damit übereinstimmendes Leben aus den spirituellen Kräften und Gesetzen zu führen. Doch der irdische Mensch, die Geburt aus „Fleisch“, war zu stark in ihm gewesen. Er hatte sein Leben nicht für den spirituellen Menschen verlieren wollen, wie es die Grundvoraussetzung des spirituellen Weges ist. Er hatte aus Angst um sein psychisches und physisches Leben selbst wieder das Heft in die Hand genommen.

Jetzt stellt der spirituelle Mensch nicht nur eine Bedrohung für ihn dar wie für den gewöhnlichen irdischen Menschen, sondern auch einen ungeheuren Vorwurf: Du hast mich verraten. Um diesen Vorwurf aus der Welt zu schaffen und um seine Loyalität gegenüber den Feinden Jesu zu beweisen, muss der ehemalige Schüler den Meister vernichten. Deshalb stellt er sich an die Spitze der Gegner Jesu, und deshalb will er Jesus ausliefern. Er ist dazu in der Lage, weil er, als ehemaliger Schüler des Meisters, die Orte kennt, an denen sich die Schülergemeinschaft zu versammeln pflegt.

So wie der spirituelle Mensch und sein Weg in *jedem* Menschen zu finden sind, so auch der Verräter. Es wäre eine Selbsttäuschung, zu sagen: Judas hat seinen Verrat vor 2000 Jahren begangen. Er war ein schlechter, erbärmlicher Mensch. Ich bin nicht so. In jedem Menschen, der sich auf den spirituellen Weg begibt, befindet sich ein Judas: die Möglichkeit, den spirituellen Quell – „Jesus“ – im eigenen Wesen zu verraten, weil sich die irdische Ichhaftigkeit gegen ihre Auflösung wehrt. Und auch im Innern eines solchen Menschen kennt der „Verräter“ die „Orte“, an denen sich die Schülergemeinschaft versammelt, und kann dieses Wissen zu seinen Zwecken ausnützen. Der spirituelle Quell – „Jesus“ – und alle Gedanken und Gefühle, die ihm dienen – die „Schüler“ – sind dem verräterischen irdischen Verstand – „Judas“ – bekannt geworden. Der „Judas“ im Innern eines jeden wird den „Jesus“ im Innern eines jeden zu bekämpfen und zu vernichten suchen.

Jesus, der vollkommene spirituelle Mensch, kennt die Gesetzmäßigkeiten, die auf dem spirituellen Weg auftreten. Er weiß, dass sich seine Gegner zu gegebener Zeit endgültig zum Losschlagen entschließen werden, dass ein Verräter unter seinen

Schülern ist, und dass sich dieser an die Spitze der Häscher setzen wird. Jesus wusste alles, „was über ihn kommen würde“. Das ist keine prophetische Hellsichtigkeit, sondern ein Wissen, das sich aus der Kenntnis der spirituellen und irdischen Gesetzmäßigkeiten ergibt.

Deshalb sind auch Überlegungen hinfällig, dass ohne Judas und seinen Verrat der „Heilsplan“ Gottes nicht hätte ausgeführt werden können, dass Judas bewusst eine Aufgabe in diesem Plan übernommen habe und eigentlich ein noch größerer Held als Jesus sei, weil er die Schande des Verrats auf sich genommen habe, ohne doch eine Kompensation dafür zu bekommen. Judas hat keine Aufgabe in einem eventuellen „Heilsplan“. Er reagiert, wie er auf Grund seiner zwiespältigen Seele reagieren muss. Und der spirituelle Mensch gibt sich, dem göttlichen Gesetz der Menschheitsentwicklung gehorsam, freiwillig gefangen, ob unter Mitwirkung eines Verräters oder nicht. Er braucht keinen Verräter dazu, der ihn den Häschern bezeichnen müsste. Er gibt sich ihnen ja selbst zu erkennen: „Ich bin’s.“ Er lässt nur auch den Verrat zu, weil sich alle irdischen Kräfte in der Konfrontation mit dem spirituellen Menschen selbst entlarven müssen, wodurch sie auf lange Sicht überwunden werden können.

Ich bin’s: spirituelle Stärke

Sich all der kommenden Dinge bewusst, ergreift Jesus selbst die Initiative und geht hinaus zu seinen Häschern. Das Gesetz des Handelns liegt immer beim spirituellen Menschen, mag es auch in der irdischen Welt so aussehen, als wären die Planungen der irdischen Menschen entscheidend. Deshalb lässt der Evangelist Jesus auf die Häscher – an ihrer Spitze Judas – zugehen und sie fragen: „Wen sucht ihr?“

Auf die Antwort der Häscher, „Jesus, den Nazoräer“, erwidert Jesus: „Ich bin’s“, ich, der vollkommene spirituelle Mensch. Damit tritt er als „Wort“, als Verkörperung des Grundprinzips der göttlichen Welt, Judas, dem Verräter, gegenüber. Judas vertritt das Grundprinzip der irdischen Welt, den „Fürsten dieser Welt“, die Anmaßung der irdischen gegen die göttliche Welt. Er ist die Verkehrung des Grundprinzips der göttlichen Ordnung, des „Wortes“, in das Grundprinzip der irdischen Ordnung, der Anmaßung.

Mit dem spirituellen Menschen unvermittelt konfrontiert, fallen die irdischen Menschen zu Boden. Die Kraft aus einer anderen Dimension ertragen sie nicht. Erst als sie wieder zu sich gekommen und sich ihrer physischen Macht bewusst geworden sind, schreiten sie zur Verhaftung. Und nicht einmal der Versuch, wieder zu sich zu kommen, gelingt ihnen aus eigener Kraft. Jesus muss ihnen dabei helfen. Er macht ihnen, indem er zum zweiten Mal fragt: „Wen sucht ihr?“ und damit ihre Antwort herausfordert, bewusst, weshalb sie eigentlich gekommen sind, und bringt sie dadurch auf den Boden der physischen Tatsachen zurück, auf dem sie sich sicher fühlen können.

„Ich bin’s“. Vor der Majestät des göttlichen „Wortes“, das sich im „Ich bin’s“ äußert, fallen die Häscher zu Boden. Doch im „Ich bin’s“ kommt noch mehr zum Ausdruck. Der spirituelle Mensch lebt ganz aus diesem „Wort“, das sein Wesen ist. Und er verwirklicht sein Wesen, wie die irdische Welt darauf auch reagieren mag. Es gehört zu seiner Größe, dass er nicht flieht, sondern diesen Reaktionen, die er als unvermeidlich erkannt und angenommen hat, ins Auge blickt. Er trägt sie, soweit sie ihm allein gelten, allein. Er verlässt sich nicht auf die Hilfe anderer, ja, er sorgt dafür, dass andere nicht mit hineingezogen werden. „Lasst diese gehen" – sagt Jesus.

Ob der Kommentator (Vers 9) begriffen hat, was Jesus mit dem Wort, dass er keinen von den „Seinen" verloren gehen lassen würde, gemeint hatte? (17,12) Jesus hatte damit doch sagen wollen, dass er all die „Seinen" in spiritueller Verbindung mit sich und seinem „Vater" – „bei deinem Namen" – gehalten, ihnen dadurch ermöglicht hatte, ihren spirituellen Weg zu gehen und nicht mehr an die irdische Welt verloren zu gehen. Der Kommentator aber interpretiert das so, als wäre mit dem „verloren gehen" der physische Tod gemeint und als habe Jesus dafür gesorgt, dass seine Schüler nicht mit ihm in den physischen Tod gehen müssten. Geht denn Jesus selbst, indem er den physischen Tod erleidet, verloren? Und wäre er gerettet, wenn er dem physischen Tod ausweichen könnte?

„Lasst diese gehen" heißt statt dessen: Verantwortlich für meine Lehren, meine Taten und mein Wesen bin ich selbst, niemand anders. Wenn ihr mich meiner Lehren, meiner Taten und meines Wesens wegen verhaften wollt, dann verhaftet nur mich und nicht meine Schüler. Sie sind nicht verantwortlich.

Wo das irdische Grundprinzip der Anmaßung herrscht, wird mit Notwendigkeit Gewalt auftreten. Deshalb wenden Judas und die Diener der geistlichen und weltlichen Macht Gewalt an. Aber der spirituelle Mensch, Verkörperung des „Wortes", ist unter jeder Bedingung gewaltlos. Das ist nicht gleichbedeutend mit kraftlos. Es erfordert gewiss größere Stärke, in einer Situation, in der durch Kampf und Gewalt das physische Leben gerettet werden könnte, nicht zu kämpfen und nicht Gewalt anzuwenden.

Will Jesus durch Gewaltlosigkeit seiner Sache zum Sieg verhelfen? Lässt er sich gefangen nehmen, weil nur so der „Heilsplan" Gottes durchgeführt werden kann? So edel solche Motive auch wären – Jesus hat keine Motive. Er will nichts erreichen, weder durch Gewaltlosigkeit noch durch andere Mittel, die einen „Heilsplan" fördern würden.

Es ist auch nicht so, dass er angesichts der Übermacht seiner Gegner die Aussichtslosigkeit eines Kampfes erkennt und deshalb Petrus befiehlt, das Schwert in die Scheide zu stecken. Seine Fähigkeit, seinen Freunden Mut und seinen Feinden Furcht einzuflößen, hätte diese Übermacht leicht ausgeglichen, wie die Reaktion der Gegner auf das „Ich bin's" gezeigt hat. Nein, die „Gewaltlosigkeit" Jesu ist seine *Eigenschaft*, die Eigenschaft jedes spirituellen Menschen. Er muss nicht auf Gewalt verzichten. Er *ist* gewaltlos und schlägt nicht mit gleichen Waffen zurück. Und er setzt Gewaltlosigkeit nicht als Mittel zum Zweck ein. Er erkennt und erkennt an, was gesetzmäßig aus seinem Wesen und aus seiner Stellung in der Menschheitsentwicklung folgt: Die Finsternis fühlt sich vom Licht angegriffen, greift das Licht an und vernichtet physisch den physischen Träger des Lichtes.

Diese Vorgänge sind unvermeidlich. Sie folgen aus dem Wesen des vollkommenen spirituellen Menschen und den Reaktionen der irdischen Welt darauf. Dadurch kommt zum Vorschein, was die Finsternis, der „Fürst der Finsternis“, das „Blut“, der „Wille des Mannes“ und der „Wille des Fleisches“ sind. Die Finsternis wird durch das Licht des Bewusstseins erkannt. Aber so kann sie auf lange Sicht auch aufgelöst werden. Die Materie wird auf lange Sicht wieder zum Ausdruck des Geistes werden.

In dieser Gesetzmäßigkeit verwirklicht sich der „Vater“. Er hat keinen „Heilsplan“ nach Art der irdischen Menschen. In derselben Gesetzmäßigkeit verwirklicht sich das Wesen des „Sohnes“, des vollkommenen spirituellen Menschen. Diese Gesetzmäßigkeit in der gesamten Welt- und Menschheitsentwicklung erkennt Jesus und erkennt sie an, obwohl sie mit größtem Leid für ihn als irdischen Menschen verbunden ist. Jesus trinkt den „Kelch, den mir der Vater gegeben hat“. Auch das in ihm verkörperte göttliche „Wort“ erlebt diese Gefangennahme und nimmt sie auf sich. Es opfert sich nicht nur für die „Seinen“, sondern auch für seine Gegner und ermöglicht diesen auf lange Sicht, die Wahrheit zu erkennen.

Verhör vor den Hohenpriestern: Überwindung der geistlichen Macht

18, 13 *Und sie führten ihn zuerst zu Hannas; er war nämlich der Schwiegervater des Kajaphas, welcher Hohepriester jenes Jahres war.* ***14*** *Kajaphas aber war es, der den Juden geraten hatte, es sei gut, dass ein Mensch für das Volk sterbe.*

15 *Simon Petrus aber und ein anderer Schüler folgten Jesus nach. Dieser Schüler war mit dem Hohenpriester bekannt und ging mit Jesus hinein in den Hof des Hohenpriesters.* ***16*** *Petrus aber stand draußen an der Tür. Der andere Schüler, der mit dem Hohenpriester bekannt war, kam nun heraus, redete mit der Türhüterin und führte Petrus hinein.* ***17*** *Da sagte die Magd, die die Tür hütete, zu Petrus: Bist etwa auch du einer von den Schülern dieses Menschen? Er sagte: Ich bin's nicht.* ***18*** *Die Knechte und die Diener aber hatten ein Kohlenfeuer gemacht – denn es war kalt – und standen da und wärmten sich. Aber auch Petrus stand bei ihnen und wärmte sich.*

19 *Der Hohepriester nun fragte Jesus über seine Schüler und über seine Lehren.* ***20*** *Jesus antwortete ihm: Ich habe frei heraus zur Welt geredet. Ich habe allzeit in der Synagoge und im Tempel gelehrt, wo alle Juden zusammenkommen, und im Geheimen habe ich nichts geredet.* ***21*** *Was fragst du mich? Frage die, welche gehört haben, was ich zu ihnen geredet habe! Siehe, diese wissen, was ich gesagt habe.* ***22*** *Als er aber dies gesprochen hatte, gab einer der Diener, der dabeistand, Jesus einen Schlag ins Gesicht und sagte: Antwortest du so dem Hohenpriester?* ***23*** *Jesus antwortete ihm: Wenn ich unrecht geredet habe, so beweise, dass es unrecht war; wenn aber recht, was schlägst du mich?* ***24*** *Da sandte Hannas ihn gebunden zum Hohenpriester Kajaphas.*

25 *Simon Petrus aber stand da und wärmte sich. Sie sagten nun zu ihm: Bist etwa auch du einer von seinen Schülern? Er leugnete und sagte: Ich bin's nicht.* ***26*** *Einer von den Knechten des Hohenpriesters, der ein Verwandter dessen war, dem Petrus* *das Ohr abgehauen hatte, sagte: Habe ich dich nicht im Garten bei ihm gesehen?* ***27*** *Da leugnete Petrus wiederum. Und alsbald krähte der Hahn.*

Nach der Gefangennahme wird Jesus den Hohenpriestern Hannas und Kajaphas vorgeführt. Sie vertreten die irdische geistliche Macht. Sie hätten die Aufgabe, die Menschen mit der göttlichen Liebe, dem „Leben", zu verbinden, indem sie selbst aus dieser Liebe leben. Doch ist das Hohepriestertum längst zu einer dogmatischen, starren Organisation geworden, die herrscht, statt zu dienen. Das wahre Hohepriestertum ist auf Jesus übergegangen. Er ist die Verkörperung des vollkommenen spirituellen Menschen, der die sich entwickelnden spirituellen Menschen mit seiner Liebe durchströmt und mit Gott verbindet.

Offiziell ist Kajaphas, Schwiegersohn des Hannas, als amtierender Hohepriester für das Verhör zuständig. Aber als ehemaliger Hohepriester besitzt Hannas noch so viel Autorität und schreibt man ihm so viel Erfahrung mit Dissidenten zu, dass man Jesus zunächst zu ihm schickt. Man hofft, Hannas könne ihn am ehesten überführen.

Hannas glaubt, über spirituelle Lehren und Offenbarungen und darüber urteilen zu können, ob Menschen vom göttlichen „Leben" erfüllt sind oder nicht. Er möchte Gericht über Jesus halten und versucht ihn auszufragen, um Unterlagen für sein Urteil zu gewinnen. Was hat es mit deiner Schülergemeinschaft und deiner Lehre auf sich? Aber Jesus, der spirituelle Mensch, macht klar, dass der Hohepriester kein Recht auf Beurteilung hat, schon gar nicht das Recht, ihn auszufragen. Wenn Hannas sich Informationen über den spirituellen Menschen verschaffen möchte, so muss er das tun, indem er ihn bei freier Rede und Wirksamkeit beobachtet oder sich bei Dritten erkundigt. Er hat nicht das Recht, ihn zu Äußerungen über seine Tätigkeit zu zwingen.

Wenn sich der spirituelle Mensch äußert, so tut er das als Freier und unter von ihm frei gewählten Umständen. Dies macht Jesus dem Hohenpriester deutlich. „Was fragst du mich?" Der spirituelle Mensch ist der Maßstab, nicht der irdische. Es ist eine Anmaßung des irdischen Menschen, die Lehren des spirituellen Menschen beurteilen zu wollen. Es ist eine Anmaßung, ihn in die Rolle des Angeklagten zu drängen, der sich rechtfertigen und verteidigen müsste. Er braucht sich nicht zu rechtfertigen und zu verteidigen. Dieser Anmaßung tritt Jesus entgegen.

Wo Anmaßung herrscht, herrscht auch Gewalt. Das zeigt sich erneut an des Hohenpriesters Diener, der Jesus wegen dessen vermeintlicher Respektlosigkeit ins Gesicht schlägt. Wieder erweist sich, dass ein spiritueller Mensch nicht gewalttätig ist. Aber zugleich erweist sich, dass die Rachelosigkeit, mit der er auf Angriffe reagiert, keineswegs unterwürfige Passivität bedeutet. Er ist zwar rachelos und vergilt nicht Gleiches mit Gleichem. Doch lässt er sich nicht würdelos alles gefallen. Er vergilt Unrecht nicht mit Unrecht. Wenn ihm aber Unrecht geschieht, nennt er es deutlich beim Namen.

Es gab und gibt mystische Wege der „Nachfolge Jesu", deren Protagonisten Unrecht, Schande und Schmach geradezu aufsuchten. Sie freuten sich noch über jede Beleidigung, die man ihnen zufügte, in der Meinung, je größer Leid, Schande und Schmach seien, desto ähnlicher würden sie ihrem Vorbild Jesus werden und desto eher würden sie selbst zu einem Nichts schrumpfen, in das sich die Gnade des Erlösers um so besser einsenken könnte.

Das Johannesevangelium spricht eine andere Sprache. Jesus selbst weist den Diener des Hohenpriesters zurecht – nicht indem er aggressiv zurückschlägt, sondern indem er an die Einsicht des Dieners appelliert. War es unrecht, was ich dem Hohenpriester gesagt habe? Überlege. Und wenn es kein Unrecht war, warum schlägst du mich? Überlege. Du hast doch nur auf Grund deiner konventionellen Vorstellungen über Respekt und Respektlosigkeit so reagiert. Wie müsstest du auf Grund deines eigenen Urteils über Recht und Unrecht reagieren?

Jesus zeigt, dass ein spiritueller Mensch keineswegs in würdelose Behandlung einwilligen muss. Ja, er hat sogar die Pflicht, seine Peiniger, wenn es die Umstände erlauben, auf ihr Unrecht aufmerksam zu machen. Wie sonst sollten sie zur Einsicht gelangen? Ein spiritueller Mensch wird, wenn es die Umstände erlauben, bei ihm angetanem Unrecht nicht schweigen. Aber er wird ohne Zorn sprechen und nicht beleidigt sein. Er wird in der Ruhe, Stärke und Offenheit verharren, die sich aus seiner Verankerung in der Ordnung und Kraft der göttlichen Welt ergeben.

Hannas vertritt den mehr ideologischen Aspekt des Hohepriestertums. Der Evangelist schildert in der Auseinandersetzung zwischen ihm und Jesus die religiösen Gründe, die die geistlichen Führer gegen Jesus ins Feld führen, nicht noch einmal. Sie waren schon früher zur Sprache gekommen und werden vor Pilatus noch einmal zur Sprache kommen (19,7). Jesus hatte unter bestimmten Umständen den Sabbat – Inbegriff des mosaischen Gesetzes – nicht gehalten und dies damit begründet, dass er ein Sohn des „Vaters“ sei, der über den äußeren Gesetzen stehe, seien sie auch vom „Vater“ gegeben. Eben diese Begründung aber verstanden die geistlichen Führer nicht. Ein Sohn Gottes, ein „Gerechter“, war für sie jemand, der den Sabbat gerade unter allen Umständen hielt. Deshalb erschien ihnen Jesus als ein Mensch, der sich unberechtigter Weise zum Sohn Gottes machte.

Demgegenüber hatte Jesus gezeigt, dass ein Sohn Gottes unmittelbar aus dem göttlichen „Wort“ und dem göttlichen „Leben“ wirkt. Er handelt frei aus den *inneren* Gesetzmäßigkeiten dieses „Wortes“ und „Lebens“, ohne den *äußeren* Sabbatgeboten unterworfen zu sein. Er ist „von oben her“, sie – und mit ihnen die Orientierung an äußeren Sabbatgeboten – „von unten her“. Jesus als vollkommener spiritueller Mensch verwirklicht exemplarisch eine Haltung, die im Lauf der Jahrhunderte bis zur Gegenwart immer wieder Anstoß bei Traditionalisten und dogmatisch gebundenen Menschen erregt hat. Wenn Menschen auftraten, die neue Lebensimpulse aus der göttlichen Welt verkörperten und ein neues Licht auf die irdischen Verhältnisse warfen, wurden sie unweigerlich von anderen verfolgt, die dem „Bewährten“ die Treue halten wollten und ihre innere Sicherheit und äußeren Besitzstände durch die Möglichkeit, frei aus spirituellen Quellen zu leben, bedroht sahen.

Hannas kommt mit Jesus nicht weiter. Seine Versuche, ihn in die Rolle des Delinquenten zu drängen, scheitern. Deshalb schickt er ihn gebunden zu seinem Schwiegersohn Kajaphas. Als sich Jesus unter religiösem Vorzeichen als unangreifbar erweist, überstellt ihn Hannas einem geistlichen Richter, der mehr nach politischen Gesichtspunkten urteilt.

Kajaphas war es, der seinerzeit geäußert hatte: „Es ist für euch besser, wenn *ein* Mensch für das Volk stirbt und nicht das ganze Volk umkommt“ (11,50 und 18,14).

Kajaphas vertritt den politischen Aspekt des Hohenpriestertums. Er fühlt sich für die irdische, biologische Existenz des Volkes – und seiner Führer – verantwortlich. Theologische, gar spirituelle Gesichtspunkte spielen für ihn keine Rolle. Es ist ihm ganz gleichgültig, welche Ziele das ihm anvertraute Volk anstrebt oder ob Jesus ein Gerechter ist oder nicht, ein Sohn Gottes oder nicht. Wenn man aber Jesus als spirituellen Lehrer gewähren lässt, besteht Gefahr, dass das Volk endgültig zu ihm als dem lang erwarteten Messias überläuft und dass es zu einem Aufstand gegen die Römer kommt, den sie in einem Blutbad ersticken würden. Deshalb ist es, so meint Kajaphas, besser, den einen, Jesus, zu beseitigen und damit das Volk zu retten, als den einen gewähren zu lassen und das Volk – und damit auch dessen geistliche Führer – dem sicheren Untergang preiszugeben.

Man könnte Kajaphas, dem als Hohenpriester die spirituelle Existenz seines Volkes am Herzen liegen müsste, fragen: Ist die bloße Existenz eines Volkes wichtiger als die Art dieser Existenz? Ist die irdische Existenz eines Volkes, in der nur irdische Ziele wie Wohlstand, internationale Geltung und Machtinteressen verfolgt werden, wichtiger als seine spirituelle Existenz? Und muss man einen Menschen, dessen spirituelles Leben scheinbar die irdische Existenz seines Volkes bedroht, beseitigen? Gilt nicht auch für ein ganzes Volk das Wort des spirituellen Menschen: „Wer sein (das irdische) Leben liebt, verliert es, und wer sein Leben in dieser Welt hasst, wird es ins ewige Leben bewahren?“ (12,25).

Diese Fragestellung zieht sich durch alle Jahrhunderte: Ist die Gerechtigkeit, Redlichkeit und Würde eines Volkes das Wichtigere oder seine materielle Existenz in Wohlstand, Macht und internationalem Prestige?

Der Evangelist schildert die Begegnung zwischen Jesus und Kajaphas nicht. Was war wohl die Quintessenz dieser Begegnung? Kajaphas gegenüber, der nur an die irdische Existenz des Volkes und seiner Führer dachte und entschlossen war, Jesus zu töten, konnte Jesus nur schweigen. Er war „von oben her“, Kajaphas „von unten her“. Hier gab es keine Verständigungsmöglichkeit. Vielleicht drückt der Umstand, dass der Evangelist von dieser Begegnung nichts erzählt, den Sachverhalt aus, dass zwischen Jesus und Kajaphas nur Schweigen möglich war.

Verleugnung des Petrus: Fehlende Zivilcourage im Schülertum

Verwoben in die Begegnungen Jesu mit den beiden Hohenpriestern schildert der Evangelist, wie Petrus seinen Meister und seine Zugehörigkeit zur Schülergemeinschaft drei Mal verleugnet. Das steht in stärkstem Kontrast zum Verhalten Jesu. Jesus ist zwar einsam unter den irdischen Menschen, doch eins mit seinem „Vater“ (16,32). Deshalb braucht er keine Geborgenheit in irdischen Gemeinschaften. Als der vollkommene spirituelle Mensch lebt er aus der göttlichen Welt und verleugnet sie nicht, auch wenn ihm der Verlust jeder irdischen Geborgenheit, ja der Tod droht.

Petrus aber ist der spirituelle Mensch in Entwicklung, unselbständig im spirituellen Denken und Handeln, noch nicht eins mit dem „Vater“. Der irdische Mensch ist noch stark in ihm. Er hat Angst davor, aus der traditionellen irdischen Gemeinschaft ausgeschlossen zu werden. Und er hat Angst vor dem Tod. Beides führt dazu, dass er in der Öffentlichkeit nicht zu seinem Meister steht. Er wagt es immerhin, geführt von einem anderen Schüler, der mit dem Hohenpriester Hannas bekannt ist und daher Zugang zu dessen Residenz hat, Jesus bis in den Hof des Hohenpriesters zu folgen. Doch weiter geht sein Mut nicht. Zum offenen Bekenntnis seines Schülertums ist er nicht in der Lage. Er müsste dann, wie sein Meister, mit dem Tod rechnen, oder jedenfalls mit seinem Ausschluss aus der Synagoge. Er würde die Geborgenheit in der traditionellen religiösen Gemeinschaft verlieren.

Dass er mit den Knechten und Dienern des Hohenpriesters am Kohlenfeuer steht und sich wärmt, ist ein schönes Bild für seine innere Lage. Die Zugehörigkeit zur gewöhnlichen menschlichen Gemeinschaft vermittelt das Gefühl der Wärme und Geborgenheit. Die Zugehörigkeit zu einer spirituellen Gemeinschaft dagegen bedeutet in der Regel den Ausschluss aus den traditionellen irdischen Gemeinschaften. Eine traditionelle religiöse Gemeinschaft pflegt jemanden, der sich offen zu einem spirituellen Weg entschließt, nicht in ihren Reihen zu dulden, und eine Gemeinschaft, die auf Verwandtschaft oder sonstigen irdischen Prinzipien beruht, wird einen Menschen, der seine spirituelle Sehnsucht in den Vordergrund stellt, als Fremdkörper empfinden.

Das Bedürfnis nach Geborgenheit in einer traditionellen Gemeinschaft, und sein Selbsterhaltungstrieb sind so stark in Petrus, dass ihn die Angst vor dem Verlust dieser Geborgenheit und seines Lebens überwältigt. Er vermag es nicht, auch nach außen hin zu dem Ziel zu stehen, das ihm zum Zentrum seines Lebens geworden ist, und zu dem Meister zu stehen, der dieses Ziel verkörpert. Innerlich bleibt er seinem Ziel und seinem Meister treu, äußerlich verleugnet er sie.

Und er verleugnet drei Mal. Je näher Petrus die Fragenden stehen, desto größer wird die Gefahr der Entdeckung und desto größer auch seine Angst. Zuerst ist es eine die Tür hütende Magd, die ihn fragt. Sie kennt ihn nicht und vermutet nur auf Grund dessen, dass er Jesus in den Hof des Hohenpriesters gefolgt ist, seine Schülerschaft. Dann fragen ihn die Knechte des Hohenpriesters, während er bei ihnen steht. Sie wissen, er gehört nicht zu ihnen, und vermuten wie die Magd, er müsse ein Schüler Jesu sein. Und drittens fragt ihn ein Verwandter des Malchus. Er hat Petrus sogar im Garten mit Jesus gesehen. Damit ist die Gefahr der Entdeckung aufs Höchste gestiegen, und Petrus verleugnet zum dritten Mal.

Wie Judas ist auch Petrus nicht nur ein Schüler eines spirituellen Meisters vor 2000 Jahren. Er ist zugleich ein zeitloser Typus des spirituellen Schülers, der noch nicht bewusst in der Ordnung und den Kräften der göttlichen Welt ruht und sich auf seine irdischen moralischen Kräfte verlässt. Hatte Petrus nicht, überzeugt von seiner moralischen Kraft, versprochen: „Mein Leben will ich für dich hingeben!“? (13,37) Es zeigt sich aber, dass die moralische Kraft und Entschlossenheit eines Menschen, seinem spirituellen Weg treu zu bleiben, im Augenblick der Wahrheit, wo Tod und Ausschluss aus der menschlichen Gemeinschaft drohen, nicht ausreichen. Die rein physischen Bedürfnisse sind stärker. Erst wenn auch sie durch die spirituellen Kräfte entwurzelt sind, gehört ein solcher Mensch vollkommen der spirituellen Welt an, ist ihr Ausdruck und kann von den irdischen Kräften nicht mehr angetastet werden.

Auch der Hahn in dieser Erzählung ist ein zeitloses Bild. Der Hahn kündigt das erste Licht des Morgens an, das die Dunkelheit vertreibt und alles Lichtscheue für einen Augenblick sichtbar macht. Genau so wirkt im Menschen das Gewissen als Vorbote der spirituellen Erkenntnis, die sein ihm bisher unbekanntes irdisches Wesen sichtbar macht und Licht ins Dunkel seiner Existenz wirft. Gleich, nachdem Petrus, überwältigt von seinen stärksten irdischen Bedürfnissen und der Angst, seinen Meister drei Mal verleugnet hat, meldet sich das Gewissen in ihm und zeigt ihm sein Inneres. Er erinnert sich an das Gespräch seinerzeit mit dem Meister, als ihm dieser sein Verhalten vorausgesagt hatte (13,28).

Ähnlich wird jeder Schüler auf dem spirituellen Weg, wenn er aus Angst Kompromisse mit einer ihm feindlichen Umwelt geschlossen hat, durch den „Hahn", die innere Stimme des spirituellen Gewissens, an dieses Kräftespiel im eigenen Wesen erinnert werden, das ihm von seinem Meister schon vorher erklärt worden war. Aber ein spiritueller Meister wirkt nicht als Hellseher, der die vom Evangelisten geschilderten Ereignisse äußerlich voraussieht. Er kennt vielmehr das Innere des noch schwachen spirituellen Schülers und das darin herrschende Verhältnis zwischen moralischer Entschlossenheit, irdischen Grundbedürfnissen und spiritueller Kraft. Er weiß, dass der noch schwache spirituelle Schüler immer wieder dem Drang erliegt, Kompromisse mit der irdischen Welt zu schließen und dadurch sein spirituelles Ziel zu verleugnen, dass aber die spirituelle Anlage immer auch als Mahner wirkt, der dem Schüler zeigt, wann er sein Ziel verleugnet hat.

Verhör vor Pilatus: Überwindung der weltlichen Macht

18, 28 *Sie führten nun Jesus von Kajaphas weg in die Burg; es war aber am Morgen. Und sie selbst gingen nicht die Burg hinein, damit sie nicht unrein würden, sondern das Passa essen konnten.* ***29*** *Da kam Pilatus zu ihnen heraus und sagte: Was für eine Anklage bringt ihr gegen diesen Menschen vor?* ***30*** *Sie antworteten und sagten zu ihm: Wenn dieser nicht ein Verbrecher wäre, hätten wir ihn dir nicht überliefert.* ***31*** *Darauf sagte Pilatus zu ihnen: Nehmt ihr ihn und richtet ihn nach eurem Gesetz! Die Juden sagten zu ihm: Uns ist es nicht erlaubt, jemand zu töten –* ***32*** *damit das Wort Jesu erfüllt würde, das er gesprochen hatte, um anzudeuten, welches Todes er sterben würde.*

33 *Pilatus ging nun wieder in die Burg hinein, ließ Jesus rufen und sagte zu ihm: Bist du der König der Juden?* ***34*** *Jesus antwortete: Sagst du das von dir aus, oder haben es dir andere über mich gesagt?* ***35*** *Pilatus erwiderte: Bin ich etwa ein Jude? Dein Volk und die Hohenpriester haben dich mir überliefert. Was hast du getan?* ***36*** *Jesus antwortete: Mein Reich ist nicht von dieser Welt. Wäre mein Reich von dieser Welt, so würden meine Diener kämpfen, damit ich den Juden nicht überliefert werde; nun aber ist mein Reich nicht von hier.* ***37*** *Pilatus sagte nun zu ihm: Also bist du ein*

König? Jesus antwortete: [Ja,] du sagst es, dass ich ein König bin. Ich bin dazu geboren und dazu in die Welt gekommen, dass ich für die Wahrheit zeuge. Jeder, der aus der Wahrheit ist, hört meine Stimme. ***38*** *Pilatus sagt zu ihm: Was ist Wahrheit?*

Und nach diesen Worten ging er wieder zu den Juden hinaus und sagte zu ihnen: Ich finde keine Schuld an ihm. ***39*** *Es besteht aber ein Brauch bei euch, dass ich euch am Passafest einen freilasse; wollt ihr nun, dass ich euch den König der Juden freilasse?* ***40*** *Da schrien sie wiederum: Nicht diesen, sondern Barabbas! Barabbas aber war ein Räuber.*

Es beginnen die dramatischen Szenen vor Pilatus. Der Vertreter der weltlichen Macht – Pilatus –, die geistliche Macht – die Schriftgelehrten, Pharisäer und ihre Anhänger, wie immer kurz die „Juden" genannt – und Jesus, der vollkommene spirituelle Mensch, treten sich in wechselnden Konstellationen gegenüber. Es handelt sich nicht nur um eine historische Auseinandersetzung zwischen historischen Personen und Institutionen, sondern vor allem um eine exemplarische Auseinandersetzung, wie sie sich zu allen Zeiten abspielen kann, zwischen drei Prinzipien: der weltlichen Macht, der geistlichen Macht und dem spirituellen Menschen.

Zunächst treffen weltliche und geistliche Macht – Pilatus und die geistlichen Führer der Juden – vor der Residenz des Statthalters aufeinander. („Unrein" wollten die Juden das Passafest nicht feiern. Man wurde aber „unrein", wenn man das Haus eines Heiden betrat. Deshalb bleiben die Juden vor Pilatus' Palast stehen und muss Pilatus zu ihnen hinausgehen.) Beide Mächte stecken als erstes ihre Territorien gegeneinander ab. Jede versucht, aus unterschiedlichen Motiven, der anderen die Zuständigkeit für diesen Fall zuzuschieben. Die Anklage gegen Jesus, die die Juden vor Pilatus vorbringen, lautet vorerst, wie sich aus dem Späteren ergibt (Vers 33), er mache sich zum „König der Juden". Das sei ein todeswürdiges Verbrechen. In den Augen Roms wäre es tatsächlich ein Kapitalverbrechen, wenn Jesus die Würde eines politischen Königs der Juden beanspruchte. Die Juden versuchen also, sich in die Sichtweise der Römer hineinzudenken und Jesus als Aufrührer gegen die Besatzungsmacht hinzustellen. So hoffen sie, diese zu einer Reaktion provozieren zu können, die ihren eigenen Interessen: der Beseitigung Jesu, entspricht. Von Anfang an versuchen sie, die politische Macht für ihre Zwecke einzuspannen. Pilatus andererseits ist bemüht, sich herauszuhalten, sich nicht einspannen zu lassen und den „Fall" an die geistliche Macht zurückzuverweisen.

Es gelingt den Juden, Pilatus auszumanövrieren. Sie hätten seine Erlaubnis, Jesus „nach ihrem Gesetz" zu richten, ausnützen können. Er hätte, wie Vers 19,6 beweist, ein Auge zugedrückt, wenn sie sich nicht an die Auflage gehalten hätten, keine Todesurteile in eigener Regie zu verhängen und zu vollziehen. Doch es liegt wiederum in ihrem eigenen Interesse, dass gerade die weltliche Macht das Urteil ausspricht und vollstreckt. So können sie den Schein wahren, dass nicht sie selbst die grausamen Richter und Henker sind. Deshalb heucheln sie treuen Gehorsam gegenüber den amtlichen Bestimmungen und sagen: Wir dürfen ja keine Todesurteile fällen, die weltliche Macht aber ist verpflichtet, es zu tun. Gegen dieses Argument ist Pilatus machtlos. Er muss sich gemäß den Bestimmungen der Besatzungsmacht, die er repräsentiert, verhalten. Der Kampf, in dem der eine dem anderen die Zuständigkeit und die damit verbundenen Nachteile zuzuschieben versucht, endet mit einer Niederlage der weltlichen Macht.

Der Kommentator (Vers 32) versucht diese Vorgänge mit einer früheren Äußerung Jesu in Zusammenhang zu bringen und dadurch die „Allwissenheit“ Jesu zu bestätigen. Hätte Pilatus den Juden in diesem Fall die Gerichtshoheit zugestehen können – wie er es offenbar wollte und was ihm die Juden geschickt unmöglich machten –, so hätten die Juden Jesus – wenn er denn wirklich die Todesstrafe verdient gehabt hätte –, durch Steinigung hinrichten müssen. So schrieb es ihnen ihr Gesetz vor. (Sie hätten dann übrigens die Anklage – wie sie es später auch taten – noch abändern müssen. Der Griff nach der Königsmacht war ein todeswürdiges Verbrechen nur in den Augen der Besatzungsmacht. Für die Juden war er des Todes schuldig, weil er sich, ihrer Meinung nach unberechtigter Weise, die Würde des Messias angemaßt hatte.)

Der Kommentator jedenfalls ist der Ansicht, Jesus habe vorausgesehen, dass er gekreuzigt werden, also auf eine Art hingerichtet werden würde, wie es die römischen Gesetze für einen politischen Aufrührer vorsahen. Der Kommentator bezieht die frühere Äußerung Jesu, er müsse „erhöht“ werden (12,32), auf diese Todesart der Kreuzigung. Und da es tatsächlich, auf Grund der Zuständigkeiten zwischen Besatzungsmacht und Juden, zu einer Kreuzigung, nicht zu einer Steinigung kam, sei dies die Bestätigung für das Vorauswissen Jesu gewesen.

Hat Jesus mit seiner Äußerung, dass er „erhöht“ werden müsse, wirklich auf die Art seines Todes angespielt? Meinte er mit dem Ausdruck: „von der Erde erhöht werden“, nicht vielmehr die Tatsache, dass er in eine höhere Dimension übergehen würde, in die er die „Seinen“ nachziehen werde? In eine spirituelle Dimension, die Dimension des „Himmels“? Und selbst wenn im „Erhöht-werden“ die Todesart der Kreuzigung angedeutet wäre: Der Kommentator unterstellte dann Jesus wiederum die Fähigkeit, in die Zukunft zu sehen. Braucht aber der vollkommene spirituelle Mensch eine Bestätigung seiner Autorität und Kraft durch solche Fähigkeiten?

Anklage: „König der Juden“

Nachdem Pilatus die Anklage vernommen hat, die die geistlichen Führer – in der Hoffnung, die Besatzungsmacht dadurch zum Todesurteil zu veranlassen –, gegen Jesus vorbringen, lässt er sich Jesus im Innern des Palastes vorführen und fragt ihn, was er selbst dazu zu sagen habe. Denn mögen die Römer als weltliche Machthaber auch grausam und mitunter, wenn es die eigenen Interessen so verlangen, ungerecht sein: von dem Rechtsprinzip, dass ein Angeklagter die Möglichkeit haben müsse, persönlich vor dem Richter Stellung zu nehmen, gehen sie nur ungern ab.

Der spirituelle Mensch ist auch in dieser Situation kein armes Opfer, das alles geduldig über sich ergehen lässt und sich dem Richter ohne weiteres unterwirft. Er ergreift selbst die Initiative und fragt Pilatus, dem unter den gegebenen Umständen nun einmal die Richterrolle zugefallen ist: „Sagst du das von dir aus, oder haben es dir andere über mich gesagt?“ Hast *du* diesen Prozess eingeleitet oder die Juden? Richtest du in eigener Verantwortung oder als Werkzeug anderer? Damit spricht

Jesus die für Pilatus peinliche Wahrheit an, dass sich der Statthalter von den Juden hat überspielen und sich zum Werkzeug ihrer Interessen hat erniedrigen lassen. Ein spiritueller Mensch spricht die Wahrheit aus und entlarvt die Mächtigen in ihrer Unwahrhaftigkeit und diplomatischen Feigheit. Er, Pilatus, hätte sich der Pression der Juden entziehen müssen.

Wie versucht Pilatus diesen Vorwurf zu parieren? „Bin ich ein Jude?“ Vertrete ich jüdische Interessen? Habe *ich* Anklage erhoben? Habe *ich* dich den Behörden ausgeliefert? Es waren doch dein Volk und seine Führer. Also bin nicht ich verantwortlich. Pilatus verteidigt sich mit der wahrheitsgemäßen Feststellung, dass nicht *er* die Anklage erhoben und nicht von sich aus tätig geworden sei. Aber damit weicht er dem eigentlichen Kern der Frage aus. Der Vorwurf besteht ja gerade darin, dass er sich zum Werkzeug der jüdischen Interessen hat machen lassen und *nicht* aus eigener Initiative und Verantwortung gehandelt hat.

Nach diesem Intermezzo verhält sich Pilatus, da er wirklich kein Jude ist, dezidiert als Römer. Nachdem er nun einmal in die Sache hineingezogen worden ist, vertritt er die Interessen der Besatzungsmacht und prüft, ob in der Anklage der Juden irgendetwas enthalten ist, das den Römern schaden könnte.

Er erkundigt sich, was es mit dem Vorwurf, Jesus habe sich zum „König der Juden“ gemacht, auf sich hat. Könnte Jesu Verhalten den Interessen der Römer abträglich sein? „Was hast du getan?“ Und Jesus, der vollkommene spirituelle Mensch, stellt unmissverständlich klar, dass er zwar ein König ist, aber kein politischer König. „Mein Reich ist nicht von dieser Welt.“ Er strebt keine gewaltsame Änderung der politischen Verhältnisse an, sondern eine Änderung der geistig-seelischen Beschaffenheit der Menschen – aus der dann, ohne Gewalt, auch eine Änderung der politischen Verhältnisse hervorginge. Sein Reich ist die Gemeinschaft aller spirituellen Menschen einschließlich derer, die sich auf einen spirituellen Weg vorbereiten, eine Gemeinschaft, die aus dem göttlichen „Wort“, „Leben“ und „Licht“ lebt, ohne Herrschsucht, Ehrsucht und Habsucht. Und er beweist diese Aussage sogleich. Er hat ja nie zu den Waffen gegriffen, noch seinen Dienern befohlen, für ihn zu den Waffen zu greifen, wie es ein politischer König in höchster Gefahr tun würde. Das überzeugt Pilatus. Ein politischer König oder Aspirant auf den Königsthron ist Jesus sicher nicht. Darum stellt er auch keine Gefahr für die römische Besatzungsmacht dar.

Doch von einem „Reich“ hat Jesus gesprochen. Und deshalb fragt Pilatus: „Also bist du ein König?“ Welcher Art ist denn dein Reich, wenn es kein auf physischer Gewalt und irdischen Interessen gegründetes Reich ist? Der vollkommene spirituelle Mensch beschreibt daraufhin, welches die Grundlage seines Reiches ist und für welches Reich er steht. Die Grundlage seines Reiches ist die göttliche Wahrheit, und seine ganze Existenz und Tätigkeit sind nur darauf gerichtet, von dieser Wahrheit zu „zeugen“: sie den Menschen zu zeigen und die Menschen zur Existenz in der Wahrheit zu rufen. Wer selbst aus der Wahrheit ist, das heißt, in wem die göttliche Wahrheit als Geistprinzip, als Anlage zum spirituellen Menschen wirksam ist, der ist für diesen Ruf empfänglich, der hört die Stimme des Rufenden, der wird als spiritueller Mensch mit der göttlichen Wahrheit verbunden und kann sich in ihrer Kraft entwickeln, bis er selbst zu einem „Sohn Gottes“ geworden ist: zu einem erleuchteten spirituellen Menschen.

„Was ist Wahrheit?“

In der Frage des Pilatus: „Was ist Wahrheit?“, treten die irdische Welt und ihr Bewusstsein der spirituellen Welt und ihrem Bewusstsein – dem „Licht“ – gegenüber. Es zeigt sich dabei erneut, dass die irdische Welt, als Finsternis, nicht erkennen *kann*, was spirituelle Wahrheit, das Licht, ist. Es zeigt sich außerdem, dass auch die irdische Welt ihre Wahrheit besitzt, und wie sie mit dieser Wahrheit umgeht.

Für Jesus ist die Wahrheit Übereinstimmung der spirituellen Existenz mit der göttlichen Ordnung und Übereinstimmung der spirituellen Erkenntnis mit der göttlichen Ordnung. Noch mehr: Wahrheit ist die göttliche Ordnung und das göttliche Leben selbst, da „Wort“ und „Leben“ Grundlage alles Daseins sind und ewig „währen“. Sie sind der verlässliche Maßstab für alles Geschehen. Wer sich in ihren Strukturen entwickelt, wird seine innerste Bestimmung verwirklichen und zur Übereinstimmung mit ihr und zu ihrer Erkenntnis gelangen. Ihn wird die Wahrheit *frei* machen (8,32). Wer aus ihr lebt, entfaltet sein eigenes Wesen, ohne fremdbestimmt zu sein.

Irdische Existenz dagegen ist Geburt aus der Unwissenheit des Blutes, aus Mannes- und Fleischeswillen, und daher Empörung gegen die spirituelle Wahrheit. Irdische Existenz ist Unfähigkeit, aus der göttlichen Wahrheit zu leben, und damit erst recht Unfähigkeit, zum Bewusstsein der göttlichen Wahrheit zu gelangen. Wer aus der irdischen Ordnung, aus dem „Fleisch“, lebt, *muss* daher wie Pilatus fragen: „Was ist (spirituelle) Wahrheit?“ Er ist seinem Wesen nach nicht in Übereinstimmung mit ihr und kann sie somit unmöglich erkennen. Er ist nicht „aus der Wahrheit“, wie es Jesus formuliert. Er ist nicht aus Wasser und Geist, göttlichem „Leben“ und „Wort“, geboren. Wie könnte er mit Organen, die nicht aus der Wahrheit sind, die Stimme der Wahrheit hören?

Auch der irdische, aus Blut, Mannes- und Fleischeswillen geborene Mensch hat eine Wahrheit. Es ist die Wahrheit als Übereinstimmung einer Aussage oder Wahrnehmung mit den Tatsachen der Erscheinungswelt. Auch der Mächtige braucht diese Art von Wahrheit. Er könnte keine Entscheidungen treffen, wenn er nicht erkennen könnte, wie die Dinge liegen und ob zum Beispiel ein Gegner lügt. Er braucht diese Art von Wahrheit als Handlungsgrundlage. Außerdem braucht der irdische Mensch, ob mächtig oder nicht, eine allgemeine Orientierung in der Welt. Was es mit seiner Existenz, mit Tod und Leben, mit Leiden und Enttäuschung auf sich hat, das vermag er mit seinem Verstand nicht zu ergründen. Aber auf einen gewissen Orientierungsrahmen kann er nicht verzichten, sei es, dass er sich den Zufall als Herrn des Daseins vorstellt, sei es, dass er irgendeine wissenschaftliche, philosophische oder religiöse Anschauung als sein Weltbild adoptiert und sie für wahr hält.

Diese Vorgänge und diese Lage des irdischen Menschen kennt Pilatus. Und deswegen schwingt in seiner Frage auch mit: Lässt sich überhaupt feststellen, was (irdische) Wahrheit ist? Stimmen denn auch nur zwei Zeugen in der Schilderung eines Ereignisses überein? Ist nicht jede irdische Erkenntnis durch persönliche Interessen und Eigenschaften des Erkennenden subjektiv gefärbt? Und die sogenannten Weltanschauungen? Halten sie näherer Nachprüfung stand? Sind sie nicht nur Strohhalme, nach denen Menschen greifen, weil sie die Unsicherheit ihrer Existenz nicht ertragen? Der irdische Verstand ist tatsächlich nicht in der Lage, zu erkennen, ob und inwieweit in solchen Weltanschauungen spirituelle Wahrheit zum Ausdruck kommt. Daher müssen sie ihm immer als spekulativ und unzuverlässig erscheinen.

Also ist Wahrheit vollkommen relativ, so schließt der irdische Mensch, so *muss* er schließen. Die Wahrheit ist relativ wegen der Relativität der Sinneswahrnehmungen und des Verstandes, sie ist interessenbedingt, durch subjektive Eigenschaften bedingt, durch gesellschaftliche Entwicklungen bedingt, geschichtlich bedingt. Im Grund gibt es gar keine Wahrheit, es gibt nur Wahrscheinlichkeit oder Konventionen darüber, was als Wahrheit gelten soll.

Doch schwingt auch noch ein verächtlicher Ton in des Pilatus Frage: „Was ist Wahrheit?" mit: der verächtliche Ton dessen, der der Macht den Vorrang vor der Wahrheit gibt. Irdische Wahrheit als Übereinstimmung von Wahrnehmung und Tatsache ist zwar als Handlungsgrundlage auch für den Mächtigen notwendig. Aber davon abgesehen ist doch die Interpretation dieser Wahrheit, die er Dritten aufdrängt, das Entscheidende. Er legt letzten Endes fest, was Wahrheit ist. Er hat die „Deutungshoheit". Er legt fest, welche Version vor Gericht gelten, welche Weltanschauung die von ihm beherrschten Klassen und Völker annehmen sollen – und das wird bestimmt keine Version und keine Weltanschauung sein, die seinen Interessen widersprechen. Er umkleidet die Sprachregelungen, die er anderen vorgibt, selbstverständlich mit dem Nimbus der allgemeingültigen Wahrheit, an die die Schwachen und Dummköpfe noch glauben, und festigt so seine Herrschaft. Die Wahrheit ist für ihn nur ein Machtinstrument. Und er weiß umso besser, wie gerne sich die Beherrschten seine Manipulation der Wahrheit gefallen lassen, als er in sich selbst spürt, wie bereitwillig der Mensch die Erkenntnis von Tatsachen durch Illusionen über die Tatsachen ersetzt. Was soll man von einer solchen „Wahrheit" halten, die nur ein Produkt und Spielball der Mächtigen ist?

So zeigt die Gegenüberstellung von Jesus und Pilatus: Dem Gesandten aus der göttlichen Welt kommt es allein auf die Wahrheit an, und zwar auf die Wahrheit als göttliche Ordnung, göttliche Kraft, göttliche Erkenntnis. Wer sich ihr hingibt, wird frei. Das Leben des vollkommenen spirituellen Menschen ist nichts als Hingabe an diese göttliche Wahrheit, deren Ausdruck er ist. Und durch ihn werden alle, die unter der irdischen Welt leiden, zu einem ebensolchen Leben geführt. Sie leben dann wie er aus der ewigen Wahrheit und lösen in ihr ihre irdischen Machtinteressen auf. Dadurch wird auch die irdische Welt vom Licht der Wahrheit durchdrungen und kehrt zu ihr zurück.

Dem Vertreter der irdischen Welt dagegen liegt nur an der Macht. Er gibt sich nicht dem größeren Zusammenhang der göttlichen Ordnung hin. Er bezieht alles auf sich. Sein Leben ist Herrschaft und Ausbeutung anderer. Für ihn gibt es keine absolute, ewige Wahrheit, und die mit dem irdischen Verstand zu gewinnende irdische Wahrheit ist für ihn wohl auch mitunter notwendig, doch in der Hauptsache ein nützliches Instrument in der Hand des Mächtigen. Das ist die Anmaßung der weltlichen Macht. Sie manipuliert die Wahrheit, die irdische wie die spirituelle, zu ihren eigenen Zwecken. Was den Menschen frei machen sollte und könnte, die Wahrheit, wird zum Instrument verbogen, das ihn unfrei macht.

Pilatus hat nicht begriffen, was das Reich der Wahrheit ist, von dem Jesus spricht. Doch versteht er so viel, dass Jesus kein politischer König ist, überhaupt nicht in der

Dimension der irdischen Welt wirkt und wirken will und somit keine Gefahr für die Machtinteressen des römischen Reiches darstellt. Also ist Jesus unschuldig, und Pilatus geht hinaus, um dieses Ergebnis seiner Untersuchungen den Juden zu verkünden. Trotzdem spürt er, dass die Juden mit diesem Ergebnis nicht zufrieden sind und aus ihm unverständlichen Gründen auf dem Tod Jesu beharren. Er aber möchte Jesus freilassen.

Er besinnt sich auf den Brauch der Juden, dass zum Passafest ein Verbrecher amnestiert wird, und hofft, dass die Juden Jesus diese Amnestie gewähren werden. Warum sollten sie Jesus, ihrem „König", nicht verzeihen – was auch immer er getan haben mag –, und ihm die Passa-Amnestie gewähren? Doch stellt sich heraus, dass diese Rechnung nicht aufgeht. Die Juden wählen Barabbas. Lieber wollen sie den schlimmsten Verbrecher amnestieren – wenn er nur „von unten her", wenn er nur einer der ihren ist –, als einen „von oben her". So stark, so unüberwindlich ist der Hass, den wie naturgesetzlich der irdische Mensch dem spirituellen Menschen entgegenbringt. Er hasst ihn „ohne Ursache". Nichts Böses hat er von ihm erfahren, keine Bedrohung für Leib, Leben und Gut, wie von den Verbrechern der irdischen Welt, geht von ihm aus. Aber der spirituelle Mensch bedroht allein schon durch seine Existenz die Lebensgrundlage des irdischen Menschen. Er zeigt, dass diese Lebensgrundlage fragwürdig ist und nicht der Bestimmung des Menschen entspricht. Deshalb muss er, als unerträglicher Maßstab und Vorwurf, als Fremdkörper im Organismus der irdischen Menschheit, beseitigt werden.

Hinzu kommt die Angst der geistlichen Führer, dass dieser spirituelle Mensch, dieser spirituelle König, ihre eigene irdische Machtgrundlage zerstören könnte, der Neid darüber, dass ihm Anhänger zulaufen und sich ihrer Verfügungsgewalt entziehen könnten, und schließlich die Furcht, dass er, freigelassen, einen Aufstand gegen die Römer anzetteln könnte, der in einem Blutbad enden würde. Deshalb wählen sie Barabbas. Und sie „schreien". Nur Menschen „schreien", die, aller Vernunft und edleren Empfindungen bar, jegliche Selbstbeherrschung verloren haben. Angst und Leidenschaft durchbrechen alle zivilisatorischen Hemmungen und machen sich in ungezügeltem Geschrei Luft.

„Ecce homo"

__19, 1__ Darauf nahm Pilatus Jesus und ließ ihn geißeln. __2__ Und die Soldaten flochten aus Dornen eine Krone, legten sie ihm aufs Haupt, warfen ihm einen Purpurmantel um, __3__ gingen auf ihn zu und sagten: Heil dir, König der Juden! und gaben ihm Schläge ins Gesicht. __4__ Da kam Pilatus wieder heraus und sagte zu ihnen: Siehe, ich führe ihn euch heraus, damit ihr erkennt, dass ich keine Schuld an ihm finde. __5__ Jesus kam nun heraus, die Dornenkrone und den Purpurmantel tragend. Und er sagt zu ihnen: Da seht den Menschen!

Noch einmal versucht Pilatus, die ihm unverständlichen Leidenschaften der Juden zu beschwichtigen, in der Hoffnung, Jesus dann vielleicht doch freilassen zu können. Wenn er ihn geißeln lässt, so seine Überlegung, werden Jesu Feinde vielleicht, von Mitleid ergriffen, die Ungefährlichkeit ihres „Königs“ erkennen. Oder sie werden, nachdem ihr Blutdurst gestillt ist, ihr Interesse an ihm verlieren.

Die Geißelung findet wieder im Innern des Palastes statt, wobei die Soldaten auch noch ihren Spott mit Jesus treiben. Sie unterstellen ihm den Anspruch, politischer König der Juden zu sein, und verhöhnen ihn, indem sie ihn mit lächerlichen Nachahmungen von Königsinsignien ausstatten. Sie setzen ihm statt einer Krone einen aus Dornen geflochtenen Kranz aufs Haupt und legen ihm einen Purpurmantel um. Zugleich begrüßen sie ihn ironisch mit Heil!-Rufen und „ehren“ ihn durch Schläge ins Gesicht.

Diesen gegeißelten, vollkommen entwürdigten „König“ führt nun Pilatus wieder zu den Juden hinaus. „Da seht den Menschen!“ Er hofft, durch die Geißelung ihre Wut besänftigt zu haben und ihnen durch den entwürdigenden Anblick klarmachen zu können, dass Jesus gewiss kein wirklicher, politischer König ist. Wenn, so will Pilatus zeigen, Jesus ein König ist, dann höchstens ein eingebildeter und somit völlig ungefährlicher König, die Attrappe eines Königs, ein „Papiertiger“. „Ich finde keine Schuld an ihm“, sagt er zum zweiten Mal. Es ist nur ein armseliger, geschändeter Mensch, ein Mensch ohne Macht und Machtansprüche. Seht ihr das nicht?

Vielleicht will hier aber der Evangelist nicht nur das Verhalten des Pilatus vor der aufgebrachten Menge schildern, sondern seinen Lesern zwischen den Zeilen noch etwas anderes mitteilen. „Da seht den Menschen!“ Jesus ist tatsächlich kein König im Sinn politischer Macht. Er ist *nur* ein Mensch. Ist aber der Mensch nicht erst dann wirklich Mensch, wenn er von aller Macht, allen Machtansprüchen und Ambitionen entblößt ist? Machen ihn Macht, Prestige und Geld zum Menschen? Mensch ist er, weil er als spiritueller Mensch das Ebenbild Gottes ist, Ausdruck der Wahrheit. Für Pilatus besteht die Würde des Menschen darin, dass er Macht, Ansehen und Reichtum besitzt. Für ihn ist Jesus, ohne diese Attribute, ein bemitleidenswertes Nichts.

Für den Evangelisten dagegen besteht sie darin, dass der Mensch sich gerade nicht auf Macht, Ansehen und Reichtum stützt, sondern auf seinen inneren, spirituellen Kern, die Wahrheit. Für ihn ist Jesus, entkleidet von allen irdischen Attributen, der eigentliche Mensch.

Eben dies: dass hier der eigentliche Mensch vor ihnen steht, scheinen die Hohenpriester und ihre Diener zu spüren, und ihre Wut steigert sich noch. Gerade dieser vollkommene „Mensch“, der „von oben her“ ist und alle Maßstäbe des irdischen Menschen, der „von unten her“ ist, umkehrt, muss verschwinden. Pilatus erreicht mit seiner Taktik genau das Gegenteil des Erwünschten. Statt dass der Anblick Jesu die Wut der Juden beschwichtigt, wird sie noch angefacht und entlädt sich im besinnungslosen Geschrei: „Kreuzige, kreuzige!“

Anklage: „Gottes Sohn“

19, 6 *Als ihn nun die Hohenpriester und die Diener sahen, schrien sie: Kreuzige, kreuzige! Pilatus sagt zu ihnen: Nehmt ihr ihn und kreuzigt ihn! denn ich finde keine Schuld an ihm.* *7 Die Juden antworteten ihm: Wir haben ein Gesetz und nach dem Gesetz muss er sterben; denn er hat sich zu Gottes Sohn gemacht.* ***8*** *Als nun Pilatus* *dieses Wort hörte, fürchtete er sich noch mehr;* ***9*** *und er ging wieder in die Burg hinein und sagte zu Jesus: Woher bist du? Jesus aber gab ihm keine Antwort.* ***10*** *Da sagte Pilatus zu ihm: Mir stehst du nicht Rede? Weißt du nicht, dass ich Macht habe, dich freizulassen, und Macht habe, dich zu kreuzigen?* ***11*** *Jesus antwortete: Du hättest keine Macht über mich, wenn es dir nicht von oben herab gegeben wäre. Deshalb hat der, welcher mich dir überliefert hat, größere Sünde.*

Zum dritten Mal erklärt Pilatus, er finde keine Schuld an Jesus. Er geht jetzt sogar so weit, den geistlichen Führern Jesu Auslieferung anzubieten, ja, ihnen ausdrücklich zu gestatten, ihn am Kreuz hinzurichten. Er gibt seine Kompetenz ab und verzichtet auf die Regelung, dass nur die Besatzungsmacht die Todesstrafe der Kreuzigung verhängen und vollziehen darf. „Kreuzigt *ihr* ihn!" Damit hätte er wenigstens die Verantwortung für die Ereignisse von sich abgewälzt und den geistlichen Führern aufgeladen. Doch damit sind diese, wie auch schon zu Anfang des Prozesses, nicht einverstanden. Für sie ist es besser, wenn die weltliche Macht das Odium der Verurteilung und Hinrichtung auf sich nehmen muss. Deshalb gehen sie auf Pilatus' Angebot nicht ein und beharren auf seiner Zuständigkeit.

Da sich aber ihre Anklage, Jesus habe sich zum politischen König der Juden gemacht, als unhaltbar herausgestellt hat, ersetzen sie den früheren Vorwurf ohne weitere Umstände durch einen anderen, der vielleicht mehr Erfolg verspricht – eine Praxis, die sich zu allen Zeiten beim Versuch, einen politischen Gegner zu Fall zu bringen, bewährt hat. Jetzt lautet die Anklage, er habe sich „zu Gottes Sohn gemacht". Für die geistlichen Führer steht auf einem solchen Anspruch nach dem mosaischen Gesetz der Tod. Ein solcher Anspruch läuft auf eine Gotteslästerung hinaus. 3. Mose 24, 16 heißt es: „Wer des Herrn Namen lästert, soll des Todes sterben." Wenn ein irdischer Mensch sich zu Gottes Sohn erklärt, lästert er Gott. Denn der Vater muss im Wesen dem Sohn gleich sein. Und wenn der Sohn ein irdischer Mensch ist, unterstellt er mit der Behauptung, er sei Gottes Sohn, dem Vater irdische Eigenschaften. Er zieht Gott damit auf die Ebene des Irdischen hinab und tut Seiner Majestät schändlichen Abbruch.

Doch Jesus ist der vollkommene spirituelle Mensch und als solcher tatsächlich Gottes Sohn, so wie jeder Mensch als spiritueller Mensch, sei er auch noch so unentwickelt, potenziell Gottes Sohn ist. Er hat die Macht, „Kind Gottes" zu werden, wie es im Prolog des Evangeliums heißt. Er ist von Ewigkeit her, als Ebenbild Gottes, aus Gott als dem „Vater" hervorgegangen und ist daher potenziell Gottes Sohn. Aktuell wird er es, wenn ihm diese Sohnschaft bewusst wird und er, als entwickelter und erleuchteter spiritueller Mensch, aus Wasser und Geist geboren und lebend, strukturell dem göttlichen „Wort" und „Leben" entspricht.

Die geistlichen Führer, die „von unten her" sind, haben mit wenigen Ausnahmen diese von Jesus verkündigte Wahrheit niemals verstanden und ihm unterstellt, er mache sich als irdischer Mensch zum Sohn Gottes. Das wäre in der Tat ein Sakrileg, eine Lästerung Gottes.

Dieses todeswürdigen Verbrechens klagen sie nun Jesus bei Pilatus an.

Die erste Anklage war gewesen, dass Jesus sich zu einem politischen König aufwerfe. Pilatus hatte ihr den Boden entzogen, indem er nachwies, dass das Königtum Jesu kein politisches war und somit für Rom keine Gefahr darstellte. Für ihn war

Jesus höchstens einer der vielen religiösen Schwärmer, ein selbsternannter religiöser König. Trotzdem hatte er Jesus als Gegeißelten und Verspotteten vor den Juden zur Schau stellen lassen, um ihre ihm unverständliche Wut zu beschwichtigen. Er konnte als politischer Mensch nicht verstehen, dass hinter dieser ersten Anklage der Hass des irdischen auf den spirituellen Menschen steckte, dass diese Anklage nur zurechtgeschneidert war, um Jesus in seinen, Pilatus', Augen als Verbrecher erscheinen zu lassen, und dass religiöse Probleme bei religiösen Führern weit größere Leidenschaften auslösen können als politische. Er fürchtete sich vor diesen Leidenschaften.

Noch mehr fürchtet er sich, als man ihm jetzt die zweite, die eigentliche Anklage vorträgt: Jesus sei ein Gotteslästerer, weil er sich zum Sohn Gottes gemacht habe. Endlich begreift Pilatus, dass es sich um ein religiöses Problem handelt und dass sich daraus der glühende Hass der geistlichen Führer erklären lässt. Er muss sich jetzt notgedrungen mit einem religiösen Problem auseinandersetzen, das er nicht verstehen kann. Vor allem ergreift ihn Furcht, weil er über einen Menschen richten soll, der möglicherweise mit höheren Mächten im Bunde steht. Sollte Jesus wirklich ein Sohn Gottes sein? Die Möglichkeit, dass ein Mensch mit höheren Mächten im Bunde stand, war Pilatus, wie jedem Menschen der Antike, geläufig, mochte er auch noch so skeptisch sein.

Wieder zieht er sich in seinen Palast zurück, um Jesus zu diesem neuen Vorwurf zu vernehmen. Er fragt den Angeklagten, „Woher bist du?" Aus welchem Bereich der Wirklichkeit stammst du? Aus einem irdischen oder aus einem überirdischen? Bist du, so könnte man mit Jesu früheren Worten formulieren, „von unten her" oder „von oben her"? Jesus schweigt.

Erst als Pilatus weiter in ihn dringt und ihm mit seiner Macht über Leben und Tod droht – „Weißt du nicht, dass ich Macht habe, dich freizulassen, und Macht habe, dich zu kreuzigen?" –, gibt Jesus Antwort und erklärt zugleich sein vorheriges Schweigen. Pilatus hätte keine Macht über ihn, wenn sie ihm nicht „von oben herab" gegeben wäre. Er, Jesus, ist tatsächlich „von oben her", Pilatus dagegen ist „von unten her" und seine Richtermacht ist ihm nur von oben her verliehen. Wie dürfte einer, der von unten her ist und dessen Richtermacht ihm von oben nur *verliehen* ist, einen Menschen, der „von oben her" *ist*, auffordern, sich zu legitimieren? Hier kann die Antwort nur Schweigen sein.

Wieder zeigt sich, dass Jesus keineswegs der leidende, alles geduldig hinnehmende Mensch ist, als der er gerne dargestellt wird. Er kennt vielmehr die Ordnung der Wirklichkeit, die Rangfolge zwischen oben und unten, zwischen der göttlichen und der irdischen Welt und die sich daraus ergebenden Regeln. Im Schweigen Jesu kommt diese Rangfolge zwischen spiritueller und irdischer Welt zum Ausdruck. Nicht dass er aus Stolz auf seine spirituelle Herkunft den anmaßenden irdischen Richter in die Schranken verwiese. Das wäre ein irdisches Verhalten im Rahmen irdischer Maßstäbe. Er verhält sich nur ruhig so, wie es aus dem Rangverhältnis zwischen spiritueller und irdischer Welt folgt, wie es sich aus seiner „Herkunft" und aus des Pilatus „Herkunft" ergibt. Der spirituelle Mensch legitimiert sich nicht vor dem irdischen Menschen.

Pilatus' Erklärung, er habe Macht über Leben und Tod des irdischen Körpers, nimmt Jesus zum Anlass, die Legitimationsgrundlage und Grenzen dieser Macht aufzuzeigen. Pilatus hätte nicht die Macht, über ihn, den spirituellen Menschen, zu urteilen, wenn es ihm nicht von oben her gegeben wäre. Damit meint Jesus nicht, dem Statthalter sei in diesem speziellen Fall von Gott Macht eingeräumt worden, damit der „Heilsplan" Gottes erfüllt werden könne. Es ist vielmehr so, dass der weltlichen Ordnungsmacht *immer* von oben her die Möglichkeit eingeräumt ist, über den irdischen Körper auch des spirituellen Menschen zu richten. Der spirituelle Mensch, jeder spirituelle Mensch, ist in der irdischen Welt den Gesetzen der irdischen Welt unterworfen, soweit er ihr angehört. Und er gehört ihr mit seinem irdischen Körper an. Damit ist er der irdischen Gerechtigkeit oder Ungerechtigkeit unterworfen. Die irdische Gerechtigkeit hat in ihrem Bereich ihre Aufgabe und Berechtigung. Das erkennt der spirituelle Mensch an.

Aber er wird, wenn statt Gerechtigkeit Ungerechtigkeit geübt wird, seine Stimme erheben. Jesus tut das und stellt klar, dass Pilatus, wenn er ihn verurteilt, ungerecht urteilt und Sünde auf sich lädt. Pilatus tut Sünde, wenn er den Unschuldigen verurteilt.

Man kann die Worte Jesu auch als allgemeine Aussage zum Verhältnis von spiritueller zu irdischer Ordnung auffassen. Die spirituelle Welt ist das Primäre. Die irdische Welt ist aus ihr hervorgegangen und darum das Sekundäre, mag sie sich auch in ihrer Anmaßung als die Maß gebende, ja als die einzige Welt gebärden. Es gibt eine Rechtsordnung der irdischen Welt, die aus den Erfordernissen des Überlebens der Einzelnen und der Völker und aus Notwendigkeiten der Konfliktvermeidung hervorgegangen ist. Die Völker befinden sich in einem dauernden labilen Gleichgewichtszustand zwischen diesen Erfordernissen und dem „Recht des Stärkeren", das von Blut, Manneswillen und Fleischeswillen bestimmt ist.

Doch gibt es noch eine andere Wurzel der irdischen Rechtsordnung, die alle irdische Gerechtigkeit in sich einbezieht, ihr eine neue Richtung gibt und sie erst sanktioniert. Es ist das Prinzip der gottgegebenen Gerechtigkeit. Es wird durch Gesandte, in denen dieses Prinzip zum Bewusstsein gelangt – wie etwa durch Mose für das Volk Israel oder durch die ersten Priester und sagenhaften Könige Roms für die Römer –, der irdischen Welt auferlegt. Es wirkt so, dass die irdische Welt und ihre Bewohner auf lange Sicht wieder zur göttlichen Welt zurückfinden können. Würde in der irdischen Welt nur das aus Überlebensnotwendigkeiten hervorgehende Recht und das „Recht des Stärkeren" herrschen und wäre sie nicht auch nach „von oben her" gegebenen ethischen Normen geordnet, so wäre sie kein Ort, an dem die spirituellen Menschen ihren Weg zurück zur göttlichen Welt gehen könnten. Deshalb braucht sie eine ethische Rechtsordnung.

Aber auch diese Ordnung muss die irdischen Menschen in Schach halten können: ihr Blut, ihren Fleisches- und Manneswillen. Sie muss den irdischen Willen zur Macht bändigen können. Sie muss daher selbst mit Macht ausgestattet sein und auf Macht beruhen. Deshalb das Paradox, dass die irdische Rechtsordnung – ob aus Überlebensnotwendigkeiten entstanden oder „von oben her" gegeben –, die dazu dienen soll, Macht zu bändigen, selbst auf Macht beruhen und von Mächtigen garantiert und durchgesetzt werden muss. Und deshalb die unaufhörliche Versuchung für die Mächtigen, die das Recht mittels ihrer Macht durchsetzen sollten, das Recht zu Gunsten ihrer Macht zu beugen oder gar einzusetzen.

Aber die irdische Ordnung ist der irdischen Welt als Ausfluss der irdischen oder der gottgegebenen Gerechtigkeit „von oben herab“ auferlegt, und Vertreter der irdischen Ordnung sollten sich im Klaren darüber sein, dass sie nur Vollzugsorgane dieser Ordnung sind. Ihre Macht soll dazu dienen, das Leben der sich selbst behauptenden irdischen Menschen in der irdischen Welt zu ermöglichen und es gerecht zu ordnen. Die Richtermacht ist dem Menschen „von oben herab“ gegeben, um dem irdischen Willen zur Macht Schranken aufzuerlegen und die irdischen Verhältnisse so zu ordnen, dass der Mensch die Möglichkeit hat, sich frei nach seinem inneren Gesetz zu entwickeln.

Des Pilatus Aufgabe als Vertreter der irdischen Ordnung wäre es, Gerechtigkeit walten zu lassen und ihr, mittels seiner Richtermacht, Geltung zu verschaffen. Das begreift er auch, und deshalb versucht er noch einmal, Jesus freizulassen. Wie sich aber herausstellt, ist seine Angst vor Machteinbuße größer als sein Pflichtbewusstsein. Er lässt Jesus nicht frei, und verrät somit seine Pflicht der irdischen Ordnung gegenüber. Statt Gerechtigkeit übt er Ungerechtigkeit. Das ist seine Sünde. Er stellt sein persönliches Machtinteresse über seine Pflicht, Gerechtigkeit zu üben.

Diese Sünde ist jedoch, so erklärt Jesus weiter, kleiner als die Sünde der geistlichen Führer, die ihn der weltlichen Macht ausgeliefert haben. Denn während Pilatus zwar aus Angst um seine Machtposition, aber ohne den spirituellen Menschen zu hassen, ungerecht handelt, handeln die geistlichen Führer aus eigenem Antrieb und aus unstillbarem Hass gegenüber dem spirituellen Menschen ungerecht. Pilatus würde Jesus, der Gerechtigkeit entsprechend, freilassen, wenn er von den geistlichen Führern nicht unter Druck gesetzt würde. Diese dagegen sind aus eigenem Antrieb und mit aller Leidenschaft und Energie, mit ihrem ganzen Wesen, bestrebt, den spirituellen Menschen zu töten. Sie versuchen, das irdische Recht und seinen Vertreter für diesen Zweck bewusst einzuspannen. Daher „hat der, welcher mich dir überliefert hat, größere Sünde“. „Der“ ist das Kollektiv der geistlichen Führer.

Pilatus hatte erkannt, dass Jesus kein politischer König, höchstens, in seiner Sicht, ein religiöser Träumer ist. Jetzt fühlt er sich angesichts der Möglichkeit, dass Jesus mit höheren Mächten im Bund steht, noch stärker auf die Seite des Angeklagten gezogen. Wenn Jesus argumentiert, die geistlichen Führer, als die für die Anklage Verantwortlichen, hätten mehr Sünde als er selbst, Pilatus, der nur ungerecht handelt, um seine politische Existenz zu retten, scheint der Angeklagte deutlich aus Einsicht in höhere Zusammenhänge zu sprechen. Deshalb ist Pilatus, der immer noch Spielraum hat, die Sünde der Ungerechtigkeit zu begehen oder nicht, erst recht davon überzeugt, dass der Angeklagte unschuldig ist. Er entschließt sich erneut, Jesus freizulassen.

Druck der geistlichen auf die weltliche Macht

19, 12 *Daraufhin suchte Pilatus ihn freizulassen. Die Juden aber schrien: Wenn du diesen freilässt, bist du des Kaisers Freund nicht; jeder, der sich zum König macht, widersetzt sich dem Kaiser.* ***13*** *Als nun Pilatus diese Worte hörte, ließ er*

Jesus herausführen und setzte sich auf den Richterstuhl, an einem Ort, der „Steinpflaster", auf hebräisch aber Gabbatha heißt. ***14*** *Es war aber Rüsttag für das Passa; es war um die sechste Stunde. Und er sagte zu den Juden: Da seht euren König!* ***15*** *Da schrien jene: Hinweg, hinweg mit ihm, kreuzige ihn! Pilatus sagte zu ihnen: Euren König soll ich kreuzigen? Die Hohenpriester antworteten: Wir haben keinen König außer dem Kaiser.* ***16*** *Darauf lieferte er ihn an sie aus, damit er gekreuzigt würde.*

Wieder begibt sich Pilatus vors Prätorium, seinen Amtssitz, und verkündet den geistlichen Führern und ihren Dienern seine Entscheidung, Jesus freizulassen. Diese aber greifen nun, als sie erkennen, dass sie mit beiden Anklagen nicht durchgedrungen sind, zum letzten Mittel: zur unverhüllten Drohung: Sie werden Pilatus beim Kaiser anschwärzen. Zwar hatte der Statthalter festgestellt, Jesus sei kein politischer König, strebe die Königsherrschaft auch nicht an und bedeute daher keine Gefahr für Rom. Doch konnte Pilatus diese Sicht der Dinge, wenn es darauf ankam, dem Kaiser plausibel machen? Bestand nicht die Gefahr, dass die Juden ihn beim Kaiser verleumdeten und die Lage so darstellten, als sei Jesus doch ein politischer König und er, Pilatus, habe seine Pflicht, einen solchen Feind Roms unverzüglich zu verurteilen, sträflich versäumt? Würde ihn dann seine Freundschaft mit dem Kaiser noch retten können?

Das Geschrei, mit dem die Juden ihre erpresserische Drohung ausstoßen, zeigt Pilatus, mit welcher Energie sie diese Darstellung der Dinge beim Kaiser vortragen würden. Würden sie nicht Glauben beim Kaiser finden? Diese Gefahr für seine Existenz und politische Karriere veranlasst den Prokurator zum Umdenken. Seine Erkenntnis, Jesus sei unschuldig, und sein Pflichtbewusstsein, als Römer Anwalt der Gerechtigkeit zu sein, zählen nicht mehr angesichts des Risikos für seine persönlichen Interessen. Eine verleumderische Darstellung beim Kaiser würde ihn womöglich politisch erledigen. Und Pilatus entschließt sich, endgültig die Zuständigkeit für diesen Fall anzunehmen und Jesus zu richten – im Sinn der falschen Anklage.

Der Evangelist trägt der Bedeutung dieser Entscheidung, dem Höhepunkt all der vorausgegangenen Verhandlungen, Rechnung, indem er die Gerichtsszene dramatisch gestaltet und durch die Umstände den Charakter des Geschehens noch betont. Pilatus setzt sich auf den Richterstuhl, übernimmt damit offiziell das Richteramt und spricht im Namen des Kaisers sein Urteil. Ort des Geschehens ist das „Steinpflaster" vor dem Prätorium. Die Besatzungsmacht hatte dafür gesorgt, dass die Auftritte des Präfekten vor dem Prätorium in ihrer Würde nicht durch Schlamm und Schmutz beeinträchtigt wurden. Die Maßnahme hatte zudem gewiss auch sicherheitstechnische Gründe – berittene Garden konnten auf dem „Steinpflaster" besser agieren –, ja sie war wohl auch Symbol für die steinharte Unerschütterlichkeit der römischen Macht und des römischen Rechtes. Für den Evangelisten wird sie außerdem zum Bild für die Unerbittlichkeit irdischer Macht überhaupt, die über den spirituellen Menschen zu Gericht sitzt. Um diese Symbolik zu unterstreichen, erwähnt er den hebräischen Namen der Örtlichkeit.

Neben dem für das Gericht über den spirituellen Menschen charakteristischen Ort ist auch die Tageszeit von symbolischer Bedeutung. Es ist die „sechste Stunde".

Sechs war und ist in der jüdischen Mysterienweisheit die Zahl und das Prinzip des Gerichts, der Ernte, des Bilanzziehens. Vor der Sieben, der Erfüllung einer Entwicklung, wird Bilanz gezogen und das Ergebnis der sechs vorhergehenden Entwicklungsschritte festgestellt. Deshalb nennt der Evangelist ausdrücklich die sechste Stunde: die Verhandlungen um Jesus, den vollkommenen spirituellen Menschen, sind beendet, ihr Ergebnis – der Sieg der geistlichen und weltlichen irdischen Macht über die irdische und göttliche Gerechtigkeit – wird offenbar, bevor das Urteil verkündet und vollstreckt wird.

Und schließlich bettet der Evangelist das Geschehen wieder ins Passafest ein. Wie am „Rüsttag", am Freitag vor dem Passafest, das Opferlamm geopfert wird, so wird Jesus, der vollkommene spirituelle Mensch, am Rüsttag vor Passa wie ein Lamm geopfert. Die geistliche und weltliche irdische Macht richten das in Jesus verkörperte göttliche „Wort" nach ihren Maßstäben, und dieses göttliche „Wort" lässt es mit sich geschehen. Es opfert sich ohne Widerstand, weil es nicht anders kann, als sein Leben zu geben. Es kann von niemandem dazu gezwungen werden, gibt aber sein Leben „von sich aus". Jesus verfolgt damit keine Absichten. Es ist das *Wesen* des vollkommenen spirituellen Menschen, sein Leben zu geben. Aber er weiß, dass dadurch die irdische Macht vor den spirituellen Maßstäben entlarvt wird und dass spirituelle Kräfte in die irdische Welt einströmen, die sie auf lange Sicht verändern und wieder zum Ausdruck der göttlichen Welt machen werden.

Pilatus macht einen letzten Versuch zur Umstimmung der geistlichen Führer und ihrer Diener. Hatte er vorher an ihr Mitleid appelliert und den gegeißelten, erniedrigten Menschen vor ihnen zur Schau gestellt – „da seht den Menschen!" –, so appelliert er jetzt an ihre nationale und religiöse Identität. „Da seht euren König!" Es könnte sein, meint Pilatus, dass sich die Juden durch den Anblick Jesu an ihrer nationalen Ehre gepackt fühlen und sich doch zu dem Menschen bekennen, der sich als ihren König bezeichnet. Erneut aber schreien sie: „Hinweg mit ihm, kreuzige ihn!" Und noch einmal beharrt Pilatus: „Euren König soll ich kreuzigen?" Mir, dem Vertreter der verhassten Besatzungsmacht, überlasst ihr Urteil und Strafe über euren König? Wollt ihr euch nicht endlich auf eure eigene Identität besinnen? Doch die Hohenpriester verraten ihre heiligsten Prinzipien, um den verhassten spirituellen Menschen loszuwerden.

Ihr Gesetz sagt, dass ihr eigentlicher Herr Gott ist, Gott allein, dass auch die politische Herrschaft in ihrem Volk nur von jemandem ausgeübt werden dürfte, der dem Gesetz treu, also Jude ist und Gott als Herrn anerkennt, und dass Götzendienst treibt, wer einen anderen Herrscher über das Volk gewähren lässt. Nur notgedrungen erkennen daher die Hohenpriester den Kaiser als Herrn über sich an. Sie wissen, dass sie damit Götzendienst treiben, und warten nur auf eine Gelegenheit, den Griff der Römer abzuschütteln. Trotz der gegenwärtigen Fremdherrschaft halten sie im Innern an ihrer nationalen und religiösen Identität fest, die sie allein von Jahwe und seinem Gesetz ableiten.

Wenn sie daher jetzt sagen, „wir haben keinen König außer dem Kaiser", so bekennen sie damit öffentlich Loyalität zu einem Götzen, verraten Gott und ihre Ehre als Volk. Sogar diese ihre heiligsten Güter verkaufen sie, um Jesus, den vollkommenen spirituellen Menschen, zu beseitigen. Aus Angst um seine irdische Existenz, um seine Macht und seinen Besitzstand und aus Hass gegen eine lebendige spirituelle Existenz verkauft der irdische Mensch seine höchsten Prinzipien.

Pilatus gibt auf. Er hatte zuletzt noch ein gewagtes Spiel gespielt. Was wäre geschehen, wenn die Juden wirklich Jesus als König anerkannt und Pilatus Jesus freigelassen hätte? Er hätte sich in der Tat dem Verdacht ausgesetzt, nichts gegen einen Aufrührer zu unternehmen und die römische Macht zu gefährden. Doch die Juden denken nicht daran, Jesus als ihren König anzuerkennen. Und Pilatus gibt nach, um seine Haut zu retten. Er urteilt nicht nach dem Prinzip der Gerechtigkeit. Er hat der Wut und Leidenschaft der Hohepriester und ihrer Diener sowie ihrem Druck und Geschrei nichts entgegenzusetzen. Er „lieferte ihn an sie aus“ und lässt sich die Strafe der Kreuzigung abzwingen. Die geistlichen Führer haben ihr Ziel erreicht: die Hinrichtung Jesu. Sie haben zusätzlich erreicht, dass die weltliche Macht, nicht sie selbst, zumindest nach außen hin als Verantwortlicher für Urteil und Strafe dasteht. Trotzdem besteht kein Zweifel, dass die eigentlich Verantwortlichen sie selbst sind, und Pilatus, als Vertreter der weltlichen Macht, nur ihrem Druck gewichen ist. Sie haben größere Sünde als er.

Kreuzigung

__19, 16__ Sie nahmen nun Jesus. __17__ Und indem er sein Kreuz selber trug, kam er hinaus auf den Platz, welcher „Schädel“ genannt wird, was auf hebräisch Golgotha heißt. __18__ Und dort kreuzigten sie ihn und zwei andere mit ihm zu beiden Seiten, Jesus aber in der Mitte. __19__ Pilatus ließ aber auch eine Aufschrift schreiben und auf das Kreuz setzen. Und zwar war geschrieben: Jesus der Nazoräer, der König der Juden.
__20__ Diese Aufschrift nun lasen viele von den Juden, denn der Platz, wo Jesus gekreuzigt wurde, war nahe bei der Stadt; und es war auf hebräisch, auf lateinisch, auf griechisch geschrieben. __21__ Da sagten die Hohenpriester der Juden zu Pilatus: Schreibe nicht: Der König der Juden, sondern dass jener gesagt hat: Ich bin der König der Juden. __22__ Pilatus antwortete: Was ich geschrieben habe, das habe ich geschrieben. __23__ Als nun die Soldaten Jesus gekreuzigt hatten, nahmen sie seine Kleider und machten vier Teile daraus, für jeden Soldaten einen Teil, und den Rock. Der Rock war aber ohne Naht, von oben an als ein Ganzes gewoben. __24__ Da sagten sie zueinander: Lasst uns ihn nicht zerteilen, sondern darum losen, wem er gehören soll – damit das Schriftwort erfüllt würde:

„Sie haben meine Kleider
unter sich verteilt
und über mein Gewand
das Los geworfen.“
Die Soldaten nun taten dies.

Was der vollkommene spirituelle Mensch bei der vom Verräter organisierten Gefangennahme und beim Verhör durch die geistliche und weltliche Macht erlebt und wie er darauf reagiert, ist exemplarisch für die Erfahrungen, die jeder spirituelle

Mensch, sobald er selbstständig in der Öffentlichkeit auftritt, machen wird. Denn das Wesen der irdischen Welt und das Wesen des spirituellen Menschen sind zu allen Zeiten und an allen Orten dieselben. Es werden sich nur die Umstände ändern, unter denen diese Erfahrungen gemacht werden. Vielleicht werden auch die Maßnahmen der geistlichen und weltlichen Macht subtiler ein. Nicht jeder spirituelle Mensch wird physisch gekreuzigt werden. Aber er wird psychisch und gesellschaftlich gekreuzigt, das heißt, seiner Wirkungsmöglichkeiten beraubt werden.

Daher können alle vom Evangelisten geschilderten Ereignisse und Taten als Bilder für ähnliche Ereignisse und Taten, auch wenn sie sich nicht physisch sichtbar abspielen, gelesen werden. Dem gibt der Evangelist dadurch Ausdruck, dass er, besonders bei der Kreuzigung und beim Tod Jesu, immer wieder Stellen aus dem Alten Testament zitiert, vor allem aus Jesaja und den Psalmen. Er bestätigt dadurch, dass die von Jesus gemachten Erfahrungen zeitlos sind. Die Propheten und Psalmdichter waren selbst Menschen auf dem spirituellen Weg, erlebten Feindschaft und Hass der irdischen Welt und gingen durch den psychischen „Tod“. Sie konnten daher diese zeitlosen Erfahrungen beschreiben und auch auf alle vorausweisen, die ähnliche Erfahrungen machen würden – insbesondere auf einen, der sie in exemplarischer Weise machen und bestehen würde. Exemplarische Bilder für Erlebnisse jedes spirituellen Schülers auf dem Weg sind also die Schilderungen des Evangelisten besonders in Bezug auf die Kreuzigung und den Tod Jesu.

„Sie nahmen nun Jesus.“ Lapidar wird festgestellt, dass nach dem Urteilsspruch der weltlichen Macht die irdische Gewalt am Zug ist. Gegen sie gibt es keinen Appell. Der Verurteilte ist ihr ohnmächtig ausgeliefert.

„Er trägt sein Kreuz selbst.“ Das „Kreuz“ ist ein altes Symbol für Materie. Mit seinen vier Armen versinnbildlicht es die vier Himmelsrichtungen, die Struktur der irdischen, materiellen Welt. Wenn Jesus das Kreuz „selber“ trägt, so heißt das, er nimmt die ganze Last der materiellen Welt auf sich, das ganze Leiden, das daraus entspringt. Als spiritueller Mensch erkennt er sie und trägt sie, und zwar selbstständig. Keiner kann ihm dabei helfen. Er ist in seiner Auseinandersetzung mit den Schmerzen und Krankheiten des materiellen Körpers, dem Alter und dem Tod, mit allen Konflikten und Übeln der Welt der Finsternis, allein.

Auch wird der spirituelle Mensch jetzt endgültig aus der menschlichen Gemeinschaft, dem „Land der Lebenden“ (Jesaja 53,8), ausgestoßen, hinaus an die „Schädelstätte“, den Ort, wo kein Leben mehr ist. In diese Todestiefe der Materie muss er hinabsteigen und sie durchleben.

Er wird mit Händen und Füßen ans Kreuz geheftet: Die Betätigung seiner Lebenskräfte, Handlungs- und Bewegungsfreiheit werden ihm am Kreuz, in der irdischen, materiellen Welt, vollkommen genommen. Deshalb heißt es in Psalm 22,17: „Sie durchbohren mir Hände und Füße.“ Und nicht genug damit, dass er aus der menschlichen Gesellschaft ausgestoßen und an den Ort des Todes gebracht ist – er wird auch noch unter die Übeltäter gezählt und zwischen zwei Verbrechern gekreuzigt.

Mit alledem spielt der Evangelist auf Jesaja 53,7–9 an, wo es heißt: „Er wurde misshandelt und niedergedrückt, aber er tat seinen Mund nicht auf. Wie ein Lamm, das man zum Schlachten führt, und wie ein Schaf angesichts seiner Scherer, so tat auch er seinen Mund nicht auf. Durch Haft und Gericht wurde er dahingerafft, doch wen kümmerte sein Geschick? Er wurde vom Land der Lebenden abgeschnitten und wegen der Verbrechen seines Volkes zu Tode getroffen. Bei den Ruchlosen gab man ihm sein Grab, bei den Verbrechern seine Ruhestätte, obwohl er kein Unrecht getan hat und kein trügerisches Wort in seinem Mund war." Und auf Jesaja 53,12: „Weil er sein Leben dem Tod preisgab und sich unter die Verbrecher rechnen ließ."

Die Aufschrift, die Pilatus oben am Kreuz befestigen lässt, ruft die politischen Hintergründe der Kreuzigung in Erinnerung. Der Statthalter rechtfertigt sein Urteil. Er hat – obwohl insgeheim von der Unschuld Jesu überzeugt – einen „Aufrührer gegen Rom" hinrichten lassen. So soll die Öffentlichkeit dieses Urteil sehen, und zwar die Öffentlichkeit der Juden, der Römer und der Griechen. Die Juden sollen sich abgeschreckt fühlen und eingeschüchtert werden, deshalb die hebräische Version. Die lateinische Version ist, da Latein die Amtssprache der Besatzungsmacht ist, die Demonstration dieser Macht und ihre Selbstbestätigung. Und alle Welt soll Roms Macht sehen, deshalb die griechische Version. Griechisch war die Kultur- und Handelssprache, die man im römischen Reich, vor allem in den Ostprovinzen, allgemein verstand.

Die geistlichen Führer der Juden sind empört über diese Darstellung der Dinge. Sie erkennen Jesus nicht als ihren König an. Ihre Anklage hatte nur gelautet, Jesus habe sich selbst zum König der Juden gemacht. Gerade das hatte sie ja so erzürnt: dass Jesus einen Titel für sich in Anspruch nahm, den sie ihm nicht zubilligen konnten (mochten sie ihn auch falsch verstanden haben: denn als politischen König und politischen Messias hatte er sich selbst nie gesehen). Pilatus aber belässt es bei der einmal gegebenen Aufschrift und nimmt dadurch zuletzt noch geheime Rache an den geistlichen Führern, die ihm dieses Urteil abgepresst haben. *Euren* König habe ich hinrichten lassen, verkündet die Inschrift. Das ist den Juden ein Schlag ins Gesicht. Die Besatzungsmacht trifft damit, jedenfalls vor der Öffentlichkeit, die politische Identität der Juden ins Mark. Alle Welt liest es, alle Welt sieht die schändliche Niederlage des jüdischen Volkes und den stolzen Triumph der Römer. So schlägt Pilatus doch noch politisches Kapital aus einer problematischen Situation, die er gegen sein Gewissen und gegen das Recht lösen zu müssen glaubte.

Aber vielleicht hat der Evangelist noch eine andere Bedeutung der Inschrift und ihrer Abfassung in drei Sprachen vor Augen. Vielleicht will er sagen, dass sie, gleichgültig aus welchen Motiven und mit welcher Berechtigung Pilatus sie am Kreuz hat anbringen lassen, auf einer höheren Ebene wahr ist. Dann würde sie feststellen: Jesus ist wirklich spiritueller König, und er ist es für die ganze Menschheit, die hier durch drei typische Völker vertreten ist. Die Juden stehen für die Religion, die Griechen für die Philosophie, und die Römer für die Organisation. So beruht das Christentum auf drei Säulen: auf der religiösen Erfahrung, auf der philosophischen Durchdringung dieser Erfahrung, und auf der Umsetzung dieser Erfahrung in der Praxis.

Wenn ein spiritueller Mensch, wann immer im Lauf der Geschichte, all seiner Handlungs- und Bewegungsfreiheit beraubt, am „Kreuz" der gesellschaftlichen

Achtung hängt, werden gewalttätige und missverstehende Organe der geistlichen und politischen Macht auch stets daran gehen, seinen „Nachlass“ untereinander zu verteilen: den materiellen Besitz, den er zur Verbreitung seiner Lehre benutzt hat – Versammlungsräume, Vortragsräume, Vorrichtungen zur Herstellung von Schriften und dergleichen. Diese „Kleider“ teilen sich jetzt die Soldaten unter dem Kreuz. Es sind vier Soldaten und vier Teile, was wiederum symbolisch darauf hinweist, dass es sich um den *materiellen* Nachlass handelt.

Auch den „Rock“, das am engsten anliegende Gewand, möchten sich die Soldaten aneignen. Er ist ein Bild für die spirituelle Lehre des Eingeweihten, im Fall eines Weltlehrers für die von ihm gestiftete Religion. Sie ist aus einem Guss, aus den Erfahrungen des Eingeweihten mit der göttlichen Welt wie ein nahtloser Rock gewebt. Würde man sie zerreißen, so wären die Einzelteile, für sich allein genommen, wertlos. Es ist wie bei einem Kunstwerk – einem Bild oder einer Dichtung. Eine Zerstückelung würde jedem Teil seine Funktion für das Ganze und damit seinen Wert rauben.

Man kann sich diese spirituelle Lehre zwar als Ganzes aneignen, muss sie aber deshalb nicht schon verstehen. Sie ist das Gewand der lebendigen Erfahrung, nicht diese selbst. Man kann sie auf irdische Weise interpretieren und als dogmatische Hülle ohne lebendigen spirituellen Inhalt behandeln. In diesem verflachten Zustand kann die ursprünglich spirituelle Lehre oder Religion zum Spielball der unterschiedlichsten Interessen und Gruppierungen werden. Sie kann der Unterhaltung ebenso dienen wie der Erbauung, Gegenstand wissenschaftlicher Analyse ebenso werden wie Kultobjekt. Sie wird „verlost“, ihr Schicksal wird dem Zufall überlassen.

Die Verteilung des Nachlasses eines spirituellen Menschen und Übernahme seiner „nahtlosen“, des lebendigen Inhalts beraubten Lehre durch irgendeine Gruppe erfolgt immer beim physischen oder gesellschaftlichen „Tod“ dieses Menschen. Dieses Gesetz unterstreicht der Evangelist durch das Zitat eines Schriftwortes. Der Psalmdichter (Psalm 22,19) hatte dieses Schicksal erlebt, und der Evangelist führt ihn als Zeugen für das gleiche Gesetz an, das nun auch Jesus erlebt.

Die Mutter Jesu und der geliebte Schüler: Glaube und Erkenntnis

19, 25 *Beim Kreuz Jesu aber standen seine Mutter und die Schwester seiner Mutter, Maria [die Frau] des Klopas und Maria aus Magdala.* ***26*** *Als nun Jesus die Mutter sah und neben ihr den Schüler stehen, den er liebhatte, sagt er zur Mutter: Weib, siehe dein Sohn!* ***27*** *Hierauf sagt er zum Schüler: Siehe, deine Mutter! Und von jener Stunde an nahm sie der Schüler in sein Haus.*

Auch der in der Öffentlichkeit seiner Handlungs- und Bewegungsfreiheit Beraubte ist noch in der Lage, die Verhältnisse unter seinen zurückbleibenden Schülern zu ordnen. Die Mutter Jesu, die mit drei anderen Schülerinnen unter dem Kreuz steht, und der von Jesus besonders geliebte Schüler, der ebenfalls unter dem Kreuz steht, verkörpern zwei große Gruppen im Schülerkreis Jesu und somit auch im Schülerkreis jedes spirituellen Meisters. Die Mutter Jesu, Verkörperung des irdischen Menschen, soweit er dem spirituellen Menschen behilflich ist, hatte ihm seinerzeit bei der Hochzeit zu Kana beigestanden. Und Jesus hatte ihr klargemacht, dass die Leitung des Geschehens nicht beim irdischen, sondern bei ihm, dem spirituellen Menschen, lag, der die spirituellen Gesetzmäßigkeiten kannte. Jetzt macht er, als spirituelles Vermächtnis an seinen Schülerkreis, dieses Verhältnis noch einmal deutlich.

Es gibt in der Schülergruppe und in jedem Schüler irdische Eigenschaften, mit denen die spirituellen Kräfte aufgenommen und im Leben der Gemeinschaft umgesetzt werden, und es gibt diese spirituellen Kräfte selbst, mit denen der spirituelle Mensch bewusst aus der spirituellen Welt heraus wirkt. Man könnte auch sagen: Es gibt in der Gemeinschaft und in jedem Schüler die Kräfte des *Glaubens* – der Offenheit und Empfänglichkeit auch des irdischen Wesens für die auf dem spirituellen Weg erforderlichen Lehren und Kräfte – und die Kräfte der *Erkenntnis* der Gesetzmäßigkeiten und Ziele des spirituellen Weges. Beide sind für den spirituellen Weg eines Einzelnen und einer Schülergemeinschaft unentbehrlich. Beide müssen zusammenwirken, damit das Ziel des spirituellen Weges erreicht wird. Die Leitung dabei hat der erkennende Teil der Gemeinschaft oder im Schüler. Doch ohne die Unterstützung und Arbeit des glaubenden, empfänglichen Teils wäre die Leitung kraftlos. Umgekehrt wären ohne die Leitung durch bewusste Einsicht zwar Kraft und Hingabe an den spirituellen Weg im Schüler und in der Gemeinschaft vorhanden. Aber sie wären führerlos.

Beide Prinzipien vertraut nun Jesus einander an und macht ihnen die Notwendigkeit einer unverbrüchlichen Einheit, aber auch ihres richtigen Verhältnisses deutlich. Die Mutter, die Kraft des Glaubens und der Hingabe, die Empfänglichkeit für spirituelle Impulse und ihre Umsetzung, gebiert den Sohn: die spirituelle Erkenntnis. Doch die spirituelle Erkenntnis, der Sohn, nimmt die Kraft des Glaubens „in sein Haus“: Der Sohn schützt die Mutter und gibt ihr die notwendige spirituelle Orientierung.

Die Verbindung beider Prinzipien: Mutter und Sohn, weiblich und männlich, Glaube und Erkenntnis, und ihr richtiges Verhältnis: dass der Glaube drängt und verwirklicht, die Erkenntnis aber Richtung gibt, gilt für jeden Schüler und jede Schülerin auf dem spirituellen Weg. Der Glaube ist nicht für die weiblichen, die Erkenntnis nicht für die männlichen Schüler reserviert. In jedem Schüler und in jeder Schülerin wirken beide Prinzipien. Doch weil in der Frau – in der Regel – Empfindung und Hingabe dominieren und im Mann Erkenntnis und Tatkraft, verkörpern in einer spirituellen Gemeinschaft die Frauen eher das Glaubens- und Hingabeprinzip, die Männer eher das Erkenntnisprinzip. Das ist kein Grund für männlichen Stolz. Denn der Glaube ist die „Mutter“ der Erkenntnis. Ohne Empfänglichkeit für spirituelle Kräfte würde der „Sohn“, die Erkenntnis, nicht entstehen, die dann ihrerseits dem Glauben Richtung gibt.

Auch befinden sich in jeder spirituellen Gemeinschaft Schüler und Schülerinnen, die im Stadium des Glaubens und andere, die im Stadium der Erkenntnis leben. Die Leitung sollten Schüler oder Schülerinnen haben, welche sowohl das Glaubens- als auch das Erkenntnisprinzip in sich verwirklichen. Und es ist sehr gut möglich, dass eine Schülerin den Schülern in dieser Hinsicht voraus ist, so dass ihr die Leitung zusteht.

Während seines Lebens war Jesus der spirituelle Leiter und Meister seiner Schülergruppe gewesen, unterstützt von den Schülern und Schülerinnen – verkörpert durch seine Mutter –, die in Hingabe und Empfänglichkeit seine spirituellen Kräfte aufnahmen und umsetzten. Jetzt gibt er zu erkennen, dass die Leitung der Schülergemeinschaft nach seinem Tod ebenso wie zu seinen Lebzeiten erfolgen sollte: Die spirituelle Erkenntnis in den Schülern gibt der Gemeinschaft Ziel und Weg vor, und wird dabei von Hingabe und Empfänglichkeit, vom Glauben in den Schülern, unterstützt – nicht umgekehrt. Denn der Glaube allein weiß nicht, wohin die Gruppe ihre Schritte zu lenken hat.

„Es ist vollbracht"

19, 28 *Da Jesus wusste, dass nunmehr alles vollbracht war, sagte er weiter, damit die Schrift vollständig erfüllt würde: Mich dürstet.* ***29*** *Ein Gefäß voll Essig stand da. Sie steckten nun einen mit Essig gefüllten Schwamm auf einen Ysopstengel und hielten ihm ihn an den Mund.* ***30*** *Als Jesus nun den Essig genommen hatte, sprach er: Es ist vollbracht, …*

Mit der Regelung des Verhältnisses zwischen Glaubenden und Erkennenden in der Schülergemeinschaft, die nach dem Weggang des Meisters zurückbleibt, ist die letzte Aufgabe des vollkommenen spirituellen Menschen, die er in seinem irdischen Körper zu erfüllen hatte, vollbracht. Das ist Jesus bewusst. Es steht ihm noch bevor, den gewaltsamen Tod als letzte Zuspitzung der Feindschaft der irdischen Welt zu erdulden. In dieser höchsten Not des physischen Körpers melden sich noch einmal dessen Bedürfnisse: Jesus empfindet brennenden Durst. Die Soldaten löschen ihn nicht mit kühlem Wasser, sondern mit bitterem Essig: eine letzte Peinigung.

Auch dieses physische Geschehen ist Bild für psychisches Geschehen, das jeder spirituelle Schüler an einem Tiefpunkt seiner Erfahrungen in der irdischen Welt erlebt. Konfrontiert mit der Dürre der irdischen Werte und dem Todesatem, mit dem ihn die irdische Welt anhaucht, dürstet ihn nach spirituellem Wasser, nach Kraft aus der göttlichen Welt, welche die Seele laben könnte. Aber die irdische Welt gibt ihm nur irdischen Trank, der für den spirituellen Menschen bitter ist wie Essig – falsches Mitleid und falschen Trost: Finde dich mit deinem Schicksal ab, jeder muss durch das dunkle Tor des Todes gehen. Auch dieses Erleben schildert der Psalmdichter: „Sie gaben mir Gift zu essen, für den Durst reichten sie mir Essig" (Ps. 69,22). Um die Gesetzmäßigkeit dieses Vorgangs zu unterstreichen, zitiert der Evangelist diesen Psalm und sagt damit: Wie es damals war, so ist es auch heute und wird es zu allen Zeiten sein.

Jetzt gibt Jesus dem Wissen, seine Aufgabe erfüllt zu haben, auch mit Worten Ausdruck: „Es ist vollbracht", und stirbt.

Was hat Jesus am Ende seines Lebens vollbracht? Er hat mit Hilfe des in ihm wirkenden göttlichen „Wortes“ und „Lebens“, erleuchtet vom göttlichen „Licht“, die siebenfache Matrix des spirituellen Menschen in der Welt der Finsternis errichtet und dabei immer auch die Macht der irdischen Welt gebrochen. Er hat diese siebenfache Matrix mit dem Bewusstsein seiner Schüler verbunden. Er hat vor allem auch Verfolgung und Hass der irdischen Welt ertragen und überwunden, um seinen Schülern dieselbe Überwindung zu ermöglichen.

Das Durchleben der Feindschaft der irdischen Welt ist eine Begleiterscheinung jeder spirituellen Tätigkeit und des spirituellen Weges überhaupt – nicht dieser selbst. Der Weg besteht im „Aufbau“ eines spirituellen Menschen und im gleichzeitigen „Abbau“ des irdischen Menschen. Die von außen zugefügten Leiden sind nicht wesentlich für den spirituellen Weg – Aufbau des unsterblichen und Abbau des sterblichen Menschen könnten auch ohne sie durchgeführt werden, ja wären dadurch viel leichter möglich. Man wird daher auf dem spirituellen Weg keine größeren Fortschritte machen, wenn man sich *absichtlich* viele und große Leiden auferlegt. So mancher mystische Weg der „Nachfolge Jesu“ beruhte und beruht auf dieser Vorstellung. Aber solange der spirituelle Weg in einer feindlichen Welt gegangen werden muss, wird der Schüler diese Feindschaft und die damit verbundenen Leiden *zwangsläufig* in jeder Phase seines Weges erfahren.

Wer die Jesus zugefügten Leiden von seiner Gefangennahme bis zum Tod betrachtet, kann zu dem Schluss kommen, dass sie in ihrer Art den sieben Ebenen der Wirklichkeit entsprechen, die der spirituelle Mensch auf seinem Weg durchlaufen hat. Jesus hatte eine Matrix für den spirituellen Menschen, von oben nach unten durch die sieben Ebenen der Wirklichkeit hindurch, aufgebaut. Er hatte dann diese Matrix mit seinen Schülern verbunden, und zwar von unten nach oben. Jetzt erleidet Jesus nacheinander die Verfolgung seitens der sieben Aspekte der irdischen Welt, und zwar wieder von oben nach unten. Die feindseligen Maßnahmen der irdischen Welt entsprechen immer gerade dem Aspekt der siebenfachen spirituellen Matrix, die Jesus in einer ihm feindlichen Umwelt aufgebaut hatte. Und stets sind diese Maßnahmen von Gewalt begleitet, dem charakteristischen Merkmal der irdischen Anmaßung.

Im ersten Schritt des Aufbaus der Matrix hatte der spirituelle Mensch an die Ordnung des göttlichen „Wortes“, das Fundament alles unsterblichen Daseins, angeknüpft. Damit hatte er die irdische Ordnung außer Kraft gesetzt und überwunden. Es ist die nackte physische Gewalt, die im Gegensatz zur göttlichen Ordnung der Liebe steht und Fundament alles sterblichen Daseins ist. Sie macht sich in der Leidensgeschichte dadurch bemerkbar, dass der spirituelle Mensch gewaltsam gefangengenommen wird. Die Gewalt zeigt sich als Fundament der irdischen Welt, und Ausübung nackter Gewalt ist der ihr gemäße Ausdruck. Jesus erlebt diese nackte Gewalt und überwindet sie durch sein „Ich bin's“. Er stellt ihr gewaltlos das Fundament der göttlichen Welt, das „Wort“, gegenüber.

Im zweiten Schritt des Aufbaus der Matrix hatte Jesus an das göttliche „Leben“, die Energie alles unsterblichen Daseins, angeknüpft und das ungöttliche Leben, die Energie alles sterblichen Daseins, außer Kraft gesetzt und überwunden. Das Hohepriestertum verkörperte dieses ungöttliche Leben. Es hätte die Aufgabe gehabt, die

Menschen mit dem göttlichen „Leben" zu verbinden, benutzte aber seine ihm daraus erwachsende Autorität, die Menschen zu beherrschen. Als Anmaßung der irdischen *geistlichen* Macht, über Tätigkeit und Lehre des spirituellen Menschen urteilen zu können, macht sich die Energie des sterblichen Daseins bemerkbar und versucht ihn zu unterwerfen. Begleitet ist sie von der Gewalttätigkeit des Dieners des Hohenpriesters. Jesus antwortet, indem er die Anmaßung des Hohenpriesters ruhig zurückweist und das ihm vom Diener angetane Unrecht beim Namen nennt.

Im dritten Schritt hatte er das göttliche „Licht", die Selbstständigkeit, Wahrheit und Freiheit des wahren Selbst, in der Welt verankert und zugleich die Dominanz des anmaßenden Ich-Bewusstseins gebrochen. Dieses kommt nun in der Leidensgeschichte als irdische politische Macht auf ihn zu, welche Wahrheit und Recht im eigenen Interesse manipuliert. Die Wahrheit und das Recht des wahren Selbst werden durch das irdische Ich-Interesse angegriffen. Zugleich erleidet der spirituelle Mensch Gewalt in Gestalt der Geißelhiebe. Jesus weist die Anmaßung des Pilatus zurück, indem er erklärt, dass er von der unvergänglichen spirituellen Wahrheit und Gerechtigkeit zeugt, die vor jeder weltlichen Gerechtigkeit ist.

Im vierten Schritt des Aufbaus der spirituellen Matrix hatte Jesus dem Denken des Menschen Einsicht in den Lebenssinn der individuellen Persönlichkeit vermittelt. Entsprechend geht die Auseinandersetzung im Evangelium jetzt auf die mentale Ebene über. Indem die „Juden" das „Kreuzige" rufen, sprechen sie dem Lebenssinn der spirituellen Persönlichkeit jeden Wert ab, untergraben deren Legitimationsgrundlage und versuchen deren Selbstwertgefühl zu vernichten. Sie ersetzen die spirituellen Maßstäbe durch ihre irdischen Verstandesmaßstäbe. So weit geht ihre Ablehnung, dass sie dem spirituellen Leben sogar ein verbrecherisches Leben (Barabbas) vorziehen. Und wenn Pilatus Jesus verurteilt, so lässt er sich damit zum Vollzugsorgan dieser Denkweise der geistlichen Führer und des von ihnen aufgehetzten Volkes machen.

Zugleich leidet Jesus physische Gewalt durch die Dornenkrone auf dem Haupt und die Schläge ins Gesicht, was der Ebene des Denkens und Bewusstseins entspricht. Doch erträgt er all diese Angriffe schweigend, ohne in seiner Gewissheit über Wert und Sinn seines spirituellen Lebens schwankend zu werden.

Im fünften Schritt hatte er ein neues Empfindungsleben des Vertrauens und der Zuversicht in die Welt gebracht und die irdischen Empfindungen der Angst und Aggression aufgelöst. Jetzt aber branden auf der emotionalen Ebene psychische Gewalt und abgründiger Hass der geistlichen Führer und des Volkes gegen ihn an. Schutzlos ist er den mordgierigen und hasserfüllten Blicken der Menge ausgesetzt – „ecce homo".

Auch diese Angriffe erträgt er schweigend.

Sechstens hatte der vollkommene spirituelle Mensch neue Lebenskräfte, die im Einklang mit den spirituellen Gesetzen wirken, in der Welt verankert und dadurch den „Willen des Mannes" außer Kraft gesetzt. Von außen wird ihm nun aber gerade der Ausdruck dieser neuen Lebenskräfte unmöglich gemacht. Er wird „gekreuzigt" und damit gewaltsam seiner Handlungs- und Bewegungsfreiheit beraubt.

Im siebten Schritt schließlich hatte er den irdischen „Willen des Fleisches", den Selbsterhaltungstrieb des irdischen Körpers, durch den göttlichen Willen, der alles erhält, ersetzt und somit den Tod durch ewiges Leben überwunden. Von außen wirkt jetzt eben dieser irdische Selbsterhaltungstrieb der Mächtigen auf ihn ein und bringt seinem irdischen Körper den gewaltsamen Tod.

Bei jedem Angriff von außen, wie er den sieben Aspekten der spirituellen Matrix entspricht, bezeugt also Jesus einerseits die Hoheit des spirituellen Menschen und reagiert andererseits nicht mit den gleichen irdischen Waffen auf die Angreifer. Bei der Gefangennahme durch die Vertreter der irdischen Ordnung tritt er ihnen mit seinem unangreifbaren „Ich bin's" entgegen, setzt aber nicht Gewalt gegen Gewalt. In der Begegnung mit der geistlichen Macht gibt er die Maßstäbe vor, ebenso bei der Begegnung mit der weltlichen Macht. Und bei Verurteilung, Zurschaustellung, Kreuzigung und Tod reagiert er nicht mit Argumenten, Aggressionen, Rache und Aufbäumen des Selbsterhaltungstriebs.

Die physischen Erlebnisse Jesu, wie sie der Evangelist in der ganzen Leidensgeschichte schildert, können auch als Bilder für die psychischen und sozialen Leiden gelesen werden, die jeder Schüler auf dem spirituellen Weg erlebt. Jeder Schüler erlebt die „Gefangennahme" durch die irdische Ordnung – vielleicht nicht buchstäblich, aber so, dass er das Gefühl hat, als spiritueller Mensch der gewalttätigen irdischen Welt unentrinnbar ausgesetzt zu sein. Er wird versuchen, ihr mit dem „Ich bin's" – im Zustand der spirituellen Ruhe und Kraft – gegenüberzutreten und nicht mit Gewalt zu antworten. Jeder Schüler erlebt die „Anklage" durch die geistliche Macht – die priesterlichen Ansprüche, das Heil zu vermitteln – und durch die weltliche Macht – die irdische „Wahrheit" und „Gerechtigkeit", und muss deren Urteile ertragen. Er wird erkennen können, nach welchen relativen Maßstäben diese irdischen Instanzen urteilen, und wird sich diesen Maßstäben innerlich entziehen. Doch äußerlich bleibt er ihnen unterworfen.

Er erlebt die „Dornenkrönung" und Verurteilung: Angriffe der Sinn vermittelnden Instanzen der irdischen Welt, der Weltanschauungen und dogmatischen Systeme, auf sein aus der göttlichen Welt inspiriertes Denken. Den dadurch erlittenen Verletzungen kann er sich nicht entziehen, ebenso wenig der Zurschaustellung vor einer hasserfüllten Öffentlichkeit. Er wird Gegenstand von Spott und Verleumdung, Projektionsfläche von Erwartungen und Befürchtungen werden, ohne sich dessen erwehren zu können. Desgleichen wird er die Kreuzigung als totale Verhinderung seiner Initiativen und Unternehmungen erleben. Man nimmt ihm jede Wirkungsmöglichkeit und macht ihn durch Verbote und Gebote handlungsunfähig. Bei alledem bleibt sein Denken klar, ausgerichtet auf die Struktur der göttlichen Welt, sein Fühlen rein, sein Wollen ruhig. Und schließlich versucht die irdische Welt auch seine materielle Körperlichkeit zu zerstören. Nur wenn sein „Fleischeswille" schon erstorben ist und er aus dem Willen der göttlichen Welt lebt, kann er diese Situation rachelos ertragen.

Und nur, weil ihm durch den vollkommenen spirituellen Menschen und dessen Matrix Kräfte zufließen, kann er aus dem Willen der göttlichen Welt leben. Der vollkommene spirituelle Mensch ist ihm in all diesen Heimsuchungen vorangegangen und hat sie überwunden. Er hat sie in den göttlichen Kräften überwunden, mit denen er auf besondere Weise verbunden war. Denn in ihm leidet zugleich das göttliche „Wort". Es lässt sich geißeln, verspotten, unrechtmäßig verurteilen und opfert sich wie das Passalamm, damit der Auszug der „Seinen“ aus der irdischen Welt möglich wird. *Einer*, der vollkommene spirituelle Mensch, besteht ohne Hass und Widerstand in den Kräften des göttlichen „Wortes“ und „Lebens“ Hass und Ungerechtigkeit der irdischen Welt. Dadurch schafft er die Bahn, auf der auch die „Seinen“ Hass und Ungerechtigkeit der irdischen Welt bestehen können, während sich der spirituelle Mensch in ihnen entfaltet.

So befähigt der vollkommene spirituelle Mensch jeden der „Seinen“,

1. Anmaßung und Gewalt als Fundament der irdischen Welt zu erkennen und sie zu überwinden, indem er nicht mit Anmaßung und Gewalt antwortet. Dadurch wird er frei für die Wirksamkeit des göttlichen „Wortes“ in ihm.
2. zu erkennen, dass Glaube an Dogmen und Vollzug von Ritualen nicht erlösend sind. Erlösend ist nur die Verwirklichung des spirituellen Menschen durch ihn selbst und in ihm selbst. So wird er frei von Ansprüchen falscher geistlicher Führer und frei für die Wirksamkeit des göttlichen „Lebens“ in ihm.
3. zu erkennen, dass irdische Macht nur irdische, relative Wahrheit kennt und zugleich für ihre Interessen missbraucht. So wird er frei für die Wirksamkeit der spirituellen Wahrheit, das göttliche „Licht“-Bewusstsein in ihm.
4. die nur scheinbaren Sinn gebenden Weltanschauungen, die sein Denken belagern, zu durchschauen und dadurch frei von ihnen zu werden.
5. die emotionalen Angriffe der irdischen Welt, die seine Zuversicht und Gelassenheit beeinträchtigen wollen, zu erkennen und sich dadurch von ihnen zu befreien.
6. die Bestrebungen der irdischen Welt, ihn blind und handlungsunfähig zu machen, zu erkennen und dadurch innerlich frei von ihrem Druck zu werden.
7. den bürgerlichen Tod, Rufmord und Verlust der Ehre zu ertragen, mit denen die irdische Welt ihn endgültig ausschalten will. So wird er innerlich frei auch von diesen physischen und psychischen Abhängigkeiten.

3. Teil:
b: Überwindung des Todes durch den vollkommenen spirituellen Menschen

Die Überwindung des Todes, die Unsterblichkeit, ist die Tat des vollkommenen spirituellen Menschen, in der all seine Bemühungen für die Menschheit gipfeln. Der Tod ist das auffälligste und unerträglichste Merkmal der irdischen Welt. Sie und ihre Wesen sind vergänglich wegen ihrer Empörung und Anmaßung gegenüber der unvergänglichen göttlichen Welt. Durch ihre Anmaßung schneiden sie sich von den ewigen Gesetzen und unerschöpflichen Kräften der göttlichen Welt ab. Deswegen ist ihr Leben erschöpflich und dem Tod unterworfen. Indem aber der vollkommene spirituelle Mensch die „Seinen" wieder mit der göttlichen Welt verbindet, ermöglicht er ihnen die Überwindung des Todes und ein neues, unerschöpfliches Leben.

Das ist der zentrale Inhalt des Christentums: dass der Mensch – nicht nur ein bevorzugter Gottmensch, sondern jeder Mensch – „aus Gott geboren" werden und sich als spiritueller Mensch in der Matrix des spirituellen Menschen von der „Geburt aus dem Fleisch" lösen kann, um dann, nach der „Geburt aus Wasser und Geist", als entwickelter spiritueller Mensch den Tod zu überwinden. Diese Überwindung ist Thema der letzten Kapitel des Evangeliums. Christentum ist ursprünglich nicht ein Glaube, dass der Gottessohn den Tod überwunden hätte und seinen Anhängern auf irgendeine unklare Weise, später, am jüngsten Tag, aus lauter Gnade das ewige Leben schenken würde. Christentum ist ein innerer Weg, auf dem die Schüler des Gottessohns in seinen Kräften schon im Leben die Haftung an der irdischen Welt lösen, den Tod überwinden und selbst zu Söhnen Gottes werden.

Naturwissenschaftler werden sagen: Es ist unmöglich, dass der Mensch den Tod überwindet. Und sie haben Recht, da sie sich als Naturwissenschaftler allein mit der irdischen Welt und dem irdischen Menschen befassen. Dieser ist sterblich und wird es trotz aller Experimente der Lebensverlängerung bleiben. Die ursprünglichen Religionen aber sagen: Gerade die Überwindung des Todes ist Aufgabe und Bestimmung des Menschen, mit der er in seinem Leben wenigstens einen Anfang machen kann. Die Stifter der ursprünglichen Religionen haben den Vollzug dieser Aufgabe vorgelebt und waren dadurch ihren Schülern behilflich, sie nachzuvollziehen.

Dass dies möglich ist, beruht auf zwei Tatsachen, die die Naturwissenschaft, da sie sich ausdrücklich nur mit den materiellen Aspekten des Daseins befasst, unmöglich erkennen kann. Erstens: Grundlage der Welt und der Natur ist ein ordnender und geordneter Geist, nicht die chaotische Materie oder der Zufall. Der ordnende Geist wirkt nicht von außen in die Materie hinein, sondern strukturiert sie von innen, schon in jedem Atom, und treibt sie zu immer höherer Organisation, um sich in ihr ausdrücken und bewusst werden zu können. Zweitens: Auch in jedem Menschen wirkt ein Keim dieses Geistes, eine Anlage zum spirituellen Menschen, durch die der Mensch zu den „Seinen", zur göttlichen Welt, zum „Vater", gehört. Diese Anlage, aus dem Geist entstanden und in ihm existierend, ist unsterblich wie dieser, und wenn sie sich entwickelt, entsteht ein unsterblicher, sich seiner Unsterblichkeit bewusster Mensch. Dazu muss der noch unentwickelte spirituelle Mensch aber seine Bedingtheit durch das „Fleisch" erkennen und auflösen. Er muss frei davon werden, ja schließlich auch dem letzten Ansturm der irdischen Welt standhalten, um so Welt und Tod zu überwinden. Nicht der irdische Mensch ist es also, der den Tod überwindet, sondern der spirituelle Mensch.

Angesichts des Glaubens des religiösen Menschen, der eine Auferweckung seines irdischen, sterblichen Leibes am Jüngsten Tag zu ewigem Leben annimmt, drängt sich eine Frage auf. Was ist absurder: ein Glaube, dass auf irgendeine unklare Weise ein Gottessohn vom Tod aufersteht und auf ebenso unklare Weise seine Anhänger am Jüngsten Tag vom Tod auferweckt – oder klare, gedanklich nachvollziehbare Erkenntnisse: dass der vollkommene spirituelle Mensch sich mit Hilfe der unvergänglichen Geistkräfte von allen irdischen Einflüssen löst und so den Tod überwindet, und dass jeder der „Seinen" in der Nachfolge des vollkommenen spirituellen Menschen dasselbe vollbringen kann – den Aufbau eines spirituellen Menschen in der Matrix des vollkommenen spirituellen Menschen und zugleich Lösung von allen irdischen Einflüssen, wodurch er den Tod überwindet?

Der vollkommene spirituelle Mensch nimmt Verfolgung und Hass, Gericht und Tod freiwillig auf sich – nicht weil er damit etwas beabsichtigen würde. Es ist nicht so, dass er einen „Plan" seines „Vaters" zur Ausführung bringen wollte – einen Plan zur Rettung und Erlösung der Menschheit. Durch seinen Tod habe er dem Zorn Gottes Genüge getan – so lautet die dogmatische Theorie –, habe dadurch die Menschen vom Zorn Gottes erlöst und so die Möglichkeit geschaffen, dass Gott ihnen auch seine Liebe erweisen konnte. Gott erwies seine Liebe, indem er seinen Sohn vom Tod auferweckte und ihm die Macht gab, seine Gläubigen am Jüngsten Tag ebenfalls vom Tod aufzuerwecken und ihnen ewiges Leben zu schenken.

Aber Jesus war kein irdischer Mensch mit Absichten, sondern der vollkommene spirituelle Mensch, der aus den Gesetzen und Kräften der göttlichen Welt lebte. Er handelte im Einklang mit diesen Gesetzen, als er, nachdem er die Matrix des siebenfachen spirituellen Menschen aufgebaut und seinen Schülern den spirituellen Weg erklärt und ermöglicht hatte, alle Reaktionen auf sich nahm, die sein Wesen als spiritueller Mensch in der irdischen Welt notwendig hervorrufen musste. Er verteidigte sich nicht gegen sie, er kämpfte nicht gegen sie – er ließ sie zu.

So konnte sich alles zeigen, was in der irdischen Welt war: der „Fürst der Finsternis", der in den weltlichen und geistlichen Führern und im Verräter wirkte. So konnte alles Irdische vors Forum des Göttlichen gestellt, erkannt, entlarvt und dadurch auf lange Sicht überwunden werden. Es trägt zunächst scheinbar den Sieg davon, indem es den spirituellen Menschen physisch vernichtet. Aber es verbindet sich gerade durch diese Konfrontation unauflöslich mit ihm. Es muss die göttlichen Kräfte in sich wirken lassen und auf lange Sicht erleben, dass es selbst dadurch aufgelöst wird. Jesus weiß, dass es so geschehen wird und muss, dass er, indem er sich den „Feinden" gefangen gibt und von ihnen töten lässt, sein Leben auch für die „Feinde" opfert, was auf lange Sicht auch deren Erlösung bedeutet. Er weiß es, er kennt die

Wirkungen, die sich aus seinem Wesen als vollkommener spiritueller Mensch ergeben müssen. Er *plant* keine Erlösung der Welt.

Der Evangelist stellt im Folgenden mittels eines einzigen Geschehens: Kreuzestod, Grablegung und Auferstehung, verschiedene Zusammenhänge dar.

Der Tod des sterblichen physischen Körpers, ob gewaltsam oder friedlich, ist keine Voraussetzung für die Auferstehung. Voraussetzung für die Auferstehung ist, dass schon während des Lebens eine unsterbliche Geistpersönlichkeit mit einem unsterblichen Geistleib aufgebaut wurde. *Sie* ersteht samt dem Geistleib auf, nicht der sterbliche, gestorbene Körper.

Man pflegt aber ganz unwillkürlich einen Zusammenhang zwischen dem Tod des physischen Körpers Jesu und seiner Auferstehung anzunehmen, weil der Evangelist die Auferstehung *zeitlich* dem physischen Tod folgen lässt. Durch diese Darstellung entsteht der Eindruck, als stünde tatsächlich der sterbliche, gestorbene Körper Jesu auf.

Der Evangelist lässt jedoch die Auferstehung Jesu dem physischen Tod nur auf dem Fuß folgen, weil er zeigen möchte, dass Jesus den physischen Tod wirklich überwunden hat. Jesus kann vom physischen Tod nicht „festgehalten" werden. Er hat ja während des Lebens eine unsterbliche Geistpersönlichkeit mit einem Geistleib aufgebaut.

Ein Mensch, der wie Jesus aus den göttlichen Kräften lebt und den spirituellen Weg geht, geht anders durch den Tod als ein gewöhnlicher Mensch. Er stirbt zwar seinem physischen Körper nach wirklich, so wie Jesus physisch am Kreuz gestorben und in ein Grab gelegt worden ist. Doch sein neuer Geistleib, während des Lebens aufgebaut, kann durch den physischen Tod nicht vernichtet werden, im Gegenteil. Durch den Wegfall des noch der irdischen Welt angehörenden irdischen Körpers wird der neue Geistleib erst voll wirksam: Er ersteht auf. Auf diese Weise macht der Evangelist deutlich, dass Jesus, der vollkommene spirituelle Mensch, durch das Gehen des spirituellen Weges tatsächlich den physischen Tod überwunden hat. Dies ist der erste Zusammenhang, den der Evangelist durch Kreuszestod, Grablegung und Auferstehung Jesu deutlich macht.

Zweitens benützt er Kreuzestod, Grablegung und Auferstehung als Bilder für geistig-seelische Vorgänge, und zwar in doppeltem Sinn. Einerseits für den Mysterientod des „Fleischeswillens" und die Auferstehung eines Geistleibs, also die zentralen Vorgänge auf dem spirituellen Weg. Er verfährt dabei ähnlich wie beim „Wunder" der Auferweckung des Lazarus. Konkrete Dinge und Vorgänge der Erscheinungswelt: Kreuzigung und Grablegung Jesu, werden ihm zu Bildern für das größte „Wunder" der Evangelien: den Mysterientod Jesu, aus dem die Auferstehung eines neuen Geistleibs folgt.

Genau so verfährt Paulus, wenn er schreibt: „Die aber, welche Christus Jesus angehören, haben ihr Fleisch samt seinen Leidenschaften und Lüsten gekreuzigt" (Gal.5,24). Jeder Mensch, der als spiritueller Mensch auferstehen will, muss wie Jesus alle mit dem irdischen Körper verbundene Ichhaftigkeit „kreuzigen" und den Mysterientod sterben. Er muss sein Leben in dieser Welt hassen, wenn er es „ins ewige Leben bewahren will" (Joh. 12,25). Die Kreuzigung Jesu wird zum Bild für die Ersterbung des „Fleischeswillens“, des „irdischen Leibes“, durch welche die Auferstehung eines „himmlischen Leibes“ (1.Kor. 15,40) möglich wird.

Andererseits sind dem Evangelisten Kreuzestod und Auferstehung Bilder für das, was mit dem vollkommenen spirituellen Menschen als der Verkörperung des göttlichen „Wortes“ geschieht. Es ist gut vorstellbar, dass Freunde Jesu seinen toten Leib vom Kreuz abgenommen, mit Leinen umwickelt und gesalbt und in ein Grab gelegt haben. Aber der Evangelist nimmt den am Kreuz hängenden toten und dann abgenommenen Leib Jesu als Bild für Jesu Geistleib, ja sogar für den gesamten unsterblichen spirituellen Menschen, die Verkörperung des göttlichen „Wortes“. Und alle physischen Ereignisse, die sich auf diesen toten Leib beziehen, wie Kreuzabnahme, Salbung und Grablegung, sind zugleich Bilder für geistig-seelische Vorgänge, die sich auf den Geistleib Jesu und das göttliche „Wort“ selbst beziehen.

Der Evangelist kann so verfahren, weil die Henker Jesu, indem sie den irdischen Körper töten, in Wahrheit den spirituellen Menschen, das göttliche „Wort“, meinen. *Ihn* wollen sie treffen, indem sie den irdischen Körper töten, so kurzsichtig diese Auffassung auch ist. Der Evangelist kann außerdem so verfahren, weil sich ja in und unter der Hülle des vergänglichen Leibes Jesu schon während seines Lebens ein unvergänglicher Geistleib, Ausdruck des ganzen spirituellen Menschen gebildet hatte.

Auch hier finden sich Parallelen bei Paulus, zum Beispiel im 1. Brief an die Korinther, Vers 8: die Weisheit, „die keiner der Herrscher dieser Welt erkannt hat – denn hätten sie sie erkannt, so hätten sie den Herrn der Herrlichkeit nicht gekreuzigt“.

Mit dieser doppelten Bildbedeutung des physischen Todes und der Grablegung Jesu knüpft der Evangelist wieder an die doppelte Symbolik des Passalamms an. Es ist Bild für den Mysterientod des „Fleischeswillens“ und zugleich Bild für den Opfertod des vollkommenen spirituellen Menschen.

Tod

19, 30 *… und neigte das Haupt und gab den Geist auf.*

Der physische Tod eines spirituellen Menschen unterscheidet sich vom Tod eines Menschen, der im Leben keine spirituelle Entwicklung vollzogen hat. Jesus erlebt im physischen Tod bewusst, wie sich seine spirituelle Persönlichkeit mit dem darin wirkenden göttlichen „Wort“, „Leben“ und „Licht“ vom irdischen Körper trennt, und übergibt den siebenfachen spirituellen Menschen, losgelöst vom irdischen Körper, dem „Vater“, dem göttlichen Geist.

„Er gab den Geist auf“ ist eine Übersetzung, die missverstanden werden könnte. Besser ist die Formulierung: „Er übergab den Geist.“ Jesus *über*gab seinen spirituellen Menschen, seinen ewigen Geist, dem göttlichen Geist, dem „Vater“. Die Wendung der deutschen Sprache „den Geist aufgeben“ lautete ursprünglich: „den Geist Gott aufgeben“, „den Geist Gott übergeben“. Heute wird unter „den Geist aufgeben“ aber im Gegenteil: „den Geist fahren lassen“ verstanden, den Geist verschwinden lassen, so wie man einen Wunsch aufgibt. Das jedoch meint der Evangelist nicht.

Jesus übergab sein ganzes siebenfaches spirituelles Wesen dem „Vater", dem göttlichen Geist, und der irdische Körper löste sich dann als leblose Hülle auf.

Dabei neigte Jesus das Haupt. Es ist wie eine Geste der Einwilligung. Das vergängliche, irdische Ich-Bewusstsein gibt seine Herrschaft über den Geist, das unvergängliche, spirituelle Wesen, preis und willigt in den eigenen Untergang ein. So geht der spirituelle Mensch durch den Tod: Für ihn ist er nur eine Trennung des Spirituellen vom Irdischen. Das Irdische vergeht, das Spirituelle, der siebenfache Mensch, der während des Lebens aufgebaut wurde, bleibt. Er hat schon während des Lebens den Tod überwunden und zeigt durch sein Fortbestehen auch im Tod des irdischen physischen Körpers, dass der Tod wirklich überwunden ist. Anders beim gewöhnlichen irdischen Menschen. Wenn er durch den Tod geht, bleibt keine spirituelle Persönlichkeit mit unvergänglicher Lebenskraft, Fühlen und Denken zurück. Er hatte ja im Leben keine solche Persönlichkeit aufgebaut. Es bleibt nur die unentwickelte, unbewusste Anlage zum spirituellen Menschen, das latente wahre Selbst, zurück.

„Geist", „Wasser" und „Blut": Aspekte des Opfers

***19, 31** Weil es nun Rüsttag war, richteten die Juden, damit die Leiber nicht über den Sabbat am Kreuz blieben – jener Sabbattag war nämlich ein großer – an Pilatus die Bitte, dass ihnen die Schenkel zerschlagen und sie herabgenommen würden. **32** So kamen denn die Soldaten, und dem ersten zerschlugen sie die Schenkel und [ebenso] dem anderen, der mit ihm gekreuzigt worden war. **33** Als sie aber an Jesus kamen, zerschlugen sie ihm die Schenkel nicht, da sie sahen, dass er schon gestorben war, **34** sondern einer der Soldaten stach ihn mit einer Lanze in die Seite, und alsbald kam Blut und Wasser heraus. **35** Und der es gesehen hat, der hat es bezeugt, und sein Zeugnis ist wahr; und jener weiß, dass er Wahres sagt, damit auch ihr glaubt. **36** Denn dies ist geschehen, damit das Schriftwort erfüllt würde:*

„Kein Knochen an ihm soll zerbrochen werden."

***37** Und wieder ein anderes Schriftwort sagt:*

„Sie werden hinschauen auf den, welchen sie durchbohrt haben."

Mit den beiden Ereignissen, dass Jesus die Schenkel nicht zerschlagen werden und dass seine Seite mit einer Lanze durchstochen wird, stellt der Evangelist die doppelte geistig-seelische Bedeutung des Todes Jesu für die ganze Menschheit dar. Der am Kreuz hängende Körper Jesu wird ihm zum Bild für den gesamten spirituellen Menschen, der sich, schon im Leben und schließlich auch im Tod des irdischen Menschen, für die Menschheit geopfert hat. Denn die irdischen Menschen wollen, indem sie den physischen Körper Jesu töten, das göttliche „Wort", „Leben" und „Licht" und die ganze daraus lebende spirituelle Persönlichkeit Jesu töten – und der siebenfache spirituelle Mensch empfindet diese Absicht auch. Sie versuchen, den siebenfachen spirituellen Menschen auszuschalten, und dieser lässt es mit sich geschehen, „wie ein Lamm, das man zum Schlachten führt, und wie ein Schaf angesichts seiner Scherer" (Jes. 53,7). Es ist sein Wesen, auf Gewalt nicht mit Gewalt zu reagieren. Das ist seine spirituelle Stärke, nicht eine irdische Willensschwäche. Nur so, indem Jesus der Christus, der Gesalbte: die spirituelle Persönlichkeit und das darin verkörperte göttliche „Wort“, „Leben“ und „Licht“ – sich für die irdische Welt opfern, ohne Widerstand wie ein Lamm, können die sieben Prinzipien der Matrix des spirituellen Menschen endgültig in der irdischen Welt, auch der feindlichen irdischen Welt, verankert werden.

So wird auf lange Sicht die Finsternis durch das Licht der Wahrheit ersetzt. Wie das Passalamm vor dem Auszug der Israeliten aus Ägypten geopfert werden musste, damit dieser Auszug aus der Gefangenschaft und Finsternis und der Einzug ins Gelobte Land, die spirituelle Freiheit und Helligkeit, möglich wurden, so muss der vollkommene spirituelle Mensch, Jesus der Christus, sich opfern, damit der spirituelle Mensch in allen Menschen, seinen Freunden und Feinden, aus dem Land der irdischen Finsternis ausziehen und ins Land des spirituellen Lichtes einziehen kann.

Die erste symbolische Bedeutung des Passalamms bringt der Evangelist ins Spiel, indem er eine besondere Vorschrift im Zusammenhang mit dem Passalamm hervorhebt und mit dem Sterben Jesu verbindet.

Diese Vorschrift, zum Beispiel 2. Mose 12,46 ausgesprochen, lautet, dass dem Passalamm kein Knochen zerbrochen werden darf. Das bedeutet: Der spirituelle Mensch verkörpert die Gesamtheit der spirituellen Gesetze. Sie sind seine „Knochen“, seine Struktur. Keines dieser Gesetze darf zerbrochen werden, wenn das Opfer des Lammes für die Menschheit wirksam sein soll. Nur wenn der vollkommene spirituelle Mensch, die Gesamtheit der spirituellen Gesetze, intakt bleibt, wird der „Auszug“ der noch unentwickelten spirituellen Menschen aus der irdischen Welt möglich.

Der „Auszug aus Ägypten“ ist eine prekäre innerseelische Situation. Es ist der Übergang eines Menschen von der Gefangenschaft im irdischen „Fleischeswillen“ zur Freiheit im göttlichen Willen. Es ist die Ersetzung des irdischen Menschen und der Lebensursache des irdischen Leibes durch den spirituellen Menschen und seinen Geistleib. Das eben geschieht im freiwilligen „Tod“ der Mysterien, in der Auflösung des „Fleischeswillens“, der Lebensursache des alten irdischen Körpers, wodurch der neue Geistleib seine Freiheit gewinnt.

Gerade in dieser prekären Situation besteht die Gefahr, dass der irdische Mensch, um seines eigenen Lebens willen, die Geltung der spirituellen Gesetze „zerbricht". Gerade in der Situation des „Auszugs“ gerät der irdische Mensch in Versuchung, „Knochen des Lammes“, Gesetze der geistigen Welt, zu zerbrechen. Die Vorschrift des Rituals soll den Gläubigen an eine wesentliche Bedingung des spirituellen Weges erinnern. Er könnte zum Beispiel gegen den göttlichen Willen in ihm, aus dem mit Selbstverständlichkeit nur uneigennütziges Handeln folgt, opponieren und auf einer eigennützigen Handlung bestehen. Damit würde er göttliche Gesetze, „Knochen“ des sich opfernden Lammes, zerbrechen und seinen „Auszug aus Ägypten“ vereiteln. Denn eine eigennützige Handlung würde ihn in der irdischen Welt, im Zustand des irdischen Willens, festhalten. Das Gesetz der neuen Identität kann und darf von der alten Identität nicht „gebrochen“ werden. Die alte Identität muss völlig in der neuen aufgehen. Die *alte* muss zerbrochen werden, nicht die neue. Der neue Geistleib muss *ganz* bleiben. Nur dann kann sich der alte Körper darin auflösen und in den neuen übergehen. Nur dann kann der Auszug aus der irdischen Welt, „Ägypten“, erfolgen.

Wenn Jesus dieses Passalamm ist, das sich für die Menschheit opfert, dann muss gewährleistet sein, dass beim Übergang der Menschheit von der Gefangenschaft in der irdischen Welt zur Freiheit in der spirituellen Welt, wobei das alte Ich-Bewusstsein und der „Fleischeswille“ sterben, das Geistgesetz in all seinen Teilen intakt bleibt. Deshalb dürfen Jesus „die Schenkel nicht zerschlagen“ werden.

Der Tag der Kreuzigung war ein Freitag, der „Rüsttag“, Vorbereitungstag für den Sabbat, der in diesem Fall auch noch „ein großer“ war, nämlich der Sabbat des Passafestes. Nach dem mosaischen Gesetz durfte ein Gekreuzigter „nicht über Nacht am Pfahl hängen bleiben“ (5. Mose 23). Er hätte sonst das ganze Land „unrein“ gemacht. Erst recht durfte ein Gekreuzigter nicht über die Nacht zum Passasabbat „am Pfahl hängen bleiben“. Deshalb ist es historisch durchaus möglich, dass die geistlichen Führer der Juden Pilatus baten, Jesus „die Schenkel zerschlagen“ zu dürfen, damit der Gekreuzigte schneller stürbe und noch vor Einbruch der Nacht vom Kreuz abgenommen werden könnte. Doch Jesus war, anders als die Übeltäter ihm zur Rechten und zur Linken, schon gestorben, und so wurden ihm die Schenkel, anders als den Übeltätern, nicht zerschlagen.

Dies wird vom Evangelisten auf das Passalamm gedeutet. Selbstverständlich, so sagt er, dürfen dem vollkommenen spirituellen Menschen die Schenkel nicht zerschlagen, die Knochen nicht zerbrochen werden. Er ist ja das Passalamm, das sich für die Menschheit opfert. Das Passalamm aber muss ganz sein, ganz wie der vollkommene spirituelle Mensch, der aus der Einheit der göttlichen Welt lebt. Dass Jesus die Schenkel nicht zerschlagen werden – ob das nun ein historisch realer Vorgang war oder nicht – ist für den Evangelisten Bild für eine wesentliche Bedingung auf dem spirituellen Weg. Jesus ist das Passalamm, dem kein Knochen zerbrochen werden darf. Deshalb zitiert der Evangelist den Psalmdichter: „Er (Gott) behütet all seine Glieder, nicht eines von ihnen wird zerbrochen“ (Ps. 34,21).

Die andere menschheitliche Bedeutung des Todes Jesu am Kreuz – und zugleich die zweite symbolische Bedeutung des Passalamms – stellt der Evangelist durch den Lanzenstich dar. Er schildert, wie der Körper Jesu, Bild für den ganzen spirituellen Menschen, von einer Lanze durchbohrt wird und wie ihm Blut und Wasser entströmen. Dieser Vorgang ist ebenfalls ein Bild, und auch hier ist gleichgültig, ob der Evangelist einen realen historischen Vorgang als Bild benützt oder selbst ein Bild entwirft. In beiden Fällen ist der Vorgang Symbol für ein geistig-seelisches Geschehen. Sind nicht vom vollkommenen spirituellen Menschen schon während seines ganzen Lebens Blut und Wasser ausgegangen? Das lebendige Wasser der göttlichen Kraft, das die für den Geist empfängliche Seele labt, wie die Samariterin am Brunnen von Jesus gelabt wurde? Und das Blut als Grundlage für einen neuen spirituellen Leib, für eine neue, spirituelle Persönlichkeit?

Ein Blick in den 1. Johannesbrief 5,6–8 kann für das Verständnis des Bildes hilfreich sein. „Dieser ist es, der durch Wasser und Blut gekommen ist, Jesus Christus, nicht im Wasser allein, sondern im Wasser und im Blut; und der Geist ist es, der Zeugnis dafür ablegt, denn der Geist ist die Wahrheit. Drei nämlich sind es, die Zeugnis ablegen: Der Geist und das Wasser und das Blut, und die drei gehen auf *eins*.“ Es ist hier die Rede vom „Geist“, vom „Wasser“ und vom „Blut“, und es wird betont, dass nicht nur Geist und Wasser, sondern auch Blut vom vollkommenen spirituellen Menschen ausgehen. Geist und Wasser sind Symbole für das göttliche „Wort" und „Leben", für göttliche Ordnung und Kraft, aus denen der spirituelle Mensch geboren werden muss und sich entwickeln kann. So hatte es Jesus seinerzeit dem Nikodemus erklärt.

Doch Jesus gibt auch sein Blut für den Aufbau des spirituellen Menschen. Dieser braucht, neben göttlicher Ordnung und Kraft, auch eine neue, unsterbliche göttliche Essenz, das „Blut", um vollkommen, siebenfach, zu werden. Nicht nur Geist und Seele werden erneuert – durch „Geist" und „Wasser" –, sondern auch der Körper: durch „Blut". Die Essenz des irdischen Körpers, das irdische Blut, ist Unwissenheit und Finsternis. Die Essenz des spirituellen Körpers dagegen ist spirituelles Blut: Weisheit und Licht. So besteht der spirituelle Mensch aus Geist, Seele und Körper, ernährt von göttlichem Geist – „Wort" –, göttlichem Wasser – „Leben" – und göttlichem Blut – „Licht". (Die symbolische Bedeutung des „Blutes" ist hier eine andere als in den Erklärungen Jesu über sein „Fleisch" und sein „Blut" beim Austeilen des „Brotes" – 6,52. Dort war „Blut" Sinnbild für das göttliche „Leben"gewesen.)

Alle drei Speisen stellt der vollkommene spirituelle Mensch dem sich entwickelnden spirituellen Menschen zur Verfügung: den Geist, indem er sich als unverletzte Ganzheit, als Passalamm, opfert, und Wasser und Blut, indem er seinem Wesen göttliches „Leben" und „Licht" entströmen lässt.

Sie entströmen ihm gerade dann, wenn ihn die irdischen Menschen mit Aggressionen und Zweifeln verletzen, da sie prüfen wollen, ob er tot oder lebendig ist. Bild dafür ist der Lanzenstich. Die Freunde des vollkommenen spirituellen Menschen empfangen die spirituelle Nahrung, indem sie sich ihm beim Abendmahl freundschaftlich öffnen und als sich entwickelnde spirituelle Menschen „Geist", „Wasser" und „Blut" von ihm entgegennehmen. Die Feinde hingegen setzen die spirituelle Nahrung frei, indem sie sich ihm feindselig nähern. Schlimm wäre nur laue Gleichgültigkeit. Wer aber prüft, ob der spirituelle Mensch lebendig ist oder tot, wer sich mit aller Schärfe des Verstandes und Kraft des Gefühls mit ihm auseinandersetzt, und sei es auch feindselig, setzt die Kräfte und Nahrung des spirituellen Menschen, Wasser und Blut, für sich frei. Das gilt für die Auseinandersetzung mit jedem spirituellen Menschen und jeder lebendigen Lehre zu allen Zeiten. Und der Evangelist betont diesen Sachverhalt, indem er den Propheten Sacharja (12,10) zitiert: „Sie werden hinschauen auf den, den sie durchbohrt haben." Auch die Feinde, die den spirituellen Menschen mit Aggression und Hass getötet haben, werden auf ihn hinschauen, da er göttliches „Wort", „Leben" und „Licht" verkörpert und austeilt.

Wenn der Verfasser des Johannesevangeliums sich als Augenzeuge dieser Ereignisse bezeichnet, so bedeutet das nicht unbedingt, dass er physische Ereignisse mit physischen Augen gesehen hat. Es ist ja nicht ausgemacht, dass Jesus tatsächlich die Schenkel zerschlagen werden sollten und dass tatsächlich seine Seite mit einer Lanze durchbohrt wurde. Beide Vorgänge könnten ausschließlich Bilder für geistig-seelische Realitäten sein. Auf jeden Fall hat aber der Evangelist die vom spirituellen Menschen ausgehenden Wirkungen mit geistigen Augen gesehen. Er hat gesehen, wie Wasser und Blut, „Leben" und „Licht" der göttlichen Welt, aus dem vollkommenen, lebendigen spirituellen Menschen auch dessen Feinden zuströmten und auch ihnen auf lange Sicht den Aufbau einer unsterblichen, aus Geist und Seele hervorgegangenen Persönlichkeit ermöglichten – bis zu einem neuen Körper, der nicht mehr aus dem „Blut“ der irdischen Welt, sondern aus dem „Blut“ der göttlichen Welt lebt und handelt. Von diesen Erlebnissen berichtet der Verfasser des Johannesevangeliums als Augenzeuge, „damit auch ihr glaubt“. Auch seine Leser sollen sich für diese dreifache Wirkung des vollkommenen spirituellen Menschen öffnen: für die unantastbare Ganzheit des Geistes, das Leben einer neuen Seele und die Wirksamkeit einer erleuchteten Persönlichkeit.

Kreuzabnahme und Grablegung: Vorbereitung der Auferstehung

19, 38 *Danach aber bat Joseph aus Arimathäa, der ein Schüler Jesu war, jedoch*
aus Furcht vor den Juden ein heimlicher, den Pilatus, dass er den Leib Jesu abneh-
men dürfe; und Pilatus erlaubte es. Er ging nun hin und nahm seinen Leib ab. ***39***
Aber auch Nikodemus, der das erstemal bei Nacht zu ihm gekommen war, kam und
brachte eine Mischung von Myrrhe und Aloe, ungefähr hundert Pfund. ***40*** *Da nah-*
men sie den Leib Jesu und banden ihn samt den Gewürzen in leinene Binden, wie es
bei den Juden Sitte ist, zu begraben. ***41*** *Es war aber an dem Ort, wo man ihn ge-*
kreuzigt hatte, ein Garten und in dem Garten eine neue Gruft, in die noch nie jemand
gelegt worden war. ***42*** *Dahin legten sie nun Jesus wegen des Rüsttages der Juden,*
weil die Gruft nahe war.

Der vollkommene spirituelle Mensch hat, sein geistiges, seelisches und physisches Leben opfernd, Welt und Tod überwunden. Sein neuer Leib ist in einem Zustand, der weder von der physischen Gewalt des irdischen Menschen noch von der auflösenden Kraft der physischen Materie beeinträchtigt werden kann. Denn er ist aus unirdischen Gesetzen und Kräften aufgebaut. Dennoch ist er noch nicht selbstständig lebensfähig. Er muss erst noch völlig von den Gesetzen und Kräften der göttlichen Welt durchdrungen werden, bevor er zu einem selbstständigen Leben aus und in der göttlichen Welt fähig wird. Diese Durchdringung mit den Gesetzen und Kräften der göttlichen Welt geschieht, während der spirituelle Mensch im „Grab“ ruht: in einer Sphäre der hermetischen Abgeschlossenheit von allen Einflüssen der irdischen Welt.

Wie diese Sphäre zubereitet und der spirituelle Mensch dort hineingebracht wird, das schildern die Szenen der Kreuzabnahme und Grablegung Jesu. Was mit dem toten Körper Jesu geschieht, wird zum Bild für dasjenige, was mit dem vollkommenen spirituellen Menschen geschieht, der, von allen Einflüssen aus der irdischen Welt gelöst, in vollkommener Ruhe die Durchdringung mit den göttlichen Kräften und Gesetzen erlebt, die ihn zur Auferstehung befähigen.

Dabei ist gleichgültig, ob sich dieser spirituelle Mensch, wie Jesus, in einem gerade gestorbenen oder, wie Lazarus, in einem noch lebendigen physischen Körper befindet. Der physische Körper Jesu ist wirklich tot, am Kreuz gestorben. Aber die Vorgänge gelten genauso für einen Menschen, der auf dem spirituellen Weg den Mysterientod gestorben ist. Er lebt noch im physischen Körper, wird aber von allen Einflüssen der irdischen Welt hermetisch abgeschlossen.

Zwei Schüler Jesu – nicht aus den Zwölfen –, prominente Juden, die zu den geistlichen Führern der Juden gehören und Verbindungen zum Statthalter Pilatus haben, sind die Helfer bei diesen Vorgängen. Der eine nimmt den toten Leib Jesu vom Kreuz, der andere bringt Gewürze zur Einbalsamierung, 100 Pfund. Als Bilder gelesen zeigen diese Ereignisse: Wenn ein spiritueller Mensch, der im Leben aus „Wort", „Leben" und „Licht" eine neue Persönlichkeit mit Ansätzen zu einem Geistleib aufgebaut hat, sich von der Hülle des vergänglichen irdischen Körpers trennt – sei es, dass dieser, wie bei Jesus, tatsächlich gestorben ist, sei es, dass er, wie bei Lazarus, weiter fortbesteht –, können ihm spirituell fortgeschrittene Freunde bei seiner weiteren Entwicklung behilflich sein. Er ist ja, samt den Ansätzen zu einem Geistleib, unsterblich, nur noch nicht zu selbstständigem Bewusstsein und Handeln in der göttlichen Welt fähig. Er befindet sich in einem Übergangszustand.

Solche Freunde aber können ihm in diesem Übergangszustand helfen, sich innerlich ganz von den Schmerzen und Leiden des physischen Todes oder des Mysterientodes zu lösen – Bild dafür ist die Kreuzabnahme. Sie können ihn mittels Ritualen mit stärkenden Kräften umgeben – Bild dafür ist die Einbalsamierung mit Myrrhe und Aloe. Dass es 100 Pfund sind, ist wiederum kein Zufall. Im Sinn der vom Evangelisten benutzten Zahlensymbolik ist gemeint, dass diese stärkenden Kräfte aus der Welt des Geistes stammen – dafür steht die 1 – und sich vor allem auf den Körper beziehen: dafür stehen die beiden Nullen. Die spirituellen Freunde des den physischen Tod oder den Mysterientod Gestorbenen können ihn außerdem mit schützenden Gedanken und Gefühlen umgeben, wofür die leinenen Binden ein Bild sind.

Und sie legen ihn in ein „Grab". Das ist ein von allen Einflüssen des Diesseits und Jenseits abgeschirmter Seelenraum, in dem sich der siebenfache spirituelle Mensch erholen und sich ruhig von neuen, belebenden spirituellen Kräften durchdringen lassen kann. Es handelt sich um eine „neue Gruft, in die noch nie jemand gelegt worden war". Denn dieser rituelle Seelenraum wird ganz neu und ausschließlich für diesen real oder im Sinn der Mysterien Gestorbenen gebildet. Schließlich wird noch ein Stein vor die Gruft gewälzt, auch wieder Bild für einen rituellen Vorgang. Die zurückbleibenden Gefährten des Gestorbenen versiegeln diesen Seelenraum durch einen abschließenden Ritus.

All dies pflegt ja in religiösen Gemeinschaften mehr oder weniger ausführlich auch für Verstorbene zu geschehen, die ohne ein erwachtes wahres Selbst und ohne neuen Geistleib durch den physischen Tod gehen. Das Johannesevangelium zeigt aber, wie diese Rituale ursprünglich gemeint waren: als Hilfe für einen unsterblichen spirituellen Menschen, der schon bewusst aus „Wort", „Leben" und „Licht" lebt und auch die Matrize für einen neuen Geistleib besitzt. Dieser ist nur noch nicht voll handlungsfähig.

So ruht der spirituelle Mensch, umgeben von der Hülle des irdischen Körpers – sei diese schon tot (wie bei Jesus) oder noch lebendig (wie bei Lazarus) – in einem besonderen geistig-seelischen Raum, einem Übergangszustand, gelöst von allen Einflüssen aus dem Diesseits und dem Jenseits, gestärkt und geschützt von hilfreichen Gedanken und Gefühlen besonders mit ihm verbundener Schüler. Er durchlebt drei Phasen – drei „Tage“ –, in denen sich, nachdem die Einflüsse von außen, aus der irdischen Welt, wirkungslos geworden sind, die Einflüsse von innen, aus der geistigen Welt, bemerkbar machen können. Langsam wird der spirituelle Mensch in all seinen sieben Aspekten durch diese Einflüsse zu selbstständigem Leben in der geistigen Welt befähigt. Insbesondere wird der geistige Leib als siebter Aspekt seines Wesens mit Kraft erfüllt, der Leib, mit dem er in der Dimension der geistigen Welt wahrnehmen und handeln kann.

Es ist wie beim Schmetterling in der Puppe. Wie dieser als neues Wesen in einem Übergangszustand verharrt, von neuem Leben durchdrungen wird und schließlich frei in den Luftraum auffliegt, so ruht der spirituelle Mensch als neues Wesen im Übergangszustand des „Grabes“ – das noch der irdischen Dimension angehört –, wird in drei Phasen – dem Geist, der Seele und dem Leib nach –, von spirituellen Kräften durchdrungen und erhebt sich schließlich frei in die Dimension der geistigen Welt. Das „Grab“, die Dimension der irdischen Welt, ist leer. Der spirituelle Mensch verlässt die Dimension der irdischen Welt und lebt fortan mit all seinen sieben Aspekten in der Dimension der geistigen Welt.

Auferstehung

Das leere Grab: Die irdische Dimension ist verlassen

20, 1 *Am ersten Tag der Woche aber kommt Maria aus Magdala früh, als es noch*
dunkel war, zur Gruft und sieht den Stein von der Gruft hinweggenommen. ***2*** *Sie läuft*
nun und kommt zu Simon Petrus und zu dem anderen Schüler, dem, den Jesus lieb
hatte, und sagt zu ihnen: Sie haben den Herrn aus der Gruft hinweggenommen, und
wir wissen nicht, wo sie ihn hingelegt haben. ***3*** *Da gingen Petrus und der andere*
Schüler hinaus und machten sich auf den Weg zur Gruft. ***4*** *Die beiden liefen aber mit-*
einander. Und der andere Schüler lief voraus, schneller als Petrus, und kam zuerst
an die Gruft. ***5*** *Und wie er sich hineinbeugt, sieht er die leinenen Binden daliegen;*
doch ging er nicht hinein. ***6*** *Nun kam auch Simon Petrus, der ihm folgte, und ging in*
die Gruft hinein. Und er sieht die Binden daliegen, ***7*** *und das Schweißtuch, das auf*
seinem Haupt gewesen war, nicht bei den Binden liegen, sondern an einem Ort für
sich zusammengewickelt. ***8*** *Da nun ging auch der andere Schüler hinein, der zuerst*
an die Gruft gekommen war, und sah und glaubte. ***9*** *Denn sie verstanden die Schrift*
noch nicht, dass er nämlich von den Toten auferstehen müsse. ***10*** *Da gingen die*
Schüler wieder heim.

Der Evangelist schildert den Vorgang der Auferstehung des siebenfachen spirituellen Menschen und all die damit verbundenen Ereignisse mit Hilfe von Bildern, so wie er früher die geistig-seelischen Vorgänge der „Wunder“ dargestellt hatte. Dass der Stein vom Grab gewälzt ist, dass die Leinenbinden und das Schweißtuch ordentlich zusammengewickelt sind, dass zwei Engel in weißen Kleidern im Grab gesehen werden – das sind alles Anzeichen dafür, dass der Evangelist hier geistig-seelische Tatsachen schildert. Würde man die Auferstehung Jesu als physischen Vorgang in der physischen Welt auffassen, so stieße man auf Zusammenhänge, die in der physischen Welt unmöglich sind. Hätte Jesus denn, physisch-körperlich wieder zum Leben erweckt, selbst den Stein von innen wegwälzen sollen? Oder taten das Engel, Bewohner nicht-physischer Welten? Wie aber hätten sie als nicht-physische Wesen einen schweren physischen Stein bewegen sollen? Hätte Jesus, physisch-körperlich wieder zum Leben erweckt, vorher aus Ordnungsliebe seine Leinenbinden und sein Schweißtuch fein säuberlich zusammenlegen sollen? Oder taten auch dies die Engel?

Eine rein physische Auffassung der Vorgänge führt zu Absurditäten. Erkennt man aber, dass dic Auferstehungsszene alle Merkmale enthält, durch die auch sonst „Wunder" im Johannesevangelium charakterisiert sind, so wird man nicht zögern, sie genauso aufzufassen wie die früheren Wunder. Man wird untersuchen, welche geistig-seelischen Tatsachen durch die aus der physischen Welt genommenen Bilder ausgedrückt werden.

Wie seinerzeit das Verwandeln von „Wasser" in „Wein" die Umwandlung seelischer Energien durch geistige Impulse in spirituelle Energien beschrieb, wie das „Brot", mit dem Jesus die Massen speiste, spirituelle Lehren über den wahren Lebenssinn versinnbildlichte, so versinnbildlicht jetzt das „Grab" die irdische Dimension, die der spirituelle Mensch endgültig verlässt, um in die spirituelle Dimension der göttlichen Welt einzugehen. Nicht der physische Körper wird wieder zum Leben erweckt und verlässt ein physisches Grab, nachdem er die Binden zusammengelegt und den Stein weggewälzt hat, sondern der spirituelle Mensch verlässt, nachdem er, noch in der irdischen Sphäre, aber völlig getrennt von ihr, von spirituellen Kräften durchdrungen worden ist, als spirituell bewusster und in der spirituellen Welt handlungsfähiger Mensch die Dimension der irdischen Welt.

In welcher Situation befinden sich jetzt die Schüler Jesu und die ganze Schülergemeinschaft? Der vollkommene spirituelle Mensch hatte, physisch sichtbar, in ihrer Mitte gelebt. Er war physisch getötet worden und aus ihrer Mitte verschwunden. Sein alter physischer Körper liegt tot in einem physisch sichtbaren Grab. Deshalb ist Einsamkeit und Traurigkeit in seinen Schülern. Doch zugleich ruht das spirituelle Wesen des Meisters mit einem noch nicht auferstanden neuen Geistleib in einem unsichtbaren „Grab". Dieses „Grab" ist, in der Darstellung des Evangelisten, der geistig-seelische Organismus der Menschheit, im Besonderen die geistig-seelische Sphäre, die ihm von Joseph aus Arimathäa und Nikodemus rituell zubereitet worden war. Dazu gehört außerdem der kollektive Raum des irdischen Bewusstseins seiner Schüler.

Doch ihr Meister ist mit ihnen auf der geistig-seelischen Ebene verbunden, auch nachdem sein physischer Körper getötet und in ein sichtbares Grab gelegt worden ist. Im unsichtbaren „Grab" ihres irdischen Bewusstseins ruht sein spirituelles Wesen mitsamt seinem Geistleib, nur für ihr irdisches Bewusstsein nicht erkennbar.

Es kommt aber der Augenblick, wo ihnen die geistigen Augen geöffnet werden. Denn wenn der vollkommene spirituelle Mensch aufersteht, so ersteht er, kraft seiner

Verbundenheit mit ihnen, auch in ihrer Gemeinschaft und in jedem von ihnen auf. Ihr eigener spiritueller Mensch wird durch die Auferstehung des vollkommenen spirituellen Menschen auferweckt. Ein neues, geistiges Bewusstsein erwacht in ihnen. Jetzt sehen sie mit geistigen Augen, dass das „Grab" – der Raum des irdischen Bewusstseins der einzelnen Schüler und ihrer Gemeinschaft – leer ist. In Jesus ist das neue Leben durchgebrochen. Der siebenfache spirituelle Mensch hat die Dimension der irdischen Welt verlassen und lebt bewusst in der Dimension der göttlichen Welt. Der Tod ist überwunden, die auflösenden Kräfte der irdischen, vergänglichen Welt haben keine Macht mehr über den Auferstandenen. Er lebt in der göttlichen Welt.

Er hat den „Stein", die von Joseph aus Arimathäa und Nikodemus rituell erzeugte Versiegelung, die den Einflüssen aus der irdischen Welt den Weg ins „Grab" versperrt hatte, zur Seite gestoßen. Der „Stein" war notwendig gewesen, solange sich der spirituelle Mensch in der absoluten Ruhe des Übergangszustands entwickeln musste. Jetzt aber, da er reif geworden ist, selbstständig in der zu ihm gehörenden Dimension zu leben, ist ihm dieser „Stein" zum Hindernis geworden. Das „Grab" ist ihm zum Gefängnis geworden. Deshalb hat er dieses Gefängnis gesprengt, hat, von neuer Lebenskraft erfüllt, die rituelle Versiegelung zur Seite gestoßen und ist in die Freiheit hinausgetreten.

Maria Magdalena stellt einen Typus des Mysterienschülers dar, dem die geistigen Augen geöffnet werden. Sie verkörpert die Empfindung, die sich auf das neue Leben richtet. Zwei andere Schülertypen treten mit ihr auf: das intuitive Denken wird in dieser Geschichte durch den Schüler verkörpert, den Jesus lieb hatte, und der neue Wille, oder die Tatkraft, durch Petrus. Die Empfindung, vor allem mit dem Herzen zusammenhängend, ist diejenige Fähigkeit des Menschen, die mit einem neuen Wahrnehmungsvermögen als erste die neue Situation bemerkt. Deshalb bemerkt in der Erzählung Maria Magdalena als erste das leere „Grab" und den weggestoßenen „Stein". Sie bemerkt, dass das irdische Bewusstsein der Schülergemeinschaft – oder jedes einzelnen Schülers – leer geworden ist.

Von der Empfindung aber gehen Einflüsse zum Denken und zum Willen aus: Maria Magdalena teilt ihre Entdeckung den Gefährten mit. Der Schüler, den Jesus liebhatte, und Petrus eilen ihrerseits zum „Grab", um mit geistigen Augen dessen Leere zu konstatieren. Auch sie erkennen, dass sich die Gesamtsituation grundlegend geändert hat. Der spirituelle Mensch, bisher verborgen im irdischen Menschen herangewachsen, wie ein Schmetterling in der Puppe heranwächst, hat seine Eigenständigkeit gewonnen und die irdische Dimension verlassen. Das intuitive Denken erkennt die neue Situation schneller, als sich die Tatkraft mit ihr vertraut machen und an sie gewöhnen kann. Deshalb eilt der Schüler, den Jesus liebhatte, Petrus voraus. Andererseits ist die Tatkraft des Menschen „praktischer" als die Intuition und versucht, die realen Verhältnisse zu erkunden. Darum untersucht Petrus das Innere des Grabes eingehend. Der Evangelist stellt durch das unterschiedliche Verhalten der beiden Schüler nicht etwa irgendein Konkurrenz- oder Rangverhältnis dar. Er beschreibt nur zwei Fähigkeiten des Menschen: das intuitive Denken, das schnell im Begreifen ist und dem Willen vorauseilt, und den handelnden Willen, der gründlich und praxisbezogen vorgeht.

Die beiden Schüler, Verkörperungen von Denken und Willen im Schülerkreis Jesu – oder in einem Einzelmenschen, in dem sich die Auferstehung des spirituellen Menschen ereignet hat –, stellen wie Maria Magdalena, Verkörperung der Empfindung, mit geistigen Augen fest, dass der spirituelle Mensch die irdische Dimension verlassen und die von Geistesfreunden gebildete schützende Gedankenhülle, die ihm zur Fessel geworden war, abgelegt hat. Sie stellen aber auch fest, dass er dies nicht gewaltsam getan hat. Er hat die rituellen Aktivitäten seiner Geistesfreunde, die ihn geschützt hatten – die Leinenbinden und das Schweißtuch –, nicht einfach abgeworfen. Er hat sie achtsam an die ihnen gebührende Stelle gelegt: an ihre Stelle in der irdischen Welt.

Es sind Gedanken und Gefühle, die der irdischen Welt angehören und vom auferstehenden spirituellen Menschen zurückgelassen werden müssen. Hätte er in dieser Lage das irdische Bewusstsein seiner Gefährten mit Worten erreichen können, so hätte er gesagt: Ich danke euch für eure unterstützenden rituellen Gedanken und Gefühle. Ich brauche sie nicht mehr und gebe sie euch zurück. Die Gedanken und Gefühle, die mein *Bewusstsein*, mein wahres Selbst, unterstützt hatten, lege ich an die ihnen gemäße Stelle. Es ist das Schweißtuch, das jetzt „an einem Ort für sich" liegt. Und die Gedanken und Gefühle, die mein verändertes Denken und Fühlen (die Binden an den Händen) und mein verändertes Leben und Sein (die Binden an den Füßen) unterstützt hatten, lege ich ebenfalls an die ihnen gemäße Stelle.

Erst nachdem die Schüler mit geistigen Augen die irdische Dimension – auch im Seelenraum ihrer Gemeinschaft, was beides durch das „Grab" symbolisiert wird – genau erforscht haben, wird ihnen bewusst, was eigentlich geschehen ist. Der im „Grab" liegende spirituelle Mensch hat die Dimension der irdischen Welt verlassen: Das „Grab" ist leer. Der spirituelle Mensch hat sich vom irdischen Bewusstsein und dessen zunächst notwendigen, dann aber hinderlichen Anstalten, die Entwicklung des spirituellen Menschen zu schützen und zu begleiten, getrennt, sanft, aber bestimmt: Schweißtuch und Leinenbinden sind ordentlich, an ihrem jeweiligen Ort, zusammengelegt. Auch diesen Vorgang bemerken die Schüler mit geistigen Augen, besonders der geliebte Schüler und Petrus als Verkörperungen von intuitivem Denken und neuem Willen. Sie sehen die vom Auferstehenden ausgehende ordnende Wirkung.

Damit haben die Schüler mit einem neuen Bewusstsein begriffen, was sie vorher, obwohl die Schrift es vorausverkündigt hatte, mit ihrem alten Bewusstsein nicht hatten verstehen können. Sie hatten nicht für möglich gehalten, was die „Schrift" Psalm 16,10 beschreibt: „Denn du gibst mein Leben nicht dem Tod preis und lässt deinen Frommen nicht die Grube schauen." Sie waren jedenfalls von der Form, in der dieses Ereignis dann eintrat, vollkommen überrascht. Erst nachdem sie es selbst mit geistigen Augen erlebt haben, nachdem sie gesehen haben, dass das „Grab" der irdischen Dimension leer ist, verstehen sie und glauben. Der das „Grab" untersuchende Schüler „sah und glaubte". Er ist endlich für die Realität der Auferstehung geöffnet. „Denn sie verstanden [zuvor] die Schrift noch nicht." Sie konnten sie, bevor das Auferstehungsereignis im eigenen Innern eintrat und ihre geistigen Augen öffnete, noch nicht verstehen. Erst das eigene Erleben zeigt ihnen die Wirklichkeit der Auferstehung, und erst jetzt können sie verstehen und glauben.

Maria Magdalena: spirituelle Verbindung zum Auferstandenen

***20, 11** Maria aber stand außen bei der Gruft und weinte. Wie sie nun weinte, beug-*
*te sie sich in die Gruft hinein; **12** da sieht sie zwei Engel in weißen Kleidern dasitzen,*
den einen beim Haupt und den anderen bei den Füßen, da, wo der Leib Jesu gelegen
*hatte. **13** Und die sagen zu ihr: Weib, was weinst du? Sie sagt zu ihnen: Sie haben*
*meinen Herrn hinweggenommen, und ich weiß nicht, wo sie ihn hingelegt haben. **14***
Als sie dies gesagt hatte, wandte sie sich um. Und sie sah Jesus dastehen und wuss-
*te nicht, dass es Jesus war. **15** Jesus sagt zu ihr: Weib, was weinst du? Wen suchst du?*
Jene, in der Meinung, es sei der Gärtner, sagt zu ihm: Herr, hast du ihn weggetragen,
*so sage mir, wo du ihn hingelegt hast, und ich will ihn holen. **16** Jesus sagt zu ihr:*
Maria! Da wendet sich diese um und sagt zu ihm auf hebräisch: Rabbuni! (das heißt:
*Meister). **17** Jesus sagt zu ihr: Rühre mich nicht an; denn ich bin noch nicht zum*
Vater aufgefahren. Geh aber zu meinen Brüdern und sage ihnen: Ich fahre auf zu
*meinem Vater und eurem Vater und zu meinem Gott und eurem Gott. **18** Maria aus*
Magdala geht und verkündigt den Schülern, dass sie den Herrn gesehen und dass er
dies zu ihr gesagt habe.

Auf welche Weise das geistige Bewusstsein, nachdem es die Leere des „Grabes" festgestellt hat, auf neue Weise Verbindung zum auferstandenen spirituellen Menschen bekommt, schildert die Szene mit Jesus und Maria Magdalena. Man versteht sie wiederum nur, wenn man sie als Vorgänge im Seelenraum einer Schülergemeinschaft oder eines einzelnen Schülers auf dem spirituellen Weg liest. Der vollkommene siebenfache spirituelle Mensch, der im irdischen Menschen Jesus durch dessen Hingabe herangewachsen war, ist selbstständig geworden und in die zu ihm gehörige spirituelle Dimension eingetreten. Da er mit seinen Schülern eins ist, und alles, was mit ihm geschieht, auch in ihnen geschieht, ersteht er auch in ihnen auf, öffnet ihnen die geistigen Augen und wird ihren geistigen Augen sichtbar. Sie sehen mit geistigen Augen zunächst, dass das „Grab" der irdischen Welt leer ist. Der irdische Mensch ist den Mysterientod gestorben und liegt im „Grab". Aber aus diesem Tod ist der spirituelle Mensch hervorgegangen und hat das „Grab" verlassen.

Maria Magdalena, Verkörperung eines Mysterienschülers, dessen Empfindungen für die göttliche Welt geöffnet sind, steht fassungslos vor dieser Situation der Leere und ist betrübt. Maria „weinte". Auch sie erforscht jetzt aber die Lage näher – sie beugt sich „in die Gruft hinein". Und da die Empfindung sensibler ist als der Verstand oder der Wille, sieht Maria, was die beiden anderen Schüler nicht gesehen hatten: „zwei Engel in weißen Kleidern". Die Empfindung ist empfänglich für Eindrücke aus der geistigen Welt, die jetzt auf neue Weise im Schülerbewusstsein aufsteigen. Diese Eindrücke sind die beiden Engel, Wirkungen, die vom Bewusstsein und Sein des Auferstandenen ausgehen – vom „Haupt" und von den „Füßen". Mit diesen Wirkungen, die als erste Boten des Auferstandenen in die Leere ihres eigenen Bewusstseins eindringen, setzt sich Maria Magdalena, Verkörperung der Empfindung des Schülers auf dem spirituellen Weg, auseinander. Sie formuliert die Ursache ihrer Traurigkeit: Der spirituelle Mensch, der ihr bisher sichtbar gegenübergetreten war und sie mit hörbaren Worten gelehrt und ermutigt hatte, ist für ihr irdisches Bewustsein nicht mehr da, und sie weiß nicht, wo er ist.

Das Bewusstsein der Leere in ihr wird nun aber durch die Fähigkeit zu neuem Schauen, zu neuer Einsicht in ihr abgelöst. Sie „wandte sich um". Sie konzentriert sich nicht mehr auf die irdische Sphäre und die darin entstandene Leere, sondern wendet sich der spirituellen Sphäre zu. Und diesem umgewendeten, auf die spirituelle Welt gerichteten Bewusstsein zeigt sich eine Gestalt, wiewohl noch undeutlich: die Gestalt des spirituellen Menschen. Maria, die von neuen spirituellen Kräften – den Engeln – erhobene und in eine neue Verfassung gebrachte Empfindung, nimmt den Auferstandenen in der spirituellen Welt wahr. Der spirituelle Mensch macht sich in ihrem Inneren auf neue Weise bemerkbar – nicht, wie früher, durch physische Eindrücke und durch seine äußerlich hörbaren Lehren, sondern unmittelbar, als göttliches „Wort" und „Leben". Er wirkt aus ihrem eigenen Innern auf sie ein. Aus den allmählich bewusst werdenden spirituellen Tiefen ihrer Seele steigt er als Frage nach der Identität des Gesuchten in ihr auf: „Weib, was weinst du? Wen suchst du?"

Es ist begreiflich, dass Maria Magdalena den vollkommenen spirituellen Menschen zunächst nicht erkennt. Die unmittelbaren Wirkungen aus der spirituellen Welt sind mit den mittelbaren Wirkungen, wie sie sie als irdische Sinneseindrücke, Einsichten und Intuitionen bisher erlebt hatte, nicht zu vergleichen. Deshalb kommt sie zu einer falschen Schlussfolgerung. Wie so oft im Johannesevangelium erliegt das Bewusstsein, mit spirituellen Sachverhalten konfrontiert, auch hier wieder einem Missverständnis, wodurch aber im Kontrast dazu die Wahrheit umso klarer hervortritt. Maria Magdalena, Verkörperung der Empfindungen eines Mysterienschülers, nimmt an, dass es sich beim Verschwinden des vollkommenen spirituellen Menschen aus ihrem Bewusstsein um ein gewöhnliches Verschwinden handelt, etwa so, wie ein irdischer Bewusstseinsinhalt aus dem Tagesbewusstsein ins Unbewusste verschwindet. Er verliert sich aus dem Gedächtnis in die Vergessenheit. Man könnte daher den „Gärtner" als Bild für das Unbewusste auffassen, das verlorene Bewusstseinsinhalte festhält und pflegt.

Doch der auferstandene, siebenfache spirituelle Mensch ist kein Inhalt des irdischen Bewusstseins, der ans irdische Unbewusste verloren gegangen ist. Er ist eine Realität aus einer anderen, nicht irdischen Welt, gleichwohl im Menschen wirkend. Diese Realität wendet sich jetzt mit Macht an die zur spirituellen Welt erhobene Empfindung, Maria Magdalena. Jesus ruft sie bei ihrem Namen „Maria"– er spricht ihre eigene spirituelle Identität an – und gibt ihr dadurch die Möglichkeit, bewussten Kontakt auf spiritueller Ebene mit ihm herzustellen Und sie wendet sich zum zweiten Mal um. Sie verlässt ihren Irrtum, dass sie ihrem Unbewussten, dem „Gärtner", gegenüberstünde, an den der spirituelle Mensch verlorengegangen sei, und wendet sich der lebendigen spirituellen Wirklichkeit zu. Und jetzt erkennt sie bewusst, mit ihren geistigen Augen, diese Wirklichkeit. Jetzt erkennt sie den in ihr wirkenden vollkommenen spirituellen Menschen, den Meister. Sie bestätigt diese Erkenntnis, indem sie sie ausspricht: „Rabbuni"-Meister.

Schon droht aber Gefahr, dass das alte irdische Bewusstsein sich des spirituellen Menschen, der vom neuen spirituellen Bewusstsein erkannt wird, bemächtigt und ihn wieder in seine Sphäre herabzieht. Deshalb sagt der vollkommene spirituelle

Mensch zu Maria Magdalena: „Rühre mich nicht an!“ Versuche nicht, mich in die irdische Sphäre hinabzuziehen. Du könntest es, denn ich habe noch Verbindung zur irdischen Sphäre. Ich bin noch nicht „zum Vater aufgefahren“. Das Verhältnis von dir zu mir muss aber dadurch bestimmt sein, dass du mich vollkommen frei lässt und nicht einmal *wünschst*, dass ich, die neuartige, bewusste Erfahrung einer spirituellen Wirklichkeit, in dir verbleibe. Wenn du mich festhältst, sei es indem du mich verehrst, sei es indem du mich angestrengt deinem Gedächtnis einprägen willst, wirst du mich um so sicherer wieder verlieren.

Der Schüler auf dem spirituellen Weg muss darauf vertrauen lernen, dass sich die spirituelle Realität offenbart, wann sie es will und die Umstände es zulassen, und darf nicht seinen eigenen irdischen Zugriff auf sie behalten wollen. Nur so kann der vollkommene spirituelle Mensch „zum Vater auffahren“, kann dort dem Schüler „eine Stätte bereiten“ und dann als selbstständige spirituelle Erkenntnis, vom heiligen Geist erzeugt, im Schüler wiederkommen. Nur wenn der Schüler seinen Griff auf diese neuen inneren Erfahrungen loslässt, wenn er sie nicht „anrührt“, ist deren freie Wirksamkeit gewährleistet und kann er sie immer wieder als überraschende, im Innern auftauchende Realität erleben.

Deshalb sagt Jesus zu Maria, sie solle seinen Schülern, die inzwischen seine Freunde, ja Brüder im Geist geworden sind, dieses Verhalten des vollkommenen spirituellen Menschen erklären. Dessen Heimat ist beim Vater, in der göttlichen Welt. Dorthin muss er sich begeben, von dort aus wird er ab jetzt wirken. Nur so werden sie ihn später als vom heiligen Geist ermöglichte, selbstständige spirituelle Erfahrung im Innern erleben können. Denn auch ihre wahre Heimat ist beim „Vater“, der Gott Jesu ist auch der ihre. Wenn sie ihren Meister als irdische Wesen freilassen, kann er in ihnen als spirituellen Wesen von der göttlichen Welt aus wirken, in ihnen, seinen Brüdern. Wenn sie ihn als irdische Wesen anrühren und festhalten wollen, blockieren sie einen immer neuen, frischen Eintritt der spirituellen Erfahrung in ihr spirituelles Wesen.

Was Maria, die glaubende Empfindung, die sich am leichtesten und willigsten der göttlichen Welt öffnet, erlebt und in Auseinandersetzung mit dem vollkommenen spirituellen Menschen im eigenen Innern erkannt hat, das gibt sie den anderen Schülern weiter, die den für die göttlichen Impulse offenen Verstand und Willen verkörpern.

Der Evangelist schildert in den Szenen am leeren Grab die Erfahrungen, die eine Schülergemeinschaft oder ein einzelner Schüler macht, wenn ihre geistigen Augen durch die Auferstehung des mit ihnen verbundenen Lehrers geöffnet werden, so dass auf neue, unmittelbare Weise ein Kontakt zum vollkommenen spirituellen Menschen entsteht. Das irdische Bewusstsein des Schülers hatte den spirituellen Menschen bisher nur indirekt über Sinneseindrücke und Worte wahrgenommen. Jetzt aber teilt dieser sich dem veränderten, zum Geist erhobenen Bewusstsein direkt mit. Die Konturen der geistigen Welt werden dem Schüler im eigenen Innern unmittelbar bewusst.

Doch brauchen diese Erfahrungen nicht in einer so kurzen Zeitspanne zu geschehen, wie es die Schilderung des Evangelisten nahelegt. Der Schüler auf dem spirituellen Weg kann ein ganzes Leben lang mit ihnen verbringen, ja immer nur mit bestimmten Phasen dieses Geschehens beschäftigt sein. Zum Beispiel kann die Erfahrung, dass das Grab leer ist, unzählige Male in einem Schüler auftreten und mehr oder weniger lange anhalten. Immer wieder kommen Augenblicke, in denen er sich von der spirituellen Welt wie abgeschnitten fühlt. In solchen Momenten trennt sich der spirituelle Mensch in ihm vom irdischen Bewusstsein und hinterlässt die Leere des Grabes, um später auf neue, unmittelbare Weise in seinem Innern Kontakt mit ihm aufnehmen zu können.

Der Schüler könnte übrigens auch andere Arten der Leere, die in ihm auftreten, mit der vom Evangelisten geschilderten verwechseln. Es gibt zum Beispiel die Leere in einem Menschen, der die Sinnlosigkeit eines Daseins ohne spirituellen Inhalt empfindet. Das ist jedoch eine Leere, die der Begegnung mit Johannes dem Täufer entspricht und vielleicht erst die *Zuwendung* zu einem spirituellen Weg auslöst. In diesem Fall beginnt der spirituelle Weg erst, und eine Auferstehung des spirituellen Menschen liegt noch in weiter Ferne.

Es gibt außerdem eine Leere in Gedanken und Gefühlen, die der Schüler absichtlich durch Übungen herbeiführen kann, in der Hoffnung, dass sich der spirituelle Mensch in dieser Leere zeigen werde. Wenn sich aber in diesem Zustand überhaupt eine spirituelle Realität im Übenden zeigt, so ist es wohl die noch unentwickelte Anlage zum spirituellen Menschen, die sich als intensive Ruhe oder, umgekehrt, als Beunruhigung und Sehnsucht bemerkbar macht. Denn wie sollte die geistige Welt in ihm bewusst wirken können, wenn er noch keine neuen geistigen Augen durch einen in der Praxis gegangenen spirituellen Weg entwickelt hat?

Auch die Auseinandersetzung mit den zwei Engeln im leeren Grab, Boten aus der göttlichen Welt, kann lange dauern. Der Schüler hat immer wieder Vorahnungen in Bezug auf die Erscheinung des spirituellen Menschen im eigenen Wesen und prüft sie. Desgleichen kann der Irrtum der Maria Magdalena, der spirituelle Mensch sei irgendwo im irdischen „Garten" versteckt, lange anhalten. Sie sucht ihn dann überall im Garten: im Diesseits und im Jenseits, vor allem im Jenseits des Unbewussten, sei dieses individuell oder kollektiv, und versäumt dadurch den aktuellen spirituellen Kontakt mit ihm: die direkte Begegnung zwischen umgewandtem Bewusstsein und auferstandenem spirituellen Menschen.

Weitere Begegnungen mit dem Auferstandenen

Die Schülergemeinschaft: spirituelle Verbindung zum Auferstandenen

20, 19 *Als es nun an jenem Tag, dem ersten der Woche, Abend war und dort, wo die*
Schüler sich aufhielten, die Türen aus Furcht vor den Juden verschlossen waren,
kam Jesus und trat in die Mitte; und er sagt zu ihnen: Friede sei [mit] euch! ***20*** *Und*
als er dies gesagt hatte, zeigte er ihnen die Hände wie auch die Seite. Da wurden die
Schüler froh, als sie den Herrn sahen. ***21*** *Jesus sprach nun wiederum zu ihnen: Frie-*
de sei [mit] euch! Wie mich der Vater gesandt hat, sende auch ich euch. ***22*** *Und nach-*

dem er dies gesagt hatte, hauchte er sie an und sagte zu ihnen: Empfangt [den] heiligen Geist! ***23*** *Wenn ihr jemandem die Sünden vergebt, sind sie ihm vergeben; wenn ihr [sie] jemandem nicht vergebt, sind sie [ihm] nicht vergeben.*

Die weiteren Begegnungen des Auferstandenen mit seinen Schülern geben genaueren Aufschluss über sein Wesen und seine Beziehungen zu den Schülern. Bei diesen „Erscheinungen" handelt es sich um bewusste Wahrnehmungen der geistigen Welt im Innern der Schüler, in denen sich geistige Augen entwickelt haben. Für unempfängliche irdische Augen, ein irdisches Bewusstsein, ist der Auferstandene unsichtbar. Deshalb sieht keiner seiner Gegner den Auferstandenen. Ihnen „erscheint" er nicht. Seine Schüler aber sehen ihn, ihnen „erscheint" er.

Es ist der erste Tag der neuen Woche: der achte Tag, Symbol dafür, dass ein neuer Anfang des einzelnen Schülers und der ganzen Menschheit in einer höheren als der bisherigen Dimension gemacht wird: in der Welt des Lichtes, wo sich das wahre Selbst mit einer neuen Persönlichkeit, der Welt der Finsternis entstiegen, ausdrückt. Und es ist schon der „Abend" dieses achten Tages. Die Gewalt des Neubeginns, durch welche der „Stein" vor dem „Grab" weggesprengt wurde, hatte den Schülern des vollkommenen spirituellen Menschen – mit Ausnahme Maria Magdalenas, die die Empfindung verkörpert – noch nicht erlaubt, diesen Neubeginn mit bewusster Wahrnehmung zu erleben. Die Erschütterung war zu stark gewesen, überwältigend wie ein Schock, der das Bewusstsein lähmt.

Doch am Abend des achten Tages ist die Erschütterung abgeklungen, das Bewusstsein der Schüler ist ruhig und empfangsbereit geworden. Jetzt kann der auferstandene spirituelle Mensch bewusst wahrgenommen werden. Er nimmt Kontakt mit den Seinen auf, auf einer geistig-seelischen Ebene. Die Ebene der Sinneswahrnehmung hat er verlassen. Er spricht nicht mehr in der Hülle einer sichtbaren Persönlichkeit zu Sinnesohren, sondern als geistig-seelisches Wesen mit einem Sinnenaugen unsichtbaren Geistleib zu einem neuen, der geistigen Welt geöffneten Bewusstsein. Dass er in einem neuen Leib auftritt, der zeiträumlichen Sinnenwelt nicht mehr zugehörig und deren Beschränkungen nicht mehr unterworfen, drückt der Evangelist dadurch aus, dass Jesus von keinen Türen und Schlössern der irdischen Welt aufzuhalten ist. Er tritt „in die Mitte" seiner Schüler, als spirituelles Wesen mit einem Geistleib.

Dass er andererseits auch wirklich einen neuen Leib besitzt und nicht etwa nur ein gewöhnlicher Toter, ein Gespenst ist, das mit einer noch nicht ganz aufgelösten Hülle irdischer Lebenskraft in den energetischen Gebieten der Erde umherirrt, zeigt sich darin, dass die Wunden, die dem irdischen Leib Jesu zugefügt worden waren, auch geistig-seelischen Augen an seinem Geistleib sichtbar sind. Ein gewöhnlicher Toter ist ein sehr unvollständiges Wesen, ohne irdischen Leib als Ausdrucksmittel. Die Reste seiner Existenz, seine an den vergänglichen Dingen haftenden Lebenskräfte, Empfindungen, Gedanken und Ich-Bewusstsein, lösen sich, da nicht auf das unvergängliche göttliche „Wort", „Leben" und „Licht" abgestimmt, nach dem physischen Tod ebenfalls auf. Der auferstandene vollkommene spirituelle Mensch dagegen lebt bewusst aus dem ewigen göttlichen „Wort", „Leben" und „Licht", er ist eins mit dem „Vater". Seine Persönlichkeit ist nach Denken, Fühlen und Leben auf diese göttliche Realität abgestimmt, von ihr durchdrungen und daher unauflöslich. Ebenso sein neuer Leib.

Alles, was der irdische Leib durchlitten hat, hat sich, obwohl es vor allem dem spirituellen Menschen zugedacht war, dessen Gewand der irdische Leib nur war, wie eine Erinnerung auch dem geistigen Leib eingeprägt. Deshalb können die Schüler, indem sie mit geistigen Augen Jesu geistigen Leib sehen, auch dessen Wunden an Händen und Füßen und in der Seite sehen. Und deshalb ist ihnen bewusst, dass es kein Toter, kein Gespenst, sondern dass es gerade ihr geliebter Meister ist, der in der irdischen Welt das ihnen bekannte Schicksal erlitten hat. Diese Begegnung, diese Erkenntnis, dass wirklich das Wesen dessen, der sie in der Hülle eines irdischen Leibes so lange gelehrt und begleitet hatte, vor ihnen steht, ja dass diesem Wesen der Tod, die Auflösung des irdischen Körpers, und alle Gewalt der irdischen Welt nichts hatten anhaben können – dies alles erfüllt sie mit Freude.

Die erste Wirkung des vollkommenen spirituellen Menschen auf die „Seinen" ist Friede. Die spirituelle Realität bringt für alle, die für sie aufgeschlossen sind, in erster Linie Frieden. Sie ist Friede. Sie bringt diesen Frieden als Zustand, nicht als Aufforderung an die Schüler, Frieden zu halten. Denn in einem Zustand der Furcht vor den Juden – die nach dem Meister auch dessen Schüler verhaften und hinrichten lassen könnten – und Erregung befinden sich die Schüler im Augenblick. Sie sind verwirrt und hilflos, da sie der Meister auf der irdischen Ebene verlassen hat. Sie könnten sich bemühen, ihre Furcht zu überwinden und ihre Erregung zu beherrschen. Dann würde ein bemühter Friede entstehen, wie er in der irdischen Welt üblich ist – ein labiles Gleichgewicht zwischen aufbegehrenden Gefühlen und ihrer Zügelung. Es könnte durch plötzliche Einwirkung von außen sofort wieder zerstört werden.

Diese Art Frieden bringt der spirituelle Mensch nicht. Die göttliche Welt ist Friede und Harmonie, unangreifbar durch äußere Einflüsse. Sie ist unaufhörlich strömende Kraft, eingebettet in unvergängliche Gesetze: „Wort" und „Leben". Wie könnten irdische Aggressionen und Ängste diesen Gesetzen und Strömen etwas anhaben? Wer sich als spiritueller Mensch diesen Gesetzen und Strömen öffnet und von ihnen durchdringen lässt, ist frei von allen irdischen Ängsten, Konflikten und Friedensbemühungen. Er lebt in den Kräften der göttlichen Welt, frei und voll Freude.

Aus diesem Zustand spirituellen Friedens entsteht die selbstständige Erkenntnis der Gesetze und Kräfte der göttlichen Welt und die Mitarbeit mit ihnen. Deshalb „haucht" der vollkommene spirituelle Mensch seine Schüler an und sagt zu ihnen: „Empfangt den heiligen Geist." Die Schüler, die „Seinen" des Lichtes, haben sich auf ihrem spirituellen Weg so weit entwickelt und verändert, dass sie in den Zustand des spirituellen Friedens eintreten können, den der vollkommene spirituelle Mensch in ihnen und in ihrer Gemeinschaft bewirkt. Wie durch einen Krafthauch gehen aus dem Friedenszustand in ihnen neue Fähigkeiten hervor: die Fähigkeit zur selbstständigen Wahrnehmung des in ihnen wirkenden göttlichen „Wortes" und „Lebens", und die Fähigkeit, bewusst aus „Wort" und „Leben" zu handeln. Der ihnen von Jesus, als er noch in einer irdischen Hülle wirkte, angekündigte heilige Geist, der „Beistand", wirkt von nun an in ihnen und erzeugt in ihnen ein neues Bewusstsein: „Licht".

Auf diese Weise werden sie zu „Gesandten" des „Vaters" und des „Sohnes". Der „Sohn", der vollkommene spirituelle Mensch, hat aus der göttlichen Welt das Licht in die Finsternis gebracht. Er hat das Bewusstsein von der göttlichen Welt in den „Seinen", die in der Finsternis gefangen lagen, entzündet. Er hat auf diese Weise den „Seinen" zur Lösung aus der Gefangenschaft und zur Entwicklung des in ihnen angelegten spirituellen Menschen verholfen. Er hat ihnen dadurch Macht gegeben, ebenfalls „Söhne Gottes" zu werden und aufzuerstehen. Er hat sie befähigt, ihrerseits potenzielle Kinder des Lichtes aus der Finsternis der irdischen Welt zu erwecken, bis einmal die ganze Finsternis aufgelöst und wieder von Licht durchdrungen ist.

Dies alles hat er nicht absichtlich, sondern kraft seines Wesens vollbracht – das Licht kann die Finsternis, die sich von ihm entfernt hat, nicht Finsternis sein lassen, es *muss* sie erhellen und zu sich zurückholen. Ebenso müssen jetzt die Schüler des Sohnes, die vom heiligen Geist erfüllte, erleuchtete spirituelle Menschen geworden sind, kraft ihres Wesens versuchen, mit ihrem neuen Bewusstsein in der Finsternis gefangene potenzielle Kinder des Lichts zu erwecken, zu einem spirituellen Weg zu befähigen und so die Finsternis ins Licht zurückzuholen. „Wie mich der Vater gesandt hat, sende auch ich euch."

Sogleich beschreibt Jesus auch, worin die Arbeit der Schüler als Gesandte bestehen und wie sie aussehen wird. Als Erleuchtete, als selbstständig die göttliche Welt Erkennende, die von den Kräften der göttlichen Welt durchströmt sind, können und werden sie alle dafür empfänglichen Menschen berühren und sie zur Entfaltung ihrer spirituellen Anlage befähigen. Diese Entfaltung bedeutet aber Lösung von den Gesetzen der irdischen Welt, welche die Trennung von der göttlichen Welt verursachen. Auf diese Weise wird der sich entwickelnde spirituelle Mensch wieder zur Einheit mit der göttlichen Welt geführt. Das ist „Sünden vergeben". Die Gesandten der göttlichen Welt heben die Sünde, die „Sonderung" von der göttlichen Welt, auf. Sie verhelfen empfänglichen Menschen dazu, sich auf die Gesetze der göttlichen Welt abzustimmen und wieder eins mit ihr zu werden. Wer jedoch, trotz seiner spirituellen Anlage, nicht auf die spirituelle Berührung durch die Gesandten reagiert, bleibt in der Trennung von der göttlichen Welt. Die Sünden werden ihm „nicht vergeben".

Wie ein Mensch auf die Begegnung mit den Gesandten der göttlichen Welt reagiert – ob er sich empfänglich oder unempfänglich für ihre Kräfte zeigt, ob er allmählich die Trennung von der göttlichen Welt aufhebt oder in ihr verharrt –, hängt nicht von den Gesandten ab. Sie können nicht willkürlich sagen: Dem einen vergebe ich die Sünden, dem andern nicht. Es handelt sich um eine notwendige, unabsichtliche Wirkung des Heiligen-Geist-Zustands der Schüler-Gesandten. Sie treten im Zustand der Erleuchtung in die irdische Welt hinaus. Die ihnen Begegnenden erleben die Wirkung dieses Zustandes. Auf die einen wirkt er so, dass ihre spirituelle Anlage berührt und erweckt wird, so dass ihre Trennung von Gott rückgängig gemacht wird. Ihnen werden die „Sünden vergeben". Auf die anderen wirkt er so, dass ihre spirituelle Anlage sich noch weiter verschließt und erst recht in der Latenz und Unbewusstheit verharrt. Bei ihnen bleibt die Trennung von Gott vorerst bestehen, ihnen werden die „Sünden nicht vergeben". Diese beiden Wirkungen, die von den Schüler-Gesandten mit Notwendigkeit, keinesfalls willkürlich, ausgehen, sind ihnen bewusst. Sie nehmen bewusst wahr, welche Wirkungen von ihnen auf die verschiedenen Menschentypen ausgehen.

Damit hat der Auferstandene seine Verheißung wahr gemacht, dass er, nach seinem Weggang aus der irdischen Welt, seinen Schülern den heiligen Geist senden werde. Es hat sich bewahrheitet, dass sein Weggang aus der irdischen Welt Voraussetzung für die Sendung des heiligen Geistes sein würde. Die Schüler begegnen ihm jetzt nicht mehr mit irdischen Sinnen auf der irdischen Ebene, um sich von ihm Lehren und Kräfte übertragen zu lassen. Sie begegnen ihm nach seinem Weggang mit erwachten geistig-seelischen Sinnen in der Dimension der göttlichen Welt.

Dadurch wird es möglich, dass der sich entwickelnde spirituelle Mensch in ihnen, in den Kräften des vollkommenen spirituellen Menschen, selbstständig auflebt, spirituell erkennt und wirkt. Vorbei ist es jetzt mit der Furcht vor den irdischen Mächten und vor dem Tod. Ihr Meister hat beides überwunden. In seinen Kräften haben auch sie beides überwunden. Der Friede der Einheit mit der göttlichen Welt ist in sie eingekehrt. Die Kraft des heiligen Geistes, die Energie der göttlichen Welt, wirkt in ihnen als „Leben“, erzeugt neues Bewusstsein – „Licht“ – und macht sie zu Gesandten der göttlichen Welt, so wie ihr Meister Gesandter der göttlichen Welt ist. Damit sind sie zu bewussten Mitarbeitern der göttlichen Welt geworden. Sie tragen dazu bei, die Finsternis mit Licht zu durchdringen und sie auf lange Sicht, verwandelt, als Ausdruck des Lichtes in die göttliche Welt zurückzuholen.

Thomas: Glaube und Erfahrung

20, 24 *Thomas aber, einer von den Zwölfen, der [auch] Didymus genannt wird, war nicht bei ihnen, als Jesus kam.* ***25*** *Die anderen Schüler sagten ihm nun: Wir haben den Herrn gesehen. Er aber sagte zu ihnen: Wenn ich nicht an seinen Händen das Mal der Nägel sehe und lege meinen Finger in das Mal der Nägel und lege meine Hand in seine Seite, werde ich es nicht glauben.* ***26*** *Und nach acht Tagen waren seine Schüler wiederum drinnen und Thomas mit ihnen. Jesus kam, als die Türen verschlossen waren, trat in die Mitte und sprach: Friede sei [mit] euch!* ***27*** *Dann sagte er zu Thomas: Reiche deinen Finger hierher und siehe meine Hände, und reiche deine Hand her und lege sie mir in die Seite, und sei nicht ungläubig, sondern gläubig!* ***28*** *Thomas antwortete und sprach zu ihm: Mein Herr und mein Gott!* ***29*** *Jesus sagt zu ihm: Weil du mich gesehen hast, hast du geglaubt. Selig sind die, welche nicht gesehen und doch geglaubt haben.*

Das Johannesevangelium hat zwei Schlüsse: den einen am Ende von Kapitel 20, den andern am Ende von Kapitel 21. Die letzte Szene vor dem ersten Schluss des Evangeliums, in welcher der Schüler Thomas Jesus in besonderer Weise begegnet, wirft eine bedeutsame Frage auf, die mit Recht am ersten Ende des Evangeliums steht. Es geht nämlich um die Einstellung von Menschen zum Ereignis der Auferstehung, die noch nicht unmittelbare Zeugen dieses Ereignisses sein konnten und auf das Zeugnis anderer angewiesen sind.

Der vollkommene spirituelle Mensch ist nicht nur mit Bewusstsein, Denken, Fühlen und Leben in die Dimension der göttlichen Welt eingetreten, sondern auch mit einem neuen, dieser Dimension entsprechenden Leib. Er lebt unsterblich in der göttlichen Welt, und als unvergängliche Matrix des vollkommenen spirituellen Menschen im geistig-seelischen Organismus der Menschheit. Die Auferstehung des vollkommenen spirituellen Menschen, geistig, seelisch und körperlich, ist also eine zeitlose Gegebenheit.

Aber diese Gegebenheit wird nicht sogleich allen Menschen sichtbar. Zunächst zeigte sich der Auferstandene nur einem engen Kreis seiner Schüler. Sie waren fähig, ihn mit geöffneten inneren Augen zu sehen. Thomas war nicht zugegen, als die anderen Schüler Zeugen der Auferstehung wurden. Das lässt sich so deuten, dass er die Voraussetzung für das Sehen des Auferstandenen noch nicht besaß. In derselben Lage waren damals viele Menschen, auch Schüler Jesu, und werden in späteren Zeiten der Menschheitsentwicklung immer wieder zahlreiche Menschen sein. Obwohl sie vielleicht eine lange spirituelle Entwicklung hinter sich haben, wie Thomas, erfüllen sie, wie er, die Voraussetzung für das Sehen des Auferstandenen noch nicht. Für diesen Typus Mensch steht Thomas.

Die Schüler Jesu hatten den Auferstandenen „an jenem (achten) Tag, dem ersten der Woche“ (20,19), gesehen. Bei ihnen war, nach einem Entwicklungszyklus von „sieben Tagen“, die Voraussetzung des geöffneten inneren Auges erfüllt. Die neue Zeitangabe des Evangelisten: „nach acht Tagen“ (20,26) weist ebenfalls auf einen Zeitpunkt hin, an dem Menschen den Auferstandenen sehen können – jetzt aber nach einem späteren Entwicklungszyklus. Es sind Menschen, die, nach den ersten Schülern Jesu, in späterer Zeit ihren spirituellen Entwicklungszyklus durchlaufen haben werden – sieben „Tage“, sieben Phasen, hat auch dieser Zyklus – und dann ihrerseits reif sind, am achten Tag Jesus, den Auferstandenen, zu sehen. Für sie ist der Tag des Eintritts in eine neue Phase, die Phase des „Sehens“, gekommen.

Die Frage ist nun: Wie verhalten sich Menschen, *bevor* sie diesen Entwicklungszyklus durchlaufen haben, zur Tatsache der Auferstehung? Sie konnten vorläufig, wie Thomas, noch nicht selbst unmittelbare Zeugen dieser zeitlosen Gegebenheit werden und sind auf das Zeugnis anderer angewiesen.

Thomas verkörpert den Menschen, der sich nach spiritueller Erfahrung sehnt. Sie ist ihm noch nicht zuteil geworden. Für ihn wird es zum Problem, wie sich Glaube zu spiritueller Erfahrung verhält. Auf Menschen in einem solchen Entwicklungsstadium, sei es zur Zeit Jesu, sei es in den der Auferstehung folgenden Jahrhunderten bis zur Gegenwart und weiter, weist diese Szene hin. Für viele Menschen war und ist nur der Glaube an die Auferstehung möglich, noch nicht die eigene Erfahrung der Auferstehung.

Die Szene will aber keineswegs zum Ausdruck bringen, dass das Bedürfnis, spirituelle Realitäten unmittelbar zu erfahren, zu *sehen* und zu prüfen, im Vergleich zum *Glauben* an diese Realitäten minderwertig wäre. So wird aber der Ausspruch Jesu: „Selig sind die, welche nicht gesehen und doch geglaubt haben“, gewöhnlich verstanden. Doch haben ja die Schüler Jesu, außer Thomas, selbst gesehen und erfahren. Jesus hatte sich ihnen gezeigt und ihnen ausdrücklich Hände und Seite gewiesen. Und auch dem Thomas wird seine Sehnsucht, deutlich *sehen* zu können, letztlich erfüllt. Die Geschichte will sagen: Spirituelle Erkenntnis ist ein wesentliches Ziel auf dem spirituellen Weg. Aber ohne Glauben ist sie nicht möglich.

Was versteht der Evangelist unter „Glauben“? Glaube ist im Johannesevangelium kein von Autoritäten verlangtes Fürwahrhalten von Dogmen, sondern die Offenheit für eigene spirituelle Erfahrungen. Glaube im Sinn des Johannesevangeliums ist eine notwendige Voraussetzung für Erfahrung. Wer diese Voraussetzung nicht erfüllt, beraubt sich selbst der Erfahrung.

Auf der Ebene der sinnlichen Wahrnehmung ist es gleichgültig, ob einer einem Bericht über ein sinnlich wahrnehmbares Ereignis, das er selbst nicht gesehen hat, glaubt oder nicht. Er kann sich jederzeit selbst davon überzeugen und sehen. Doch auf der Ebene der spirituellen Wahrnehmung ist es anders. Dort ist Glaube die *Voraussetzung* des Sehens. Nur wenn jemand eine bestimmte spirituelle Realität für möglich hält und dafür offen ist – wenn er an diese Möglichkeit *glaubt* –, kann er überhaupt geistigc Augen entwickeln, um diese Realität schließlich auch zu sehen. Glaube ist ein innerer Zustand, der die Entwicklung eines spirituellen Sehorgans erst ermöglicht.

Thomas sagt also: Eure spirituellen Erfahrungen eines auferstandenen Geistleibs sind unglaubwürdig. Durch seinen Unglauben schließt er aber die Entwicklung geistiger Augen aus, die allein spirituelle Erfahrungen machen und ihm die Tatsache der Auferstehung eines Geistleibs bestätigen könnten. Er verhält sich wie ein Blinder, der vorläufig keine Organe für Licht und Farben besitzt, der sagt: „Licht und Farben sind unmöglich“, und sich deshalb weigert, solche Organe zu entwickeln. Auf diese Weise wird er niemals Licht und Farben sehen und die Möglichkeit des Sehens niemals anerkennen können. Thomas’ irdischer Verstand scheint ihm die Unmöglichkeit einer leiblichen Auferstehung zu beweisen und blockiert dadurch seinen Glauben. So verhindert er selbst seine Erfahrung.

Der Text will nicht zum Ausdruck bringen, dass Glaube als blindes Fürwahrhalten eines Dogmas dem Wunsch des Verstandes, zu begreifen, überlegen wäre. Jesus sagt nicht: Der Glaube ist höchstes Verdienst, gerade wenn und weil das Geglaubte dem erkennenden Verstand nicht fassbar ist. Es ist selig, an das Nicht-Verstehbare, ja Absurde, zu glauben, einfach auf die Aussage von geistlichen Führern oder Schriften oder Traditionen hin. – Ein solcher Glaube wäre blinder Gehorsam einer Autorität gegenüber. Er würde Unfreiheit bedeuten und die Entwicklung zur inneren, spirituellen Selbstständigkeit erst recht verhindern. Hatte nicht Jesus zu seinen Schülern gesagt: Ihr seid meine Freunde, nicht mehr Knechte? Nur ein Knecht weiß nicht, was sein Herr tut. Seinen Freunden aber teilt der Herr alles mit, was er selbst weiß (15,15).

Ebenso wenig will Jesus sagen: Das Bedürfnis, selbst spirituell zu erfahren, ist geradezu schlecht. Es beweist einen Mangel an Vertrauen zu den geistlichen Führern – im Fall des Thomas zu seinen Mitschülern –, ja Rebellion gegen ihre Autorität. Strebt daher nicht nach eigener Erfahrung. Selbst spirituell *sehen* zu wollen, ist Ketzerei, Zweifel an uneinsehbaren Dogmen ein Verbrechen. – Auch hier gilt wieder: Der vollkommene spirituelle Mensch teilt seinen Freunden, den sich entwickelnden spirituellen Menschen, alles mit, was er von seinem Vater gehört hat. Er will, dass sie selbst die Gesetze und Kräfte der göttlichen Welt erkennen, was einschließt, dass sie auch den auferstandenen vollkommenen spirituellen Menschen mit geistigen Augen wahrnehmen.

Was also tadelt Jesus an Thomas? Nicht, dass Thomas selbst erfahren will. Die Sehnsucht, selbst spirituell zu erfahren, ist berechtigt. Tadelnswert ist nur, dass sich Thomas die Offenheit für spirituelle Realitäten, den Glauben, durch den zweifelnden irdischen Verstand rauben lässt, obwohl doch gerade diese Offenheit Voraussetzung für die spirituelle Erfahrung ist. Selig ist also der, der offen für spirituelle Erfahrung ist und sich diese Offenheit nicht rauben lässt, ja nicht einmal den Beweis verlangt, dass Auferstehung als spirituelles Ereignis möglich ist. Erfahren zu wollen, ist durchaus berechtigt. Jesus spielt nicht Glauben gegen Erfahrung aus. Er sagt nur, dass der Glaube als Offenheit für spirituelle Realitäten die Vorstufe des Erfahrens ist und daher für sich schon Seligkeit bedeutet.

Heute wird Auferstehung vielfach, im Sinn eines Jahrhunderte alten Dogmas, als eine Wiederbelebung des *sterblichen* Körpers aufgefasst. Das wäre ein Wunder, das die Gesetze der Sinnenwelt außer Kraft setzt. Diese Art Auferstehung würde der Verstand zu Recht für unmöglich halten. Der heutige Mensch muss, um Glauben an die Möglichkeit der Auferstehung entwickeln zu können, erst einmal eine Auffassung von Auferstehung gewinnen, die dem Verstand auch nachvollziehbar ist: Auferstehung als Wirksamwerden eines geistigen Leibes, der seine Struktur und Lebenskraft aus einer spirituellen Dimension erhält. Auch bei einer solchen Auffassung ist zwar der Glaube an die Möglichkeit der Auferstehung noch nicht garantiert. Der Verstand kann, wie bei Thomas, weiter zweifeln. Es fällt aber wenigstens jene Blockade für den Verstand fort, die durch eine absurde Auffassung von Auferstehung errichtet wird. *Ein* Hindernis der Offenheit für spirituelle Erfahrungen wäre dann beseitigt.

Trotz Thomas' innerer Blockade zeigt sich auch ihm der vollkommene spirituelle Mensch. Wieder tritt Jesus, von keinen zeiträumlichen Begrenzungen behindert, vor die geistigen Augen seiner Schüler. Er erscheint ihnen in ihrem Seelenraum als vollkommener spiritueller Mensch und löst des Thomas Blockade: „Sei nicht ungläubig, sondern gläubig!" Und Thomas wird „gläubig".

Der vollkommene spirituelle Mensch erweckt durch seine Gegenwart den Glauben in Thomas, Voraussetzung für das Sehen. Thomas glaubt jetzt, kann daher die geistigen Augen öffnen und sehen und prüfen. Auch der Glaube, die Offenheit für die geistige Welt, kann nur durch die Gegenwart der geistigen Welt hervorgerufen werden: sei es durch den Gesandten selbst, durch die Matrix des spirituellen Menschen, die seit seiner Fleischwerdung im geistig-seelischen Organismus der Menschheit wirkt, oder durch hinterlassene Zeugnisse spiritueller Lehrer. Die Wirksamkeit der geistigen Welt ist die Frage, welche die Antwort hervorlockt, die Aktion, welche die Reaktion des Glaubens hervorruft.

In seinem Erbarmen und seiner Liebe zu den Schülern bricht somit der vollkommene spirituelle Mensch auch den Zweifel und die Abwehr des Thomas. Er stellt die Offenheit, den Glauben dieses Schülers wieder her und ermöglicht ihm dadurch auch die Erfahrung. Er erfüllt ihm sein berechtigtes Bedürfnis nach Erfahrung.

Thomas darf diesem Bedürfnis seinen Lauf lassen und es stillen. Er darf gründlich prüfen, das Wesen des spirituellen Menschen spirituell-empirisch untersuchen, auch die Merkmale untersuchen, die der Weg des spirituellen Menschen in der irdischen Welt dem geistigen Leib eingeprägt hat. Der spirituelle Mensch ist kein Toter, kein

Gespenst. Er ist siebenfache Realität, und alle Erlebnisse, die er in der irdischen Welt gehabt hat, haben ihre Spuren an ihm hinterlassen. Das sieht Thomas „von Angesicht zu Angesicht", wie es bei Paulus heißt (1. Kor. 13,12). Thomas erkennt den vollkommenen spirituellen Menschen als Realität, die auch seine eigene Realität als spiritueller Mensch ist: das göttliche „Wort", „Leben", und „Licht", das ihn erhält, durchdringt und zu neuer Existenz befähigt. In der Freude dieser Erkenntnis, und in der Erleichterung darüber, dass die durch den zweifelnden Verstand entstandene innere Blockade aufgelöst ist, bricht er in die überschwänglichen Worte aus: „Mein Herr und mein Gott."

Und Jesus fragt: „Weil du mich gesehen hast, hast du geglaubt?" Die spirituelle Erfahrung ist evident. Sie zerstört jeden Zweifel, der den Glauben blockiert hatte und stellt sofort die Offenheit für die Erfahrung wieder her. Aber, so fährt Jesus fort: „Selig sind die, welche nicht gesehen und doch geglaubt haben." Sie sind selig, weil schon der Glaube, die Offenheit für die geistige Welt, Seligkeit ist. Sie sind selig, weil sie nur im Zustand des Glaubens das Organ entwickeln können, mit dem sie schließlich auch erfahren werden. Der Unglaube aber, die Verschlossenheit für die geistige Welt, ist Unseligkeit. Denn durch den Unglauben raubt sich der Schüler mit der Voraussetzung auch die Erfüllung.

Die „Zeichen" des Johannesevangeliums

20, 30 *Noch viele andere Zeichen nun tat Jesus vor den Schülern, die in diesem Buch nicht aufgeschrieben sind.* ***31*** *Diese aber sind aufgeschrieben, damit ihr glaubt, dass Jesus der Christus, der Sohn Gottes ist, und damit ihr dadurch, dass ihr glaubt, in seinem Namen Leben habt.*

Die Erscheinung des Auferstandenen vor Thomas ist, vor dem ersten Schluss des Johannesevangeliums, das letzte „Zeichen", das Jesus vor seinen Schülern tat. Sie ist die letzte Wirkung auf die sich entwickelnden spirituellen Menschen, von der aus sie auf die Ursache, die göttliche Welt, „schließen" können: vom Zeichen auf das Gezeigte. Viele solcher Wirkungen, unzählige Wirkungen sind von der göttlichen Welt zu den Schülern ausgegangen: das göttliche „Wort", „Leben" und „Licht" hat sich ihnen mitgeteilt, „Brot" als neuer Lebenssinn, Zuversicht als neue, grundlegende Empfindung, ein neues Sehvermögen für die Welt der Lebenskräfte, ja, neue Handlungsmöglichkeiten sind ihnen geschenkt worden und ermöglichen ihnen, ihren siebenfachen spirituellen Menschen zu entwickeln, der eins mit der Ordnung und Kraft der göttlichen Welt ist. Ihre geistigen Augen wurden ihnen für die göttliche Welt, die Ursache all dieser Wirkungen, geöffnet. Nicht alle Aspekte dieser spirituellen Entwicklung wurden vom Evangelisten aufgeschrieben. Es wären zu viele. Er hat nur die wichtigsten, die Grundstruktur der spirituellen Entwicklung, wiedergegeben.

Jeder Leser kann diese Zeichen, diese Wirkungen der göttlichen Welt wenigstens ahnungsweise nachvollziehen. Darum spricht der Evangelist seine Leser am Schluss unmittelbar an. Es war seine Absicht, mit diesen Aufzeichnungen die Anlage zum spirituellen Menschen in ihnen zu wecken und Empfänglichkeit für dessen Wirkungen hervorzurufen – „damit ihr glaubt“. Ist diese Empfänglichkeit hervorgerufen, so kann der Leser vorausahnend erkennen, dass sich in Jesus das Muster des vollkommenen spirituellen Menschen, exemplarisch für alle sich entwickelnden spirituellen Menschen, und das Muster des spirituellen Weges, der zur Auferstehung führt, gezeigt hat.

Daraus folgt als weitere Erkenntnis, dass dieser vollkommene spirituelle Mensch der göttlichen Welt angehört und der Gesalbte Gottes ist, der Christus, der zugleich der Erleuchtete, der Sohn Gottes ist, weil er aus dem Vater, dem göttlichen „Wort“ und „Leben“, hervorgegangen ist und das Bewusstsein von „Wort“ und „Leben“, das göttliche „Licht“ verkörpert. Wer sich, im Wesen und in der Kraft dieses vollkommenen spirituellen Menschen, so verhält wie er, wird eins mit ihm und damit eins mit dem Vater werden. Die Empfänglichkeit für Wesen und Kraft des vollkommenen spirituellen Menschen, der Glaube an ihn, an seinen „Namen“, führt zur Erfahrung: zum bewussten Leben jedes sich entwickelnden spirituellen Menschen in der göttlichen Welt, zum Leben im Wesen und in der Kraft, im „Namen“ des vollkommenen spirituellen Menschen.

Grundbedingungen der öffentlichen Arbeit der Schüler

Kapitel 21 ist ein zweiter Schluss des Johannesevangeliums, vielleicht von einem Herausgeber vorgefunden und hinzugefügt. Aber er schließt sich logisch und würdig dem ersten Schluss an. Denn Jesus hatte seinen Schülern den heiligen Geist mitgeteilt. Sie waren jetzt fähig und bereit, selbstständig aus der Information und Kraft der göttlichen Welt zu leben und als Gesandte in der irdischen Welt zu arbeiten (20,21). Kapitel 21 führt näher aus, nach welchen Grundbedingungen diese Arbeit erfolgen muss.

Der Fischfang: erste Grundbedingung

21, 1 *Danach offenbarte sich Jesus den Schülern wiederum, am See von Tiberias.*
Er offenbarte sich aber so: ***2*** *Es waren beisammen Simon Petrus und Thomas, der*
[auch] Didymus genannt wird, und Nathanael aus Kana in Galiläa und die Söhne des
Zebedäus und zwei andere von seinen Schülern. ***3*** *Simon Petrus sagt zu ihnen: Ich*
gehe fischen. Sie sagen zu ihm: Wir kommen auch mit dir. Sie gingen hinaus und stie-
gen ins Schiff, und in jener Nacht fingen sie nichts. ***4*** *Als es aber schon Morgen wurde,*
trat Jesus ans Gestade; doch wussten die Schüler nicht, dass es Jesus war. ***5*** *Jesus sagt*
nun zu ihnen: Kinder, ihr habt wohl nichts [zum Brot] zu essen? Sie antworteten ihm:
Nein. ***6*** *Er aber sprach zu ihnen: Werft das Netz auf der rechten Seite des Schiffes aus,*
so werdet ihr finden! Sie warfen es nun aus, und sie vermochten es vor der Menge der
Fische nicht mehr zu ziehen. ***7*** *Da sagt jener Schüler, den Jesus liebhatte, zu Petrus:*
Es ist der Herr. Als nun Simon Petrus hörte, dass es der Herr sei, gürtete er sich das
Oberkleid um – denn er war nackt – und warf sich in den See. ***8*** *Die anderen Schüler*
aber kamen mit dem Schiff – sie waren nämlich nicht fern vom Land, sondern [nur]
etwa zweihundert Ellen weit – und schleppten das Netz mit den Fischen nach.

Was ist Sinn und Ziel der Arbeit der vom vollkommenen spirituellen Menschen ausgesandten Schüler? Sie sollen für die göttliche Welt empfängliche Menschen aus der Gefangenschaft in der irdischen Welt lösen und in die Freiheit der göttlichen Welt führen. Ein Bild für diese Tätigkeit ist das „Fischen". Menschen mit einer noch unentwickelten spirituellen Anlage sollen aus der irdischen Lebenssee „gefischt" werden. Damit lehnt sich der Verfasser an die Erzählung Lukas 5,4–10 an, wo die Schüler von Jesus aufgefordert werden, Fische zu fangen, und Petrus am Schluss verheißen wird, er werde zum Fischer von Menschen gemacht werden.

Die Schüler sind jetzt, nachdem sie den heiligen Geist empfangen haben, in der Tat so weit, dass sie Menschen aus der Lebenssee „fischen" können. Vielleicht ist die Tatsache, dass es hier gerade sieben Schüler sind, nicht ohne Bedeutung. In der Szene, wo die Berufung der ersten Schüler geschildert wurde, waren es fünf gewesen. Fünf ist die Zahl der Seele: Die Schüler waren in der Seele berührt worden und schickten sich an, ihren spirituellen Weg zur bewussten Erfahrung des Geistes zu gehen. Sieben ist die Zahl des heiligen Geistes: Jetzt schicken sich sieben Schüler an, in den Kräften des Geistes als siebenfach erneuerte Menschen ihrerseits Schüler zu berufen.

Die Erzählung von dem wunderbaren Fischfang stellt die erste Grundbedingung jeder spirituellen Arbeit dar: Der vollkommene spirituelle Mensch muss dabei sein. Die Arbeit muss in den Kräften und im Namen, in der Struktur des vollkommenen spirituellen Menschen, geschehen, sonst ist alles vergeblich. Deshalb fangen die Schüler nichts, solange Jesus nicht dabei ist und keinen Auftrag gibt. Solange die Schüler mit ihren eigenen, irdischen Motiven und nach ihren eigenen, irdischen Vorstellungen arbeiten, gelingt ihnen nichts. Die von ihnen angesprochenen Menschen merken, dass trotz des vielleicht eindrucksvollen Auftretens der Schüler keine erlösenden Kräfte von ihnen ausgehen und ihre Worte ohne Leben sind. Erst wenn der vollkommene spirituelle Mensch in der Mitte der Gesandten und in ihnen und mit ihrer Hilfe wirkt, fühlen sich Hörer von neuen Kräften angezogen und von lebendigen Worten berührt, auch wenn die organisatorischen Maßnahmen und rhetorischen Fähigkeiten der Gesandten wenig beeindruckend sein mögen.

Die Gegenwart Jesu hat zur Folge, dass die Schüler eine Unmenge von Fischen fangen. Zahllose spirituellen Lebenssinn und Lebenserfüllung suchende Menschen strömen ihnen zu. 153 (Vers 11) große Fische sind es. 153 ist eine symbolische Zahl. Es ist die Summe der Zahlen von 1 bis 17, wobei 17 die Grenze einer unzählbaren Menge von Typen bedeutet. 153 heißt demnach, da alle möglichen Zahlen bis zu dieser Grenze summiert werden: Alle nur denkbaren Menschentypen innerhalb der Menschheit werden „gefangen". Denn in allen nur denkbaren Menschentypen befindet sich die Anlage zum spirituellen Menschen.

Wesentlich für die Arbeit der Schüler des vollkommenen spirituellen Menschen ist, dass dieser selbst anwesend ist und durch seine Schüler wirkt. Wie er wirkt, das zeigt seine Anweisung: „Werft das Netz auf der rechten Seite aus." Auf der „rechten Seite" heißt, im Einklang mit den Gesetzen und Strömen des Geistes. Wenn das Wesen der Schüler-Gesandten und auch ihre Lehre im Einklang mit diesen Gesetzen und Strömen sind, kann der Geist durch sie wirken. Dann werfen sie das Netz „auf der rechten Seite" aus.

Zunächst stimmen sich die Schüler auf den vollkommenen spirituellen Menschen ab, indem sie unbewusst auf die in ihnen wirkenden spirituellen Gesetze und Kräfte reagieren. Es kommt aber der Zeitpunkt, wo ihnen diese Gesetze und Kräfte bewusst werden. Das geschieht genau dann, wenn sie am Ergebnis ihrer Arbeit bemerken, dass nicht sie selbst mit ihren irdischen Motiven und Vorstellungen, sondern der Geist in ihnen dieses Ergebnis hervorgebracht hat. Als erster merkt es der Schüler, den Jesus liebhatte. Das intuitive Denken nimmt diesen Sachverhalt eher wahr, als alle anderen Fähigkeiten des Menschen. Es ist derselbe Schüler, der vor Petrus am Grab Jesu gewesen war – die Intuition ist schneller als der tatkräftige Wille. Dem Schüler, den Jesus liebhatte, wird bewusst, welche Kräfte und Gesetze in ihnen allen, den Schülern, wirken: der vollkommene spirituelle Mensch. Deshalb sagt er zu Petrus: „Es ist der Herr."

Durch diese Erkenntnis wird nun auch die Tatkraft des Menschen, verkörpert durch Petrus, zu neuer Aktivität angespornt. Sie möchte sich sofort und möglichst eng mit dem Herrn verbinden. Selbstständig, außerhalb des „Schiffes" der Gemeinschaft der anderen Schüler, durchquert Petrus schwimmend das Wasser, das ihn von Jesus trennt. Es sind die unzähligen Eigenschaften und Bestrebungen der irdischen Menschheit, das Wasser der Lebenssee, welches der vom heiligen Geist entzündete Wille durchquert, um mit seinem Herrn, dem vollkommenen spirituellen Menschen, so schnell wie möglich vereint zu sein. Das Wasser kann ihn nicht verschlingen. Er zerteilt es mit kraftvollen Bewegungen.

Zuvor hatte er sich das Obergewand gegürtet. Darunter war er nackt. Auch diese Angabe dürfte nicht zufällig sein. Der Verfasser möchte einen besonderen Zug des Gesamtbildes hervorheben. Man pflegte beim Fischen kein Untergewand zu tragen, weil es immer wieder vorkam, dass man unvorhergesehen ins Wasser springen musste. Deshalb war Petrus unter dem lose umgebundenen Obergewand nackt. Ist das ein Bild dafür, dass der Schüler bei der spirituellen Arbeit für Menschen in der Lebenssee völlig voraussetzungslos und unkonditioniert – „nackt" – vorgeht, frei von allen Vorurteilen und Erwartungen? Und wenn er die Lebenssee durchquert, um möglichst schnell Verbindung mit dem vollkommenen spirituellen Menschen aufzunehmen, rafft er all seine Gedanken an äußerlich Zweckmäßiges und praktisch Notwendiges – das „Obergewand" – zusammen, um konzentriert seinen Weg finden zu können. Die Distanz zum Land, die er hinter sich bringt, beträgt 200 Ellen. Er überwindet die Trennung zwischen sich und dem Herrn – das wird durch die dynamische 2 des Übergangs versinnbildlicht – und zwar auf der Ebene der materiellen Erscheinungen, auf welche die beiden Nullen hinweisen.

Schließlich ist es auch Petrus, wieder der im Einklang mit der göttlichen Welt wirkende Wille des Schülers, der das Netz mit den Fischen an Land zieht. Er führt die aus der Lebenssee „gefischten" Menschen seinem Herrn zu, ans sichere Gestade der göttlichen Welt. Und das „Netz" zerreißt nicht, trotz der Vielzahl der Fische. Beruhte die Wirkung der Schüler auf empfängliche Menschen nur darauf, dass sie besonderen Eindruck machen, gut vortragen, begeistert und entschlossen sind, mit anderen Worten, dass sie persönliches Charisma ausstrahlen, so würde *dieses* Netz irgendwann zerreißen. Die Verbindung zwischen ihnen und ihren Hörern wäre auf irdischen Erwartungen, Vorstellungen und Leistungen gegründet.

Die der Schülergemeinschaft hinzugefügten neuen Mitglieder würden sie wieder verlassen.

Die Verbindung zwischen den Schülern und ihren Hörern ist aber eine spirituelle, da sie im Namen des vollkommenen spirituellen Menschen, im Einklang mit den Gesetzen und Strömen der göttlichen Welt – „auf der rechten Seite" – gearbeitet und somit die spirituelle Sehnsucht in ihren Hörern angesprochen haben. Eine solche Verbindung zerreißt niemals.

Das Mahl: zweite Grundbedingung

21, 9 *Wie sie nun ans Land gestiegen waren, sehen sie ein Kohlenfeuer am Boden*
und einen Fisch darauf liegen und Brot. ***10*** *Jesus sagt zu ihnen: Bringt von den*
Fischen, die ihr jetzt gefangen habt! ***11*** *Simon Petrus stieg auf das Schiff und zog das*
Netz aufs Land, gefüllt mit 153 großen Fischen. Und wiewohl es so viele waren, zer-
riss das Netz nicht. ***12*** *Jesus sagt zu ihnen: Kommt, haltet das Mahl! Keiner der*
Schüler aber wagte ihn auszuforschen: Wer bist du? weil sie wussten, dass es der
Herr war. ***13*** *Jesus kommt und nimmt das Brot und gibt es ihnen und ebenso den*
Fisch. ***14*** *Dies war schon das dritte Mal, dass sich Jesus den Schülern offenbarte,*
nachdem er von den Toten auferweckt worden war.

Als die Schüler ans Land steigen, sehen sie am Strand ein Kohlenfeuer mit Brot und einem Fisch darauf. Hiermit bringt der Verfasser des zweiten Schlusses einen neuen Zusammenhang ins Spiel, der die bisherige Thematik des Fischens von Menschen überblendet. Die Fischfangszene geht allmählich zu Ende, eine neue Szene: ein Mahl, bei dem Jesus das Brot und den Fisch vom Kohlenfeuer austeilt, gewinnt Kontur. In diesem Zusammenhang hat der Fisch eine andere symbolische Bedeutung als vorher. „Brot" und „Fisch" sind spirituelle Speise, die der vollkommene spirituelle Mensch austeilt.

Die Schüler haben das Kohlenfeuer nicht selbst entzündet, und Brot und Fisch nicht selbst darauf gelegt. Sie erblicken diese Anordnung vielmehr als etwas Vorgegebenes. Es geht um eine weitere Grundbedingung für die Arbeit der Schüler-Gesandten. Die Fischfanggeschichte hatte die erste Grundbedingung der Arbeit der Schüler illustriert: Nur wenn der vollkommene spirituelle Mensch dabei anwesend ist und wenn das Netz „auf der rechten Seite" ausgeworfen wird, hat diese Arbeit einen Sinn, gelingt sie und erbringt sogar erstaunliche Resultate. Die zweite Grundbedingung aber ist, dass der vollkommene spirituelle Mensch mit den Schülern ein Mahl hält und Brot und Fisch austeilt.

Denn sie benötigen Einsicht und Kraft für ihre Arbeit. Der Meister stärkt sie, und nach getaner Arbeit bestätigen sie die spirituelle Gemeinschaft mit ihm. Er teilt ihnen Brot aus: die Lehre über den Sinn des Daseins, den Sinn des spirituellen Weges und den Sinn ihrer Arbeit unter den Menschen. Und er gibt ihnen den Fisch zu essen: den unerschütterlichen Mut, der für diese Arbeit erforderlich ist, die spirituelle Dynamik, die aus der Verbundenheit mit der göttlichen Welt folgt.

Und während sie mit diesem Mahl beschäftigt sind und die Worte und Kräfte des vollkommenen spirituellen Menschen in sich aufnehmen – die noch in einen Zustand erhöhter Energie gebracht worden sind: das könnte im Bild des „Kohlenfeuers“ ausgedrückt werden –, wird es ihnen abermals zur Gewissheit, dass es der vollkommene spirituelle Mensch ist, der mit ihnen das Mahl hält und ihnen seine Kräfte mitteilt. Mit ihren geistigen Augen sehen sie ihn, mit ihren geistigen Ohren hören sie ihn, mit ihrem spirituellen Wesen lassen sie sich auf Wesen und Kraft des vollkommenen spirituellen Menschen abstimmen.

Das ist eine andere Gewissheit, und sie erwächst auf einer anderen Ebene, als die Sicherheit, die sich mit Hilfe des forschenden Verstandes gewinnen lässt. Der forschende Verstand geht nach äußeren Kriterien vor und spannt seine Objekte in diesen Raster ein. So glaubt er, sichere Kenntnis über das Wesen der Objekte erwerben zu können. Das ist seine Art, sich seiner Gegenstände zu bemächtigen.

Diese Art der Erkenntnisgewinnung ist dem vollkommenen spirituellen Menschen gegenüber nicht angebracht. Deshalb wagen ihn die Schüler nicht „auszuforschen“, obwohl ihr Verstand das Bedürfnis hat, Sicherheit auch über dieses „Objekt“ zu gewinnen. Sie müssen sich notgedrungen mit der neuen, ihnen noch ungewohnten Art der Erkenntnisgewinnung anfreunden. Es ist die einzig angemessene Art – denn im spirituellen Bereich gibt es keine Objekte, nur Subjekte. Diese offenbaren sich erst, wenn man sie frei lässt und nicht in den Rahmen irdischer Kriterien einspannt. Nur so erfährt der Mensch das wahre Wesen der Dinge und Menschen. Aber es ist schwer, umzulernen. Es ist schwer, auf die spirituelle Art der Erkenntnisgewinnung zu vertrauen und auf die scheinbare Sicherheit der verstandesmäßigen Forschung zu verzichten.

Zum dritten Mal hatte sich der auferstandene, vollkommene spirituelle Mensch den geöffneten geistigen Augen seiner Schüle offenbart. Das erste Mal war er Maria Magdalena und am „Abend“ desselben Tages den übrigen Schülern – außer Thomas – erschienen. Er hatte ihnen den heiligen Geist mitgeteilt und sie ausgesandt, das Licht in die Finsternis zu tragen. Das zweite Mal hatte er im Gespräch besonders mit Thomas das Verhältnis von Glauben und spiritueller Erfahrung erläutert. Und das dritte Mal macht er seinen Schülern die Grundbedingungen der spirituellen Arbeit klar.

Spirituelle Liebe: dritte Grundbedingung

21, 15 *Als sie nun das Mahl gehalten hatten, sagt Jesus zu Simon Petrus: Simon, Sohn des Johannes, liebst du mich mehr als diese? Er sagt zu ihm: Ja, Herr, du weißt, dass ich dich liebhabe. Er sagt zu ihm: Weide meine Lämmer!* ***16*** *Er sagt zu ihm wiederum, zum zweiten Mal: Simon, Sohn des Johannes, liebst du mich? Er sagt zu ihm: Ja, Herr, du weißt, dass ich dich liebhabe: Er sagt zu ihm: Hüte meine Schafe!* ***17*** *Er sagt zu ihm zum dritten Mal: Simon, Sohn des Johannes, hast du mich lieb? Petrus wurde betrübt, dass er zum dritten Mal zu ihm sagte: Hast du mich lieb?, und sprach zu ihm: Herr, du weißt alles; du siehst, dass ich dich liebhabe. Jesus sagt zu ihm: Weide meine Schafe!* ***18*** *Wahrlich, wahrlich, ich sage dir: Als du jünger warst, gürtetest du dich selbst und wandeltest, wohin du wolltest; wenn du aber alt geworden bist, wirst du deine Hände ausstrecken, und ein anderer wird dich gürten und dahin führen, wohin du nicht willst.* ***19*** *Dies aber sagte er, um anzudeuten, durch welchen*

Tod er Gott verherrlichen werde. Und nachdem er dies gesprochen hatte, sagt er zu ihm: Folge mir nach!

Eine dritte Grundbedingung der spirituellen Arbeit für andere wird dargestellt. Die erste Grundbedingung war, dass der Schüler nicht aus eigenen Motiven und Vorstellungen, sondern im Einklang mit dem vollkommenen spirituellen Menschen handelt, die zweite, dass er von diesem vollkommenen spirituellen Menschen Einsicht und Kraft erhält, um gemeinsam mit seinen Gefährten zu wirken. Die dritte Grundbedingung ist, dass er bei seiner Arbeit von unzerstörbarer Liebe zum vollkommenen spirituellen Menschen erfüllt ist. Denn nur dann ist ihm die spirituelle Arbeit für andere Menschen möglich, wird er sie richtig durchführen, ja wird sie ihm zu einer Selbstverständlichkeit und einem Bedürfnis werden.

Die Liebe zum vollkommenen spirituellen Menschen bedeutet ja zugleich Liebe zum spirituellen Menschen, der als Anlage in jedem irdischen Menschen schlummert und entfaltet werden möchte. Aus dieser Liebe folgt, dass der Schüler das Bedürfnis hat und die Fähigkeit gewinnt, diese Anlage auch zu fördern. Es geht jetzt nicht mehr so sehr um das Ansprechen von Menschen und ihre Verbindung mit der göttlichen Welt – das war durch den Fischfang dargestellt worden – als um ihre Förderung und ihren Schutz, sobald sie den spirituellen Weg betreten haben: um das „Weiden" und „Hüten" der Schafe. Wegen dieses Zusammenhangs zwischen Liebe zum spirituellen Menschen und Arbeit für ihn fragt Jesus Petrus drei Mal: Liebst du den vollkommenen spirituellen Menschen? Und fordert ihn, als Petrus bejaht, drei Mal auf: Dann fördere auf der Grundlage dieser Liebe den spirituellen Menschen in anderen, meinen „Lämmern" und „Schafen".

Wäre einem Schüler spirituelle Arbeit für andere überhaupt *möglich*, wenn er nicht von Liebe zum spirituellen Menschen in anderen erfüllt wäre? Nur in dieser neuen Liebe ist er im Stande, ohne Ungeduld mit den Schwächen des anderen, ohne Missverständnisse, Resignation, Ärger über „Undankbarkeit", ohne Bevorzugung des einen vor dem andern, ohne persönliche Sympathien und Antipathien, allein aus spirituellen Einsichten und Kräften zu handeln. Nur so ist er auch im Stande, die Angriffe, die er bei seiner Arbeit erleidet, zu ertragen und nicht gleich aufzugeben.

Und könnte ein Schüler die spirituelle Arbeit für andere *richtig*, im Einklang mit den spirituellen Entwicklungsgesetzen, durchführen, wenn er nicht von Liebe erfüllt wäre? Nur auf der Grundlage dieser Liebe wird ihm oberstes Gesetz seiner Arbeit sein, dass sich der spirituelle Mensch im anderen nach dessen eigenen Bedürfnissen entfalten kann. Jeder spirituelle Mensch entwickelt sich in Auseinandersetzung mit dem individuellen irdischen Wesen und Schicksal, in das er verstrickt ist. So ist der spirituelle Weg in seiner Grundstruktur zwar für alle derselbe, aber im Detail unterschiedlich. Deshalb wird der Schüler einem Menschen, der sich ihm zur Förderung anvertraut hat, stets die Bedingungen des spirituellen Weges vor Augen stellen, aber ihn nicht in ein Regelkorsett zwängen. Er wird ihn freilassen und die Eigenart und Eigengesetzlichkeit seiner Entwicklung achten. Er wird keinen moralischen Druck auf ihn ausüben oder ihn gar beherrschen wollen. Der vollkommene spirituelle Mensch, Jesus, ist ihm Vorbild bei seiner Arbeit. Der sich entwickelnde spirituelle

Mensch braucht Förderung und Schutz. Die „Lämmer“ und „Schafe“ müssen geweidet und gehütet werden. Demgemäß vermittelt der für andere arbeitende Schüler Einsichten über den spirituellen Weg und seine Gefahren, und gibt Kraft zum Erkennen und Bestehen dieser Gefahren. Im Übrigen lässt er alle anderen in ihrer Entwicklung frei, weil er selbst, als spiritueller Mensch, frei ist und den anderen frei haben will.

Er wird schließlich auch erkennen, dass „Weiden“ und „Hüten“ nur so lange notwendig sind, solange der spirituelle Mensch im anderen noch nicht selbstständig wirken kann, und wird diese Selbstständigkeit fördern. Ist der andere zur spirituellen Selbstständigkeit reif geworden, wird ihn der Arbeiter aus seiner Obhut entlassen. Das ergibt sich mit Selbstverständlichkeit aus seiner Liebe zum vollkommenen spirituellen Menschen. Denn spirituelle Liebe will, dass andere nicht mehr Knechte, sondern Freunde sind. Er wird ihnen neidlos ihre eigenen spirituellen Erfahrungen und Erkenntnisse lassen, sie mit ihnen teilen und sich freuen, wenn sie frei ihr Wesen entfalten können.

Auf diese Weise gewinnt er eine neue Beziehung zu ihnen, eine Beziehung unter Freien, unter spirituellen Freunden. Er wird sie niemals länger als nötig in Abhängigkeit halten wollen, um selbst den Herrn spielen zu können und sich seine eigene Daseinsberechtigung und Unentbehrlichkeit zu beweisen.

Drei Mal fragt Jesus Petrus, ob dieser den vollkommenen spirituellen Menschen liebe, und drei Mal gibt er ihm den Auftrag, für die dem vollkommenen spirituellen Menschen Anvertrauten, für seine „Lämmer“ und „Schafe“, zu arbeiten. Dass Jesus drei Mal fragt, bedeutet eine Steigerung der Frageintensität und damit der Dringlichkeit der Selbstprüfung, vor die Petrus gestellt wird.

Das erste Mal lautet die Frage: „Liebst du mich mehr als diese?“ Das kann dem griechischen Text nach bedeuten: Liebst du mich mehr, als mich diese lieben? Oder: Liebst du mich mehr, als du diese liebst? Offenbar fragt Jesus: „Liebst du mich mehr, als mich diese lieben?“ Denn er zielt auf die Intensität der Liebe des Petrus zum vollkommenen spirituellen Menschen. Wer ihn am stärksten und mit einer nicht zu erschütternden spirituellen Liebe liebt, ist auch am geeignetsten, seine Schüler und Schülersschüler zu führen.

Damit bringt Jesus zum Ausdruck, dass nicht derjenige Schüler Leiter einer spirituellen Gemeinschaft sein soll, der über die stärksten irdischen Energien und den größten Machttrieb oder Geltungsdrang verfügt. Leiter soll statt dessen derjenige sein, der von vollkommener spiritueller Liebe zum spirituellen Menschen erfüllt ist und gerade deswegen, anders als vielleicht andere Schüler, nicht nach Macht und Geltung strebt. Er wird nur das spirituelle Wohl und die spirituelle Entwicklung der ihm Anvertrauten im Auge haben, was auch bedeutet, dass er sie in ihrer Eigenständigkeit und Würde als irdische und spirituelle Menschen achtet und sie aus seiner Obhut entlässt, wenn sie zur spirituellen Freiheit und Selbstverantwortung fähig geworden sind.

In der Antwort des Petrus kommt zum Ausdruck, *wie* er sich geprüft hat. Er hat keine irdischen Maßstäbe an sich angelegt. Er hat den spirituellen Menschen in sich die Prüfung durchführen lassen. Der irdische Mensch in Petrus würde voller Stolz und Überzeugung sagen: Ja, ich liebe dich, mehr als dich diese lieben. Der spirituelle Mensch in Petrus dagegen sagt: Ich weiß zwar, dass ich dich liebe. Aber ich will nicht von mir sprechen und mich nicht brüsten und nichts beweisen. Ich überlasse dir, dem vollkommenen spirituellen Menschen, die Prüfung meines Innern. „Du weißt, dass ich dich liebhabe."

Jesus fragt zum zweiten Mal. Die Aufforderung zur Selbstprüfung wird dringlicher: Prüfe noch einmal. Bist du dir ganz sicher? Täuschst du dich nicht? Wieder lässt Petrus die Selbstprüfung durch den vollkommenen spirituellen Menschen im eigenen Innern durchführen und gibt zur Antwort: „Herr, du weißt, dass ich dich liebhabe."

Jesus fragt zum dritten Mal, noch dringlicher: *Kannst* du dir überhaupt sicher sein? Und Petrus ist betrübt. Ist er betrübt, weil er das Gefühl hat, dass ihm nicht geglaubt wird? Erinnert er sich daran, dass er seinerzeit seinen Meister drei Mal verleugnet hatte, was in der Tat Grund genug wäre, dass ihm Jesus misstraut? Die dreimalige Frage ist gewiss auch ein Wink Jesu an Petrus, sich an die dreimalige Verleugnung zu erinnern. Das ermöglicht Petrus, sein unseliges Verhalten damals endgültig zu verarbeiten. Der irdische Mensch in ihm hatte den vollkommenen spirituellen Menschen verleugnet. In einer lebensbedrohlichen Lage hatten der Selbsterhaltungstrieb und die daraus entstehende Angst die Oberhand über seine Treue zum Meister gewonnen. Wie ausgelöscht war durch diese Angst die Liebe zum Meister gewesen.

Die Fragen Jesu veranlassen jetzt Petrus zur Prüfung, ob eine neue Kraft an die Stelle des Selbsterhaltungstriebs und der Angst getreten ist. Und in der Tat: Die spirituelle Liebe hat den irdischen Selbsterhaltungstrieb und die Angst überwunden. Aus Angst wird Verleugnung des spirituellen Menschen geboren, aus Liebe Treue zum spirituellen Menschen. Was Jesus gesagt hatte: In der Welt habt ihr Angst, aber seid getrost, ich habe die Welt überwunden (16,33), ist in Petrus Wirklichkeit geworden. Der vollkommene spirituelle Mensch hat in der Ordnung und in den Kräften der göttlichen Welt die irdische Welt und damit die Angst überwunden. Seine Schüler haben es ihm in seinen Kräften nachgetan. Die Liebe hat die Angst ersetzt. Es zeigt sich, dass Petrus wirklich überwunden hat. Wie er drei Mal verleugnet hatte, so bestätigt er jetzt umgekehrt drei Mal seine spirituelle Treue und Liebe zu Jesus.

Damit erweist sich Petrus – oder die dem spirituellen Ziel ergebene Tatkraft im einzelnen Schüler – als geeignet, die Leitung der spirituellen Arbeit für andere und somit auch die Leitung der Schülergemeinschaft zu übernehmen. Er erweist sich als geeignet, weil die Liebe zu Gott und Mensch in ihm wirksam ist und die Maßstäbe für diese Arbeit vorgibt. Er erweist sich vor allem auch als geeignet, weil er selbst den spirituellen Weg geht, auf dem es entscheidend darauf ankommt, dass der Selbsterhaltungstrieb des irdischen Menschen, auch in Form von Herrschaftsgelüsten, Geltungsstreben und Besitztrieb, in den Kräften des vollkommenen spirituellen Menschen erstirbt, wodurch erst der spirituelle Mensch, der die Liebe ist, zum Vorschein kommen kann. Nur wenn der Leiter einer spirituellen Gemeinschaft selbst jede Anwandlung zu Macht-, Geltungs- und Besitzstreben bei sich erkennt und aufzulösen versucht, kann er für andere, die diesen selben spirituellen Weg gehen, Vorbild, Ansporn und Kraftquelle sein.

Deshalb wiederholt Jesus Petrus gegenüber noch einmal das Grundgesetz des spirituellen Weges, das er seinerzeit schon formuliert hatte: „Wer *sein* Leben liebt, verliert es, und wer sein Leben in dieser Welt hasst, wird es ins ewige Leben bewahren. Wenn jemand mir dient, so folge er mir nach" (12,25–26). Wer das Leben der irdischen Größe liebt, verliert es, und wer das Leben der irdischen Größe in dieser irdischen Welt hasst, wird sein Leben ins ewige, spirituelle Leben bewahren. Jesus formuliert dieses Gesetz jetzt nur etwas anders. „Als du jünger warst", sagt er zu Petrus – als du als irdischer Mensch lebtest –, „gürtetest du dich selbst" und lebtest, wie dein irdisches Ich es wollte. „Wenn du aber alt geworden bist", wenn du das irdische Leben in allen Höhen und Tiefen erlebt und als nicht erfüllend erkannt hast, „wirst du deine Hände ausstrecken" nach dem vollkommenen spirituellen Menschen. Dieser wird dich dann führen. Die göttliche Welt, der spirituelle Mensch in dir wird dich nach göttlichen Gesetzen führen, die mit den Wünschen deines irdischen Ich nicht übereinstimmen: „wohin du nicht willst". Wo vorher in deinem Leben das irdische Ich mit Selbsterhaltungstrieb und Stolz herrschte, da wird dich später das wahre Selbst, der Andere, der spirituelle Mensch führen, und du wirst den Willen des irdischen Ich verlieren.

Ein Kommentator fügt seine Erklärung hinzu: Petrus werde den Tod durch Kreuzigung, den er später – der Legende zufolge – in Rom erlitt, gewiss nicht wollen, aber er werde von der Treue zum spirituellen Menschen in diesen Tod geführt werden. Jesus meint indessen etwas weit Allgemeineres. „Führen, wohin du nicht willst", bedeutet: Jeder, der auf dem spirituellen Weg durch sein inneres Entwicklungsgesetz geführt wird, wird den Ansprüchen seines irdischen Ich, das nicht will, wie der spirituelle Mensch will, in *allen* Situationen des irdischen Lebens nicht mehr folgen können. Er wird immer wieder mit Reaktionen aus der irdischen Welt konfrontiert werden, welche das irdische Ich nicht will. Im Extremfall können diese Reaktionen auf einen gewaltsamen Tod hinauslaufen. Insofern lässt sich der Ausspruch Jesu *auch* speziell auf den Kreuzigungstod des Petrus beziehen.

Inwiefern aber würde Petrus Gott durch diesen Tod „verherrlichen"? Meint der Kommentator, ein Märtyrertod sei schon an sich eine Verherrlichung Gottes? Wäre auch ein Märtyrertod, der aus fanatischer Begeisterung oder in der Hoffnung auf Belohnung im Jenseits erfolgt, ja sogar absichtlich gesucht wird, eine Verherrlichung Gottes?

Jeder Mensch, der das von Gott in ihn gelegte spirituelle Entwicklungsgesetz verwirklicht und es in seinem Leben zum Ausdruck bringt, verherrlicht dadurch Gott. Jede seiner Handlungen trägt, falls sie den spirituellen Menschen zum Ausdruck bringt, zur Verherrlichung Gottes bei – auch ein friedlicher Tod. Mit dem spirituellen Weg ist aber unter Umständen auch ein gewaltsamer Tod verbunden, weil die irdische Welt diesem Weg feindlich gesinnt ist. Das Ertragen dieses gewaltsamen Todes wäre, *falls* es aus der Verwirklichung des spirituellen Entwicklungsgesetzes folgt, ebenfalls eine Verherrlichung Gottes. Nur in diesem Sinn könnte ein Märtyrertod eine Verherrlichung Gottes genannt werden.

Das Grundgesetz des spirituellen Weges ist Preisgabe der Liebe zum irdischen Leben aus Liebe zum spirituellen Leben. Deshalb sagt Jesus zu Petrus abschließend: „Folge mir nach." Folge dem vollkommenen spirituellen Menschen in dir nach, indem du ihn unter allen Umständen liebst und das Leben in der irdischen Welt hassest. So wirst du dein wahres Selbst verwirklichen.

Petrus und der geliebte Schüler: Tatkraft und Erkenntnis

***21, 20** Als Petrus sich umwandte, sieht er den Schüler nachfolgen, den Jesus liebhatte, der auch beim Mahl sich an seine Brust gelehnt und gesagt hatte: Herr, wer ist es, der dich verrät? **21** Als nun Petrus diesen sah, sagt er zu Jesus: Herr, was wird aber aus diesem? **22** Jesus sagt zu ihm: Wenn ich will, dass er bleibt, bis ich komme, was geht es dich an? Folge du mir nach! **23** Da verbreitete sich diese Rede unter die Brüder, dass jener Schüler nicht sterbe. Aber Jesus hatte zu ihm nicht gesagt, dass er nicht sterbe, sondern: Wenn ich will, dass er bleibt, bis ich komme, was geht es dich an?*

Vor den letzten Versen des zweiten Schlusses des Evangeliums greift der Verfasser noch eine Frage auf, die für den Weg des Einzelnen und seine Arbeit für andere von großer Bedeutung ist. Vor dem ersten Schluss hatte der Evangelist am Beispiel des Thomas das Verhalten von Glaube und Erkenntnis thematisiert. Jetzt beschreibt der Verfasser des letzten Kapitels das Verhältnis von Tatkraft und Erkenntnis anhand der Beziehung zwischen Petrus und dem Schüler, den Jesus liebhatte. Petrus „wendet sich um" und sieht auch den anderen Schüler Jesus nachfolgen. Der Ausdruck „sich umwenden" bedeutet auch hier: Petrus erhebt sein Bewusstsein aus irdischen Zusammenhängen in eine Sphäre geistig-seelischer Zusammenhänge. Und er fragt, welche Aufgabe dieser andere Schüler im Vergleich zu ihm selbst hat und welche Entwicklung dieser andere Schüler im Vergleich zu ihm selbst nehmen wird. Der andere Schüler verkörpert das intuitive Denken, Petrus selbst die Tatkraft in der spirituellen Arbeit an sich selbst und für andere.

Jesu Antwort auf diese Frage lautet: „Wenn ich will, dass er bleibt, bis ich komme, was geht es dich an?" Was bedeutet dieses „bis ich komme"? Was bedeutet die „Wiederkunft" Christi? Es bedeutet nicht, dass er in für irdische Augen sichtbarer Gestalt wiederkommt. Es bedeutet, dass er „auf den Wolken des Himmels" (Matthäus 24,30) wiederkommt. Die „Wolken" sind Bilder für die unsichtbare spirituelle Welt. Für den einzelnen Schüler heißt das, dass der vollkommene spirituelle Mensch in der spirituellen Persönlichkeit dieses Schülers, in Denken, Fühlen und Vitalität wirksam wird. Der spirituelle Mensch wird diesem Schüler nicht nur *bewusst*, sondern er wird auch in ihm *wirksam* mittels einer neuen, von „Wort" und „Leben" verwandelten Geistpersönlichkeit: mittels eines neuen Denkens, Fühlens und Lebens.

„Er bleibt, bis ich komme", heißt dann: Dieser Schüler wird physisch nicht sterben, bevor der vollkommene spirituelle Mensch in ihm wirksam geworden ist. Diese Wiederkunft des vollkommenen spirituellen Menschen wird dem Schüler, den Jesus liebhatte und der das intuitive Denken verkörpert, in Aussicht gestellt. Was aber in diesem Schüler geschieht, darum braucht sich Petrus, der die Tatkraft verkörpert, nicht zu kümmern.

Petrus weiß, dass der Schüler, den Jesus liebhatte, unter dem Kreuz stehend einen besonderen Auftrag erhalten hatte, den man als innere, spirituelle Leitung der Gemeinde im Vergleich zur äußeren, organisatorischen Leitung bezeichnen könnte. Dem steht Petrus mit Unverständnis gegenüber: „Herr, was wird aber aus diesem?“ Was in dem intuitiv erkennenden Schüler vorgeht und welcher Art dessen Auftrag ist, begreift er, der den tatkräftigen Glauben verkörpert, nicht. Aber er muss sich bescheiden. Jesus erklärt ihm: Was mit dem Schüler, der die intuitive Erkenntnis verkörpert, geschieht, das ist nicht deine Sache. Tue du deine Pflicht und tue sie mit Hingabe und Energie.

Der Zeitpunkt der Wiederkunft Jesu ist letzten Endes vom vollkommenen spirituellen Menschen selbst abhängig. Er ist nicht durch Leistungen oder Berechnungen eines Schülers festzulegen. Es besteht keine Garantie auf Erleuchtung und spirituelle Selbstständigkeit, obwohl Arbeit des Schülers an sich selbst notwendige Voraussetzung ist. Sie ist notwendig, aber nicht hinreichend. Deshalb sagt Jesus: „Wenn ich will.“ Ob eine Erleuchtung und „Wiederkunft“ im einzelnen Schüler oder in der Gruppe stattfindet, ist für die Betreffenden eine „Gnade“, deren sie sich zwar durch Arbeit an sich selbst würdig erweisen müssen. Doch ihre Arbeit verschafft ihnen keinen Anspruch darauf. Auch zu welchem Zeitpunkt eine solche Erleuchtung und „Wiederkunft“ stattfindet, hängt zwar mit von der spirituellen Arbeit der Betreffenden ab, letzten Endes aber vom Verhältnis des vollkommenen spirituellen Menschen zu ihnen.

Es ist gut möglich, dass der Schüler, den Jesus liebhatte, vor seinem physischen Tod diese Wiederkunft des spirituellen Menschen im eigenen Wesen erlebt hat. Der Kommentator scheint jedoch zu glauben, bei der Wiederkunft des Gesalbten handle es sich um eine für irdische Augen sichtbare Wiederkunft. Angenommen, das 21. Kapitel wurde als Zusatz zum Evangelium geschrieben, nachdem der Schüler, den Jesus liebhatte, schon gestorben war. Dann musste der Kommentator, bei diesem Verständnis der Wiederkunft Christi, zu dem Schluss kommen, Jesus habe sich mit seiner Prophezeiung, dieser Schüler werde nicht sterben, bevor die Wiederkunft erfolgt sei, geirrt. Denn eine mit irdischen Augen sichtbare Wiederkunft hatte ja tatsächlich nicht stattgefunden.

Deshalb betont der Kommentator, ausgehend von seiner Auffassung: Die Worte Jesu sind keine Prophezeiung gewesen, sondern beschreiben nur eine Möglichkeit, deren Verwirklichung im Ermessen Jesu stand. Und Jesus habe sich eben dafür entschieden, sie nicht zu verwirklichen, so dass der Schüler, den er liebhatte, starb, bevor die Wiederkunft stattfand.

Doch der Ausspruch Jesu bezieht sich nicht auf eine mit irdischen Augen sichtbare Wiederkunft, sondern auf seine unsichtbare Wiederkunft: Der spirituelle Mensch wird im Schüler bewusst und mittels einer neu entstehenden Geistpersönlichkeit wirksam. Und der Schüler, den er liebhatte, kann diese unsichtbare Wiederkunft durchaus erlebt haben, bevor er gestorben ist.

Man könnte den Eindruck gewinnen, dass dieses ganze letzte Kapitel von einem Menschen verfasst wurde, der bemerkt hatte, dass in den Jahrzehnten nach dem Tod Jesu in der Gemeinde schon eine Strömung kräftig geworden war, der es mehr auf die äußere Organisation und Praxis als auf die spirituelle Entwicklung ankam. Und er wies mit Nachdruck darauf hin, dass, wenn schon die durch Petrus verkörperte organisatorisch-praktische Tendenz in den Vordergrund trat, doch auch diese Tendenz durch Liebe zum spirituellen Menschen, nicht durch Liebe zur Macht bestimmt sein müsste. Deshalb fügte er die Szene ein, wo Jesus Petrus drei Mal fragt: Liebst du den spirituellen Menschen? Und Petrus besteht die Prüfung.

Doch obwohl Petrus zur organisatorisch-praktischen Leitung der Gemeinde erwählt schien, behielt der Schüler, den Jesus liebhatte, seine besondere Fuktion bei: die innere, spirituelle Leitung der Gemeinde durch Vermittlung von Erkenntnis und Einsicht.

Der Verfasser des letzten Kapitels erkennt offenbar die Führerschaft des tatkräftigen Petrus an, die in einer chaotischen Welt gewiss notwendig ist, lässt aber dem erkennenden Schüler die Verantwortung für die innere, spirituelle Leitung der Gemeinde. Ja, dieser Schüler hat sogar die ihn auszeichnende Verheißung erhalten – ob sie sich erfüllt oder nicht –, noch vor seinem physischen Tod Jesu Wiederkunft zu erleben.

Es sieht so aus, als sei der doppelte Schluss des Johannesevangeliums selbst ein Symbol für die Entwicklung des Urchristentums. Wie sich der Text nach der Erscheinung des Auferstandenen vor Maria Magdalena in zwei Ströme teilt – Kapitel 20, 19–31 und Kapitel 21 –, so teilte sich das Urchristentum schon bald in zwei Ströme. Der eine floss in Richtung Erkenntnis und Gnosis – dem entspricht das Thema des Zweifels und der spirituellen Erfahrung, das in der Szene mit Thomas dargestellt wird. In diesem Strom ging die Leitung der Gemeinschaft, ohne Akzent auf organisatorischen Maßnahmen, von der spirituellen *Erkenntnis* aus. Der andere Strom floss in Richtung Praxis und Bekenntnis. Der *Glaube* an den vollkommenen spirituellen Menschen stand im Vordergrund. Die Leitung erfolgte mehr und mehr durch Autorität und Organisation. Und hier war von vornherein ein Unverständnis gegenüber der Erkenntnis, der Gnosis, angelegt.

Anfangs liefen beide Ströme noch nebeneinander her. Allmählich jedoch wurde das Unverständnis zu Misstrauen, ja Feindschaft, die Ströme trennten sich, und schließlich wurde der Strom der Erkenntnis aus der sich immer mehr verfestigenden Organisation ausgegrenzt.

Der Verfasser des Evangeliums nach Johannes

21, 24 *Das ist der Schüler, der von diesen Dingen zeugt und dies geschrieben hat; und wir wissen, dass sein Zeugnis wahr ist.*

Wer ist es, der den zweiten Schluss, das letzte Kapitel des Evangeliums, verfasst hat? Wer ist es, der das Evangelium überhaupt verfasst hat? Wer ist es, der schreibt, „wir wissen, dass sein Zeugnis wahr ist“? Offenbar gab es einen Herausgeber des Textes, Mitglied einer Schülergemeinschaft, die sich um den Schüler, „der von diesen Dingen zeugt und dies – das Evangelium – geschrieben hat“, gebildet hatte. Vielleicht ist dieser Herausgeber auch identisch mit dem Kommentator, der sich im Text immer wieder vernehmen lässt. Jedenfalls muss zwischen dieser Gruppe und dem eigentlichen Evangelisten ein enges Vertrauensverhältnis bestanden haben, das den Herausgeber/Kommentator zu der Bemerkung veranlasst hat: „Wir wissen, dass sein Zeugnis wahr ist." Sich selbst und diese Schülergemeinschaft bezeichnet er also als „wir". Er selbst und diese Gemeinschaft wissen, dass das Zeugnis des eigentlichen Evangelisten „wahr ist".

Wer aber ist es, dessen Zeugnis wahr ist? Wer ist der Schüler, „der von diesen Dingen zeugt und dies – das Evangelium – geschrieben hat?" Er ist auf jeden Fall derselbe, den, wie 21,20 berichtet, Jesus liebhatte und der sich beim Mahl an dessen Brust gelehnt hatte (13,23). Denn der Herausgeber sagt ja: „*Das* – der Verfasser des Evangeliums – ist der Schüler …" und bezieht sich damit auf die vorhergehenden Verse, in denen dieser geliebte Schüler zusammen mit Petrus Jesus nachfolgt.

Warum sollte es nicht der aus den synoptischen Evangelien bekannte Johannes, Sohn des Zebedäus, Bruder des Jakobus sein, den auch die frühchristliche Tradition mit diesem Evangelium in Verbindung brachte? Er gehörte von Anfang an zum engsten Schülerkreis der Zwölf und konnte durchaus jener Schüler sein, den Jesus besonders lieb hatte. Und wenn er in der Apostelgeschichte 4,13 als „ungelehrter und einfacher Mensch" bezeichnet wird, dem nach Meinung mancher Interpreten die Verfasserschaft des „hochphilosophischen" Johannesevangeliums nicht zuzutrauen sei, so gibt es genügend Beispiele in der Geschichte – schon in der entsprechenden Szene der Apostelgeschichte –, dass die einfachsten, ungelehrtesten Menschen, wenn sie vom heiligen Geist erleuchtet wurden, die „philosophischsten" Einsichten gewannen und formulierten.

Gegen die Verfasserschaft des Zebedäussohns spricht die Legende, dass er schon im Jahr 66 n. Chr. als Märtyrer umgekommen sei. Und das Johannesevangelium dürfte erst ab 90 n. Chr. niedergeschrieben worden sein. Man könnte sich aber vorstellen, dass das Evangelium im Kern schon früh vom Zebedäussohn Johannes verfasst und später noch von einem andern Autor, vielleicht einem Schüler des Johannes, erweitert wurde. Dieser andere Autor hieß möglicherweise ebenfalls Johannes und lebte bis ins hohe Alter in Ephesus, wie es eine andere frühchristliche Tradition will. Er formulierte Teile seiner Vorlage um, fügte neue hinzu und machte ein Ganzes daraus. Außerdem ergänzte er den Text durch eigene Erfahrungen und Perspektiven, die er selbst auf dem spirituellen Weg erlangt hatte. So entstand ein Evangelium, bei dem kaum noch zu entscheiden ist, welche Erzählungen oder philosophischen Einsichten dem ersten Autor, dem Zebedäussohn Johannes, und welche seinem Schüler und Nachfolgeautor, der möglicherweise auch Johannes hieß, zuzuschreiben sind.

Diesen Gesamttext gab später ein Schüler des zweiten Autors heraus, fügte noch das letzte Kapitel hinzu – ob von ihm selbst oder von jemand anderem verfasst – und versah den Text mit Kommentaren, die nicht immer davon zeugen, dass er das Gelesene auch wirklich verstanden hatte.

Man wird also annehmen können, dass ein Mann, der zum engsten Schülerkreis Jesu gehörte, der beim letzten Mahl mit Jesus an der Brust seines Meisters lehnte und den Jesus „liebhatte": Johannes, Sohn des Zebedäus, den Kern des Evangeliums noch vor seinem eventuellen Märtyrertod 66 n. Chr. niederschrieb. Ein anderer

Autor, vielleicht ein Schüler dieses Zebedäussohns, erweiterte dann diese Vorlage, und ein Herausgeber oder Kommentator fügte noch bestimmte Stellen, das letzte Kapitel und wohl auch Vers 24 im letzten Kapitel hinzu.

Eine andere Hypothese lautet, dass der Verfasser des Johannesevangeliums mit Lazarus identisch sei. Sie stützt sich im Wesentlichen auf den von Martha geäußerten Satz über Lazarus (11,3): „Herr, siehe, der, den du lieb hast, ist krank." Der Ausdruck: „der Schüler, den der Meister lieb hat", war eine in den Mysterien übliche Bezeichnung für einen Menschen, den der Meister durch den Mysterientod gehen ließ und zur Auferstehung führte. In diesem Fall könnte „Lazarus" – „Gott hilft" – der spirituelle Name des Zebedäussohns Johannes gewesen sein, und hätte Johannes nicht nur einen Bruder, Jakobus, gehabt, sondern auch die Schwestern Martha und Maria. Denkbar wäre das, auch wenn die Evangelien sonst keinen Anhaltspunkt dafür bieten.

Doch was hat es für einen Sinn, sich Gedanken über die irdische Identität des Verfassers des Johannesevangeliums zu machen? Lenkt das nicht von den eigentlichen Intentionen des oder der Verfasser ab? Verschwieg er nicht ganz bewusst seine irdische Identität, um seine Leser darauf hinzuweisen, dass die spirituelle Identität entscheidend ist? Die spirituelle Identität eines Mysterienschülers besteht darin, dass er vom Meister geliebt wird und an dessen Brust lehnt, am Herzen des vollkommenen spirituellen Menschen. Denn dort manifestieren sich „Wort", „Leben" und „Licht", und von dort strahlen sie aus. Der – oder die – Verfasser des Johannesevangeliums war ein Mensch, der in besonderer Verbindung zum spirituellen Menschen stand und in dessen Kräften selbst den spirituellen Weg ging. Er wurde selbst von „Wort", „Leben" und „Licht" berührt und verändert, bis er erkannte, was „Wort", „Leben" und „Licht" sind. Er wurde zum Eingeweihten. Das ist seine spirituelle Identität.

Damit fordert er seine Leser auf, ebenfalls diese Identität zu verwirklichen: zu einem Mysterienschüler zu werden, den der vollkommene spirituelle Mensch liebt, und aus „Wort", „Leben" und „Licht" zu leben.

Die Wirkungen des vollkommenen spirituellen Menschen in der Welt

21, 25 *Es gibt aber noch viel anderes, was Jesus getan hat; und wenn eins nach dem anderen aufgeschrieben würde, glaube ich, sogar die Welt könnte die Bücher nicht fassen, die geschrieben würden.*

Dieser letzte Vers des Evangeliums dürfte ebenfalls von dem Herausgeber/Kommentator stammen. Es ist nicht nur eine schöne Floskel, wie sie sich auch in anderen Werken dieser Zeit findet. Denn Jesus, der vollkommene spirituelle Mensch, lebt als Auferstandener, im Einklang mit der unvergänglichen göttlichen Welt, unsterblich im Organismus der Menschheit fort und beeinflusst all dessen Teile und Zellen. Seine Wirkungen gehen als Information und Kraft zu allen dafür empfänglichen Menschen aus. Es sind somit unzählige Wirkungen und Zeichen. Die Welt könnte tatsächlich die Bücher nicht fassen, die darüber geschrieben werden könnten.

Der Gesalbte wirkt als universelles göttliches „Wort“, „Leben“ und „Licht“, als spiritueller Lebenssinn, spirituelle Zuversicht, neues Sehvermögen und Handeln – als siebenfacher vollkommener spiritueller Mensch –, sowie als siebenfache Matrix des vollkommenen spirituellen Menschen im Organismus der Menschheit fort, um die Anlage zum siebenfachen Menschen in jedem Menschen zu berühren und zu entfalten. Zugleich wirkt er auflösend auf die siebenfache Ordnung der irdischen Welt und die aus dieser Ordnung lebenden irdischen Menschen ein. Und er wirkt als sich opfernder spiritueller Mensch, der alle Verfolgungen der irdischen Menschen auf sich nimmt und Welt und Tod überwindet.

Auf diese Weise ermöglicht er seinen Nachfolgern durch alle Jahrhunderte, in Vergangenheit, Gegenwart und Zukunft, und an allen Orten der Erde den spirituellen Weg. Wo und wann immer ein Mensch von den Kräften und Gesetzen des Gesalbten berührt wird und bewusst darauf reagiert, da ist er ein Schüler des Christus, in welchen Begriffen und Bildern aus welcher Kultur und Religion auch immer er seine Erfahrungen beschreibt.

Der vollkommene spirituelle Mensch hat den großen Umschwung in der Entwicklung der Menschheit eingeleitet. Das Licht ist in die Finsternis eingedrungen und hat einige der „Seinen“ aus der Umklammerung der Finsternis – des Blutes, Fleisches- und Manneswillens – gelöst. Die „Seinen“ vollziehen in den Kräften des vollkommenen spirituellen Menschen den Tod des irdischen „Fleisches“ und die Auferstehung des „Geistes“ in einem neuen „Fleisch“ nach. Sie empfangen den heiligen Geist, die Fähigkeit zur selbstständigen Wahrnehmung der göttlichen Welt und zum Vollzug ihrer Gesetze. Und wenn sie physisch sterben, so leben sie erst recht als auferstandene spirituelle Menschen weiter und verstärken die Information und Kraft des wahren Menschen im geistig-seelischen Organismus der Menschheit. Sie haben die Finsternis: Blut, Fleisches- und Manneswillen, in ihre Elemente aufgelöst, diese verwandelt und zu einer neuen Persönlichkeit mit neuem Leib geordnet. In ihnen ist ein „neuer Himmel“: Denken und Fühlen einer neuen Persönlichkeit, und eine „neue Erde“: Vitalität und Geistleib einer neuen Persönlichkeit, entstanden.

Doch die siebenfache Matrix des spirituellen Menschen wirkt auch in seinen Gegnern. Irgendwann bricht sie die Gegnerschaft. Die Wahrheit, mit denen sie sich durch ihre Begegnung mit dem spirituellen Menschen selbst imprägniert hatten, wird sich in ihnen bemerkbar machen und ihre Anlage zum spirituellen Menschen erwecken. So werden immer neue Menschen zu „Söhnen Gottes“ werden, die Finsternis verlassen, ins Licht eintreten, und die Finsternis so auflösen und verwandeln, dass sie wieder zum Ausdruck der göttlichen Welt wird. Auf lange Sicht wird die Welt der Finsternis, der alte Himmel und die alte Erde, in ihre Elemente aufgelöst und zum neuen Himmel und zur neuen Erde geformt (Off. 21,1).

Die Darstellung des Evangelisten ist eine Darstellung für jede Gegenwart und für jeden Menschen. Was Jesus erlebt hat, sind exemplarische Erlebnisse. Die evangelischen Kapitel von Verfolgung, Kreuzestod und Auferstehung Jesu sind nicht die Geschichte eines einzigen Gottessohns, die sich vor 2000 Jahren abgespielt und Heilsbedeutung für alle hat, die daran glauben. Sie sind die Geschichte jedes Schülers auf dem spirituellen Weg, der, in seinen schwächeren Kräften und in der von Jesus geschaffenen Matrix, ebenfalls zu einem „Sohn Gottes“, einem „Kind Gottes“, wie es im Prolog heißt, zu werden versucht.

Nicht der Glaube, dass durch die Wirksamkeit und das Schicksal des vollkommenen spirituellen Menschen alles schon in Ordnung wäre, ist erlösend. Die Auferstehung, die Überwindung der Welt und des Todes, ist kein Geschenk, das der Gläubige am Jüngsten Tag von Jesus, dem Gottessohn, aus unverdienter Gnade empfängt. Jeder, der der Auferstehung, der Überwindung des Todes, teilhaftig werden will, muss in der von Jesus geschaffenen Matrix und wie Jesus selbst durch den Mysterientod gehen.

Was hätte es sonst für einen Sinn, die Schilderungen des Johannesevangeliums zur Kenntnis zu nehmen? Sollte der Leser darüber staunen, dass, was in den Augen der Welt als tiefste Erniedrigung gilt, bei Gott Voraussetzung für die höchste Erhöhung ist? Sollte er über das Heldentum eines Gottmenschen staunen oder das Leiden eines Gottmenschen schaudernd miterleben, damit seine Dankbarkeit für das Opfer, das ihm dieser Gottmensch gebracht hat, um so größer werde? Dankbarkeit ist hier in der Tat am Platz. Aber lebendige Dankbarkeit würde sich darin äußern, dass die Möglichkeit, die der Gottmensch durch sein Heldentum und sein Leiden eröffnet hat, ergriffen und verwirklicht wird. Dieser Nachvollzug durch seine Schüler war der Wunsch des vollkommenen spirituellen Menschen. Ohne den Nachvollzug bliebe sein Wunsch unerfüllt.

Literatur

Aus der umfangreichen Literatur über das Johannesevangelium seien nur einige Werke herausgegriffen, mit denen sich der Autor des vorliegenden Buches besonders auseinandergesetzt hat. Er hat darauf verzichtet, diese Auseinandersetzung im Text, unter anderem in Form von Zitaten, zu dokumentieren. Das hätte es dem Leser sehr erschwert, dem grundsätzlichen Gedankengang des Buches zu folgen.

Die Nennung der Werke an dieser Stelle bedeutet natürlich nicht, dass der Autor die Sichtweisen ihrer Verfasser – die sich ohnehin oft gegenseitig ausschließen –, übernommen hätte, obwohl er ihnen allen Wesentliches verdankt. Sie sind aber geeignet, den Leser mit den wichtigsten Ansätzen der Sekundärliteratur vertraut zu machen, und geben ihm Hinweise auf mehr ins Einzelne gehende Abhandlungen.

Bultmann, Rudolf, Das Evangelium des Johannes, Göttingen 1950[11]
Dietzfelbinger, Christian, Das Evangelium nach Johannes, Zürich 2001
Drewermann, Eugen, Das Johannes-Evangelium, Düsseldorf 2004
Hemleben, Johannes, Johannes der Evangelist, Reinbek 1972
Hilgenfeld, Adolf, Das Evangelium und die Briefe Johannis, Halle 1849
Iber, Gerhard, u.a. (Hrsg.), Das Buch der Bücher – Neues Testament, München 1999
Kommentare zur Neuen Jerusalemer Bibel
Rijckenborgh, Jan van, Die universelle Gnosis, S. 110–208, Haarlem 1955
Schnackenburg, Rudolf, Das Johannesevangelium, 4 Teile, Freiburg 1972[3]
Schnelle, Udo, Das Evangelium nach Johannes, Leipzig 2004[3]
Schult, Arthur, Das Johannesevangelium als Offenbarung des kosmischen Christus, Bietigheim 1965
Steiner, Rudolf, Das Johannes-Evangelium, Dornach 1975
Tomberg, Valentin, Lazarus, komm heraus, Basel 1985

Der deutsche Text des Johannesevangeliums folgt, mit wenigen, aus dem griechischen Original begründbaren Ausnahmen, der Zürcher Bibel.

Weitere Bücher aus dem Verlag Via Nova:

Die Geburt des wahren Selbst im Menschen

Die Botschaft Jesu für unsere Zeit im Lukasevangelium

Konrad Dietzfelbinger

Hardcover, 520 Seiten – ISBN 978-3-936486-28-5

Schon wenige Jahrzehnte nach Jesus ist vergessen worden, dass das Christentum ein spiritueller Weg ist, auf dem das Ebenbild Gottes, das der Mensch seinem tiefsten Wesen nach ist und das unter dem falschen, ichbezogenen Wesen des Menschen zu ersticken droht, wieder zum Leben erweckt wird. Jesus selbst hat diesen Weg vorgelebt. Verankert in den göttlichen Kräften, hat er das wahre Selbst, das Reich Gottes, in dem Maße zur Erscheinung gebracht, wie er das unwahre Selbst – die pharisäische Selbstgerechtigkeit und die dämonischen Kräfte des Macht-, Ehr- und Besitzstrebens – erkannte und dadurch entkräftete und erlöste. Die Schüler Jesu vollzogen diesen Weg in den Kräften ihres Meisters nach. Alle Wunder, Ereignisse, Aussprüche in den Evangelien sind Stationen einer genau strukturierten inneren Entwicklung. Wer das Lukasevangelium unter dieser Perspektive liest, erlebt wie in einem Vorgeschmack den spirituellen Weg Jesu und seiner Schüler, der auch sein Weg werden kann.

Anders von Gott reden

Willigis Jäger

Hardcover, 120 Seiten, 21 farbige Zenbilder, ISBN 978-3-86616-061-3

Der charismatische Benediktinermönch und Zen-Meister Willigis Jäger interpretiert in seinem Buch „Anders von Gott reden“ biblische Texte, Ereignisse und Personen in einer neuen, ungewohnten Sichtweise als symbolische Darstellungen einer kosmisch-göttlichen Botschaft, die Evolution des Seins und des Lebens, den Menschen und die Natur als Manifestationen Gottes: Gott ist für ihn das Urprinzip, die Urkraft, die sich in jedem Augenblick ereignet, seine Schöpfung ist sein Tanz, der Mensch ein Tanzschritt, eine Welle im Meer des Göttlichen. Die christliche Botschaft wird erweitert und vertieft, christliche Feste wie Weihnachten, Erscheinung des Herrn, Ostern, Maria Himmelfahrt, auch Begriffe wie „Reich Gottes“ und „Leid“ erhalten durch seine Deutung und Erklärung eine mystisch-spirituelle Dimension, werden als Möglichkeiten zur Wiedergeburt, Auferstehung und Erfahrung des Göttlichen im Menschen gesehen und dargelegt. Wer auf der Suche nach einem tieferen und ganzheitlichen Verständnis seines Christseins ist, für den ist dieses Buch eine Offenbarung. Seine Denkanstöße, seine klare, eindringliche Sprache faszinieren und überzeugen.

Der mystische Weg zu Christus

Andrew Harvey

Hardcover, 304 Seiten – ISBN 978-3-928632-91-1

In diesem Buch nimmt uns einer der berühmtesten religiösen Denker unserer Zeit auf eine Einweihungsreise in das voll erwachsene Christentum mit. Es enthüllt einen Christus, der allen engagierten Christen direkt zugänglich ist und dessen lebendige Botschaft jenseits der Strukturen existiert, die von den Kirchen in seinem Namen geschaffen wurden. Indem er die besten unter den modernen Geschichtsgelehrten und das Zeugnis der größten christlichen Mystiker aller Zeiten verwendet, belebt der Autor und Lehrer Andrew Harvey das revolutionäre Versprechen des frühen Christentums neu und stellt Jesus als den Sohn des Menschen vor: ein von Gott Erfüllter, dessen Ziel die Initiation aller menschlichen Wesen in die Kraft und die Glorie der ihnen innewohnenden Göttlichkeit war, der Sturz aller ungerechten Hierarchien und die Verwandlung der Erde in das Königreich Gottes. Anleitungen und Übungen aus den frühen mystisch-christlichen Traditionen vermitteln lebendige Inspirationen, Christus zu erfahren.

Der Weg zum Christus-Bewusstsein

Eine Landkarte für spirituelles Wachstum in die Tiefe der Seele

Jim Marion

Hardcover, 296 Seiten – ISBN 978-3-936486-27-8

Gestützt auf das Werk des bekannten Bewusstseinsforschers Ken Wilber und auf das Modell der stufenweisen Bewusstseinsentwicklung, zeichnet der Verfasser unter Berücksichtigung der neuesten Erkenntnisse auf dem Gebiet der Psychologie, aber auch des Neuen Testaments und so bedeutender christlicher Mystiker wie Teresa von Avila und Johannes vom Kreuz eine Karte, die uns Schritt für Schritt zu dem Bewusstsein hinführt, das Jesus als das Reich Gottes bezeichnete – zur höchsten Stufe der spirituellen Entwicklung des Menschen. Das Buch will zeigen, dass Jesu Lehren und auch sein Tod und seine Auferstehung uns den Weg zu diesem inneren Reich weisen sollten, und dass wir, wenn wir Christus in diesem Reich Gottes begegnen wollen, dies tun müssen, solange wir als Menschen hier auf dieser Erde leben. Ken Wilber schreibt in seinem Vorwort: „Das Buch ist eine wahrhaft inspirierende Offenbarung und ein behutsamer Führer in die tiefsten Bereiche unserer eigenen Seele."

Die Vision vom göttlichen Menschen

Eine spirituelle Weg-Begleitung in das neue Jahrtausend

Barbara Schenkbier

Paperback, 424 Seiten, 21 ganzseitige Bilder – ISBN 978-3-928632-68-3

Prachtband: Geb., 424 Seiten, Einband Kunstleder mit Goldaufdruck,
21 ganzseitige Bilder, Zweifarbendruck – ISBN 978-3-928632-18-8

Das Buch ist ein umfassendes Standardwerk, das den Durchbruch einer neuen Evolutionsstufe im Bewusstsein des Menschen vorbereiten hilft. Aufbauend auf wissenschaftlichen Erkenntnissen und der mystischen Tradition aller Religionen führt es zu einem tieferen Wissen über das menschliche Bewusstsein, um dann den Weg zum göttlichen Menschen zu beleuchten. Alle wichtigen Schritte werden beschrieben, wesentliche Übungen aus einer neuen Sicht heraus dargestellt und die Transformationsstufe zu einem neuen Bewusstsein geschildert. Beim Lesen und Anwenden der beschriebenen Wahrheiten eröffnet sich dem Leser eine neue Sicht auf den Sinn des Lebens. Alle, die den geistigen Weg beschreiten, werden ihn besser verstehen, ihn bewusster, mutiger und konsequenter weitergehen. Das Buch ist aus der eigenen spirituellen Erfahrung der Autorin heraus geschrieben und eröffnet den Blick in eine Zukunft, die die evolutionäre Schöpferkraft selbst schaffen wird.

Heute an Gott glauben

Das Weltbild der Naturwissenschaft und christlicher Glaube

Hubert Reifenhäuser

Paperback, 264 Seiten – ISBN 978-3-86616-047-7

Haben die faszinierenden Erkenntnisse und Errungenschaften der Naturwissenschaft Gott für den Menschen überflüssig gemacht? Immer mehr Menschen scheinen der Religion, zumindest der kirchlich verkündeten, überdrüssig zu sein und suchen anderswo eine spirituelle Möglichkeit. Tatsächlich hat die Naturwissenschaft den Menschen ein revolutionär neues Weltbild erschlossen. Die alten Antworten des Glaubens auf die existenziellen Fragen der Menschen müssen auf diesem Hintergrund neu durchdacht werden. Die Verkündigung des christlichen Glaubens hat diesem Wandel noch nicht genügend Rechnung getragen. In diesem Buch wird der Versuch gewagt, den jeweils eigenen Kreis, in dem Naturwissenschaft und Religion gefangen sind, aufzubrechen und eine Brücke zu schlagen zwischen den neuen umstürzenden Erkenntnissen der Naturwissenschaft und den ehernen Glaubensgrundlagen des Christentums. So könnten sich durch veränderte Einsichten dem heutigen spirituell interessierten Menschen neue Perspektiven eröffnen.

Das Vaterunser

Ein Weg für die persönliche und die globale Transformation

C. G. Weeramantry

Paperback, 272 Seiten – ISBN 978-3-928632-63-8

Dieses Buch ist eine Darstellung richtungsweisender Lebensregeln und zugleich eine Antwort, wie in einer Zeit ohne verbindliche Orientierung religiöse – und das heißt für den Autor: in allen Kulturen wirkende – Prinzipien und Werte im praktischen, alltäglichen Leben und auf dem Gebiet der Rechtsprechung verwirklicht werden können. Im christlichen Kulturkreis sind diese in allen Weltreligionen gültigen Prinzipien besonders prägnant im Vaterunser zusammengefasst. Es ist faszinierend, dem Autor zu folgen, wie er in diesem logisch-sachlich aufgebauten Werk zeigt, dass das Vaterunser nicht nur **das** Gebet des Christentums ist, sondern zugleich auch eine unerschöpfliche Schatzkammer an allgemein menschlichen und juristisch fassbaren Regeln und Rechten enthält. Ziel des Autors ist es, die hohen und zugleich einfachen Prinzipien des Vaterunsers in Regeln praktischen Verhaltens umzusetzen.

Geh den Weg der Mystiker

Meister Eckharts Lehren für die spirituelle Praxis im Alltag

Peter Reiter

Hardcover, 304 Seiten – ISBN 978-3-936486-37-7

Noch nie war Mystik so spannend, so aufregend! Zeitgemäß, lebendig und alltagsorientiert vermittelt der Meister-Eckhart-Experte Peter Reiter die Lehre des größten deutschen Mystikers – exemplarisch für alle mystischen Traditionen. Die Kraft und Inspirationen der Lehre Meister Eckharts werden hier so vermittelt, dass sie direkt ins Herz des Lesers fließen. Schritt für Schritt begleitet Peter Reiter den Suchenden an den Ort, wohin der alte Meister schon seine Zuhörer führte: zur unmittelbaren Erfahrung des All-Eins-Seins inmitten der Welt, ins Hier und Jetzt! In allen Lebensbereichen kann das Göttliche geahnt, gefühlt und erfahren werden. Der Weg zum Ziel führt mit entsprechenden Übungen über verschiedene Etappen: Mitgefühl mit allem Sein, leben in Gelassenheit, Widerstand aufgeben, die Welt annehmen, Verantwortung übernehmen, Altes bereinigen, Bewerten und Verurteilen sein lassen, mit Trauer und Leid umgehen und die Liebe leben. Die Übungen im Geiste Eckharts stammen aus verschiedenen mystischen Schulen und geistigen Traditionen.

Der innere Schrei nach Erlösung

Befreiung von innen

François Brune

Gebunden, 256 Seiten – ISBN 978-3-928632-44-7

Die Welt als Hologramm – Erlösung von innen

Während viele das Ende des Christentums voraussagen, unterstreicht der Verfasser die absolut einzigartige Bedeutung des Christus für die Entwicklung der Menschheit. Anders als die philosophische Theologie ist die mystisch-holographische Theologie darauf ausgerichtet, von innen heraus wirksam zu werden. Der Autor bezieht in seine Betrachtungen auch Heilswege anderer Religionen, besonders die Bedeutung des Karma mit ein und betrachtet auch die christlichen Sakramente unter dem mystischen Aspekt. Brune versteht die Welt als ein Hologramm, in dem alles mit allem verbunden ist, also auch jede Seele mit jeder anderen – und mit Christus, der aus der Tiefe einer jeden Menschenseele als Mittelpunkt des kosmischen Hologramms erstrahlt. Unfassbar? Aber wie, wenn es wahr wäre? Das gilt es in diesem Buch zu entdecken, das so fesselt wie eine Abenteuerreise – die Reise in die mystische Erfahrung.

Wenn es verletzt, ist es keine Liebe

Die Essenz des Bestsellers
Hörbuch mit 3 CDs – gelesen von Werner Vogel

Chuck Spezzano

Hörbuch mit 3 CDs, ISBN 978-3-86616-066-8

Die Weisheit der Liebe, die der Verfasser des Bestsellers in jahrzehntelanger Forschungsarbeit als Psychotherapeut, als weltweit bekannter Seminarleiter, als visionärer Lebenslehrer und als Begründer der „Psychology of Vision" entdeckt und in klare Weisungen umgesetzt hat, verwandelt den Menschen und berührt sein wahres Wesen, das Liebe ist. Die wichtigsten Aussagen des Buches sind in dem Hörbuch zusammengestellt. Durch die nach jedem Abschnitt angebotenen Übungen kann das theoretisch Erkannte auch in den praktischen Alltag umgesetzt werden, dann wird das Hörbuch zu einem Wegbegleiter und Ratgeber in bedrängenden Beziehungsnöten. Eine begleitende spirituelle Musik führt noch stärker in die Tiefe und verstärkt die Wirkung der Übungen. So werden Sie Schritt für Schritt in die wichtigsten Grundprinzipien der Liebe eingeführt, reifen in Ihrer Selbsterkenntnis und können Ihre Beziehungen in Partnerschaft und Freundschaft neu ordnen, vertiefen und intensivieren.

Den Weg des Herzensgebetes gehen

Herzensgebet, Herzensmeditation, christliche Spiritualität für unsere Zeit

Heinz Biegling

Gebunden, 128 Seiten – ISBN 978-3-928632-49-2

Wer auf der Suche ist, einen genuin christlichen Meditationsweg für sich zu finden, dem sei dieser *„Weg des Herzensgebetes"* empfohlen. Er hält sich eng an die spirituelle Richtung des Hesychasmus, wie sie seit dem 4. Jh. durch die Mönche der Früh- und Ostkirche entwickelt wurde; aber er transformiert ihn auch für die spirituellen Bedürfnisse unserer Zeit. Es werden ganz konkret Anweisungen angeboten, wie der Übende stufenweise in das Geheimnis des Herzensgebetes vordringen und die Hilfe der Herzensmeditation erreichen kann. Diese Meditationsweise erschließt transpersonale „Räume", so dass lichte, den Engelbereichen zugehörigen Mächte den Übenden erreichen. Herzensgebet und Herzensmeditation können bei konsequentem Üben die innere Herzenstür öffnen, so dass die göttliche Gegenwart erfahrbar wird.

Im Gleichgewicht der Wünsche

Wollen und Sollen in Übereinstimmung bringen

Jürg Theiler

Paperback, 304 Seiten – ISBN 978-3-86616-037-8

Krankheiten sind die Folge von Verletzungen, die Sie sich zufügen, ohne es zu wissen und zu merken. Weil Ihre Wünsche sich oft widersprechen und gegensätzlich sind, benachteiligen, verdrängen, unterdrücken, verletzen und zerstören Sie die einen umso mehr, je intensiver und erfolgreicher Sie die anderen verfolgen. Um gesund zu sein, um Ihr Lebenswerk zu vollbringen, müssen Sie bewusst erkennen, welche Wünsche Sie haben und wie Sie alle – nicht die einen auf Kosten der anderen – erfüllen können. Das erfordert, Ressourcen von Wünschen, denen Sie bisher viel Gewicht beigemessen haben, auf Wünsche umzuverteilen, denen Sie bislang wenig Beachtung schenkten. Es erfordert, die Wünsche, die Sie aktiv verfolgen – Ihre Wünsche nach Konsum, Besitz, Erfolg, Macht, Kontrolle – an jenen auszurichten, die sich Ihnen rezeptiv erschließen – Ihre Wünsche nach Liebe, Schönheit, Kreativität und die Fähigkeit zu leiden. Dieses Buch zeigt Ihnen, wie Sie vom Ungleichgewicht zum Gleichgewicht, von der Zerstörung eines Teils von Ihnen zu Ihrer „In-Dividualität", Ihrer Ganzheit finden.